Deutsch heute

ENHANCED TENTH EDITION

Deutsch heute

Introductory German

Jack Moeller
Oakland University

Simone Berger
Starnberg, Germany

Gisela Hoecherl-Alden
Boston University

Seth Howes
Oakland University

Winnifred R. Adolph
Florida State University

Thorsten Huth
Southern Illinois University

CENGAGE
Learning®

Australia • Brazil • Canada • Mexico • Singapore • Spain • United Kingdom • United States

Deutsch heute: Introductory German, Enhanced Tenth Edition
Jack Moeller, Simone Berger,
Gisela Hoecherl-Alden, Seth Howes,
Winnifred R. Adolph, Thorsten Huth

Product Director: Beth Kramer

Senior Product Manager: Martine Edwards

Managing Developer: Katie Wade

Senior Content Developer:
    Harriet C. Dishman

Managing Media Developer: Patrick Brand

Associate Content Developer:
    Claire N. Kaplan

Product Assistant: Jacob Schott

Marketing Manager: Christine Sosa

IP Analyst: Jessica Elias

IP Project Manager: Farah Fard

Manufacturing Planner: Betsy Donaghey

Art and Design Direction, Production
    Management, and Composition:
    Lumina Datamatics, Inc.

Cover Image: © Paul Raftery/VIEW/Corbis

The cover image shows the
    Umweltbundesamt (*German Federal
    Environment Agency*) in Dessau.

For product information and technology assistance, contact us at
Cengage Learning Customer & Sales Support, 1-800-354-9706

For permission to use material from this text or product,
submit all requests online at **www.cengage.com/permissions**.
Further permissions questions can be emailed to
permissionrequest@cengage.com.

Library of Congress Control Number: 2014946142

Student Edition:
ISBN-13: 978-1-305-07715-7

Cengage Learning
20 Channel Center Street
Boston, MA 02210
USA

Cengage Learning is a leading provider of customized learning solutions with office locations around the globe, including Singapore, the United Kingdom, Australia, Mexico, Brazil and Japan. Locate your local office at **international.cengage.com/region**

Cengage Learning products are represented in Canada by Nelson Education, Ltd.

For your course and learning solutions, visit **www.cengage.com**

Purchase any of our products at your local college store or at our preferred online store **www.cengagebrain.com**

Instructors: Please visit **login.cengage.com** and log in to access instructor-specific resources.

Printed in China
2 3 4 5 6 18 17 16 15

Contents

Program Components

Student Text

Text Audio Program

The Text Audio program, located on the *Deutsch heute* website (www.cengagebrain.com /german/ deutschheute10) in MP3 format, contains recordings of the *Bausteine* dialogues, in-class listening activities called *Hören Sie zu*, *Zum Lesen* readings, and the *Leserunde* literary texts that appear in each chapter.

Student Activities Manual

The *Student Activities Manual* consists of *Workbook, Lab Manual,* and *Video Manual.* The *Workbook* section, correlated with the textbook chapters, offers a variety of directed exercises, open-ended activities, and art- and realia-based activities that provide vocabulary and grammar practice. The *Lab Manual* accompanies the *SAM Audio Program* and includes listening, speaking, and writing practice. The *Video Manual* includes in-depth video activities to complement the *Video-Ecke* feature in the textbook.

Heinle eSAM

An online version of the *Student Activities Manual* contains the same content as the print version in an interactive environment that provides immediate feedback on many activities.

SAM Audio Program

The SAM Audio Program corresponds with the *Lab Manual* section of the *Student Activities Manual.* It provides the best possible models of German speech. Using a cast of native Germans, this audio presents several listening comprehension exercises and a pronunciation exercise for each chapter. It also contains material from the *Zum Lesen* chapter readings of the textbook. The complete audio program is available via the **Premium Website** and **iLrn: Heinle Learning Center.**

Deutsch heute, Enhanced Tenth Edition Premium Website

The **Deutsch heute Premium Website** is your one-stop portal to an online suite of digital resources. Complimentary access is included to the complete Text Audio program, auto-grade grammar and vocabulary tutorial quizzes, Web search activities, Web links, *iTunes* playlist, and *Google Earth* coordinates. Additional premium password-protected resources include the complete SAM audio program, complete video program, audio-enhanced flashcards, and pronunciation and grammar podcasts. Students can access the premium assets via a printed access card packaged with new copies of the text, or by purchasing an instant access code at www.cengagebrain.com/german/deutschheute10e.

iLrn: Heinle Learning Center

With the **iLrn™ Heinle Learning Center,** everything you need to master the skills and concepts of the course is built into this dynamic learning environment. The **iLrn™ Heinle Learning Center** includes an audio-enhanced eBook, assignable textbook activities, companion videos with pre- and post-viewing activities, partnered voice-recorded activities, an online workbook, lab manual with audio, and video manual with video, interactive enrichment activities, and a diagnostic study tool to better prepare students for exams. In addition, there are 25 German grammar tutorial modules.

Personal Tutor

Personal Tutor gives you access to one-on-one online tutoring help from a subject-area expert. In Personal Tutor's virtual classroom, you interact with the tutor and other students using two-way audio, an interactive whiteboard for illustrating the problem, and instant messaging. To ask a question, simply click to "raise a hand."

Classroom Expressions

Below is a list of common classroom expressions in German (with English equivalents) that the instructor may use in class. Also provided are common expressions you can use to make comments or requests and ask questions.

Terms of Praise and Disapproval

Gut. Das ist (sehr) gut. Good. That is (very) good.

Schön. Das ist (sehr) schön. Nice. That is (very) nice.

Ausgezeichnet. Excellent. **Wunderbar.** Wonderful.

Das ist schon besser. That's better. **Viel besser.** Much better.

Nicht schlecht. Not bad.

Richtig. Right. Correct.

Natürlich. Of course.

Genau. Exactly.

Sind Sie/Bist du sicher? Are you sure?

Nein, das ist nicht (ganz) richtig. No, that's not (quite) right.

Ein Wort ist nicht richtig. One word isn't right.

Nein, das ist falsch. No, that's wrong.

Sie haben/Du hast mich nicht verstanden. Ich sage es noch einmal. You didn't understand me. I'll say it again.

Sie haben/Du hast den Satz (das Wort) nicht verstanden. You didn't understand the sentence (the word).

Sagen Sie/Sag (Versuchen Sie/Versuch) es noch einmal bitte. Say (Try) it again please.

General Instructions

Nicht so laut bitte. Not so loud please.

Würden Sie/Würdet ihr bitte genau zuhören. Would you please listen carefully.

Stehen Sie/Steht bitte auf. Stand up please.

Bilden Sie/Bildet einen Kreis. Form a circle.

Arbeiten Sie/Arbeitet einen Moment mit Partnern. Work for a minute with partners.

Bringen Sie/Bringt (Bilder) von zu Hause mit. Bring (pictures) along from home.

(Morgen) haben wir einen Test. (Tomorrow) we're having a test.

Schreiben Sie/Schreibt jetzt bitte. Please write now.

Lesen Sie/Lest jetzt bitte. Please read now.

Ich fange (Wir fangen) jetzt an. I'll (We'll) begin now.

Fangen Sie/Fangt jetzt an. Begin now.

Hören Sie/Hört bitte auf zu schreiben (lesen). Please stop writing (reading).

Könnte ich bitte Ihre/eure Aufsätze (Klassenarbeiten, Tests, Übungsarbeiten, Hausaufgaben) haben? Could I please have your essays (tests, tests, exercises, homework)?

Jeder verbessert seine eigene Arbeit. Everyone should correct her or his own work (paper).

Verbessern Sie Ihre/Verbessere deine Arbeit bitte. Please correct your work (paper).

Tauschen Sie mit Ihrem/Tausch mit deinem Nachbarn. Exchange with your neighbor.

Machen Sie/Macht die Bücher auf (zu). Open (Shut) your books.

Schlagen Sie/Schlagt Seite (11) in Ihrem/eurem Buch auf. Turn to page (11) in your book.

Schauen Sie/Schaut beim Sprechen nicht ins Buch. Don't look at your book while speaking.

Wiederholen Sie/Wiederholt den Satz (den Ausdruck). Repeat the sentence (the expression).

Noch einmal bitte. Once again please.

(Etwas) Lauter. (Deutlicher./Langsamer./Schneller.) (Somewhat) Louder. (Clearer./Slower./Faster.)

Sprechen Sie/Sprich bitte deutlicher. Please speak more distinctly.

(Jan), Sie/du allein. (Jan), you alone.

Alle zusammen. All (everybody) together.

Sprechen Sie/Sprecht mir nach. Repeat after me.

(Nicht) Nachsprechen bitte. (Don't) Repeat after me.

Hören Sie/Hört nur zu. Nur zuhören bitte. Just listen.

Hören Sie/Hört gut zu. Listen carefully.

Lesen Sie/Lies den Satz (den Absatz) vor. Read the sentence (the paragraph) aloud.

Jeder liest einen Satz. Everyone should read one sentence.

Fangen Sie/Fang mit Zeile (17) an. Begin with line (17).

Nicht auf Seite (19), auf Seite (20). Not on page (19), on page (20).

Gehen Sie/Geh an die Tafel. Go to the board.

(Jan), gehen Sie/gehst du bitte an die Tafel? (Jan), will you please go to the board?

Wer geht an die Tafel? Who will go to the board?

Schreiben Sie/Schreib den Satz (das Wort) an die Tafel. Write the sentence (the word) on the board.

Schreiben Sie/Schreibt ab, was an der Tafel steht. Copy what is on the board.

Wer weiß es (die Antwort)? Who knows it (the answer)?

Wie sagt man das auf Deutsch (auf Englisch)? How do you say that in German (in English)?

Auf Deutsch bitte. In German please.

Verstehen Sie/Verstehst du die Frage (den Satz)? Do you understand the question (the sentence)?

Ist es (zu) schwer (leicht)? Is it (too) difficult (easy)?

Sind Sie/Seid ihr fertig? Are you finished?

Kommen Sie/Komm (morgen) nach der Stunde zu mir. Come see me (tomorrow) after class.

Jetzt machen wir weiter. Now let's go on.

Jetzt machen wir etwas anderes. Now let's do something different.

Jetzt beginnen wir etwas Neues. Now let's begin something new.

Das ist genug für heute. That's enough for today.

Hat jemand eine Frage? Does anyone have a question?

Haben Sie/Habt ihr Fragen? Do you have any questions?

Student Responses and Questions

Das verstehe ich nicht. I don't understand that.

Das habe ich nicht verstanden. I didn't understand that.

Ah, ich verstehe. Oh, I understand.

Ich weiß es nicht. I don't know (that).

Wie bitte? (*Said when you don't catch what someone said.*) Pardon./Excuse me?/ I'm sorry.

Wie sagt man … auf Deutsch (auf Englisch)? How do you say . . . in German (in English)?

Können Sie den Satz noch einmal sagen bitte? Can you repeat the sentence please?

Kann sie/er den Satz wiederholen bitte? Can she/he repeat the sentence please?

Ich habe kein Papier (Buch). I don't have any paper (a book).

Ich habe keinen Bleistift (Kuli). I don't have a pencil (a pen).

Auf welcher Seite sind wir? Welche Zeile? Which page are we on? Which line?

Wo steht das? Where is that?

Ich habe eine Frage. I have a question.

Was haben wir für morgen (Montag) auf? What do we have due for tomorrow (Monday)?

Sollen wir das schriftlich oder mündlich machen? Should we do that in writing or orally?

Wann schreiben wir die nächste Arbeit? When do we have the next paper (written work)?

Wann schreiben wir den nächsten Test? When do we have the next test?

Für wann (sollen wir das machen)? For when (are we supposed to do that)?

Ist das so richtig? Is that right this way?

(Wann) Können Sie mir helfen? (When) Can you help me?

(Wann) Kann ich mit Ihnen sprechen? (When) Can I see you?

Acknowledgments

The authors and publisher of *Deutsch heute, Enhanced Tenth Edition* would like to thank the following instructors for their thorough and thoughtful reviews of several editions of *Deutsch heute*. Their comments and suggestions were invaluable during the development of the Enhanced Tenth Edition.

Reviewers of Prior Editions

Reinhard Andress, *Saint Louis University*

Edwin P. Arnold, *Clemson University*

Carol Bander, *Saddleback College*

Ingeborg Baumgartner, *Albion College*

Marlena Bellavia, *Central Oregon Community College*

Leo M. Berg, *California State Polytechnic University*

Achim Bonawitz, *Wayne State University*

Renate Born, *University of Georgia*

Gabriele W. Bosley, *Bellarmine University*

Renate Briggs, *Wellesley, MA*

Christine Geffers Browne, *Brandeis University*

Yolanda Broyles-González, *University of Texas*

Peter F. Brueckner, *University of Oklahoma*

Iris Busch, *University of Delaware*

Phillip Campana, *Tennessee Technological University*

Jeannette Clausen, *Indiana University - Purdue University*

Alfred L. Cobbs, *Wayne State University*

Virginia M. Coombs, *University of Wisconsin*

Walter Josef Denk, *University of Toledo*

Irene Stocksieker Di Maio, *Louisiana State University*

Doris M. Driggers, *Reedley College*

Helga Druxes, *Williams College*

Ronald W. Dunbar, *Indiana State University*

Anneliese M. Duncan, *Trinity University*

Bruce Duncan, *Dartmouth College*

David Gray Engle, *California State University*

George A. Everett, *University of Mississippi*

Henry Geitz, *University of Wisconsin*

Ruth V. Gross, *North Carolina State University*

Todd C. Hanlin, *University of Arkansas*

Wilhelmine Hartnack, *College of the Redwoods*

Jeffrey L. High, *California State University*

Harald Höbusch, *University of Kentucky*

Ronald Horwege, *Sweet Briar College*

Doreen Kruger, *Concordia University*

Hildegrad Kural, *De Anza College*

Brian Lewis, *University of Colorado*

Sieglinde Lug, *University of Denver*

Charles Lutcavage, *Harvard University*

Frances Madsen, *Northeastern Illinois University*

David Pankratz, *Loyola University*

Mark Pearson, *Cottey College*

Manfred Prokop, *University of Alberta*

Claus Reschke, *University of Houston*

Michael Resler, *Boston College*

Roberta Schmalenberger, *Clark College*

Frangina Spandau, *Santa Barbara City College*

Barbara Starcher, *Memorial University*

Gerhard F. Strasser, *Pennsylvania State University*

Ulrike I. Stroszeck-Goemans, *Rochester Institute of Technology*

Carmen Taleghani-Nikazm, *Ohio State University*

Karin Tarpenning, *Wayne State University*

Heimy F. Taylor, *Ohio State University*

Gerlinde Thompson, *University of Oklahoma*

Elizabeth Thibault, *University of Delaware*

Friederike von Schwerin-High, *Pomona College*

Norman Watt, *St. Olaf College*

Barbara Drygulski Wright, *University of Connecticut*

Reviewers of the Tenth Edition

Inge Baird, *Anderson University*

Gabrielle Bersier, *Indiana University - Purdue University Indianapolis*

Gordon Birrell, *Southern Methodist University*

Klaus Brandl, *University of Washington*

Ralph Buechler, *University of Nevada*

Monika Campbell, *University of North Texas*

Christopher Clason, *Oakland University*

Stephen Della Lana, *College of Charleston*

Doris Driggers, *Willow International College Center*

Erika Duff, *Community College of Denver*

David Engle, *California State University - Fresno*

Garry Fourman, *Columbus State Community College*

Kerstin Gaddy, *Catholic University of America*

Ray Hattaway, *Florida State University*

Reinhard Hennig, *Northern Virginia Community College*

Robin Huff, *Georgia State University*

Stephanie Libbon, *Kent State University*

Kathryn Melchiore, *Camden County College*

Sermin Muctehitzade, *Northeastern University*

Franziska Nabb, *University of Nebraska - Kearney*

Mike Putnam, *Pennsylvania State University*

Dorian Roehrs, *University of North Texas*

Margaret Schleissner, *Rider University*

Frangina Spandau, *Santa Barbara City College*

Ulrike Stroszeck-Goemans, *Rochester Institute of Technology*

Geraldine Suter, *James Madison University*

Lisa Thibault, *University of Delaware*

Martha von der Gathen, *Marist College*

David Ward, *Norwich University*

Anthony Waskie, *Temple University*

Heide Witthöft, *Indiana University of Pennsylvania*

The authors wish to express their appreciation to Marilyn Uban at Oakland University for developing the attractive German calendar.

The authors would like to express their appreciation for the help of the Cengage Learning staff, and freelancers in the production of **Deutsch heute, Enhanced Tenth Edition.** We thank especially Harriet C. Dishman, Senior Content Developer, and Martine Edwards, Senior Product Manager for World Languages, for their support and guidance in the development of this **Enhanced Tenth Edition.** Without the expertise and diligence of Peggy Potter, our Development Editor, this new edition would not have happened. Peggy brought to the project the willingness and ability to transport our outline of changes into the actual pages of the textbook and then to contribute valuable editorial insights and ideas of her own. For all this the authors are grateful and thank her.

The authors also appreciate the work of other Cengage Learning personnel whose technical skills and talents made both the **Tenth Edition** and this **Enhanced Tenth Edition** possible. Judith Bach, former Acquiring Sponsoring Editor, organized the work on the **Tenth Edition** and saw that project to its conclusion; she also conceived the **Tenth Edition** video and shepherded it from script writing through filming in Germany to its final production. We thank Linda Rodolico for her tireless search for just the right photo or drawing, and we thank Anna Veltfort, who produced the drawings for the text exactly as we had envisioned them. A final thank you for their performance of often thankless tasks: the careful and expert copyediting by Karen Hohner, and the exacting and thorough proofreading by Esther Bach; both contributed their knowledge and their characteristic attention to detail.

Personen (Cast of Characters)

The following fictional characters appear regularly in the dialogues, some of the readings, many of the exercises, and also in the *Student Activities Manual* and tests. The characters are all students at either the *Universität Tübingen* or the *Freie Universität Berlin (FU Berlin)*.

Anna Riedholdt (1): First-semester English major with minors in German and art history at the *Universität Tübingen*. Becomes a good friend of Daniel. Lives in the same dormitory as Leon. Her home is in Mainz.

Daniel Kaiser (2): Third-semester law student. Interested in art. Becomes a good friend of Anna. Roommate of Felix. Home is in Hamburg.

David Carpenter (3): American exchange student at the *Universität Tübingen*. Knows Anna and her friends.

Felix Ohrdorf (4): Seventh-semester computer major. Daniel and Felix are roommates. Is a good friend of Marie.

Marie Arnold (5): Seventh-semester medical student. Is a good friend of Felix.

Sarah Beck (6): Fourth-semester German major (previously history). Is a good friend of Leon.

Leon Kroll (7): Third-semester English major. Lives in the same dormitory as Anna. Plays guitar in a band. Is a good friend of Sarah. Home is in Hamburg.

Franziska Berger (8): Attends the *FU Berlin (Freie Universität Berlin)*. Sister of Sebastian and friend of Anna from school days in Mainz.

Sebastian Berger (9): Attends the *FU Berlin*. Brother of Franziska and friend of Anna.

Michael Clason (10): American exchange student at the *FU Berlin*. Friends with Franziska and Sebastian. He knew Franziska when she was a German exchange student in the U.S.

Emily (11) and Jessica White (12): Two Americans who visit Franziska and Sebastian Berger in Berlin.

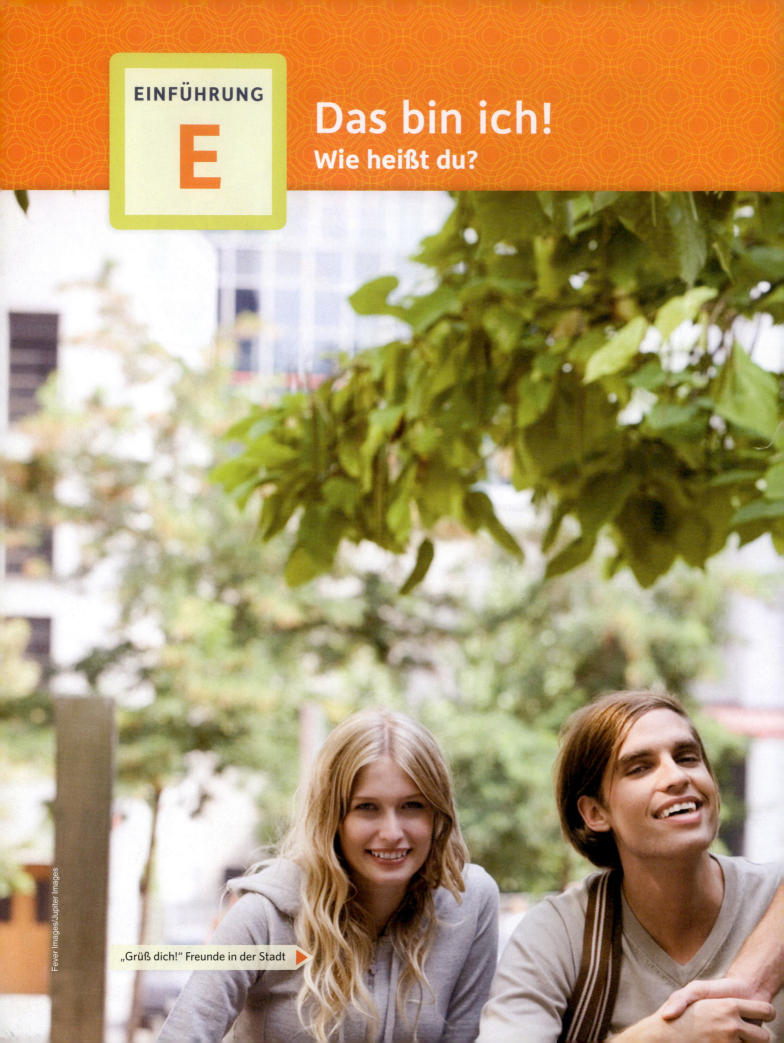

Das bin ich!

Wie heißt du?

„Grüß dich!" Freunde in der Stadt ▶

Fever Images/Jupiter Images

Lernziele *(Goals)*

Sprechintentionen *(Functions)*
- Greeting friends, greeting formally
- Asking people how they are
- Introducing oneself
- Giving and receiving personal information
- Saying good-bye

Wortschatz *(Vocabulary)*
- Greetings
- The alphabet
- Numbers
- Objects in a student's room
- Colors

Grammatik *(Grammar)*
- Gender of nouns
- Indefinite article
- Pronouns
- Noun-pronoun relationship

Land und Leute *(The Country and Its People)*
- Guten Tag
- Die deutsche Sprache heute
- Vorschau

RESOURCES

Bausteine für Gespräche
(Building Blocks for Conversation)

The dialogues in this section will help you acquire a stock of idiomatic phrases that will enable you to participate in conversations on everyday topics.

🔊 Listen to the dialogues without pausing, then pause the recording after every 5–7 syllables to repeat what you have heard.

🔊 Wie heißt du?

1-2 *Anna is next in line at the art department waiting to sign up for an excursion to Florence with her art class. While there she runs into Daniel, who is in the same class but whom she has never really met. She has to break off the conversation because she is next to go into the office.*

DANIEL: Hallo! Ich heiße Daniel. Und du?

ANNA: Grüß dich, Daniel! Ich bin Anna. Willst du auch nach Florenz?

DANIEL: Ja, ja.

ANNA: Toll … ah, ich bin jetzt dran. Also dann, bis bald.

DANIEL: Tschüss, Anna.

1 **Richtig oder falsch *(True or false)*?** If the statement agrees with what is in the dialogue, say **richtig.** If not, say **falsch.**

	Richtig	Falsch
1. Anna will nach Madrid.	_____	_____
2. Daniel will nach Florenz.	_____	_____
3. Daniel ist jetzt dran.	_____	_____

🔊 Wie heißen Sie?

1-3 *Anna goes into the office to sign up for the excursion to Florence.*

FRAU KLUGE: Bitte? Wie heißen Sie?

ANNA: Anna Riedholt.

FRAU KLUGE: Wie schreibt man das?

ANNA: R-i-e-d-h-o-l-t.

FRAU KLUGE: Und Ihre Adresse?

ANNA: Meine Adresse ist 72070 (sieben, zwei, null, sieben, null) Tübingen, Pfleghofstraße 5 (fünf), Zimmer 8 (acht).

FRAU KLUGE: Haben Sie auch eine E-Mail-Adresse?

ANNA: Ja, die Adresse ist ariedholt@gmx.de (ah-riedholt-ät-geh-emm-iks-Punkt-deh-eh).

FRAU KLUGE: Und Ihre Telefonnummer, bitte.

ANNA: Meine Handynummer ist 0178 550 77187.

FRAU KLUGE: Gut. Danke, Frau Riedholt.

ANNA: Bitte.

Wie heißt du? Wie heißen Sie? Both **du** and **Sie** are equivalent to *you* in English. See **Erweiterung des Wortschatzes** on page 8 for the difference between **du** and **Sie.**

The pronunciation of various elements of e-mail addresses is a mixture of English and German. English pronunciation is used for **E-Mail,** **@** = *at*, and **.com** = *dot com*. However, when talking about Internet domains, German speakers say **Punkt** rather than *dot* (for example, **.de** = **Punkt deh, eh** and **.com** = **Punkt com**).

2 **Richtig oder falsch?**

	Richtig	Falsch
1. Anna heißt auch Kluge, Anna Kluge.	_____	_____
2. Annas Adresse ist Pfleghofstraße 5.	_____	_____
3. Annas Handynummer ist 72070.	_____	_____

Lerntipp

1. **Cognates:** Words in different languages that are related in spelling and meaning and are derived from the same source language are called *cognates*. The words are often pronounced differently. There are hundreds of German-English cognates because the two languages have common roots. Name three cognates in the dialogues.

2. **False cognates:** Some words that look the same in German and English may not have the same meaning. These words are "false" cognates. Note that when Anna says: „**Also dann, bis bald!**" **also** means *well*. Other meanings of **also** are *therefore, thus, so*. The German word to express the English meaning *also* is **auch**.

---

 3 Wie heißt du? Get acquainted with members of your class. Introduce yourself to your fellow students and ask what their names are.

Getting acquainted

Student/Studentin 1 (S1):	*Student/Studentin 2 (S2):*
Ich heiße [Lukas]. Wie heißt du?	Ich heiße [Jana].

 4 Heißt du Sarah? See how well you remember the names of at least four fellow students. If you're wrong they will correct you.

Confirming information

Student/Studentin 1 (S1):	*Student/Studentin 2 (S2):*
Heißt du [Tim Schmidt]?	Ja⁺.
Heißt du [Lisa]?	Nein⁺. Ich heiße [Lea].

5 Wie heißen Sie? Ask your instructor for her/his name.

Asking someone's name

Student/Studentin:	*Herr⁺/Frau Professor⁺:*
Wie heißen Sie bitte?	Ich heiße [Lange].

When you say or write something, you have a purpose in mind. In this sense there is a function or intention you are stating or performing, such as exchanging information, praising, criticizing, greeting, or excusing oneself. In this book, such purposes and functions are given in the margin.

Lerntipp

Activities preceded by a pair or group symbol give you the opportunity to learn how to exchange ideas in German with other class members, either one-on-one 👥 or as a group 👥👥. The expressions for each partner or member of a group are in the left column; the responses for the other partner or group member are in the right column. Substitute your own words for those in brackets. Take turns asking questions and giving cues in interactive activities.

New vocabulary is indicated by a raised plus sign (⁺). The definitions of these words are found in the vocabulary lists in the sections called **Vokabeln**. The chapters have two **Vokabeln** sections, one in the **Bausteine für Gespräche** section and one in the reading section.

🔊 Wie geht es Ihnen?

1-4

PROFESSOR LANGE: Guten Morgen, Frau Riedholt. Wie geht es Ihnen?

ANNA RIEDHOLT: Guten Morgen, Herr Professor Lange. Gut, danke. Und Ihnen?

PROFESSOR LANGE: Danke, ganz gut.

🔊 Wie geht's?

1-5

DANIEL: Hallo, Anna.

ANNA: Grüß dich, Daniel. Wie geht's?

DANIEL: Ach, nicht so gut.

ANNA: Was ist los? Bist du krank?

DANIEL: Nein, ich bin nur furchtbar müde.

---

6 Richtig oder falsch?

	Richtig	Falsch
1. Es geht Professor Lange gut.	_____	_____
2. Es geht Daniel nicht so gut.	_____	_____
3. Daniel ist sehr[+] krank.	_____	_____

Greeting someone

7 Guten Tag. Greet different people in the class. Choose a time of day and greet your partner, who responds appropriately.

S1:	**S2:**
Guten Morgen.	Morgen. / Tag. / Abend. / Hallo. / Grüß dich.
Guten Tag.[+]	
Guten Abend.[+]	

Asking people how they are

8 Wie geht's? With a partner, simulate talking to a friend or to a professor using greetings and asking how you are.

Miserabel.[+] Danke, ganz gut. Nicht so gut. Fantastisch.[+]
Ich bin müde. Schlecht.[+] Ich bin krank. Es geht.[+] Sehr gut.

S1:	**S2:**
Hallo, [Paula]. Wie geht's?	Gut, danke.
Guten Tag, Herr/Frau Professor, wie geht es Ihnen?	Und dir?[+] Und Ihnen?[+]

Land und Leute

⊕ Web Search

Guten Tag

Adults in German-speaking countries often greet each other with a handshake. When one is first introduced or is in a formal situation, a handshake is expected. Greetings vary depending on the region and the speakers.

Expressions for greeting each other:
Guten Morgen! Morgen! *(informal)*
Guten Tag! Tag! *(informal)*
Hallo! *(informal)*
Hi! *(popular among young people)*
Grüß Gott! *(common in southern Germany, Austria)*
Grüezi! *(Switzerland)*
Grüß dich! *(informal)*
Salut! *(informal; Switzerland)*
Servus! *(used only between good acquaintances; southern Germany, Austria)*
Guten Abend! 'N Abend! *(informal)*
Moin, moin! *(northern German greeting)*

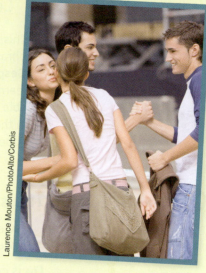

▲ „Hallo!" oder „Hi!"

Expressions for saying good-bye:
(Auf) Wiedersehen!
(Auf) Wiederschauen!
(Auf) Wiederhören! *(on the phone)*
Tschüss! *(informal)*
Adieu!
Ciao! *(informal)*
Ade! *(informal; southern Germany, Austria)*
Servus! *(used only between good acquaintances; southern Germany, Austria)*
Salut! *(informal; Switzerland)*
Gute Nacht! *(said at bedtime)*
Bis bald!
Bis dann!
Mach's gut!

▲ „Guten Tag!" oder „Auf Wiedersehen!"

Kulturkontraste

1. How do you greet people in English?
2. How do you say good-bye?
3. Make a list of several variations and say when you use them, with whom, and why.

Erweiterung des Wortschatzes 1
(Vocabulary Expansion)

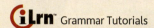 Grammar Tutorials

The subject pronouns *du* and *Sie*

Wie heißt **du**?	*What is your name? (What are **you** called?)*
Wie ist **deine** Telefonnummer?	*What is **your** telephone number?*

Du is equivalent to *you* and is used when addressing a relative, close friend, or person under approximately 15 years of age. Members of groups such as students, athletes, laborers, and soldiers also usually address each other as **du**. It is used when talking to one person and is referred to as the familiar form. **Dein(e)** is equivalent to *your*. It is used with a person to whom you say **du**. The word for *you* used to address more than one friend, relative, etc., will be explained in *Kapitel 1*.

In the tenth grade some teachers start to address pupils with **Sie**.

Wie heißen **Sie**?	*What is your name? (What are **you** called?)*
Wie ist **Ihre** Adresse?	*What is **your** address?*

Sie is also equivalent to *you* but is a more formal form of address, and is used when addressing a stranger or adult with whom the speaker is not on intimate terms. **Sie** is used when speaking to one person or to more than one person. **Ihr(e)** is equivalent to *your* and is used with a person to whom you say **Sie**. In writing, **Sie** and **Ihr(e)** are capitalized.

Dein and **Ihr** modify masculine and neuter nouns. **Deine** and **Ihre** modify feminine nouns. See the section on gender of nouns on page 16 of this chapter.

An = *to*; **Abs. (Absender)** = *sender*

Simone Berger

▲ Wie ist die Adresse von Christine Hanwalter?
Wie ist die Adresse von Nele Tatge?

Das Alphabet

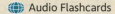 Audio Flashcards

The German alphabet has 26 regular letters and four special letters. They are pronounced as follows:

a	ah	**j**	jot	**s**	ess	**ä**	äh (a-Umlaut)
b	beh	**k**	kah	**t**	teh	**ö**	öh (o-Umlaut)
c	tseh	**l**	ell	**u**	uh	**ü**	üh (u-Umlaut)
d	deh	**m**	emm	**v**	fau	**ß**	ess-tsett, scharfes ess
e	eh	**n**	enn	**w**	weh		
f	eff	**o**	oh	**x**	iks		
g	geh	**p**	peh	**y**	üppsilon		
h	hah	**q**	kuh	**z**	tsett		
i	ih	**r**	err				

Capital letters are indicated by **groß: großes B, großes W**. Lowercase letters are indicated by **klein: kleines b, kleines w**.

9 **Wie schreibt man das?** Ask your instructor or a fellow student for her/his name. Then ask how to spell it. (Use the **Sie**-form in speaking with your instructor: **Wie heißen Sie?**)

Asking for information

BEISPIELE Wie heißt du?   *David Fischer.*
Wie schreibt man das?   *Deh-ah-fau-ih-deh. Eff-ih-ess-tseh-hah-eh-err.*

 10 **Abkürzungen** *(Abbreviations)* Pronounce the following abbreviations and have your partner write them down.

1. CD (= CD)
2. VW (= Volkswagen)
3. BMW (= Bayerische Motorenwerke)
4. WWW (= World Wide Web)
5. ICE (= Intercity express)
6. USA (= U.S.A.)

Philip Lange/Shutterstock.com

11 **Schreiben Sie das** *(Write that)* Spell several German words to a partner who will write them down. Then reverse roles. You may use the words listed or choose your own.

Providing information

tschüss
danke
bitte
Adresse
Telefonnummer
Kindergarten
Gummibärchen
Mercedes
Europa

Die Zahlen von 1 bis 1.000

🌐 Audio Flashcards

0 = null	10 = zehn	20 = zwanzig	30 = dreißig
1 = eins	11 = elf	21 = einundzwanzig	40 = vierzig
2 = zwei	12 = zwölf	22 = zweiundzwanzig	50 = fünfzig
3 = drei	13 = dreizehn	23 = dreiundzwanzig	60 = sechzig
4 = vier	14 = vierzehn	24 = vierundzwanzig	70 = siebzig
5 = fünf	15 = fünfzehn	25 = fünfundzwanzig	80 = achtzig
6 = sechs	16 = sechzehn	26 = sechsundzwanzig	90 = neunzig
7 = sieben	17 = siebzehn	27 = siebenundzwanzig	100 = hundert
8 = acht	18 = achtzehn	28 = achtundzwanzig	101 = hunderteins
9 = neun	19 = neunzehn	29 = neunundzwanzig	1.000 = tausend

Note the following irregularities:

- **Eins** *(one)* becomes **ein** when it combines with the twenties, thirties, and so on: **einundzwanzig, einunddreißig.**
- **Dreißig** *(thirty)* ends in **-ßig** instead of the usual **-zig.**
- **Vier** *(four)* is pronounced with long [ī], but **vierzehn** *(fourteen)* and **vierzig** *(forty)* are pronounced with short [i].
- **Sechs** *(six)* is pronounced [ṣeks], but **sechzehn** *(sixteen)* and **sechzig** *(sixty)* are pronounced [ṣeç-].
- **Sieben** *(seven)* ends in **-en**, but the **-en** is dropped in **siebzehn** *(seventeen)* and **siebzig** *(seventy)*.
- **Acht** *(eight)* is pronounced [axt], but the final **t** fuses with initial [ts] in **achtzehn** *(eighteen)* and **achtzig** *(eighty)*.

NOTE: Numbers in the twenties, thirties, and so on follow the pattern of the nursery rhyme "four-and-twenty blackbirds":

24 = **vierundzwanzig** *(four-and-twenty)*
32 = **zweiunddreißig** *(two-and-thirty)*

- German uses a period instead of a comma in numbers over 999.
- German uses a comma instead of a period to indicate decimals.

German	English
1.000 g (Gramm)	*1,000 g*
4,57 m (Meter)	*4.57 m*

Simple arithmetic is read as follows:

Addition: $5 + 3 = 8$. Fünf plus drei ist acht.

Subtraction: $5 - 3 = 2$. Fünf minus drei ist zwei.

Multiplication: $5 \times 3 = 15$. Fünf mal drei ist fünfzehn.

Division: $15 \div 3 = 5$. Fünfzehn (geteilt) durch drei ist fünf.

Using numbers

12 Rechnen *(Doing arithmetic)* Find a partner. On a piece of paper, each of you writes out five simple mathematical problems. Read your five problems to your partner and let her/him solve them; then solve your partner's five problems.

S1:
Wie viel⁺ ist drei plus zwei [3 + 2]?
Wie viel ist zehn minus acht [10 – 8]?

S2:
Drei plus zwei ist fünf.
Zehn minus acht ist zwei.

1-6

13 **Hören Sie zu (Listen)** Anna has a summer job working at the information desk of Karstadt, a large department store. This is her first day, so she doesn't know many of the employees' names yet. She has to ask the callers to spell the names. Write down the missing names and phone numbers.

lev dolgachov/Shutterstock.com

Three important new words are: **der Nachname** *(surname)*, **der Vorname** *(first name)*, **buchstabieren** *(to spell)*.

Vorname	Nachname	Telefonnummer
Aischa		
Kevin		
	Losso	

14 **Frage-Ecke** The charts in this activity show the postal codes of particular sections of cities in Germany, Austria, and Switzerland. Take turns with a partner and find out the postal codes that are missing in your chart. **S1**'s chart is below; the chart for **S2** is in *Appendix B*.

S1: Wie ist eine Postleitzahl von Berlin?
S2: Eine Postleitzahl von Berlin ist 10585. Wie ist eine Postleitzahl von Zürich?
S1:

10585 Berlin	60311 Frankfurt
_____ Zürich	_____ Wien
20095 Hamburg	5010 Salzburg
_____ München	

15 **Persönliche Informationen** Ask three of your fellow students for their names, addresses, phone numbers, and e-mail addresses. Then get the same information from your instructor. Remember to use **Sie** and **Ihre** with your instructor, and be sure to say thank you.

S1:	S2:
Wie heißt du?	[Olivia Tayler].
Wie ist deine Adresse?	[17 Wilson Street, Brewer, Maine].
Wie ist deine Postleitzahl?	[04412].
Wie ist deine Handynummer?	[207-555-2913].
Wie ist deine E-Mail-Adresse?	[olivia.tayler@gmail.com].
Danke.	Bitte.

Uli Gersiek

▲ Studenten vor der Hochschule in Bremen.

16 **Hören Sie zu** You will hear three requests for addresses. As you listen, choose the correct street numbers and the correct postal codes from the list and complete the sentences below accordingly.

1-7

2	72070
5	72072
13	82211
32	87569

BEISPIEL Anna Riedholts Adresse ist Pfleghofstraße _5_, Zimmer 8, _72070_ Tübingen.

1. Die Adresse von Professor Lange ist Hölderlinallee _____, _____ Tübingen.
2. Die Adresse von Siggis Snowboardschule ist Walserstraße _____, _____ Mittelberg.
3. Die Adresse von Autohaus Kärcher ist Panoramastraße _____, _____ Herrsching am Ammersee.

17 **Wie alt bist du?**[+] Find out the ages of four fellow students. Be sure you know their names. Write down the information.

S1:	S2:
Wie alt bist du?	Ich bin [19] Jahre[+] alt.

Vokabeln I
(Vocabulary)

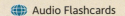 Audio Flashcards

In English, proper nouns like *Monday* or *America* are capitalized, but not common nouns like *address* or *street*. In German, all nouns are capitalized: proper nouns like **Montag** or **Amerika**, as well as common nouns like **Adresse** or **Straße**. Also unlike English, German does not capitalize proper adjectives. Compare the following:

> The German pronoun **Sie** *(you, formal)* and the possessive adjective **Ihr** *(your, formal)* are capitalized in writing. The pronoun **ich** *(I)* is not capitalized.

amerikanisch *American*   **englisch** *English*   **deutsch** *German*

Substantive und Pronomen *(Nouns and Pronouns)*

die **Frau** woman; **Frau** Mrs., Ms.
  (term of address for adult women)
der **Herr** gentleman; **Herr** Mr.
  (term of address for adult men)
der **Professor** *(m.)* /
  die **Professorin** *(f.)* professor
der **Student** *(m.)* / die **Studentin**
  (f.) student
das **Handy** cell phone
der **Abend** evening
der **Morgen** morning

der **Tag** day
(das) **Deutsch** German; German
  class
das **Jahr** year
die **Adresse** address
die **E-Mail** e-mail
die **Nummer** number
die **Straße** street, road
die **Telefonnummer** telephone
  number
die **Zahl** number, numeral

Pronomen *(Pronouns)*
ich I
du you *(familiar)*
Sie you *(formal)*

Possessivpronomen *(Possessive adjectives)*
mein(e) my
dein(e) your *(familiar)*
Ihr(e) your *(formal)*

Verben *(Verbs)*

sein to be
  ich bin I am
  Sie sind you are *(formal)*

du bist you are *(informal)*
er/es/sie ist he/it/she is

heißen to be named; to be called
buchstabieren to spell

Andere Wörter *(Other words)*

Grüße *(Greetings)*
Grüß dich! Hello! Hi!
Guten Morgen! Good morning!
Guten Tag! / Tag! Hello!
Guten Abend! Good evening!
Hallo! Hello! Hi!

Auf Wiedersehen *(Good-bye)*
Bis bald! See you soon!
Bis dann! See you then!
Gute Nacht! Good night!
Mach's gut! Take it easy!
Tschüss. So long! Good-bye!
  (informal)

Fragewörter *(Question words)*
wie how
wie viel how much; **wie viele**
  how many

Besondere Ausdrücke *(Special expressions)*

Ich heiße ... My name is . . .
Wie heißt du (heißen Sie)?
  What's your name?
Wie alt bist du (sind Sie)? How
  old are you?
Wie alt ist ... ? How old is . . . ?
Ich bin 19 Jahre alt. I'm 19 years
  old.
Wie geht's? How are you?
  (literally: How's it going?)
Es geht. OK., Not bad., All right.
Ganz gut. Not bad., OK.

Und dir? And you? How about
  you? *(familiar)*
Und Ihnen? And you? How about
  you? *(formal)*
Was ist los? What's wrong?
  What's the matter?
Wie ist deine (Ihre) Adresse?
  What's your address?
**Wie ist deine (Ihre) Telefon-
nummer?** What is your
  telephone number?

**Wie ist die Telefonnummer von
[Jonas Neumann]?** What is
[Jonas Neumann's] telephone
  number?
Wie schreibt man das? How do
  you spell that? *(literally: How
  does one write that?)*

Alles klar?

18 Antonyme With a partner, match up the appropriate opposites (**Gegenteile**) in the following two columns. Take turns asking questions and answering them.

> **S1:** Was ist das Gegenteil von **tschüss**?
> **S2:** Das Gegenteil von **tschüss** ist **hallo**.

1. _____ der Herr	a. der Student
2. _____ die Studentin	b. die Nacht
3. _____ der Morgen	c. Auf Wiedersehen!
4. _____ die Professorin	d. die Frau
5. _____ Guten Tag!	e. der Abend
6. _____ der Tag	f. der Professor

19 Ich bin Gabi! Gabi introduces herself. Read the text below and fill in the blanks with the following words.

Postleitzahl	E-Mail-Adresse
Telefon	Tag
bin	heiße
bis dann	Adresse

„Guten _____! Ich _____ Gabi, Gabi Sanders. Ich _____ 25 Jahre alt. Meine _____ ist Am Leibnitzplatz 24 in Bremen und die _____ ist 28259. Meine _____ ist gabi65@gmx.de und ich habe nur ein mobiles _____. Also, _____!"

20 Was passt? Match the following phrases and expressions with the appropriate image.

Wie ist Ihre Adresse?   Guten Abend!
Mach's gut!   Guten Morgen!

1. _____   2. _____

3. _____   4. _____

Land und Leute

Die deutsche Sprache heute

German is spoken by more than 200 million people worldwide. The number of German native speakers (100 million) ranks 10th in the list of world languages. The first four are: 1. Mandarin (873 million), 2. Hindi (370 million), 3. Spanish (350 million), 4. English (341 million). German is the first language of 24% of the residents of the European Union – more than any other language. German is the mother tongue of most residents of Germany, Austria, and many regions of Switzerland, as well as Luxembourg, Liechtenstein, and parts of northern Italy, eastern Belgium, and eastern France.

Fifteen percent of Americans and 10% of Canadians claim some German heritage. Around 1.3 million residents of the United States speak German at home. About 1,000 German citizens immigrate to Canada each year.

Many people associate German with its great poets and thinkers **(Dichter und Denker)** of the past, and it is true that German speakers still play an important role in literature, the arts, and the sciences. However, German is also an important language for the global economy. Germany is often called the powerhouse of Europe, and people who speak German have a very useful skill for the world economy. You may know some internationally important German firms such as Siemens, Adidas, Bayer, Bosch, BMW, Mercedes-Benz, or Volkswagen.

German is also an important language for international communications. After English, German is the most widely used language on the Internet. Germans love to travel. In many places in the United States, German tourists comprise the largest group of non-English-speaking visitors. Over 420,000 German tourists visit Canada each year.

For these reasons and many more, approximately 14 million people around the world are learning German as a second language. Most of them are in central and eastern Europe, but also 68% of Japanese students learn German. You should remember that when you learn German you are not only learning a commercial skill, you are also learning how culture, worldview, and language are intertwined.

Gianni Dagli Orti/CORBIS

▲ Johann Wolfgang von Goethe (1749–1832), großer deutscher Dichter

Yavuz Arslan/Peter Arnold Inc.

▲ Zwei Studentinnen aus China lernen in der Bibliothek der Universität Aachen.

Kulturkontraste

1. Discuss in class what you expect of the language-learning process. Which aspects do you think will be interesting or fun? Which aspects do you expect to be difficult? It might be helpful to interview a person who learned English as a second language.

2. Which German companies are you familiar with? Do you use any products produced by German companies?

Erweiterung des Wortschatzes 2

Gender of nouns (Substantive)

Masculine	Neuter	Feminine
the man ← he	the baby ← it	the woman ← she
	the computer ← it	
	the radio ← it	
	the lamp ← it	

Every English noun belongs to one of three genders: masculine, neuter, or feminine. The gender of a singular English noun shows up in the choice of the pronoun that is used to refer back to it.

The English type of gender system is one of natural gender. Nouns referring to male beings are masculine. Nouns referring to female beings are feminine. Nouns referring to young beings (if thought of as still undifferentiated as to sex) are neuter, and all nouns referring to inanimate objects are also neuter.

Masculine	Neuter	Feminine
der Mann+ ← er	das Kind+ ← es	die Frau ← sie
der Computer ← er	das Radio+ ← es	die Lampe ← sie

German, like English, generally uses a system of natural gender for nouns that refer to living beings. Unlike English, however, German also makes gender distinctions in nouns that do not refer to living beings. This type of gender system is one of grammatical gender.

- In German there are three groups of nouns: masculine (**der**-nouns), neuter (**das**-nouns), and feminine (**die**-nouns).
- The definite articles **der**, **das**, and **die** function like the English definite article *the*.
- Most nouns referring to males are **der**-nouns (**der Mann** = *man*), most nouns referring to females are **die**-nouns (**die Frau** = *woman*), and nouns referring to young beings are **das**-nouns (**das Kind** = *child*). Note that **der Junge+** (= *boy*) is a **der**-noun, but **das Mädchen+** (= *girl*) is a **das**-noun because all nouns ending in **-chen** are **das**-nouns.
- Other nouns belong to any one of the three groups: **der Computer, das Radio, die Lampe.**

Signals of gender

Like English, German signals the gender of a noun in the choice of the pronoun that is used to refer back to it: **er** is masculine, **es** is neuter, and **sie** is feminine. Unlike English, however, German also signals gender in the choice of the definite article that precedes a noun: **der** is masculine, **das** is neuter, and **die** is feminine.

Lerntipp

The article is the most powerful signal of gender. You should always learn a German noun together with its definite article, because there is no simple way of predicting the gender of a particular noun.

The suffix -in

Masculine	der **Student**
Feminine	die **Studentin**

The suffix **-in** added to a masculine noun gives the feminine equivalent. Other examples are:

der **Professor** / die **Professorin**
der **Amerikaner** / die **Amerikanerin**
der **Journalist** / die **Journalistin**

Ein Studentenzimmer *(student's room)* 🌐 Audio Flashcards

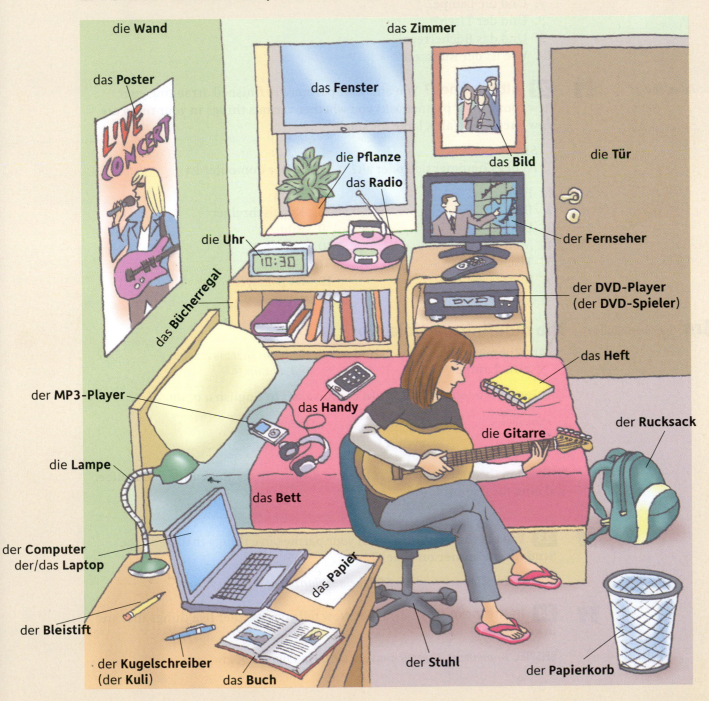

die **Wand**
das **Zimmer**
das **Poster**
das **Fenster**
die **Pflanze**
das **Bild**
die **Tür**
das **Radio**
die **Uhr**
der **Fernseher**
das **Bücherregal**
der **DVD-Player**
(der **DVD-Spieler**)
das **Heft**
der **MP3-Player**
das **Handy**
die **Gitarre**
der **Rucksack**
die **Lampe**
das **Bett**
der **Computer**
der/das **Laptop**
das **Papier**
der **Bleistift**
der **Kugelschreiber**
(der **Kuli**)
das **Buch**
der **Stuhl**
der **Papierkorb**

21 **Rollenspiel** *(role play)*: **Groß oder klein?** You are moving to a new room and your partner plans to help arrange the furniture. She/He asks whether certain items are large **(groß)** or small **(klein)**. Role-play with a partner.

BEISPIEL Ist das Zimmer groß oder klein?   *Das Zimmer ist [groß].*

1. Ist das Fenster groß oder klein?
2. Ist das Bett groß oder klein?
3. Ist der Fernseher groß oder klein?
4. Wie ist der Stuhl?
5. Ist die Pflanze groß oder klein?
6. Wie ist die Uhr?
7. Und die Lampe?
8. Und der Tisch?
9. Und das Bücherregal?
10. Wie ist der Rucksack?

Describing things

22 **Alt oder neu?** You and your partner are finished arranging your new room. Your partner asks you whether various things in your room are new **(neu)**, old **(alt)**, large, or small.

S1:
Ist der Computer neu oder alt?

S2:
Der Computer ist _____.

1. Fernseher
2. Bett
3. Lampe
4. MP3-Player
5. Tisch
6. Rucksack
7. Buch
8. Kugelschreiber
9. Bild
10. Poster
11. Gitarre
12. DVD-Player

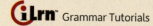 Grammar Tutorials

The indefinite article *ein*

Im Zimmer sind **ein Tisch** und **eine Lampe**.

In the room there is a table and a lamp.

The German indefinite article **ein** is equivalent to English *a* or *an*.

Masculine	Neuter	Feminine
ein Tisch	**ein** Bett	**eine** Lampe

In German the indefinite article has two forms: **ein** for masculine and neuter, and **eine** for feminine.

23 **Was ist im Zimmer?** Tell your partner five things that are in the **Studentenzimmer** on page 17.

BEISPIEL *Im Zimmer sind ein Stuhl, eine Pflanze, ...*

24 **In meinem** *(my)* **Zimmer** Now tell your partner five things that are in your room.

BEISPIEL *In meinem Zimmer sind ein Bett, ein Computer, ...*

Pronouns *(Pronomen)*

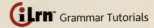

Wie alt ist **Daniel?**	*How old is **Daniel?***
Er ist zweiundzwanzig.	***He** is twenty-two.*
Wie alt ist **Anna?**	*How old is **Anna?***
Sie ist zwanzig.	***She** is twenty.*

A PRONOUN is a part of speech that designates a person, place, thing, or concept. It functions as a noun does. A pronoun can be used in place of a noun or a noun phrase.

Der Mann ist groß.	**Er** ist groß.	*He is tall.*
Der Stuhl ist groß.	**Er** ist groß.	*It is large.*
Das Kind ist klein.	**Es** ist klein.	*She/He is small.*
Das Zimmer ist klein.	**Es** ist klein.	*It is small.*
Die Frau ist groß.	**Sie** ist groß.	*She is tall.*
Die Lampe ist groß.	**Sie** ist groß.	*It is large.*

- In German the pronouns **er**, **es**, and **sie** may refer to people, places, or things.

- In English the singular pronoun referring to things *(it)* is different from those referring to people *(she, he)*.

NOTE: Referring to people, **groß** means *tall* and **klein** means *short* or *small*. Referring to things, **groß** means *large* or *big* and **klein** means *small* or *little*.

---

25 **Wie ist das Zimmer?** Michelle is seeing your room for the first time since you made some changes. She's trying to sort out which things are new and which are old. Respond using a pronoun instead of the noun.

BEISPIEL Ist der Tisch neu? *Ja, er ist neu.*

1. Ist der Stuhl alt?
2. Ist die Uhr neu?
3. Ist das Bücherregal alt?
4. Ist die Pflanze neu?
5. Ist die Lampe alt?
6. Ist der DVD-Player neu?
7. Ist das Poster neu?

 26 **Groß, klein, alt.** With your partner, look at the pictures of people and try to decide whether they are tall, short, or old. To get each other's opinions, form questions and answers by using the following words:

Personen:	Kind	Mann	Frau
Adjektive:	alt	groß	klein

S1: Ist die Frau alt?
S2: Nein, sie ist nicht[+] alt.

Die Farben *(Colors)* 🌐 Audio Flashcards

The following sentences should help you remember the colors.

Der Ozean ist **blau**.

Das Gras ist **grün**.

Die Schokolade ist **braun**.

Die Tomate ist **rot**.

Die Banane ist **gelb**.

Der Asphalt ist **schwarz**.

Describing things

Die Maus ist **grau**.

Das Papier ist **weiß**.

---

 27 **Welche⁺ Farbe** *(What color)*? Ask your partner the colors of five items in the student's room on page 17.

BEISPIELE   To ask what color something is, one asks:

> Welche Farbe hat [der Stuhl]?   *What color is [the chair]?*

To answer the question, one says:

> [Der Stuhl] ist [grau].   *[The chair] is [gray].*

28 **Welche Farbe hat das Land?** Germany has sixteen states **(Länder)**. With a partner, look at the map of Germany in the front of the book and ask each other questions about the **Länder**.

> *S1:* Welche Farbe hat [Bayern]?
> *S2:* Bayern ist blau.

Vokabeln II

🌐 Audio Flashcards
Tutorial Quizzes

Substantive (Nouns)

Menschen (People)

der **Junge** boy
der **Mann** man
das **Kind** child
das **Mädchen** girl

Im Zimmer (In the room)

der **Papierkorb** wastebasket
der **Stuhl** chair
der **Tisch** table
das **Bett** bed
das **Bild** picture, photo
das **Bücherregal** bookcase
das **Fenster** window
das (or der) **Poster** poster
das **Telefon** telephone
das **Zimmer** room

die **Lampe** lamp
die **Pflanze** plant
die **Tür** door
die **Uhr** clock, watch
die **Wand** wall

Für die Studenten (For students)

der **Bleistift** pencil
der **Computer** computer
der **Kugelschreiber** (der **Kuli**,
  colloquial) ballpoint pen
der/das **Laptop** laptop computer
der **Rucksack** backpack
das **Buch** book
das **Handy** cell phone
das **Heft** notebook
das **Papier** paper

Musik und Fernsehen (Music and TV)

der **CD-Player** (der **CD-Spieler**)
  CD player
der **DVD-Player** (der **DVD-Spieler**)
  DVD player
der **Fernseher** television set
der **MP3-Player** MP3 player
das **Radio** radio
die **Gitarre** guitar

Weitere Substantive (Additional nouns)

die **Bibliothek** library
die **Farbe** color
die **Nacht** night

Pronomen (Pronouns)

er he, it
sie she, it
es it

man one, people

Verben (Verbs)

haben to have
  ich habe I have
  Sie haben you have (formal)

du hast you have (informal)
er/es/sie hat he/it/she has

schreiben to write

Adjektive und Adverbien (Adjectives and adverbs)

auch also
da there
furchtbar terrible, horrible; very
krank sick, ill
müde tired
nicht not
nur only
sehr very (much)
so so; this way
toll great, fantastic, terrific

Gegenteile (Opposites)

alt ≠ **neu** old ≠ new
fantastisch ≠ **miserabel**
  fantastic ≠ miserable
groß ≠ **klein** large, big; tall
  (people) ≠ small; short (people)
gut ≠ **schlecht** good, well, fine ≠
  bad, badly
richtig ≠ **falsch** correct, right ≠
  false, wrong

Farben (Colors)

blau blue
braun brown
gelb yellow
grau gray
grün green
rot red
schwarz black
weiß white

For the numbers 1–1,000, see page 10.

Andere Wörter (Other words)

ach oh
also well
bitte please; you're welcome (after
  danke)
danke thanks; **danke**
  schön thank you very much
dann then

das the (neuter); that
der the (masculine)
die the (feminine)
ein(e) a, an
geteilt durch divided by (in
  division)
ja yes

mal times (in multiplication)
minus minus (in subtraction)
nein no
tschüss so long, good-bye
  (informal)
und and; plus (in addition)
von of

It is helpful to study vocabulary in groupings of related words. The words in these **Vokabeln** lists are therefore grouped into categories. All the nouns **(Substantive)** are grouped together, then the verbs **(Verben)**, and so on. Within those groupings, words that are thematically related are together, e.g., people **(Menschen)** or objects in a room **(Im Zimmer)**. Finally, nouns are also grouped by gender, i.e., **der**-nouns, **das**-nouns, and **die**-nouns.

Fragewörter (Question words)

wann when

welch(-er, -es, -e) which

Besondere Ausdrücke (Special expressions)

Bitte? May I help you?
Okay okay, OK
Welche Farbe hat ...? What color is . . . ?

(Wie) bitte? (I beg your) pardon.
Willst du nach [Florenz]? Are you planning to go to [Florence]?

Alles klar?

29 **Kategorien (Categories)** What doesn't fit?

1. a. Bett   b. Fenster   c. Pflanze   d. Tür
2. a. Junge   b. Mann   c. Student   d. Frau
3. a. Bleistift   b. Kind   c. Buch   d. Heft
4. a. grün   b. blau   c. groß   d. rot

30 **Gegenteile (Opposites)** What is the opposite?

1. klein ≠ _____
2. alt ≠ _____
3. richtig ≠ _____
4. schlecht ≠ _____
5. fantastisch ≠ _____

31 **Ergänzen Sie (Complete)!** Complete each question with an appropriate word.

1. —Welche _____ hat der Tisch?
   —Er ist braun.
2. —_____ alt bist du?
   —Ich bin einundzwanzig.
3. —_____ geht's?
   —Gut, danke. Und dir?
4. —Wie ist _____ Adresse?
   —Königstraße 112, in Stuttgart.
5. Danke, es geht mir gut, Herr Meier.
   Und _____?

„Sind wir immer noch nicht dran?" °

Sind ... dran: *Is it still not our turn?*

Eckhard Lange

Lerntipp

The vocabulary sections in each chapter contain the words and phrases that you are expected to learn actively. You should be able to understand them in many contexts and use them to express your own thoughts. Since everyone learns differently, try a variety of strategies to figure out what works best for you. Learn words both orally and in writing. One way is to cover the German and, looking at the English definition, say the German word and write it down. If you are in doubt or have made an error, mark the word, drill it, and return to it later. If you are a visual learner, flashcards can help. If you are an auditory learner, work with a study partner, or use the audio program to listen to the vocabulary.

Land und Leute

🌐 Web Search

Vorschau

In **Land und Leute**, you will learn about cultural aspects of the German-speaking world. German is not only spoken in Germany, but also in Switzerland, Austria, and the border regions Germany shares with other neighboring countries. The cultural information in this feature, therefore, encompasses a range of topics which are as rich and diverse as the regions in which varieties of the German language and varieties of distinct regional culture can be found.

Land und Leute includes information about the German language, both its history and its contemporary usage. Common greetings and farewells are introduced, and there is discussion of communicative functions of everyday language, such as asking for information. These are coupled with chapter vocabulary and topics. Other topics include introductions to various regions and areas in the German-speaking world, such as Austria or Switzerland. Throughout the chapters, you will find focused units on various important cities, for example, Berlin, Hamburg, Zurich, or Vienna, introducing important aspects of their long history or the many cultural activities they offer. Food culture is also featured, such as German-style breakfast, coffee house culture, or how to navigate restaurants in the German-speaking world.

Land und Leute also introduces a variety of issues of historical or contemporary significance in the German-speaking world. How do German families balance their careers and family planning, how does the education system work, what is college life like, how did the German separation and reunification happen and what did that mean in the context of the Cold War, and how does Germany handle its own multicultural and multiethnic society, socially, politically, and culturally?

Ultimately, these and many more cultural topics in **Land und Leute** invite you to compare and contrast the information presented here with your own cultural experience, whether it is rooted in North America or elsewhere.

▲ Wo spricht man Deutsch?

hsvrs/Istockphoto.com

▲ Städte und ihre Geschichte

Philip Lange/Shutterstock.com

▲ Kulturelle, soziale und politische Themen

Wiederholung (Review)

1 **Café Klappe** Complete the information about the **Café Klappe**.

1. Das Café Klappe ist ein _____, eine Bar und ein _____.
2. Der Jazzbrunch ist jeden *(every)* _____.

3. Die Musik ist _____.
4. Die Webseite ist _____.

2 **Studentenzimmer** Students needing rooms in Tübingen can consult the bulletin board in a popular student café. Below are three of the ads. Read them and answer the questions that follow. You don't have to understand every word in order to get the information you need.

[1]am looking for [2]**WG = Wohngemeinschaft:** *people sharing an apartment* [3]*vacant, available* [4]*to rent*

Ad 1

1. Wie heißt die Studentin?
2. Wie alt ist sie?
3. Wie ist die Adresse?
4. Wie ist die Handynummer?
5. Wie ist die E-Mail-Adresse?

Ad 2

1. Ist das Zimmer groß oder klein?
2. Ist es neu oder alt?
3. Wie alt ist der Medizinstudent?
4. Wie ist der Garten? Groß oder klein?
5. Wie ist die Adresse?
6. Wie ist die Telefonnummer?

Ad 3

1. Ist das Zimmer groß oder klein?
2. Wie ist das Fenster? Groß oder klein?
3. Im Zimmer sind ein _____, ein _____, ein _____ und zwei _____.
4. Wie heißt der Vermieter *(landlord)*?
5. Wie ist die Adresse?
6. Wie ist die Handynummer?
7. Wie ist die E-Mail-Adresse?

3 **Geburtstage!** Read the birth announcement and then answer the questions. You don't need to understand all the words to get the information required.

1. Wie heißt das Baby?
2. Wie alt ist Jan Lukas heute?
3. Wie ist Jans Adresse?
4. Wie ist seine Telefonnummer?
5. Wie heißen Jans Mutter *(mother)* und Vater *(father)*?
6. Wer ist Franziska?

> Unser Sohn heißt
>
> ### Jan Lukas
>
> und ist am 14. Juli 2009 um 20.13 Uhr auf die Welt gekommen.
> Gewicht: 3.000 g
> Größe: 50 cm
>
> Johanna und Timo Mühlhäuser
> sind die überglücklichen Eltern,
> Franziska ist die überglückliche Schwester.
>
> Schönbichlstraße 14
> 82211 Herrsching am Ammersee
> Telefon: 08152-1538

4 Gespräche *(Conversations)*

1. Talk to classmates whose names you remember. Greet them and ask how they are.
2. Introduce yourself to classmates you don't know. Ask for their telephone numbers and e-mail addresses.
3. Ask some of your classmates how to spell their names and be prepared to spell your own for them.

5 Zum Schreiben *(For writing)*

1. **Mein Zimmer.** Identify fifteen items in your classroom or dorm room. List them by gender. Then describe five of the items using full sentences.

BEISPIEL der Stuhl   *Der Stuhl ist braun. Er ist nicht groß.*

2. **Eine E-Mail.** Send an e-mail to your instructor giving the information below.
Ich heiße _____. Ich bin _____ Jahre alt. Meine Adresse ist _____.

Meine Handynummer ist _____. Meine E-Mail-Adresse ist _____.

Freizeit und Sport

Was machst du am Wochenende?

Freunde beim Joggen ▶

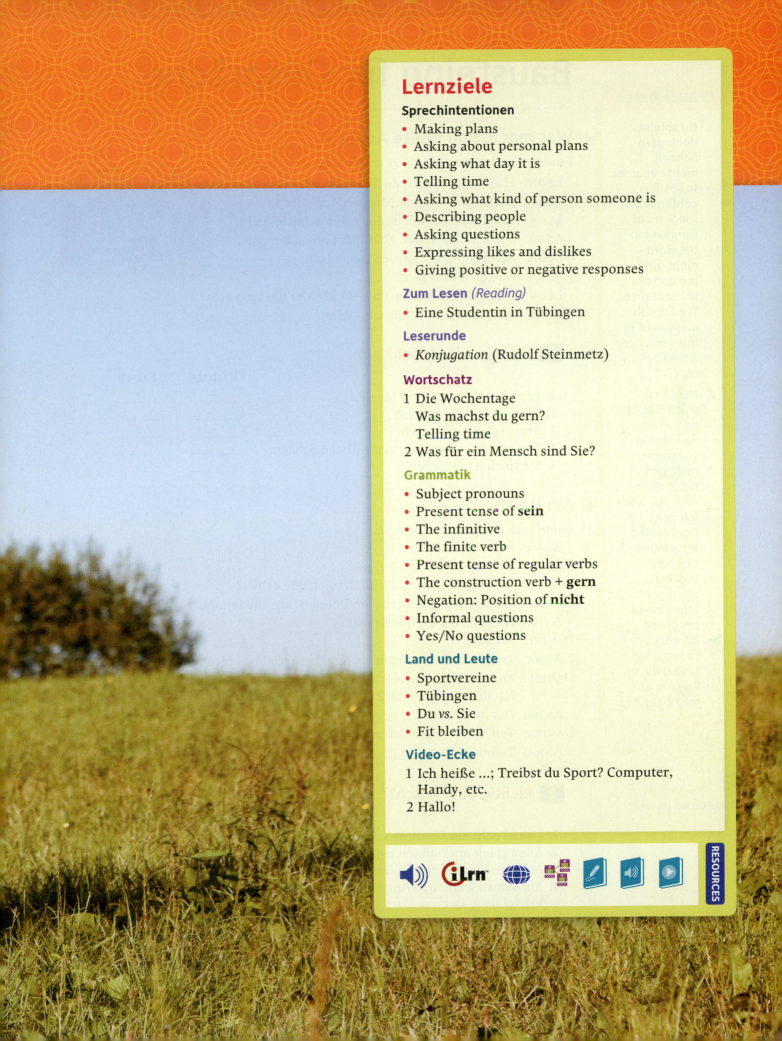

Lernziele

Sprechintentionen
- Making plans
- Asking about personal plans
- Asking what day it is
- Telling time
- Asking what kind of person someone is
- Describing people
- Asking questions
- Expressing likes and dislikes
- Giving positive or negative responses

Zum Lesen *(Reading)*
- Eine Studentin in Tübingen

Leserunde
- *Konjugation* (Rudolf Steinmetz)

Wortschatz
1 Die Wochentage
  Was machst du gern?
  Telling time
2 Was für ein Mensch sind Sie?

Grammatik
- Subject pronouns
- Present tense of **sein**
- The infinitive
- The finite verb
- Present tense of regular verbs
- The construction verb + **gern**
- Negation: Position of **nicht**
- Informal questions
- Yes/No questions

Land und Leute
- Sportvereine
- Tübingen
- Du *vs.* Sie
- Fit bleiben

Video-Ecke
1 Ich heiße ...; Treibst du Sport? Computer, Handy, etc.
2 Hallo!

Bausteine für Gespräche

Brauchbares

1. **Du spielst doch gern Schach, nicht?** In order to ask for confirmation, speakers of German tag the word **nicht** onto the end of the sentence. The English equivalent in this sentence would be *right*?

2. Note that when Daniel tells Anna he is going swimming, he begins his sentence with **du. (Du, ich gehe am Donnerstag schwimmen.)** German speakers often get the attention of people or introduce a thought by saying **du**. In English, one might say *hey*.

A. Gehen wir ins Kino?

◀)) Was machst du heute Abend?

1-8 *Leon lives in the same dormitory as Anna. He goes to see her.*

LEON: Hallo, was machst du heute Abend?
ANNA: Nichts Besonderes. Musik hören oder so.
LEON: Ich glaube, du spielst doch gern Schach, nicht?
ANNA: Schach? Ja, schon. Aber nicht besonders gut.
LEON: Ach komm, wir spielen zusammen, ja?
ANNA: Na gut. Und wann?
LEON: Ich weiß nicht ... so um sieben? Oder um halb acht?
ANNA: Halb acht ist gut. Also, bis dann.

1 Richtig oder falsch?

	Richtig	Falsch
1. Leon hört heute Abend Musik.	_____	_____
2. Leon spielt gern Schach.	_____	_____
3. Anna spielt gut Schach.	_____	_____
4. Anna und Leon spielen heute Abend Schach.	_____	_____
5. Sie spielen um sieben.	_____	_____

◀)) Am Handy

1-9 *Daniel calls Anna on his cell phone.*

ANNA: Ja?
DANIEL: Hallo, Anna. Hier ist Daniel.
ANNA: Ach, das ist ja nett. Hallo, Daniel. Wie geht's?
DANIEL: Ganz gut. Du, ich gehe am Donnerstag schwimmen. Hast du Zeit?
ANNA: Nein, da habe ich Volleyball.
DANIEL: Schade!
ANNA: Ja, ich schwimme nämlich total gern. Geht es nicht am Samstag?
DANIEL: Am Samstag arbeite ich. Aber nur bis Viertel nach zwei. Am Nachmittag habe ich Zeit.
ANNA: Das ist doch gut.
DANIEL: Toll. Dann telefonieren wir am Freitag noch mal. Tschüss, Anna.
ANNA: Tschüss, Daniel.

2 Richtig oder falsch?

	Richtig	Falsch
1. Daniel geht am Dienstag schwimmen.	_____	_____
2. Anna spielt am Donnerstag Volleyball.	_____	_____
3. Anna und Daniel telefonieren am Freitag.	_____	_____
4. Am Samstag arbeiten Anna und Daniel bis Viertel nach zwei.	_____	_____
5. Am Nachmittag gehen sie zusammen schwimmen.	_____	_____

Erweiterung des Wortschatzes 1

Die Wochentage

Welcher Tag ist heute?	*What day is it today?*
Heute ist Montag.	*Today is Monday.*
Dienstag	*Tuesday*
Mittwoch	*Wednesday*
Donnerstag	*Thursday*
Freitag	*Friday*
Samstag (*in southern Germany*)	*Saturday*
Sonnabend (*in northern Germany*)	
Sonntag	*Sunday*

J. Welcher Tag ist heute?
K. Hat Dennis am Mittwoch Deutsch?

Monday (**Montag**) is considered the first day of the week in German-speaking countries. As a result, calendars begin with **Montag** rather than **Sonntag**. **Sonnabend** is a regional variant for Saturday, especially in northern Germany.

❈ OKTOBER ❈

Montag	Dienstag	Mittwoch	Donnerstag	Freitag	Samstag	Sonntag
		1	2	3 Tag der dt. Einheit	4	5
6	7	8	9	10	11	12
13	14	15	16	17	18	19
20	21	22	23	24	25	26
27	28	29	30	31		

3 **Frage-Ecke** You and a partner are talking about Emily, Matthew, Sarah, and Andrew. Take turns finding out which subjects they study on which days. Note that Germans use the word **am** with days of the week: **am Montag**. **S1**'s information is below; the information for **S2** is in *Appendix B*.

S1:
Was hat Matthew am Dienstag und Donnerstag?

Deutsch. Was hat ...?

S1: ...

S2:
Mathe. Was hat Matthew am Montag, Mittwoch und Freitag?

	Montag	Dienstag	Mittwoch	Donnerstag	Freitag
Matthew	Deutsch		Deutsch		Deutsch
Emily		Biologie		Biologie	
Sarah		Musik		Musik	
Andrew	Psychologie		Psychologie		Psychologie

Was machst du gern?

B. Was machst du?
E. Wer ich bin und was ich
gern mache.

das Yoga;
Yoga machen

der Fußball;
Fußball spielen

das Schach;
Schach spielen

das Tennis;
Tennis spielen

die Karten;
Karten spielen

das Tischtennis;
Tischtennis spielen

der Basketball;
Basketball spielen

das Computerspiel;
ein Computerspiel spielen

das Inlineskating;
inlineskaten gehen

der Volleyball;
Volleyball spielen

das Gewichtheben;
Gewichte heben

das Golf;
Golf spielen

das Fitnesstraining;
Fitnesstraining machen

das Internet;
im Internet surfen

das Jogging;
joggen gehen

4 **Das mache ich gern** Say you do the following activities by selecting the proper verb from the options below.

Expressing likes and dislikes

| gehe   hebe   spiele   surfe   mache |

1. Ich _____ gern Fußball.
2. Ich _____ gern Computerspiele.
3. Ich _____ gern Schach.
4. Ich _____ oft[+] Yoga.
5. Ich _____ oft Gewichte.
6. Ich _____ gern inlineskaten.
7. Ich _____ auch oft joggen.
8. Ich _____ gern im Internet.

5 **Was machst du?** Ask a few classmates what they are going to do in their free time. **S2** may use expressions from the options below.

Asking about personal plans

| gehe inlineskaten   gehe spazieren[+]   mache Fitnesstraining
mache Deutsch   gehe ins Kino   gehe wandern[+]
gehe joggen   gehe tanzen[+]   spiele Tennis
surfe im Internet   gehe schwimmen   höre Musik |

S1:
Was machst du | **heute Morgen[+]?**
| heute Nachmittag[+]?
| heute Abend?
| am Montag?

S2:
Ich **arbeite**.

6 **Wie gern? Wie oft?** In the table below, check what you like doing (**gern/nicht so gern**) and how often you do these activities (**oft/nicht so oft**). Then report to class one of each category.

BEISPIEL Ich tanze nicht so oft.

	gern	nicht so gern	oft	nicht so oft
tanzen				
wandern				
schwimmen				
joggen				
arbeiten				
Basketball spielen				

7 **Hören Sie zu** You will hear Anna and Daniel talking about their plans for the afternoon. Indicate whether the statements below are **richtig** or **falsch** according to the conversation you have heard. You will hear one new word: **warum** (why).

1-10

	Richtig	Falsch
1. Anna ist nicht sportlich.	_____	_____
2. Daniel und David gehen inlineskaten.	_____	_____
3. Anna geht mit Daniel und David inlineskaten.	_____	_____
4. Anna, Daniel und David spielen Tennis.	_____	_____
5. Heute Abend hören sie Musik.	_____	_____
6. Anna hört nicht gern Blues.	_____	_____
7. David hat Karten für eine Bluesband.	_____	_____

Telling time

Wie viel Uhr ist es?[+]
Wie spät ist es?[+]

} *What time is it?*

	Method 1	Method 2
1.00 Uhr	Es ist eins.	Es ist eins.
	Es ist ein Uhr.	Es ist ein Uhr.
1.05 Uhr	Es ist fünf (Minuten) nach eins.	Es ist ein Uhr fünf.
1.15 Uhr	Es ist Viertel nach eins.	Es ist ein Uhr fünfzehn.
1.25 Uhr	Es ist fünf (Minuten) vor halb zwei.	Es ist ein Uhr fünfundzwanzig.
1.30 Uhr	Es ist halb zwei.	Es ist ein Uhr dreißig.
1.35 Uhr	Es ist fünf nach halb zwei.	Es ist ein Uhr fünfunddreißig.
1.45 Uhr	Es ist Viertel vor zwei.	Es ist ein Uhr fünfundvierzig.
1.55 Uhr	Es ist fünf (Minuten) vor zwei.	Es ist ein Uhr fünfundfünfzig.
2.00 Uhr	Es ist zwei Uhr.	Es ist zwei Uhr.

With a few exceptions, these two methods parallel the ways English indicates clock time.

Method 1   Es ist Viertel nach acht.   *It's a quarter past eight.*
Method 2   Es ist acht Uhr fünfzehn.   *It's eight-fifteen.*

In conversational German, method 1 is used to indicate time. Notice that the **-s** of **eins** is dropped before the word **Uhr**. The expression with **halb** indicates the hour to come, not the preceding hour: **halb zwei = 1.30 Uhr.**

Mein Zug fährt um **7.30 Uhr [7 Uhr 30]**.   *My train leaves at 7:30 AM.*
Das Konzert beginnt um **19.30 Uhr [19 Uhr 30]**.   *The concert begins at 7:30 PM.*

In official time, such as train and plane schedules and concerts, method 2 is used. Official time is indicated on a 24-hour basis.

Um wie viel Uhr spielen wir Tennis?   *(At) what time are we playing tennis?*
Um halb neun.   *At 8:30.*

German uses **um** + a time expression to ask or speak about the specific hour at which something will or did take place.

Wann spielen wir Tennis?   *When are we playing tennis?*
Morgen. **Um** 8.30 Uhr.   *Tomorrow. At 8:30.*

The question word **wann** (*when, at what time*) can imply a request for a specific time (e.g., **um 8.30 Uhr**) or a general time (e.g., **morgen**).

> The following methods are used to express clock time.
>
> Note that German uses a period instead of a colon in time expressions.

> University classes usually start at quarter past the hour. A lecture beginning at 9:15 AM would be listed: 9.00 c.t. (*cum tempore*). If the lecture started on the hour, it would be listed: 9.00 s.t. (*sine tempore*).

8 **Frage-Ecke** Some of the clocks in this activity show particular times. Others are blank. Take turns with a partner and find out the times that are missing on your clocks. **S1**'s clocks are below; the clocks for **S2** are in *Appendix B*.

S1:
Nummer 1. Wie viel Uhr ist es?
Es ist ...

S2:
Es ist Viertel nach neun. (Es ist neun Uhr fünfzehn.) Und Nummer 2? Wie spät ist es?

S1: ...

1.

2.

3.

23.55

4.

5.

6.

9 **Annas Terminkalender** *(Appointment calendar)* Say what Anna's plans are by consulting her calendar and answering the questions.

```
September
9 Donnerstag
7 Uhr
8 00   8.10 Deutsch
9 00
10 00  Bibliothek
11 00  Bibliothek
12 00  Tennis mit Daniel
13 00
14 00  14.45 schwimmen
15 00
16 00  arbeiten
17 00  arbeiten
18 00  arbeiten
19 00
20 00  20.15 Kino mit Leon, Daniel und Marie
```

1. Welcher Tag ist heute?
2. Wann hat Anna Deutsch?
3. Um wie viel Uhr ist Anna in der Bibliothek⁺?
4. Wann spielen Anna und Daniel Tennis?
5. Geht Anna um 1 Uhr schwimmen?
6. Arbeitet sie um 5 Uhr?
7. Wann geht Anna ins Kino?

10 **Hören Sie zu** You are calling to find out what time it is. Listen to the
1-11 times and indicate the time you hear.

1. a. 8.45   b. 4.58   c. 18.45

2. a. 17.32   b. 7.23   c. 7.32

3. a. 1.15   b. 15.01   c. 5.01

4. a. 2.21   b. 21.02   c. 20.21

5. a. 5.36   b. 6.53   c. 3.56

 11 **Hören Sie zu** Daniel was gone for a week and his friends left
1-12 messages on his voice mail to remind him of meeting times. Indicate which
statements are correct. You will hear the new word **vergiss** *(forget)*.

1. Anna und Daniel spielen am Montag _____ Tennis.
   a. um 8.15 Uhr   c. um 15.08 Uhr
   b. um 18.15 Uhr
2. David und Daniel gehen am Dienstag _____ ins Kino.
   a. um 7.45 Uhr   c. um 8.45 Uhr
   b. um 8.15 Uhr
3. Daniel und Felix sehen Professor Lange am Freitag _____.
   a. um 5.06 Uhr   c. um 16.05 Uhr
   b. um 6.05 Uhr
4. David und Daniel spielen am Samstag _____ mit Felix und Anna
   Fußball.
   a. um 9.30 Uhr   c. um 18.30 Uhr
   b. um 8.30 Uhr

Sportangebote =
selection of sports;
Breitensport =
popular sports

TSV Starnberg von 1880

Wie sind die Öffnungszeiten?
Gibt es Tennis?
Gibt es Kurse?

Vokabeln **I**

Audio Flashcards
Tutorial Quizzes

Substantive

Freizeit (*Leisure time*)

das **Computerspiel** computer game

das **Internet** Internet; **im Internet surfen** to surf the Internet

das **Kino** movies; **ins Kino gehen** to go to the movies

das **Schach** chess

die **Karte** card; **Karten spielen** to play cards

die **Musik** music; **Musik hören** to listen to music

Sport treiben (*Doing sports*)

der **Basketball** basketball
der **Fußball** soccer
der **Volleyball** volleyball

das **Fitnesstraining** fitness training; **Fitnesstraining machen** to work out

das **Gewichtheben** weightlifting; **Gewichte heben** to lift weights

das **Golf** golf

das **Inlineskating** in-line skating; **inlineskaten gehen** to go in-line skating

das **Jogging** jogging

das **Tennis** tennis

das **Tischtennis** table tennis

das **Yoga** yoga; **Yoga machen** to do yoga

Weitere Substantive

der **Montag** Monday
der **Dienstag** Tuesday

der **Mittwoch** Wednesday
der **Donnerstag** Thursday
der **Freitag** Friday
der **Samstag** (*in southern Germany*) Saturday
der **Sonnabend** (*in northern Germany*) Saturday
der **Sonntag** Sunday
der **Wochentag**, die **Wochentage** (*pl.*) day of the week
der **Nachmittag** afternoon
(das) **Deutsch** German language
das **Viertel** quarter
die **Minute**, die **Minuten** (*pl.*) minute
die **Woche** week
die **Zeit** time

Verben

arbeiten to work
gehen to go
glauben to believe
heben to lift
hören to hear, to listen to
joggen to jog

kommen to come
machen to do; to make
schwimmen to swim
spazieren gehen to go for a walk
spielen to play
surfen to surf

tanzen to dance
telefonieren to telephone
wandern to hike; to go walking
wissen to know; **ich weiß, du weißt, er/es/sie weiß**

Adjektive und Adverbien

besonders especially, particularly
da then; there
gern(e) gladly, willingly; *used with verbs to indicate liking, as in* **Ich spiele gern(e) Tennis.**
halb half
heute today

morgen tomorrow
spät late
heute [Abend] this [evening]
hier here
nämlich after all; you know; you see
nett nice

oft often
schade that's too bad, a pity
schon that's true of course; already
total (*slang*) completely, utterly
viel much
zusammen together

Andere Wörter

aber but, however
bis until
doch (*flavoring particle*) really, after all, indeed

ja yes; (*flavoring particle*) indeed, of course
na well; **Na gut!** All right
nach after
nichts nothing

oder or
vor before
was what
wir we

> Flavoring particles (**doch, ja,** etc.) express a speaker's attitude about what is being said.

Besondere Ausdrücke

am [Donnerstag] on [Thursday]
[Deutsch] machen to do [German homework]
Du! Hey!
Geht es nicht? Won't that work?

Geht es? Will that work? Will that be OK?
in der Bibliothek in the library
Nicht (wahr)? (*tagged on at end of sentence*) Isn't that right? Don't you agree?

Du spielst doch gern Schach, nicht (wahr)? You like to play chess, don't you?
nichts Besonderes nothing special
noch mal once more

(continued)

(continued)

oder so or something
Welcher Tag ist heute? What day is it today?

Die Uhrzeit *(Clock time)*
[ein] Uhr [one] o'clock

halb eins twelve-thirty
fünf Minuten nach zwei five minutes after two
um [sieben] at [seven] (o'clock)
Viertel nach a quarter after

Viertel vor a quarter to
Wie spät ist es? What time is it?
Wie viel Uhr ist es? What time is it?

F. Ja, so ist es.
G. Gespräche
H. Was? Wann?
I. Wer sind Sie?
J. Hallo, Tobias!

Alles klar?

12 **Was passt nicht?** What doesn't fit?

1. a. schwimmen   b. heben   c. wissen   d. tanzen
2. a. Mittwoch   b. Zeit   c. Sonnabend   d. Dienstag
3. a. Tennis   b. Volleyball   c. Fußball   d. Schach

13 **Ergänzen Sie!** Complete each dialogue with an appropriate word.

1. —Wie viel _____ ist es?
   —Es ist Viertel nach sieben.
2. —Gehst du heute ins _____?
   —Ja, der neue Film mit Brad Pitt kommt heute.
3. —Wir gehen heute Abend tanzen. Kommst du mit?
   —Ich _____ es noch nicht. Eigentlich bin ich jetzt schon müde.
4. —Ist es schon _____?
   —Ja, es ist schon dreiundzwanzig Uhr.

14 **Was ist das?** Match the pictures with the correct statements.

1. _____

2. _____

3. _____

4. _____

Michael schwimmt gerne in seiner Freizeit.
Lily spielt oft Computerspiele.
Stefanie spielt in ihrer Freizeit oft Schach.
Inga spielt am Montag Fußball.
Sophie telefoniert oft und lange.
Michael joggt am Montag um 14.00 Uhr.

Land und Leute

Web Search

Sportvereine

In Germany, Austria, and Switzerland, people of all ages engage in sports. For more than 100 years sports clubs (**Sportvereine**) have been an important part of life in German-speaking countries. People who want to participate in competitive sports (**Hochleistungssport**) join a club (**Sportverein**). School sports are intramural rather than intermural. Athletes are not recruited by schools, and athletic scholarships are uncommon. In Germany alone, there are approximately 90,000 **Sportvereine** with 27 million registered members. Approximately 2.7 million people work as volunteers in these organizations.

Andrew Olney/Jupiter Images

▲ Fußball ist der populärste Sport in Deutschland.

The **Sportvereine** sponsor sports for almost every possible athletic interest. Clubs exist for sports as varied as badminton (**Badminton**), track and field (**Leichtathletik**), mountainbiking (**Mountainbiken**), or waterskiing (**Wasserskilaufen**) and, of course, the world's most popular sport, soccer (**Fußball**). In recent years, American football has made inroads in Europe and is represented in the German Sport Association (**Deutscher Sportbund**). The **Deutscher Sportbund** is the umbrella organization of individual clubs and sponsors national campaigns that encourage fitness and participation in sports. There are special activities and clubs for disabled athletes. Most of the **Sportvereine** and sports facilities are subsidized by the 16 federal states and local governments as well as private firms. Even the smallest village has its own **Verein,** which also plays an important part in the social life of the town.

Millions of people compete in running (**Laufen**), biking (**Radfahren**), swimming (**Schwimmen**), tennis (**Tennis**), and skiing (**Skilaufen**) events every year on the local, national, or international level. Those who win or finish receive badges of merit as a sign of personal accomplishment. However, for most people who play sports, the primary purpose is not to win games but to be physically active and socialize with people.

Fußball is the most popular sport in the German-speaking countries. The German Football Association (**Deutscher Fußball-Bund**) has more than 6.5 million members. More than 656,000 women play soccer. Germany has separate professional soccer leagues (**Bundesligen**) for men and women. Germany has won the World Cup in men's soccer four times; the 2014 win was Germany's first as a unified country.

Worldwide 250 million people play soccer, including 30 million women. In the USA the total participation is 18.2 million, with just under 40% of participants being women.

Kulturkontraste

People in German-speaking countries who want to become professional athletes would probably begin their careers by joining a local **Sportverein.** How does this compare to the career path for a professional athlete in your country?

K. Kulturkontraste
1. Sportvereine

Zum Lesen

🌐 Web Links

> ### Lerntipp
>
> Each chapter of *Deutsch heute* contains a reading section. The readings are designed to broaden your knowledge and familiarity with the culture, customs, history, and current life in Germany, Austria, and Switzerland.
>
> Each reading is accompanied by pre-reading and post-reading activities. In the initial pre-reading activities, called **Vor dem Lesen** *(Before reading)*, you will be asked to think about what you already know about the reading topic or about what information and vocabulary you would expect to encounter in a reading on the topic at hand. **Vor dem Lesen** may also include a visual (e.g., an ad or a photo) for you to interpret as a way to stimulate your thinking about the upcoming reading. In subsequent reading activities, called **Beim Lesen** *(While reading)*, you will find suggestions for things to look for as you work through the text. In the post-reading section, called **Nach dem Lesen** *(After reading),* activities such as **Fragen zum Lesestück** *(Questions about the reading)* help you check your comprehension and express your own views on the reading topic.
>
> In the **Vor dem Lesen, Beim Lesen,** and **Nach dem Lesen** activities, German words that are new and that you should learn and be able to use are followed by a superscript plus sign[+]. These words and their definitions are listed in the **Vokabeln** section following the reading. Other unfamiliar words are defined in the margin.

Vor dem Lesen

15 **Die erste** *(first)* **E-Mail** What would you write about your college or university and your living arrangements in your first e-mails to friends? Make a list.

16 **Ein Vergleich** *(Comparison)* Glance at the form of the e-mail and compare it to that of an e-mail you might write. What is in the first line of the e-mail?

Beim Lesen

17 **Kognate** Circle the cognates in the e-mail or make a list of them.

18 **Eigenschaften** *(Characteristics)* Underline or make a list of the words that characterize people.

Eine Studentin in Tübingen

Anna has written an e-mail to her friend Franziska. Anna and Franziska originally come from Mainz. Anna has started her first semester at the university in Tübingen. Franziska and her brother Sebastian are students at the Freie Universität Berlin and are sharing
5 an apartment.

Von:	Anna (ariedholt@gmx.de)	Gesendet: Fr 6.2.2012
An:	Franziska	
Betr:	Hallo aus Tübingen	

Hallo Franziska,

wie geht's? Wie ist Berlin? Und die Uni? Und was macht Sebastian? Ist er fleißig im Haushalt oder sehr chaotisch?

Meine Adresse hier in Tübingen ist Pfleghofstraße 5, Zimmer 8.
10 (Meine Handynummer hast du ja!) Mein Zimmer ist nicht schlecht, vielleicht ein bisschen klein, aber praktisch. Nur zehn Minuten bis zur Uni. Tübingen ist klein und idyllisch, aber die Universität ist relativ groß und hat viele Studenten.

Ich bin eigentlich schon ganz glücklich hier und habe auch schon
15 Freunde. Zum Beispiel Leon – er ist mein Nachbar und kommt aus Hamburg. Er studiert auch Englisch hier an der Uni. Am Wochenende spielt er oft Gitarre in einer Bluesband.

Und dann noch Daniel. Er studiert Jura. Ich glaube, er ist ziemlich intelligent und er arbeitet viel für die Uni. Aber er treibt auch gern
20 Sport und ist insgesamt° sehr vielseitig und lebhaft. Leon ist eher° ruhig und ernst. Jedenfalls° sind beide sehr sympathisch und nett. Heute Nachmittag gehen wir alle zusammen schwimmen und später tanzen.

So, ich muss los. Viele Grüße auch an Sebastian.

Anna

25 PS: Übrigens° – meine Freundin Lily aus Hamburg und ihr Cousin Paul aus Amerika kommen bald nach Berlin. Sie haben deine Handynummer. Ist das okay? Lily ist echt nett und Paul ist total lustig.

▲ Der Hölderlinturm in Tübingen am Neckar

A. Eine Studentin in Tübingen
B. Richtig oder falsch?

Brauchbares

The German word **studieren** is not always equivalent to the English word *study*. **Leon studiert Englisch** means that he is majoring in English. If Leon wanted to say he is studying English tonight, that is, preparing homework, he would say **Ich *mache* heute Abend Englisch**.

altogether / rather
in any case

by the way

Nach dem Lesen

19 **Fragen zum Lesestück** *(Questions about the reading)*
Answer the following questions about the reading.

1. Wie ist Annas Adresse?
2. Wie ist Annas Zimmernummer?
3. Wie ist Annas Zimmer?
4. Wie ist die Universität?
5. Wie heißen Annas Freunde in Tübingen?
6. Was machen Anna, Leon und Daniel heute?
7. Was für ein Mensch ist Daniel?
8. Wie ist Paul?
9. Und wie ist Lily?

20 **Ergänzen Sie!** Complete the following sentences using information from the text.

1. Annas Zimmer ist ein bisschen klein, aber _____.
2. Annas Freundin in Berlin heißt _____.
3. Anna glaubt, Daniel ist _____.
4. Heute gehen Anna, Leon und Daniel _____.
5. Die Universität ist _____.
6. Anna und Leon studieren _____ und Daniel studiert
   _____.
7. Annas Freundin Lily aus _____ und ihr Cousin Paul aus
   _____ kommen nach Berlin.

21 **Erzählen Sie!** *(Tell)*

1. Using vocabulary from the e-mail, write down words or phrases that
   you can use when talking about the following topics in German.
   a. mein Zimmer
   b. meine Universität
   c. ein Freund oder eine Freundin

2. Using the words and phrases that you wrote down above, have a
   conversation with another student about the topics. Begin by writing
   two questions that you can ask your partner.

©lexan/Shutterstock.com

◄ Studenten vor der
Humboldt-Universität
in Berlin

Land und Leute

⊕ Web Search

Tübingen

Tübingen is a small city located on the Neckar River in the southwest part of Germany on the northern edge of the Black Forest (**Schwarzwald**). It is about 30 km southwest of Stuttgart, the capital of the federal state of Baden-Württemberg. Tübingen has a scenic medieval city center (**die Altstadt**), with parts of the old city wall still standing.

A famous tourist attraction is the **Hölderlinturm,** where the poet **Friedrich Hölderlin** (1770–1843) lived. In his mid-thirties, Friedrich Hölderlin was diagnosed with schizophrenia. He was taken in and cared for by the Zimmer family, and lived the last 36 years of his life in the tower attached to their house. He never saw the publication of much of his work. Other attractions of Tübingen include the Renaissance castle **Schloss Hohentübingen,** the fifteenth-century **Stiftskirche** *(Collegiate Church of St. George),* and the famous 800-year-old Cistercian cloister **Bebenhausen** outside of the city.

However, Tübingen is best known for its excellent university, which was founded in 1477. The 26,000 students make up almost one-third of the 84,000 inhabitants of Tübingen. The university and the small city are very much a unit. The older university buildings are spread throughout the city, although the new ones, particularly in the field of the sciences, are located on the outskirts of Tübingen. Studying in Tübingen means having a large selection of academic activities and cultural events within a small city atmosphere. There is an abundance of outdoor cafés, restaurants, bars, theaters, movie theaters, and museums. The old saying **"Tübingen hat keine Universität, Tübingen ist eine Universität"** is still valid today, for the students and their lifestyle contribute to the charm and the relaxed atmosphere that characterize Tübingen.

Jochen Schoenfeld/Shutterstock.com

▲ Tübingen am Neckar

InavanHateren/Shutterstock.com

▲ Das Rathaus in der Altstadt

Kulturkontraste

Compare the integration of university and town to your school/town situation. What would or would not appeal to you about attending the University of Tübingen?

K. Kulturkontraste
2. Tübingen

Erweiterung des Wortschatzes 2

C. Wie sind Sie?

L. Intelligente Menschen
M. Nein, so sind sie nicht

Was für ein Mensch sind Sie?

The following adjectives can be used to characterize people. Some of them have English cognates and can be guessed easily.

chaotisch	messy
egoistisch	egocentric
ernst ≠ lustig	serious ≠ cheerful, merry
fleißig ≠ faul	industrious ≠ lazy
freundlich ≠ unfreundlich	friendly ≠ unfriendly
froh	happy
gelangweilt	bored
glücklich ≠ unglücklich; traurig	happy ≠ unhappy; sad
intelligent ≠ unintelligent	intelligent ≠ unintelligent
kreativ	_____
kritisch	
laut	loud, noisy
lebhaft ≠ ruhig	lively ≠ quiet, calm
musikalisch ≠ unmusikalisch	_____ ≠ _____
nervös	_____
nett	nice
praktisch	_____
sportlich	athletic
sympathisch ≠ unsympathisch	likeable, agreeable ≠ unpleasant, unappealing
tolerant	_____
vielseitig	versatile, many-sided

Chris Schmidt/istockphoto.com

▲ Wer ist ernst? Wer ist nett? Wer ist lebhaft? Wer ist kritisch?

22 Frage-Ecke You and your partner are talking about the characteristics of certain people. Take turns finding out the information that is missing in your own chart. **S1**'s information is below; the information for **S2** is in *Appendix B*.

S1:
Was für ein Mensch ist Daniel?

S2:
Er ist lebhaft und freundlich.
Was für ein Mensch ist Anna?

S1:

Anna	fleißig	nett
Daniel		
Sarah	tolerant	sympathisch
Marie		
Leon	ernst	musikalisch
Sebastian		

 23 Wie sind die Studenten? Walk around and ask three students in your class whether they consider themselves to have the following characteristics. Note down their names and their answers (**ja/nein**) and collect them in the table. Then report to class.

S1:
[Julia], bist du nervös?

S2:
Ja, ich bin nervös. / Nein.

	Name: _____	Name: _____	Name: _____
nervös			
kreativ			
sportlich			
praktisch			
faul			
unglücklich			

24 Was machen die Studenten und wie sind sie? Read the sentences below aloud. Can you guess what these students are like based on what they are doing? Consult the word bank and fill the blanks using appropriate adjectives.

| ruhig sportlich faul musikalisch intelligent |
| kreativ vielseitig |

1. Christopher hat eine Gitarre. Er ist _____.
2. Lily spielt Schach. Sie ist _____.
3. Stefan ist auf der Couch. Er ist _____.
4. Lena ist eine Designerin. Sie ist _____.
5. Markus treibt Sport. Er ist _____.
6. Anne macht viele Sachen. Sie ist _____.
7. Michael macht oft Yoga. Er ist _____.

25 **Wie ist diese Person?** Characterize each of the people pictured below, using the adjectives on page 42. See if your partner agrees.

S1:
[Julia] ist sehr ernst, nicht? /
Ist [Julia] sehr ernst?

S2:
Ja, sehr.

S3: Nein, ich glaube nicht. Sie ist sehr lustig.

Stefan — ernst?

Lukas — lebhaft?

Julia — musikalisch?

Tim — nervös?

Laura — sportlich?

Alexander — faul?

Vokabeln

Audio Flashcards
Tutorial Quizzes

C. Ist das logisch?
D. Das Gegenteil
E. Jürgen

F. Diktat
G. Wann gehen wir ins Kino?

Substantive

der **Cousin** (*m.*) / die **Kusine** (*f.*) cousin
der **Freund** / die **Freundin** friend; boyfriend / girlfriend
der **Haushalt** housekeeping
der **Mensch** person, human being
der **Nachbar** / die **Nachbarin** neighbor

der **Sport** sports; **Sport treiben** to engage in sports
das **Amerika** America
(das) **Englisch** English (language); (academic) subject
(das) **Jura** law studies
das **Wochenende** weekend; **am Wochenende** on the weekend

die **Band** band; die **Bluesband** blues band
die **Universität**, die **Uni** (*colloquial*) university; **an der Uni** at the university

Verben

studieren to study; **ich studiere Chemie** I'm majoring in chemistry

treiben to engage in; **Sport treiben** to engage in sports

Adjektive und Adverbien

bald soon
bisschen: ein bisschen a little
echt (*slang*) really, genuinely
eigentlich actually
später later
total (*slang*) completely, totally
ziemlich rather, quite, fairly

Eigenschaften (*Characteristics*)

chaotisch messy; chaotic
egoistisch egocentric
froh happy
gelangweilt bored
kreativ creative

kritisch critical
laut loud, noisy
nervös nervous
sportlich athletic
tolerant tolerant
vielseitig versatile, many-sided

Gegenteile (*Opposites*)

ernst ≠ lustig serious ≠ cheerful, merry
fleißig ≠ faul industrious ≠ lazy
freundlich ≠ unfreundlich friendly ≠ unfriendly

glücklich ≠ unglücklich, traurig happy ≠ unhappy, sad
intelligent ≠ unintelligent intelligent ≠ unintelligent
lebhaft ≠ ruhig lively ≠ quiet, calm
musikalisch ≠ unmusikalisch musical ≠ unmusical
praktisch ≠ unpraktisch practical ≠ impractical
sympathisch ≠ unsympathisch likeable, agreeable ≠ unpleasant, unappealing

Andere Wörter

alle all
beide both
bis until; **bis zur Uni** up to the university

für for
ganz complete(ly), whole; very
noch in addition
relativ relatively

vielleicht perhaps, maybe
was für (ein) what kind of (a)

Besondere Ausdrücke

aus [Hamburg] kommen to come from [Hamburg], to be a native of [Hamburg]
Grüße an [Leon] regards to [Leon]; **viele Grüße** (*closing in an e-mail or letter*) regards, greetings

heute Nachmittag this afternoon
ich muss los I have to leave
zum Beispiel for example

ganz: *Contrast* **sehr gut**—very well—*with* **ganz gut**—all right

Alles klar?

26 **Was passt nicht?**

1. a. nett
   b. freundlich
   c. sympathisch
   d. gelangweilt

2. a. Nachbar
   b. Jura
   c. Kusine
   d. Freund

3. a. lebhaft : ruhig
   b. ernst : lustig
   c. freundlich : sympathisch
   d. glücklich : traurig

27 **Ergänzen Sie!**

1. —_____ Noah viel Sport?
   —Nein, er ist ziemlich unsportlich.
2. —Ist Sarah ein bisschen faul?
   —Ja, ich glaube schon. Ihr Zimmer ist total _____.
3. Alina hat eine neue Gitarre. Sie ist sehr _____.
4. Meine Freundin Leonie ist Studentin. Sie _____ Physik an der Universität in Tübingen.

28 **Was ist das?** Match the pictures with the correct statements.

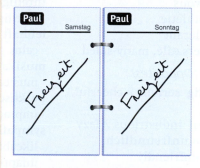

1. _____

2. _____

3. _____

4. _____

Susi ist Jans Freundin.
Der Nachbar hört laute Musik.
Am Wochenende arbeitet Paul nicht.
Lukas studiert Chemie.
Lukas studiert Jura.
Guter *Blues* ist oft traurig.

Land und Leute

Du *vs.* Sie

Historically speaking, **sie sind** *(they are)* and **Sie sind** *(you are)* are more or less the same form. It was considered polite to address someone in the third-person plural and to capitalize the pronoun in writing.

The development of formal pronouns to address a person was a phenomenon common to most European languages. English used to distinguish singular *thou/thee* from plural *ye/you*; *thou/thee* was restricted to informal usage, and *ye/you* was used both as informal plural and formal singular and plural. Today, only *you* survives as our all-purpose pronoun.

In German (as well as in other European languages such as French, Spanish, and Italian), there are still distinctions between the formal and informal pronouns for *you*.

The formal pronoun **Sie** is used for everyday communication outside the realm of family and friends. Even neighbors and co-workers may address each other as **Sie (siezen)**. **Du** (along with its plural form **ihr**) is traditionally a form of address used among relatives or close friends. An older person usually decides on the appropriateness of this form in speaking to someone younger. Most young people address each other with **du (duzen)** nowadays. A step somewhere between **du** and **Sie** is to use a first name and **Sie**. It is often used by an older person with a person who is much younger, for example, when parents meet the friends of their children who are in their late teens or early twenties. The parents usually address them with **Sie**, but use their first names **(Michelle, haben Sie Zeit?)**. The friends, of course, say **Herr/Frau ...** and use **Sie**.

Dmitriy Shironosov/ Shutterstock

▲ **Kollegen sagen oft „Sie".**

K. Kulturkontraste
3. Du *vs.* Sie

Kulturkontraste

Imagine that you are in a German-speaking country. What form of address (**Sie, du,** or **ihr**) would you use when speaking to the people in these situations?

1. You run into some friends in a shopping mall.
2. You are introduced to a new business associate in a restaurant.
3. You are angry at a police officer who is writing out a speeding ticket for you.
4. You congratulate your best friend on winning the Nobel Prize.
5. You are asking your parents for money.

Grammatik und Übungen
(Grammar and Exercises)

das Subjekt

Subject° pronouns

	Singular (*sg.*)		Plural (*pl.*)	
1st	**ich**	I	**wir**	we
2nd	**Sie**	you (*formal*)	**Sie**	you (*formal*)
	du	you (*familiar*)	**ihr**	you (*familiar*)
3rd	**er**	he, it		
	es	it	**sie**	they
	sie	she, it		

Using pronouns to refer to people, places, and things

A personal pronoun is said to have "person," which indicates the identity of the subject.

1. First person refers to the one(s) speaking (*I, we*).
2. Second person refers to the one(s) spoken to (*you*).
3. Third person refers to the one(s), place(s), or thing(s) spoken about (*he/it/ she, they*).

The subject pronouns du, ihr, Sie

Tag, Julia. ... Was machst **du**?	*Hi, Julia. . . . What are **you** doing?*
Tag, Lisa. Tag, Nico! ... Was macht **ihr**?	*Hi, Lisa. Hi, Nico! . . . What are **you** doing?*

In the *Einführung* (p. 8), you learned when to use the familiar form **du**. **Du** is used to address one person. The familiar form used to address more than one person is **ihr**.

Tag, Herr Wagner. ... Was machen **Sie**?	*Hello, Mr. Wagner. . . . What are **you** doing?*
Tag, Frau Braun. Tag, Herr Schneider! ... Was machen **Sie**?	*Hello, Ms. Braun. Hello, Mr. Schneider! . . . What are **you** doing?*

In the *Einführung* (p. 8), you learned when to use the formal form **Sie**. Like the English *you*, **Sie** can be used to address one person or more than one.

The meanings and use of sie and Sie

Glaubt **sie** das?	*Does **she** believe that?*
Glauben **sie** das?	*Do **they** believe that?*
Glauben **Sie** das?	*Do **you** believe that?*

In spoken German, the meanings of **sie** (*she*), **sie** (*they*), and **Sie** (*you*) can be distinguished by the corresponding verb forms and by context. In written German, **Sie** (*you*) is always capitalized.

sie + singular verb form	=	*she*
sie + plural verb form	=	*they*
Sie + plural verb form	=	*you (formal)*

29 **Ich, du, ...** Give the subject pronouns you would use in the following situations.

BEISPIELE You're talking about a female friend.   **sie**
You're talking to a female friend.   **du**

1. You're talking about a male friend.
2. You're talking to a male friend.
3. You're talking about yourself.
4. You're talking about yourself and a friend.
5. You're talking to your parents.
6. You're talking to a clerk in a store.

Present tense of *sein*

sein			
ich	**bin**	wir	**sind**
Sie	**sind**	Sie	**sind**
du	**bist**	ihr	**seid**
er/es/sie	**ist**	sie	**sind**

to be			
I	am	*we*	are
you	are	*you*	are
you	are	*you*	are
he/it/she	is	*they*	are

The verb **sein**, like its English equivalent *to be,* is irregular in the present tense.

30 **Was für ein Mensch?** At a party you are discussing various people. Describe them by choosing the adjectives from the options below or by choosing your own.

| lustig   laut   sehr ruhig   fleißig   sympathisch |
| sehr musikalisch   nett |

BEISPIEL Luisa   *Luisa ist intelligent.*

1. Lukas
2. du
3. Pia und Noah
4. Professor Schneider
5. ich
6. wir

 31 **So ist sie/er** Your partner will point to a person in one of the photos below and ask you what adjectives you would apply to that person.

Surmising

S1:
Was für ein Mensch ist die Frau?

S2:
Sie ist intelligent.

1.

2.

3.

4.

The infinitive *(der Infinitiv)*

Infinitive	Stem + ending	English equivalents
glauben	glaub + en	*to believe*
heißen	heiß + en	*to be named*
arbeiten	arbeit + en	*to work; to study*
wandern	wander + n	*to hike; to go walking*

The basic form of a verb (the form listed in dictionaries and vocabularies) is the INFINITIVE. German infinitives consist of a stem and the ending **-en** or **-n**.

The finite verb *(das Verb)*

Alina **arbeitet** viel.
Du **arbeitest** viel.

Alina **works** a lot.
You **work** a lot.

The term FINITE VERB indicates the form of the verb that agrees with the subject.

Present tense *(das Präsens)* **of regular verbs**

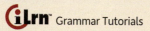

Talking about present or future time

Grammar Tutorials

N. Arbeiten am Samstag: Das ist gesund

glauben					to believe			
ich	glaub**e**	wir	glaub**en**		*I*	*believe*	*we*	*believe*
Sie	glaub**en**	Sie	glaub**en**		*you*	*believe*	*you*	*believe*
du	glaub**st**	ihr	glaub**t**		*you*	*believe*	*you*	*believe*
er/es/sie	glaub**t**	sie	glaub**en**		*he/it/she*	*believes*	*they*	*believe*

In the present tense, most English verbs have two different forms; most German verbs have four different forms.

- The present tense of regular German verbs is formed by adding the ending **-e, -st, -t,** or **-en** to the infinitive stem.

- The verb endings change according to the subject. (NOTE: Verbs like **wandern,** whose stem ends in **-er,** add only **-n** instead of **-en: wir wandern**.)

- In informal spoken German, the ending **-e** is sometimes dropped from the **ich**-form: **Ich glaub' das nicht.**

Lily **spielt** gut Tennis.
Anton und Paul **spielen** gut Basketball.

Lily **plays** tennis well.
Anton and Paul **play** basketball well.

With a singular noun subject (**Lily**), the verb ending is **-t**. With a plural noun subject (**Anton und Paul**), the verb ending is **-en**.

arbeiten: *to work; to study*					heißen: *to be called, named*			
ich	arbeit**e**	wir	arbeit**en**		ich	heiß**e**	wir	heiß**en**
Sie	arbeit**en**	Sie	arbeit**en**		Sie	heiß**en**	Sie	heiß**en**
du	arbeit**est**	ihr	arbeit**et**		du	heiß**t**	ihr	heiß**t**
er/es/sie	arbeit**et**	sie	arbeit**en**		er/es/sie	heiß**t**	sie	heiß**en**

In regular English verbs, the third-person singular ending is usually *-s: she works*. After certain verb stems, however, this ending expands to *-es: she teaches*. German also has verb stems that require a change in the ending.

- If a verb stem ends in **-d** or **-t,** such as **arbeiten,** the endings **-st** and **-t** expand to **-est** and **-et**. The other endings stay the same.

- If a verb stem ends in a sibilant (**s, ss, ß, z**), such as **heißen,** the **-st** ending contracts to a **-t: du heißt, du tanzt**. The other endings stay the same.

Present-tense meanings

Luisa **arbeitet** gut.
$\left\{\begin{array}{l}\textit{Luisa \textbf{works} well.}\\ \textit{Luisa \textbf{does work} well.}\\ \textit{Luisa \textbf{is working} well.}\end{array}\right.$

German uses a single verb form to express ideas or actions that may require one of three different forms in English.

Du **arbeitest** heute Nachmittag, nicht?   *You're **working** this afternoon, aren't you?*

Ich **mache** das morgen.   *I'll **do** that tomorrow.*

German, like English, may use the present tense to express action intended or planned for the future.

---

32 **Heute ist Samstag** Complete the following text by filling in the missing verb endings.

Franziska und Sebastian sind Annas Freunde. Sebastian arbeit_____ in dem Café an der Uni. Franziska arbeit_____ auch dort°. Samstags arbeit_____ Franziska und Sebastian nicht.

there

1. FRANZISKA: Geh_____ du heute joggen?
2. SEBASTIAN: Nein, ich spiel_____ heute Morgen mit Kevin Tennis. Später geh_____ wir mit Nina und Moritz schwimmen. Und du? Was mach_____ du heute?
3. FRANZISKA: Ich glaub_____, ich geh_____ joggen. Später lern_____ ich ein bisschen Englisch. Ich schreib_____ nämlich am Montag eine Klausur°. Aber heute Abend geh_____ wir tanzen, nicht wahr?

test

4. SEBASTIAN: Ja, Kevin komm_____ um acht.

Leserunde

1-14

"**K**onjugation," by Rudolf Steinmetz, is an example of *concrete poetry*. Concrete poetry is a movement that developed in the mid-1950s to focus on the characteristics of language itself as a literary medium. In "Konjugation," Steinmetz starts with the conjugation of a verb but ends the poem with a sudden, surprising twist, a device that is also characteristic of much of concrete poetry.

Konjugation
Ich gehe
du gehst
er geht
sie geht
es geht
Geht es?
Danke – es geht.

—*Rudolf Steinmetz*

"Konjugation," by Rudolf Steinmetz. Reprinted by permission of Peter Hammer Verlag.

Fragen
1. Welche Frage steht am Ende?
2. Wie ist die Antwort?
3. Nennen Sie andere Fragen und Antworten.

The construction verb + *gern*

Ich spiele **gern** Tennis.	*I like to play tennis.*
Ich spiele **nicht gern** Golf.	*I don't like to play golf.*

The most common way of saying in German that you like doing something is to use the appropriate verb + **gern**. To say that you don't like doing something, use **nicht gern**.

Stating preferences

33 Was für Musik hörst du gern? Ask four fellow students what kind of music they like. Choose from the options, or use your own idea.

Jazz Rock Pop Country und Western Techno Rap Reggae klassische Musik

S1:
Was für Musik hörst du gern? | **S2:** Ich höre gern [Jazz].

34 Was machst du? State what various people do by using the cues in the columns below. Use complete sentences.

BEISPIEL *Luca treibt viel Sport. Er geht auch gern ins Kino.*

A	B	C	D
1. ich	hören	gern	Sport
2. Lara und ich (wir)	treiben	oft	Volleyball
3. Hülya (sie)	spielen	viel	Musik
4. du	gehen	gut	ins Kino
5. Marie und Felix (sie)	machen		inlineskaten
6. ihr			Fußball
7. Luca (er)			Schach
			Fitnesstraining
			Gitarre
			Computerspiele

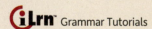 Grammar Tutorials

P. Ich nicht
Q. Und du?

Negation: Position of *nicht*

The position of **nicht** is determined by various elements in the sentence. Below are a few general guidelines. Additional guidelines are found in later chapters.

Nicht always comes after the following:

- the finite verb
  Anna *arbeitet* **nicht.**   *Anna is **not** working.*

- specific adverbs of time
  Daniel kommt *heute* **nicht.**   *Daniel is **not** coming today.*

Nicht comes before most other elements, such as the following:

- predicate adjectives (e.g., **gut, lustig**)
  Daniel ist **nicht** *faul.*   *Daniel isn't lazy.*

- most adverbs (except specific-time adverbs, e.g., **heute**)
  David spielt **nicht** *gut* Tennis.   *David doesn't play tennis well.*

- dependent infinitives (e.g., **schwimmen, inlineskaten**)
  Leon geht **nicht** *inlineskaten.*   *Leon is **not** going in-line skating.*

35 **Wir nicht** Alina, a new acquaintance, has some questions for you and Florian. Assume their roles, with one of you being Alina and the other speaking for him or herself and Florian. Answer in the negative.

S1:
Treibt ihr viel Sport?

S2:
Nein. Wir treiben nicht viel Sport.

1. Spielt ihr viel Basketball?
2. Spielt ihr oft Tennis?
3. Schwimmt ihr gern?
4. Hört ihr gern Musik?
5. Geht ihr oft ins Kino?
6. Seid ihr sportlich?
7. Tanzt ihr gern?

36 **Was machst du gern oder nicht gern?** With a partner, try to find two activities you both enjoy doing and two you both dislike doing. Use the options below or supply your own.

Finding common likes and dislikes

tanzen   joggen   arbeiten   Fitnesstraining machen
ins Kino gehen   Musik hören   inlineskaten gehen

S1:
Ich schwimme gern.
Schwimmst du auch gern?

S2:
Ja, ich schwimme gern. / Nein, ich
    schwimme nicht gern.
Ich spiele gern Tennis. Spielst du
    gern Tennis?

Informational questions

Wann gehst du schwimmen? ↗
Wer arbeitet heute Nachmittag? ↗

When are you going swimming?
Who is working this afternoon?

A question that asks for a particular bit of information is called an
INFORMATIONAL QUESTION.

- It begins with an interrogative expression such as **wann** (*when*) or **wer** (*who*).
- The interrogative is followed by the verb. In an informational question in German, the finite verb is used. In English, a form of the auxiliary verb *to be* or *to do* is often used with a form of the main verb.
- In German, the voice normally falls at the end of an informational question, just as it does in English.

Some common interrogatives are:

wann *(when)*	**wer** *(who)*
warum *(why)*	**wie** *(how)*
was *(what)*	**wie viel** *(how much)*
was für (ein) *(what kind of)*	**wie viele** *(how many)*
welch(-er, -es, -e) *(which)*	

37 **Wer bist du?** Complete the questions with a suitable interrogative. Then ask your partner the questions.

1. _____ heißt du?
2. _____ ist deine Adresse?
3. _____ alt bist du?
4. _____ ein Mensch bist du?
5. _____ machst du gern?
6. _____ arbeitest du?
7. _____ Uhr ist es?

Asking for information

38 Wer? Was? Wann? Your partner has a list showing when various people are playing particular games. Ask your partner three questions, one beginning with **wer**, one with **was**, and one with **wann**.

S1:
Wer spielt heute Squash?
Wann spielt ihr Volleyball?
Was spielt Professor Krause?

S2:
Charlotte spielt heute Squash.
Wir spielen **um halb sechs** Volleyball.
Er spielt **Golf.**

Wer?	Wann?	Was?
Charlotte	heute	Squash
Annika und Kevin	um drei	Schach
Professor Krause	heute Abend	Golf
meine Freunde und ich		
ich		

O. Ja, das mache ich

Yes/No questions

Gehst du heute schwimmen? ↗   ***Are* you *going* swimming today?**
Treiben Sie gern Sport? ↗   ***Do* you *like to play* sports?**

A question that can be answered with yes or no is called a YES/NO QUESTION.

- A yes/no question begins with the verb. In German, it uses the finite form of the main verb, whereas English often requires a form of the auxiliary verb *to do* or *to be* plus a form of the main verb.
- In German, the voice normally rises at the end of a yes/no question, just as it does in English.

Confirming or denying

39 Ja oder nein? Ask your partner three questions based on the cues. Your partner will then ask you the three questions.

BEISPIEL machen: oft, gern, heute / Fitnesstraining, Yoga

S1:
Machst du gern Yoga?

S2:
Nein, ich mache nicht gern Yoga. [oder]
Ja, ich mache gern Yoga.

1. schwimmen: gern, oft, gut
2. spielen: gern, gut, oft / Basketball, Golf, Computerspiele, Karten, Schach
3. schreiben: gern, viel, gut
4. gehen: heute Abend, gern, oft / ins Kino, in die Bibliothek
5. gehen: gern, oft, heute Abend / joggen, inlineskaten, tanzen
6. hören: oft, gern / Musik, Rock, Rap, klassische Musik

40 Viele Fragen Noah is talking to his friend Leonie. Take the role of Leonie and supply possible answers.

1. Hallo, Leonie. Wie geht's?
2. Was machst du heute Abend?
3. Arbeitest du heute Abend nicht?
4. Wann spielst du mit Nico Tennis?
5. Spielt Nico gut?
6. Wann gehen wir zusammen ins Kino?

Land und Leute

Fit bleiben

People in German-speaking countries can avail themselves of a wide variety of ways to keep in shape, either through daily recreational activities such as biking (**Rad fahren**), or by joining a club which may offer all kinds of team sports of which soccer (**Fußball**), while highly popular, is only one possible choice among many others. Like in the U.S., most cities have health clubs (**Fitnesscenter**) where people work out by lifting weights and doing cardiovascular exercise (**Fitnesstraining**).

▲ Laufen ist sehr populär.

People in German-speaking countries are known for their love of hiking (**wandern**) and walking (**spazieren gehen**). There are well-maintained trails throughout all German-speaking countries. Some are simple paths through parks or local scenic spots, while others are part of a vast complex of trails. Swimming (**schwimmen**) is a popular activity. In addition to seashore and lakeside beaches, town pools—both indoors and outdoors—provide ample opportunity for swimming. Outdoor pools (**Freibad**) charging a nominal admission fee are often large and surrounded by grassy areas. People come with food and blankets to spend the day picnicking, swimming, and playing volleyball or badminton. In many cities, public indoor pools (**Hallenbäder**) have developed into public spas, offering saunas, hot tubs, massages, swimming lessons, snack bars, hair salons, and exercise machines besides several large swimming and diving pools.

In the past decade, running (**laufen**) has emerged as a more ambitious way to stay in shape as compared to recreational jogging (**joggen**). An entire sports industry has boomed in the past 10 years, surrounding public running events hosted by cities or communities, such as marathons, 1/2 marathons (**Marathon & Halbmarathon**), and shorter distances (**Volksläufe**). It is now common that cities of all sizes offer an annual marathon event, and the larger ones, such as Berlin, Frankfurt, or Hamburg, regularly sell out and draw participants from across Germany and beyond.

▲ Mountainbiker in der Natur (Botnang bei Stuttgart)

Kulturkontraste

How do you stay fit? Using the vocabulary in **Land und Leute,** the "Sports and games" list in the *Supplementary Word Sets* on the Premium Website, or another source, describe your own fitness routine. Compare it to what you know about how German-speaking people stay fit.

K. Kulturkontraste
4. Fit bleiben

📹 Video-Ecke

▲ Sein Name ist Helmut Borchert.

▲ Sie macht Gymnastik.

▲ Sein Computer ist den ganzen Tag an.

① Ich heiße …
Treibst du Sport?
Computer, Handy, etc.

Vor den Videos

> **41** **Nachgedacht** What do you remember from this chapter? Brainstorm the topics covered.
>
> 1. Was machen deutsche Studenten am Wochenende?
> 2. Treiben die Deutschen Sport? Welchen?
> 3. Was sind „Sportvereine"?

Nach den Videos

> **42** **Alles klar?** Watch the interviews and take notes. Then answer the questions below.
>
> 1. Wer treibt nicht gern Sport?
> 2. Wer geht in eine Sportgruppe?
> 3. Wer macht mit dem Computer Musik?

② Hallo!

▲ Hülya und Lily sind am Bahnhof.

▲ Alle vier fahren mit dem Zug.

▲ Anton stellt sich vor.

Three friends are starting out on a trip to visit cities in Germany, Austria, and Switzerland. But when the train is about to leave, there are suddenly four people in the group. A fourth member has joined them. They take the opportunity to get acquainted.

Lerntipp

As a new learner of German, you may not understand all of the spoken dialogue while watching a video clip. However, the goal is to focus globally on what is happening. To help you figure out what's going on, watch for body language and facial expressions as well as listening to what is being said.

Nach dem Video

Watch the video carefully and take notes. Then do the exercises that follow.

A. Wer ist das?
B. Wer sagt das?
C. Schreiben Sie

43 **Was passiert wann?** Put the following sentences in chronological order.

_____ Anton sagt: „Servus.“

_____ Paul sagt in die Kamera: „Ich lebe in Miami.“

_____ Hülya sagt in die Kamera: „Hallo, ich heiße Hülya.“

_____ Alle vier sind im Zug.

_____ Lily und Hülya warten auf (*for*) Paul.

_____ Lily sagt in die Kamera: „Ich mache gern Sport.“

_____ Anton sagt in die Kamera: „Ich bin Anton.“

44 **Was stimmt?** Select the appropriate item.

1. Paul kommt aus _____.
   a. Miami   b. Köln   c. Hamburg

2. Hülya lebt in _____.
   a. Salzburg   b. Berlin   c. Hamburg

3. Lily lebt auch in _____.
   a. Österreich   b. Hamburg   c. Miami

4. Anton ist _____.
   a. 21   b. 22   c. 23

 45 **Was meinen Sie?**

1. Wo ist Hamburg? Wo ist Berlin?
2. Fahren Sie mit dem Zug? Wann?
3. Wie stellen sich die Freunde im Video vor? Was sagen sie?
4. Sprechen Sie mit anderen (*other*) Reisenden (*travelers*)?
5. Am Bahnhof und im Zug: Was ist anders (*different*) als in Amerika oder Kanada?

> Refer to map of Germany in the front of the book to locate Hamburg and Berlin.

Wiederholung

1 **Rollenspiel** You and your partner meet on the street. Your partner asks how you are and what you intend to do. Give affirmative or negative answers.

1. Wie geht es dir heute?
2. Bist du denn krank?
3. Arbeitest du heute Nachmittag?
4. Gehst du heute Abend ins Fitnessstudio?
5. Machst du gern Sport / Fitnesstraining?
6. Kommst du am Wochenende auch zum Basketballspiel / Hockeyspiel / Fußballspiel?

Redemittel
(Speech patterns)
Positiv oder negativ antworten *(Giving positive or negative responses)*
• Ich glaube ja.
• Eigentlich nicht.
• Ja, gern.
• Ich glaube nicht.
• Vielleicht (nicht).
• Na gut.
• Es geht.

2 **Viele Fragen** Alina is curious about you and your friends. Give positive replies. Use pronouns in your answers.

BEISPIEL Arbeitet Paula heute Abend?   *Ja, sie arbeitet heute Abend.*

1. Arbeitest du gern für die Uni?
2. Hört Robin gern Rockmusik?
3. Spielen Pia und Chiara oft zusammen Gitarre?
4. Gehst du mit Marcel oft inlineskaten?
5. Geht Jennifer oft joggen?

3 **Was machen sie?** Someone you barely know is asking about your friends. Construct sentences using the following cues.

BEISPIEL wie / heißen / der Junge / da / ?   *Wie heißt der Junge da?*

1. er / heißen / Alexander
2. er / studieren / in Berlin / ?
3. nein / er / studieren / in München
4. wie / arbeiten / er / ?
5. er / sein / fleißig
6. was / machen / Sarah und er / heute Abend / ?
7. sie / gehen / ins Kino

4 **Ergänzen Sie!** Complete the following exchanges with appropriate words.

1. PROFESSOR: _____ heißen Sie?
   STUDENT: Ich _____ Jan Fischer.

2. HERR WAGNER: Guten Tag, Frau Schneider. Wie _____ es Ihnen?
   FRAU SCHNEIDER: Danke. Es _____.

3. MARIA: Arbeitest _____ heute nicht?
   CHRISTIAN: Nein, ich _____ heute Golf.
   MARIA: _____ du viel Sport?
   CHRISTIAN: Ja, _____ spiele gern Volleyball.

5 **Wie sagt man das?** How would this cell phone conversation sound in German?

1. MORITZ: *Hi, Jennifer, how are you?*
2. JENNIFER: *Fine, and you?*
3. MORITZ: *What are you doing tonight?*
4. JENNIFER: *I am doing German.*
5. MORITZ: *I'm going to the movies.*
6. JENNIFER: *Hmmm. At what time are you going?*
7. MORITZ: *At seven.*
8. JENNIFER: *OK, gladly. I'll do German later.*

6 **Wer ist das?** Choose one of the people in the picture on page 44 and invent some facts about the person. **Wie heißt sie/er? Was für ein Mensch ist sie/er? Was macht sie/er gern? Wo studiert sie/er?**

7 **Frage-Ecke** You and your partner are talking about the activities of certain people. Ask each other questions to find out who does what and at what times. Then fill in the **ich** row of your schedule with your own information, and ask your partner about her/his activities. **S1**'s information is below; the information for **S2** is in *Appendix B.*

S1:
Was macht David heute Abend?
Sie gehen am Sonntag wandern.

S2:
Er macht heute Abend Fitnesstraining.
Was machen Leon und Anna am Sonntag?

S1:

	heute Abend	morgen Nachmittag	morgen Abend	am Sonntag
Franziska	Deutsch machen		ins Kino gehen	
David		Musik hören	in die Bibliothek gehen	
Leon und Anna		tanzen gehen		wandern gehen
ich				
Partnerin/Partner				

8 **Umfrage (*Poll*)** As a class, decide on five activities that members of the class might engage in and make up the questions. Each person searches for five different people, each of whom engages in one of the activities. Report your list to the class. Possible activities are:

1. im Internet surfen
2. Computerspiele spielen
3. Fitnesstraining machen
4. inlineskaten gehen
5. Gewichte heben
6. ???

9 **Zum Schreiben**

1. Think ahead to the weekend. Using complete sentences, write down at least three things you will do and three things you will not do. Use a separate sentence for each activity.
2. Using Anna's e-mail to Franziska (see page 39) as a model, write an e-mail to a friend about your room, your school, and one friend. Before you write the e-mail, reread Anna's e-mail and notice how she uses the words **und, aber, auch, eigentlich, relativ,** and **jedenfalls**. Try to use some of these words in your e-mail. You may also want to review the vocabulary for the names of things in your room that were presented in the *Einführung*.

Schreibtipp

Before composing complete sentences in German, pause and do some brainstorming first, jotting down key concepts. These should preferably be "content" words, such as nouns, verbs, and adjectives. Double-check their spelling and check in the chapter how they are being used there. Then assemble simple sentences with the materials you selected and strive to connect them in a meaningful sequence.

Grammatik: Zusammenfassung
(Grammar: Summary)

Subject pronouns

		Singular (*sg.*)		Plural (*pl.*)
1st	**ich**	I	**wir**	we
2nd	**Sie**	you (*formal*)	**Sie**	you (*formal*)
	du	you (*familiar*)	**ihr**	you (*familiar*)
3rd	**er**	he, it	**sie**	they
	es	it		
	sie	she, it		

Present tense of *sein*

sein			
ich	**bin**	wir	**sind**
Sie	**sind**	Sie	**sind**
du	**bist**	ihr	**seid**
er/es/sie	**ist**	sie	**sind**

The verb **sein,** like its English equivalent *to be,* is irregular in the present tense.

Infinitive and infinitive stem

Infinitive	Stem + ending
glauben	glaub + en
wandern	wander + n

The basic form of a verb is the infinitive. Most German infinitives end in **-en;** a few end in **-n,** such as verbs that end in **-er** like **wandern.** In vocabularies and dictionaries, verbs are listed in their infinitive form.

Present tense of regular verbs

	glauben	arbeiten	heißen
ich	glaub**e**	arbeit**e**	heiß**e**
Sie	glaub**en**	arbeit**en**	heiß**en**
du	glaub**st**	arbeit**est**	heiß**t**
er/es/sie	glaub**t**	arbeit**et**	heiß**t**
wir	glaub**en**	arbeit**en**	heiß**en**
ihr	glaub**t**	arbeit**et**	heiß**t**
Sie	glaub**en**	arbeit**en**	heiß**en**

1. German verb endings change, depending on what the subject of the verb is. The verb endings are added to the infinitive stem. There are four basic endings in the present tense of most regular verbs: **-e, -st, -t, en.**
2. If a verb stem ends in **-d** or **-t,** the endings **-st** and **-t** expand to **-est** and **-et.**
3. If a verb stem ends in a sibilant (**s, ss, ß, z**), the **-st** ending contracts to **-t.**

Position of *nicht*

The position of **nicht** is determined by the various elements in the sentence. Because of the great flexibility of **nicht**, its use is best learned by observing its position in sentences you hear and read. Here are several guidelines.

1. **Nicht** always comes after:

   a. the finite verb
      Michael *arbeitet* **nicht**.   *Michael is not working.*

   b. specific adverbs of time
      Sarah spielt *heute* **nicht**.   *Sarah is not playing today.*

2. **Nicht** comes before most other elements:

   a. predicate adjectives
      Marcel ist **nicht** *nett*.   *Marcel isn't nice.*

   b. most adverbs (except: specific adverbs of time)
      Er spielt **nicht** *gut* Tennis.   *He doesn't play tennis well.*

   c. adverbs of general time
      Er spielt **nicht** *oft* Tennis.   *He doesn't play tennis often.*

   d. dependent infinitives
      Jasmin geht **nicht** *schwimmen*.   *Jasmin is not going swimming.*

3. If several of the elements occur in a sentence, **nicht** usually precedes the first one.

   Ich gehe **nicht** *oft ins Kino*.   *I don't often go to the movies.*

Informational questions

In an informational question in German, an interrogative is in first position and the finite verb in second position. Some common interrogatives are **wann, was, welch(-er, -es, -e), wer, wie, was für ein, warum**, and **wie viel/viele**.

1	2	3	
Wann	gehen	Sie?	*When are you going?*
Was	machst	du heute Abend?	*What are you doing this evening?*

Yes/No questions

1	2	3	
Bist	du	müde?	*Are you tired?*
Spielt	Lea	gut?	*Does Lea play well?*
Arbeitest	du	heute?	*Are you working today?*

In a yes/no question in German, the finite verb is in first position.

Regenwolken im Sommer ▶

Lernziele

Sprechintentionen
- Talking about the weather
- Inquiring about someone's birthday
- Summarizing information
- Stating one's nationality
- Expressing skepticism

Zum Lesen
- Alles ist relativ

Leserunde
- *empfindungswörter* (Rudolf Otto Wiemer)

Wortschatz

1 **Das Wetter**
  Die Monate
  Die Jahreszeiten
  The suffix **-in**
2 Names of countries
  Nouns indicating citizenship and nationality
  The question word **woher**

Grammatik
- Simple past tense of **sein**
- Present tense of **haben**
- Present tense of **wissen**
- Position of the finite verb in statements
- The nominative case
- Plural forms of German nouns
- The indefinite article **ein**
- The negative **kein**
- Proper names
- Possessive adjectives

Land und Leute
- Landschaften
- Berlin: Deutschlands Hauptstadt
- Geburtstage
- Die deutsche Sprache

Video-Ecke

1 Wie ist das Wetter?
  Die schönsten Jahreszeiten und Landschaften
2 Wer ist denn das?

RESOURCES

Bausteine für Gespräche

🔊 Reise nach Berlin

1-15   DAVID: Na Anna, wie war's in Berlin?

ANNA: Toll. Berlin ist wirklich klasse. Und bei Franziska und Sebastian war es auch supernett. Aber ich bin noch ganz müde. Die Reise war sehr anstrengend.

DAVID: Das glaube ich. Und im August gibt es sicher viele Staus.

ANNA: Ja, und es war furchtbar schwül. Aber Franziskas Geburtstagsparty war total schön. Unsere Freunde aus Mainz waren fast alle da.

1   Richtig oder falsch?

	Richtig	Falsch
1. David und Anna waren in Berlin.	_____	_____
2. Die Reise nach Berlin war lustig.	_____	_____
3. Anna ist heute nicht besonders fit.	_____	_____
4. Auf den Straßen war es ruhig.	_____	_____
5. Franziskas Geburtstagsparty war sehr nett.	_____	_____
6. Sebastians Freunde aus Mainz waren alle da.	_____	_____

🔊 Furchtbares Wetter, nicht?

1-16   SARAH: Was für ein Wetter! Der Wind ist furchtbar kalt! Und gestern war es noch so schön. Heute ist alles so grau. Ich glaub', es regnet heute noch.

LEON: Es ist doch schon Ende November. Für Regen ist es fast zu kalt. Es ist nur ein Grad. Vielleicht schneit es ja. Am Wochenende gehe ich wandern. Hoffentlich ist es da trocken und nicht so kalt. Und vielleicht scheint ja die Sonne.

SARAH: Ja, bestimmt! Wer geht mit?

LEON: Mein Freund Dominik aus Hamburg.

SARAH: Wie nett! Ich bleibe leider hier und arbeite für die Uni.

2   Richtig oder falsch?

	Richtig	Falsch
1. Heute ist es sonnig und schön warm.	_____	_____
2. Der Wind ist sehr kalt.	_____	_____
3. Es sind elf Grad.	_____	_____
4. Es regnet.	_____	_____
5. Es schneit auch.	_____	_____
6. Leon geht am Wochenende wandern.	_____	_____
7. Dominik ist Sarahs Freund aus Hamburg.	_____	_____
8. Sarah bleibt am Wochenende in Tübingen und arbeitet für die Uni.	_____	_____

Brauchbares

Staus. Most European schools are on break from mid-July to September. Many people take their main family vacation during this period. With so many people on the roads, there are often traffic jams, some of them 20–30 kilometers long and lasting for hours.

Brauchbares

1. In German an adjective that precedes a noun has an ending (e.g., **furchtbares Wetter**).

2. The **doch** in **Es ist doch schon Ende November** is called a FLAVORING PARTICLE. Such particles express a speaker's attitude about an utterance. Here Leon is saying something like: "*After all it is the end of November.*"

A. Wie ist das Wetter?

Erweiterung des Wortschatzes 1

Das Wetter

Discussing weather

Germany, Austria, and Switzerland use the metric system and temperature is measured in Celsius. You can convert the following temperatures from Celsius to Fahrenheit and vice versa, using the formulas:

B. Wetterprobleme

$$F = 9/5 \ C + 32$$
$$C = 5/9 \ (F - 32)$$

For a quick estimate use:
$$F = (C \times 2) + 32$$
$$C = 1/2 \ (F - 32)$$

3 **Das Wetter in Amerika** Change the Fahrenheit temperatures into Celsius by using the thermometer shown here.

C	F	
100	212	Water boils
37	98.6	Body temperature
0	32	Water freezes

1. In Phoenix sind es 102 Grad.
2. In Vancouver sind es 68 Grad.
3. In Chicago ist es warm, 80 Grad.
4. In Barrow in Alaska sind es nur 45 Grad.

G. Wie ist das Wetter?

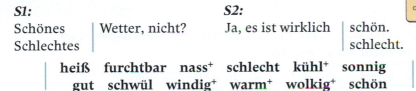

4 **Wie ist das Wetter heute?** Use the cues given below to comment on the weather.

S1:		*S2:*	
Schönes	Wetter, nicht?	Ja, es ist wirklich	schön.
Schlechtes			schlecht.

heiß	furchtbar	nass+	schlecht	kühl+	sonnig
gut	schwül	windig+	warm+	wolkig+	schön

1-17

5 **Hören Sie zu** Listen to the weather report. Then indicate whether the statements made below are **richtig** or **falsch**. You will hear one new word: **Höchsttemperatur** *(highest temperature)*.

	Richtig	Falsch
1. In Hamburg ist es heiß und schwül.	_____	_____
2. In Köln sind es 15 Grad und es regnet.	_____	_____
3. In Stuttgart ist es trocken und es sind 26 Grad.	_____	_____
4. In München ist es windig und kühl.	_____	_____
5. In Berlin ist es nass und es sind 16 Grad.	_____	_____

Die Monate+

Der Mai war schön, nicht?   *May was nice, wasn't it?*

All the names of the months are **der**-words.

Januar	Februar	März	April	Mai	Juni
Juli	August	September	Oktober	November	Dezember

The dates are spoken as **der zehnte Mai, der vierte Januar, der elfte Juli, der zweite Oktober.**

6 **Wann ist das?** Ask your partner when what happens. Notice that with months, the German word for *in* is **im**.

S1:	*S2:*
Wann ist Halloween?	Halloween ist **im Oktober**.

Ostern	Weihnachten	dein Geburtstag	Amerikas Geburtstag
	Valentinstag	Sommer	Winter

Die Jahreszeiten⁺

der **Frühling**

der **Sommer**

der **Herbst**

der **Winter**

7 **Wann ist es ...?** Tell in what months the following weather conditions occur where you live.

BEISPIEL Wann ist es oft kalt?   *Im Januar und im Februar.*

1. Wann regnet es viel?
2. Wann schneit es viel?
3. Wann ist es oft heiß? Schwül? Windig?
4. Wann scheint die Sonne nicht viel?
5. Wann ist es schön warm?

8 **Wie ist das Wetter in ...?** Take turns asking your partner about the weather in one of the four cities below.

S1:   *S2:*

Wie ist das Wetter heute in Hamburg? | Es regnet, es ist kühl.

1. Wie ist das Wetter heute in _____?
2. Welche Jahreszeit ist es in _____?
3. Wie viel Grad sind es in _____?
4. Wie ist das Wetter in Ihrer Stadt? Im Frühling? Im Sommer? Im Herbst? Im Winter?

Hamburg: 10°C/50°F	Zürich: -15°C/5°F	München°: 36°C/97°F	Wien°: 21°C/70°F
10. Mai	4. Januar	11. Juli	2. Oktober

Vokabeln I

Substantive

Die Jahreszeiten *(Seasons)*
der **Frühling** spring
der **Sommer** summer
der **Herbst** autumn, fall
der **Winter** winter

Das Wetter *(Weather)*
der **Regen** rain
der **Schnee** snow

der **Wind** wind
das **Grad** degree *(temperature)*
die **Sonne** sun

Weitere Substantive
der **Geburtstag, -e** birthday
der **Monat, -e** month *(For the months see p. 65.)*
der **Stau, -s** traffic jam

das **Ende** end; **Ende [August]** the end of [August]
die **Party, -s** party
die **Reise, -n** trip

> Nouns with plural forms that are commonly used are listed with their plural forms: **der Monat, -e = die Monate.**

Verben

bleiben to remain, stay
regnen to rain; **es regnet** it's raining
scheinen to shine

schneien to snow; **es schneit** it's snowing
Ski laufen skiing
snowboarden to snowboard

war was *(past tense of* **sein***)*
Wasserski fahren to water ski

Adjektive und Adverbien

anstrengend exhausting, strenuous
bald soon
bestimmt certain(ly), for sure
fast almost
gestern yesterday
hoffentlich I hope so

jetzt now
leider unfortunately
noch still, in addition
noch nicht not yet
schön nice, beautiful; **schön warm** nice and warm
schwül humid

sicher sure; surely
super super, great
windig windy
wirklich really
zu too

Gegenteile

warm ≠ kühl warm ≠ cool
heiß ≠ kalt hot ≠ cold

sonnig ≠ wolkig sunny ≠ cloudy

trocken ≠ nass dry ≠ wet

Andere Wörter

alles everything
bei at the home of; **bei [Franziska]** at [Franziska's]

Nicht wahr? Isn't that so? Don't you think so?

Besondere Ausdrücke

es gibt there is, there are
Klasse! Great!
Es sind [minus] [10] Grad. It's [minus] [10] degrees.
im [Herbst] in the [fall]; **im [Mai]** in [May]
schönes Wetter nice weather
Was für ein Wetter! What weather!

Wie ist das Wetter? How's the weather?
Wie viel Grad sind es? What's the temperature?
Wann hast du Geburtstag? When is your birthday?
Ich habe im [Mai] Geburtstag. My birthday is in [May].

Wer geht mit? Who's coming along?
Was für Sport machst du? What kind of sports do you do?

Alles klar?

9 **Was passt nicht?**

1. a. Jahreszeit   b. Frühling   c. Herbst   d. Sommer
2. a. schwül   b. wolkig   c. trocken   d. anstrengend
3. a. Ski laufen   b. bleiben   c. snowboarden   d. Wasserski fahren
4. a. super   b. klasse   c. schön   d. hoffentlich
5. a. warm   b. sonnig   c. wolkig   d. heiß
6. a. Schnee   b. Winter   c. schneien   d. wirklich

10 **Welches Adjektiv? Welches Verb?** Give an adjective or verb that is related to the following nouns.

1. Regen
2. Schnee
3. Sonne
4. Wind

11 **Was ist das?** Finden Sie das richtige Wort.

1. sonnig

2. _____

3. windig / nass

4. _____

hoffentlich   nass
leider   sonnig
windig   wolkig

Land und Leute

⊕ Web Search

Landschaften

Whether poet, tourist, or native German, people have admired the variety and beauty of the German scenery **(Landschaft)** for centuries. The northern part of Germany offers sandy beaches along the Baltic **(Ostsee)** and the North Sea **(Nordsee)**, and marshlands as well as large islands with spectacular chalk cliffs, like those on Rügen, Germany's largest island. A drive toward the south brings one through moors, heaths, and lakes. But after only a few hundred kilometers, the landscape changes to one of forests and small mountainous areas. This Central Upland Range **(Mittelgebirge)** separates northern from southern Germany. In the center of Germany are the Harz Mountains **(der Harz)**, which appear in many German stories and legends. Going south one encounters the terrace landscape **(Tiefebene)** merging into the Rhine Valley, a natural and major north-south travel artery, bordered by the Black Forest **(der Schwarzwald)**. The Alpine foothills encompass much of Bavaria with its hilly landscape, broad plains, and the Danube Valley. The German Alps **(die Alpen)** are only a small part of the Alpine mountain range and they extend from Lake Constance **(der Bodensee)** to Berchtesgaden. On the border with Austria is Germany's highest mountain, the **Zugspitze.** One can also find spectacular mountain lakes in all parts of the country, and one is never far from the many rivers, such as the Elbe, Oder, Main, Rhein, and Mosel, that are used for commercial transport as well as recreation.

Although the southern border of Germany lies at approximately the same latitude as the Canadian/U.S. border, Germany enjoys a moderate climate. There are seldom sudden, extreme fluctuations in temperature, and precipitation is usually plentiful. The marine climate in the north keeps the winters there milder than in the south, where the climate is also affected by the Alps.

With a variety of landscapes and a moderate climate, it is easy to understand why Germans are famous for their love of nature and the outdoors.

charmayne carava / Alamy

▲ Beachvolleyball am Strand *(beach)* der Insel *(island)* Rügen an der Ostsee

peresanz/Shutterstock.com

▲ Landschaft im Sommer (Schwarzwald)

Kulturkontraste

Compare the landscapes of Germany with the landscapes in your country. Which regions do you think could be similar to Germany's? Which are different?

D. Etwas über Deutschland
J. Kulturkontraste
1. Landschaften

Zum Lesen

🌐 Web Links

Vor dem Lesen

12 Fragen

A. Look at the advertisement and answer the following questions.

1. Wie ist der Winter in Deutschland?
2. Wie ist das Wetter in Florida?
3. Wie viel kostet das Frankfurt-Miami Ticket? Ist das teuer *(expensive)*, günstig *(reasonable)* oder billig *(cheap)*?

B. Answer the following questions.

1. Ist „kalt" in Florida auch „kalt" in Toronto? Was finden Sie „kalt"?
2. Suchen Sie Berlin auf einer Landkarte *(map)*. Suchen Sie Washington, D.C. Welche Stadt ist weiter nördlich *(farther north)*?
3. Suchen Sie auf einer Landkarte die Städte Tübingen, Berlin, Hamburg, München und Salzburg.

Beim Lesen

13 Zum Text

1. In the reading, you will find data on Germany's size and distances within the country. As you are reading, make notes on the relevant facts about Germany.
2. Which words or concepts in the text would you consider to be relative, depending on a person's experience?
3. Cognates. Circle or make a list of the cognates in the reading.

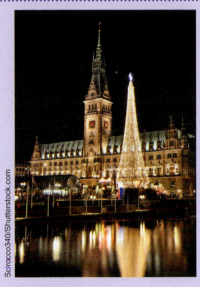

Alles ist relativ!

Lily from Hamburg is visiting Berlin with her cousin Paul from Miami and with Anton, a friend from Salzburg, Austria. Lily's friend Franziska has invited them to her place, and has picked them up at the train station. On their way to Franziska's apartment they get
5   acquainted, and Paul learns more about Germany.

PAUL: Puh, ganz schön warm ist es hier in Berlin. In Hamburg war es heute Morgen ziemlich kühl.

LILY: Ja, hier sind wirklich sicher 6 Grad *Sechs*
10   mehr als in Hamburg.

ANTON: Eigentlich komisch. Berlin liegt doch nur etwa 280 Kilometer südlich von Hamburg.

FRANZISKA: Ja, aber Hamburg liegt nah an
15   der Nordsee und das beeinflusst das Klima – die Sommer sind kühl und die Winter mild. Seeklima heißt das!

PAUL: Ah ha! Studierst du Meteorologie?

FRANZISKA (*lacht*):   Fast! Ich studiere
20   Geografie. Aber ich rede gern übers Wetter!

PAUL: Das ist schon irgendwie toll hier in Deutschland. Interessante Städte wie Hamburg und Berlin liegen so nah beieinander°. Das ist in den USA nicht
25   so. Da sind die Distanzen ganz anders.

LILY: Ja, von Hamburg ganz im Norden nach München im Süden sind es nur etwa 610 Kilometer. Und ganz Deutschland ist so groß wie Montana.

PAUL: Erstaunlich!

FRANZISKA: Lily, wie ist Hamburg denn im Winter? Ihr habt wenig Schnee, oder?

30 LILY: Ja, es schneit nicht oft. Aber es regnet viel und es ist kühl und oft windig und grau.

ANTON: In Salzburg ist es im Winter ziemlich kalt, aber relativ sonnig. Und es liegt oft Schnee. Ich gehe dann immer snowboarden.

PAUL: Und ich gehe in Miami jeden Tag schwimmen. Im Winter und im Sommer.

35 LILY: Ah schön. Immer warm. Toll!

PAUL: Ja, in Florida schon. Manchmal ist es aber auch schrecklich heiß und schwül! Und es gibt eigentlich keine Jahreszeiten. Apropos° „sehr heiß" – wie weit ist es denn noch? Sind wir bald da?

LILY: Paul, du bist wirklich faul. Wir gehen doch erst 10 Minuten.

40 PAUL (*lacht*):   Du weißt doch, Lily. Wir Amerikaner machen alles mit dem Auto.

FRANZISKA: In Berlin ist aber wirklich alles sehr weit auseinander°. Es ist einfach riesengroß°.

ANTON: Wie viele Einwohner hat Berlin denn?

FRANZISKA: Fast dreieinhalb° Millionen.

45 LILY: Wow! Hamburg hat nur etwa halb so viele Einwohner.

ANTON: Und Salzburg nur 150 000!

FRANZISKA: So, da sind wir! Hier wohne ich. Und jetzt gibt es eine Cola.

PAUL: Aber bitte eiskalt!

Scirocco340/Shutterstock.com

▲ **Hamburger Rathaus und Binnenalster**

next to each other

Although Berlin has less than a third of the population of Paris, it is nine times larger in area.

speaking about

apart
huge

three and one half

Nach dem Lesen

H. Wie viel Grad sind es?

14 **Ergänzen Sie** Using your notes on the reading, complete the following sentences.

1. Berlin ist warm. _____ Grad mehr als in Hamburg.
2. Hamburg liegt an der Nordsee. Die Sommer sind _____ und die Winter sind _____.
3. Von München nach Hamburg sind es nur _____ Kilometer.
4. Montana ist so _____ wie Deutschland.
5. In Salzburg sind die Winter _____.
6. In Miami ist das Wetter immer _____.

15 **Fragen zum Lesestück**

1. Wie war das Wetter in Hamburg?
2. Wie viel Grad mehr sind es in Berlin?
3. Wie viele Kilometer sind es von Hamburg nach Berlin?
4. Wo liegt Hamburg?
5. Wie groß ist Deutschland?
6. Wie ist der Winter in Hamburg?
7. Was macht Anton gern im Winter?
8. Was macht Paul im Winter und im Sommer in Florida?
9. Wie ist Berlin?
10. Wie viele Einwohner hat Berlin? Wie viele Einwohner hat Salzburg?

16 **Wie ist das Wetter zu Hause?** With a partner, compare the weather as you have come to know it in your hometown **(zu Hause)** and the place you live right now **(hier)**. Finally, compare that information to what you learned about the weather in Germany from the reading.

S1:
Wie ist das Wetter zu Hause?

S2:
Im Frühling ist es regnerisch.

Das Wetter …	zu Hause	hier	in Deutschland
im Frühling?			
im Sommer?			
im Herbst?			
im Winter?			

Land und Leute

⊕ Web Search

Berlin: Deutschlands Hauptstadt

The origins of Berlin lie in the twelfth century. In its long history Berlin has served as the capital city of many German states and forms of government, including the monarchy of the Hohenzollerns, the Third Reich, and the German Democratic Republic. In 1990, Berlin became the capital of a newly united Germany. History, geography, and politics have all contributed to making Berlin a cultural center of Europe.

travelstock44 / Alamy

▲ Touristen am Brandenburger Tor

Berlin is both a **Stadtstaat** *(city state)* and a **Bundesland** *(federal state)* and it is the most populous city in Germany (3.4 million people). Berlin's population is diverse, with almost 13% consisting of foreigners from 185 countries, the largest group from Turkey. Historically, Berlin has been a center of education, commerce, culture, and science. This tradition is still alive today. Berlin has more than 250 state and private centers for scientific research, including nineteen colleges and universities, as well as 150 theaters that offer programs ranging from the classics to the newest artistic forms, three world-class opera houses, and seven symphony orchestras. It is also the home of more than 150 museums. With five major museums, the **Museumsinsel** *(Museum Island)* is one of the most important museum complexes in the world. Separate from the **Museumsinsel** are other well-known museums; for example, the new Jewish Museum **(das Jüdische Museum),** opened in 2001. Each year Berlin hosts the international film festival, the **Berlinale,** founded in 1951. Visitors to Berlin are struck by the wide variety of architectural styles, ranging from palaces to the remnants of the socialist architecture of East Germany to the modern office buildings erected after unification.

Uli Gersiek

▲ Die Ruine und der neue Teil der Gedächtniskirche in Berlin

Berlin is a favorite tourist destination. Some of the sights that attract visitors can be found on various websites. The most popular attractions include: the **Brandenburger Tor** *(Brandenburg Gate)* at one end of the famous **Unter den Linden** street; the **Reichstag,** where parliament meets; the **Sony Center; Friedrichstraße** with its elegant stores; the **Holocaust Mahnmal** *(Holocaust Memorial);* **Checkpoint Charlie** from the days of the **Berliner Mauer** *(Berlin Wall);* the memorial **East Side Gallery,** a 1.3 kilometer long section of the Berlin Wall with over 100 paintings from artists all over the world. Perhaps surprisingly, Berlin also offers a wide choice of outdoor activities. Approximately one-fourth of Berlin's 888 square kilometers consists of green space and one-tenth is covered by lakes and rivers.

J. Kulturkontraste
2. Berlin: Deutschlands Hauptstadt

Kulturkontraste

1. Is there a large city in your country comparable to Berlin in size or other characteristics? If so, have you ever visited it?
2. If you visited Berlin, which aspect of the city would you most want to explore—its history, its museums, its parks? Explain your choice.

[1]*taxi driver*

▲ Wie viel Euro verdient (*earns*) ein Taxifahrer oder eine Taxifahrerin?

Erweiterung des Wortschatzes 2

The suffix *-in*

- The suffix **-in** added to the singular masculine noun gives the feminine equivalent.
- The plural of a noun with the suffix **-in** ends in **-nen**.

17   Mann oder Frau? Give the other form—feminine or masculine—of the words listed below.

BEISPIEL   die Professorin   *der Professor*

1. die Freundin
2. der Student
3. die Amerikanerin
4. der Einwohner
5. die Ingenieurin
6. der Journalist
7. die Musikerin
8. der Physiotherapeut

Names of countries

Wie groß ist **Deutschland**?
Existiert **das romantische Deutschland** noch?

How large is Germany?
Does romantic Germany still exist?

The names of most countries are neuter; for example **(das) Deutschland** and **(das) Österreich**.

- Articles are not used with names of countries that are neuter, unless the name is preceded by an adjective (e.g., **das romantische Deutschland**).

  Die Schweiz ist schön.
  Die USA sind groß.

  Switzerland is beautiful.
  The United States is large.

- The names of a few countries are feminine (e.g., **die Schweiz**); some names are used only in the plural (e.g., **die USA**).

- Articles are always used with names of countries that are feminine or plural.

18   Was ist die Hauptstadt von ...? Pick a country from the following list and ask your partner what the capital is. Then switch roles and your partner asks you.

S1:	*S2:*
Was ist die Hauptstadt von Dänemark?	Die Hauptstadt ist Kopenhagen. / Das weiß ich nicht.

**Städte: London   Salzburg   Athen   Vaduz   Madrid
Rom   Moskau   Florenz   Brüssel   Barcelona
Oslo   Wien   Paris**

1. Italien
2. Spanien
3. Griechenland
4. Russland
5. Österreich
6. Frankreich
7. Norwegen
8. Liechtenstein
9. Großbritannien
10. Belgien

Nouns indicating citizenship and nationality

Location	Male citizen	Female citizen
Berlin	der Berliner, -	die Berlinerin, -nen
Österreich	der Österreicher, -	die Österreicherin, -nen
die Schweiz	der Schweizer, -	die Schweizerin, -nen
Amerika	der Amerikaner, -	die Amerikanerin, -nen
Kanada	der Kanadier, -	die Kanadierin, -nen
Deutschland	der Deutsche (ein Deutscher) (pl.) die Deutschen	die Deutsche (eine Deutsche) (pl.) die Deutschen

Nouns indicating an inhabitant of a city or a citizen of a country follow several patterns. While you won't be able to predict the exact form, you will always be able to recognize it.

- The noun suffix **-er** is added to the name of many cities, states, or countries to indicate a male citizen or inhabitant: **Berliner**.

- Some nouns take an umlaut: **Engländer**.

- To indicate a female citizen or inhabitant the additional suffix **-in** is added to the **-er** suffix: **Berlinerin, Engländerin**.

- In some instances the **-er/-erin** is added to a modified form of the country: **Mexikaner/Mexikanerin; Kanadier/Kanadierin**.

- Other countries have still other forms to indicate the citizen or inhabitant: **Deutscher/Deutsche**. Note that the plural, **die Deutschen,** is used for both men and women.

Felix ist **Deutscher**.	*Felix is (a) German.*
Sarah ist **Deutsche**.	*Sarah is (a) German.*

Note that to state a person's nationality, German uses the noun directly after a form of **sein**. The indefinite article **ein** is not used, whereas in English nouns of nationality may be preceded by an indefinite article.

---

19 **Woher kommen diese Personen?** Match the following people, their hometowns, and nationalities.

1. Markus kommt aus Stuttgart. _____
2. Lena kommt aus Salzburg. _____
3. Jochen kommt aus Zürich. _____
4. Sandra kommt aus Wismar. _____
5. Michael kommt aus Montreal. _____
6. Courtney kommt aus Chicago. _____
7. Klaus kommt aus Berlin. _____

a. Er ist Kanadier.
b. Sie ist Amerikanerin.
c. Er ist Berliner.
d. Er ist Schweizer.
e. Sie ist Österreicherin.
f. Er ist Deutscher.
g. Sie ist Deutsche.

I. Deutsche Städte

To demonstrate support for the people of Berlin, John F. Kennedy said "Ich bin ein Berliner" during one of his most famous speeches at the Berlin Wall in 1963. While this was a solemn speech about the Cold War, and while no one at the time took his remarks out of context, it is possible to read an unintended pun into this sentence. Which? Research the issue on the Internet.

◀ „Ich bin *ein* Berliner."

The question word *woher*

Woher kommst du?	*Where are you from?*
Ich **komme aus** [Frankfurt / der Schweiz / den USA].	*I am from [Frankfurt / Switzerland / the U.S.A.].*

- To ask in German where someone is from, use the interrogative **woher** and a form of the verb **kommen**.
- To answer such a question, use a form of the verb **kommen** and the preposition **aus**.

▲ Nele kommt aus dem Norden. Sie ist Hamburgerin.

 20 **Frage-Ecke** Find out where the following people are from and where they live now. Obtain the missing information by asking your partner. **S1**'s information is below; the information for **S2** is in *Appendix B*.

S1:	S2:
Woher kommt Leon?	Er kommt aus Deutschland. Was ist Leon?
Er ist Deutscher.	
Wo wohnt⁺ Leon?	Er wohnt in Hamburg.

	Woher kommt ...?	Was ist ...?	Wo wohnt ...?
Leon		Deutscher	
Charlotte		Liechtensteinerin	Vaduz
Marie	Deutschland		
Anton	Österreich		

 21 **Woher kommst du?** Ask four classmates where they are from in terms of city (**Stadt**), region or state (**Region**), and country (**Land**). Make notes, so you can report to class where your classmates are from.

S1:	S2:
Woher kommst du?	Aus Lawrence.
Wo ist das?	Lawrence ist in Kansas.

Woher kommt ...	die Stadt	die Region	das Land
S1			
S2			
S3			
S4			

Vokabeln

Substantive

Geografisches (*Geographic elements*)

der **Norden** north
der **Osten** east
der **Süden** south
der **Westen** west
(das) **Europa** Europe
das **Land, ⁼er** country
das **Nachbarland, ⁼er** neighboring country
die **Hauptstadt, ⁼e** capital
die **Nordsee** North Sea

die **See, -n** sea
die **Stadt, ⁼e** city

Weitere Substantive

der **Einwohner, -** / die **Einwohnerin, -nen** inhabitant
der **Kilometer, -** kilometer (= .62 mile; abbrev. **km**)
das **Auto, -s** car, automobile
das **Klima** climate
die **Cola, -s** cola drink
die **Million, -en** million
die **Temperatur, -en** temperature

Verben

beeinflussen to influence
lachen to laugh
liegen to lie; to be situated, be located

reden to talk, speak
wohnen to live, reside

For names of countries and inhabitants see page 75.

Adjektive und Adverbien

anders different(ly)
deutsch German (*adj.*)
einfach simply
eiskalt ice-cold
erst not until, only just
erstaunlich amazing
etwa approximately, about
immer always
interessant interesting
irgendwie somehow
komisch funny, strange
manchmal sometimes

mehr more
mild mild
nah near
nördlich to the north
riesengroß huge, gigantic
schrecklich terrible, horrible
südlich to the south
weit far
weiter farther, further
wenig little, few
wirklich really

Andere Wörter

als than
an at
denn *flavoring particle added to a question*
in in
kein not a, not any
nach to (*with cities and neuter countries, e.g.,* **nach Berlin; nach Deutschland**)

so ... wie as . . . as
über about
von from; of
wo where
woher where from

Besondere Ausdrücke

das heißt that means, that is to say
halb so groß wie ... half as large as . . .
Ich bin [Schweizer / Amerikanerin]. I am [Swiss / American].
Ich komme aus ... I come/am from . . .

jeden Tag every day
nicht so [kalt / viel] not as [cold / much]
Oder? Or don't you agree?
übers Wetter about the weather
Woher kommst du? Where are you from?

Alles klar?

22 Was passt nicht?

1. a. Einwohner   b. Land   c. Stadt   d. Stau
2. a. interessant   b. schrecklich   c. erstaunlich   d. denn
3. a. einfach   b. oft   c. manchmal   d. immer
4. a. wirklich   b. wenig   c. mehr   d. viel

23 Ergänzen Sie

1. —_____ kommst du?

   —Ich komme aus Berlin.

2. —Wie _____ ist es von Berlin nach Hamburg?

   —Etwa 300 Kilometer.

3. —_____ liegt Salzburg?

   — Etwa 145 Kilometer südöstlich von München.

4. —Ich bin sehr müde.

   — Wirklich? Aber es ist nicht spät. Es ist doch _____ 10 Uhr.

24 Was ist das? Finden Sie das richtige Wort.

1. _____   2. _____

3. _____   4. _____

die Temperatur   Europa
die Hauptstadt von Deutschland   der Süden
die Nordsee   ein Auto

Land und Leute

 Web Search

Geburtstage

Birthdays are very important to people in German-speaking countries. They seldom forget the birthday of a family member or friend – they write, call, give flowers and/or other gifts **(Geburtstagsgeschenke)**. Birthdays are celebrated in different ways. The "birthday child" **(Geburtstagskind)** may have an afternoon coffee party **(Geburtstagskaffee)** with family members and friends, or a more extensive birthday party in the evening. At the **Geburtstagskaffee,** candles are placed around the edge of a birthday cake **(Geburtstagskuchen)** and blown out by the person whose birthday it is. Although the **Geburtstagskind** is often taken out by family members or friends, he or she usually throws a party or brings a cake to work.

Clarissa Leahy/Corbis

▲ Alles Gute zum Geburtstag!

Common greetings and congratulations include: **Herzlichen Glückwunsch zum Geburtstag!** *(Happy Birthday!)* or **Alles Gute zum Geburtstag!** *(All the best on your birthday!)* Often friends or family place ads in newspapers, **Geburtstagsanzeigen**, to congratulate the **Geburtstagskind**.

Turning 18 marks the legal transition from childhood to adulthood with all its rights and privileges, and it is celebrated accordingly. Other landmark birthdays are generally observed when one reaches zeros and fives: turning 20, 30, 40, etc. is called **nullen** (e.g., **Stefan nullt dieses Jahr**). **Nullen** may result in large festivities to which both family and friends may be invited in one joint party, or separate parties may serve either friends or family. This may take place at home or, if there is not enough room, at a restaurant which is rented out by the host. Special "5s," such as 25 or 75 (a quarter century, and three quarters of a century respectively), are similarly marked by larger festivities. If you are hosting your birthday in Germany, you are generally throwing the party yourself and take care of all the expenses. These may be considerable, especially when you are celebrating a landmark birthday. However, it is generally expected by those around you. As friends and family have their own landmark birthdays, they reciprocate accordingly.

In Austria and the predominantly Catholic regions of Germany, name days **(Namenstage)** may be celebrated with as much excitement as birthdays. **Namenstage** commemorate the feast day of one's patron saint. Florist shops in these areas typically remind people whose name day is being celebrated.

Kulturkontraste

How does the typical celebration of birthdays in German-speaking countries differ from the way you celebrate birthdays, at home or at work?

 J. Kulturkontraste
3. Geburtstage

Grammatik und Übungen

Talking about the past

Simple past tense of *sein*

Present	Heute ist das Wetter gut.	*The weather is good today.*
Simple past	Gestern war es schlecht.	*It was bad yesterday.*

The simple past tense of **sein** is **war**.

Simple past of **sein**			
ich	**war**	wir	waren
Sie	waren	Sie	waren
du	warst	ihr	wart
er/es/sie	**war**	sie	waren

Simple past of **sein**			
I	was	we	were
you	were	you	were
you	were	you	were
he/it/she	was	they	were

In the simple past, the **ich-** and **er/es/sie**-forms of **sein** have no endings.

---

25 **Wo warst du in den Sommerferien?** Franziska and Sebastian are discussing where they and their friends spent their summer vacation. Provide forms of the verb **sein** in the past tense.

BEISPIEL Paula _____war_____ in Italien.

1. FRANZISKA: Hallo, Michael, wie _____ es in Italien?
2. MICHAEL: Hallo, Franziska. Italien? Ich _____ nicht in Italien, Chiara und ich _____ in England. Und du? Wo _____ du?
3. FRANZISKA: In Berlin! England? Toll! Wo _____ ihr denn in England? In London?
4. MICHAEL: Nein, wir _____ in Portsmouth. Chiaras Freund Ian ist da.
5. FRANZISKA: Wie komisch! Noah und Pia _____ auch in Portsmouth.

Discussing the weather 👥

K. Wie war das Wetter?

> For additional weather expressions, refer to the *Supplementary Word Sets* on the Premium Website.

26 **Wie war das Wetter?** Ask a fellow student what the weather was like on four previous days. Record the answers.

S1:
Wie war das Wetter [gestern]?
Und am [Wochenende]?

S2:
Es war [schön].
[Gestern] war es [schön].
Es war [kalt].

**windig   furchtbar kalt   heiß   sonnig   wolkig
warm   schwül   sehr kühl**

windig

heiß

wolkig

schwül

furchtbar kalt

sonnig

warm

sehr kühl

Present tense of *haben*

Making statements

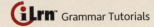 Grammar Tutorials

haben: *to have*			
ich	habe	wir	haben
Sie	haben	Sie	haben
du	**hast**	ihr	habt
er/es/sie	**hat**	sie	haben

The verb **haben** is irregular in the **du**- and **er/es/sie**-forms of the present tense.

27 **Wann hast du Geburtstag?** Anna and Franziska are chatting over the Internet, updating their respective birthday lists. Take the role of Anna and tell Franziska in what month the following people's birthdays are. Then give the month of your own birthday.

BEISPIEL ich / Juli   *Ich habe im Juli Geburtstag.*

1. Leon / Mai
2. du / September
3. David / Februar
4. ihr (Felix und du) / September
5. Daniel und Professor Lange / Oktober
6. wir (Florian und ich) / Juli
7. Und jetzt Sie! Wann haben Sie Geburtstag?

Present tense of *wissen*

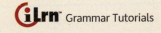 Grammar Tutorials

Wissen is irregular in the singular forms of the present tense. Note that the **du**-form ending contracts from **-st** to **-t**.

wissen: *to know*			
ich	**weiß**	wir	wissen
Sie	wissen	Sie	wissen
du	**weißt**	ihr	wisst
er/es/sie	**weiß**	sie	wissen

28 **Die Universität Heidelberg** David is speaking with Sarah and Leon about the University of Heidelberg. Complete their dialogue with the appropriate forms of **wissen**.

J. Ein Picknick

DAVID: Du, Leon. Was _____ du über die Universität Heidelberg?

LEON: Nicht viel. Aber ich glaube, Sarah _____ viel darüber.

SARAH: Na, alle Leute _____, dass *(that)* Heidelberg die älteste *(oldest)* Universität Deutschlands ist.

LEON: So? Das _____ wir alle?_____ du denn, wie alt?

SARAH: Ja, sicher. Sie ist über 600 Jahre alt.

DAVID: Das ist ja wirklich alt. _____ ihr auch, wie alt die Stadt Heidelberg ist?

SARAH: Nein.

Position of the finite verb in statements

In a German statement, the finite verb is always in second position, even when an element other than the subject (for example, an adverb or a prepositional phrase) is in first position.

- When an element other than the subject is in first position, the subject follows the verb.

1	2	3	4
Der Sommer	ist	in Deutschland	anders.
In Deutschland	ist	**der Sommer**	anders.

29 **Hoffentlich ist es schön** You are discussing the weather with your partner. Use the following statements and start with the word in parentheses. You partner will then agree or disagree with you. Remember the position of the verb and the subject as you produce your prompts or as you react to one.

BEISPIEL Es ist heute schön. (Heute)

S1:	S2:
Heute **ist es** schön, nicht?	Ja. Heute **ist es** schön. / Nein. Heute **ist es** nicht schön.

1. Es bleibt hoffentlich trocken. (Hoffentlich)
2. Das Wetter war gestern schlecht, nicht? (Gestern)
3. Es regnet heute bestimmt. (Heute)
4. Das Wetter bleibt jetzt hoffentlich gut. (Hoffentlich)
5. Die Sonne scheint morgen bestimmt. (Morgen)

30 **Wer? Was? Wann?** You and Jennifer have been talking to your friends to find out when they are free for a get-together. By consulting your list you are able to tell Jennifer when your various friends are busy and what they are doing. Begin with the time element.

BEISPIEL *Morgen Abend spielt Kevin Basketball.*

Wer?	Was?	Wann?
Kevin	Basketball spielen	morgen Abend
Michael und Noah	Tennis spielen	am Montag
Anna	ins Kino gehen	heute
Alina	Geburtstag haben	am Sonntag
David und Sarah	Volleyball spielen	heute Abend
ich	nicht arbeiten	morgen

Ljupco Smokovski/Shutterstock

◄ Am Montag spielen Michael und Noah Tennis.

31 Frage-Ecke Find out how old the following people are, when their birthdays are, and what the typical weather in that month is. Obtain the missing information from your partner. **S1**'s information is below; the information for **S2** is in *Appendix B.*

> *S1:* Wie alt ist Nils?
> *S2:* Nils ist 21 Jahre alt. Wann hat er Geburtstag?
> *S1:* Im Januar. Wie ist das Wetter im Januar?
> *S2:* Es ist kalt.

> *S1:* ...

	Wie alt?	Geburtstag	das Wetter
Nils		Januar	
Laura	30		kühl
Herr Hofer		Juli	heiß und trocken
Frau Vogel	39		
ich			
Partnerin/Partner			

The nominative case *(der Nominativ)*

Expressing the subject of a sentence

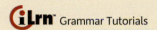 Grammar Tutorials

> *That woman* plays tennis well. *She* doesn't play volleyball very well.

English uses word order to signal different grammatical functions (e.g., subject) of nouns or pronouns. In a statement in English the subject precedes the verb.

> **Die Frau** spielt gut Tennis. Volleyball spielt **sie** aber nicht sehr gut.

German uses a different type of signal to indicate the grammatical function of nouns and pronouns. German uses a signal called CASE.

- When a noun or pronoun is used as the subject of a sentence, it is in the NOMINATIVE case.

Masculine	Neuter	Feminine
der	das	die

- In the nominative case, the German definite article has three forms. They are all equivalent to *the* in English.

Subject	Predicate noun	Subject	Predicate noun
Herr Gerber ist	**Ingenieur.**	Mr. Gerber is	*an engineer.*
Die Journalistin heißt	**Johanna Fischer.**	The journalist's name is	*Johanna Fischer.*
Das ist **nicht**	**mein Handy.**	That is not	*my cell phone.*

The nominative case is also used for a PREDICATE NOUN.

- A predicate noun designates a person, concept, or thing that is equated with the subject.
- A predicate noun completes the meaning of linking verbs such as **sein** and **heißen**.
- In a negative sentence, **nicht** precedes the predicate noun.

32 **Wie war das Wetter?** Look at the pictures and words below. Using the adjectives in the list, decide what the weather was like on each day. Be sure to use the correct article with the noun under the picture.

| kalt   heiß   kühl   nass   stark *(heavy)*   schön   schlecht   warm |

BEISPIEL *Am Samstag war der Regen stark.*

TEMPERATUREN (Min/Max)

MO	DI	MI	DO	FR	SA	SO
7° 15°	8° 18°	9° 19°	10° 20°	7° 9°	7° 10°	6° 14°
Sonne	Morgen	Abend	Wind	Tag	Regen	Wetter

33 **Was kostet ...?** Your partner is moving and wants to sell a few things. Ask how much each item costs. Your partner gives a price. Use a pronoun in your answer.

S1: | *S2:*
Was kostet [die Uhr]? | [Sie] kostet [15] Euro.

Plural forms of German nouns *(der Plural)*

English has a variety of ways to signal the plural of nouns. With some nouns the stem changes: one *man*, two *men*; one *foot*, two *feet*. With other nouns, endings are used: one *stone*, two *stones*; one *ox*, two *oxen*. With still others, no signal is used at all: one *sheep*, two *sheep*. By far the most common signal though is simply the ending *-s*.

Type	Plural Signal	Singular	Plural
1	-	das Fenster	die Fenster
	¨	der Garten	die Gärten
2	-e	der Tisch	die Tisch**e**
	¨e	der Stuhl	die Stüh**le**
3	-er	das Kind	die Kind**er**
	¨er	das Buch	die Büch**er**
4	-en	die Frau	die Frau**en**
	-n	die Lampe	die Lampe**n**
	-nen	die Studentin	die Studentin**nen**
5	-s	das Handy	die Handy**s**

German uses five basic types of signals to mark the plural of nouns: no ending or the endings **-e, -er, -(e)n,** and **-s.** Some of the nouns of types 1, 2, and 3 add umlaut in the plural. Nouns of type 4 that end in **-in** add **-nen** in the plural.

- German makes no gender distinctions in the plural article; the definite article **die** is used with all plural nouns.
- The indefinite article has no plural form.

Lerntipp

In the vocabularies of this book, the plural of most nouns is indicated after the singular forms:

das Zimmer, - indicates that there is no change in the plural form of the noun: **das Zimmer, die Zimmer**

die Stadt, ⸚e indicates that an **-e** is added in the plural, and an umlaut is added to the appropriate vowel: **die Stadt, die Städte**

When you learn a German noun, you must also learn its plural form because there is no sure way of predicting to which plural type the noun belongs. You will, however, gradually discover that there is a kind of system to the various types. This "system" depends partly on whether the noun is a **der-, das-,** or **die**-noun, and partly on how many syllables it has.

1-19

34 Hören Sie zu

A. Erstes Hören Listen to the description of David's room. Indicate how many of the listed objects he has in his room.

E. Wer hat was?

_____ Tisch
_____ Bett
_____ Pflanze
_____ Stühle
_____ Lampen
_____ Computer
_____ Bücherregal
_____ Bücher
_____ Bilder
_____ Poster
_____ Telefon
_____ Fenster

B. Zweites Hören Now listen to the description again. This time complete the description of the objects according to what you have heard. Be sure to provide the correct definite articles.

L. So sind sie

1. _____ Tisch ist _____.
2. _____ Pflanze ist auch _____.
3. _____ Stühle sind _____.
4. _____ Computer ist _____.
5. _____ Telefon ist _____.
6. _____ Fenster sind _____.

35 **Schaufensterbummel (Window shopping)** Anna and Leon are walking home from the university. They see several objects in shop windows and talk about them. Construct sentences from the fragments, using a plural subject.

BEISPIEL Buch / sein / sehr alt   *Die Bücher sind sehr alt.*

1. Pflanze / sein / schön
2. Stuhl / sein / sehr modern
3. Tisch / sein / zu groß
4. Lampe / sein / zu alt
5. Computer / sein / wirklich super
6. Handy / sein / praktisch
7. Uhr / gehen / sicher / schnell / kaputt

◀ **Die Jacke ist toll!**

1-20

🌐 Web Links

Leserunde

Rudolf Otto Wiemer (1905–1998) was both a teacher and a writer. His poems, stories, and books made him known to a wide public. Many of his poems contain surprises and twists, not unlike those in the poem "empfindungswörter." This poem contains other elements common to concrete poetry: everyday words, lists, repetition, and variation, all of which cause the listener or reader to see words in a new light.

....

empfindungswörter[1]
aha die deutschen
ei die deutschen
hurra die deutschen
pfui die deutschen
ach die deutschen
nanu die deutschen
oho die deutschen
hm die deutschen
nein die deutschen
ja ja die deutschen

— *Rudolf Otto Wiemer*

Fragen

1. Welche Wörter sind positiv, welche negativ, welche neutral?
2. Wie sind die Deutschen?
3. Was denkt der Autor?

[1]*words of emotion*

Rudolf Otto Wiemer *Beispiele zur deutschen Grammatik, Gedichte,* Berlin 1971, © Wolfgang Fietkau Verlag, Kleinmachnow.

The indefinite article *ein* (der unbestimmte Artikel)

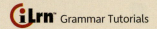 Grammar Tutorials

Ist das **ein** Radio oder **eine** Uhr?   *Is that **a** radio or **a** clock?*

The German indefinite article **ein** is equivalent to English *a* or *an*.

In the nominative case the German indefinite article has two forms: **ein** for masculine and neuter, and **eine** for feminine.

Masculine	Neuter	Feminine
ein Mann	**ein** Kind	**eine** Frau

36 **Was ist das?** Help your partner learn German. Point to a picture and she/he will tell what it is in German.

S1: Was ist das?
S2: Das ist ein Buch.

M. Was ist das?

   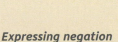

The negative *kein*

Expressing negation

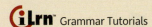 Grammar Tutorials

Ist das **ein** Radio?
Nein, das ist **kein** Radio.

*Is that **a** radio?*
*No, that's **not a** radio.*

Sind die Studenten Amerikaner?
Nein, sie sind **keine** Amerikaner.

Are the students Americans?
*No, they are **not** Americans.*

Masculine	Neuter	Feminine	Plural
kein Tisch	**kein** Radio	**keine** Uhr	**keine** Radios

The negative form of **ein** is **kein**.

- **Kein** is equivalent to English *not a, not any,* or *no.*
- It negates a noun that in the positive would be preceded by a form of **ein** (e.g., **ein Radio**) or no article at all (e.g., **Amerikaner**).

In the nominative case **kein** has two forms: **kein** for masculine and neuter, and **keine** for feminine and plural.

37 **Nein, das ist kein …** You are taking your first art course and are showing Jan what you have drawn. He tries to guess what your attempts portray. Tell Jan his guesses are wrong. Use a form of **kein** in your responses.

BEISPIEL   Ist das **eine** Frau?   *Nein, das ist **keine** Frau.*

1. Ist das ein Kind?   2. Ist das eine Lampe?   3. Ist das ein Bücherregal?

4. Ist das ein Telefon?   5. Ist das ein Computer?   6. Ist das eine Gitarre?

Kein *vs.* nicht

Ist das **eine** Uhr?	Nein, das ist **keine** Uhr.
Sind sie Amerikaner?	Nein, sie sind **keine** Amerikaner.
Ist das **die** Uhr?	Nein, das ist **nicht die** Uhr.
Ist das Frau Müller?	Nein, das ist **nicht** Frau Müller.

- **Kein** is used to negate a noun that in an affirmative sentence would be preceded by **ein** or no article at all.

- **Nicht** is used when negating a noun preceded by a definite article. It is also used before the name of a person.

  Ist das **eine** Frau?   Nein, das ist **keine** Frau.

38 **Nicht oder kein?** Franziska and Sebastian are asking Anna about pictures she took in Germany. Assume Anna's role and answer their questions in the negative. Use **nicht** or **kein** respectively.

BEISPIELE   Ist das Daniel? (Leon)   *Nein, das ist nicht Daniel. Das ist Leon.*
             Ist das ein Student?   *Nein, das ist kein Student. Das ist ein*
               (Professor)   *Professor.*

1. Ist das Professor Lange? (Professor Hofer)
2. Ist das ein Freund von Felix? (Freund von Daniel)
3. Ist das die Pfleghofstraße? (Goethestraße)
4. Ist das eine Studentin? (Professorin)
5. Ist das ein CD-Player? (DVD-Player)
6. Ist das Frau Kluge? (Frau Huber)

Proper names

Das ist **Maries** Buch.   *That is **Marie's** book.*
Das ist **Lukas'** Kuli.   *That is **Lukas's** ballpoint pen.*

A proper name is a word that designates a specific individual or place (e.g., Marie, Berlin).

- In German as in English, possession and other close relationships are expressed by adding **-s** to the proper names.
- If the name already ends in a sibilant, no **-s** is added. An apostrophe is used in written German only when no **-s** is added (e.g., **Lukas' Kuli**).
- Note that if a name ends in **-s,** a construction using **von** is preferred in colloquial German (e.g., **der Kuli von Lukas**).

> **39** **Ist das Fabians iPod?** After a club meeting, you and a friend are straightening up. Tell your friend to whom the various things belong. Use the possessive form of the proper name.
>
> **BEISPIEL** Fabian / iPod   *Das ist Fabians iPod.*
>
> 1. Hülya / MP3-Player
> 2. Noah / Gitarre
> 3. Hasan / Fußball
> 4. Annika / Laptop
> 5. Jonas / Rucksack
> 6. Antonia / Computerspiel

Expressing possession

Possessive adjectives *(Possessivpronomen)*

Singular		Plural	
Mein Zimmer ist groß.	*My room is large.*	**Unser** Zimmer ist groß.	*Our room is large.*
Ist **Ihr** Zimmer groß?	*Is your room large?*	Ist **Ihr** Zimmer groß?	*Is your (pl.) room large?*
Ist **dein** Zimmer groß?	*Is your (sg.) room large?*	Ist **euer** Zimmer groß?	*Is your room large?*
Ist **sein** Zimmer groß?	*Is his room large?*	Ist **ihr** Zimmer groß?	*Is their room large?*
Ist **ihr** Zimmer groß?	*Is her room large?*		

German possessive adjectives are equivalent in meaning to the English possessive adjectives, such as *my, his,* and *her.*

- Context usually makes clear whether **ihr** is the subject pronoun *you,* the adjective *her* or *their,* or the adjective *your.* Note that **Ihr** *(your)* is capitalized, just as the corresponding subject pronoun **Sie** *(you)* is.

der Bleistift	Wo ist ein Bleistift?
	Wo ist **mein** Bleistift?
das Heft	Wo ist ein Heft?
	Wo ist **mein** Heft?
die Uhr	Wo ist eine Uhr?
	Wo ist **meine** Uhr?
die Bücher	Wo sind **meine** Bücher?

- Since possessive adjectives have the same forms as **ein,** they are frequently called **ein**-words.

  Wo ist **euer** CD-Player? Wo sind **eure** CDs?

- When **euer** has an ending, the **-e-** preceding the **-r-** is usually omitted.

---

40 Wie sagt man das? Complete the sentences with the German equivalents of the cued words.

BEISPIEL _____ Mann arbeitet bei Volkswagen, oder? *(her)*
Ihr Mann arbeitet bei Volkswagen, oder?

1. _____ Kind heißt Yannik. *(their)*
2. _____ Frau ist lustig. *(his)*
3. Barbara, Frank, was für ein Mensch ist _____ Nachbar? *(your)*
4. Wo sind _____ Kinder, Frau Neumann? *(your)*
5. Ich glaube, das ist _____ Kuli. *(my)*
6. Ist das _____ Uhr, Paul? *(your)*

Negating nouns preceded by possessive adjectives

Ist das dein Laptop?	Is that your laptop?
Nein, das ist **nicht** mein Laptop.	No, that is **not** my laptop.

Nicht is used to negate a noun that is preceded by a possessive adjective.

F. Am Telefon

41 Eine Geburtstagskarte an Oma Complete Anna's birthday card to her grandmother by filling in the appropriate possessive adjectives.

dear

Liebe° Oma,

herzlichen Glückwunsch zum Geburtstag und alles Gute! Wie geht es dir? Wie

war _____ Geburtstag? War _____ Nachbarin Frau Weber auch da?

Ist _____ Freundin Frau Heumüller immer noch krank? Mir geht es gut in

Tübingen. _____ Zimmer ist klein, aber schön. Und ich habe schon Freunde!

_____ Nachbar Leon und _____ Freund Daniel und ich waren am

Samstagabend schwimmen und dann tanzen. _____ Abend zusammen

present

war sehr nett. Hoffentlich findest du mein Geschenk° schön. Es ist ein Buch über

greetings

Tübingen. Viele liebe Grüße° und hoffentlich bis bald, _____ Anna

PS: Mama sagt, du hast ein neues Handy. Wie ist denn _____ Handynummer?

Land und Leute

Die deutsche Sprache

Today, on a list of the number of native-language speakers worldwide, German ranks in 10th place with 100 million. Mandarin is 1st with 873 million, 2nd is Hindi with 370 million, 3rd is Spanish with 350 million, and 4th is English with 341 million. A thousand years ago, however, there was no standard form of the German language. The large central European area from the North Sea and the Baltic Sea to the Alps in the south was inhabited by Germans who lived in many different societies and who spoke variants of the German language.

Martin Luther (1483–1546) played an important role in the development of German. For his Bible translation and other works, Luther used a form of the language spoken in east central Germany; eventually, it became the spoken and written standard for all of Germany as well as for Austria and Switzerland. This single standard language is called **Hochdeutsch**. It is used in all domains of public life, including newspapers, radio, TV, and film. In this way, German speakers are linguistically unified despite the fact that local dialects are often incomprehensible to people from different regions within the German-speaking countries. Complete words, intonation, and pronunciation can vary dramatically. Different ways to say **sprechen** (speak, talk), for example, include **schwätzen** and **schnacken**. Fears from the early twentieth century that mass media and other developments might cause dialects to die out have not materialized. At the end of the twentieth century, dialects were gaining in prestige and were used to some extent in every German-speaking country. Realizing that they are an important part of popular culture, many writers and singers use their local dialects to express themselves artistically and to promote the use of dialects.

As in English, new gadgets for communication and new media platforms have spurred innovative language usage that shows much creative adaptation of German language users to the contingencies of the specific electronic forms of communication they employ. The language of text messaging (called **simsen** or **SMSen**) features some notable acronyms that are used to save time and room while composing texts. Examples include **LG (Lieben Gruß), WE (Wochenende), HAHU (Habe Hunger), BRADUHI (Brauchst du Hilfe?), kA (keine Ahnung), WaMaDuHeu? (Was machst du heute?), G&K (Gruß und Kuss), immo (im Moment), ALDI (Am liebsten Dich), AKLA (Alles klar?),** or **LAMITO (Lache mich tot).**

Library of Congress

▲ Martin Luther übersetzte die Bibel ins Deutsche.

knyczka/iStockphoto.com

▲ Und Sie? Was machen Sie heute?

Kulturkontraste

Languages are extremely flexible and adapt to new circumstances and media. New words are added, spelling, and even the grammatical rules can change with time.

1. Can you think of examples in English where non-standard forms and spelling are used, such as in text messaging?

2. Some people consider such developments a danger to the standard language. What is your attitude about changing language? Do you use new forms? When? Are there some places where you think only the standard form is appropriate?

J. Kulturkontraste
4. Die deutsche Sprache

Video-Ecke

1 Wie ist das Wetter?
Die schönsten Jahreszeiten und Landschaften

▲ Sie mag das Wetter in Berlin.

▲ Seine Lieblingsjahreszeit ist der Sommer.

▲ Sie findet Berge nicht interessant.

Vor den Videos

42 **Nachgedacht** What do you remember from this chapter? Brainstorm the topics covered.

1. Wie ist das Wetter in Deutschland? Im Frühling, im Sommer, im Herbst, im Winter?
2. Was für Landschaften gibt es in Deutschland?
3. Was wissen Sie über Berlin?

Nach den Videos

43 **Alles klar?** Watch the interviews and take notes. Then answer the questions below.

1. Wer freut sich *(is happy about)* über die Sonne?
2. Welche Personen finden den Frühling gut?
3. Wie ist die Landschaft in der Schweiz?

2 Wer ist denn das?

▲ Die vier fahren im Zug nach Berlin.

▲ Lily zeigt Fotos.

▲ Anton ruft seinen Freund in Berlin an.

In this chapter, our friends ride on the train to Berlin. Lily shows pictures, and Anton calls his friend in Berlin . . .

Nützliches	
das Foto	photo, picture
die Familie	family
die Eltern	parents
die Mutter	mother
der Vater	father
der Freund, die Freundin	friend
der Bruder	brother
die Schwester	sister
abfahren	to depart
zeigen	to show

Nach den Videos

Watch the video carefully and take notes. Then do the exercises that follow.

A. Lilys Fotoalbum

B. *Richtig?, falsch?* oder *Ich weiß es nicht.*

C. Schreiben Sie

44 Was passiert wann? Put the following sentences in chronological order.

_____ Lily zeigt Fotos von ihrer Familie.
_____ Anton sagt: „Hallo Markus, wie geht's?"
_____ Der Zug fährt ab.
_____ Anton sagt: „Danke nochmals!"
_____ Paul sagt: „Nur noch zwei Stunden."
_____ Paul sagt: „Echt? Zeig mal!"
_____ Lilys Mutter ist noch relativ jung.

45 Was stimmt? Select the appropriate item.

1. Die Freunde fahren mit dem _____ nach Berlin.
   a. Zimmer   b. Tisch   c. Zug
2. Lily hat Fotos von ihrer _____.
   a. Winter   b. Familie   c. Sportverein
3. Lilys _____ hat graue Haare.
   a. Vater   b. Wetter   c. Landschaft
4. Ein Freund von Lily hat ein grünes _____.
   a. Zug   b. Foto   c. T-Shirt
5. Antons Familie wohnt in _____.
   a. Deutschland   b. Österreich   c. Bayern
6. Die Freunde übernachten in Berlin _____.
   a. bei Antons Freund   b. im Hotel   c. im Zug
7. Antons Freund in Berlin heißt _____.
   a. Markus   b. Annika   c. Stefan

46 Was meinen Sie? Answer the questions.

1. Fahren Sie oft mit dem Zug?
2. Haben Sie Fotos von Ihrer Familie? Welche?
3. Der Zug, die Landschaft und das Wetter im Video: Ist das wie in Amerika oder in Kanada oder ist es anders? Was fällt Ihnen auf?

Wiederholung

1 **Rollenspiel** You have been studying for a year in Tübingen. Your partner has been there longer and she/he is telling you some things about Tübingen. You answer with some skepticism.

1. Deutschland ist nur halb so groß wie Texas.
2. Tübingen ist eine schöne / nette Stadt.
3. Im August ist es hier ziemlich warm.
4. Und im Winter regnet es oft.
5. Du bleibst drei Semester in Tübingen, nicht?
6. Du gehst dann wieder nach Amerika / Kanada, nicht?

2 **Am Handy** Anna and Daniel are talking on the phone. Complete their conversation from the notes below. The word order may need to be changed.

BEISPIEL ANNA: was / du / machen / jetzt / ?   *Was machst du jetzt?*

1. DANIEL: ich / hören / Musik
2. ANNA: ihr (du und Leon) / spielen / heute / Tennis / ?
3. DANIEL: nein / Leon / kommen / heute Abend / nicht
4. ANNA: ah / er / arbeiten / wieder
5. DANIEL: vielleicht / wir / spielen / morgen
6. ANNA: hoffentlich / es / regnen / morgen / nicht
7. DANIEL: das / ich / glauben / nicht
8. ANNA: vielleicht / die Sonne / scheinen

 3 **Viele Fragen** Ask your partner questions using the words **wann, was, was für, warum, wer, wie, wie alt, wo,** and **woher**. You can ask about your partner's family and friends, courses, leisure activities, the weather, and so on.

S1:	S2:
Woher kommst du?	Ich komme aus Minnesota.
Wie ist das Wetter dort?	Es ist oft kalt.

4 **Und auf Deutsch?** Annika, your guest from Germany, doesn't understand the conversation of your two American friends. Translate for her.

1. JUSTIN: *We're playing tennis today, right?*
2. NICOLE: *No, it's too cold. We'll play tomorrow. OK?*
3. JUSTIN: *But the weather is so nice! The sun's shining and tomorrow it'll rain for sure.*
4. NICOLE: *I don't think so. (Use **das**.)*
5. JUSTIN: *What time are we going to the movies?*
6. NICOLE: *At six-thirty. Jonathan is coming, too.*
7. JUSTIN: *Really? Isn't he working this evening?*
8. NICOLE: *No, he works only on Monday and Tuesday.*

5 Gespräche

1. You are planning your next vacation and your partner is a travel agent. Discuss what the weather is like in various locations. When you have decided where to go, switch roles.

S1:
Wie ist das Wetter im Mai in Italien?

S2:
Im Mai ist das Wetter in Italien sehr warm.

2. Your partner is a German friend of yours. She/He wants to know about your first few weeks at school. You will find some useful suggestions in the list below. When you have finished discussing your first weeks, switch roles and ask your partner.

S1:
Hast du schon Freunde?

S2:
Ja, zwei, sie heißen John und Serena.

> **Zimmer / groß oder klein?**
> **Freunde / woher?**
> **gern machen / was?**
> **Freunde / wie heißen?**

6 Zum Schreiben

1. Imagine you have just arrived in Germany and you are writing a postcard home to your German instructor. Write 4–5 sentences in German about Germany.

2. Prepare a weather forecast that will tell your fellow students what the weather will be like for the next three days. Two or three sentences per forecast are sufficient. Pay attention to word order.

BEISPIEL *Am Montag scheint die Sonne. Es bleibt schön.*

Am Dienstag kommt der Wind aus dem Osten. Vielleicht regnet es.

Am Mittwoch ist es sehr kalt. Es sind zwei Grad.

Schreibtipp

Before you begin writing, look again at the reading on page 71 to review vocabulary, and at the section on word order on page 82. Then, make a list (in German) of the things you want to mention in your paragraph, e.g., weather, size, and population. Organize your comments in a paragraph. After you've written your paragraph, review each sentence to ensure that it has a subject and a verb and that the verb agrees with the subject. Finally, check the word order of each sentence.

Grammatik: Zusammenfassung

Simple past tense of *sein*

sein: *to be*			
ich	**war**	wir	waren
Sie	waren	Sie	waren
du	warst	ihr	wart
er/es/sie	**war**	sie	waren

Present tense of *haben*

haben: *to have*			
ich	habe	wir	haben
Sie	haben	Sie	haben
du	**hast**	ihr	habt
er/es/sie	**hat**	sie	haben

Present tense of *wissen*

wissen: *to know*			
ich	**weiß**	wir	wissen
Sie	wissen	Sie	wissen
du	**weißt**	ihr	wisst
er/es/sie	**weiß**	sie	wissen

Position of the finite verb in statements

1	2	3	4
Subject	*Verb*	*Adverb*	*Adjective*
Der Sommer	ist	in Deutschland	anders.
Adverb	*Verb*	*Subject*	*Adjective*
In Deutschland	ist	**der Sommer**	anders.

In a German statement, the verb is always in second position. In so-called normal word order, the subject is in first position. In so-called inverted word order, something other than the subject (for example, an adverb, an adjective, or indirect object) is in first position, and the subject follows the verb. Note that both "normal" and "inverted" word order are common in German.

Plural of nouns

Type	Plural Signal	Singular	Plural
1	- *(no change)*	das Zimmer	die Zimmer
	¨	der Garten	die G**ä**rten
2	-e	das Heft	die Heft**e**
	¨e	die Stadt	die St**ä**dt**e**
3	-er	das Kind	die Kind**er**
	¨er	der Mann	die M**ä**nn**er**
4	-en	die Tür	die Tür**en**
	-n	die Lampe	die Lampe**n**
	-nen	die Studentin	die Studentin**nen**
5	-s	das Radio	die Radio**s**

Nominative case of definite articles, indefinite articles, and *kein*

	Masculine		Neuter		Feminine		Plural	
Definite article	der		das		die		die	
Indefinite article	ein	} Stuhl	ein	} Radio	eine	} Lampe	—	} Bücher
kein	kein		kein		keine		keine	

Kein vs. *nicht*

Ist das **eine** Uhr?	Nein, das ist **keine** Uhr.
Hast du Zeit?	Nein, ich habe **keine** Zeit.
Ist das **die** Uhr?	Nein, das ist **nicht** die Uhr.
Ist das **deine** Uhr?	Nein, das ist **nicht meine** Uhr.

Kein is used to negate a noun that would be preceded by an indefinite article (e.g., **eine**) or no article at all in an affirmative sentence. **Nicht** is used in a negative sentence when the noun is preceded by a definite article (e.g., **die**) or a possessive adjective (e.g., **meine**). For guidelines on the position of **nicht**, see *Appendix D,* note 18.

Forms and meanings of possessive adjectives

	Singular				Plural	
ich:	**mein**	*my*		wir:	**unser**	*our*
Sie:	**Ihr**	*your*		Sie:	**Ihr**	*your*
du:	**dein**	*your*		ihr:	**euer**	*your*
er:	**sein**	*his, its*				
es:	**sein**	*its*		sie:	**ihr**	*their*
sie:	**ihr**	*her, its*				

Nominative of possessive adjectives

Masculine		Neuter		Feminine		Plural	
ein		ein		eine		—	
mein	} Tisch	**mein**	} Radio	**meine**	} Uhr	**meine**	} Bücher
unser		**unser**		**unsere**		**unsere**	

Essen und Einkaufen

Was brauchst du?

Frisches Gemüse gibt es auf dem Markt ▷

Lernziele

Sprechintentionen

- Talking about shopping and buying groceries
- Expressing and inquiring about needs
- Discussing meals
- Inquiring about personal habits
- Giving directives
- Responding to offers and requests

Zum Lesen

- Einkaufen in Tübingen

Leserunde

- *Wenn ich in deine Augen seh'* (Heinrich Heine)

Wortschatz

1 **Doch** as a positive response to a negative question
  Lebensmittel
2 Noun compounds
  Days of the week and parts of days as adverbs
  Units of weight and capacity
  Units of measurement and quantity

Grammatik

- Verbs **wissen** and **kennen**
- Verbs with stem-vowel change **e > i**
- Word order with expressions of time and place
- Imperatives
- Direct object
- Accusative of the definite articles **der, das, die**
- Word order and case as signal of meaning
- Direct objects vs. predicate noun
- Accusative of **ein** and **kein**
- Accusative of possessive adjectives
- Accusative of **wer** and **was**
- Impersonal expression **es gibt**
- Accusative prepositions
- Masculine N-nouns in the accusative
- Accusative of personal pronouns

Land und Leute

- Im Supermarkt und auf dem Wochenmarkt
- Das Brot
- Geschäftszeiten
- Der Euro
- Das Frühstück

Video-Ecke

1 Wo kaufst du ein?, So frühstücke ich, Mein Lieblingsgericht
2 Wann gibt's denn Frühstück?

RESOURCES

Doch as a response to the negative question **Gehst du heute nicht einkaufen?** means *yes.* See page 102.

Bausteine für Gespräche

◄)) Gehst du heute einkaufen?

1-21

FRANZISKA: Sebastian, gehst du heute nicht einkaufen?

SEBASTIAN: Doch. Was möchtest du denn?

FRANZISKA: Wir haben keinen Kaffee mehr.

SEBASTIAN: Ein Pfund ist genug, oder? Brauchen wir sonst noch etwas?

FRANZISKA: Ja, wir haben kein Brot mehr. Kauf es aber bitte bei Reinhardt. Da ist es viel besser.

SEBASTIAN: Wir haben doch noch das Vollkornbrot. Und am Wochenende sind wir doch in Tübingen bei Anna.

FRANZISKA: Ach ja, stimmt!

1 Richtig oder falsch?

	Richtig	Falsch
1. Sebastian geht heute nicht einkaufen.	_____	_____
2. Franziska braucht Kaffee.	_____	_____
3. Franziska findet das Brot bei Reinhardt nicht so gut.	_____	_____
4. Am Wochenende sind Franziska und Sebastian in Tübingen.	_____	_____
5. Dort besuchen[+] sie ihren Freund Moritz.	_____	_____

◄)) Wo gibt es eine Apotheke?

1-22

DAVID: Sag mal, Anna, wo ist hier eine Apotheke?

ANNA: Warum? Was brauchst du denn?

DAVID: Ich brauche etwas gegen meine Kopfschmerzen. Die sind furchtbar.

ANNA: Ich habe immer Aspirin im Rucksack. Hier, nimm eins.

Kopfschmerzen. Note that the German word for (head)ache is plural: **die Schmerzen.**

2 Richtig oder falsch?

	Richtig	Falsch
1. David sucht eine Apotheke.	_____	_____
2. Anna sagt David, wo eine Apotheke ist.	_____	_____
3. David braucht etwas gegen seine Kopfschmerzen.	_____	_____
4. Anna gibt David Geld[+] für das Aspirin.	_____	_____
5. David kauft dann Aspirin.	_____	_____

Brauchbares

1. **Sag mal: Mal** is a flavoring particle used to soften the tone of the command.
2. **(Kopfschmerzen) Die sind furchtbar.** Here **die** is used in place of a personal pronoun. **Der, das,** and **die** are demonstrative pronouns as well as definite articles. They are often used in place of the pronouns **er, es,** and **sie** when the pronoun is to be emphasized.

3 **Was suchen Sie?** Sie brauchen drei Dinge. Ihre Partnerin/Ihr Partner fragt, wo Sie die Dinge kaufen. *(You need three things. Your partner asks where you will buy them.)*

Asking about shopping possibilities

A. Wo kauft man was?

S2:	**S1:**		
Was suchst⁺ du?	Ich brauche	**Brot**.	Gibt es hier	**eine Bäckerei⁺?**
Was suchen Sie?		Aspirin.		eine Apotheke?
		Wurst⁺.		eine Metzgerei⁺?
		Spaghetti⁺.		einen Supermarkt⁺?
		einen Kamm⁺.		eine Drogerie⁺?

For names of specialty shops, refer to the *Supplementary Word Sets* on the Premium Website.

Expressing needs

4 **Geh doch in/zu ...** Ihre Partnerin/Ihr Partner braucht etwas. Sagen Sie, wo sie/er einkaufen kann. *(Your partner needs something. Tell where she/he can go shopping.)*

> **in den Supermarkt** **zum Bäcker⁺** **zum Metzger⁺**
> **ins Kaufhaus⁺** **in die Buchhandlung⁺**

S1:
Ich brauche | **etwas gegen Kopfschmerzen**.
| Brot für morgen.
| Wurst für heute Abend.
| Spaghetti.
| ein Heft.
| ein Buch über Computer.

S2:
Geh doch **in die Apotheke**.

5 **Frage-Ecke** Fragen Sie, was die folgenden Personen und Ihre Partnerin/Ihr Partner in den Geschäften kaufen. *(Ask what the following people and your partner are going to buy in certain places of business.)* **S1**'s information is below; information for **S2** is in Appendix B.

B. Neue Wörter

S1:
Warum geht Herr Sommer ins Kaufhaus?
Ich brauche ein Heft. / Ich gehe doch nicht ins Kaufhaus.
Ich brauche nichts.

S2:
Er braucht ein Radio. Warum gehst du ins Kaufhaus?

S1: ...

	ins Kaufhaus	in die Drogerie	in die Metzgerei	in die Bäckerei	in den Supermarkt
Tim	ein Heft		Wurst		Milch
Franziska und Sebastian		eine DVD			
Herr Sommer		einen Kamm		Kuchen	200 Gramm Butter
Partnerin/ Partner					

Erweiterung des Wortschatzes 1

Doch as a positive response to a negative question

FRANZISKA:	Gehst du heute nicht einkaufen?	*Aren't you going shopping today?*
SEBASTIAN:	Doch.	*Yes, I am.*
KARL:	Kannst du morgen gar keinen Sport machen?	*Are you not able to work out at all tomorrow?*
LENA:	Doch.	*Yes, I am.*
SABINE:	Willst du gar nichts zum Frühstück essen?	*Don't you want to eat anything for breakfast?*
MAIKE:	Doch.	*Yes, I do.*

Doch may be used as a positive response to a negative question.

 6 **Viele Fragen** Ihre Partnerin/Ihr Partner hat viele Fragen. Antworten Sie mit **ja** oder **doch**. *(Your partner has lots of questions. Answer with **ja** or **doch** as appropriate.)*

BEISPIELE   Gehst du heute nicht in die Bibliothek?   *Doch.*
            Gehst du um sieben?   *Ja.*

1. Gibt es hier eine Apotheke?
2. Hast du kein Aspirin?
3. Gehst du nicht in den Supermarkt?
4. Kaufst du Wurst?
5. Ist die Wurst da gut?
6. Machen wir heute Abend das Essen[+] nicht zusammen?
7. Brauchen wir Brot?
8. Trinkst[+] du heute keinen Kaffee?

Lebensmittel

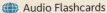

das **Getränk, -e**

der **Apfelsaft**

der **Orangensaft**

der **Kaffee**

der **Tee**

der **Weißwein, -e**

der **Rotwein, -e**

das **Bier, -e**

die **Milch**

das **Wasser**

das **Mineralwasser**

das **Gemüse**

die **Gurke, -n**

die **Karotte, -n**

die **Kartoffel, -n**

die **Tomate, -n**

der **Salat, -e**

das **Obst**

der **Apfel, ¨**

die **Orange, -n**

die **Banane, -n**

die **Traube, -n**

das **Fleisch**

der **Rinderbraten, -**

der **Schinken, -**

die **Wurst, ¨e**

das **Würstchen, -**

andere Lebensmittel

das **Brot, -e**

das **Brötchen, -**

das **Ei, -er**

der **Fisch, -e**

das **Hähnchen, -**

der **Käse**

die **Butter**

die **Margarine**

die **Nudeln** (*pl.*)

der **Kuchen, -**

die **Torte, -n**

Talking about meals and food

7 Was isst du? Fragen Sie drei Studentinnen/Studenten, was sie zum Frühstück, zum Mittagessen oder zum Abendessen essen. *(Ask three fellow students what they eat for breakfast, lunch, or dinner.)*

S1:

Was	isst⁺ du	**zum Frühstück⁺?**
	trinkst⁺ du	zum Mittagessen⁺?
		zum Abendessen⁺?

S2:
Ich esse [zwei Brötchen].
Ich trinke [Orangensaft].

1-23

8 Hören Sie zu Anna und Daniel sind an der Universität und gehen zum Mittagessen. Hören Sie zu und sagen Sie, welche Antworten richtig sind. Sie hören einige neue Wörter. *(Anna and Daniel are at the university and going to lunch. Listen to their exchange and tell which answers are correct. You will hear several new words).*

Hunger haben *(to be hungry)*   **natürlich** *(naturally)*
die Mensa *(university cafeteria)*   **schnell** *(quickly)*
nee *(nope, no)*

1. Daniel und Anna …
   a. essen in der Mensa.
   b. machen ein Picknick im Park.
   c. essen in der Metzgerei.
2. Daniel …
   a. hat ein Käsebrot und kauft eine Cola.
   b. kauft ein Käsebrot und hat eine Cola.
   c. kauft ein Käsebrot und Schokolade.
3. Annas …
   a. Lieblingsessen ist Wurstbrot.
   b. Lieblingsgetränk ist Cola.
   c. Lieblingsessen ist Schokolade.

9 Essen und Trinken Schreiben Sie Ihr Lieblingsessen und Ihre Lieblingsgetränke in die Tabelle und auch was Sie nicht gern essen oder trinken. Dann fragen Sie Ihre Partnerin/Ihren Partner. *(Write what your favorite food and drink are and what you don't like to eat or drink. Then ask your partner. Note that to express a favorite something, German uses the word **Lieblings-**.)*

S1:   **S2:**
Was ist dein Lieblingsgetränk? | Mein Lieblingsgetränk ist Dr. Pepper.

Wer?	Lieblingsgetränke	Lieblingsobst	Lieblingsgemüse	Lieblingsfleisch	nicht gern essen
ich					
Partnerin/Partner					

Vokabeln I

🌐 Audio Flashcards

Substantive

Essen und Trinken

der **Kaffee** coffee
das **Abendessen**, - evening meal; supper; **zum Abendessen** for the evening meal, for dinner
das **Bier**, -e beer
das **Brot**, -e bread
das **Brötchen**, - bun, roll
das **Essen**, - meal; prepared food
das **Frühstück** breakfast; **zum Frühstück** for breakfast

For additional foods, see p. 103.
das **Mittagessen** midday meal; **zum Mittagessen** for the midday meal, for lunch
die **Butter** butter
die **Wurst**, ⸚e sausage, lunch meat
die **Lebensmittel** *(pl.)* food; groceries
die **Spaghetti** *(pl.)* spaghetti

Geschäfte *(Businesses)*

der **Bäcker**, - baker
  beim Bäcker at the baker's (bakery)
  zum Bäcker to the baker's (bakery)
der **Metzger**, - butcher
  beim Metzger at the butcher's (butcher shop)
  zum Metzger to the butcher's (butcher shop)
der **Supermarkt**, ⸚e supermarket
  in den Supermarkt to the supermarket
  zum Supermarkt to the supermarket
das **Kaufhaus**, ⸚er department store
  ins Kaufhaus to the department store

die **Apotheke**, -n pharmacy
  in die Apotheke to the pharmacy
  zur Apotheke to the pharmacy
die **Bäckerei**, -en bakery
die **Buchhandlung**, -en bookstore
die **Drogerie**, -n drugstore
die **Metzgerei**, -en butcher shop, meat market

Weitere Substantive

der **Kamm**, ⸚e comb
der **Liebling**, -e favorite; das **Lieblingsgetränk**, -e favorite drink
das **Aspirin** aspirin
das **Pfund**, -e pound (= 1.1 U.S. pounds; abbrev. **Pfd.**)
die **Kopfschmerzen** *(pl.)* headache

Verben

brauchen to need
einkaufen to shop; **einkaufen gehen** to go shopping
essen (isst) to eat
kaufen to buy

möchte (ich möchte, du möchtest, er/es/sie möchte) would like
nehmen (nimmt) to take
sagen to say; to tell; **Sag' mal** Tell me. Say!

stimmen to be correct
  das stimmt that's right
suchen to look for
trinken to drink

Adjektive und Adverbien

besser better

genug enough

Andere Wörter

bei at; at a place of business, *as in* **bei [Reinhardt]**; at the home of, *as in* **bei [Anna]**
doch *(after a negative question or statement)* yes [I] am, [I] do;

(flavoring particle) really; after all
etwas something
gegen against

mal *flavoring particle added to an imperative;* **sag mal** tell me
sonst otherwise
warum? why?

Besondere Ausdrücke

Stimmt. That's right.
es gibt there is; there are
kein … mehr no more . . . ; not . . . any more

Sonst noch etwas? Anything else?
Was gibt's zum [Abendessen]? What's for [dinner/supper]?

Alles klar?

C. Der richtige Laden

10 Einkaufsliste! Machen Sie eine Einkaufsliste. Schreiben Sie zwei Dinge für jede Kategorie. *(Make a shopping list. Write two things for each category.)*

im Supermarkt	in der Bäckerei	in der Apotheke	in der Metzgerei

11 Ergänzen Sie

1. Was _____isst_____ du zum Frühstück? Kaffee und Brot mit Butter und Marmelade, wie immer?
2. Das Brot vom Supermarkt finde ich nicht so gut. Jetzt _____kaufe_____ ich mein Brot immer in der Bäckerei. Dort ist es viel besser.
3. Ich habe Kopfschmerzen und _____nehme_____ ein Aspirin. Ich kaufe es in der Apotheke.
4. Ich habe keine Milch und _____brauche_____ auch Kaffee. Ich gehe schnell im Supermarkt _____ein kaufen_____.

C. Im Café Moritz

12 Frühstück im Café Lesen Sie das Frühstücksangebot und beantworten Sie die Fragen. *(Read the breakfast menu and answer the questions.)*

1. Wann kann man im Café Meisner frühstücken?
2. Was kann man im Café Meisner zum Frühstück essen?
3. Was bestellen *(order)* Sie am Wochenende?
4. Was bestellen Sie in der Woche?
5. Finden Sie das amerikanische Frühstück „typisch amerikanisch"?
6. Finden Sie das englische Frühstück „typisch englisch"?
7. Welches Frühstück ist „typisch deutsch"?
8. Welches Frühstück ist groß, welches ist klein?

Café Meisner

Frühstück

Wochentags bis 12.00 Uhr
Wochenende bis 15.00 Uhr

Wir servieren Kaffee oder Tee zu allen Frühstücksangeboten!

Wurst- oder Käsefrühstück
5,90 Euro
Semmel, Scheibe Brot, Butter, Aufschnitte Ihrer Wahl

Schinken-Frühstück
7,80 Euro
Brotkorb, Kräuterquark, gemischte Schinkenplatte

Englisches Frühstück
7,40 Euro
2 Toast, Butter, Ham and Eggs, 0,1 l frisch gepresster Orangensaft

Pariser Frühstück
4,10 Euro
Croissant, Butter und wahlweise Marmelade, Honig oder Nutella

Italienisches Frühstück
7,10 Euro
Ciabatta mit Tomate, Mozzarella, Olivenöl

Amerikanisches Frühstück
7,20 Euro
Ham and Eggs, Würstel, Bratkartoffeln, Toast und Butter

Land und Leute

🌐 Web Search

Im Supermarkt und auf dem Wochenmarkt

There was a time when most Germans did their routine shopping at the mom-and-pop store on the corner (**Tante-Emma-Laden**). Now, however, these small stores have almost vanished and have been replaced by supermarkets, which tend to be smaller than American ones and are often located within walking distance of residential areas. Although the supermarkets are self-service stores, fresh foods such as cheeses, meats, cold cuts, bread, and vegetables may be sold by shop assistants at separate counters. Many neighborhoods still have an individual bakery (**Bäckerei**) or a butcher shop (**Metzgerei**). A wide variety of foreign foods is available because many immigrants have opened small stores that specialize in the foods of their homelands, for example Turkey or Greece. **Bio-Läden** (organic food stores) are also very popular. In the past these stores were generally small and the products expensive. Today there is a trend to **Bio-Märkte,** which are able to sell at prices people feel they can afford. In addition, the government subsidizes growers of organically grown products to help reduce the prices. Many of the larger department stores (**Kaufhäuser**) also have complete grocery departments (**Lebensmittelabteilungen**). And on the outskirts of many cities there are large discount stores (**Einkaufszentren**), which sell not only groceries but a wide variety of items ranging from clothing to electronic equipment, and even prefabricated houses.

▲ Ein Naturkostladen mit Bioprodukten in Bremen

Many people in the German-speaking countries prefer to buy their groceries at an outdoor market (**Markt**) because of its larger selection of fresh vegetables, fruit, and flowers grown by local farmers. There may also be stands (**Stände**) with bread, fish, sausages, eggs, herbs, and teas. Some markets are held daily, others once or twice a week; still others, like the famous **Viktualienmarkt** in Munich, have become permanent and are open the same hours as regular stores. Smaller cities, such as Freiburg, often have a market right in their medieval centers, thus presenting a picturesque image of the past. Large cities, such as Berlin or Vienna, offer a more cosmopolitan ambiance with their Turkish, Italian, or Eastern European markets. Hamburg's famous **Fischmarkt** in the St. Pauli harbor district opens very early on Sunday mornings and sells not only fish but a great variety of products that have just arrived from all over the world.

In general, customers often bring their own bags (**Einkaufstaschen**) to the supermarket or buy plastic bags (**Plastiktüten**) or canvas bags at the checkout counter. Customers pack their own groceries and generally pay for their purchases with cash (**Bargeld**), although the use of credit cards (**Kreditkarten**) is becoming more common at larger stores and for online shopping.

▲ Auf dem Viktualienmarkt in München: Hier gibt es frisches und exotisches Obst und Gemüse.

M. Kulturkontraste
1. Wählen Sie die richtigen Antworten

Kulturkontraste

1. Viele Leute aus Deutschland, Österreich und der Schweiz gehen zu kleinen Lebensmittelgeschäften und kaufen ein. Gehen Sie einkaufen oder fahren Sie? Wie viel kaufen Sie, wenn Sie gehen? Wie viel kaufen Sie, wenn Sie fahren?
2. Warum gibt es nicht mehr so viele kleine Lebensmittelgeschäfte in Deutschland und anderen Industrieländern?
3. Gibt es einen Markt in Ihrer Stadt? Was kann man da kaufen?

Zum Lesen

🌐 Web Links

Vor dem Lesen

13 **Fragen** Sehen Sie sich die Anzeige vom Supermarkt Krone an und beantworten Sie die folgenden Fragen. *(Look at the advertisement for **Krone** supermarket and answer the following questions.)*

ACHTUNG!

SIE KÖNNEN JETZT STRESSFREIER EINKAUFEN

Ab heute neue Öffnungszeiten

KRONE

Ihr Supermarkt seit 45 Jahren!

Montags bis freitags sind wir von 8 bis 20 Uhr für Sie da,
und jeden Samstag von 8 bis 18 Uhr.

1. Was ist Krone?
2. Wann ist Krone offen?
3. Wann ist Krone nicht offen?
4. Wie alt ist Krone?
5. Was kann man bei Krone kaufen? Machen Sie eine Liste.
6. Wo kaufen Sie Lebensmittel?
7. Wann ist Ihr Supermarkt offen?
8. Was ist Ihr Lieblingsgeschäft? Was kaufen Sie da?
9. Wo ist Einkaufen stressfreier – in Deutschland oder hier? Was denken Sie?

Beim Lesen

D. Entgegnungen

14 **Einkaufen** Lesen Sie den Text auf Seite 109 und ergänzen Sie die Tabelle beim Lesen. *(Read the following text and complete the chart while you read.)*

Wer?	Geschäft	Was?
Anna		Kaffee, Butter, …
	im türkischen Lebensmittelgeschäft	
		Fisch, …
Sebastian	Bäckerei	
Anna / Franziska		Wurst, …
David	Drogerie Kaiser	

Einkaufen in Tübingen

Es ist Samstag und
Anna hat Besuch von
Franziska und Sebastian
aus Berlin. Endlich
5 sind ihre Freunde in
Tübingen! Für heute
Abend brauchen sie
noch ein paar Dinge
zum Essen. Anna nimmt
10 die Einkaufstasche und
Geld und sie gehen
zusammen in die Stadt.
Den Kaffee, die Butter,
die Marmelade und den Apfelsaft finden sie im Supermarkt, doch
15 den Käse kauft Anna immer im türkischen Lebensmittelgeschäft.
Dort ist es interessant. Es gibt so viele exotische Produkte. Der
türkische Laden ist klein und dort ist es nicht so unpersönlich wie
im Supermarkt. Hier kennt man Anna und Herr Özmir sagt: „Guten
Morgen, Frau Riedholt. Was bekommen Sie denn heute?"

20 „Ich brauche Schafskäse° und Oliven. Haben Sie heute den tollen
Käse aus der Türkei?"

„Ja, natürlich. Wie viel möchten Sie denn?"

„Hmmm, ich glaube ein Pfund. Ich habe Besuch aus Berlin und
meine Freunde essen gern und viel. Stimmt's, Sebastian? Und dann
25 noch bitte 200 Gramm von den Oliven da. Die sind so lecker."

„Ja, das finde ich auch! Haben Sie sonst noch einen Wunsch?"

„Nein, danke, Herr Özmir. Das ist alles für heute."

Anna bezahlt und sie gehen auf den Markt. Sie kaufen Karotten
und ein Kilo Kartoffeln fürs Abendessen. Der Fischmann ist auch da.
30 Hier kaufen sie frischen Fisch auch für heute Abend. Dann gehen sie
zum Blumenstand. Die Rosen sind wunderschön und Anna riecht
daran. „Anna, die Rosen bezahle ich aber", sagt Franziska.

Die drei Freunde gehen jetzt zur Bäckerei Lieb. Anna ruft: „Oh je,
es ist ja schon fast ein Uhr. Ich glaube, die Metzgerei schließt bald.
35 Sebastian, geh du bitte zur Bäckerei und kauf zehn Brötchen. Wir gehen
zur Metzgerei Zeeb gegenüber°. Hier Sebastian, nimm die Tasche!"

In der Metzgerei kaufen Anna und Franziska noch Fleisch und
Wurst. Dort treffen sie David aus Washington. Er findet die deutsche
Wurst so gut und kauft ziemlich viel. David fragt Anna: „Sag mal,
40 wo bekomme ich in Tübingen eigentlich Vitamintabletten? In der
Apotheke sind sie viel zu teuer!"

„Geh zur Drogerie Kaiser. Dort sind sie billig. Ach, ich brauche ja
auch Vitamintabletten. Ich habe keine mehr."

„Warum nimmst du denn Vitamintabletten?", fragt Franziska. „Du
45 isst doch so gesund."

„Ja, schon. Aber ich nehme schon lange Vitamintabletten und jetzt
bin ich nicht mehr so oft krank!"

Vor° der Metzgerei steht Sebastian mit der Tasche voller Brötchen.
„Hmmm, die Brötchen riechen so lecker! Ich habe einen Riesenhunger
50 und Durst habe ich auch! Kommt – schnell nach Hause!"

▲ Haben Sie sonst noch einen Wunsch?

Uli Gersiek

cheese made from
sheep's milk

across from here

In front of

Nach dem Lesen

15 Fragen zum Lesestück

1. Warum gehen die drei zusammen einkaufen?
2. Was nimmt Anna mit°?
3. Warum kauft Anna gern im türkischen Lebensmittelgeschäft ein°?
4. Was gibt es bei Anna zum Abendessen?
5. Wer bezahlt die Rosen?
6. Warum kauft David ziemlich viel Wurst?
7. Für wen sind die Vitamintabletten?
8. Wo sind Vitamintabletten teuer?
9. Welche Geschäfte besuchen die drei? Was kaufen sie in jedem° Geschäft?
10. Wo kaufen Sie ein? Kaufen Sie alles im Supermarkt oder gehen Sie in viele Geschäfte?

nimmt mit: *takes along*
kauft ein: *shops*

jedem: *each*

16 Vokabeln
Finden Sie Sätze im Lesestück, die zu den folgenden Situationen passen. *(Find the sentences in the reading that are appropriate to the following situations.)*

1. Sie sagen, Sie haben Besuch aus Berlin.
2. Sie sagen, Sie zahlen für die Blumen.
3. Ihre Freundin/Ihr Freund soll zehn Brötchen kaufen.
4. Sie möchten wissen, warum Ihre Freundin/Ihr Freund Vitamintabletten nimmt.
5. Sagen Sie, dass etwas gut riecht.
6. Sagen Sie, dass Sie großen Hunger haben.

17 Erzählen wir
Beantworten Sie jede Frage mit zwei oder drei Sätzen. *(Answer each question with two or three sentences.)* **Stichwörter** *(cues):*

> **Bäckerei   Metzgerei   Einkaufstasche**
> **Oliven   Fisch   Wurst   Brötchen**

1. Wo kaufen Sie ein? Wo kauft Anna ein?
2. Was kaufen Sie? Was kauft Anna?
3. Was ist anders?

Brauchbares

1. Anna notes that it is almost one o'clock and the stores will close soon (ll. 33–34). In the German-speaking countries, many small stores close early on Saturday.

2. In line 35, Anna says: **"Sebastian, geh du bitte zur Bäckerei."** Geh is a command or imperative form (see pages 120–121) as in the English *Go to the bakery, please*. The pronoun **du** adds emphasis or clarification.

3. **Apotheke *vs.* Drogerie**. An **Apotheke** sells both prescription and nonprescription drugs. A **Drogerie** sells a wide variety of products: toiletries, herbal and homeopathic remedies, toys, film, and vitamins, much as American drugstores do. There are generally fewer over-the-counter drugs in the German-speaking countries than in the United States and Canada.

Land und Leute

⊕ Web Search

Das Brot

Bread plays a significant part in the daily nutrition of people in the German-speaking countries. Approximately 200 types of bread are baked in Germany alone. Names, shapes, and recipes vary from region to region. The most popular breads are baked fresh daily in one of the many bakeries (**Bäckereien**) and have a tasty crust. They also tend to have a firmer and often coarser texture than American breads.

Bread is made from a wide variety of grains, including rye (**Roggen**) and wheat (**Weizen**). Many types of bread are made from several kinds of grain—**Dreikornbrot, Vierkornbrot. Vollkornbrot** is made of unrefined, crushed whole grain. Bread with sunflower seeds (**Sonnenblumenbrot**) is also very popular. **Schwarzbrot** (often called pumpernickel in the U.S.), a dark and hearty bread, is a hallmark of German bread culture and features many regional varieties. There are bread museums in Ulm, Mollenfelde, and Detmold that often feature **Gebildbrote** *(picture breads)* in the shape of animals, wreaths, and even violins.

A typical breakfast would not be complete without a crisp **Brötchen** or **Semmel**, as rolls are called in many areas. Rolls come in a wide variety of tastes, textures, and shapes. For breakfast, it is common to load them either with sweet items (jams or honey) or with heartier fare (meat or cheeses). Open-faced sandwiches (**belegte Brote**) are popular for the evening meal (**Abendbrot**) which, depending on size and composition, may be eaten with a knife and fork. People in German speaking countries generally pay much attention to etiquette at the table and strive for an aesthetically pleasing presentation of the food. This may include using a tablecloth, dinnerware, and silverware for most meals, and avoiding the use of plastic on the table if possible.

Other baked goods are also popular. There are about 1,200 kinds of **Kleingebäck** (a term used for baked goods like rolls, soft pretzels, breadsticks, etc.). A bakery or pastry shop (**Konditorei**) always has a large selection of cookies (**Kekse, Plätzchen**), pastries (**Gebäck**), and cakes (**Kuchen** and **Torten**).

▲ Hier ist eine Bäckerei!

▲ Frische Brötchen isst man meistens zum Frühstück.

Kulturkontraste

1. Leute aus Deutschland, Österreich und der Schweiz sagen oft, dass sie Brot vermissen *(miss)*, wenn sie in Amerika sind. Wissen Sie, warum?

2. Wie wichtig ist Brot für Sie? Essen Sie eine oder mehrere *(several)* Brotsorten *(types of bread)*?

3. Rollenspiel: Sie und Ihre Partnerin/Ihr Partner kaufen in einer Bäckerei ein.

M. Kulturkontraste
1. Wählen Sie die richtigen Antworten

Erweiterung des Wortschatzes 2

Noun compounds

die **Blumen** + der **Markt** = der **Blumenmarkt**	*flowers + market = flower market*
kaufen + das **Haus** = das **Kaufhaus**	*to buy + building = department store*

A characteristic of German is its ability to form noun compounds easily.

- Where German uses compounds, English often uses separate words.
- Your vocabulary will increase rapidly if you learn to analyze the component parts of compounds.
- The last element of a compound determines its gender.

der Kopf + **die** Schmerzen	=	**die** Kopfschmerzen
der Fisch + **der** Mann	=	**der** Fischmann
die Lebensmittel + **das** Geschäft	=	**das** Lebensmittelgeschäft

18 **Wie heißt das auf Englisch?** Finden Sie den entsprechenden englischen Ausdruck für jedes deutsche Wort. *(Find the English equivalent for each German word.)*

1. _____ der Sportartikel
2. _____ das Computerspiel
3. _____ das Käsebrötchen
4. _____ der Eiskaffee
5. _____ das Schokoladeneis
6. _____ die Kaffeemaschine
7. _____ die Schreibtischlampe
8. _____ die Haustür
9. _____ der Sonnenschein

a. *desk lamp*
b. *sunshine*
c. *sporting good*
d. *front door*
e. *computer game*
f. *iced coffee (usually with whipped cream or ice cream)*
g. *cheese sandwich*
h. *chocolate ice cream*
i. *electric coffee maker*

Days of the week and parts of days as adverbs

Noun	Adverb	English equivalent
Montag	**montags**	*Mondays*
Samstag	**samstags**	*Saturdays*
Morgen	**morgens**	*mornings*
Abend	**abends**	*evenings*

A noun that names a day of the week or a part of a day may be used as an adverb to indicate repetition or habitual action.

- An **-s** is added to the noun to form the adverb.
- In German, adverbs are not capitalized.

19 **Ein Interview** Interviewen Sie Ihre Partnerin/Ihren Partner und schreiben Sie auf, was sie/er sagt. *(Interview a partner and record her/his responses.)*

1. Wann isst du mehr – mittags oder abends?
2. Wann bist du sehr müde – morgens oder abends?
3. Wann arbeitest du mehr – samstags oder sonntags?
4. Wann gehst du einkaufen – freitags, samstags oder wann?
5. Gehst du morgens oder abends einkaufen?

Inquiring about personal habits

Units of weight and capacity

1 Kilo(gramm) (kg)	= 1000 Gramm (g)
1 Pfund (Pfd.)	= 500 Gramm
1 Liter (l)	

In the United States a system of weight is used in which a pound consists of 16 ounces. In German-speaking countries, as in other industrialized countries, the metric system is used.

- The basic unit of weight is the **Gramm**, and a thousand grams are a **Kilo(gramm)**.
- German speakers also use the older term **Pfund** for half a **Kilo(gramm)**, or **500 (fünfhundert) Gramm**.
- The American pound equals **454 Gramm**.
- The basic unit of capacity in the German-speaking countries is **der Liter**. A liter equals 1.056 quarts.

> Cooks in German-speaking countries use a small metric scale for weighing dry ingredients, such as flour and sugar, rather than using measuring cups and spoons.

Units of measurement and quantity

Geben Sie mir zwei **Pfund** Kaffee.	*Give me two **pounds** of coffee.*
Ich nehme zwei **Glas** Milch.	*I'll take two **glasses** of milk.*
Er kauft zwei **Liter** Milch.	*He's buying two **liters** of milk.*
Zwei **Stück** Kuchen bitte.	*Two **pieces** of cake, please.*
Sie trinkt zwei **Tassen** Kaffee.	*She drinks two **cups** of coffee.*

When expressing more than one unit of measure, weight, or number:

- masculine and neuter nouns are in the SINGULAR
- feminine nouns are in the plural

20 **Wie viel brauchen Sie?** Sie gehen für eine ältere Nachbarin einkaufen und fragen, wie viel sie von allem braucht. *(You're going grocery shopping for an elderly neighbor and are asking how much of everything she needs.)*

BEISPIEL Wie viel Kaffee brauchen Sie? (1 Pfd.)   *Ich brauche ein Pfund Kaffee.*

1. Wie viel Kartoffeln brauchen Sie? (5 kg)
2. Und wie viel Käse? (200 g)
3. Wie viel Milch brauchen Sie? (2 l)
4. Wie viel Fisch? (2 Pfd.)
5. Und Tee? (100 g)
6. Und wie viel Bananen brauchen Sie? (1 kg)
7. Wie viel Wurst? (150 g)

D. Gespräche

21 **Einkaufen: Sie haben Besuch aus Berlin** Sie und Ihre Partnerin/ Ihr Partner haben 15 Euro und kaufen bei Liebmann ein. Was kaufen Sie und wie viel? *(You and your partner have 15 euros and are shopping at Liebmann. What will you buy and how much?)*

S1:	**S2:**
Wir brauchen Kaffee, nicht?	Ja. Wie viel?
1 Pfund.	Gut. Wie viel kostet er?
2,99.	Wir brauchen Bananen, nicht?
Ja. Wie viel?	2 Kilo.
Gut. Wie viel macht das?	3,18.

Lebensmittel Liebmann

P **Über 200 kostenlose Parkplätze direkt vor der Tür!**

Bananen
Hkl. I
1kg
1,59 €

Bohnenkaffee
frisch gemahlen
auch entcoffeiniert
500g Vac. Pack
1kg=5,98 €
2,99 €

Thüringer Rotwurst
100g
0,99 €

Französische Braeburn Tafeläpfel
Hkl. I
1kg
1,49 €

Fruchtjoghurt
mager
versch. Sorten
je 150g Becher
100g=0,13 €
0,19 €

Belgien: Möhren
Hkl. L
1kg Schale
0,99 €

Holland: Paprika Mix
rot, grün, gelb
Hkl. I
1kg=2,98 €
1,49 €

Vokabeln ▋II

🌐 Audio Flashcards
Tutorial Quizzes

Substantive

Beim Einkaufen *(While shopping)*

der **Blumenstand, ¨e** flower stand
der **Laden, ¨** store
der **Liter, -** liter *(abbrev.* l)
der **Markt, ¨e** market; **auf den Markt** to the market
das **Geld** money
das **Geschäft, -e** store, business
das **Gramm** gram *(abbrev.* g)
das **Kilo(gramm)** kilogram *(abbrev.* kg)
das **Lebensmittelgeschäft, -e** grocery store
die **Einkaufstasche, -n** shopping bag
die **Tasche, -n** bag; pocket

Essen und Trinken

der **Apfelsaft** apple juice
der **Fisch, -e** fisch
das **Fleisch** meat
die **Karotte, -n** carrot
die **Kartoffel, -n** potato
die **Marmelade, -n** marmalade, jam
die **Möhre, -n** carrot

Weitere Substantive

der **Besuch, -e** visit; **Besuch haben** to have company
der **Durst** thirst; **Durst haben** to be thirsty
der **Hunger** hunger; **Hunger haben** to be hungry; **Riesenhunger haben** to be very hungry

der **Wunsch, ¨e** wish
das **Ding, -e** thing
das **Glas, ¨er** glass
das **Haus, ¨er** house; **nach Hause** (to go) home; **zu Hause** (to be) at home
das **Produkt, -e** product
das **Stück, -e** piece
die **Blume, -n** flower
die **Rose, -n** rose
die **Tablette, -n** tablet, pill
die **Tasse, -n** cup

Verben

bekommen to receive
bezahlen to pay (for); **Sie bezahlt das Essen.** She pays for the meal.
finden to find; to think; **Er findet die Wurst gut.** He likes the lunch meat.

fragen to ask
geben (gibt) to give; **es gibt** there is, there are
kennen to know, be acquainted with
riechen to smell

rufen to call, cry out
schließen to close
sprechen to speak, talk
stehen to stand
treffen to meet

Adjektive und Adverbien

billig cheap; **billiger** cheaper
dort there
endlich finally
frisch fresh
gesund healthy
lecker tasty, delicious

morgens in the morning, every morning
natürlich naturally
paar: ein paar a few
persönlich personal
samstags (on) Saturdays

schnell fast, quick(ly)
teuer expensive
unpersönlich impersonal
viele many
wunderschön very beautiful

Andere Wörter

doch *(conj.)* however; nevertheless; still
nicht mehr no longer, not anymore

noch ein(e) another; still, in addition
zu to

Besondere Ausdrücke

ja schon yes of course
oh je oh dear
Sonst noch einen Wunsch? Will there be anything else?

1 Kilogramm = 2.2 U.S. pounds
1 Liter = 1.056 U.S. quarts

Alles klar?

22 Was passt nicht?

1. a. Laden   b. Besuch   c. Geschäft   d. Blumenstand
2. a. Liter   b. Kilo   c. Gramm   d. Stück
3. a. morgens   b. billig   c. frisch   d. teuer
4. a. rufen   b. fragen   c. stehen   d. sagen

23 Ergänzen Sie

1. —Ich habe schrecklichen _____.
   —Hier, trink ein Glas Wasser!
2. —Bitte, geh nicht so schnell.
   —Doch! Es ist schon zehn vor acht. Der Supermarkt _____ in zehn Minuten.
3. —Die Blumen sind aber teuer!
   —Aber sie sind so schön. Komm, ich _____ sie.
4. —Wie findest du Max?
   —Ich weiß nicht. Ich _____ ihn noch nicht so lange.
5. —Ich war schon lange _____ _____ auf einer Party.
   —Wirklich? Bei Paul ist heute Abend eine kleine Party. Komm doch mit!

24 Was ist das? Finden Sie die richtige Aussage zu den Bildern. (*Match the images with the correct statements.*)

RonGreer.com/Shutterstock.com

British Retail Photography/Alamy

1. _____

2. _____

Tetra Images/Jupiter Images

H. Mark Weidman Photography/Alamy

3. _____

4. _____

In der Metzgerei kauft man Wurst.
Viele Deutsche haben eine Einkaufstasche.
Diese Person kauft eine Tasse.
Im Supermarkt bekommt man alles.
Auf dem Wochenmarkt gibt es auch Blumen.
In der Bäckerei kauft man Brötchen.

Land und Leute

M. Kulturkontraste
1. Wählen Sie die richtigen Antworten

Geschäftszeiten

In Germany, business hours for stores are regulated by law. While the laws in most **Bundesländer** allow stores to be open 24 hours a day except Sundays, in most cases stores are closed by 8:00 pm. Most stores open between 8:30 and 9:30 in the morning, although bakeries and other small stores usually open earlier to allow customers to buy fresh rolls **(Brötchen)** for breakfast or make purchases on the way to work. Many small neighborhood stores close during the early afternoon **(Mittagspause)** for one or two hours from about 1:00 pm to 3:00 pm. Stores are closed most Sundays and holidays.

There are some exceptions to these regulations for businesses in resort areas, for leisure activities, and for the traveling public. If you need to make a late purchase or shop on Sundays, it is often necessary to go to the train station **(Bahnhof)** or find an open gas station **(Tankstelle)**. However, even on Sundays you can usually buy fresh flowers for a few hours at a flower shop **(Blumenladen)** and buy a pastry at a pastry shop **(Konditorei)**.

ÖFFNUNGSZEITEN
MONTAG - FREITAG
10.00 UHR - 19.00 UHR
SAMSTAG
10.00 UHR - 18.00 UHR

Cengage Learning

▲ Dieses Geschäft ist samstags bis 18.00 Uhr geöffnet.

Der Euro

Customers in German-speaking countries almost always pay cash or use credit cards in stores and restaurants. Checks are used infrequently. Regularly occurring bills, such as rent and utilities, are usually paid by bank transfers.

The euro zone consists of the twelve member nations of the European Union that began using the bills **(Scheine)** and coins **(Münzen)** of the international currency the euro **(der Euro)** in 2002 and six countries of the EU that adopted the currency later. In addition, the currency is used in five European states that are not members of the EU. Among the nations in the euro zone are three German-speaking countries: Germany, Austria, and Luxembourg. The euro (€) is divided into 100 cents **(Cents)**. Switzerland does not use the euro. It continues to use its national currency, the **Schweizer Franken (CHF)** which is divided into 100 **Rappen (Rp.)** Swiss currency is also used in Liechtenstein.

Diego Barbieri/Shutterstock.com

▲ Der Euro: Münzen und Scheine

Kulturkontraste

1. Finden Sie die Geschäftszeiten in Deutschland praktisch oder unpraktisch? Warum?
2. Suchen Sie im Internet, wie viel der Euro und der Franken in Dollar wert sind. Dann finden Sie heraus, wie viel ein Computer und ein Handy kosten, und rechnen Sie aus *(figure out),* was das in Euro oder in Franken ist.
3. Wie finden Sie diese Idee: Kanada, Mexiko und die USA haben dieselbe Währung, den Dollar?

Grammatik und Übungen

Verbs *wissen* and *kennen*

Brockhaus

Kennst du Marcel?   *Do you **know** Marcel?*

Weißt du, wo er wohnt?   *Do you **know** where he lives?*

Nein, aber ich **weiß** seine Handynummer.   *No, but I **know** his cell phone number.*

Celine **kennt** Professor Schmidt gut.   *Celine **knows** Professor Schmidt well.*

Kennen was used as a verb in Middle English and is still used in Scottish. The noun *ken* means perception or understanding: "That is beyond my ken."

German has two equivalents for English *to know*: **wissen** and **kennen**.

- **Wissen** means to know something as a fact.
- **Kennen** means to be acquainted with a person, place, or thing.

▲ Wer will noch mehr wissen? Was ist Brockhaus?

Expressing the idea of to know

👥 **25** **Was weißt du? Wen oder was kennst du?** Fragen Sie Ihre Partnerin/Ihren Partner. *(What do you know? Whom or what are you acquainted with? Ask your partner.)*

S1:
Kennst du das neue Buch von [Stephen King]?

S2:
Nein, das kenne ich nicht. Kennst du den neuen Film von [Steven Spielberg]?

Kennst du …

den neuen Film von …
das neue Buch von …
die Freundin/den Freund von …
die Stadt …
Professor …
die Musikgruppe/die Band …

Weißt du (,) …

die Adresse von …
wie alt … ist?
die E-Mail-Adresse von …
die Telefonnummer von …
wann … Geburtstag hat?
wie die Universitätspräsidentin/der Universitätspräsident heißt?

26 **Die Stadt Heidelberg** Ergänzen Sie den Dialog mit den passenden Formen von **wissen** oder **kennen**. *(Complete the dialogue with the appropriate forms of **wissen** or **kennen**.)*

MICHAEL: _____ ihr Heidelberg gut?

JASMIN: Ja, wir _____ die Stadt ganz gut.

MICHAEL: Dann _____ du, wo die Bibliothek ist.

JANA: Natürlich _____ wir das. Du, Michael, ich _____ ein Buch über Heidelberg.

MICHAEL: _____ du, wo man das Buch kaufen kann?

JANA: Ja, in jeder Buchhandlung.

MICHAEL: _____ du den Autor?

JASMIN: Ja, den _____ wir alle. Das ist unser Professor.

Verbs with stem-vowel change *e > i*

essen: *to eat*			
ich	esse	wir	essen
Sie	essen	Sie	essen
du	**isst**	ihr	esst
er/es/sie	**isst**	sie	essen

geben: *to give*			
ich	gebe	wir	geben
Sie	geben	Sie	geben
du	**gibst**	ihr	gebt
er/es/sie	**gibt**	sie	geben

nehmen: *to take*			
ich	nehme	wir	nehmen
Sie	nehmen	Sie	nehmen
du	**nimmst**	ihr	nehmt
er/es/sie	**nimmt**	sie	nehmen

sprechen: *to speak, talk*			
ich	spreche	wir	sprechen
Sie	sprechen	Sie	sprechen
du	**sprichst**	ihr	sprecht
er/es/sie	**spricht**	sie	sprechen

> ## Lerntipp
>
> In the chapter vocabularies in this book, stem-vowel changes are indicated in parentheses: **geben** (**gibt**).

English has only two verbs with stem-vowel changes in the third-person singular, present tense: *say > says (sezz)*, and *do > does (duzz)*. German, on the other hand, has many verbs with a stem-vowel change in the **du-** and **er/es/ sie**-forms.

- Some verbs with stem vowel **e** change **e** to **i**. The verbs of this type that you know so far are **essen, geben, nehmen,** and **sprechen**.
- The stem of **essen** ends in **-ss**; the ending **-st** therefore contracts to a **-t = du isst** (see *Kapitel 1, Grammatik und Übungen*, page 60).
- **Nehmen** has an additional spelling change: **du nimmst, er/es/sie nimmt**.

---

27 Aisha hat Geburtstag Was geben wir Aisha? Bilden Sie Sätze mit **geben**. *(It is Aisha's birthday. What are we giving Aisha? Form sentences with geben.)*

BEISPIEL Nico / eine CD   *Nico gibt Aisha eine CD.*

1. Charlotte / eine neue Tasche
2. Kemal und Hanife / ein Buch über die Türkei
3. Marcel und ich, wir / ein Computerspiel
4. Antonia / eine neue DVD
5. du / ein Poster von dem Popstar Xavier Naidoo
6. du und Dennis, ihr / eine gute Kaffeemaschine

28 Im Café Ergänzen Sie das Gespräch mit den angegebenen Verben. *(Complete the conversation with the cued verbs.)*

1. LUISA: Du, Simon, was _____ du? (nehmen)
2. SIMON: Ich _____ ein Stück Kuchen. Du auch? (nehmen)
3. LUISA: Nein, aber Jana _____ ein Stück, oder? (nehmen)
4. JANA: Nein. Kuchen _____ ich nicht so gern. (essen)
5. LUISA: Was _____ du denn gern? (essen)
6. JANA: Eis. Es _____ hier sehr gutes Eis. (geben)
7. SIMON: Und zu trinken? Was _____ ihr beide? Kaffee oder Tee? (nehmen)

29 **Gern oder nicht gern?** Sagen Sie Ihrer Partnerin/Ihrem Partner, was Sie (nicht) gern essen und trinken. *(Tell your partner what you like or don't like to eat and drink).*

| Kuchen Käse Gemüse Wurst Fleisch Fisch Obst Bier |
| Mineralwasser Wein Saft Kaffee Tee Limonade |

S2:
| Isst / Trinkst du | **viel** | **Brot / Milch?** |
| | gern | |

S1:
| Ja, | **viel.** |
| | gern. |

| Nein, | **nicht viel.** |
| | nicht so gern. |

Word order with expressions of time and place

	Time	Place
Lily geht	heute	in die Buchhandlung.

	Place	Time
Lily is going	*to the bookstore*	*today.*

- In German, time expressions precede place expressions.
- Note that the sequence of time and place in English is reversed.

30 **Wann gehst du?** Bilden Sie Fragen und antworten Sie mit **ja** oder **nein**. Antworten Sie in ganzen Sätzen. *(Form questions and answer with **ja** or **nein**. Answer in complete sentences.)*

S1:
Gehst du heute in die Stadt?

S2:
Ja, ich gehe heute in die Stadt. /
    Nein, heute nicht.
Und du?

S1: ...
In den Supermarkt / die
Apotheke / die Buchhandlung
Zum Metzger / Bäcker
Auf den Markt

Um neun / Morgen / Später / Jetzt
Heute / Morgen Nachmittag / Am
Samstag

Imperatives *(der Imperativ)*

The IMPERATIVE forms are used to express commands, offer suggestions and encouragement, give instructions, and try to persuade people.

- In both German and English, the verb is in the first position.

Infinitive	Imperative		
	du-form	*ihr*-form	*Sie*-form
fragen	frag(e)!	fragt!	fragen Sie!
arbeiten	arbeite!	arbeitet!	arbeiten Sie!
essen	iss!	esst!	essen Sie!
geben	gib!	gebt!	geben Sie!
nehmen	nimm!	nehmt!	nehmen Sie!
sein	sei!	seid!	seien Sie!

du-*imperative*

Alina,
- **frag(e)** Frau List.
- **arbeite** jetzt, bitte.
- **gib** mir bitte zwei Euro.
- **nimm** doch zwei Aspirin.

Alina,
- **ask** Mrs. List.
- **work** now, please.
- **give** me two euros, please.
- why don't you **take** two aspirin.

▲ Was sagt uns diese Mülltonne?

The **du**-imperative consists of the stem of a verb plus **-e**, but the **-e** is often dropped in informal usage: **frage > frag**.

- If the stem of the verb ends in **-d** or **-t**, the **-e** may not be omitted in written German: **arbeite, rede**.
- If the stem vowel of a verb changes from **e** to **i**, the imperative also has this vowel change and never has final **-e**: **geben > gib, essen > iss, nehmen > nimm**.

ihr-*imperative*

Nils, Elias,
- **fragt** Frau List.
- **gebt** mir bitte zwei Euro.

Nils, Elias,
- **ask** Mrs. List.
- **give** me two euros, please.

The **ihr**-imperative is identical with the **ihr**-form of the present tense.

Sie-*imperative*

Herr Hahn,
- **fragen Sie** Frau List.
- **geben Sie** mir bitte zwei Euro.

Mr. Hahn,
- **ask** Mrs. List.
- **give** me two euros, please.

The **Sie**-imperative is identical with the **Sie**-form of the present tense.

- The pronoun **Sie** is always stated and follows the verb directly.
- In speech, one differentiates a command from a yes/no question by the inflection of the voice. As in English, the voice rises at the end of a yes/no question and falls at the end of a command.

Imperative of sein

Fabian, **sei** nicht so nervös!
Kinder, **seid** jetzt ruhig!
Frau Weibl, **seien Sie** bitte so gut und ...

Fabian, don't **be** so nervous!
Children, **be** quiet now!
Mrs. Weibl, please **be** so kind and ...

Note that the **du**-imperative (**sei**) and **Sie**-imperative (**seien Sie**) are different from the present-tense forms: **du bist, Sie sind**.

---

31 **Auf einer Party** Sie haben eine Party zu Hause und sprechen mit den Gästen. Bilden Sie Imperative aus den Satzelementen. (*You are hosting a party at home and you're talking to your guests. Build imperatives based on the sentence elements*).

BEISPIEL etwas Käse nehmen (Julia)   *Julia, nimm etwas Käse!*

1. ein Glas Wein trinken (Sarah und Luca)
2. Gitarre spielen (David)
3. ein Stück Brot nehmen (Professor Hauser)
4. noch etwas essen (Anna)
5. noch ein bisschen bleiben (Annika und Peter)
6. lustig sein (Frau Heinle)

Direct object

Ich höre **Andrea** nebenan.   *I hear **Andrea** next door.*
Ich schließe die **Tür**.   *I shut the **door**.*

The DIRECT OBJECT is the noun or pronoun that receives or is affected by the action of the verb.

- The direct object answers the question *whom* (**Andrea**) or *what* (**Tür**).

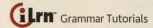 Grammar Tutorials

E. Beim Einkaufen

Accusative of the definite articles *der, das, die*

	Nominative	Accusative
Masculine	**Der** Kaffee ist gut.	Ich trinke **den** Kaffee.
Neuter	**Das** Brot ist frisch.	Jana isst **das** Brot.
Feminine	**Die** Marmelade ist gut.	Luca nimmt **die** Marmelade.
Plural	**Die** Brötchen sind frisch.	Esst ihr **die** Brötchen?

The direct object of a verb is in the ACCUSATIVE case.

- In the accusative case, the definite article **der** changes to **den**.
- The articles **das** and **die** (*sg.* and *pl.*) do not show case change in the accusative.

> In your questions, the things are direct objects.

32 **Einkaufen gehen** Sie und Ihre Partnerin/Ihr Partner kaufen verschiedene Dinge für Ihre Zimmer. Fragen Sie, wie sie/er die Dinge findet. (*You and your partner are shopping for various things for your rooms. Ask what she/he thinks of the things.*)

| billig   groß   klein   praktisch   modern   schön   teuer |

BEISPIEL der Tisch   *Findest du den Tisch zu klein?*

1. das Bücherregal
2. der Stuhl
3. der CD-Player
4. die Betten
5. der Fernseher
6. die Lampe

Word order and case as signals of meaning

Subject	Verb	Direct object
The man	*visits*	*the professor.*
The professor	*visits*	*the man.*

English usually uses word order to signal the difference between a subject and a direct object. The usual word-order pattern in statements is *subject—verb—direct object*. The two sentences above have very different meanings.

Subject (*nom.*)	Verb	Direct object (*acc.*)
Der Mann	besucht	**den** Professor.

Direct object (*acc.*)	Verb	Subject (*nom.*)
Den Professor	besucht	der Mann.

German generally uses case to signal the difference between a subject and a direct object. The different case forms of the definite article (e.g., **der, den**) signal the grammatical function of the noun. **Der,** in the example above, indicates that the noun **Mann** is in the nominative case and functions as the subject. **Den** indicates that the noun **Professor** is in the accusative case and functions as the direct object. The word-order pattern in statements may be *subject—verb—direct object,* or *direct object—verb—subject.* The two sentences on the previous page have the same meaning.

▲ Der Professor fragt die Studentin etwas über Physik.

Der Professor fragt **die** Studentin etwas über Physik.	*The professor asks the student something about physics.*

When only one noun or noun phrase shows case, it may be difficult at first to distinguish meaning. In the example above, **der Professor** has to be the subject, since the definite article **der** clearly shows nominative case. Therefore, by the process of elimination, **die Studentin** has to be the direct object. If **die Studentin** were the subject, the article before **Professor** would be **den**.

Die Frau fragt **das** Mädchen etwas.

Sometimes neither noun contains a signal for case. In an example like the one above, one would usually assume normal word order: *The woman asks the girl something.*

1-25

33 **Hören Sie zu** Hören Sie sich das Gespräch zwischen Franziska, Jessica und Emily an und geben Sie an, was Jessica und Emily in Deutschland und besonders in Berlin gut finden. *(Listen to the conversation and indicate the things that Emily and Jessica like in Germany and especially in Berlin.)* Sie hören zwei neue Wörter: **vergiss** *(forget)*, **stark** *(strong)*.

	Emily mag *(likes)*	Jessica mag
Berlin	☐	☐
die Museen	☐	☐
die Restaurants und Cafés	☐	☐
den Kuchen	☐	☐
das Brot	☐	☐
die Wurst	☐	☐
den Kaffee	☐	☐

34 **Franziska fragt ihre Freundinnen** Franziska fragt, was Emily und Jessica gut finden. Beantworten Sie ihre Fragen. *(Franziska asks what Emily and Jessica like. Answer her questions.)*

F. Der Nachbar

BEISPIEL Jessica, wie findest du den Kaffee hier? (gut)   *Der Kaffee ist gut.*

1. Wie findet ihr das Brot? (super)
2. Emily, wie findest du den Rotwein in der Pizzeria Giovanni? (teuer)
3. Wie findet ihr das Uni-Café? (billig)
4. Jessica, wie findest du den Schokoladenkuchen? (sehr gut)
5. Wie findet ihr den Deutschprofessor? (interessant)
6. Wie findet ihr die Nachbarin? (arrogant)
7. Wie findet ihr die Studenten an der Uni? (nett)

Direct object vs. predicate noun

Predicate noun	Christian Müller ist **mein Freund**.	*Christian Müller is **my friend**.*
Direct object	Kennst du **meinen Freund**?	*Do you know **my friend**?*

The PREDICATE NOUN (**mein Freund**) designates a person, concept, or thing that is equated with the subject (**Christian Müller**). A predicate noun completes the meaning of linking verbs such as **sein** and **heißen**.

- A predicate noun is in the nominative case.
- The direct object (e.g., **meinen Freund**) is the noun or pronoun that receives or is related to the action of the verb.
- The direct-object noun or pronoun is in the accusative case.

Predicate noun	Das ist **nicht** Sophia Meier.
Direct object	Ich kenne Sophia Meier **nicht**.

Nicht precedes a predicate noun and usually follows a noun or pronoun used as a direct object.

---

35 **Wie ist dein Deutschkurs?** David möchte etwas über Ryans Deutschkurs wissen. Nennen Sie das direkte Objekt oder das Prädikatsnomen. (*David would like to know something about Ryan's German class. Name the direct object or predicate noun.*)

BEISPIEL Sind das alle Studenten?   *Studenten (Pr.)*

1. Kennst du die Studenten gut?
2. Ist dein Professor eine Frau oder ein Mann?
3. Ist das dein Deutschbuch?
4. Brauchst du ein Buch aus Deutschland?
5. Hast du Freunde in Deutschland oder Österreich?

36 **Was kaufst du?** Ihre Partnerin/Ihr Partner sucht Dinge für ihr/sein Zimmer und fragt, wie viel sie kosten. Sie geben den Preis in Euro an. Ihre Partnerin/Ihr Partner sagt, ob sie/er die Dinge kauft. (*Your partner is looking for things for her/his room. You give the price in euros. Your partner says, whether she/he will buy the things.*)

S1:

[Zehn] Euro.

S2:

Was kostet *(costs)* [der Stuhl]?
Gut, ich kaufe / nehme [den Stuhl]. / Das ist zu viel. Ich kaufe / nehme [den Stuhl] nicht.

Accusative of *ein* and *kein*

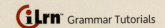

	Nominative	Accusative
Masculine	**Ein** Markt hat immer frisches Obst.	Ich suche **einen** Markt.
	Ist hier heute **kein** Markt?	Nein, wir haben heute **keinen** Markt.
Neuter	**Ein** Fischgeschäft hat immer frischen Fisch.	Ich suche **ein** Fischgeschäft.
	Ist hier **kein** Fischgeschäft?	Nein, wir haben hier **kein** Fischgeschäft.
Feminine	**Eine** Bäckerei hat immer frische Brötchen.	Ich suche **eine** Bäckerei.
	Ist hier **keine** Bäckerei?	Nein, wir haben hier **keine** Bäckerei.
Plural	Blumengeschäfte haben immer schöne Blumen.	Ich suche Blumengeschäfte.
	Sind hier **keine** Blumengeschäfte?	Nein, wir haben leider **keine** Blumengeschäfte.

The indefinite article **ein** and the negative **kein** change to **einen** and **keinen** before masculine nouns in the accusative singular.

- The neuter and feminine indefinite articles and their corresponding negatives do not show case changes in the accusative singular.

- **Ein** has no plural forms. **Kein,** however, does have a plural form: **keine**.

---

37 **Wer braucht was?** Ihre Freunde brauchen Dinge für ihre Zimmer. Schauen Sie sich die Bilder an und sagen Sie, was jeder braucht. (*Your friends need things for their rooms. Look at the pictures and tell what each person needs.*)

F. Das neue Zimmer

BEISPIEL Peter   *Peter braucht einen Tisch.*

Anja   Caroline   Peter

Robin   Lisa   Florian

 38 **Ich brauche (kein)..., und du?** Fragen Sie Ihre Partnerin/ Ihren Partner, ob sie/er die Dinge in *Übung 37* braucht. Sie/Er antwortet mit **ja** oder **nein**, und fragt dann, was Sie brauchen. (*Ask your partner if she/he needs the things in exercise 37. She/He replies with **ja** or **nein,** and then asks what you need.*)

G. Was gibt's zum Abendessen

S1:
Brauchst du [einen Tisch]?

S2:
Ja, ich brauche einen Tisch. *Or:*
Nein, ich brauche keinen Tisch.
Und du, brauchst du ... ?

S1: ...

Accusative of possessive adjectives

	Nominative	Accusative
Masculine	Ist das **mein** Bleistift?	Ja, ich habe **deinen** Bleistift.
Neuter	Ist das **mein** Buch?	Ja, ich habe **dein** Buch.
Feminine	Ist das **meine** Uhr?	Ja, ich habe **deine** Uhr.
Plural	Sind das **meine** Kulis?	Ja, ich habe **deine** Kulis.

The possessive adjectives (**mein, dein, sein, ihr, unser, euer, Ihr**) have the same endings as the indefinite article **ein** in both the nominative and accusative cases.

---

39 Unsere Freunde Sie und Julian sprechen über Ihre Freunde. Ergänzen Sie das Gespräch mit den richtigen Endungen. (*You and Julian are speaking about your friends. Complete the conversation with the correct endings.*)

JULIAN: Du und Phillipp, ihr arbeitet jetzt bei BMW, nicht?

SIE: Ja, und unser＿＿＿ Freund Phillipp findet sein＿＿＿ Arbeit furchtbar. Aber ich finde mein＿＿＿ Arbeit interessant. Am Freitag bekomme ich mein＿＿＿ Geld.

JULIAN: Du, warum gibt Alexander Michelle sein＿＿＿ Computer?

SIE: Ich glaube, Michelle gibt Alexander ihr＿＿＿ CD-Spieler.

JULIAN: Ach, so. Brauchen wir heute unser＿＿＿ Bücher?

SIE: Nein. Du, Julian, brauchst du dein＿＿＿ Kuli?

JULIAN: Nein. Möchtest du ihn haben? Aber warum isst du dein＿＿＿ Kuchen nicht?

SIE: Die Äpfel sind so sauer! Mein＿＿＿ Kuchen ist nicht gut.

Accusative of *wer* and *was*

Nominative		Accusative	
Wer fragt Jana?	*Who is asking Jana?*	**Wen** fragt Jana?	*Whom is Jana asking?*
Was ist los?	*What is wrong?*	**Was** fragst du?	*What are you asking?*

- The accusative case form of the interrogative pronoun **wer?** (*who?*) is **wen?** (*whom?*).

- The accusative and nominative form of **was?** (*what?*) are the same.

H. Im Café

40 Wen? Was? Es ist laut auf der Party. Sie hören nicht, was Ihre Partnerin/Ihr Partner sagt. Fragen Sie, über wen oder was sie/er redet. (*The party is loud and you don't hear what your partner is saying. Ask her/him about what or whom she/he is speaking.*)

BEISPIELE Ich frage Michael morgen.   *Wen fragst du morgen?*
                    Ich brauche einen neuen Computer.   *Was brauchst du?*

1. Ich kenne Hannah gut.
2. Ich spiele morgen Golf.
3. Morgen kaufe ich einen neuen Computer.
4. Die Musik finde ich gut.
5. Ich finde Elias lustig.

Impersonal expression *es gibt*

Gibt es hier einen Supermarkt?   *Is there a supermarket here?*
Es gibt heute Butterkuchen.   *There's [We're having] butter cake today.*

Es gibt is equivalent to English *there is* or *there are*. It is followed by the accusative case.

> **41**   **Was gibt es heute zum Abendessen?** Schreiben Sie, was es heute zum Abendessen gibt und was es nicht gibt. *(Write down what is planned for dinner tonight and what is not.)*
>
> **BEISPIEL** Fisch – Käse   *Es gibt Fisch, aber keinen Käse.*
>
> 1. Brötchen – Kartoffeln
> 2. Milch – Saft
> 3. Butter – Marmelade
> 4. Gemüse – Obst
> 5. Tee – Kaffee
> 6. Mineralwasser – Wein

Accusative prepositions *(Präpositionen mit Akkusativ)*

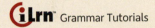 Grammar Tutorials

Leonie kauft ein Buch über London **für ihren Freund**.   *Leonie is buying a book about London **for her friend**.*
Sie kauft auch eine CD **für ihn**.   *She's also buying a CD **for him**.*

A PREPOSITION (e.g., **für**—for) is used to show the relation of a noun (e.g., **Freund**—friend) or pronoun (e.g., **ihn**—him) to some other word in the sentence (e.g., **kauft**—buying). The noun or pronoun following the preposition is called the object of the preposition.

Margot geht heute **nicht** ins Kino.   *Margot is not going to the movies today.*

Nicht precedes a prepositional phrase.

durch	*through*	Jana geht **durch das Kaufhaus**.
für	*for*	Sie kauft einen Laptop **für ihren Freund Luca**.
gegen	*against*	Hat sie etwas **gegen seine Freunde**?
ohne	*without*	Nein, aber sie geht **ohne seine Freunde einkaufen**.
um	*around*	Da kommt sie **um die Ecke** *(corner)*.

The objects of the prepositions **durch, für, gegen, ohne,** and **um** are always in the accusative case.

Er geht **durchs** Zimmer.	durch das = **durchs**
Er braucht eine Batterie **fürs** Auto.	für das = **fürs**
Er geht **ums** Haus.	um das = **ums**

The prepositions **durch, für,** and **um** often contract with the definite article **das** to form **durchs, fürs,** and **ums**. These contractions are common in colloquial German, but are not required.

▲ „Eltern haften für *(are liable for)* ihre Kinder."

42 **Was machen Selda und Hasan?** Ergänzen Sie den Text mit den passenden Präpositionen und Endungen für die Artikel oder Possessivpronomen. (*Complete the text with the appropriate prepositions and the endings of the articles or possessive adjectives.*)

| **durch für gegen ohne um** |

Selda und Hasan gehen heute _____ d____ Park (*m.*). Sie gehen _____ d____

See (*m.*) (*lake*) und sprechen über die Universität. Hasan mag (*likes*) seinen

Deutschkurs nicht und sagt etwas _____ sein____ Deutschprofessor. Selda

geht in die Buchhandlung. Sie kauft ein Buch _____ ihr____ Englischkurs

(*m.*). Julian ist auch da. Er fragt Selda und Hasan: „Kommt ihr mit (*come

along*) ins Kino?" Selda und Hasan kommen aber nicht mit. Sie arbeiten

heute Abend. Julian geht also _____ sein____ Freunde ins Kino.

Masculine *N*-nouns in the accusative

Nominative	Accusative
Der Herr sagt etwas.	Hören Sie **den** Her**rn**?
Der Student sagt etwas.	Hören Sie **den** Student**en**?

German has a class of masculine nouns that have signals for case. Not only the article, but the noun itself ends in **-n** or **-en** in the accusative.

- This class of nouns may be referred to as masculine **N**-nouns or "weak nouns."
- The masculine **N**-nouns you know so far are **der Herr, der Junge, der Mensch, der Nachbar,** and **der Student**.

Lerntipp

In the vocabularies of this book, **masculine N-nouns** will be followed by two endings: **der Herr, -n, -en.** The first ending is the singular accusative, and the second is the plural ending.

43 **Wie sagt man das?** Ergänzen Sie den Dialog mit den Wörtern in Klammern. (*Complete the conversational exchanges with the words in parentheses.*)

1. —Kennst du _____ _____ da, Anna? (der Herr)
   —Ja. Er ist _____ _____. (mein Nachbar)
2. —Wie heißt _____ _____? (dein Nachbar)
   —Er heißt _____ _____. (Herr Heidemann)
   —Warum geht _____ _____ um das Haus? (dein Nachbar)
   —Fragen Sie _____ _____. (Herr Heidemann.)
3. —Kennst du _____ _____ da? (Student)
   —Ja, aber der junge Mann ist _____ _____ (Student), er ist mein Professor.
4. —Ich habe nichts gegen _____ _____. (der Junge)
   —Gut. _____ _____ ist mein Freund. (der Junge)

Accusative of personal pronouns

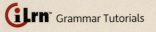

Nominative	Accusative		Subject	Object
Subject	Object			
Er braucht	**mich**.		*He needs*	*me.*
Ich arbeite für	**ihn**.		*I work for*	*him.*

Pronouns used as direct objects or objects of accusative prepositions are in the accusative case.

Subject pronouns	*I*	*you*	*he*	*it*	*she*	*we*	*you*	*they*
Object pronouns	*me*	*you*	*him*	*it*	*her*	*us*	*you*	*them*

Some English pronouns have different forms when used as subject or as object.

Nominative	ich	Sie	du	er	es	sie	wir	Sie	ihr	sie
Accusative	mich	Sie	dich	ihn	es	sie	uns	Sie	euch	sie

Some German pronouns also have different forms in the nominative and accusative.

44 **Auf dem Flohmarkt** Tobias und Felicitas sind auf dem Flohmarkt. Ergänzen Sie ihr Gespräch mit den passenden Pronomen. *(Tobias and Felicitas are at a flea market. Complete their conversation with the appropriate pronouns.)*

1. FELICITAS: Oh schau, da ist ja ein schöner Stuhl. Wie findest du ____? Er ist doch toll, oder?
2. TOBIAS: Hmm, Brauchst du ____ denn? Ich finde ____ eigentlich ein bisschen schmutzig *(dirty)*.
3. FELICITAS: Na ja, stimmt. Er ist schon ziemlich alt. Aber wie findest du die Lampen? Ich brauche ____ am Schreibtisch. Da ist es immer so dunkel *(dark)*. Ah ja, dort hinten ist die Verkäuferin *(salesperson)*. Ich frage ____, was die Lampen kosten. *(Felicitas fragt die Verkäuferin nach dem Preis.)*
4. TOBIAS: Und? Was kosten ____?
5. FELICITAS: Nur 10 Euro zusammen. Da nehme ich ____ natürlich.

45 **Viele Fragen** Antworten Sie mit dem passenden Pronomen. *(Answer using the appropriate pronoun.)*

BEISPIEL —Wer arbeitet für uns?
—*Wir arbeiten für euch.*

1. —Was hast du gegen mich?
   —Ich habe nichts gegen ____.
2. —Kennst du Selina und Nils?
   —Nein. Ich kenne ____ nicht.
3. —Ich glaube, Professor Schmidt sucht euch.
   —Wirklich? Warum sucht er ____?
4. —Arbeitet ihr nicht für Herrn Professor Schmidt?
   —Nein, wir arbeiten nicht für ____.
5. —Machst du das für Charlotte?
   —Nein, ich mache das nicht für ____.

K. Viele Fragen

Multiart/Shutterstock.com

▲ **Auf dem Flohmarkt**

46 **Frage-Ecke** Was haben Sie im Zimmer? Was hat Ihre Partnerin/Ihr Partner im Zimmer? Schauen Sie sich die Bilder an und vergleichen Sie sie miteinander. *(What do you have in your room? What does your partner have in her/his room? Look at the pictures and compare them.)* **S1's** picture is below; **S2's** picture is in Appendix B.

S1:
Mein Zimmer hat [eine Pflanze]. Hast du auch [eine Pflanze]?

S1: ...

S2:
Ja, ich habe auch [eine Pflanze]. / Nein, aber ich habe Blumen.

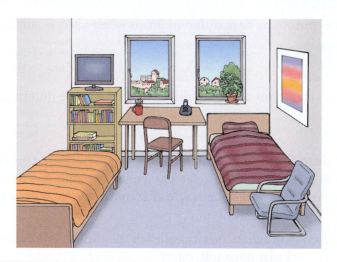

1-26

🌐 Web Links

Leserunde

The following poem by Heinrich Heine (1797–1856) is part of a well-known song cycle by Robert Schumann (1810–1856) called **Dichterliebe** ("poet's love") composed in 1840. This is song number 4 in a series of 16. As you read this out loud, try to focus on engaging the rhyme and rhythm of the poem. When you explore the meaning of the poem, be ready for an unexpected twist!

....

Wenn ich in deine Augen[1] seh',
So schwindet[2] all mein Leid[3] und Weh[4];
Doch wenn ich küsse deinen Mund[5],
So werd' ich ganz und gar gesund[6].

Wenn ich mich lehn'[7] an deine Brust[8],
Kommt's über mich wie Himmelslust[9];
Doch wenn du sprichst: „Ich liebe dich!"
So muß ich weinen[10] bitterlich[11].

— *Heinrich Heine*

[1]*eyes* [2]*disappears* [3]*sorrow* [4]*pain* [5]*mouth* [6]*well again* [7]*rest* [8]*chest* [9]*heavenly sweetness* [10]*weep* [11]*bitterly*

Fragen

1. Was bedeutet „Ich liebe dich!"?
2. Wer liebt wen?
3. Warum weint eine Person bitterlich *(weeps bitterly)*?

Land und Leute

⊕ Web Search

Das Frühstück

Ein gutes Frühstück ist die wichtigste Mahlzeit am Tag (*A good breakfast is the most important meal of the day*) is a popular saying in the German-speaking countries. A German breakfast (**Frühstück**) can be quite extensive, especially on weekends or holidays. Usually it consists of a beverage (coffee, tea, milk, or hot chocolate), fresh rolls (**Brötchen**) or bread, butter, and various jams. However, breakfast is not only for people with a sweet tooth; generally, there are also heartier items available such as cold cuts featuring various meats and cheeses.

Scrambled eggs (**Rühreier**) and fried eggs (**Spiegeleier**) are not often served for breakfast; both are more often used as light meals either for lunch or in the evening. However, boiled eggs (**gekochte Eier** or **Frühstückseier**) are often a centerpiece of breakfast. It might well be said that people in German-speaking countries treat their boiled eggs like Americans would treat their steak because eggs are generally cooked to individual specification: soft-boiled (**weichgekocht**) where the egg white is hard but the egg yolk is still runny, or hard-boiled (**hartgekocht**) where the yolk is not runny anymore, or anything in between these two. To achieve this, eggs are submerged in boiling water, cooked generally anywhere from 4–10 minutes, served in a special eggcup, and then eaten with a spoon. One can buy eggcups in a wide array of styles in stores.

▲ Typisch deutsches Frühstück mit Kaffee, Wurst, Käse, Brötchen und Joghurt

Other breakfast items may include yogurt, whole grain granola (**Müsli**), and various fruit juices, and also fruit that is eaten in its own right or mixed in with the granola. Pancakes are not a common breakfast food. Traditionally, the main hot meal of the day was eaten at noon (**Mittagessen**). However, more and more people prefer to eat their hot meal in the evening (**Abendessen**).

▲ Frühstücksei in einem Eierbecher

Kulturkontraste

1. Was esssen Sie zum Frühstück in der Woche?
2. Was essen Sie zum Frühstück am Wochenende?
3. Was ist ein typisches Frühstück in Amerika?

M. Kulturkontraste
1. Wählen Sie die richtigen Antworten

Video-Ecke

▲ In seiner Familie geht er oft einkaufen.

▲ Sie frühstückt morgens gegen 7.30 Uhr.

▲ Sie geht gern asiatisch essen.

1 Wo kaufst du ein?
So frühstücke ich
Mein Lieblingsgericht

Vor den Videos

46 Nachgedacht Was wissen Sie noch vom Kapitel? Denken Sie nach. *(What do you remember from this chapter? Brainstorm the topics covered.)*

1. Wo kann man in Deutschland einkaufen? Was bekommt man wo?
2. Was essen Deutsche gerne und oft zum Frühstück?
3. Essen Sie auch internationale Küche? Welche?

Nach den Videos

47 Alles klar? Sehen Sie sich die Interviews an und machen Sie sich Notizen. Beantworten Sie dann die Fragen. *(Watch the interviews and take notes. Then answer the questions below.)*

1. Wer geht wo einkaufen und wie oft?
2. Wo essen die Personen am liebsten?
3. Welches Frühstück im Video ist am besten?

2 Wann gibt's denn Frühstück?

▲ Die Freunde machen Frühstück.

▲ Auf dem Markt gibt es Obst und Gemüse.

▲ Alle essen in einem Restaurant.

In diesem Kapitel machen unsere vier Freunde Frühstück. Anton und Hülya gehen auf dem Markt einkaufen. Das Essen brennt an und dann gehen alle in ein Restaurant ...

(In this chapter, our four friends prepare breakfast. Anton and Hülya are buying groceries at the farmers market. The food burns, and everybody ends up going out to eat . . .)

Nützliches	
stinken	*to stink*
anbrennen, angebrannt	*to burn / spoil, burnt / spoiled*
der Kühlschrank	*refrigerator*
die Markthalle	*indoor farmers market*
der Obst- und Gemüsestand	*fruit and vegetable stand*
das Restaurant	*restaurant*

Nach den Videos

Sehen Sie sich das Video an und machen Sie sich Notizen. Beantworten Sie dann die Fragen. *(Watch the video carefully and take notes. Then answer the questions below.)*

A. Was gibt's zum Frühstück?
B. Wer will was essen?
C. Richtig oder falsch
D. Wer isst was?
E. Was Bedienungen sagen
F. Schreiben Sie

49 Was passiert wann? Bringen Sie die folgenden Sätze in die richtige Reihenfolge. *(Put the following sentences in chronological order.)*

_____ Die Verkäuferin sagt: „Wunderbar!"
_____ Der Käse stinkt, und Lily isst den Käse.
_____ Hülya liest die Einkaufsliste.
_____ Paul nimmt einen gemischten Salat als Vorspeise.
_____ Das Essen ist angebrannt.
_____ Anton bezahlt das Obst und das Gemüse.
_____ Lily sagt: „Hmmm, frischer Kaffee ...!"

50 Was stimmt? Wählen Sie die richtige Antwort. *(Choose the appropriate answer.)*

1. Paul mag keinen _____ zum Frühstück.
   a. Käse   b. Salat   c. Brot

2. Ein österreichisches Essen heißt _____.
   a. Kartoffelsuppe   b. Scheiterhaufen   c. gelbe Rüben

3. Anton bezahlt mit _____.
   a. Franken   b. Euro   c. Mark

4. Im Restaurant nimmt Lily eine _____.
   a. große Käseplatte   b. kleine Käseplatte   c. gemischte Käseplatte

51 Was meinen Sie? Beantworten Sie die Fragen. *(Answer the questions.)*

1. Essen Sie gern Wurst und Käse zum Frühstück?
2. Wann essen Sie Frühstück, Mittagessen oder Abendessen?
3. Was essen Sie nicht zum Frühstück?
4. Was finden Sie „typisch deutsch" in dem Video?
5. In der Küche, auf dem Markt und im Restaurant: Ist das so wie hier oder ist es anders? Was fällt Ihnen auf? *(What occurs to you?)*

Wiederholung

Redemittel

Fragen oder Aufforderungen beantworten *(Responding to offers and requests)*

Doch. • Bitte. • Das geht leider nicht. • Gern. • Nein, danke. • Machen wir. • Natürlich. • Vielleicht.

1 **Rollenspiel** Sie frühstücken mit Ihrer Partnerin/Ihrem Partner. Antworten Sie auf ihre/seine Fragen und Bitten! *(You are having breakfast with your partner. Respond to her/his questions and requests.)*

1. Möchtest du noch einen Kaffee?
2. Nimmst du keinen Zucker *(sugar)*?
3. Iss doch noch ein Brötchen!
4. Hier, nimm die gute Wurst!
5. Der Butterkuchen hier ist wirklich gut.

2 **Essen und Trinken** Marie und Felix reden über Essen und Trinken. Bilden Sie Sätze mit den Stichwörtern. *(Marie and Felix talk about food and drink. Form sentences using the cues.)*

BEISPIEL MARIE: wie / du / finden / der Wein / ?   *Wie findest du den Wein?*

1. FELIX: gut // was für Wein / das / sein / ?
2. MARIE: der Wein / kommen / aus Kalifornien
3. FELIX: du / kaufen / der Käse / im Supermarkt / ?
4. MARIE: nein, / ich / kaufen / alles / auf dem Markt
5. MARIE: zum Abendessen / es / geben / Fisch
6. MARIE: du / essen / gern / Fisch / ?
7. FELIX: nein, / ich / essen / kein Fisch / und / auch / keine Wurst
8. FELIX: ich / essen / aber / gern / Kuchen

3 **Beim Frühstück** Nico ist bei Familie Schubert in New York. Geben Sie das Gespräch auf Deutsch wieder. *(Nico is staying with the Schuberts in New York. Give the German equivalent of their conversation.)*

1. MRS. SCHUBERT: *Who needs the tea?*
2. MR. SCHUBERT: *Hannah, give Nico the coffee.*
3. HANNAH: *Nico doesn't drink coffee.*
4. NICO: *No, I always drink tea for breakfast.*
5. MRS. SCHUBERT: *Matthew, what are you doing today?*
6. MR. SCHUBERT: *I'm working at home.*
7. MRS. SCHUBERT: *Nico, whom do you know in New York?*
8. NICO: *I know a professor.*

4 **Nicht oder kein?** Beantworten Sie die Fragen mit **nicht** oder einer Form von **kein**. *(Answer the questions, using **nicht** or a form of **kein**.)*

BEISPIEL Kauft Alina heute Kartoffeln?   *Nein, sie kauft heute keine Kartoffeln.*

1. Kauft sie Kuchen?
2. Geht sie heute zum Bäcker?
3. Kauft sie das Fleisch im Supermarkt?
4. Kauft Niklas heute Käse?
5. Kauft er das Brot beim Bäcker?
6. Kauft er heute Milch?
7. Gibt es hier einen Supermarkt?

5 Mini-Gespräche Schreiben Sie mit Ihrer Partnerin/Ihrem Partner kurze Dialoge über die folgenden Themen. *(With your partner, write short dialogues about the following topics.)*

1. Ihr Zimmer.
2. Was essen Sie gern?
3. Ihre Partnerin/Ihr Partner will etwas kaufen. Sie haben es nicht oder es ist nicht frisch.
4. Ihre Partnerin/Ihr Partner sucht ein Lebensmittelgeschäft.
5. Sie und Ihre Partnerin/Ihr Partner gehen fürs Abendessen einkaufen. Machen Sie eine Liste!

> ### Schreibtipp
>
> Before you begin writing the following e-mail, turn back to *Kapitel 1* and review the format (opening, closing, etc.) for e-mails. Then make a list of activities you plan to write about, e.g., shopping, playing tennis.

6 Zum Schreiben

1. a. Sie besuchen Anna in Tübingen. (See *Einkaufen in Tübingen,* page 109.) Schreiben Sie eine E-Mail und sagen Sie, was Sie in Tübingen machen. *(You are visiting Anna in Tübingen. Write an e-mail and tell what you are doing in Tübingen.)*

   b. Sie sind Anna. Ihre Freunde aus Amerika oder Kanada sind da. Schreiben Sie eine E-Mail an Franziska oder Sebastian und sagen Sie, was Sie und Ihre Freunde machen. *(You are Anna. Your friends from America or Canada are here. Write an e-mail to Franziska or Sebastian and tell what you and your friends are doing.)*

2. Ihr Freund Paul kauft gern im Supermarkt ein, aber Ihre Freundin Lisa findet kleine Lebensmittelgeschäfte gut. Schreiben Sie, wo Sie gern einkaufen. Sagen Sie warum. *(Your friend Paul likes to shop in supermarkets, but your friend Lisa likes small grocery stores. Write where you like to shop. Tell why.)*

> ### Schreibtipp
>
> Look over the reading (page 109) and ***Land und Leute: Im Supermarkt und auf dem Wochenmarkt*** on page 107 before you begin writing. Think about which things appeal to you in the type of store you prefer. Write down your ideas and then organize them according to their order of importance. Begin your paragraph by stating which type of store you like: **Ich gehe gern [in den Supermarkt]. Da ...**

Grammatik: Zusammenfassung

Verbs with stem-vowel change *e > i*

essen			
ich	esse	wir	essen
Sie	essen	Sie	essen
du	**isst**	ihr	esst
er/es/sie	**isst**	sie	essen

geben			
ich	gebe	wir	geben
Sie	geben	Sie	geben
du	**gibst**	ihr	gebt
er/es/sie	**gibt**	sie	geben

nehmen			
ich	nehme	wir	nehmen
Sie	nehmen	Sie	nehmen
du	**nimmst**	ihr	nehmt
er/es/sie	**nimmt**	sie	nehmen

Several verbs with the stem vowel **e** (including **essen, geben, nehmen**) change **e > i** in the **du-** and **er/es/sie**-forms of the present tense.

Word order with expressions of time and place

	Time	Place
Sophia geht	heute Abend	ins Kino.
Elias war	gestern	nicht da.

In German, time expressions generally precede place expressions.

Imperative forms

	Infinitive	Imperative	Present
du	machen	**Mach(e)** das, bitte.	Machst du das?
ihr		**Macht** das, bitte.	Macht ihr das?
Sie		**Machen Sie** das, bitte.	Machen Sie das?
du	nehmen	**Nimm** das Brot, bitte.	Nimmst du das Brot?
ihr		**Nehmt** das Brot, bitte.	Nehmt ihr das Brot?
Sie		**Nehmen Sie** das Brot, bitte.	Nehmen Sie das Brot?

sein	
du	**Sei** nicht so nervös.
ihr	**Seid** ruhig.
Sie	**Seien Sie** so gut.

Accusative case of the definite articles *der, das, die*

	der		das		die		Plural	
Nominative	der	Käse	das	Brot	die	Butter	die	Eier
Accusative	**den**		**das**		**die**		**die**	

Accusative case of nouns and masculine *N*-nouns

Nominative		Accusative	
Subject			*Direct object*
Der Käse	ist gut.	Noah kauft	**den Käse**.
Das Brot	ist frisch.	Noah kauft	**das Brot**.

A noun that is used as a direct object of a verb is in the accusative case.

Nominative	der Herr	der Junge	der Mensch	der Nachbar	der Student
Accusative	den Herr**n**	den Junge**n**	den Mensch**en**	den Nachbar**n**	den Student**en**

A number of masculine nouns add **-n** or **-en** in the accusative singular.

Accusative case of *wer* and *was*

Nominative	Accusative
Wer fragt?	**Wen** fragt Jan?
Was ist los?	**Was** fragst du?

Accusative of *ein, kein,* and possessive adjectives

	Masculine		Neuter		Feminine		Plural	
	(der Kuli)		*(das Heft)*		*(die Uhr)*		*(die Kulis)*	
Nominative	ein		ein		eine		—	
	kein	Kuli	kein	Heft	keine	Uhr	keine	Kulis
	dein		dein		deine		deine	
Accusative	einen		ein		eine		—	
	keinen	Kuli	kein	Heft	keine	Uhr	keine	Kulis
	deinen		dein		deine		deine	

Kein and the possessive adjectives (**mein, dein, Ihr, sein, ihr, unser, euer**) have the same endings as the indefinite article **ein**.

Accusative case of personal pronouns

Nominative	ich	Sie	du	er	es	sie	wir	Sie	ihr	sie
Accusative	**mich**	**Sie**	**dich**	**ihn**	**es**	**sie**	**uns**	**Sie**	**euch**	**sie**

Prepositions with the accusative case

durch	*through*	Pia geht **durch** das Geschäft. [**durchs** Geschäft]
für	*for*	Pia kauft die CD **für** das Kind. [**fürs** Kind]
gegen	*against*	Pia hat nichts **gegen** eine Party.
ohne	*without*	Pia kommt **ohne** ihren Freund.
um	*around*	Pia geht **um** das Haus. [**ums** Haus]

Impersonal expression *es gibt*

Es gibt keinen Kaffee mehr.	There is no more coffee.
Gibt es auch keine Brötchen?	Aren't there any rolls either?

Es gibt is equivalent to English *there is* or *there are*. It is followed by the accusative case.

Studieren in Deutschland

Was studierst du?

Studenten nach der Vorlesung (Ludwig-Maximilians-Universität, München)

Biserko/Dreamstime.com

Lernziele

Sprechintentionen
- Borrowing and lending things
- Talking about student life
- Offering explanations and excuses
- Describing one's family, nationality, and profession
- Talking about personal interests
- Inquiring about abilities
- Discussing duties and requirements
- Inquiring about future plans
- Expressing regret

Wortschatz
1 **Studienfächer**
2 Stating one's profession and nationality
Die Familie

Zum Lesen
- Semesterferien

Grammatik
- Present tense of **werden**
- Verbs with stem-vowel changes **e > ie**
- Verbs with stem-vowel changes **a > ä**
- **Haben** in the simple past tense
- **Der**-words
- Modal auxiliaries
- Omission of the dependent infinitive with modals
- Separable-prefix verbs

Leserunde
- *Ferien machen: eine Kunst* (Hans Manz)

Land und Leute
- Hochschulen
- Finanzen und Studienplätze
- Schule, Hochschule, Klasse, Student
- Das Schulsystem in Deutschland

Video-Ecke
1 Zum Thema Studium
  Was bist du von Beruf?
  Meine Familie
2 Wo kann denn nur Professor Langenstein sein?

RESOURCES

The word **mir** is another pronoun meaning *me*. Its use is practiced in *Kapitel 5*.

Bausteine für Gespräche

🔊 Notizen für die Klausur

1-27

ANNA: Hallo, Leon. Ah gut, du bist noch nicht weg! Du, kannst du mir vielleicht für drei Stunden deine Englisch-Notizen leihen?

LEON: Ja, natürlich. Ich hatte heute Morgen eine Klausur. Ich brauche die Notizen im Moment wirklich nicht.

ANNA: Das ist toll. Ich muss nämlich noch viel für die Klausur morgen arbeiten.

LEON: Klar, hier sind sie. Ich bin heute Abend übrigens auch beim Volleyball. Kannst du die Notizen vielleicht da mitbringen?

🔊 Ist das dein Hauptfach?

1-28

LEON: Hallo, Sarah. Was machst du denn hier? Seit wann bist du denn in der Literatur-Vorlesung?

SARAH: Ach, ich möchte nur mal zuhören. Mit Geschichte bin ich manchmal gar nicht so zufrieden. Und vielleicht will ich doch lieber Germanistik studieren.

LEON: Ah ja? Als Nebenfach?

SARAH: Nein, als Hauptfach.

LEON: Ach wirklich? Du, sollen wir nachher einen Kaffee trinken gehen?

SARAH: Heute kann ich leider nicht. Ich muss für mein Referat morgen noch etwas vorbereiten.

---

1 **Fragen**

1. Warum möchte Anna Leons Notizen haben?
2. Warum muss Anna noch viel lernen?
3. Wann möchte Leon seine Notizen wiederhaben?
4. Warum geht Sarah jetzt in eine Literatur-Vorlesung?
5. Was ist Sarahs Hauptfach?
6. Was möchte Leon nachher machen?
7. Warum kann Sarah nicht mitgehen?

Borrowing and lending objects

2 **Sie brauchen etwas** Vielleicht kann eine Kursteilnehmerin/ein Kursteilnehmer *(fellow student)* es Ihnen leihen. Fragen Sie sie/ihn.

S1:			*S2:*
Kannst du mir	**deine Notizen**	leihen?	Ja, gern.
	dein Referat		Klar.
	deine Seminararbeit⁺		Natürlich.
	deinen Kugelschreiber		Tut mir leid⁺. Ich
	deine CDs		brauche ihn/
			es/sie selbst.

Erweiterung des Wortschatzes 1

Studienfächer *(academic subjects)*

Audio Flashcards

I. An der Uni Heidelberg

3 **Studieren, aber was?** Welches Studienfach passt zu welchem Bild?

(die) Anglistik *(English studies)*

(die) Betriebswirtschaft *(business administration)*

(die) Biologie

(die) Chemie

(die) Informatik *(information technology)*

(das) Ingenieurwesen *(engineering)*

(die) Kunst *(art)*

(die) Politik

(die) Psychologie

(die) Publizistik *(journalism)*

1. _____

2. _____

3. _____

4. _____

5. _____

6. _____

7. _____

8. _____

9. _____

10. _____

 4 **Hauptfach, Nebenfach** Interviewen Sie vier Studentinnen/Studenten in Ihrem Deutschkurs. Was sind ihre Hauptfächer und Nebenfächer? In den *Supplementary Word Sets* auf der Premium Website finden Sie weitere Studienfächer.

Discussing college majors and minors

S1:

Was ist dein | **Hauptfach?** | Nebenfach?

S2:

Ich studiere | **Germanistik.**

Mein Nebenfach ist | Psychologie.

Brauchbares

German has various equivalents for the English word *study:*

studieren = *to study a subject* (e.g., **Ich studiere Geschichte.** = *I'm majoring in history.*)

studieren = *be a student or attend college* (e.g., **Ich studiere.** = *I'm going to college.*)

lernen = *to do one's homework* (e.g., **Ich lerne die Vokabeln.** = *I'm studying the vocabulary words.*)

G. Der Roman

5 **Was liest du?** Was lesen die Studentinnen/Studenten in Ihrem Deutschkurs gern? Fragen Sie sie.

S1:
Was liest du gern?

S2:

Artikel über	Sport / Musik / Schach.
Bücher über	Psychologie / Computer / Autos.
Krimis⁺.	
Liebesromane⁺.	
Moderne⁺ Literatur.	
Zeitung⁺.	

Offering explanations, excuses

6 **Es tut mir leid** Ihre Freundin/Ihr Freund möchte später mit Ihnen etwas zusammen machen. Sie können aber nicht. Sagen Sie warum.

**Deutsch machen   wieder in die Bibliothek   die Vokabeln lernen
meine Notizen durcharbeiten**

S2:

Willst du nachher	**Kaffee trinken gehen?**
	einkaufen gehen?
	fernsehen⁺?
	spazieren gehen?
	einen Film ausleihen⁺?
	eine DVD ausleihen?

S1:
Ich kann leider nicht.
Ich muss **mein Referat vorbereiten**.

Vokabeln I

D. Die richtige Entgegnung

Audio Flashcards
Tutorial Quizzes

Substantive

An der Universität

der **Kurs, -e** course, class
das **Hauptfach, -̈er** major (subject)
das **Nebenfach, -̈er** minor (subject)
das **Referat, -e** oral or written report
das **Seminar, -e** seminar
die **Arbeit, -en** work; paper
die **Klausur, -en** test; **eine Klausur schreiben** to take a test
die **Notiz, -en** note

die **Seminararbeit, -en** seminar paper
die **Vorlesung, -en** lecture
For various college majors see p. 141.

Lesestoff (Reading material)

der **Artikel, -** article
der **Krimi, -s** mystery (novel or film)
der **Liebesroman, -e** romance (novel)
der **Roman, -e** novel

die **Geschichte, -n** story; history
die **Literatur** literature
die **Zeitschrift, -en** magazine
die **Zeitung, -en** newspaper

Weitere Substantive

der **Moment, -e** moment; **im Moment** at the moment
der **MP3-Spieler** MP3 player
die **DVD, -s** DVD
die **Liebe** love
die **Stunde, -n** hour
die **Vokabel, -n** vocabulary word

Verben

Trennbare Verben (Separable-prefix verbs)

aus·leihen to rent (film or DVD); to check out (book from library); to lend out
durch·arbeiten to work through; to study
fern·sehen (sieht fern) to watch TV

mit·bringen to bring along
vor·bereiten to prepare
zu·hören to listen to; to audit (a course)

Weitere Verben

bringen to bring
hatte (*past tense of* **haben**) had

können (kann) to be able to; can
leihen to lend; to borrow
lernen to learn; to study
lesen (liest) to read
müssen (muss) to have to; must
sollen (soll) to be supposed to
wollen (will) to want to, intend to

Adjektive und Adverbien

gar nicht not at all
klar clear; of course, naturally
lieber (*comparative of* **gern**) preferably, rather

modern modern
nachher afterwards

wieder again
zufrieden satisfied, content

Weitere Wörter

mir me (*see* Kapitel 5)
noch etwas something else

seit since (*temporal*)
selbst oneself, myself, itself

weg away, off, gone

Besondere Ausdrücke

Deutsch machen to do/study German (as homework); to study German (as subject at the university)
(Es) tut mir leid. I'm sorry.

Kaffee trinken gehen to go for coffee
Kannst du mir [deine Notizen] leihen? Can you lend me [your notes]?

seit wann since when, (for) how long

Lerntipp

Separable-prefix verbs are indicated with a raised dot: **durch·arbeiten**. (See *Grammatik und Übungen, Separable-prefix verbs* in this chapter.)

Alles klar?

7 Was passt nicht?

1. a. Kunstgeschichte   b. Vorlesung   c. Ingenieurwesen   d. Biologie
2. a. lernen   b. durcharbeiten   c. fernsehen   d. vorbereiten
3. a. Liebe   b. Roman   c. Bericht   d. Artikel
4. a. Zeitschrift   b. Stunde   c. Zeitung   d. Video

8 Ergänzen Sie Ergänzen Sie die beiden Dialoge mit den passenden Wörtern.

| durcharbeiten   hatte   leihen   selbst   Stunde   weg |

1.   FELIX: Nele, kannst du mir deine Biologie-Notizen _____?
2.   NELE: Nein, leider nicht. Ich brauche sie _____. Ich muss sie heute Nachmittag noch _____. Gestern Abend _____ ich keine Zeit.

| hattest   gar   Klausur   lernst   lieber |
| Notiz   seit   wieder   zufrieden |

3.   PAUL: Ich bin total gestresst. Meine _____ in Anglistik war so schlecht.
4. SOPHIE: Das tut mir leid. _____ du denn zu wenig Zeit?
5.   PAUL: Nein, eigentlich nicht. Aber ich bin im Moment mit Anglistik gar nicht _____. Ich glaube, ich nehme _____ Germanistik als Hauptfach.
6. SOPHIE: _____ wann studierst du denn schon Anglistik?
     PAUL: Das sind schon drei Semester.
7. SOPHIE: Das ist doch _____ nicht so lange! Du kannst ja mit Professor Jackson sprechen. Er hat immer gute Tipps für uns Studenten.

9 Was ist das? Finden Sie das richtige Wort.

Clynt Garnham Publishing / Alamy

Christopher Titze / Shutterstock.com

1. _____

2. _____

Keith morris / Alamy

Catalin Petolea / Shutterstock.com

3. _____

4. _____

| Zeitung | Zeitschrift | Vorlesung |
| MP3-Spieler | Nebenfach | Notiz |

Land und Leute

Hochschulen

Germany has a long tradition of higher education. The oldest university is the University of Heidelberg, founded in 1386. Germany has 372 institutions of higher learning (**Hochschulen**), of which 102 are universities (**Universitäten**). Responsibility for higher education is shared by the states and the federal government. The best-known type of institution is the **Universität,** which is both a research and teaching institution. Universities are, with very few exceptions, the only institutions that can confer a doctoral degree. Colleges that specialize in preparing students for careers in art or music are called **Kunsthochschulen** and **Musikhochschulen** respectively. Another type of institution of higher learning is the **Fachhochschule,** which specializes in fields of study (**Studiengänge**) that are more oriented toward a specific career in fields, such as business or engineering. Although 96% of German students attend state-supported institutions, private universities are becoming more common in Germany.

▲ In der Vorlesung über „Technische Mechanik" an der Ruhr-Universität Bochum

Germany's institutions of higher learning have recently undergone fundamental changes. With the goal of creating a common system of higher education, 46 European countries agreed to restructure their university systems to ensure that degrees are recognized across all signatory countries, thus facilitating greater mobility within Europe. The new academic degrees (**Abschlüsse**) will sound familiar to English speakers. Many traditional courses of study have been replaced with bachelor's and master's degrees (**Bachelor- und Masterstudiengänge**). To earn a degree, students now complete a prescribed number of credits (**Leistungspunkte**) and modules in the new European Credit Transfer System (ECTS).

At the beginning of a semester, students choose classes according to type and subject matter. A **Vorlesung** is a lecture with little discussion and no exams. An **Übung** is a course that often has daily assignments, discussion, and a test (**Klausur**) at the end. In a **Seminar,** students write papers and discuss the material. They have to write term papers (**Seminararbeiten**) as well.

After successful completion of a **Seminar** or **Übung,** students receive a certificate (**Schein**), which includes a grade. A minimum number of **Scheine** is necessary before the student may take the intermediate qualifying exam (**Zwischenprüfung**), which is usually taken after four to six semesters at the university. More **Scheine** are required before a student can write a master's thesis (**Magisterarbeit**) or take examinations for the degree.

Kulturkontraste

1. Welche Art von Hochschule gleicht *(is similar to)* Ihrem College oder Ihrer Universität?

2. In vielen deutschen Universitäten gibt es Kurse auf Englisch für ausländische *(foreign)* Studenten. Wenn Sie in Deutschland studieren, möchten Sie Kurse auf Englisch oder auf Deutsch nehmen? Warum?

3. Wissen Sie, wie viele Hochschulen es in Ihrer Stadt / Ihrem Bundestaat / Ihrer Provinz gibt? Wie viele sind privat? Wie viele öffentlich?

K. Kulturkontraste
1. Hochschulen

Hengesbach / JOKER · ullstein bild / The Granger Collection

Zum Lesen

Vor dem Lesen

In diesem Text lernen Sie etwas über die Universitäten und das Studentenleben *(student life)* in Deutschland. Der erste Teil präsentiert einige Fakten. Der zweite Teil ist ein Interview in einer Studentenzeitung.

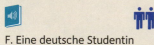

F. Eine deutsche Studentin

10 Ein Gespräch Sprechen Sie mit Ihrer Partnerin/Ihrem Partner über die folgenden Themen:

1. Was studieren Sie? Was ist Ihr Hauptfach? Haben Sie ein Nebenfach?
2. Wie viele Kurse belegen *(enroll in)* Sie jedes Semester? In welchen Fächern?
3. Wie teuer ist das Studium? Wie bezahlen Sie die Studiengebühren *(tuition)*?
4. Wie ist Ihre Universität? Haben die Bibliotheken viele Bücher, Computer? Wie sind die Cafeterias und die Wohnheime?
5. Wie ist das akademische Jahr an Ihrer Hochschule organisiert? Was machen die Studenten in den Semesterferien?
6. Wie gut sind die Sportaktivitäten an Ihrer Universität? Gibt es viele Sport- und Tennisplätze?
7. Was für andere Clubs und Organisationen gibt es an Ihrer Universität? Welchen Club finden Sie interessant?

11 Jobben – pro und kontra. Was ist wichtig? Fragen Sie Ihre Partnerin/Ihren Partner zum Thema Job im Semester und in den Semesterferien. Sie/Er antwortet Ihnen und fragt auch Sie.

S1:	S2:
Ist Geld haben wichtig?	Ja, das ist wichtig. / Nein, das ist nicht so wichtig. / Das weiß ich nicht.

	wichtig	nicht so wichtig	weiß nicht
1. Geld haben	_____	_____	_____
2. lange arbeiten	_____	_____	_____
3. in der Woche arbeiten	_____	_____	_____
4. genug Zeit zum Lernen haben	_____	_____	_____
5. nicht arbeiten	_____	_____	_____

Beim Lesen

12 Das Studentenleben Lesen Sie den Text und machen Sie sich Notizen in der Tabelle. Suchen Sie so viele Informationen wie möglich über das Studentenleben. Schreiben Sie auch etwas über Ihr Studium und Ihre Universität.

	ich	deutsche Studenten
Semester		
Semesterferien		
Studiengebühren		
Examen und Hausarbeiten		

Semesterferien

An deutschen Universitäten gibt es zwei Semester im Jahr – das Wintersemester und das Sommersemester. Dazwischen° liegen die Semesterferien. Diese sind im Winter zwei, im Sommer drei Monate lang. In dieser Zeit schreiben die Studenten ihre Hausarbei-
5 ten, bereiten Prüfungen und Referate vor oder machen ein Praktikum°. Danach bleibt meistens noch Zeit für Urlaub. Viele Studenten müssen aber auch jobben, um Geld für Studiengebühren, Wohnen, Essen und andere Dinge zu verdienen. In einigen Bundesländern sind die Studiengebühren pro Semester bis zu 500 Euro hoch.
10   Lesen Sie nun, was verschiedene Studierende in einer Zeitung über ihre Semesterferien und die Studiengebühren sagen.

in between

internship

Katja Hirschberger (24), Amerikanistik, fünftes° Semester: „Zu Beginn der Semesterferien will ich sofort wegfahren. Und ich möchte richtig faulenzen. Leider habe ich nicht genug
15 Geld dazu°. Und außerdem muss ich Hausarbeiten schreiben. Bis jetzt war ich in den Semesterferien immer in Deutschland, doch bald werde ich in den USA weiterstudieren."

fifth

for that

> **Katja Hirschberger** will continue her studies in the United States. German university advisors say that employers expect students to have spent time abroad and also to have an almost perfect command of English.

David Künzel (22), Jura, drittes Semester: „In den Semesterferien bin ich in den ersten paar Wochen fleißig und lerne
20 für Klausuren und erst später mache ich Ferien. Einmal im Jahr fahre ich dann auch weiter weg. Natürlich nur, wenn ich keine wichtigen Prüfungen habe."

Alexander Berg (24), Ethnologie, drittes Semester: „In den Semesterferien möchte ich nur ungern in Deutschland sein.
25 Viel lieber lerne ich neue Kulturen kennen, zum Beispiel in afrikanischen Ländern. Das finde ich interessant und exotisch. Dieses Mal war ich in Marokko und ich war begeistert°. Andere Kulturen kennenlernen ist mein Hobby, aber auch mein Berufsziel. Ich möchte nämlich Ethnologe° werden."

thrilled
ethnologist

30 **Louisa Höffner (26),** Lehramt° Deutsch / Religion, neuntes° Semester: „Es ist einfach ungerecht°. Wir müssen zahlen und trotzdem gibt es zu wenig Hörsäle° für zu viele Studenten, es fehlen Bücher und anderes Material … das sollen die Politiker mal erklären."

teacher training / ninth
unfair
lecture halls

35 **Emine Yilmaz (22),** Physik, drittes Semester: „Ich finde es total bescheuert°! Ich bekomme jetzt noch Geld von meinen Eltern, aber ohne ihre Hilfe° muss ich beim Staat Geld leihen. Oder sehr viel jobben. Und dann habe ich nur noch wenig Zeit für mein Studium!"

(coll.) stupid, absurd
help

40 **Sabine Böhm (26),** Chemie, letztes° Semester: „Für mich ist es schon okay. Aber ich brauche zwei Jobs, um genug Geld für mein Studium zu haben. Wie soll man denn als Student im ersten Semester schon so viel jobben und trotzdem genug für sein Studium tun?"

last

Nach dem Lesen

13 **Was ist das?** Welche Definition passt zu welchem Wort?

1. jobben
2. Studiengebühren
3. Semesterferien
4. Klausur
5. faulenzen
6. Kultur

a. Geld, das Studenten für das Studium bezahlen
b. ein anderes Wort für „arbeiten"
c. wie die Menschen in einem Land leben
d. nichts tun
e. Zeit, in der es keine Vorlesungen und Kurse gibt
f. ein anderes Wort für „schriftliche (written) Prüfung oder Examen"

14 **Fragen zum Lesestück**

1. Was machen deutsche Studenten in ihren Semesterferien?
2. Wie hoch sind die Studiengebühren?
3. Warum ist Alexander Berg in den Semesterferien nicht gern in Deutschland?
4. Wo will Katja Hirschberger studieren?
5. Welche Hauptfächer hat Louisa Höffner?
6. Was denkt Emine Yilmaz über die Studiengebühren?
7. Was studiert Sabine Böhm?
8. Was sagt Sabine über die Studiengebühren?

15 **Was denken Sie?** Reagieren Sie auf die folgenden Aussagen *(remarks)*.

BEISPIEL DAVID KÜNZEL: Einmal im Jahr fahre ich dann auch weiter weg.
SIE: _____

1. ALEXANDER BERG: In den Semesterferien möchte ich nur ungern in Deutschland sein. Viel lieber fahre ich nach Afrika.
SIE: _____

2. KATJA HIRSCHBERGER: Wenn die Semesterferien anfangen, möchte ich richtig faulenzen.
SIE: _____

3. LOUISA HÖFFNER: Es ist ungerecht, dass wir zahlen müssen und trotzdem keine besseren Bedingungen an den Unis haben.
SIE: _____

4. EMINE YILMAZ: Ohne die Hilfe von meinen Eltern muss ich beim Staat Geld leihen oder sehr viel jobben.
SIE: _____

5. SABINE BÖHM: Wie sollen denn die Studenten im ersten Semester schon so viel jobben und trotzdem genug für ihr Studium tun?
SIE: _____

yogo/Shutterstock.com

▲ Wollen Sie Chemie studieren?

Land und Leute

Finanzen und Studienplätze

K. Kulturkontraste
2. Finanzen und Studienplätze

Around two million students are enrolled in Germany's institutions of higher learning. This number presents about one-third of the country's young people. Although this number is lower than in some industrialized countries, many careers that require a college education in other countries do not in Germany. In general, any student who has successfully completed the final comprehensive examination for secondary education (**Abitur**) can be admitted to university study. For some subjects with limited places (**Numerus clausus**) there is a national system of placement, but most students apply directly to the university. Applicants from other countries must demonstrate that they have attained the academic competence that would enable them to enroll in a university in their home country and that they have a good command of German.

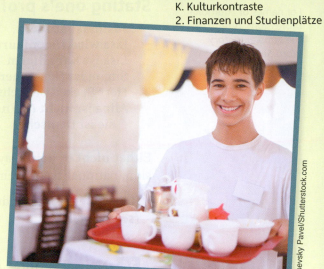

▲ Er jobbt in den Semesterferien.

Until recently, there was no tuition (**Studiengebühren**) at public universities. However, during the past 10 years, several states have begun to charge tuition to some or all students. Some universities charge tuition only to students who have exceeded a given time frame in which their studies were supposed to be completed (**Regelstudienzeit**). Since the German constitution (**Grundgesetz**) defines access to education as a fundamental right, and since charging tuition at public universities makes that access contingent on the socioeconomic means of an individual, the introduction of tuition has been the object of public protest. In some states, the issue has prompted lawsuits, and most of them have been successful in repealing the charging of tuition.

▲ Fürs Studium braucht man das Abitur.

Most financial aid for students is intended to cover living expenses. The **Bundesausbildungsförderungsgesetz (BAföG)** provides aid in a combination of grants and zero-interest loans. Some students supplement this aid with a commercial student loan (**Studien-** or **Studentenkredit**). In addition, most students work part-time (**jobben**) during the semester or during vacation (**Semesterferien**) or both.

Kulturkontraste

1. Ein Argument für Studiengebühren ist: Studenten sollen ihr Studium selbst mitfinanzieren.

2. Ein Argument gegen Studiengebühren: Es ist schwer für Studenten, die nicht viel Geld haben.

3. Was denken Sie: Wie viel sollen Studenten für ihr Studium zahlen? Wie viel soll der Staat geben?

Erweiterung des Wortschatzes 2

For names of additional professions, refer to the *Supplementary Word Sets* on the Premium Website.

Stating one's profession and nationality

Justin **ist Student**.	*Justin is a student.*
Lisa **wird Ingenieurin**.	*Lisa is going to be an engineer.*
Lisa **ist Kanadierin**.	*Lisa is (a) Canadian.*
Simon **ist Deutscher**.	*Simon is (a) German.*
Herr Becker ist **nicht (kein)** Ingenieur.	*Mr. Becker is not an engineer.*
Alina ist **nicht (keine)** Österreicherin; sie ist Deutsche.	*Alina is not (an) Austrian; she's (a) German.*

Either **nicht** or **kein** may be used to negate a sentence about someone's profession, nationality, or membership in a group.

• Remember that no indefinite article **(ein)** is used in the positive statement (see *Kapitel 2*).

---

16 **Neue Freunde** Auf einem Flug von Toronto nach Frankfurt lernen sich drei junge Leute kennen. Benutzen Sie die Stichwörter.

BEISPIEL Anthony / sein / Amerikaner   *Anthony ist Amerikaner.*

1. Robert / sein / Kanadier
2. er / sein / Student
3. Vanessa / sein / nicht (kein) / Studentin
4. sie / sein / auch nicht (kein) / Amerikanerin
5. sie / sein / Deutsche
6. sie / werden / Ingenieurin
7. ihr Bruder Florian / wohnen / in Frankfurt; er / sein / Frankfurter
8. er / sein / Apotheker

17 **Persönliche Informationen** Wer bin ich? Schreiben Sie Informationen über sich in der Tabelle auf.

Das bin ich:

Name:	_____
Nationalität:	_____
Wohnort:	_____
Universität:	_____
Hauptfach:	_____
Nebenfach:	_____

Describing one's nationality and profession

18 **Kurze Biografie** Schreiben Sie eine kurze Biografie über sich. Geben Sie an: Name, Nationalität, Adresse und Telefonnummer, Hauptfach, Nebenfach.

19 **Smalltalk** Sprechen Sie mit einer Partnerin/einem Partner und stellen Sie sich vor. Benutzen Sie die persönlichen Informationen aus Übung 17. Benutzen Sie auch die folgenden Ausdrücke:

Ich heiße ...   Ich studiere an ...   Ich bin ...   Mein Hauptfach ist ...
Mein Nebenfach ist ...   Ich wohne in ...

Die Familie

🌐 Audio Flashcards

WILLI CLAUSEN 67 — **KÄTHE CLAUSEN** 63

FRANK PFEIFFER 39 — **EMMA CLAUSEN** 35

STEFFEN CLAUSEN 43 — **SOPHIA CLAUSEN** 40

LEA PFEIFFER 13 — **TIM PFEIFFER** 10

TOBIAS CLAUSEN 7 — **LARA GUMPERT** 15

Emma Clausen: Beginning in 1991, married German women could choose to keep their maiden names. Married Austrian women were given that choice in 1995.

die **Mutter**, ⸚ (die **Mutti**, die **Mama**)	+ der **Vater**, ⸚ (der **Vati**, der **Papa**)	= die **Eltern** (*pl.*)
die **Tochter**, ⸚	der **Sohn**, ⸚e	
die **Schwester**, -n	+ der **Bruder**, ⸚	= die **Geschwister** (*pl.*)
die **Tante**, -n	der **Onkel**, -	
die **Kusine**, -n	der **Cousin**, -s	
die **Nichte**, -n	der **Neffe**, -n, -n	
die **Großmutter**, ⸚ (die **Oma**, -s)	+ der **Großvater**, ⸚ (der **Opa**, -s)	= die **Großeltern** (*pl.*)
Stief-: die **Stiefmutter**; der **Stiefvater**		

For names of additional family members, refer to the *Supplementary Word Sets* on the Premium Website.

Kusine: Cousine, -n; **Cousin: Vetter**, -n are also used.

20 **Der Stammbaum** *(Family tree)* Lesen Sie den Text über Familie Clausen und sehen Sie sich den Stammbaum an. Beantworten Sie dann die Fragen.

Willi und Käthe Clausen haben eine **Tochter** und einen **Sohn:** Emma und Steffen. Emma und ihr Mann, Frank Pfeiffer, haben zwei **Kinder:** Lea und Tim. Die beiden Kinder haben eine **Großmutter**, Oma Clausen, und einen **Großvater**, Opa Clausen. Sophia Clausen ist geschieden *(divorced)*. Steffen Clausen ist ihr zweiter *(second)* Mann. Sophia hat eine Tochter von ihrem ersten *(first)* Mann: Lara Gumpert. Steffen ist also Laras **Stiefvater**. Sophia und Steffen haben einen Sohn: Tobias. Lea Pfeiffer ist seine **Kusine** und Tim ist sein **Cousin**. Die **Eltern** von Lea und Tim sind natürlich Tobias' **Tante** Emma und sein **Onkel** Frank.

1. Wie heißt Tim Pfeiffers Cousin?
2. Wer ist Lea Pfeiffers Onkel?
3. Wie heißen die Großeltern von Lea und Tim?
4. Wie heißt Steffen Clausens Frau?
5. Wie heißt Steffens Stieftochter?
6. Wie heißt Laras Halbbruder *(half-brother)*?

▲ **Großeltern, Eltern und Enkelkinder** *(grandchildren)*

21 **Frage-Ecke** Ergänzen Sie die fehlenden *(missing)* Informationen. Fragen Sie Ihre Partnerin/Ihren Partner. Die Informationen für *S1* finden Sie unten; die Informationen für *S2* finden Sie im Anhang *(Appendix B)*.

S1: Wie heißt die Mutter von Alina?
S2: Sie heißt Nora Gerber.
S1: Wie alt ist Alinas Mutter?
S2: Sie ist 36 Jahre alt.

S1:

	Alina	Marcel	ich	Partnerin/ Partner
Vater	Markus Arndt, 37			
Mutter		Sabine Gerber, 41		
Tante	Sabine Gerber, 41			
Onkel		Markus Arndt, 37		
Großvater	Peter Gerber, 66			
Großmutter	Leah Gerber, 65			

Vokabeln II

🌐 Audio Flashcards
Tutorial Quizzes

Substantive

An der Uni

der **Bericht, -e** report

das **Examen, -** comprehensive examination, finals; **Examen machen** to graduate from the university

das **Semester, -** semester

das **Studium, Studien** studies

die **Hausarbeit, -en** homework, term paper; household chore

die **Prüfung, -en** test

die **Studiengebühren** (pl.) tuition, fees at the university

Weitere Substantive

der **Beruf, -e** profession

der **Euro, -** euro, €

der **Fall, ⸚e** case

der **Gedanke, -n** thought, idea

der **Job, -s** job

der **Staat, -en** state; country

der **Urlaub** vacation; **in Urlaub fahren** to go on vacation

das **Beispiel, -e** example; **zum Beispiel** (abbrev. **z.B.**) for example

das **Hobby, -s** hobby

das **Mal** time

das **erste / zweite / dritte Mal** the first / second / third time

das **Ziel, -e** goal

die **Aktivität, -en** activity

die **Eltern** (pl.) parents

die **Ferien** (pl.) vacation

die **Situation, -en** situation

For more family vocabulary see page 151.

Verben

Trennbare Verben

an·fangen (fängt an) to begin

kennen·lernen to get to know, to become acquainted

weg·fahren (fährt weg) to drive away, to leave

zurück·bekommen to get back

Weitere Verben

beginnen to begin

besuchen to visit

erklären to explain

fahren (fährt) to drive, travel, ride

faulenzen to laze around, be idle

halten (hält) to hold; **halten von** to think of, to have an opinion of

helfen (hilft) to help

jobben (colloq.) to work at a temporary job (e.g., a summer job)

reisen to travel

tun to do

verdienen to earn

werden (ich werde, du wirst, er wird) to become

zahlen to pay

Adjektive und Adverbien

andere other

dies- (-er, -e, -es) this, these; that, those

einige some, several

einmal once; **einmal im Jahr** once a year

erst first

genau exactly

gleich immediately

hoch high

kurz short, briefly

lang long

meistens mostly

sofort immediately

ungern unwillingly

wichtig important

zurück back, in return

Weitere Wörter

außerdem besides

pro per

trotzdem nevertheless

wenn (conj.) when; if

Besondere Ausdrücke

bis zu up to

um Geld zu verdienen in order to earn money

Alles klar?

22 **Welche Satzteile passen zusammen?**

1. In den Semesterferien muss ich jobben, _____
2. Jetzt möchte ich einige Wochen nur faulenzen, _____
3. Meine Eltern leihen mir jedes Semester 500 Euro, _____
4. Wenn die Semesterferien anfangen, _____
5. Sarah möchte Managerin werden, _____

a. fahre ich erst mal in Urlaub.
b. aber ich muss das Geld zurückzahlen.
c. um Geld für Wohnen, Essen, Bücher und Kleidung zu verdienen.
d. wenn sie mit dem Studium fertig ist.
e. weil meine Prüfungen so anstrengend waren.

23 **Ergänzen Sie** Ergänzen Sie die Gespräche mit den passenden Wörtern.

> anfangen   Bericht   besuchen   fährt   Gedanke   jobben   hoch
>   kennenlernen   kurz   werden   verdienen   zum Beispiel

1. —Wo kann ich hier nette Leute _____?
   —An der Uni und in den Seminaren oder zum _____ auch in Sportkursen.
2. —Welches Berufsziel haben Sie?
   —Ich möchte Ingenieurin _____.
3. —Ich lese gerade einen _____ über die Situation an den Unis. Viele Studenten müssen _____, denn die Studiengebühren sind ziemlich _____.
4. —Was macht deine Freundin in den Ferien?
   —Wenn die Ferien _____, _____ sie sofort nach Österreich.

24 **Was macht Stefan?** Welcher Satz passt? Verbinden Sie die Sätze mit den Bildern. Achtung: Es gibt mehr Sätze als Bilder!

1. _____

2. _____

3. _____

4. _____

Stefan erklärt die Hausaufgaben.
Stefan bezahlt.
Stefan schreibt eine Prüfung.

Stefan fährt mit dem Auto.
Stefan faulenzt.
Stefan beginnt sein Examen.

Land und Leute

Schule, Hochschule, Klasse, Student

Many words used in English to talk about university studies are not equivalent to the German words that appear to be cognates. In the German-speaking countries, a greater distinction is made in words referring to education before college or university and post-secondary education.

▲ Schulklasse bei der Buchmesse *(book fair)* in Leipzig

- *school:* In German, **(die) Schule** refers to an elementary or secondary school. When talking about post-secondary education, German speakers use **(die) Universität** or **(die) Hochschule**. The equivalent of *What school do you go to?* is **An welcher Uni studierst du?**

- *high school:* A **Hochschule** is a post-secondary school, such as a university, not *high school* as in the U.S. or Canada. Due to the unique school system in Germany, the German equivalent of *high school* is divided into several school branches, namely **Hauptschule, Realschule,** and **Gymnasium,** or a combination of all three consolidated into a **Gesamtschule** (see *Land und Leute,* p. 169).

- *student:* In German, **Studentin/Student** refers to someone at a post-secondary institution (i.e., at a **Universität** or **Hochschule**). The word **(die) Schülerin/(der) Schüler** is used for young people in elementary and secondary schools.

▲ Schüler im Gymnasium

- *class:* The English word *class* refers to both an instructional period and a group of students. The German word **(die) Klasse** refers only to a group of students (e.g., **meine Klasse** = *my class, my classmates*) or a specific grade (e.g., **die zweite Klasse** = *the second grade*). In a **Schule** the word for *class* meaning *instructional period* is **Stunde** (e.g., **die Deutschstunde** = *the German class*). At the university level in German-speaking countries there are several types of classes — **Vorlesung, Übung,** and **Seminar** (see *Land und Leute: Hochschulen,* p. 145). A very general word for a class is **Kurs**. To ask the question, *How many students are in your German class?* a German might say: **Wie viele Kursteilnehmer sind in Ihrem Deutschkurs?**

Kulturkontraste

Welche deutschen **Wörter** sehen aus wie Englisch, sind aber anders (i.e., *false cognates*)? Welche **Konzepte** sind ähnlich, welche sind ganz anders? Warum kann man Englisch nicht Wort-für-Wort ins Deutsche übersetzen? Was bedeutet das für Sprache und Übersetzung allgemein?

K. Kulturkontraste
3. Schule, Hochschule, Klasse, Student

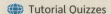
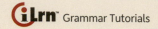
Grammatik und Übungen

Present tense *(das Präsens)* of *werden*

ich	werde	wir	werden
Sie	werden	Sie	werden
du	**wirst**	ihr	werdet
er/es/sie	**wird**	sie	werden
	du-imperative: werde		

Werden is irregular in the **du-** and **er/es/sie**-forms in the present tense.

---

25 **Wann wirst du ...?** Hannah und Dominik sprechen miteinander. Ergänzen Sie das Gespräch mit der richtigen Form von **werden**.

1. HANNAH: Sag mal, Dominik, wann _____ du denn 21 Jahre alt?
2. DOMINIK: Ich _____ im Mai 21.
3. HANNAH: Und Kevin? Wann _____ er 21?
4. DOMINIK: Er ist schon 21, er _____ im Mai 22.
5. HANNAH: Was _____ Kevin nach dem Studium?
6. DOMINIK: Kevin _____ Architekt, denke ich.
7. HANNAH: Hmmm. Du auch. Ihr _____ also beide Architekten?
   DOMINIK: Ja, wir arbeiten dann beide in Deutschland und den USA.

Verbs with stem-vowel change *e > ie*

sehen: *to see*			
ich	sehe	wir	sehen
Sie	sehen	Sie	sehen
du	**siehst**	ihr	seht
er/es/sie	**sieht**	sie	sehen
	du-imperative: **sieh**		

lesen: *to read*			
ich	lese	wir	lesen
Sie	lese	Sie	lesen
du	**liest**	ihr	lest
er/es/sie	**liest**	sie	lesen
	du-imperative: **lies**		

Talking about personal interests

- Several verbs with the vowel **e** in the verb stem change the **e** to **ie** in the **du-** and **er/es/sie**-forms of the present tense and in the **du**-imperative.
- Since the stem of **lesen** ends in **-s**, the **du**-form ending contracts from **-st** to **-t**.

---

26 **Lesen und sehen – eine E-Mail-Umfrage *(survey)*** Anna arbeitet im Sommer für amazon.de. Sie fragt, was für Filme die Leute gern sehen und welche Bücher sie lesen. Dann notiert sie sich die Antworten *(answers)*.

BEISPIEL Tom / ernste Filme   *Tom, was für Filme siehst du gern?*
                                Tom sieht gern ernste Filme.

1. Christina / lustige Filme
2. Kim und Manuel / amerikanische Filme
3. Herr Meier / Science-Fiction-Filme
4. du und Alex, ihr / Bücher über Musik
5. Benedikt / Horrorgeschichten
6. Frau Ohnsorg und Professor Lange / Biografien

27 Filme und Bücher Interviewen Sie drei Studentinnen/Studenten in Ihrem Deutschkurs. Was für Filme sehen sie gern? Was für Bücher lesen sie gern? Berichten Sie darüber *(Report about it.)*. Benutzen Sie auch Wörter aus der Premium Website: *Supplementary Word Sets*, „Film" und „Literature".

> *S1:* Was für Filme siehst du gern?
> *S2: [Tom]:* Ich sehe gern [alte Filme, Krimis, Horrorfilme, Dokumentarfilme, Science-Fiction-Filme].
> *S1:* Was für Bücher liest du gern?
> *S3: [Jennifer]:* Ich lese gern [Biografien, Liebesromane, Horrorgeschichten, historische Romane, Krimis, Science-Fiction, moderne Literatur, Bücher über Politik / Musik].
> *S1:* [Tom] sieht gern [alte Filme]. [Jennifer] liest gern [Biografien].

Verbs with stem-vowel change *a > ä*

fahren: *to drive*			
ich	fahre	wir	fahren
Sie	fahren	Sie	fahren
du	**fährst**	ihr	fahrt
er/es/sie	**fährt**	sie	fahren
du-imperative: *fahr(e)*			

halten: *to hold*			
ich	halte	wir	halten
Sie	halten	Sie	halten
du	**hältst**	ihr	haltet
er/es/sie	**hält**	sie	halten
du-imperative: halt(e)			

Some verbs with stem-vowel **a** change **a** to **ä** in the **du-** and **er/es/sie**-forms of the present tense. The verbs you know with this change are **anfangen, fahren,** and **halten**. Note the forms **du hältst** and **er/sie/es hält**.

28 Zwei Gespräche

A. Marie fährt nach Freiburg. Ergänzen Sie die Sätze mit der passenden *(appropriate)* Form von **fahren**.

> FELIX: Sag mal, Marie, _____ du übers Wochenende nach Freiburg?
> MARIE: Ja. Ich glaube schon.
> FELIX: _____ Sarah mit?
> MARIE: Nein. Ich _____ allein. Zwei Freundinnen von mir _____ nach Hamburg. Aber so viel Zeit habe ich nicht.
> FELIX: Also dann, gute Reise.

B. Marie und Nils sprechen über das Studium in Freiburg. Ergänzen Sie die Sätze mit der passenden Form von **halten von**.

> MARIE: Sag mal, Nils, das ist jetzt dein zweites Semester hier. Was _____ du _____ der Universität?
> NILS: Ja, jetzt finde ich sie gut.
> MARIE: Und deine Freundin, Emine. Was _____ sie _____ ihren Kursen dieses Semester?
> NILS: Dieses Semester studiert Emine in London, aber zwei amerikanische Freundinnen von mir studieren hier und sie _____ sehr viel _____ ihrem Philosophieprofessor.
> MARIE: Ach, sie gehen sicher zu Professor Hofers Vorlesung.
> NILS: Ja, ich glaube das stimmt.

Haben in the simple past tense

Present	Heute **habe** ich viel Zeit.	*Today I have a lot of time.*
Simple past	Gestern **hatte** ich keine Zeit.	*Yesterday I had no time.*

haben: *to have*			
ich	hatte	wir	hatten
Sie	hatten	Sie	hatten
du	hattest	ihr	hattet
er/es/sie	hatte	sie	hatten

- You learned in *Kapitel 2* that the simple past tense of the verb **sein** is **war**. The simple past tense of the verb **haben** is **hatte**.
- In the simple past, all forms except the **ich-** and **er/es/sie-**forms add verb endings.

D. Wie war dein Wochenende?

K. In den Bergen.

29 **Ein Ausflug in die Berge** *(An excursion to the mountains)*

Sagen Sie, warum Sie und Ihre Freunde nicht auf dem Ausflug in die Berge waren.

BEISPIEL Maximilian _____*hatte*_____ viel Arbeit.

1. Vanessa _____ Kopfschmerzen.
2. Ich _____ eigentlich keine Zeit.
3. Wir _____ Besuch aus England.
4. Simon _____ keine guten Wanderschuhe.
5. Maria und Jan _____ eine Vorlesung.
6. Philipp _____ zu viel Arbeit.
7. Du _____ eine Klausur, oder?

Der-words

Diese Klausur ist schwer.	*This test is hard.*
Diese Klausuren sind schwer.	*These tests are hard.*
Jede Klausur ist schwer.	*Every test is hard.*
Welche Klausur hast du?	*Which test do you have?*
Manche Klausuren sind nicht schwer.	*Some tests are not hard.*
Solche Klausuren sind nicht interessant.	*Those kinds of tests aren't interesting.*

In the singular, **so ein** is usually used instead of **solch-**.

So eine Uhr ist sehr teuer.	*That kind of / Such a clock is very expensive.*

	Masculine	Neuter	Feminine	Plural
	der	*das*	*die*	*die*
Nominative	dies**er**	dies**es**	dies**e**	dies**e**
Accusative	dies**en**	dies**es**	dies**e**	dies**e**

The words **dieser, jeder, welcher, mancher,** and **solcher** are called **der**-words because they follow the same pattern in the nominative and accusative cases as the definite articles.

- **Jeder** is used in the singular only.
- **Welcher** is an interrogative adjective, used at the beginning of a question.

- **Solche** and **manche** are used almost exclusively in the plural.

  Der Stuhl **(da)** ist neu.   *That chair is new.*

- The equivalent of *that (those)* is expressed by the definite article **(der, das, die)**.

- **Da** is often added for clarity.

---

30 Wie findest du diese Stadt? Anton ist Österreicher und sein neuer Freund Paul ist Deutsch-Amerikaner. Anton zeigt *(shows)* Paul Bilder aus Österreich. Ergänzen Sie das Gespräch mit der richtigen Form der Stichwörter.

ANTON: Kennst du _____ Stadt? (dieser)

PAUL: Nein. Ich kenne _____ Städte in Österreich, aber _____ nicht. (mancher, dieser)

ANTON: _____ Städte kennst du schon? (welcher)

PAUL: Innsbruck, zum Beispiel.

ANTON: Siehst du _____ Haus? (dieser) Da wohnt meine Schwester.

PAUL: Sind im Fenster immer _____ Blumen? (solcher)

ANTON: Ja, schön, nicht?

PAUL: Ja, sehr schön. Hat _____ Haus _____ Garten? (jeder, so ein)

ANTON: Nein, das ist für viele Leute zu viel Arbeit. Aber meine Schwester arbeitet gern im Garten.

Expressing an attitude about an action or idea

E. In der Mensa

L. Welcher? Dieser?

Modal auxiliaries *(Modalverben)*

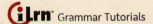

iLrn™ Grammar Tutorials

Ich **kann** nicht ins Kino gehen.	*I **can't** go to the movies.*
Ich **muss** heute arbeiten.	*I **have to** work today.*
Ich **will** aber nicht arbeiten.	*But I **don't want to** work today.*

Both English and German have a group of verbs called MODAL AUXILIARIES.

- German has six modal auxiliary verbs: **dürfen, können, mögen, müssen, sollen, wollen**.

- Modals indicate an attitude about an action; they do not express the action itself.

- In German, the verb that expresses the action is in the infinitive form (e.g., **gehen, arbeiten**) and is in last position in the sentence.

  Ich will aber **nicht** arbeiten. Ich kann **nicht** ins Kino gehen.

- **Nicht** immediately precedes the infinitive used with a modal (e.g., **nicht gehen**) unless a specific word or expression is modified (e.g., **nicht ins Kino**). See pages 52 and 61.

- Modals are irregular in the present-tense singular. They have no endings in the **ich**- and **er/es/sie**-forms, and five of the six modals show stem-vowel change, e.g., **können > kann**.

▲ Luca kann gut Golf spielen.

können

können: *can, to be able to, to know how to do*			
ich	**kann** es erklären	wir	**können** es erklären
Sie	**können** es erklären	Sie	**können** es erklären
du	**kannst** es erklären	ihr	**könnt** es erklären
er/es/sie	**kann** es erklären	sie	**können** es erklären

31 **Was kannst du?** Interviewen Sie einige Studentinnen/Studenten in Ihrem Deutschkurs. Was können sie oder was können sie nicht?

S1: Kannst du Gitarre spielen?
S2: Ja, ich kann Gitarre spielen. / Nein, ich kann nicht Gitarre spielen.

1. gut schwimmen
2. Golf spielen
3. gut tanzen
4. gut Geschichten erzählen
5. Schach spielen
6. im Sommer viel Geld verdienen

wollen

wollen: *to want, wish; to intend to*			
ich	**will** arbeiten	wir	**wollen** arbeiten
Sie	**wollen** arbeiten	Sie	**wollen** arbeiten
du	**willst** arbeiten	ihr	**wollt** arbeiten
er/es/sie	**will** arbeiten	sie	**wollen** arbeiten

32 **Was will Alexandras Familie?** Es sind Sommerferien. Was will Alexandras Familie tun oder nicht tun? Fragen Sie Ihren Partner.

S1:

Was **will**	Alexandra	**machen?**
wollen	Alexandras Bruder	
	Alexandra und ihre Kusine Lisa	
	Alexandras Tante	
	Lisa und ich	
	Alexandras Eltern	

S2: Alexandra **will**

einkaufen gehen.
ein Buch lesen.
Frühstück machen.
schwimmen gehen.
ins Café gehen.
ins Kino gehen.

33 **Willst du?** Sie und Ihre Partnerin/Ihr Partner machen für heute Abend oder morgen Pläne. Was wollen Sie machen? Was sagt Ihre Partnerin/Ihr Partner?

S1:

Willst du	**morgen**	**ins Kino** gehen?
	heute Abend	joggen
	am Samstag	tanzen

S2: Ja,

gern.
vielleicht.

Nein, ich kann nicht.

fernsehen   Deutsch machen   inlineskaten gehen
einkaufen gehen   spazieren gehen   Musik hören
zusammen für die Klausur lernen
im Internet surfen

sollen

sollen: *to be supposed to*			
ich	**soll** morgen gehen	wir	**sollen** morgen gehen
Sie	**sollen** morgen gehen	Sie	**sollen** morgen gehen
du	**sollst** morgen gehen	ihr	**sollt** morgen gehen
er/es/sie	**soll** morgen gehen	sie	**sollen** morgen gehen

34 **Wir planen eine Party** Sie und Ihre Freunde planen eine Party. Was soll jede Person mitbringen, kaufen oder machen? Fragen Sie Ihren Partner!

> **wir: Käse kaufen** **du: Salat machen**
> **ich: Brot kaufen** **Emma: Wein mitbringen**
> **Tim und Paul, ihr: Bier kaufen**

S1: Was sollen Kim und Moritz mitbringen?
S2: Kim und Moritz sollen Musik mitbringen.

müssen

müssen: *must, to have to*			
ich	**muss** jetzt arbeiten	wir	**müssen** jetzt arbeiten
Sie	**müssen** jetzt arbeiten	Sie	**müssen** jetzt arbeiten
du	**musst** jetzt arbeiten	ihr	**müsst** jetzt arbeiten
er/es/sie	**muss** jetzt arbeiten	sie	**müssen** jetzt arbeiten

Discussing duties and requirements

▲ Hier muss man langsam (*slowly*) fahren.

M. Was müssen diese Leute tun?

35 **Was müssen diese Leute tun?** Sagen Sie, was diese Leute tun müssen. Ergänzen Sie die Dialoge mit der richtigen Form von **müssen**.

1. GRETA: Was _____ du morgen machen?
   VIVIAN: Ich _____ eine Klausur schreiben.
   GRETA: Dann _____ du jetzt lernen, nicht?

2. LEONIE: _____ ihr heute Abend wieder in die Bibliothek?
   JULIA UND JONAS: Ja, wir _____ noch zwei Kapitel durcharbeiten.

3. LUKAS: Was _____ Anna, Lena und Michelle am Wochenende machen?
   TIM: Anna _____ ein Buch über Psychologie lesen. Und Lena und Michelle _____ Referate vorbereiten.

36 **Was musst du machen?** Was muss Ihre Partnerin/Ihr Partner heute, morgen oder am Wochenende machen? Fragen Sie sie/ihn.

S1:			S2:	
Was musst du	**heute** morgen am Wochenende	machen?	**Heute** muss ich Morgen Am Wochenende	**am Computer arbeiten.**

ein Referat vorbereiten   viele E-Mails schreiben   arbeiten
in die Bibliothek gehen   ein Buch für Geschichte lesen
einen Artikel schreiben   Deutsch machen

dürfen

dürfen: *may, to be permitted to*			
ich	**darf** es sagen	wir	**dürfen** es sagen
Sie	**dürfen** es sagen	Sie	**dürfen** es sagen
du	**darfst** es sagen	ihr	**dürft** es sagen
er/es/sie	**darf** es sagen	sie	**dürfen** es sagen

N. Das darf man nicht!

37 **Viele Regeln** *(Lots of rules)* Dirk ist in einem neuen Studentenwohnheim *(dormitory)*. Es gibt viele Regeln. Sehen Sie sich die Bilder an und beschreiben *(describe)* Sie die Regeln. Benutzen Sie ein logisches Modalverb.

smoke

BEISPIEL nicht rauchen°   *Hier darf man nicht rauchen.*

von 11.30 bis 13.00 Uhr

1. von ... bis ... essen

von 22 bis 6 Uhr

2. von ... bis ... nicht schwimmen

Trinkwasser

3. Wasser trinken

16–20 Uhr

4. von ... bis ... lernen

heute Abend

5. ... Musik hören / tanzen gehen

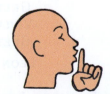

Ruhe

6. immer ruhig sein

mögen and the *möchte*-forms

Inquiring about future plans

mögen: *to like*			
ich	**mag** keine Tomaten	wir	**mögen** Erik nicht
Sie	**mögen** keinen Kaffee	Sie	**mögen** keinen Tee
du	**magst** keine Eier	ihr	**mögt** Melanie nicht
er/es/sie	**mag** kein Bier	sie	**mögen** Schmidts nicht

Mögen Sie Frau Lenz? —Nein, ich **mag** sie nicht.

The modal **mögen** is often used to express a fondness or dislike for someone or something. With this meaning, it usually does not take a dependent infinitive.

 38 **Was für Musik magst du?** Sagen Sie, was für Musik Sie mögen. Fragen Sie dann Ihre Partnerin/Ihren Partner.

> *S1:* Ich mag Hardrock. Was für Musik magst du?
> *S2:* Ich mag Reggae.

O. Was magst du?

> Techno   Rap   Rock   klassische Musik
> Blues   Jazz   Country

möchte: *would like*			
ich	**möchte** gehen	wir	**möchten** gehen
Sie	**möchten** gehen	Sie	**möchten** gehen
du	**möchtest** gehen	ihr	**möchtet** gehen
er/es/sie	**möchte** gehen	sie	**möchten** gehen

Möchte is a different form of the modal **mögen**. The meaning of **mögen** is *to like*; the meaning of **möchte** is *would like (to)*.

 39 **Was möchtet ihr machen?** Fragen Sie drei Studentinnen/Studenten, was sie später tun möchten. Berichten Sie dann Ihren Kommilitoninnen/Kommilitonen *(class members)*.

> *S1:* Was möchtest du | **am Wochenende** | machen?
> | heute Abend |
> | im Sommer |

> *S2:* Ich möchte [einkaufen gehen].
> *S1:* [Tim] möchte [einkaufen gehen].

> **fernsehen   im Internet surfen   wandern   einen Krimi lesen**
> **inlineskaten gehen   joggen gehen   tanzen gehen**
> **Fitnesstraining machen**

🔊
1-30

40 **Hören Sie zu** Anna und David diskutieren. Hören Sie zu und geben Sie an, ob die folgenden Sätze richtig oder falsch sind. Sie hören ein neues Wort: **schade** (*that's too bad*).

	Richtig	Falsch
1. Anna und David wollen morgen Abend ins Kino gehen.	_____	_____
2. David mag Scarlett Johansson.	_____	_____
3. Anna kann um 6 Uhr gehen.	_____	_____
4. David muss bis halb neun Französisch lernen.	_____	_____
5. Um 8 Uhr 30 wollen Anna und David einen französischen Film im Kino Blaue-Brücke sehen.	_____	_____
6. Daniel will auch ins Kino gehen.	_____	_____
7. Daniel kann nicht kommen, er muss arbeiten.	_____	_____

Omission of the dependent infinitive with modals

Ich **kann** das nicht.	=	Ich **kann** das nicht **machen**.
Ich **muss** in die Bibliothek.	=	Ich **muss** in die Bibliothek **gehen**.
Das **darfst** du nicht.	=	Das **darfst** du nicht **tun**.

Modals may occur without a dependent infinitive if a verb of motion (e.g., **gehen**) or the idea of *to do* (**machen, tun**) is clearly understood from the context.

> Ich **kann** Deutsch.   *I can speak German. (I know German.)*

Können is used to say that someone knows how to speak a language.

41 **Wer kann oder muss das?** Sehen Sie sich die Bilder an. Verbinden Sie die Bilder mit den richtigen Sätzen.

Diego Cervo/ Shutterstock.com

TEA/ Shutterstock.com

1. _____

2. _____

ARENA Creative/ Shutterstock.com

auremar/ Shutterstock.com

3. _____

4. _____

Lena kann Karate.
Jochen muss jeden Dienstag in die Bibliothek.
Sie können Deutsch!
„Ich glaube, ich kann das nicht …!"

42 **In die Bibliothek? Nein!** Christin und Mark studieren an der Universität Freiburg. Christin ist Deutsche, Mark ist Amerikaner. Sie trinken im Café Klatsch Kaffee. Ergänzen Sie ihr Gespräch mit den passenden Modalverben.

1. CHRISTIN: _____ *(want to)* du jetzt nach Hause?

2. MARK: Nein, ich _____ *(have to)* noch in die Bibliothek.

3. CHRISTIN: Was _____ *(want to)* du da?

4. MARK: Ich _____ *(would like to)* Shakespeare lesen. _____ *(want to)* du auch in die Uni?

5. CHRISTIN: Nein, was _____ *(should)* ich denn da? Heute ist Sonntag!

6. MARK: Sag mal, _____ *(know)* du gut Englisch?

7. CHRISTIN: Ja, ich _____ *(know)* aber auch Französisch.

8. MARK: Ich _____ *(know)* leider kein Französisch. Aber ich _____ *(want to)* es vielleicht noch lernen.

9. CHRISTIN: Wann _____ *(want to)* du das denn machen? Du hast doch immer so viel zu tun.

10. MARK: Keine Ahnung. Und vielleicht hast du recht – ich _____ *(want to)* leider oft mehr tun als ich _____ *(able to)*.

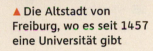

▲ Die Altstadt von Freiburg, wo es seit 1457 eine Universität gibt

43 **Frage-Ecke** Ergänzen Sie die fehlenden Informationen. Fragen Sie Ihre Partnerin/Ihren Partner. Die Informationen für *S1* finden Sie unten; die Informationen für *S2* finden Sie in Anhang B.

S1: Was muss Lea machen?
S2: Sie muss jobben.

S1:

	Lea	Jan und Laura	Dominik	Sebastians Schwester
müssen		Mathe machen		in die Bibliothek
dürfen	Kaffee trinken		keine Eier essen	
wollen	tanzen gehen			
sollen	einen Job suchen	Blumen mitbringen		
können			gut Englisch	gut Tennis spielen

44 **Eine ideale Welt!** Wie sollen/können/müssen/dürfen diese Personen und Dinge (nicht) sein? Benutzen Sie logische Modalverben und Adjektive. Bilden Sie mindestens zwei Sätze.

> billig modern interessant gut progressiv
> teuer nett faul fleißig tolerant
> lustig intelligent

BEISPIEL mein Auto

Mein Auto soll modern sein. Mein Auto darf nicht teuer sein.

1. mein Freund/meine Freundin
2. mein Professor/meine Professorin
3. ich
4. meine Arbeit
5. der Präsident/die Präsidentin
6. meine Freizeit
7. meine Universität
8. mein Auto

 Web Links
1-31

Leserunde

Hans Manz is a journalist and author of children's poems, tales, and novels. Manz was born in Switzerland in 1931, and taught school for 30 years there. Since 1987 he has been a journalist and author. For Manz, language is primary, and the reader and listener enjoy discovering meaning between the lines. In the poem "Ferien machen: eine Kunst," Manz lists modal auxiliaries and interrogatives to talk about vacations. Such a listing of words is a technique characteristic of concrete poetry, as is the everyday topic (see **Leserunde**, pages 51 and 86).

Ferien machen: eine Kunst[1]
Nichts müssen,
nichts sollen.
Nur dürfen
und wollen.
Jeder Tag
ein unvorbereitetes Fest[2]
Sich einigen[3],
wer
wann
wo
was wie
mit wem[4]
tut oder lässt[5].

—*Hans Manz*

[1]*art, skill* [2]**unvorbereitetes Fest:** *unanticipated holiday* [3]**sich einigen:** *to come to an agreement* [4]*whom* [5]*not do*

"Ferien machen: eine Kunst," by Hans Manz, in *Lieber heute als morgen,* © 1988. Hans Manz, *Die Welt der Wörter.* Copyright © 1991 Beltz & Gelberg Verlag, Weinheim und Basel. Reprinted with permission.

Separable-prefix verbs *(trennbare Verben)*

to get up	*I get up early.*
to throw away	*Don't throw away all those papers!*

English has a large number of two-word verbs, such as *to get up*, *to throw away*. These two-word verbs consist of a verb *(get)* and a particle *(up)*.

German has a large number of SEPARABLE-PREFIX VERBS, which function like certain English two-word verbs.

Examples include:

anfangen
ausleihen
durcharbeiten
einkaufen
fernsehen
kennenlernen
mitbringen
vorbereiten
wegfahren
zurückbekommen

▲ In Deutschland bringt man gern Blumen oder Pflanzen mit.

- In present-tense statements and questions, and in imperative forms, the separable prefix (e.g., **an-, aus-, durch-, ein-, fern-, kennen-, mit-, vor-, weg-, zurück-**) is in the last position.

einkaufen	Hannah **kauft** morgens **ein**.
mitbringen	**Bringen** Sie bitte Blumen **mit**!

In the infinitive form, the prefix is attached to the base form of the verb.

   Lily will ein Video **aus**leihen.

Basic verb	Anton **sieht** oft seine Freunde.
	*Anton **sees** his friends often.*
Separable-prefix verb	Anton **sieht** nicht oft **fern**.
	*Anton **doesn't** often **watch TV**.*

The meaning of a separable-prefix verb, such as **fernsehen,** is often different from the sum of the meanings of its parts: **sehen** *(see),* **fern** *(far off).*

   Hülya will nicht **fern'**sehen.   Hülya sieht nicht **fern'**.

In spoken German, the stress falls on the prefix of separable-prefix verbs.

Lerntipp

In vocabulary lists in this textbook, separable prefixes are indicated by a raised dot between the prefix and the verb: **aus·leihen, durch·arbeiten, ein·kaufen, fern·sehen, mit·bringen, vor·bereiten, zurück·bekommen.**

45 **Sabines Freunde kommen** Lesen Sie den Text und setzen Sie die richtigen Präfixe ein. Benutzen Sie die Verbliste als Hilfe.

> an·fangen aus·leihen ein·kaufen fern·sehen kennen·lernen
> mit·bringen vor·bereiten weg·fahren

Sabine fängt den Samstag langsam _____. Sie fährt heute nicht _____ und sie sieht auch nicht _____. Freunde kommen abends zu ihr. Sie kauft also erst im Supermarkt _____ – etwas zum Trinken und etwas zum Essen. Dann bereitet Sabine alles _____. Die Freunde kommen um 19.00 Uhr und bringen Sabine Blumen _____. Sabines beste Freundin hat einen neuen Freund und bringt ihn auch _____. Sabine muss den neuen Freund erst _____lernen. Der neue Freund ist sehr nett und es wird ein lustiger Abend.

46 **Leons Tagesplan** Leon erzählt Felix von seinen Plänen für heute.

BEISPIEL heute Nachmittag einkaufen   *Ich kaufe heute Nachmittag ein.*

1. Großmutter Blumen mitbringen
2. meine Notizen durcharbeiten
3. mein Referat vorbereiten
4. Melanie meinen MP3-Player ausleihen
5. heute Abend fernsehen

1-32

47 **Hören Sie zu** Anna und Daniel sprechen miteinander. Hören Sie, was Anna heute alles macht, und beantworten Sie dann die Fragen. Sie hören einen neuen Ausdruck *(expression)*: **Was ist los?** *(What's going on?)*

1. Wer hat heute Geburtstag?
2. Was für Notizen arbeitet Anna durch?
3. Was muss Anna vorbereiten?
4. Wer bringt Blumen mit?
5. Wer geht spazieren und isst bei „Luigi"?
6. Wann sieht Anna fern?

◀ **Anna arbeitet ihre Notizen durch.**

Land und Leute

Das Schulsystem in Deutschland

At the age of six all children go to a **Grundschule** (primary school, grades 1–4). After that they attend either a **Hauptschule, Realschule,** or **Gymnasium,** depending on their ability.Young people preparing to work in the trades or industry (e.g., as a baker or car mechanic) may attend a **Hauptschule** (grades 5–9 or 5–10). After obtaining their certificate **(Hauptschulabschluss),** they enter an apprenticeship program, which includes 3–4 days per week of work training at a business and 8–12 hours per week of study at a vocational school **(Berufsschule)** until at least the age of 18. Approximately one-third of the young people follow this path.

Schuljahr				
13			Universitäten und wissenschaftliche Hochschulen	
12		Berufsausbildung in Betrieb und Berufsschule		
11				
10			Gymnasium	Gesamtschule
9	Hauptschule	Realschule		
8				
7				
6				
5				
4		Grundschule		
3				
2				
1				
	Kindergarten			

▲ Das deutsche Schulsystem

The 30% wanting a job in business, industry, public service, or a health field (e.g., as a bank clerk or nurse) attend a **Realschule** (grades 5–10). The certificate **(Mittlere Reife)** from a **Realschule** is a prerequisite for mid-level positions and permits students to attend specialized schools **(Berufsfachschule** or **Fachoberschule).** Students who leave the **Gymnasium** after grade 10 also obtain a **Mittlere Reife**.

Young people planning to go to a university or a **Fachhochschule** (see page 145) attend all grades of a **Gymnasium** (grades 5–12). The certificate of general higher education entrance qualification **(Zeugnis der allgemeinen Hochschulreife),** which is the diploma from a **Gymnasium,** is granted on the basis of grades in courses and the passing of a comprehensive exam **(Abitur)**.

In some areas, another type of school, the **Gesamtschule** (comprehensive school), offers secondary instruction for grades 5–10, and in some states the **Gesamtschule** extends to the thirteenth year. Courses are of several types (A, B, C), which have different demands. Only students who take the most demanding course (A) will be able to take the **Abitur,** the entrance requirement for the university.

The school day goes from early morning to noon **(Halbtagsschule)**. Currently, there is much discussion about instituting a full-day school **(Ganztagsschule),** but at this point the system has not changed.

> Work experience may also qualify a person for study at the university.

Kulturkontraste

Sie sind in Deutschland und sprechen über Ihre Schule in Amerika oder Kanada. Inwiefern *(in what respect)* ist Ihr Schulsystem anders als das deutsche Schulsystem? Was finden Sie gut und was finden Sie nicht so gut?

K. Kulturkontraste
4. Das Schulsystem in Deutschland

Video-Ecke

Sie hat vier Jahre Germanistik studiert.

Er ist Event-Manager.

Ihre Tochter heißt Vanessa.

1 Zum Thema Studium
Was bist du von Beruf?
Meine Familie

Vor den Videos

48 Nachgedacht Was wissen Sie noch vom Kapitel? Denken Sie nach.

1. Welche Fächer kann man an deutschen Universitäten studieren? Nennen Sie ein paar.
2. Was machen Studenten in den Semesterferien?
3. Wie finanzieren deutsche Studenten ihr Studium?
4. Welche Schulformen gibt es nach der Grundschule?
5. Was ist das „Abitur"?
6. Was ist eine „Hochschule"?

Nach den Videos

49 Alles klar? Sehen Sie sich die Interviews an und machen Sie sich Notizen. Beantworten Sie dann die Fragen.

1. Was studieren diese Personen?
2. Wie lange studieren sie?
3. Welche Berufe haben diese Personen?
4. Was finden diese Personen an ihrem Studium oder Beruf interessant?
5. Haben die Personen einen Partner oder eine Familie?
6. Wer hat Kinder, wer hat keine Kinder?

2 Wo kann denn nur Professor Langenstein sein?

Paul und Lily gehen in die Uni.

Die Bibliothek ist ziemlich groß.

Paul findet den Professor im Café!

In diesem Kapitel sind wir in Freiburg. Paul und Lily sind an der Universität. Dort suchen sie Professor Langenstein. Hülya und Anton sind in der Stadt und finden den Professor ...

Nützliches	
Germanistik	*"German Studies" in Germany*
die Sprechstunde	*office hours*
das Schwarze Brett	*bulletin board*
der Eingang	*entrance*
ansprechen	*to initiate a conversation with someone you don't know*
die Bibliothek	*library*
die Innenstadt	*city center*
suchen	*to look for*
treffen	*to meet*

Nach den Videos

Sehen Sie sich das Video an und machen Sie sich Notizen. Beantworten Sie dann die Fragen.

A. Schauen Sie genau
B. Wer sagt das?
C. Was wissen Sie?
D. Lily erzählt
E. Schreiben Sie

50 **Was passiert wann?** Bringen Sie die folgenden Sätze in die richtige Reihenfolge.

_____ Lily und Paul gehen in die Bibliothek.
_____ Lily und Paul können den Professor nicht finden.
_____ Lily und Paul kommen zu spät zur Sprechstunde.
_____ Paul spricht über Freiburg und sein Studium.
_____ Anton hat Pauls Brief.
_____ Anton und Hülya finden den Professor im Café.
_____ Lily und Paul suchen Informationen am Schwarzen Brett.

51 **Was stimmt?** Wählen Sie die richtige Antwort.

1. Die Bibliothek ist für _____.
   a. Anglistik   b. Romanistik   c. Germanistik
2. Welcher Wochentag ist es? _____
   a. Montag   b. Mittwoch   c. Freitag
3. Der Brief ist von _____.
   a. Pauls Eltern. b. Antons Eltern.   c. Lilys Eltern.
4. Professor Langenstein sitzt _____.
   a. im Eingang   b. in der Mensa   c. im Café

 52 **Was meinen Sie?** Beantworten Sie die Fragen.

1. Wollen Sie in einer kleinen Stadt oder in einer großen Stadt studieren? Warum?
2. Wollen Sie in Freiburg studieren? Warum, warum nicht?
3. Sind amerikanische Unis in die Altstadt integriert wie in Freiburg?
4. Ist die Unibibliothek in Freiburg so wie die Bibliothek an Ihrer Universität?
5. In der Bibliothek, im Büro, auf dem Campus und in der Stadt: Was fällt Ihnen auf? Was ist in Amerika oder in Kanada anders?

Wiederholung

1 **Rollenspiel** Sie wollen morgen snowboarden gehen und Sie fragen Ihre Partnerin/Ihren Partner, ob sie/er mitkommen möchte. Sie/Er bedauert *(regrets)*, dass sie/er nicht mitkommen kann. Benutzen Sie die Redemittel.

1. Kommst du morgen mit zum Snowboarden?
2. Kannst du Tanja dein Snowboard ausleihen?
3. Weißt du, wer ein Snowboard hat?
4. Weißt du, was ein Snowboard kostet?
5. Weißt du, wo es billige Snowboards gibt?
6. Fährst du am Wochenende zum Skilaufen?
7. Jobbst du im Winter wieder als Skilehrer *(ski instructor)* in Österreich?

2 **Andrea muss zu Hause bleiben** Andrea möchte ins Kino gehen, aber sie muss leider zu Hause bleiben. Sagen Sie warum.

1. Andrea / (möchte) / gehen / heute Abend / ins Kino
2. sie / müssen / lernen / aber / noch viel
3. sie / können / lesen / ihre Notizen / nicht mehr
4. sie / müssen / schreiben / morgen / eine Klausur
5. sie / müssen / vorbereiten / auch noch / ein Referat
6. sie / wollen / studieren / später / in Kanada

3 **Mach das** Sagen Sie Thomas, was er heute Morgen alles machen muss. Benutzen Sie den du-Imperativ.

BEISPIEL essen / Ei / zum Frühstück   *Iss ein Ei zum Frühstück.*

1. gehen / einkaufen
2. kaufen / alles / bei Meiers
3. kommen / gleich *(immediately)* / nach Hause
4. vorbereiten / dein Referat
5. durcharbeiten / deine Notizen

4 **Wer arbeitet für wen?** Sie und Ihre Freundinnen und Freunde arbeiten für Familienmitglieder *(family members)*. Wer arbeitet für wen? Benutzen Sie die passenden Possessivpronomen.

BEISPIEL Annette / Großmutter   *Annette arbeitet für ihre Großmutter.*

1. Felix / Tante
2. ich / Vater
3. du / Mutter / ?
4. Nico / Onkel
5. Chiara und Paula / Schwester
6. wir / Eltern
7. ihr / Großvater / ?

5 **Wie sagt man das?** Übersetzen Sie *(translate)* das Gespräch zwischen Julia und Christine.

CHRISTINE: *Julia, may I ask something?*
JULIA: *Yes, what would you like to know?*
CHRISTINE: *What are you reading?*
JULIA: *I'm reading a book. It's called* Hello, Austria.
CHRISTINE: *Do you have to work this evening?*
JULIA: *No, I don't think so.*
CHRISTINE: *Do you want to go to the movies?*
JULIA: *Can you lend me money?*
CHRISTINE: *Certainly. But I would like to pay for you.*

6 **Bildgeschichte** Erzählen Sie, was Daniel heute macht. Schreiben Sie einen oder zwei Sätze zu jedem Bild.

1. 2. 3. 4.

5. 6. 7. 8.

 7 **Rollenspiel**

1. Letzte Woche waren Sie nicht im Deutschkurs, denn Sie waren krank. Sie fragen drei andere Studentinnen/Studenten, ob sie Ihnen ihre Notizen leihen können. Alle sagen nein und erklären *(explain)* Ihnen, warum sie das nicht können.
2. Sie und Ihre Freundin/Ihr Freund sprechen über heute Abend. Was können oder wollen Sie machen? Am Ende gehen Sie Kaffee trinken.

8 **Zum Schreiben**

1. Beschreiben Sie *(describe)* eine der Personen auf dem Foto auf Seite 152. Geben Sie der Person einen Namen.
   Wie alt ist die Person? Wie ist die Person mit den anderen verwandt *(related)*? Woher kommt die Person? Was für einen Beruf *(profession)* hat die Person? Was macht die Person gern in ihrer Freizeit? Was isst und trinkt die Person gern?
2. Schreiben Sie über einen typischen Freitag. Welche Kurse haben Sie, wo essen Sie, wo kaufen Sie ein und was für Pläne haben Sie für den Abend?

Schreibtipp

After you have written your description(s), check over your work, paying particular attention to the following:

- Check that each sentence has a subject and a verb and that the verb agrees with the subject.
- Be sure you have used correct punctuation and capitalization.
- Watch for the position of the prefix in separable-prefix verbs.
- If you have used a modal auxiliary, be sure the dependent infinitive is at the end of the sentence.

Schreibtipp

Review the *Vokabeln* sections in this and prior chapters and write a few key words next to the points mentioned before you begin writing.

Grammatik: Zusammenfassung

Present tense of *werden*

werden			
ich	werde	wir	werden
Sie	werden	Sie	werden
du	**wirst**	ihr	werdet
er/es/sie	**wird**	sie	werden
	du-imperative: werde		

Verbs with stem-vowel change *e > ie*

sehen			
ich	sehe	wir	sehen
Sie	sehen	Sie	sehen
du	**siehst**	ihr	seht
er/es/sie	**sieht**	sie	sehen
	du-imperative: **sieh**		

lesen			
ich	lese	wir	lesen
Sie	lesen	Sie	lesen
du	**liest**	ihr	lest
er/es/sie	**liest**	sie	lesen
	du-imperative: **lies**		

Verbs with stem-vowel change *a > ä*

fahren			
ich	fahre	wir	fahren
Sie	fahren	Sie	fahren
du	**fährst**	ihr	fahrt
er/es/sie	**fährt**	sie	fahren
	du-imperative: fahr(e)		

halten			
ich	halte	wir	halten
Sie	halten	Sie	halten
du	**hältst**	ihr	haltet
er/es/sie	**hält**	sie	halten
	du-imperative: halt(e)		

Haben in the simple past tense

haben			
ich	hatte	wir	hatt**en**
Sie	hatt**en**	Sie	hatt**en**
du	hatt**est**	ihr	hatt**et**
er/es/sie	hatte	sie	hatt**en**

Meanings and uses of *der*-words

	Masculine	Neuter	Feminine	Plural
	der	das	die	die
Nominative	dies**er** Mann	dies**es** Kind	dies**e** Frau	dies**e** Leute
Accusative	dies**en** Mann	dies**es** Kind	dies**e** Frau	dies**e** Leute

Der-words follow the same pattern in the nominative and accusative as the definite articles.

dies- (-er, -es, -e)	*this; these* (pl.)
jed- (-er, -es, -e)	*each, every* (used in the singular only)
manch- (-er, -es, -e)	*many a, several, some* (used mainly in the plural)
solch- (-er, -es, -e)	*that kind of (those kinds of), such* (used mainly in the plural; in the singular **so ein** usually replaces **solch-**)
welch- (-er, -es, -e)	*which* (interrogative adjective)

Modal auxiliaries in the present tense

	dürfen	können	müssen	sollen	wollen	mögen	(möchte)
ich	**darf**	**kann**	**muss**	**soll**	**will**	**mag**	(möchte)
Sie	dürfen	können	müssen	sollen	wollen	mögen	(möchten)
du	**darfst**	**kannst**	**musst**	**sollst**	**willst**	**magst**	(möchtest)
er/es/sie	**darf**	**kann**	**muss**	**soll**	**will**	**mag**	(möchte)
wir	dürfen	können	müssen	sollen	wollen	mögen	(möchten)
Sie	dürfen	können	müssen	sollen	wollen	mögen	(möchten)
ihr	dürft	könnt	müsst	sollt	wollt	mögt	(möchtet)
sie	dürfen	können	müssen	sollen	wollen	mögen	(möchten)

German modals are irregular in that they lack endings in the **ich-** and **er/es/sie**-forms, and most modals show stem-vowel changes.

> Charlotte muss jetzt **gehen**. *Charlotte has to leave now.*

Modal auxiliaries in German are often used with dependent infinitives. The infinitive is in last position.

Infinitive	Meaning	Examples	English equivalents
dürfen	*permission*	Ich **darf** arbeiten.	*I'm allowed to work.*
können	*ability*	Ich **kann** arbeiten.	*I can (am able to) work.*
mögen	*liking*	Ich **mag** es nicht.	*I don't like it.*
müssen	*compulsion*	Ich **muss** arbeiten.	*I must (have to) work.*
sollen	*obligation*	Ich **soll** arbeiten.	*I'm supposed to work.*
wollen	*wishing, wanting, intention*	Ich **will** arbeiten.	*I want (intend) to work.*

Ich **mag** Nils nicht.	*I don't like Nils.*
Mögen Sie Tee?	*Do you like tea?*
Möchten Sie Tee oder Kaffee?	*Would you like tea or coffee?*

Möchte is a different form of the modal **mögen**. The meaning of **mögen** is *to like*; the meaning of **möchte** is *would like (to)*.

Separable-prefix verbs

mitbringen	**Bring** Blumen **mit**!	*Bring flowers.*
fernsehen	**Siehst** du jetzt **fern**?	*Are you going to watch TV now?*

Many German verbs begin with prefixes such as **mit** or **fern**. Some prefixes are "separable," that is, they are separated from the base form of the verb in the imperative (e.g., **bring ... mit**) and in the present tense (e.g., **siehst ... fern**). The prefix generally comes at the end of the sentence. Most prefixes are either prepositions (e.g., **mit**) or adverbs (e.g., **fern**). The separable-prefix verbs you have learned are **anfangen, ausleihen, durcharbeiten, einkaufen, fernsehen, kennenlernen, mitbringen, vorbereiten, wegfahren,** and **zurückbekommen**.

Warum **kauft** Stefan heute **ein**?	Warum will Stefan heute **einkaufen**?
Leiht er eine DVD **aus**?	Will er eine DVD **ausleihen**?

The separable prefix is attached to the base form of the verb (e.g., **einkaufen, ausleihen**) when the verb is used as an infinitive.

Das Parlament in Wien ▶

Imagebroker / Alamy

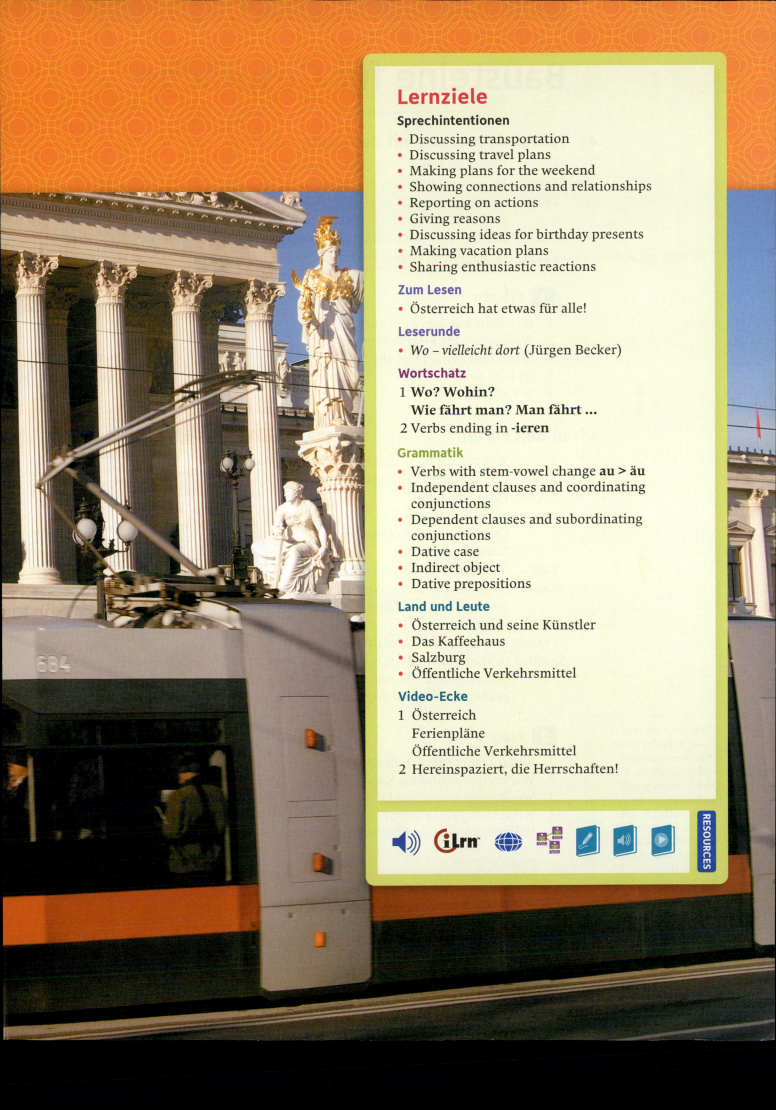

Lernziele

Sprechintentionen

- Discussing transportation
- Discussing travel plans
- Making plans for the weekend
- Showing connections and relationships
- Reporting on actions
- Giving reasons
- Discussing ideas for birthday presents
- Making vacation plans
- Sharing enthusiastic reactions

Zum Lesen

- Österreich hat etwas für alle!

Leserunde

- *Wo – vielleicht dort* (Jürgen Becker)

Wortschatz

1 **Wo? Wohin?**
   Wie fährt man? Man fährt …
2 Verbs ending in **-ieren**

Grammatik

- Verbs with stem-vowel change **au > äu**
- Independent clauses and coordinating conjunctions
- Dependent clauses and subordinating conjunctions
- Dative case
- Indirect object
- Dative prepositions

Land und Leute

- Österreich und seine Künstler
- Das Kaffeehaus
- Salzburg
- Öffentliche Verkehrsmittel

Video-Ecke

1 Österreich
   Ferienpläne
   Öffentliche Verkehrsmittel
2 Hereinspaziert, die Herrschaften!

RESOURCES

Bausteine für Gespräche

🔊 Fährst du morgen mit dem Auto zur Uni?

1-33

FELIX: Fährst du morgen mit dem Auto zur Uni?

MARIE: Ja, warum? Willst du mitfahren?

FELIX: Geht das? Ich hab' so viele Bücher für die Bibliothek. Kannst du mich vielleicht abholen?

MARIE: Klar, kein Problem. Ich komme um halb neun bei dir vorbei. Ist das okay?

FELIX: Ja, halb neun ist gut. Ich warte dann schon unten.

1 Fragen

1. Wer fährt mit dem Auto zur Uni?
2. Warum möchte Felix mitfahren?
3. Wann holt Marie Felix ab?
4. Ist halb neun zu früh[+]?
5. Wo wartet Felix?

🔊 In den Ferien

1-34

LEON: Was machst du in den Ferien, Sarah?

SARAH: Ich fahre nach Österreich.

LEON: Fährst du allein?

SARAH: Nein, ich fahre mit meiner Freundin Carolin. Die kennt Österreich ziemlich gut.

LEON: Fahrt ihr mit dem Auto?

SARAH: Nein, mit der Bahn. Wir bleiben drei Tage in Wien und fahren dann nach Salzburg.

LEON: Und wo übernachtet ihr?

SARAH: In Wien schlafen wir bei Freunden, und in Salzburg gehen wir zu einem Freund von Anna – Anton heißt er. Seine Eltern haben einen großen Garten und dort können wir zelten.

Many Germans love to travel to foreign countries. A very popular choice is Austria. They also frequently visit Switzerland, Italy, Spain, Portugal, and France. For American travelers, Vienna is a favorite destination outside the U.S.

E. Ein Interview

2 Fragen

1. Wohin[+] fährt Sarah in den Ferien?
2. Warum ist es gut, dass Sarahs Freundin Carolin mitfährt?
3. Wie kommen Sarah und Carolin nach Österreich?
4. Wo schlafen sie in Wien?
5. Bei wem können sie übernachten, wenn sie in Salzburg sind?

Brauchbares

Servus is a common greeting in Austria among young people and good friends, that is, those with whom one would use **du**. Austrians may find the use of this greeting close to insulting with people one does not know very well, especially by non-Austrians. **Servus** is also commonly used in Bavaria.

3 **Kann ich mitfahren?** Ihr Auto ist kaputt. Können Sie morgen
mit einer Studentin/einem Studenten aus Ihrem Deutschkurs mitfahren?
Fragen Sie sie/ihn!

S1:
Fährst du mit dem Auto zur | **Uni**?
| **Arbeit**?

S2:
Ja, willst du mitfahren?
Nein, | **mein Auto ist kaputt⁺**.
| ich nehme den Bus⁺ /
| die U-Bahn⁺.
| ich gehe immer zu Fuß⁺.
| ich laufe⁺.
| ich fahre mit dem Rad⁺.

4 **Um wie viel Uhr?** Fragen Sie Ihre Partnerin/Ihren Partner, wann
sie/er zur Uni oder zur Arbeit und wieder nach Hause geht.

S1:
Wann gehst [fährst, kommst]
du zur Uni [zur Arbeit, nach Hause]?

S2:
| Ich gehe [um acht] zur Uni.

5 **Was machst du in den Ferien?** Ihre Partnerin/Ihr Partner möchte
wissen, was Sie in den Sommerferien machen. Sagen Sie es ihr/ihm.

S2:
Hast du schon Pläne⁺ für die Ferien?

S1:
| Ja, ich fahre/fliege⁺ nach Österreich.
| ich möchte | **wandern**.
| zelten.
| viel schwimmen.
| Wasserski fahren⁺.
| schlafen⁺.
| snowboarden⁺.
| Ski laufen⁺.

Nein, ich habe keine.
Ich muss arbeiten.
Nein, die Ferien sind zu kurz⁺.

▲ Kitzsteinhorn Gletscher *(glacier)* bei Kaprun, Österreich

6 **Rollenspiel** Erzählen Sie Ihrer Freundin/Ihrem Freund von Ihren
Plänen für morgen. Fragen Sie sie/ihn dann, was für Pläne sie/er hat.

Erweiterung des Wortschatzes 1

Wo? Wohin?

▲ **Wo** ist Martin? *(Where is Martin?)*

▲ **Wohin** geht Nina? *(Where / To what place is Nina going?)*

English *where* has two meanings: *in what place* and *to what place*. German has two words for *where* that correspond to these two meanings: **wo** *(in what place, i.e., position)* and **wohin** *(to what place, i.e., direction)*.

> **7** **Wie bitte? Wo? Wohin?** Sie sprechen mit Nicole aber verstehen sie nicht. Stellen Sie Fragen und benutzen Sie **wo** oder **wohin**.
>
> **BEISPIELE** Jennifer fährt zur Uni. *Wohin fährt Jennifer?*
> Pascal arbeitet im Supermarkt. *Wo arbeitet Pascal?*
>
> 1. Der Supermarkt ist hier um die Ecke.
> 2. Stefanie ist im Café und trinkt Kaffee.
> 3. Markus geht ins Kino.
> 4. Annika ist in Österreich und macht Ferien.
> 5. Sabine geht ins Bett.
> 6. Stefan geht zur Uni.
> 7. Markus ist im Kino und sieht einen Film.
> 8. Annika fährt nach Österreich.
> 9. Christian fährt nach Hause.
> 10. Stefan ist an der Uni und lernt.

Wie fährt man? Man fährt …

mit dem Fahrrad / mit dem Rad

mit dem Auto / mit dem Wagen

mit dem Motorrad

mit dem Bus

mit der Straßenbahn

mit der U-Bahn

mit der Bahn / mit dem Zug

mit dem Schiff

Man fliegt mit dem Flugzeug.

8 Wie fahren Sie? Beantworten Sie die folgenden Fragen. In den *Supplementary Word Sets* auf der Premium Website finden Sie weitere Transportmittel.

1. Haben Sie ein Fahrrad? Ein Auto? Ein Motorrad?
2. Ist es neu oder alt?
3. Wie fahren Sie zur Uni? Mit dem Bus? Mit dem Auto? Mit dem Rad? Mit der U-Bahn?
4. Fliegen Sie gern? Viel?
5. Wie fahren Sie zur Arbeit?
6. Wie fahren Sie in die Ferien?
7. Wann fahren Sie mit dem Schiff?
8. Fahren Sie auch mit der Bahn?

Talking about transportation

Leserunde

Jürgen Becker was born in Cologne in 1932 and except for the years during and after World War II (1939–1947) has lived there all his life. Becker is known for his work in experimental literature. Already his first prose work *Felder* (1964) drew a great deal of attention to him as an important writer. Becker has published over thirty books including poetry, radio plays **(Hörspiele)**, short stories, and novels. He has won numerous prestigious literary prizes in Germany.

Becker's work often deals with his childhood experience of World War II and the political problems caused by the postwar division of Germany. In the seventies and eighties Becker concentrated his attention on poetry. The poem *Wo – vielleicht dort* consists of common, everyday questions with common, everyday answers.

How much communication is there in these typical interchanges? What does this say about the way people interact?

Wo – vielleicht dort

wo
vielleicht dort
wohin
mal sehen
5 warum
nur so
was dann
dann vielleicht da
wie lange
10 mal sehen
mit wem
nicht sicher
wie
nicht sicher
15 wer
mal sehen
was noch
sonst nichts

—Jürgen Becker

Fragen

1. Wie viele Personen sprechen in dem Gedicht?
2. Worüber sprechen die Personen?
3. Was wollen sie machen?

Vokabeln I

🌐 Audio Flashcards
Tutorial Quizzes

Substantive

Verkehrsmittel *(Means of transportation)*

der **Bus**, -se bus
der **Wagen**, - car
der **Zug**, ⁼e train
das **Fahrrad**, ⁼er bicycle
das **Flugzeug**, -e airplane
das **Motorrad**, ⁼er motorcycle
das **Rad**, ⁼er *(short for* **Fahrrad***)* bike, bicycle
das **Schiff**, -e ship

die **Bahn**, -en train; railroad
die **Straßenbahn**, -en streetcar
die **U-Bahn**, -en subway

Weitere Substantive

der **Fuß**, ⁼e foot
der **Plan**, ⁼e plan
der **Ski**, -er *(***Ski** *is pronounced* **Schi***)* ski
der **Wasserski**, -er water ski
das **Problem**, -e problem
das **Snowboard**, -s snowboard

> **Straßenbahn:** In giving directions: *Take line number [four]* = **Nehmen Sie die [Vier]** or **Fahren Sie mit der [Vier]**. **Bus:** *Take bus number [four]* = **Nehmen Sie den [Vierer]**.

Verben

Bewegung *(Movement)*

fahren (fährt) to drive, to travel; **mit (dem Auto) fahren** to go by (car)
fliegen to fly
laufen (läuft) to run; to go on foot; to walk
mit·fahren (fährt mit) to drive (go) along
Rad fahren (fährt Rad) to ride a bike; **ich fahre Rad** I ride a bike
Ski laufen/fahren (läuft/fährt Ski) to ski
snowboarden to snowboard

vorbei·kommen to come by
Wasserski laufen/fahren (fährt/läuft Wasserski) to water ski

Weitere Verben

ab·holen to pick up
beantworten to answer (a question, a letter)
schlafen (schläft) to sleep
übernachten to spend the night/to stay (in a hotel or with friends)
warten (auf + *acc.*) to wait (for)
zelten to camp in a tent

Andere Wörter

allein alone
dir *(dat.)* (to *or* for) you
früh early
kaputt broken; exhausted *(slang)*
nach to (+ cities and countries); **nach Wien** to Vienna

unten downstairs; below
wem *(dat. of* **wer***)* (to *or* for) whom
wohin where (to)
zu to (+ persons and places)

Besondere Ausdrücke

bei dir at your place
bei mir vorbei·kommen to come by my place
Geht das? Is that OK?

mit (dem Auto) by (car)
zu Fuß on foot; **Ich gehe immer zu Fuß.** I always walk.
zur Uni to the university

C. Ist das logisch?
D. Die richtige Wortbedeutung

Alles klar?

9 Was passt nicht?

1. a. Wagen	b. Rad	c. Bus	d. Straßenbahn
2. a. Schiff	b. Zug	c. Fuß	d. Flugzeug
3. a. laufen	b. Rad fahren	c. snowboarden	d. fahren
4. a. schlafen	b. übernachten	c. abholen	d. zelten
5. a. mit dem Auto	b. zu Fuß	c. mit der Bahn	d. zur Uni

10 Ergänzen Sie Herr Härtlin spricht mit der Apothekerin. Setzen Sie die folgenden Wörter in die Lücken ein.

| kommen Bewegung Problem vorbei schlafen zu Fuß |

1. HERR HÄRTLIN: Ich habe ein _____. Seit ein paar Wochen bin ich am Tage immer müde und nachts kann ich nicht gut _____.

2. APOTHEKERIN: Das hört man im Frühjahr oft. Gehen Sie _____, so oft es geht. _____ tut gut und hilft, dass Sie wieder fit werden. Wenn es nicht besser wird, _____ Sie noch einmal _____. Vielleicht brauchen Sie auch ein gutes Vitaminpräparat.

11 Was ist das? Verbinden Sie die Sätze mit den richtigen Bildern.

1. _____

2. _____

3. _____
   _____

4. _____
   _____

In der Stadt sind Fahrräder sehr praktisch.
Viele Europäer fliegen mit dem Flugzeug.
Michael fährt gern Wasserski.
Sie ist kaputt: ein ganzer Tag zu Fuß in Wien!
In Österreich kann man sehr gut Ski laufen.
Sabine fährt gern bei Michael im Auto mit.

Land und Leute

🌐 Web Search

Österreich und seine Künstler

Austria and its capital Vienna **(Wien)** have a very rich and diverse cultural tradition. The university of Vienna, founded in 1365, is the oldest university in the present German-speaking world. At the end of the nineteenth century, Vienna was a major intellectual and artistic center of Europe. Two important names of that time are Sigmund Freud, who established psychoanalysis, and Gustav Mahler, who continued the city's great musical tradition. Today, Vienna continues to attract well-known Austrian artists, performers, and writers, as well as creative people from Eastern European countries.

Austria is home to a multitude of world-famous composers. **Wolfgang Amadeus Mozart (1756–1791)** is considered one of the greatest composers of all time. Mozart was a child prodigy who began composing before he was five, at the age of six gave concerts throughout Europe, and by the age of 13 had written concertos, sonatas, symphonies, a German operetta, and an Italian opera. In his short lifetime he composed over 600 works: 18 masses, 41 symphonies, 28 piano concertos, 8 well-known operas, and many chamber works. **Franz Joseph Haydn (1732–1809)**, a friend of Mozart and inspiration for Beethoven, composed over 100 symphonies, 50 piano sonatas, and numerous operas, masses, and songs. **Johann Strauß (junior) (1825–1899)** was responsible for the popularity of the waltz in Vienna during the nineteenth century where he was known as the Waltz King. His best-known waltz is "An der schönen blauen Donau," and his operetta "Die Fledermaus" is well-known and performed often today.

Famous Austrian writers include, for example, **Franz Werfel (1890–1945)** who fled from Nazi-occupied Austria to France and then on to the United States. His work consists of poetry, drama, and novels. He is best known in the United States for his novels *The Forty Days of Musa Dagh* (1934), which tells of the struggle of the Armenians against the Turks in World War I, and the *Song of Bernadette* (1942), which is about the saint from Lourdes. **Elfriede Jelinek (born in 1946)** studied music at the Vienna Conservatory, but began writing at the age of 21. Her novels, such as *Die Klavierspielerin* (1986) or *Gier* (2002), highlight class injustices and gender oppression. She has also published poetry, film scripts, and an opera libretto. Among numerous other prizes, she was awarded the Nobel Prize for Literature in 2004.

▲ **Das Wiener Opernhaus**

Georg Hochmuth/epa/Corbis

J. Schubert und Mozart
K. Egon-Schiele-Museum
L. Kulturkontraste
1. Österreich und seine Künstler. Was passt?

Kulturkontraste

Wählen Sie eine berühmte Person aus Österreich. Sagen Sie Ihrer Partnerin/ Ihrem Partner, warum die Person berühmt ist, aber sagen Sie nicht, wie die Person heißt. Ihre Partnerin/Ihr Partner sagt, wen Sie beschreiben *(describe)*.

Zum Lesen

I. Stadt, Land, Fluss

size / **km² = Quadratkilometer:** *square kilometers (32,375 sq. miles) / somewhat / larger / low plain*

population

type of government / federation / federal states

Austria joined the U.N. in 1955, when the Allied occupation ended and it became a sovereign state. Vienna is headquarters for the U.N.'s International Development Organization as well as being the site for many other U.N. activities and conferences.

Famous Austrian-Americans: Directors Fritz Lang, Billy Wilder, Erich von Stroheim, Otto Preminger, and Max Reinhardt; actors Peter Lorre, Arnold Schwarzenegger, and Hedy Lamarr; industrialists John David Hertz, founder of Hertz car rental; and John Kohler, founder of Kohler plumbing equipment business.

Vor dem Lesen

12 **Tatsachen *(facts)* über Österreich** Beantworten Sie die Fragen. Die Landkarte von Österreich ist vorne im Buch.

Größe°:	83 855 km²° etwa so groß wie Maine (86 027 km²) etwas° größer° als New Brunswick (72 000 km²)
Topografie:	Im Osten Tiefebene°, im Westen und in der Mitte hohe+ Berge+.
Bevölkerung°:	8 Millionen Einwohner
Regierungsform°:	Bundesstaat° mit 9 Bundesländern° parlamentarische Demokratie
Hauptstadt:	Wien (1,5 Millionen Einwohner)
8 Nachbarn:	Italien (I)*, Fürstentum Liechtenstein (FL), die Schweiz (CH), Deutschland (D), die Tschechische Republik (CZ), die Slowakei (SK), Ungarn (H), Slowenien (SLO)

*The abbreviations in parentheses are the international symbols used on automobile stickers.

1. Suchen Sie Wien auf der Karte. An welchem Fluss *(river)* liegt die Hauptstadt?
2. In Innsbruck waren 1964 und 1976 die Olympischen Winterspiele. Wo liegt Innsbruck?
3. In Österreich gibt es viele hohe Berge. Nennen Sie drei davon.
4. Suchen Sie auf der Karte die acht Nachbarländer von Österreich. In welchen Ländern spricht man Deutsch?
5. Österreich ist eine parlamentarische Demokratie. Welche anderen parlamentarischen Demokratien kennen Sie?

Beim Lesen

13 **Zum Text** Der folgende Text ist ein Kurzporträt von Österreich aus einer Broschüre. Lesen Sie den Text und machen Sie sich Notizen. Suchen Sie so viele Informationen über Österreich wie möglich und schreiben Sie diese in die Tabelle.

Thema	Notizen
Natur	
Freizeitaktivitäten	
Kunst, Musik und Literatur	
Geschichte und Kultur	
Internationale Politik	
Transport und Export	
Legenden und Mythologie	

A. Österreich hat etwas für alle!
B. Richtig oder falsch?

Österreich hat etwas für alle!

Jedes Jahr locken° Slogans wie „Kulturland Österreich" und „wanderbares° Österreich" um die 30 Millionen Touristen in das kleine Alpenland. Kein Wunder, denn es gibt hier viele schöne Städte und Schlösser und auch Wälder und Berge, die ideal zum Wandern sind.

5 Winter- und Wassersportler finden auch viele Skigebiete und Seen. Es gibt sechs spektakuläre Nationalparks, aber nicht alle liegen in den Alpen. Der Nationalpark Neusiedler See bei Ungarn° hat nicht nur den größten See des Landes, sondern ist der einzige Steppennationalpark° Mitteleuropas. Hier kann man viele interessante Vögel sehen.

10 Touristen, die sich für Musik, Literatur, Kunst und Geschichte interessieren, kommen in Österreich auch auf ihre Kosten°. Jeder weiß, dass Musik für viele Österreicher immer sehr wichtig war und es heute noch ist. Viele weltberühmte Komponisten wie Haydn, Mozart und Strauß waren Österreicher und bis heute gibt es jedes

15 Jahr viele Musikfeste. Franz Joseph Haydn (1732–1809), aus Eisenstadt am Neusiedler See, war ein Freund von Wolfgang Amadeus Mozart (1756–1791). Mit 13 Jahren war der junge Mozart für seine Sonaten und Sinfonien in ganz Europa berühmt. Sein Geburtshaus° in Salzburg ist bis heute eine Touristenattraktion. Wenn Salzburg

20 die Mozart-Stadt ist, dann assoziiert man die Hauptstadt Wien mit dem „Walzerkönig"° Johann Strauß (Sohn) (1825–1899). Es kommen auch relativ viele bekannte Schriftsteller, Künstler und Wissenschaftler aus der kleinen Alpenrepublik. Wer kennt nicht Sigmund Freud (1856–1939), den „Vater der Psychoanalyse"?

25 Historiker können Geschichte und Architektur von den Römern° bis zur Nazi-Zeit studieren, und wer sich für die Steinzeit° interessiert, kann eine der ältesten Mumien° oder Frauenstatuen° der Welt in Österreichs Museen finden.

Österreich liegt in Mitteleuropa und das ist politisch wichtig.

30 Während des Kalten Krieges hat Österreich versucht, politisch, kulturell und wirtschaftlich neutral zu bleiben. Deshalb hat dieses kleine Land seit dem Zweiten Weltkrieg nicht nur 2,1 Millionen Flüchtlinge° aufgenommen°, sondern es gibt hier auch wichtige internationale Organisationen wie die UNO und OPEC. Das Land ist auch seit 1995

35 in der Europäischen Union.

Die Donau und die Alpenpässe machen Österreich seit fast 3.000 Jahren zum Exportland. Um 800 v. Chr°. exportierte° die Stadt Hallstatt Salz in die Nachbarländer, und bis vor ungefähr 100 Jahren war das „weiße Gold" wichtig für den Export. Um 200 v. Chr. war öster-

40 reichisches Metall in Rom für Waffen° populär. Heute produziert Österreich vor allem Maschinen, Papier, Metallwaren, Pharmazeutika°, Weißwein und Textilien für die Europäische Union (EU). 15 % der Exporte gehen nach Übersee, auch in die USA und nach Kanada.

Wenn man als Tourist nicht mehr laufen will, kann man immer in

45 ein Wiener Café gehen. Dort kann man lange und gemütlich sitzen. Man trinkt Kaffee und isst gute Torten, trifft seine Freunde oder liest die Zeitung. Wiener Cafés sind berühmt für ihre Gemütlichkeit.

entice
suitable for hiking

Hungary
steppes national park

auf ihre Kosten kommen:
get their money's worth

house where he was born

Waltz King

Romans
Stone Age
mummies / female statues

refugees
accepted

v. Chr. = *B.C. /*
exportierte *exported (past tense form)*

weapons
pharmaceuticals

Brauchbares

1. **Frauenstatue** (line 27). "Venus von Willendorf," made 25,000 years ago, is one of the oldest female statues in the world and is useful for giving clues to the Stone Age.

2. **Mumie** (line 27). In 1991, German tourists found a mummified man in the Alps. Having been buried for 5,300 years in the ice and with clothing still intact, the mummy is very important for revealing information about the Stone Age. Because he was found in the **Ötztaler Alpen**, he has been called **Ötzi**.

3. **hat ... versucht** in line 30 *(tried)*, **hat ... aufgenommen** in lines 31–33 *(accepted)*. These two verb forms are in the perfect tense, which is used to talk about the past. This tense will be practiced in *Kapitel 6*.

Nach dem Lesen

14 Fragen zum Lesestück

1. Warum kommen Touristen gern nach Österreich?
2. Wie viele Nationalparks hat das kleine Alpenland?
3. Erklären Sie den Slogan „Kulturland Österreich"!
4. Was kann man außer° Kunst in österreichischen Museen noch finden?
5. Welche internationalen Organisationen haben Büros in Österreich?
6. Warum war und ist die geografische Lage Österreichs wirtschaftlich wichtig?
7. Welche Produkte exportiert Österreich?
8. Möchten Sie in ein österreichisches Café gehen? Warum (nicht)?

besides

▲ **Alpenwanderung im Sommer**

Lichtmeister/Shutterstock.com

 15 Ein kleines Österreich-Quiz Sagen Sie Ihrer Partnerin/Ihrem Partner, was zusammenpasst.

1. _____ „Ötzi" heißt die 5.300 Jahre alte Mumie von einem Mann.
2. _____ Wolfgang Amadeus Mozart kommt aus Salzburg.
3. _____ Der Komponist Franz Joseph Haydn kommt aus Eisenstadt am Neusiedler See.
4. _____ „Hall" ist ein Wort für „Salz".
5. _____ Johann Strauß war ein bekannter österreichischer Komponist.

a. Dort gibt es heute einen Nationalpark.
b. Man kennt ihn als „Walzerkönig".
c. In Salzburg, Hallstatt und Hallein produziert oder verkauft man das „weiße Gold".
d. Der Komponist war ein Wunderkind.
e. Deutsche Touristen fanden ihn 1991 in den Ötztaler Alpen.

Das Kaffeehaus

Coffee was brought to Europe by the Turks in the seventeenth century. The Turks besieged Vienna for the first time in 1529, then again in 1683. The Polish army under John III ended the siege in the Battle of Kahlenberg. According to legend, Franz Georg Kolschitzky, a Polish interpreter familiar with the Ottomans, introduced coffee to Vienna when he found coffee beans in the supplies left by the Turks when they withdrew. Kolschitzky opened the first coffee house in Vienna, "**Zur blauen Flasche**."

The **Kaffeehaus** was introduced to the German-speaking areas in the seventeenth century. The Viennese **Kaffeehäuser** in the late nineteenth and early twentieth centuries became famous as gathering places for artists, writers, and even revolutionaries—for example, Leon Trotsky. Today, **Cafés** are still popular meeting places throughout the German-speaking countries and often provide newspapers and magazines for their customers. People from all walks of life—business people, students, and artists—enjoy taking a break for coffee and perhaps a piece of cake.

▲ In Wien muss man ins Kaffeehaus gehen!

L. Kulturkontraste
2. Das Kaffeehaus

Coffee with **Schlagobers** *(whipped cream)* is a favorite in Vienna. In addition to **Kaffee** and a wide variety of **Kuchen** and **Torten**, many **Cafés** offer a small selection of meals (hot and cold), ice cream treats, and beverages. There are no free refills for coffee in German-speaking countries. Rather, you can generally order your **Kaffee** in two sizes, either a **Tasse Kaffee** (about a cup) or a **Kännchen Kaffee** (about two cups). The latter is generally served on a small tray containing a coffee cup on a saucer and a small decanter (the **Kännchen**) from which you serve yourself and refill your actual coffee cup once it is empty. **Cafés** are usually not open evenings, but they are open six or seven days a week. The day on which a **Café** or restaurant is closed is called its **Ruhetag**. Most **Cafés** have a sign posted in a prominent place indicating their **Ruhetag**.

▲ Zum Kaffee gibt es viele leckere Sachen.

Kulturkontraste

Wie ist ein Kaffeehaus in Deutschland, Österreich oder der Schweiz? Wie ist es in Ihrem Land? Was kann man in Ihrem Land in einem Kaffeehaus essen, trinken und sonst noch machen?

Erweiterung des Wortschatzes 2

Verbs ending in *-ieren*

Many German verbs that end in **-ieren** are recognizable because of their similarities with English. Such verbs are often used in technical or scholarly writing. You already know the following **-ieren** verbs:

Wir gehen am Wochenende **spazieren**.	*We are going for a walk on the weekend.*
Ich **telefoniere** mit meinen Eltern.	*I am calling my parents.*
Ich **studiere** Deutsch.	*I am studying German.*

More **-ieren** verbs are the following:

Was **assoziieren** Sie mit Österreich?	*What do you associate with Austria?*
Österreich **exportiert** viele Produkte.	*Austria exports many products.*
In Hallstatt **produziert** man Salz.	*In Hallstatt they produce salt.*
Wir **interessieren** uns für Bergsteigen.	*We are interested in mountain climbing.*

---

16 **Welches Verb passt?** Lesen Sie die folgenden Sätze und finden Sie das passende Verb dazu.

> spazieren   studieren   telefonieren   exportieren
> assoziieren   interessieren

1. Mareike _____ abends immer lange mit ihrer Freundin Jana.
2. Stefan geht gerne im Park _____.
3. Viele Menschen _____ Kaffeehäuser mit Wien.
4. Lena _____ sich sehr für die Geschichte Österreichs.
5. Auch Deutsche wollen gerne in Österreich _____.
6. Österreich _____ gut 60 % seiner produzierten Waren.

17 **Erzählen wir** Sprechen Sie mit Ihrer Partnerin/Ihrem Partner über eines der folgenden Themen.

1. Stellen Sie sich vor°, Sie drehen fürs Fernsehen einen Werbespot° über Österreich. Was für Szenen und was für Bilder zeigen Sie? Warum?
2. Sprechen Sie über wichtige österreichische Personen aus Musik, Wissenschaft und anderen Bereichen°.
3. Planen Sie eine Reise nach Österreich. Machen Sie zuerst eine Liste und sagen Sie dann, was Sie in Österreich sehen und machen wollen.

stellen ... vor: *imagine /*
drehen ... Werbespot: *are producing an ad for TV*

areas

▲ Das Belvedere in Wien ist ein bekanntes Museum.

Vokabeln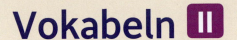

🌐 Audio Flashcards
Tutorial Quizzes

Substantive

Menschen

der **Komponist**, -en, -en/die
  Komponistin, -nen composer
der **Künstler**, -/die **Künstlerin**, -nen
  artist
der **Schriftsteller**, -/die **Schriftstellerin**, -nen writer
der **Sportler**, -/die **Sportlerin**, -nen
  athelete
der **Tourist**, -en, -en/die **Touristin**,
  -nen tourist
der **Wissenschaftler**, -/die **Wissenschaftlerin**, -nen scientist

Geografisches

der **Berg**, -e mountain
der **Park**, -s park
der **See**, -n lake
der **Wald**, ̈er forest
das **Gebiet**, -e area, region
die **Alpen** (pl.) Alps

Weitere Substantive

der **Export** export
der **Krieg**, -e war
der **Vogel**, ̈ bird
der **Weltkrieg**, -e world war
das **Café**, -s café
das **Fest**, -e festival; party
das **Gold** gold
das **Museum**, **Museen** museum
das **Salz** salt
das **Schloss**, ̈er castle
das **Wunder**, - wonder; marvel; miracle
die **Gemütlichkeit** comfortableness;
  coziness
die **Hauptstadt**, -städte capital
die **Kultur**, -en culture
die **Maschine**, -n machine
die **Welt**, -en world

Verben

exportieren to export
interessieren to interest
leben to live

mitnehmen (nimmt mit) to take along
produzieren to produce
versuchen to try

Adjektive und Adverbien

bekannt known, famous
berühmt famous
einzig only, sole
gemütlich comfortable, informal
ideal ideal
österreichisch Austrian

politisch political
ungefähr approximately
weltbekannt world-famous
wirtschaftlich economic
zahlreich numerous

Weitere Wörter

deshalb (conj.) therefore
sondern (conj.) but, on the contrary
vor allem above all

während (prep.) during; (conj.) while
weil (conj.) because
wenn (conj.) when, whenever; if

Alles klar?

18 Definitionen Ergänzen Sie die Definitionen mit den passenden Wörtern.

1. Ein _____ schreibt Romane oder generell Geschichten.
2. Eine _____ besucht ein anderes Land oder eine andere Stadt und möchte sie kennenlernen.
3. _____ treiben viel Sport und verdienen mit dem Sport vielleicht auch Geld.
4. Eine _____ malt Bilder, schreibt Literatur, macht Musik oder produziert etwas anderes, was mit Kunst zu tun hat.

19 Sätze Verbinden Sie die folgenden Satzteile.

1. _____ Wenn ein Land viel produziert, ...	a.	während seine Frau im Café Zeitung liest.
2. _____ Daniel geht oft ins Museum, ...	b.	sondern Wissenschaftler werden.
3. _____ Herr Frantzen glaubt, dass es heute Nachmittag regnet; ...	c.	deshalb nimmt er einen Regenmantel mit.
4. _____ Christian möchte nicht Künstler, ...	d.	kann es auch viele Produkte exportieren.
5. _____ Herr Hauser geht im Park spazieren, ...	e.	weil er sich für Kunst interessiert.

20 Wer oder was ist das? Verbinden Sie die Sätze mit den richtigen Bildern.

Grafissimo/iStockphoto.com

1. _____

AP Photo/Franka Bruns

2. _____

toxawww/iStockphoto

3. _____
   _____

Benis Arapovic / Shutterstock.com

4. _____
   _____

Elfriede Jelinek ist eine bekannte Schriftstellerin.
In den österreichischen Alpen kann man sehr gut Ski fahren.
Wolfgang Amadeus Mozart ist ein sehr bekannter Komponist.
Wien ist eine Hauptstadt der Kultur.
In Wien gibt es viele Museen.

Land und Leute

 Web Search

L. Kulturkontraste
3. Salzburg

Salzburg

Situated on the northern edge of the Alps, Salzburg (population 150,378) is Austria's fourth-largest city and the capital of the **Bundesland** Salzburg. Human settlement goes back to the Neolithic age; the site was a Roman settlement, and the name Salzburg first appears in AD 755. Salzburg's long history as a bishopric began around 696 when Rupert, Bishop of Worms, came to the area to Christianize the pagans. His successors would become great patrons of art and music and would give their residence city **(Residenzstadt)** a rich variety of architecture. The city's most famous landmark **(Wahrzeichen)** is the **Festung Hohensalzburg** built in 1077. Sitting atop a mountain, it is one of Europe's oldest and best preserved fortresses.

Salzburg's most famous citizen was Wolfgang Amadeus Mozart (1756–1791); and a favorite nickname for the city is **Mozartstadt**. It is indeed a city of music. It has four major orchestras. Festivals and concerts are numerous and include music from every era. The most famous festival, the **Salzburger Festspiele**, has taken place every summer since 1920. The festival is associated with many famous names, such as the composer Richard Strauss and the dramatist Hugo von Hofmannsthal. Salzburg's cultural life is not limited to music. Its museums present exhibits of art, history, local customs, and, of course, Mozart. Salzburg also has five institutions of higher learning in the city or nearby towns, among them a **Musikhochschule**; the newest school is the Salzburg Management Business School, founded in 2001.

In 1996, the historic Center of Salzburg was recognized by UNESCO as a World Heritage Site **(Weltkulturerbe Altstadt Salzburg)**. The jury noted that Salzburg has preserved an amazingly rich urban fabric ranging from the Middle Ages to the nineteenth century with special emphasis on the Baroque buildings. Also mentioned was Mozart's legacy and Salzburg's contribution to art and music.

Jose Fuste Raga/Corbis

▲ Blick auf die Altstadt von Salzburg und auf die Festung *(fortress)* Hohensalzburg

Ulrich Mueller/Shutterstock.com

▲ Der österreichische Komponist Wolfgang Amadeus Mozart wurde in diesem Haus in Salzburg geboren.

Kulturkontraste

Das Weltkulturerbe umfasst weltweit über 700 Stätten *(places)*. Ein Weltkulturerbe ist historisch wichtig. Auch Natur kann ein Welterbe sein, wie zum Beispiel Ayers Rock in Australien oder der Serengeti Nationalpark in Afrika. Kennen Sie Stätten des Weltkulturerbes in Ihrem Land? Welche Städte oder Nationalparks aus Ihrem Land sind für Sie wichtig und warum?

Grammatik und Übungen

habe lust
"I feel like"

Verbs with stem-vowel change *au > äu*

Some verbs with stem-vowel **au** change **au** to **äu** in the **du-** and **er/es/sie**-forms of the present tense. The verb you know with this change is **laufen**.

laufen: *to run; to go on foot, walk*			
ich	laufe	wir	laufen
Sie	laufen	Sie	laufen
du	**läufst**	ihr	lauft
er/es/sie	**läuft**	sie	laufen
	du-imperative: lauf(e)		

bin
bist
ist
sind
seid
sind

🔊

I. Wir laufen gern

21 **Laufen ist gesund** Justins ganze Familie joggt gern. Ergänzen Sie die Sätze mit der passenden Form von **laufen**.

1. MARIA: Du, Justin, _____ du jeden Morgen?
2. JUSTIN: Nicht jeden Morgen, aber ich _____ viel. Mutti _____ aber jeden Morgen.
3. MARIA: Deine Schwester Lara _____ auch viel, nicht?
4. JUSTIN: Ja. Mein Vater und sie _____ vierzig Minuten nach der Arbeit. Morgens haben sie keine Zeit. Du und Felix, ihr _____ auch gern, nicht?
5. MARIA: Ja, aber wir _____ nur am Wochenende.

Connecting ideas

iLrn Grammar Tutorials

Independent clauses and coordinating conjunctions
(Hauptsätze und koordinierende Konjunktionen)

Wir wollen am Wochenende zelten. Es soll regnen.
Wir wollen am Wochenende zelten, **aber** es soll regnen.

- An INDEPENDENT (or main) clause can stand alone as a complete sentence.
- Two (or more) independent clauses may be connected by a COORDINATING CONJUNCTION (e.g., **aber**).
- Because coordinating conjunctions are merely connectors and not part of either clause, they do not affect word order. Thus the subject comes before the verb.
- You know the following coordinating conjunctions:

weil

aber	*but, however*	**oder**	*or*
denn	*because, for*	**sondern**	*but (rather, on the contrary, instead)*
doch	*however*	**und**	*and*

- In written German, the coordinating conjunctions **aber**, **denn**, and **sondern** are generally preceded by a comma.

  Jana kommt morgen, **aber** Lisa kommt am Montag.

- The conjunctions **und** and **oder** are generally not preceded by a comma, although writers may choose to use one for clarity.

  Jana kommt morgen **und** Lisa kommt am Montag.

22 Jana und Lisa Sagen Sie, was Jana und Lisa diese Woche machen. Verbinden Sie die Sätze mit Konjunktionen.

BEISPIEL Die Studentin heißt Jana. Ihre Freundin heißt Lisa. (und)
*Die Studentin heißt Jana **und** ihre Freundin heißt Lisa.*

1. Jana wohnt bei einer Familie. Lisa wohnt bei ihren Eltern. (und)
2. Jana arbeitet zu Hause. Lisa muss in die Bibliothek gehen. (aber)
3. Jana muss viel lernen. Am Mittwoch hat sie eine Klausur. (denn)
4. Lisa hat ihre Klausur nicht am Mittwoch. Sie hat sie am Freitag. (sondern)
5. Was machen die jungen Frauen in den Ferien? Wissen sie es nicht? (oder)
6. Jana geht am Samstag wandern. Lisa geht schwimmen. (aber)

Sondern *and* aber

Paul fährt morgen nicht mit dem Auto, **sondern** geht zu Fuß.

*Paul isn't going by car tomorrow, **but (rather)** is walking.*

Sondern is a coordinating conjunction that expresses a contrast or contradiction. It connects two ideas that are mutually exclusive.

- It is used only after a negative clause and is equivalent to *but, on the contrary, instead, rather.*
- When the subject is the same in both clauses, it is not repeated. This is also true of a verb that is the same; it is not repeated.

Lily tanzt **nicht nur** viel, **sondern auch** gut.

*Lily dances **not only** a lot, **but also** well.*

The German construction **nicht nur … sondern auch** is equivalent to *not only . . . but also.*

Jakob fährt nicht mit dem Auto, **aber** sein Vater fährt mit dem Auto.

*Jakob isn't going by car, **but** his father is.*

Aber as a coordinating conjunction is equivalent to *but* or *nevertheless*. It may be used after either positive or negative clauses.

C. Ungarn

Showing connections and relationships

23 Was macht Lisa? Erzählen Sie, was Lisa heute alles macht. Ergänzen Sie die Sätze mit **aber** oder **sondern**.

BEISPIEL Lisa spielt heute nicht Fußball, _____ Tennis.
*Lisa spielt heute nicht Fußball, **sondern** Tennis.*

1. Sie spielt Tennis nicht gut, _____ sie spielt es sehr gern.
2. Sie geht nicht zur Vorlesung, _____ in die Bibliothek.
3. Im Café bestellt (*orders*) sie Bier, _____ sie trinkt Julians Kaffee.
4. Sie möchte den Kaffee bezahlen, _____ sie hat kein Geld.
5. Sie fährt nicht mit dem Bus nach Hause, _____ geht zu Fuß.
6. Julian hat ein Auto, _____ das Auto steht zu Hause.
7. Julian fährt nicht mit Lisa, _____ er bleibt noch im Café.

1-37

24 **Hören Sie zu** Lisa und Julian sprechen über ihre Freunde. Hören Sie zu und lesen Sie dann die folgenden Sätze. Was ist richtig? Was ist falsch?

	Richtig	Falsch
1. Franziska ist Filmstudentin.	_____	_____
2. Sie studiert nicht nur, sondern arbeitet auch dreißig Stunden in der Woche.	_____	_____
3. Sie hat einen Job in einem Kino, aber sie sieht keine Filme.	_____	_____
4. Franziska kauft oft Kinokarten.	_____	_____
5. Julian möchte nicht nur mit Franziska, sondern auch mit Lisa ins Kino gehen.	_____	_____
6. Franziska gibt nicht Julian, sondern Michael ihre Kinokarten.	_____	_____
7. Michael sagt, dass er besser Deutsch lernt, wenn er viele Filme sieht.	_____	_____

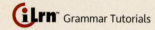 Grammar Tutorials

Dependent clauses and subordinating conjunctions
(Nebensätze und subordinierende Konjunktionen)

Independent clause	Conjunction	Dependent clause
Sarah sagt,	**dass**	sie nach Österreich **fährt**.
Sie übernachtet bei Freunden,	**wenn**	sie zu Hause **sind**.

A DEPENDENT (subordinate) clause cannot stand alone; it must be combined with an independent clause to express a complete idea.

- Two signals distinguish a dependent clause from an independent clause: (1) it is introduced by a SUBORDINATING CONJUNCTION **(dass, wenn)** and (2) the finite verb **(fährt, sind)** is at the end.

- In writing, a dependent clause is separated from the independent clause by a comma.

- Here are a few subordinating conjunctions:

bevor	*before*
dass	*that*
obwohl	*although*
weil	*because*
wenn	*if; when*

„Schade, dass wir nur Freunde sind."
▶ Schülerticket und Geschwisterkarte für Schüler – Berlin AB.
gültig ab 1. August 2001

Verkehrsbund Berlin-Brandenburg GmbH

▶ **Für wen gibt es billige Tickets?**

25 **Österreicher fahren in die Ferien** Wohin fahren viele Österreicher in den Ferien? Was machen sie da? Verbinden Sie die Sätze mit den Konjunktionen.

B. Haupt- und Nebensätze
D. Studium in England

BEISPIEL In den Ferien fahren viele Österreicher nach Ungarn. Da ist alles billiger. (weil)
*In den Ferien fahren viele Österreicher nach Ungarn, **weil** da alles billiger ist.*

1. Die Österreicher finden es auch gut. Ungarn ist nicht so weit. (dass)
2. Sie können nicht vor Mitte Juli fahren. Die Sommerferien beginnen erst dann. (weil)
3. Nach Prag fahren sie auch oft. Die Ferien sind kurz. (wenn)
4. Viele Musikfans bleiben im Sommer in Österreich. Sie haben Karten für die Festspiele in Bregenz oder Salzburg. (wenn)
5. In den Winterferien fahren viele Österreicher nach Italien. Das Skilaufen ist dort billiger. (weil)
6. Es ist gut für die Österreicher. Ihr Land liegt in Mitteleuropa. (dass)

Dependent clauses and separable-prefix verbs

Statement	Lara **kauft** gern im Supermarkt **ein**.
Dependent clause	Lara sagt, **dass** sie gern im Supermarkt **einkauft**.

In a dependent clause, the separable prefix is attached to the base form of the verb, which is in final position.

26 **Was sagt Franziska?** Was sagt Franziska über ihre Pläne? Beginnen Sie jeden Satz mit: **Franziska sagt, dass …**

Reporting on actions

BEISPIEL Sie kauft in der Stadt ein.
Franziska sagt, dass sie in der Stadt einkauft.

1. Alina kommt mit.
2. Alina kommt um neun bei ihr vorbei.
3. Sie kaufen auf dem Markt ein.
4. Sie bereitet dann zu Hause ein Referat vor.
5. Alina bringt ein paar Bücher mit.
6. Sie bringt die Bücher am Freitag zurück.
7. Alina fährt am Wochenende nach Salzburg zurück.
8. Ihre Freundin Lisa kommt vielleicht mit.

Dependent clauses and modal auxiliaries

Statement	Sarah **möchte** in die Schweiz fahren.
Dependent clause	Sarah sagt, **dass** sie in die Schweiz fahren **möchte**.

In a dependent clause, the modal auxiliary is the finite verb and therefore is in final position, after the dependent infinitive.

27 **Florian sagt** Sagen Sie einem Freund, was Florian tun möchte und was er tun muss. Beginnen Sie mit: **Florian sagt, dass …**

BEISPIEL FLORIAN: Ich soll meine Seminararbeit zu Ende schreiben.
SIE: *Florian sagt, dass er seine Seminararbeit zu Ende schreiben soll.*

1. Ich muss meine E-Mails durchlesen.
2. Ich soll einen Brief an meine Großeltern schreiben.
3. Ich will mit dem Computer arbeiten.
4. Ich möchte ein bisschen im Internet surfen.
5. Ich möchte heute Abend ein bisschen fernsehen.

28 **Freizeit** Ihre Partnerin/Ihr Partner fragt, warum Sie nicht dies oder das in Ihrer Freizeit machen. Beginnen Sie Ihre Antwort mit **weil**.

S1: Warum gehst du nicht ins Kino? | *S2:* Weil ich kein Geld habe.

S1: …	*S2: …*
1. Warum gehst du nicht inlineskaten?	Ich will zu Hause bleiben.
2. Warum gehst du nicht tanzen?	Ich will allein sein.
3. Warum joggst du nicht?	Ich muss arbeiten.
4. Warum liest du nicht einen Krimi?	Ich will in die Bibliothek gehen.
5. Warum machst du nicht Ferien in Österreich?	Ich habe kein Geld.
6. Warum spielst du nicht Golf?	Ich habe keine Zeit.
7. Warum spielst du nicht mit uns Karten?	Ich kann nicht tanzen.
8. Warum bist du immer so müde?	Das interessiert mich nicht.
	Ich kann nicht schlafen.

Dependent clauses beginning a sentence

	1	2	
	Paul	**fährt**	**mit dem Bus**.

1		2	
Weil sein Auto kaputt ist,		**fährt**	Paul mit dem Bus.

In a statement, the finite verb is in second position.

- If a sentence begins with a dependent clause, the entire clause is considered a single element, and the finite verb of the independent clause is in second position, followed by the subject.

29 **Eine Radtour durch Österreich** Luca und Fabian planen eine Tour durch Österreich. Verbinden Sie die Sätze. Beginnen Sie den neuen Satz mit einer Konjunktion.

BEISPIEL (wenn) Das Wetter ist gut. Luca und Fabian wollen nach Österreich.
Wenn das Wetter gut ist, wollen Luca und Fabian nach Österreich.

1. (weil) Sie haben wenig Geld. Sie fahren mit dem Rad.
2. (wenn) Sie fahren mit dem Rad. Sie sehen mehr vom Land.
3. (wenn) Das Wetter ist sehr schlecht. Sie schlafen bei Freunden.
4. (obwohl) Sie haben wenig Geld. Sie können vier Wochen bleiben.
5. (weil) Sie haben nur vier Wochen Ferien. Sie müssen im August wieder zu Hause sein.

Dative case (Der Dativ)

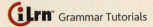

Nominative	**Der** Verkäufer weiß den Preis.	*The salesperson knows the price.*
Accusative	Frag mal **den** Verkäufer.	*Ask the salesperson.*
Dative	Gib **dem** Verkäufer 20 Euro.	*Give the salesperson 20 euros.*

In addition to nominative and accusative, German has a case called DATIVE. Dative is used for several functions, the primary ones being:

- to show indirect objects (indicating the person[s] to or for whom something is done)
- as objects of certain verbs, such as **glauben** and **helfen**
- with certain prepositions

Masculine	Neuter	Feminine	Plural
d**em** Mann	d**em** Kind	d**er** Frau	d**en** Freunden
dies**em** Mann	dies**em** Kind	dies**er** Frau	dies**en** Freunden
ein**em** Mann	ein**em** Kind	ein**er** Frau	kein**en** Freunden
ihr**em** Mann	unser**em** Kind	sein**er** Frau	mein**en** Freunden

The definite and indefinite articles, **der**-words, and **ein**-words change their form in the dative case. Nouns add an **-n** in the dative plural, unless the plural already ends in **-n** or **-s**: **meine Freunde > meinen Freunden;** but **die Frauen > den Frauen, die Autos > den Autos.**

Masculine N-nouns in the dative

Nominative	der Herr	der Student
Accusative	den Herr**n**	den Student**en**
Dative	dem Herr**n**	dem Student**en**

Masculine N-nouns, which add **-n** or **-en** in the accusative, also add **-n** or **-en** in the dative singular. You know the following masculine N-nouns so far: **der Herr, der Junge, der Komponist, der Mensch, der Nachbar, der Student,** and **der Tourist.**

Dative of wer?

Nominative	**Wer** sagt das?	*Who says that?*
Dative	**Wem** sagen Sie das?	*To whom are you saying that?*

The dative form of the interrogative **wer** *(who)* is **wem** *([to] whom).*

▲ Die Großglockner Hochalpenstraße in Österreich

Indirect object (das indirekte Objekt)

	Indirect object	Direct object
Jasmin schenkt	ihrem Freund Jan	einen iPod.
Jasmin is giving	*her friend Jan*	*an iPod.*

In both English and German some verbs take two objects, which are traditionally called the direct object (e.g., **iPod**—*iPod*) and the indirect object (e.g., **Freund**—*friend*).

- The indirect object is usually a person and answers the question *to whom* or *for whom* the direct object is intended.

- Here are some verbs that can take both direct and indirect objects:

bringen	**leihen**
erklären	**sagen**
geben	**schenken** *(to give as a gift)*
kaufen	**schreiben**

Signals for indirect object and direct object

	Indirect (dative) object	Direct (accusative) object
Marcel bringt	seiner Freundin Antonia	einen Kaffee.
Marcel is bringing	*his girlfriend Antonia*	*a coffee.*

English signals the indirect object by putting it before the direct object or by using the preposition *to* or *for*, e.g., Marcel is bringing a coffee *to* his girlfriend Antonia. To determine in English whether a noun or pronoun is an indirect object, add *to* or *for* before it.

- German uses case to signal the difference between a direct object and an indirect object.

- The direct object is in the accusative, and the indirect object is in the dative.

- Since the case signals are clear, *German does not use a preposition to signal the indirect object.*

Discussing ideas for birthday presents

E. Akkusativ und Dativ

---

30 **Geburtstage** Jessica und Jakob diskutieren, was sie ihren Freunden zum Geburtstag schenken. Was ist das indirekte Objekt (Dativ)? Was ist das direkte Objekt (Akkusativ)? Beantworten Sie auch die Fragen.

BEISPIEL JAKOB: Wem schenkst du die Blumen?
    indirektes Objekt (i.O.): Wem
    direktes Objekt (d.O): die Blumen

A.

1. JESSICA: Diese Blumen bringe ich meiner Großmutter. *[handwritten: these flowes bring / my grandmother]*
2. JESSICA: Was kaufst du deiner Freundin?
3.   JAKOB: Meiner Freundin möchte ich ein T-Shirt schenken. *[handwritten: direct]*
4. JESSICA: Ich schreibe meinem Bruder eine Geburtstagskarte. *[handwritten: indirect / direct]*

B.

1. Was bringt Jessica ihrer Großmutter? *[handwritten: sie brigt]*
2. Wem schenkt Jakob ein T-Shirt? *[handwritten: wem seine prndin]*
3. Wem schreibt Jessica eine Geburtstagskarte?

Dative personal pronouns

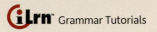

Singular						
Nominative	ich	Sie	du	er	es	sie
Accusative	mich	Sie	dich	ihn	es	sie
Dative	**mir**	**Ihnen**	**dir**	**ihm**	**ihm**	**ihr**

Plural			
Nominative	wir	Sie	ihr	sie
Accusative	uns	Sie	euch	sie
Dative	**uns**	**Ihnen**	**euch**	**ihnen**

Dative personal pronouns have different forms from the accusative pronouns, except for **uns** and **euch**.

 31 Viele Geschenke In Ihrer Familie haben alle in einem Monat Geburtstag. Sie sprechen mit Ihrem Bruder. Was wollen Sie schenken? Verwenden Sie Personalpronomen im Dativ.

 F. Gespräche

BEISPIEL IHR BRUDER: Was soll ich Mutti schenken? Einen neuen Roman?
SIE: *Ja, schenk ihr einen neuen Roman.*

1. IHR BRUDER: Was soll ich Vati schenken? Ein neues Buch?
   SIE: Ja, schenk _____.
2. IHR BRUDER: Und Marie? Was soll ich Marie schenken? Einen Pullover?
   SIE: Ja, schenk _____.
3. IHR BRUDER: Und was soll ich dir schenken? Vielleicht ein Computerspiel?
   SIE: Ja, schenk _____.
4. IHR BRUDER: Und was schenkst du mir? Ein Ticket zu einem Rockkonzert?
   SIE: Ja, ich schenke _____.
5. IHR BRUDER: Was meinst du? Was schenken uns die Eltern? Wieder Geld?
   SIE: Ja, sie schenken _____.
6. IHR BRUDER: Was sollen wir den Großeltern schenken? Blumen und Schokolade?
   SIE: Ja, wir können _____ schenken.

32 Was macht Simon? Wem kauft, leiht, gibt, schenkt Simon etwas? Ergänzen Sie die Sätze mit indirekten Objekten im Dativ.

 K. Was macht Dieter?

BEISPIEL Simon kauft _____ neue Weingläser. (seine Eltern)
Simon kauft seinen Eltern neue Weingläser.

1. Er leiht _____ sein neues Fahrrad. (ich)
2. _____ bringt er Blumen mit. (seine Großmutter)
3. Er leiht _____ seinen neuen Roman. (sein Freund Mustafa)
4. Will er _____ seinen Rucksack leihen? (du)
5. Er schenkt _____ seinen alten Computer. (sein Bruder)
6. Simon gibt _____ eine interessante DVD. (wir)

Word order of direct and indirect objects

	Indirect object	Direct-object noun
Paul leiht	*seinem Freund Akif*	**sein Fahrrad.**
Paul leiht	*ihm*	**sein Fahrrad.**

The direct (accusative) object determines the order of objects. If the direct object is a noun, it usually follows the indirect (dative) object.

	Direct-object pronoun	Indirect object
Paul leiht	**es**	*seinem Freund.*
Paul leiht	**es**	*ihm.*

REMEMBER: Dative before accusative unless accusative is a pronoun.

If the direct (accusative) object is a personal pronoun, it always precedes the indirect (dative) object. Note that a pronoun, whether accusative or dative, always precedes a noun.

33 Kurze Gespräche Ergänzen Sie die Dialoge mit den Wörtern. Achtung: Welches Wort kommt wohin?

BEISPIELE PAUL: Schenkst du _____ _____? (den kleinen Tisch / Michaels Schwester)
Schenkst du Michaels Schwester den kleinen Tisch?

JENNIFER: Ja, ich schenke _____ _____. (Michaels Schwester / ihn)
Ja, ich schenke ihn Michaels Schwester.

1. PAUL: Schenkst du _____ _____? (deine Gitarre / Michael)

JENNIFER: Ja, ich schenke _____ _____. (sie / ihm)

2. MUTTI: Schenkst du _____ _____ zum Geburtstag? (diesen DVD-Player / Christine)

STEFFI: Ja, ich schenke _____ _____. (Christine / ihn)

3. VATI: Schreibst du _____ oft _____? (E-Mails / deinen Freunden)

ELIAS: Ja, ich schreibe _____ _____. (viele E-Mails / ihnen)

G. Geschenke

34 Frage-Ecke Sie haben viel Geld und schenken Ihren Freunden und ihrer Familie viele Sachen. Die Informationen für **S2** finden Sie im *Anhang B.*

S1: Was schenkt Ralf seinen Eltern?
S2: Er schenkt ihnen zwei Wochen in Wien.
S1: ...

	Eltern	Schwester	Bruder	Melanie
Karsten	einen Porsche	einen Computer		
Stefanie	Winterferien in Spanien			einen Fernseher
Ralf		eine Gitarre	ein Fahrrad	
ich				
Partnerin/ Partner				

Dative verbs

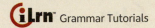

Moritz **hilft seinem** Freund David.
Chiara **glaubt ihrer** Schwester nicht.

Moritz is helping his friend David.
Chiara doesn't believe her sister.

Most German verbs take objects in the accusative. However, a few verbs take objects in the dative.

- The dative object is usually a person.
- Such verbs are often called DATIVE VERBS.

Some common dative verbs are **antworten, danken, gefallen, glauben,** and **helfen.** A more complete list of dative verbs is found in section 17 of the Grammatical Tables in *Appendix D.*

Daniela **glaubt ihrem** Freund Nils.
Nils **glaubt es** nicht.

Daniela believes her friend Nils.
Nils doesn't believe it.

The verb **glauben** always takes personal objects (e.g., **ihrem Freund**) in the dative case. However, impersonal objects (e.g., **es**) after **glauben** are in the accusative case.

---

35 **Eine SMS von Antons Vater** Ergänzen Sie die Sätze mit Pronomen und Endungen der Possessivpronomen.

ANTON: Ah gut, da ist schon die SMS von mein_____ Vater. Er schreibt, dass ihr gerne bei ihnen übernachten könnt und dass sie _____ auch bei anderen Dingen gern helfen.

SARAH: Ach, dein Vater schreibt SMS? Toll. Glaubst du, dass es wirklich okay ist? Deine Eltern kennen uns doch gar nicht.

ANTON: Doch, auf jeden Fall. Meine Eltern sind echt cool.

SARAH: Das ist ja toll. Danke _____ bitte von uns. Wirklich sehr nett!

ANTON: Gut, dann antworte ich _____ gleich, dass ihr kommt.

SARAH: Dann wollen wir dein_____ Eltern auf jeden Fall etwas mitbringen. Was gefällt denn wohl dein_____ Vater? Und dein_____ Mutter?

ANTON: Ach, das müsst ihr nicht. Mein Vater steht immer früh auf und macht euch sicher gern das Frühstück. Helft _____ einfach ein bisschen oder so. Und erzählt _____ von Tübingen. Meine Eltern waren vor ein paar Wochen dort. Das interessiert sie sehr.

SARAH: Vielen Dank, Anton.

▲ Antons Eltern sind echt cool!

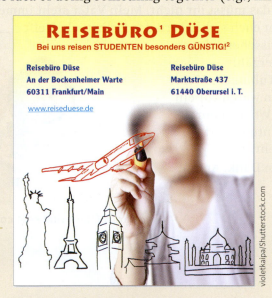
Dative prepositions

aus	out of [to come] from [cities and countries]	Nils geht morgens immer spät **aus** dem Haus. Er kommt **aus** Berlin.
außer	besides, except for	**Außer** seinem Freund Paul kennt Nils nur wenige Leute in Wien.
bei	with [at the home of] at [a place of business] near [in the proximity of]	Nils wohnt **bei** seiner Tante. Er arbeitet **bei** Pizzeria Uno. Die Pizzeria ist **bei** der Universität.
mit	with by means of [transportation]	Nils fährt **mit** seinem Freund zur Uni. Sie fahren **mit** dem Auto.
nach	to [with cities and countries used without an article] after	Am Wochenende fahren sie **nach** Salzburg. Aber **nach** einem Tag kommen sie schon zurück.
seit	since [time]	Nils wohnt **seit** Januar in Wien.
von	from of by	Er hört jede Woche **von** seinen Eltern aus Berlin. Berlin ist eine Stadt **von** 3,5 Millionen Einwohnern. Heute Abend hört er eine Oper **von** Mozart.
zu	to [with people and some places] for [in certain expressions]	Nils geht gern **zu** seinem Freund Paul. Sie fahren zusammen **zur** Pizzeria Uno. Heute Abend gibt es **zum** Abendessen Pizza.

The prepositions **aus, außer, bei, mit, nach, seit, von,** and **zu** are always followed by the dative. Some common translations are provided in the chart above.

In addition to the meanings listed above, **bei** has many uses that are hard to translate exactly. It is used, in a general way, to indicate a situation: **beim Lesen** *(while reading)*, **bei der Arbeit** *(at work)*, **bei diesem Wetter** *(in weather like this)*.

bei/mit

Hannah wohnt **bei** ihren Eltern.
Hannah fährt morgen **mit** ihren Eltern nach Hause.

*Hannah lives **with** her parents.*
*Hannah's driving home **with** her parents tomorrow.*

One meaning of both **bei** and **mit** is *with*. However, they are not interchangeable.

- **Bei** indicates location. **Bei ihren Eltern** means *at the home of her parents*.
- **Mit** expresses the idea of doing something together (e.g., **mit** ihren Eltern).

Bei wem reisen Studenten besonders günstig?

¹travel agency ²reasonably

zu/nach

Ich muss **zum** Bäcker.   *I have to go **to** the bakery.*
Schmidts fahren morgen **nach**   *The Schmidts are going **to**
Salzburg.   Salzburg tomorrow.*

One meaning of both **zu** and **nach** is *to*.

- **Zu** is used to show movement toward people and many locations.
- **Nach** is used with cities and countries without an article.

seit

Leonie ist **seit** Montag in Hamburg.   *Leonie has been in Hamburg **since**
     Monday.*

Nico wohnt **seit** drei Wochen in   *Nico has been living in Vienna **for**
Wien.   three weeks.*

Seit plus the present tense is used to express an action or condition that started in the past but is still continuing in the present. Note that English uses the present perfect tense (e.g., *has been living*) with *since* or *for* to express the same idea.

Contractions

Brot kaufen wir nur **beim** Bäcker.	bei dem = **beim**
Niklas kommt jetzt **vom** Markt.	von dem = **vom**
Michelle geht **zum** Supermarkt.	zu dem = **zum**
Luisa geht **zur** Uni.	zu der = **zur**

The prepositions **bei, von,** and **zu** often contract with the definite article **dem,** and **zu** also contracts with the definite article **der.**

- While contractions are generally optional, they are required in certain common phrases such as:

beim Arzt *(doctor)*	zum Frühstück / Mittagessen / Abendessen
beim Bäcker	zum Arzt gehen
vom Arzt kommen	zum Bäcker gehen
zum Beispiel	zur Uni / Schule gehen
zum Geburtstag	

Contractions are not used when the noun is stressed or modified: **Gehen Sie immer noch zu dem Bäcker in der Bahnhofstraße?** *(Do you still go to the baker on Bahnhofstraße?)*

---

36 **Christine in Wien** Daniela erzählt von ihrer Freundin Christine. Ergänzen Sie die Sätze mit Präpositionen, Artikeln und Possessivpronomen.

Christine kommt _____ d_____ Schweiz. _____ ein_____ Jahr wohnt sie _____ ein_____ Familie in Wien. Sie will Musikerin *(musician)* werden und geht jeden Tag _____ Konservatorium *(n.)*. Zwei Tage in der Woche muss sie jobben. Sie arbeitet _____ ein_____ Bäcker. Nächsten Sommer macht sie _____ ihr_____ Freundin Aisha eine Radtour. Sie fahren _____ Salzburg zu den Festspielen. Ich höre aber nicht sehr oft _____ Christine.

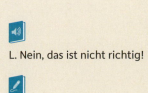

L. Nein, das ist nicht richtig!

A. Pläne
H. Eine E-Mail

1-38

37 **Hören Sie zu** Michael und Sebastian planen eine Reise. Hören Sie zu und beantworten Sie die Fragen. Sie hören fünf neue Wörter:

die Stadtrundfahrt *(city tour)*
das Hofburg-Museum *(museum in the Hofburg castle)*
das Schloss Schönbrunn *(Schönbrunn castle)*
der Prater *(famous amusement park)*
die Jazzkneipe *(jazz bar)*

1. Was hat Sebastian für Michael?
2. Wie kommen Michael und Sebastian nach Wien?
3. Wann fährt der Bus von der Uni ab?
4. Wie lange bleiben Michael und Sebastian in Wien?
5. Was sehen sie in Wien?
6. Welche Stadt wollen sie außer Wien noch besuchen?
7. Was für Musik möchte Michael hören?
8. Um wie viel Uhr sind die Freunde wieder in Tübingen?

38 **Wie komme ich ...?** Sie sind in einer österreichischen Stadt. Sie fragen jemand auf der Straße nach dem Weg. Spielen Sie die Szene mit Ihrer Partnerin/Ihrem Partner. Der Stadtplan unten hilft Ihnen bei den Antworten.

> **S1:** Entschuldigung, wie komme ich am besten von der Uni zur Bibliothek?
> **S2:** Am besten fahren Sie mit dem Fahrrad.

Entschuldigung, wie komme ich am besten von der Schule zum Bahnhof *(train station)*?
… wie komme ich am besten vom Markt zum Café Haag?
… wie komme ich am besten vom Metzger zur Drogerie?
… wie komme ich am besten von der Buchhandlung zum Markt?
… wie komme ich am besten von der Uni zum Bäcker?

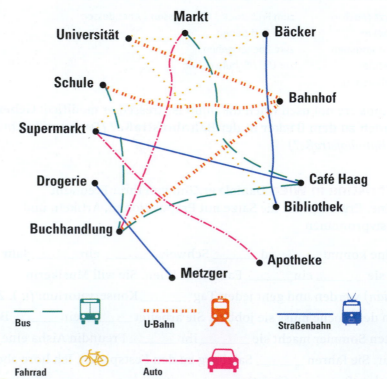

Land und Leute

🌐 Web Search

Öffentliche Verkehrsmittel°

public transportation

📝
L. Kulturkontraste
4. Öffentliche Verkehrsmittel

Public transportation is efficient and much utilized by the people in German-speaking countries. Buses, streetcars, subways, and trains are owned by either the federal, state, or regional government. While cars are as popular in Germany as in the United States and Canada, governments subsidize public transportation because it is eco-friendly (**umweltfreundlich**) and ensures that everyone has access to transportation. Reduced rates are available for senior citizens (**Seniorenkarten**) and for students (**Schüler-/Studentenkarten**) at all levels. In towns, villages, and suburbs, there is convenient bus and sometimes streetcar (**Straßenbahn**) service. Major cities have a subway (**Untergrundbahn** or **U-Bahn**) and/or a modern commuter rail system (**Schnellbahn/Stadtbahn** or **S-Bahn**). Regionally and internationally, most cities and towns in Europe are connected by extensive bus services. If needed, even ferries are included in the public transportation network, such as the ferry on the Alster River (**Alsterfähre**) in Hamburg.

Franz Pfluegl / Shutterstock.com

▲ Straßenbahn in Wien

Trains are a major part of the transportation system in German-speaking countries for both long- and short-distance travel. Larger cities have more than one train station (**Bahnhof**), but the main train station (**Hauptbahnhof**) is usually a prominent building located in the center of town. In addition to transportation facilities, larger train stations may also have a variety of restaurants and stores to serve the traveling public.

> The Intercity-Express (ICE) is called "Flugzeug auf Rädern": it is half as fast as a plane but twice as comfortable.

Commuters, business people, and even students use regional trains, either the **Regional-Express (RE)** or the **Regionalbahn (RB)**, which serve all train stations, large and small. Fast, comfortable **Intercity-Express (ICE)** trains run hourly between major cities, traveling at speeds up to 300 kilometers per hour. A network of trains known as **Intercity/Eurocity (IC/ICE)** connects the major cities throughout Europe.

Linie	Ziel	Abfahrt in
TXL		
100	S+U Alexanderplatz	1 min
M48	S+U Alexanderplatz	10 min
200	Michelangelostr.	11 min
9.	✱✱ Ab 03.08 Entspannung beim S	

Spandauer Straße / Marienkirche

c/Shutterstock.com

▲ Dieses Schild an einer Bushaltestelle in Berlin zeigt die Abfahrtszeiten der nächsten Busse an.

Kulturkontraste

Wie sind die öffentlichen Verkehrsmittel in Ihrer Stadt und wie sind sie in Europa? Möchten Sie ein anderes System in Ihrer Stadt haben? Warum (nicht)?

Video-Ecke

▲ Er mag das gute Essen in Österreich.

▲ Sie fährt in den Ferien nach Rom.

▲ Er fährt mit dem Bus und mit der Straßenbahn in die Stadt.

1 Österreich
Ferienpläne
Öffentliche Verkehrsmittel

Vor den Videos

39 Nachgedacht Was wissen Sie noch vom Kapitel? Denken Sie nach.

1. Welche öffentlichen Verkehrsmittel gibt es?
2. Wie ist die Landschaft in Österreich?
3. Was wissen Sie über Wien und Salzburg?
4. Was kann man in Kaffeehäusern trinken und essen?
5. Welche berühmten Österreicher kennen Sie?

Nach den Videos

40 Alles klar? Sehen Sie sich die Interviews an und machen Sie sich Notizen. Beantworten Sie dann die Fragen.

1. Wer fährt gern Ski?
2. Wer fährt in den Ferien nach Spanien?
3. Wer fährt gerne mit dem Fahrrad?

2 Hereinspaziert, die Herrschaften!

▲ Die Stadt Salzburg in Österreich.

▲ „Mozartkugeln" sind eine Spezialität.

▲ Paul und Lily tanzen, aber nicht gut.

In diesem Kapitel sind Anton, Paul, Lily und Hülya in Salzburg. Sie sehen Mozarts Geburtshaus, die berühmte Felsenreitschule, das Schloss, essen Mozartkugeln und tanzen am Ende Walzer …

Nützliches	
das Geburtshaus	*house where someone was born*
die Mozartkugeln	*special kind of candy*
die Reitschule	*famous horse riding school in Salzburg*
der Walzer, der Tanz	*waltz, dance*
anschauen	*to look at / to do sightseeing*

Nach den Videos

Sehen Sie sich das Video an und machen Sie sich Notizen. Beantworten Sie dann die Fragen.

A. Schauen Sie genau
B. Wer sagt das?
C. Richtig oder falsch?
D. Interessantes über Salzburg
E. Strauss Walzer

41 Was passiert wann? Bringen Sie die folgenden Sätze in die richtige Reihenfolge.

_____ Alle stehen vor der Reitschule.
_____ Anton sagt: „Kommt, lasst uns mal weitergehen."
_____ Hülya und Anton tanzen gut, Paul und Lily nicht.
_____ Anton sagt: „Küss die Hand!"
_____ Alle essen Mozartkugeln.
_____ Alle stehen vor Mozarts Geburtshaus.
_____ Paul sagt: „Wartet mal eben – ich hol' mir welche!"

42 Was stimmt? Wählen Sie die richtige Antwort.

1. Salzburg ist eine Stadt in _____.
   a. Schweiz   b. Liechtenstein   c. Österreich

2. In Österreich sagt man: _____.
   a. Küss den Mund!   b. Küss den Fuss!   c. Küss die Hand!

3. Paul kauft die Mozartkugeln in einer _____.
   a. Supermarkt   b. Confiserie   c. Bäckerei

4. Lily isst _____ Mozartkugeln!
   a. eine   b. zwei   c. drei

43 Was meinen Sie? Beantworten Sie die Fragen.

1. Sie sind in Salzburg. Was wollen Sie anschauen?
2. Können Sie Walzer tanzen? Können Sie andere Tänze? Welche?
3. Was fällt Ihnen an der Stadt auf? Was ist in Amerika anders?

Cengage Learning

Wiederholung

1 **Rollenspiel** Ihre Partnerin/Ihr Partner besucht Sie in Wien und möchte wissen, was sie/er dort alles machen kann. Geben Sie eine enthusiastische Antwort.

1. Kann ich wirklich drei Tage hier bleiben?
2. Ist es denn okay, wenn ich so lange bei dir übernachte?
3. Kann ich hier abends etwas zu essen machen?
4. Kann man von hier mit dem Bus in die Stadt fahren?
5. Darf ich mir auch mal dein Fahrrad ausleihen?
6. Dann darf ich dir aber auch etwas schenken für deine Gastfreundschaft *(hospitality)*.

Redemittel
Enthusiastische Reaktionen zeigen
• Ja, sicher.
• Klar.
• Kein Problem.
• Ja, wirklich.
• Ja, natürlich.

2 **Eine Reise nach Österreich** Erzählen Sie von Davids Reise nach Österreich. Benutzen Sie die angegebenen *(cued)* Wörter.

1. David / sein / Amerikaner
2. er / fliegen / nach / Wien
3. er / sprechen / mit / einige / Studenten
4. sie / erzählen / von / diese Universität
5. nach / zwei Tage / David / fahren / mit / Zug / nach / Salzburg

3 **Was macht Aynur?** Hanifea erzählt von Aynurs Tag. Ergänzen Sie die Sätze mit den Wörtern in Klammern.

1. Aynur geht aus _____ _____. (das Haus)
2. Sie geht zu _____ _____. (der Bäcker)
3. _____ _____ Sevil arbeitet bei _____ _____. (ihre Freundin / der Bäcker)
4. Aynur arbeitet für _____ _____. (ihr Onkel)
5. Sie fährt mit _____ _____ zur Arbeit. (das Fahrrad)
6. Nach _____ _____ geht sie in die Buchhandlung. (die Arbeit)
7. Dort kauft sie _____ _____ über die Türkei. (ein Buch)
8. Morgen schenkt sie _____ _____ das Buch zum Geburtstag. (ihr Vater)

Use a contraction in sentences 2 and 3.

4 **Jetzt weiß er es** In einem Café setzt sich *(sits down)* Sebastian Berger an Jana Müllers Tisch. Nach zehn Minuten weiß Sebastian einiges *(some things)* über Jana. Sagen Sie, was Sebastian alles weiß. Beginnen Sie jeden Satz mit **Er weiß, dass …**

JANA: Ich bin Österreicherin.
SEBASTIAN: Kommst du aus Wien?
JANA: Nein, aus Salzburg.
SEBASTIAN: Wohnst du in einem Studentenwohnheim?
JANA: Nein, bei einer Familie.
SEBASTIAN: Was studierst du denn?
JANA: Wirtschaftswissenschaft *(economics)* ist mein Hauptfach und Englisch mein Nebenfach. Ich möchte in Amerika arbeiten.
SEBASTIAN: Warst du schon in Amerika?
JANA: Leider noch nicht.

5 Wie sagt man das?

1.   VERENA: Would you like to go to Austria this summer?
2.   CARINA: Yes, gladly. Do you want to go by car or by train?
3.   VERENA: By bike. If the weather stays nice.
4. EIN FREUND: Can you lend me your German book?
5.   SIE: Of course, I can give it to you.
6. EIN FREUND: And can you also explain the dative to me?
7.   SIE: Do we have enough time?

6 Wo soll ich studieren? Ihre Partnerin/Ihr Partner möchte in Europa studieren. Sie/Er weiß aber nicht, ob sie/er in Deutschland oder Österreich studieren soll. Wählen Sie ein Land und erzählen Sie von dem Land. Hier sind einige Fragen.

> Wie groß ist das Land?
> Wie viele Nachbarn hat es?
> Wie viele Einwohner hat es?
> Hat es viele Berge?
> Hat es viel Industrie?
> Wie heißt die Hauptstadt?

7 Zum Schreiben Sie studieren in Wien und möchten Ihre Freundin/ Ihren Freund überreden *(persuade)* auch in Wien zu studieren. In einem kurzen Brief schreiben Sie ihr/ihm von den Vorteilen *(advantages)*.

Wien, den 30. Dezember 2014

Liebe [Barbara],/Lieber [Paul],
ich bin …

Viele Grüße
deine [Jennifer]/dein [David]

Schreibtipp

Lesen Sie Ihren Brief noch einmal durch. Kontrollieren Sie
- Subjekt und Verb
- Wortstellung mit Konjunktionen
- Genus *(gender)* und Fall *(case)* für alle Substantive und Pronomen
- Präpositionen und Fälle *(cases)*

Grammatik: Zusammenfassung

Verbs with stem-vowel change *au > äu*

laufen: *to run; to go on foot, walk*			
ich	laufe	wir	laufen
Sie	laufen	Sie	laufen
du	**läufst**	ihr	lauft
er/es/sie	**läuft**	sie	laufen

du-imperative: *lauf(e)*

Independent clauses and coordinating conjunctions

> The six common coordinating conjunctions are **aber, denn, doch, oder, sondern,** and **und**.

Noah **kommt** morgen, aber Luisa **muss** morgen arbeiten.

In independent (main) clauses, the finite verb (e.g., **kommt, muss**) is in second position. A coordinating conjunction (e.g., **aber**) does not affect word order.

Dependent clauses and subordinating conjunctions

Ich weiß, dass Nico morgen **kommt**.
     dass Chiara morgen **mitkommt**.
     dass Pascal nicht **kommen kann**.

> Some common subordinating conjunctions are **bevor, dass, obwohl, weil,** and **wenn**.

In dependent (subordinate) clauses, the finite verb (e.g., **kommt**) is in final position. The separable prefix (e.g., **mit**) is attached to the base form of the verb (**kommt**) in final position. The modal auxiliary (e.g., **kann**) is in final position, after the infinitive (e.g., **kommen**).

Wenn du mit dem Rad fährst, **siehst** du mehr vom Land.

When a dependent clause begins a sentence, it is followed directly by the finite verb (e.g., **siehst**) of the independent clause.

Articles, *der-* and *ein-*words in the dative case

	Masculine	Neuter	Feminine	Plural
Nominative	der Mann	das Kind	die Frau	die Freunde
Accusative	den Mann	das Kind	die Frau	die Freunde
Dative	**dem** Mann	**dem** Kind	**der** Frau	**den** Freunden
	diesem Mann	**diesem** Kind	**dieser** Frau	**diesen** Freunden
	einem Mann	**einem** Kind	**einer** Frau	**keinen** Freunden
	ihrem Mann	**unserem** Kind	**seiner** Frau	**meinen** Freunden

Nouns in the dative plural

Nominative	die Männer	die Frauen	die Radios
Dative	den Männer**n**	den Frauen	den Radios

Nouns in the dative plural add **-n** unless the plural already ends in **-n** or **-s**.

Masculine *N*-nouns in the dative case

Nominative	der Herr		der Mensch
Accusative	den Herrn		den Menschen
Dative	**dem** Herr**n**		**dem** Mensch**en**

For the masculine **N**-nouns used in this book, see section 9 of the Grammatical Tables in *Appendix D*.

Dative of *wer*

Nominative	wer
Accusative	wen
Dative	**wem**

Dative personal pronouns

	Singular							Plural			
Nominative	ich	Sie	du	er	es	sie		wir	Sie	ihr	sie
Accusative	mich	Sie	dich	ihn	es	sie		uns	Sie	euch	sie
Dative	**mir**	**Ihnen**	**dir**	**ihm**	**ihm**	**ihr**		**uns**	**Ihnen**	**euch**	**ihnen**

Word order of direct and indirect objects

	Indirect object	Direct-object noun		Direct-object pronoun	Indirect object
Sophia schenkt	*ihrer Schwester*	**den Rucksack**.	Sophia schenkt	**ihn**	*ihrer Schwester.*
Sophia schenkt	*ihr*	**den Rucksack**.	Sophia schenkt	**ihn**	*Ihr.*

The direct (accusative) object determines the order of objects. If the direct object is a noun, it follows the indirect (dative) object. If the direct (accusative) object is a personal pronoun, it precedes the indirect (dative) object.

Dative verbs

Hilf mir einen Moment.   **Glaub** mir, so ist es.

Most German verbs take objects in the accusative, but a few verbs take objects in the dative. The dative object is usually a person. For convenience, such verbs are often called "dative verbs."

> A few common dative verbs are **antworten, danken, gefallen, glauben,** and **helfen.** For additional dative verbs, see section 17 of the Grammatical Tables in *Appendix D*.

Dative prepositions

Prepositions	
aus	out of; from (= is a native of)
außer	besides, except for
bei	with (*at the home of*); at (*a place of business*); near (*in the proximity of*); while *or* during (*indicates a situation*)
mit	with; by means of (*transportation*)
nach	to (*with cities, and countries used without an article*); after
seit	since, for (*referring to time*)
von	from; of; by (*the person doing something*)
zu	to (*with people and some places*); for (*in certain expressions*)

Contractions		
bei dem	=	**beim**
von dem	=	**vom**
zu dem	=	**zum**
zu der	=	**zur**

KAPITEL

6

In der Freizeit
Was man alles machen kann!

„So, und was machen wir jetzt?"

Lernziele

Sprechintentionen

- Discussing leisure-time activities
- Expressing likes and dislikes
- Discussing clothes
- Expressing opinions
- Talking about the past
- Apologizing

Zum Lesen

- Freizeitaktivitäten am Wochenende

Leserunde

- *Kleinstadtsonntag* (Wolf Biermann)

Wortschatz

1 Leisure-time activities
   Fernsehprogramme
2 **Kleidungsstücke**
   Infinitives used as nouns

Grammatik

- Present perfect tense
- Past participles
- Use of auxiliaries **haben** and **sein**
- Dependent clauses in the present perfect tense

Land und Leute

- Freizeit
- Feiertage
- Der deutsche Film
- Der Führerschein

Video-Ecke

1 Was machst du in deiner Freizeit?
   Berlin
   Was ziehst du gern an?
2 Was machen wir heute Abend?

RESOURCES

Bausteine für Gespräche

2-2

Was habt ihr vor?

FELIX: Sagt mal, was macht ihr am Wochenende?

SARAH: Keine Ahnung.

LEON: Ich habe am Freitag Probe mit der Band. Am Samstag spielen wir in der Musikfabrik.

FELIX: Du, Sarah, da können wir doch zusammen hingehen, oder?

SARAH: Gute Idee. Das ist super. Vielleicht geht auch Alex mit?

LEON: Der kann nicht. Er muss fürs Examen arbeiten.

FELIX: Also, Sarah, ich hole dich um acht ab. In Ordnung?

1 Fragen

1. Was hat Leon am Wochenende vor?
2. Wohin möchte Felix gehen?
3. Warum kann Alex nicht mitgehen?
4. Wann holt Felix Sarah ab?

Ich habe im Internet gesurft

2-3

ANNA: Sag' mal Daniel. Warum hast du gestern Abend dein Handy nicht angehabt? Ich habe versucht dich anzurufen.

DANIEL: Ja, ich hatte es auf „lautlos" gestellt. Ich habe nämlich ein bisschen im Internet gesurft und auf einmal war es zwölf Uhr.

ANNA: Was hast du denn so lange im Internet gemacht?

DANIEL: Ich habe nach billigen Flügen in die USA gesucht. Außerdem habe ich noch ein paar Informationen für meine Hausarbeit gebraucht. Und ich habe dir eine E-Mail geschrieben. Hast du sie denn nicht bekommen?

ANNA: Weiß ich gar nicht. Weil ich dich nicht erreicht habe, bin ich allein ins Kino gegangen. Und dann gleich ins Bett.

2 Fragen

1. Warum hat Daniel den Anruf (telephone call) von Anna nicht bekommen?
2. Was hat Daniel gestern Abend gemacht?
3. Warum ist Anna gestern Abend dann allein ins Kino gegangen?
4. Hat Anna Daniels E-Mail bekommen? Warum nicht?

1. To ask whether Sarah agrees with him, Felix ends one sentence with **"oder?"** and the other with **"In Ordnung?"** These two phrases are common in German conversation. You already know **"oder?"**, which is equivalent to *Or don't you agree?* The expression **"In Ordnung?"** is equivalent to *Is that all right with you?*

2. **Ich habe** (im Internet) **gesurft** *(I surfed)* is a past-tense construction in German made up of a form of **haben** and a participle **(gesurft)**. **Ich bin gegangen** *(I went)* is also a past-tense construction but made up of a form of **sein** and a participle **(gegangen)**. These forms are practiced in *Grammatik und Übungen* in this chapter.

 3 **Was machst du in der Freizeit?** Fragen Sie Ihre Partnerin/Ihren Partner, was sie/er in ihrer/seiner Freizeit macht. Erzählen Sie den Kursteilnehmern, was sie/er gesagt hat. Benutzen Sie die Wörter unten.

Discussing leisure-time activities

K. Die beliebtesten Freizeitaktivitäten der Deutschen

E. Arbeiten am Computer

| Musik hören/machen   im Internet surfen   Rad fahren⁺ |
| fotografieren⁺   joggen   Science-Fiction lesen |
| inlineskaten gehen   Ski laufen/fahren   kochen⁺ |

S1:
Was sind deine Hobbys?

S2:
Rad fahren.

S1:
Was hast du am Wochenende vor?

S2:
Ich gehe

schwimmen.
Wasserski laufen/fahren.
windsurfen⁺.
tanzen.

Ich will

viel lesen.
faulenzen.
arbeiten.
Fußball/Tennis im Fernsehen sehen.
im Internet chatten.

 4 **Was machst du alles am Computer?** Fragen Sie Ihre Partnerin/Ihren Partner. Was macht sie/er mit dem Computer?

| oft E-Mails schreiben   im Internet surfen   etwas im Internet kaufen |
| Informationen für Hausarbeiten suchen   gerne chatten |
| Computerspiele spielen |

S1:
Was machst du alles am Computer?

S2:
Ich schreibe oft E-Mails.

 5 **Was hast du gestern Abend gemacht?** Fragen Sie Ihre Partnerin/Ihren Partner. Was hat sie/er gestern Abend gemacht?

S1:
Was hast du gestern Abend gemacht? Und was noch?

S2:
Ich habe im Internet gesurft.
...

Erweiterung des Wortschatzes 1

Fernsehprogramme

TV Programm vom 11. Januar

ZDF		RTL	
05.30	**ZDF-Morgenmagazin**	04.45	**Verdachtsfälle**[14] Information, Reality-TV
09.00	**heute**	05.35	**Explosiv - Das Magazin** Information, Boulevard
09.05	**Volle Kanne**[1] **- Service täglich**[2] Service-Magazin Deutschland 2011	06.00	**Punkt 6**
10.00	**heute**	07.30	**Alles was zählt**[15] Serie, Soap
10.03	**Volle Kanne - Service täglich**	08.00	**Unter uns** Soap, Deutschland 2010
10.30	**Lena - Liebe meines Lebens**[3] Folge 75, Telenovela Deutschland 2011	08.30	**Gute Zeiten, schlechte Zeiten** Soap, Deutschland 2010
11.00	**Reich**[4] **und schön** Soap, USA 2007	09.00	**Punkt 9**
12.00	**heute** mit Börsenbericht[5]	09.30	**Mitten im Leben**[16] Serie, Sitcom
12.15	**drehscheibe Deutschland**[6] Magazin Deutschland, 2011	10.30	**Mitten im Leben**
13.00	**ZDF-Mittagsmagazin**	11.30	**Unsere erste gemeinsame Wohnung** Doku-Soap
14.00	**heute - in Deutschland**	12.00	**Punkt 12**[17] **- Das RTL Mittagsjournal**
14.15	**Die Küchenschlacht**[7] Kochshow, Deutschland, 2011	14.00	**Die Oliver Geissen Show** Talkshow
15.00	**heute**	15.00	**Mitten im Leben** Doku-Serie
15.15	**Topfgeldjäger - Das Duell am Herd**[8] **mit Horst Lichter** Kochshow Deutschland 2011	16.00	**Mitten im Leben**
		17.00	**Einer gegen Hundert**[18] Quizshow
16.00	**heute - in Europa**	17.30	**Unter uns**[19] Soap, Deutschland 2010
16.15	**Lena - Liebe meines Lebens** Folge 76, Telenovela Deutschland 2001	18.00	**Explosiv - Das Magazin**
17.00	**heute - Wetter**	18.30	**EXCLUSIV - Das Star-Magazin**
17.15	**hallo deutschland** Boulevardmagazin[9] Deutschland 2011	18.45	**RTL Aktuell**
		19.03	**RTL Aktuell - Das Wetter**
17.45	**Leute heute** Boulevardmagazin, Deutschland 2011	19.05	**Alles was zählt**
18.00	**SOKO**[10] **Köln** Krimiserie Deutschland 2011	19.40	**Gute Zeiten, schlechte Zeiten** Soap, Deutschland 2010
18.50	**Lotto**	20.15	**Die 10 witzigsten Live-Comedians**
19.00	**heute**	21.15	**Unser neues Zuhause**[20] Doku-Soap
19.20	**Wetter**	22.15	**stern TV**[21]
19.25	**Die Rosenheim-Cops: Tod beim Live-Chat** Krimiserie, Deutschland 2011	00.00	**RTL Nachtjournal**
		00.27	**RTL Nachtjournal - Wetter**
20.15	**Aufstand der Jungen**[11] Spielfilm, Deutschland 2010	00.35	**Unser neues Zuhause** Doku-Soap
21.45	**heute-journal**	01.25	**CSI: Miami**
22.12	**Wetter**	02.20	**Law & Order**
22.15	**37 Grad: Immer mit Herzblut**[12] **(1/2) Lehrer - mehr als ein Job** Dokumentationsreihe Deutschland 2011	03.10	**RTL Nachtjournal**
		03.27	**RTL Nachtjournal - Das Wetter**
23.00	**Einsatz in Hamburg**[13]**: Mord auf Rezept** Krimireihe, Deutschland 2005	03.30	**RTL Shop**
		04.30	**Mitten im Leben!**
00.30	**heute nacht**		
00.45	**Neu im Kino** „Morning Glory" von Roger Michell		
00.50	**Der Schakal** Thriller, USA 1997		
02.45	**heute**		
02.50	**SOKO Köln** Krimiserie, Deutschland 2010		
03.35	**37 Grad**		
04.20	**heute**		
04.25	**Die Küchenschlacht**		

[1]*lit. Full Pot* [2]*daily* [3]*Love of my Life* [4]*rich* [5]*stock market reports* [6]*All About Germany* [7]*Kitchen Battle* [8]*Duel at the stove* [9]*tabloid* [10]**Sonderkommission:** *special unit* [11]*Rebellion of the boys* [12]*Always Passionate* [13]*Policing in Hamburg* [14]*Suspicion* [15]*All that counts* [16]*In the Midst of Life* [17]*Twelve O'clock Sharp* [18]*One against 100* [19]*Amongst Ourselves* [20]*Our New Home* [21]**Stern** *is the name of a magazine*

6 **Fernsehen** Suchen Sie für jede Kategorie von Sendungen eine Fernsehsendung auf Seite 218 aus°. Geben Sie auch an, wann die Sendung beginnt.

suchen aus: *choose*

Musiksendung

Soap

Fernsehserie

Nachrichten

Spielfilm

Sportsendung

7 **Fernsehprogramme** Auf Seite 218 sehen Sie Fernsehprogramme von ZDF und RTL. Beantworten Sie die Fragen.

1. Es gibt viele amerikanische Sendungen. Welche sind das?
2. Es gibt auch viele englische Wörter. Welche sind das?
3. Welches Programm hat mehr Soaps?
4. Wie oft gibt es im ZDF Nachrichten am 11. Januar? Um welche Uhrzeit?
5. Wann und wo gibt es Quizshows?

 8 **Deine Lieblingssendung** Interviewen Sie drei Studentinnen/ Studenten in Ihrem Deutschkurs. Wie oft sehen sie fern, was sehen sie, und warum?

S1:	**S2:**
Wie oft siehst du fern?	Einmal⁺ [zweimal, dreimal] die Woche.
Welche Sendungen magst du?	Ich sehe gern [...]. Es ist lustig.
Was ist deine Lieblingssendung?	Meine Lieblingssendung ist [...].

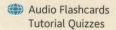
Vokabeln **I**

Substantive

Unterhaltung *(Entertainment)*

der **Science-Fiction-Film, -e** science fiction film
das **Fernsehen** television (the industry)
das **Fernsehprogramm** TV listing; TV channel
das **Programm, -e** program; channel; TV listing
die **Band, -s** (musical) band
die **Probe, -n** rehearsal

die **Science-Fiction** science fiction
die **Sendung, -en** TV or radio program

Weitere Substantive

der **Flug, ⸚e** flight
die **Ahnung** hunch; idea; **Keine Ahnung!** No idea!
die **Fabrik, -en** factory
die **Freizeit** free time, leisure time
die **Idee, -n** idea
die **Information, -en** information

Verben

an·haben to have turned on
an·rufen, angerufen to phone; **bei [dir] anrufen** to call [you] at home
an·sehen, angesehen to look at
chatten to chat (online)
erreichen to reach, catch; to arrive at
fotografieren to photograph
hin·gehen, ist hingegangen to go there
kochen to cook

Rad fahren (fährt Rad), ist Rad gefahren to ride a bicycle
stellen to put, place; to set
surfen to surf
telefonieren to speak on the telephone; **(mit jemandem) telefonieren** to telephone with someone
vor·haben to intend, have in mind
windsurfen gehen, ist windsurfen gegangen to go windsurfing

Andere Wörter

gar nichts nothing at all
langweilig boring

lautlos silent
zweimal two times

Besondere Ausdrücke

auf einmal all at once
einmal die Woche once a week
gestern Abend last night
In Ordnung? Is that all right (with you)?

übers Internet kaufen to buy on the Internet

Lerntipp

- Beginning in this chapter, the past participles of strong verbs (see page 236) will be listed after the infinitive, e.g., **finden, gefunden**.

- Verbs that take **sein** as an auxiliary in the perfect tense are indicated by the word **ist** before the past participles, e.g., **gehen, ist gegangen**.

Alles klar?

9 Welches Wort passt nicht?

1. a. der Flug   b. das Programm   c. das Fernsehen   d. die Sendung

2. a. hingehen   b. windsurfen   c. ansehen   d. Rad fahren

3. a. anrufen   b. stellen   c. chatten   d. telefonieren

4. a. Fabrik   b. Freizeit   c. kochen   d. fotografieren

10 Ergänzen Sie!

| Ahnung   ansehen   habt … vor   hingehen |
| in Ordnung   Idee |

SOPHIE: Tim, hast du eine _____, was wir morgen in Berlin machen können?

TIM: Hmm, nein, ich weiß nicht. Was _____ ihr denn heute Abend vor? Ihr könnt euch vielleicht einen Film im Kino _____.

SOPHIE: Gute _____! Ja, da können wir _____. Kommst du mit?

TIM: Eigentlich habe ich keine Zeit, denn ich muss lernen. Hmmm, das kann ich aber vielleicht auch am Wochenende machen. Okay, _____. Ich komme mit!

SOPHIE: Dann können wir doch eigentlich gleich los.

11 Was ist das? Verbinden Sie die Sätze mit den richtigen Bildern.

1. _____
   _____

2. _____
   _____

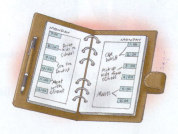

3. _____
   _____

4. _____
   _____

Fotografieren ist ein interessantes Hobby.
Windsurfen gehen kann man nur bei Wind.
Diese Person hat eine Idee!
Das Fernsehprogramm kann sehr langweilig sein.
Stress? Man kann auch zu viel vorhaben.
Die Band hat freitags Probe.

Land und Leute

🌐 Web Search

Freizeit

✎ J. Kulturkontraste 1. Freizeit

Although Germans have a reputation for being industrious, they are also known as the world champions in leisure time (**Freizeitweltmeister**). Germany ranks near the top among the industrialized nations in paid vacation time (**Urlaub**).

The European Union requires its member states to offer a minimum of four weeks vacation to workers, but in Germany the majority of all employees enjoy at least six weeks of paid vacation. In addition to paid vacation time, many German companies pay their employees a vacation bonus (**Urlaubsgeld**) of several hundred euros. Vacation time in Austria is five weeks and in Switzerland it is four weeks. The United States and Canada are at the bottom in number of vacation days with 15 days on the average in the United States and 19 days in the Canada.

▲ Segeln ist ein beliebter Sport in Deutschland. (Alster, Hamburg)

Many Germans spend much of their free time taking vacation trips abroad. The most popular European destinations for Germans are Spain, Italy, and Austria. Outside of Europe, the favorite destinations are the United States and Canada. About one-third of the vacation trips are taken in Germany.

▲ An der Nordsee machen viele Familien Urlaub.

Kulturkontraste

1. Was meinen Sie: Sind wir produktiver, wenn wir ein Minimum von drei Wochen Urlaub haben?

2. Warum haben nicht alle Leute so viel Urlaub? Wie viele Urlaubstage haben die Leute in Ihrem Land?

3. Viele europäische Länder haben mehr Urlaubstage als die USA. Finden Sie, dass so viele Urlaubstage gut sind? Warum (nicht)?

4. Machen Sie einen Plan: Sie haben sechs Wochen Urlaub im Jahr. Was machen Sie? Wie organisieren Sie Ihren Urlaub in 12 Monaten? Wann machen Sie Urlaub und wie oft? Bleiben Sie zu Hause oder fahren Sie weg?

Zum Lesen

 Web Links

Vor dem Lesen

12 **In meiner Freizeit** Was machen Sie in Ihrer Freizeit?

BEISPIEL Ich fahre gern Rad, ich lese gern, und ich esse gern.

> Rad fahren   joggen   fernsehen   am Computer arbeiten[+]   lesen
> wandern oder spazieren gehen   mit Freunden zusammen sein
> ins Kino, Theater[+] oder Konzert[+] gehen
> im Internet surfen/chatten   faulenzen   essen gehen
> telefonieren   Sport treiben   tanzen gehen   Musik hören

 13 **Musik und Konzerte** Beantworten Sie die Fragen.

1. Wo kann man ein amerikanisches Musical sehen?
2. Wo kann man die Theaterkarten[+] von 10 bis 18 Uhr kaufen?
3. Wann endet das Musical?
4. Was gefällt Ihnen besser? Ein Theaterstück oder ein Konzert?

Staatstheater am Gärtnerplatz
Telefon 2 01 67 67
Vorverkauf[1] im Theater
Mo.–Fr. 10–18 Uhr, Sa. 10–13 Uhr
Maximilianstr. 11–13
Mo.–Fr. 10–13, 15.30–17.30,
Sa. 10–13 Uhr
Der Fiedler[2] auf dem Dach[3]
(Anatevka)
Musical Jerry Bock
Beginn: 19.30   Ende: 22.45 Uhr

[1]*advance ticket sales*
[2]*fiddler* [3]*roof*

Beim Lesen

14 **Letztes Wochenende** Was machen die Leute im Text in ihrer Freizeit? Machen Sie eine Liste.

Wer ...	macht was?

H. Freizeit, ein Problem?
I. Was machen Sie in Ihrer Freizeit?

2-4

A. Freizeitaktivitäten am Wochenende

B. Richtig oder falsch?

passion

> Theatergoing is very popular in German-speaking countries, which have a total of more than 500 theaters. Germany alone has 180 public theaters, 190 private theaters, and 30 festival theaters. Theaters attract an attendance of over 38 million people annually.

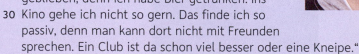

Freizeitaktivitäten am Wochenende

Julian Bosch ist Reporter bei einer Studentenzeitung und macht Straßeninterviews für die Zeitung. Seine Frage: „Was hast du letztes Wochenende in deiner Freizeit gemacht?"

Katharina, 23 Jahre: „Freizeit? Ich habe schon
5 ewig keine richtige Freizeit mehr gehabt. Ich studiere Informatik und bekomme BAföG, da möchte ich natürlich so schnell wie möglich mit dem Studium fertig werden. Ich jobbe in einem Internetcafé, meistens samstags und sonntags.
10 Das ist aber fast wie Freizeit für mich, weil Computer und das Internet meine große Leidenschaft° sind. Und wenn im Café nicht so viel los ist, kann ich auch selbst im Internet surfen. Ich bin viel auf Facebook. Ich finde, so kann man gut mit Freunden und mit der
15 Familie in Kontakt bleiben. Ich kann Bilder, Texte und Videos hochladen und immer sehen, was meine Freunde und die Familie machen. Und meine Freunde wissen, was ich so mache. Ich finde das sehr praktisch."

Stefan, 19 Jahre: „Ich habe seit zwei Monaten meinen Führerschein und fahre gern mit
20 meinem Auto spazieren. Letzten Samstag bin ich sehr früh aufgestanden. Ich bin zu meinen Großeltern gefahren und habe sie besucht. Sie wohnen etwa hundertfünfzig Kilometer nördlich von München.
25 Ich höre gern Hip-Hop und Rock. Am Samstag sind meine Freunde und ich tanzen gegangen. Wir waren in der Sonderbar. Das ist ein ganz toller Club. Mein Auto ist natürlich zu Hause geblieben, denn ich habe Bier getrunken. Ins
30 Kino gehe ich nicht so gern. Das finde ich so passiv, denn man kann dort nicht mit Freunden sprechen. Ein Club ist da schon viel besser oder eine Kneipe."

Nina, 31 Jahre: „Viele Leute sagen, die Deutschen arbeiten zu viel und sind sehr fleißig.
35 Ich denke auch manchmal, ich arbeite zu viel. Ich bin Ärztin und muss oft viele Stunden im Krankenhaus sein. Letztes Wochenende habe ich aber frei gehabt. Ich habe am Samstag zuerst mit meinem Bruder Tennis gespielt, dann
40 bin ich mit meinem Freund Rad gefahren. Ich treibe gern Sport. Und außerdem ist Sport gesund. Am Abend hat meine Familie Geburtstag gefeiert, denn meine Großmutter ist 83 Jahre alt geworden! Am Sonntag sind mein Freund
45 und ich ins Staatstheater am Gärtnerplatz gegangen. Er hatte Geburtstag und ich habe ihn zu dem Musical ‚Der Fiedler auf dem Dach' eingeladen. Mich hat das Stück interessiert, aber mein Freund hat es, glaube ich, ein bisschen langweilig gefunden. Ich gehe in meiner Freizeit gern aus. Manchmal bin ich aber ganz einfach auch gern zu Hause, sehe fern,
50 höre Radio, lese ein Buch oder tue nichts."

Nach dem Lesen

15 Fragen zum Lesestück

1. Was studiert Katharina?
2. Wo arbeitet Katharina am Wochenende?
3. Was findet Katharina an Facebook so gut?
4. Wie alt ist Stefan?
5. Wie lange hat Stefan schon seinen Führerschein?
6. Warum geht Stefan gern in einen Club oder eine Kneipe?
7. Warum ist Stefans Auto zu Hause geblieben?
8. Was ist Ninas Beruf *(profession)*?
9. Wann hat Nina frei gehabt?
10. Mit wem ist Nina ins Theater gegangen?
11. Welches Musical läuft im Staatstheater?
12. Was macht Nina gern zu Hause?
13. Mit wem (Katharina, Stefan oder Nina) möchten Sie gern ein Wochenende verbringen *(spend)*? Warum?

16 Was passt zu wem? Was ist typisch für Katharina, für Stefan oder für Nina?

1. Ich habe wenig Freizeit. _____
2. Ich spreche gern mit meinen Freunden. _____
3. Ich bin Studentin. _____
4. Ich gehe gern spazieren. _____
5. Ins Kino gehen gefällt mir nicht. _____
6. Ich muss oft lernen. _____
7. Ich muss viel arbeiten. _____
8. Ich surfe gern im Internet. _____
9. Meine Großmutter ist 83 Jahre alt. _____
10. Ich höre gern Rockmusik. _____
11. Ich spiele gern Tennis. _____
12. Ich finde Facebook gut. _____

 ### 17 Eine Diskussion! Diskutieren Sie die folgenden Themen mit zwei Partnern.

• Was machst du in deiner Freizeit?

• Warum hast du keine Freizeit?

• Wie viel musst du arbeiten?

Land und Leute

⊕ Web Search

Feiertage

🖊 J. Kulturkontraste, 2. Feiertage

Germans enjoy a minimum of nine legal, paid holidays per year. These holidays are days off in addition to vacation time. In some states, such as Bavaria, people have twelve holidays. With the exception of some transportation facilities, some restaurants, and recreational facilities, businesses in Germany must be closed on legal holidays. Germany celebrates both secular and religious holidays. Among the secular holidays are New Year's Day **(Neujahr), Tag der Arbeit** on May 1, which is celebrated in honor of workers, and **Tag der deutschen Einheit** (Day of German Unity).

▲ Neujahrs-Feuerwerk am Brandenburger Tor

JOHANNES EISELE/AFP/Getty Images

Tag der deutschen Einheit is Germany's national holiday and it is celebrated on October 3 to commemorate the unification of East and West Germany in 1990. As provided for in the **Einigungsvertrag** (a legal document organizing and structuring the political and administrative unity), it replaces the former West German holiday June 17 **(der 17. Juni, Tag der deutschen Einheit),** which commemorated the 1953 uprising in East Germany. June 17 remains a day of remembrance **(Gedenktag),** but is not a public holiday anymore. Austria celebrates a **Nationalfeiertag** on October 26—the day in 1955 when occupation forces left and Austrian sovereignty was restored. Switzerland celebrates its **Nationalfeiertag** on August 1 to commemorate the **Rütli-schwur** in 1291 when the cantons Uri, Schwyz, and Unterwalden swore mutual support.

The following Christian holidays are observed throughout Germany: Good Friday **(Karfreitag);** Easter **(Ostern**—both **Ostersonntag** and **Ostermontag);** Ascension Day **(Christi Himmelfahrt),** the sixth Thursday after Easter; Pentecost **(Pfingsten),** the seventh Sunday and Monday after Easter; Christmas Eve **(Heiligabend),** and December 25 and 26 **(erster Weihnachtstag** and **zweiter Weihnachtstag).** A variety of other Christian holidays are observed in some states, but not in all.

Kulturkontraste

1. An Feiertagen sind in Deutschland die Geschäfte geschlossen. Was meinen Sie: Warum ist das vielleicht so? Ist das gut oder nicht?

2. Viele Länder haben einen nationalen Feiertag am ersten Mai. In Amerika ist der Tag der Arbeit im September. Was machen Sie an diesem Tag? Gibt es eine Tradition?

3. Gibt es in Ihrer Familie Traditionen oder Rituale für nationale oder religiöse Feiertage? Welche? Warum?

Erweiterung des Wortschatzes 2

Audio
Flashcards

Kleidungsstücke (articles of clothing)

die **Jeans**, -   der **Schuh**, -e   der **Pulli**, -s   der **Hut**, ̈e   das **T-Shirt**, -s   der **Badeanzug**, ̈e
der (**Regen-**)schirm, -e
die **Strumpfhose**, -n
der **Rock**, ̈e
der (**Regen-**) mantel, ̈
der **Stiefel**, -   die (**Hand-**) tasche, -n   die **Bluse**, -n   das **Kleid**, -er
die **Kappe**, -n
die **Shorts** (die kurzen Hosen)
die **Krawatte**, -n   die **Jacke**, -n
das **Jackett**, -s   die (**Sonnen-**) brille, -n
die **Badehose**, -n
die **Hose**, -n   das **Polohemd**, -en
der **Anzug**, ̈e
der **Handschuh**, -e   die **Socke**, -n
das **Hemd**, -en

Brauchbares

Konfektionsgrößen: Deutschland / USA

Für Damen: Blusen, Röcke, Kleider, Mäntel, Hosen

Deutschland	34	36	38	40	42
USA	6	8	10	12	14
Schuhe					
Deutschland	37	38	39	40	41
USA	6	6.5	8	9	10

Für Herren: Anzüge, Jacken, Mäntel, Hosen

Deutschland	46	48	50	52	54
USA	36	38	40	42	44
Hemden					
Deutschland	36	37	38	39/40	41
USA	14	$14\frac{1}{2}$	15	$15\frac{1}{2}$	16
Schuhe					
Deutschland	39/40	41	42	43/44	44/45
USA	$6\frac{1}{2}$	$7\frac{1}{2}$	$8\frac{1}{2}$	$9\frac{1}{2}$	$10\frac{1}{2}$

German fashion ads are filled with American borrowings. Current examples: **der Blazer, die Boots, die Jeans, die Kappe, das Make-up, das Outfit, das Poloshirt, die Pumps, die Sneakers, der Sweater, das Sweatshirt, das T-Shirt.** For additional articles of clothing, see *Supplementary Word Sets* on the Premium Website.

18 **Was tragen⁺ die Leute?** Beschreiben⁺ Sie eine der Personen auf dem Bild auf Seite 227. Sagen Sie nur, was die Person trägt. Ihre Partnerin/ Ihr Partner sagt dann, wer das ist.

S1:
Diese Frau trägt einen Rock, eine Bluse, und ...

S2:
Aha, das ist ...

Discussing clothes

19 **Was tragen Sie wann?** Beantworten Sie die Fragen. Fragen Sie dann Ihre Partnerin/Ihren Partner und diskutieren Sie.

1. Was tragen Sie im Winter? Im Sommer?
2. Was tragen Sie, wenn Sie in die Vorlesung gehen?
3. Was tragen Sie, wenn Sie tanzen gehen?
4. Welche Farben tragen Sie gern?

S1:
Was trägst du im Winter? Ich trage ...

S2:
Ich trage einen Schal. Und du?

Expressing opinions and likes and dislikes

E. Einkaufsbummel

20 **Wie gefällt es dir?** Fragen Sie Ihren Partner/Ihre Partnerin, wie er/sie die Kleidungsstücke findet. Sie können ein Bild aus diesem Buch nehmen oder sagen, was Sie jetzt tragen.

S1:
Was hältst du von [dem Kleid]?

S2:
[Das] muss furchtbar teuer sein. Was kostet [es]?
[Das] ist schön / toll / praktisch.
[Das] sieht billig aus⁺.
[Das] ist nichts Besonderes.

21 **Wer ist das?** Wählen Sie zusammen mit einer Partnerin/einem Partner eine Studentin/einen Studenten aus Ihrem Deutschkurs aus (**Wählen aus:** *choose*) und beschreiben Sie, was sie/er trägt. Die anderen Studenten sollen herausfinden, wen Sie beschreiben.

Infinitives used as nouns

Mein Hobby ist **Wandern**.
Frühmorgens ist **das Joggen** toll.

*My hobby is **hiking**.*
***Jogging** early in the morning is great.*

German infinitives may be used as nouns. An infinitive used as a noun is always neuter. The English equivalent is often a gerund, that is, the *-ing* form of a verb used as a noun.

22 **Was ist schön?** Beantworten Sie die Fragen mit Slogans. Nehmen Sie die folgenden Wörter.

| laufen einkaufen faulenzen arbeiten schwimmen fernsehen schlafen chatten |

BEISPIEL Was ist schön?   *Laufen ist schön.*

1. Was ist toll?
2. Was ist gesund?
3. Was macht dumm?
4. Was macht fit?
5. Was ist langweilig?

Vokabeln

Audio Flashcards
Tutorial Quizzes

Substantive

Freizeit

der **Club, -s** club, dance club
das **Internetcafé, -s** Internet café
das **Konzert, -e** concert; **ins Konzert gehen** to go to a concert
das **Musical, -s** musical
das **Stück, -e** piece (of music); **Theaterstück** play (theater)
das **Theater, -** theater; **ins Theater gehen** to go to the theater
die **Karte, -n** ticket; die **Theaterkarte,** theater ticket
die **Kneipe, -n** bar, pub
die **Rockmusik** rock (music)

Weitere Substantive

der **Arzt, ⁼e**/die **Ärztin, -nen** doctor, physician
der **Führerschein, -e** driver's license
der **Reporter, -**/die **Reporterin, -nen** reporter
das **Interview, -s** interview
das **Krankenhaus, ⁼er** hospital
die **Antwort, -en** answer
die **Kleidung** clothing
die **Sache, -n** thing; matter; **Sachen** *(pl.)* clothes
die **Leute** *(pl.)* people

For articles of clothing see page 227.

Verben

auf·stehen, ist aufgestanden to get up; to stand up
aus·gehen, ist ausgegangen to go out
aus·sehen (sieht aus), ausgesehen to look like, seem
beschreiben, beschrieben to describe
bleiben, ist geblieben to remain, stay
denken, gedacht to think
ein·laden (lädt ein), eingeladen to invite
fahren (fährt), ist gefahren to drive; to travel
feiern to celebrate
gefallen (gefällt), gefallen (+ *dat.*) to please

gehen, ist gegangen to go
halten (hält), gehalten to hold; to keep; **halten ... für** to have an opinion about
interessieren to interest
sehen (sieht), gesehen to see
spazieren fahren (fährt spazieren), ist spazieren gefahren to go for a drive
sprechen (spricht), gesprochen to speak
tragen (trägt), getragen to wear; to carry
tun (tut), getan to do
werden (wird), ist geworden to become

Adjektive und Adverbien

ehrlich honest
ewig forever; eternally
fertig finished
frei: frei haben to be off from work; **frei sein** to be unoccupied
letzt- (-er, -es, -e) last
möglich possible
offen frank
passiv passive
zuerst first, first of all, at first

Besondere Ausdrücke

einander one another, each other; **miteinander** with each other
es ist nicht viel los there's not much going on
seit Monaten for months
vor ago; **vor zwei Wochen** two weeks ago

Alles klar?

23 **Definitionen** Ergänzen Sie die folgenden Definitionen.

1. Wenn man eine Person _____, erklärt man genau, wie sie aussieht oder wie sie ist.
2. Ein _____ macht Interviews mit Leuten und schreibt Berichte für eine Zeitung oder eine Zeitschrift.
3. Auf eine Frage gibt man eine _____.
4. In einem _____ kann man im Internet surfen und E-Mails schreiben.
5. Wenn man Auto fahren möchte, muss man den _____ machen.
6. Ein Musical ist ein _____, bei dem Leute singen.
7. Wenn man sehr krank ist, muss man ins _____.
8. Wenn man nicht arbeiten muss, hat man _____.

C. Das Gegenteil
D. Diktat

24 **Mit Freunden von früher** Ergänzen Sie das Gespräch mit den folgenden Wörtern.

| **aufgestanden einander ewig frei gefeiert** |
| **interessiert möglich zuerst** |

JOHANNA: Lukas, du siehst aber müde aus! Wann bist du denn heute Morgen _____?

LUKAS: Nicht so früh, aber ich habe letzte Nacht nur wenig geschlafen. Gestern habe ich mit ein paar Freunden von früher in einer Kneipe _____. Wir haben _____ seit fünf Jahren nicht mehr gesehen.

JOHANNA: Seit fünf Jahren? Das ist ja _____. War auch Maximilian da? Er hat mich immer ein bisschen _____.

LUKAS: Ja, Maxi war auch da. Er war eigentlich wie immer. _____ war er ein bisschen komisch, aber dann am Ende war er richtig offen und hat viel geredet. Es ist _____, dass er mich nächsten Montag besucht. Möchtest du da auch kommen?

JOHANNA: Montag? Ja, da habe ich Zeit. Da muss ich nicht arbeiten. Wir haben _____, weil mein Chef weg ist. Ja, ich komme gern!

25 **Was ist das?** Verbinden Sie die Wörter mit den richtigen Bildern.

1. _____

2. _____

3. _____

4. _____

der Führerschein   der Club   das Theaterstück
das Konzert   die Sache   das Internetcafé

Web Links

Wolf Biermann is a poet, singer, and songwriter **(Liedermacher)** and one of the best-known literary figures in Germany. He was born in 1936 in Hamburg. Because of his socialist beliefs, he emigrated to the German Democratic Republic *(DDR)* in 1953. Due to his criticism of the communist regime there, however, he was forbidden to publish and perform. In 1982, the East German government allowed him to go to West Germany to perform, but did not allow him to return. Today he lives in Hamburg and remains a very controversial political and literary figure. In his song "Kleinstadtsonntag," Biermann uses everyday language in an everyday situation and brings us a subtle and ironic look at leisure time on Sunday.

Kleinstadtsonntag

Gehn wir mal hin?
Ja, wir gehn mal hin.
Ist hier was los?
Nein, es ist nichts los.
5 Herr Ober°, ein Bier!   **Herr Ober:** *waiter*
Leer° ist es hier.   *empty*
Der Sommer ist kalt.
Man wird auch alt.
Bei Rose gabs Kalb°.   *veal for dinner*
10 Jetzt isses° schon halb.   **isses = ist es**
Jetzt gehn wir mal hin.
Ja, wir gehn mal hin.
Ist er schon drin°?   *inside*
Er ist schon drin.
15 Gehn wir mal rein°?   *in*
Na gehn wir mal rein.
Siehst du heut fern?
Ja, ich sehe heut fern.
Spielen sie was?
20 Ja, sie spielen was.
Hast du noch Geld?
Ja, ich habe noch Geld.
Trinken wir ein'?
Ja, einen klein'.
25 Gehn wir mal hin?
Ja, gehn wir mal hin.
Siehst du heut fern?
Ja, ich sehe heut fern.

—*Wolf Biermann*

Fragen

1. Wie viele Personen sprechen in diesem Gedicht?
2. Welcher Tag ist es?
3. Wo wohnen die Personen?
4. Was haben sie schon gemacht?
5. Was wollen sie noch machen?
6. Wie finden Sie das Leben der Personen in dem Gedicht? Warum?

Land und Leute

🌐 Web Search

Der deutsche Film

People in the German-speaking countries have enjoyed movies since the nineteenth century. Some of the earliest public showings of movies were in Germany. In Berlin in 1885, Max Emil Skladanowsky produced a seven-minute film which is still in existence. The German movie industry flourished during the era of silent films and early "talkies" (1919–1932). Directors such as Fritz Lang, F. W. Murnau, and G. W. Pabst were considered among the finest in the world, and the German use of the "moving camera" influenced many of them.

During the Nazi era (1933–1945), many great German and Austrian filmmakers emigrated to the United States and other countries. Some of them never returned; this loss led to a period of mediocrity in German filmmaking that lasted until the mid-sixties. At that point, a generation of young filmmakers began to introduce the New German Cinema **(Neuer deutscher Film).** Those directors, many of them now famous, include Werner Herzog, Wim Wenders, Wolfgang Petersen, and the late Rainer Werner Fassbinder. Despite the fact that the majority of films shown in German movie theaters today are American, with dubbed voices, other German directors such as Margarethe von Trotta, Volker Schlöndorff, Doris Dörrie, Percy Adlon, Tom Tykwer, and Caroline Link have not only renewed the German film audience but won international recognition.

With Tom Tykwer's (b. 1965) 1998 film *Lola rennt* (Run Lola Run) a generation of directors born in the 1960s and 1970s began winning fans at German and international box offices. Caroline Link (b. 1964) directed *Nirgendwo in Afrika* (Nowhere in Africa), which won the American Academy Award for best foreign language film in 2003. The Turkish-German director Fatih Akin won international acclaim with his film *Gegen die Wand* (Head-on) in 2004. In short succession, two more German-language films won Academy Awards—in 2007, Florian Henckel von Donnersmarck's *Das Leben der Anderen* (The Lives of Others) and in 2008, the Austrian film *Die Fälscher* (The Counterfeiters) directed by Stefan Ruzowitzky. All of these Oscar-winning films deal with problematic aspects of the German past, ranging from the Hitler Era to the German Democratic Republic *(DDR)*.

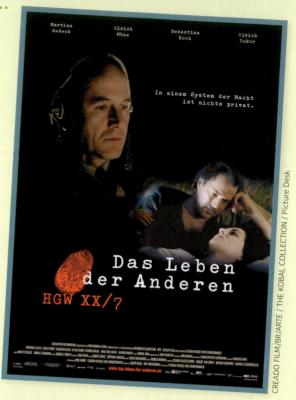

▲ Der Film *Das Leben der Anderen* bekam 2007 einen Oscar.

J. Kulturkontraste, 3. Der deutsche Film

Kulturkontraste

Internetrecherche Finden Sie Informationen über die folgenden Personen und sagen Sie, was sie mit Deutschland oder Österreich zu tun haben: Marlene Dietrich, Billy Wilder, Roland Emmerich, Carl Laemmle, Sandra Bullock, Leonardo DiCaprio, Wolfgang Petersen, Fritz Lang, Florian Henckel von Donnersmarck, Christoph Waltz, Diane Krüger.

Grammatik und Übungen

🌐 Tutorial Quizzes

The present perfect tense (das Perfekt)

Talking about the past

Ich **habe** mit Lea **gesprochen**.	*I **have spoken** with Lea.*
	*I **spoke** with Lea.*
Sie **ist** nach Hause **gegangen**.	*She **has gone** home.*
	*She **went** home.*

iLrn Grammar Tutorials

German has several past tenses. One of them is the PRESENT PERFECT TENSE.

- The present perfect tense is commonly used in conversation to refer to past actions or states.

- It is made up of the present tense of the auxiliary **haben** or **sein** and the past participle of the verb.

- In independent clauses, the past participle is the last element. (For dependent clauses see page 242.)

Ich habe es **nicht** allein **gemacht**.	*I **didn't do** it alone.*
Ich habe es **nicht gemacht**.	*I **didn't do** it.*

In *Kapitel 1* you learned which elements **nicht** precedes (e.g., the adverb **allein**). If one of these elements is not present, **nicht** precedes the past participle (e.g., **nicht gemacht**).

Past participles of regular weak verbs (Das Partizip Perfekt regelmäßiger schwacher Verben)

Infinitive	Past participle	Present perfect tense
spielen	ge + spiel + t	Alina **hat** gestern nicht Tennis **gespielt**.
arbeiten	ge + arbeit + et	Sie **hat gearbeitet**.

German verbs may be classified as weak or strong according to the way in which they form their past tenses.

- A German regular weak verb is a verb whose infinitive stem (**spiel-, arbeit-**) remains unchanged in the past-tense forms.

- In German, the past participle of a regular weak verb is formed by adding **-t** to the unchanged infinitive stem. The **-t** expands to **-et** in verbs whose stem ends in **-d** or **-t** (**arbeiten > gearbeitet**), and in some verbs whose stem ends in **-rn** or **-n** (**regnen > geregnet**). Unlike **regnen**, verbs ending in **-ern** or **-eln** add **-t** rather than **-et** to the verb stem: **wandern > gewandert; lächeln** (*to smile*) **> gelächelt.**

- Most weak verbs also add the prefix **ge-** in the past participle.

> In English, the past participle of corresponding verbs (called "regular" verbs) is formed by adding **-ed** to the stem, e.g., *play > play**ed**, work > work**ed**.*

Auxiliary *haben* with past participles

ich	**habe** etwas **gefragt**	wir	**haben** etwas **gefragt**
Sie	**haben** etwas **gefragt**	Sie	**haben** etwas **gefragt**
du	**hast** etwas **gefragt**	ihr	**habt** etwas **gefragt**
er/es/sie	**hat** etwas **gefragt**	sie	**haben** etwas **gefragt**

The chart above shows how the present perfect tense of a weak verb is formed, using the auxiliary **haben**.

I. Wir haben es schon gehört

26 **Wir haben es schon gehört** Ihre Freundin/Ihr Freund möchte anderen ein paar Neuigkeiten (*pieces of news*) erzählen. Sagen Sie Ihrer Freundin/Ihrem Freund, dass diese Leute die Neuigkeiten schon gehört haben.

BEISPIEL Frau Fischer   *Frau Fischer **hat** es schon **gehört**.*

1. Elias
2. ich
3. Professor Weber
4. unsere Freunde
5. wir

J. Ich hab's schon gemacht

27 **Am Wochenende** Jana erzählt vom Wochenende. Ergänzen Sie die Sätze. Benutzen Sie das Perfekt.

BEISPIEL Am Freitagabend haben Julian und ich Tennis
___*gespielt*___. (spielen)

1. Du hast mich _____, was am Wochenende los war. (fragen)
2. Also, Jasmin hat am Samstag wieder _____. (jobben)
3. Ich habe heute Morgen für meine Matheklausur _____, aber am Nachmittag nur _____. (lernen/faulenzen)
4. Am Sonntag haben wir den Geburtstag meiner Mutter _____. (feiern)
5. Meine Schwester hat ihr wirklich schöne Blumen _____. (schenken)
6. Vati hat das ganze Essen _____. (kochen)

Past participles of irregular weak verbs (*Partizip Perfekt der unregelmäßigen schwachen Verben*)

Infinitive	Past participle	Present perfect tense
bringen	ge + brach + t	Wer **hat** den Wein **gebracht**?
denken	ge + dach + t	Jens **hat** an den Wein **gedacht**.
kennen	ge + kann + t	Er **hat** ein gutes Weingeschäft **gekannt**.
		Sie **hat** Thomas gut **gekannt**.
wissen	ge + wuss + t	Das **haben** wir nicht **gewusst**.

A few weak verbs, including **bringen, denken, kennen,** and **wissen,** are irregular. They are called irregular weak verbs because the past participle has the prefix **ge-** and the ending **-t,** but the verb also undergoes a stem change. The past participles of irregular weak verbs are noted in the vocabularies as follows: **denken, gedacht.**

28 **Alles vorbereitet** Hannah und Julian haben eine Party. Lesen Sie die Sätze und sagen Sie, was sie schon gemacht haben. Benutzen Sie das Perfekt.

BEISPIEL Julian denkt an alle Freunde.   *Julian **hat** an alle Freunde **gedacht**.*

1. Hannah denkt an den Wein.
2. Julian bringt Käse mit.
3. Stefan kauft Obst.
4. Marie bringt Pizza mit.
5. Lea und Dominik kaufen Mineralwasser.

29 **Frage-Ecke** Was haben Sarah, Leon und Felix gestern Abend, letztes Wochenende und letzte Woche gemacht? Die Informationen für *S2* finden Sie im Anhang (*Appendix B*).

S1:
Was hat Sarah letztes Wochenende gemacht?

S2:
Sie hat gefaulenzt.

S1: …

	Sarah	Leon	Felix
gestern Abend	im Chatroom gechattet		im Internet gesurft
letztes Wochenende		Schach gespielt	
letzte Woche	jeden Abend gekocht		

Use of the present perfect tense

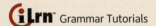 Grammar Tutorials

In English, the present perfect tense and the simple past tense have different meanings.

> *What are you doing today?*
> *Daniel has invited me to dinner (and I'm going this evening).*

The present perfect tense (e.g., *has invited*) in English refers to a period of time that continues into the present and is thus still uncompleted.

> *What did you do today?*
> *Daniel invited me to dinner (and I went).*

The simple past tense (e.g., *invited*) in English, on the other hand, refers to a period of time that is completed at the moment of speaking.

Daniel **hat** mich zum Essen **eingeladen**.
{ *Daniel has invited me to dinner.*
{ *Daniel invited me to dinner.*

In German, the present perfect tense (e.g., **hat eingeladen**) refers to all actions or states in the past, whereas in English the simple past tense is used for completed actions and the present perfect tense for uncompleted actions. Context usually makes the meaning clear.

- In German, the present perfect tense is most frequently used in conversation to refer to past actions or states. Therefore, it is often referred to as the "CONVERSATIONAL PAST."

- German also has a simple past tense (see *Kapitel 10*) that is used more frequently in formal writing. It narrates connected events in the past and is, therefore, frequently called the "NARRATIVE PAST."

 30 **Das hab' ich nicht gewusst** Beantworten Sie die folgenden Fragen. Fragen Sie dann eine Partnerin/einen Partner.

Talking about the past

1. Welche Kurse hast du dieses Semester gemacht?
2. Wie viele Bücher hast du dieses Semester gekauft?
3. Wie viel haben deine Bücher gekostet?
4. Hast du heute schon im Internet gesurft?
5. Bis wann hast du gestern Abend gearbeitet?
6. Was hast du letzte Woche in deiner Freizeit gemacht?

31 Hören Sie zu Anna und Daniel sind an der Uni. Anna hat eine Einkaufstasche und Daniel will wissen, was Anna gekauft hat. Hören Sie zu und geben Sie an, ob die Sätze unten richtig oder falsch sind. Sie hören fünf neue Wörter: **pleite** *(broke; out of money)*; **du Armer** *(you poor thing)*; **die Tüte** *(bag, sack)*; **neugierig** *(curious)*; **zum Spaß** *(for fun)*.

	Richtig	Falsch
1. Daniel hat viel Geld und will einkaufen gehen.	_____	_____
2. Anna hat Schuhe gekauft.	_____	_____
3. Professor Huber hat zwei Bücher für das Seminar gekauft.	_____	_____
4. Anna hat Daniel einen Kalender gekauft.	_____	_____

Past participles of strong verbs *(starke Verben)*

Infinitive	Past participle	Present perfect tense
sehen	ge + seh + en	Ich **habe** es **gesehen**.
finden	ge + fund + en	Ich **habe** es **gefunden**.
nehmen	ge + nomm + en	Ich **habe** es nicht **genommen**.

- The past participle of a strong verb ends in **-en**. (EXCEPTION: **getan**.)
- Most strong verbs also add the **ge-** prefix in the past participle.
- Many strong verbs have a stem vowel in the past participle (**gefunden**) that is different from that in the infinitive, and some verbs also have a change in the consonants (**genommen**).
- Past participles of strong verbs are noted in the vocabularies as follows: **schreiben, geschrieben**.

For a list of strong verbs, see section 27 of the Grammatical Tables in *Appendix D*.

Infinitive	Past participle
halten	**gehalten**
schlafen	**geschlafen**
tragen	**getragen**
tun	**getan**

K. Pizza machen

32 Pizza machen Aylin und Songül sprechen über Mustafa. Ergänzen Sie die Sätze im Perfekt.

BEISPIEL AYLIN: Warum ___*hat*___ Mustafa heute so lange _*geschlafen*_? (schlafen)

SONGÜL: Er _____ heute nicht viel _____. (tun) Er _____ nur eine Pizza _____. (machen)

AYLIN: Was _____ die Freunde von seinem Plan _____? (halten)

SONGÜL: Sie _____ auch eine Pizza _____. (machen) Dann _____ sie die Pizzas zu den Nachbarn _____. (tragen)

AYLIN: Was _____ die Nachbarn dann _____? (tun)

SONGÜL: Sie _____ die Pizzas natürlich _____. (essen) Sie haben gut geschmeckt *(tasted)*.

Infinitive	Past participle	Infinitive	Past participle
geben	**gegeben**	essen	**gegessen**
lesen	**gelesen**	liegen	**gelegen**
sehen	**gesehen**	sitzen	**gesessen**

33 **Ein Abend bei mir** Sie haben Alexander gestern Abend eingeladen. Erzählen Sie, was Sie gemacht haben. Benutzen Sie das Perfekt.

BEISPIEL Ein Buch über die Schweiz liegt da.
Ein Buch über die Schweiz hat da gelegen.

1. Was machst du mit dem Buch?
2. Ich gebe es Alexander.
3. Zuerst liest er das Buch.
4. Dann essen wir.
5. Ich esse auch einen Apfel.
6. Später sehen wir einen Film im Fernsehen.

Infinitive	Past participle	Infinitive	Past participle
nehmen	**genommen**	trinken	**getrunken**
sprechen	**gesprochen**	leihen	**geliehen**
treffen	**getroffen**	schreiben	**geschrieben**
finden	**gefunden**		

34 **Was haben sie getan?** Geben Sie die folgenden Kurzdialoge im Perfekt wieder.

BEISPIELE —Nehmen Paul und Jonas den Zug? | —*Haben Paul und Jonas den Zug genommen?*
—Nein, ich leihe ihnen mein Auto. | —*Nein, ich habe ihnen mein Auto geliehen.*

1. —Trinken Sie Kaffee?
   —Nein, ich nehme Tee.
2. —Schreibst du die Karte?
   —Nein, ich finde sie nicht.
3. —Sprechen Niklas und Lea mit euch Englisch?
   —Ja, wir finden das toll.

Past participles of separable-prefix verbs (trennbare Verben)

Infinitive	Past participle	Present perfect tense
abholen	ab + **ge** + holt	Ich **habe** Jana **abgeholt**.
fernsehen	fern + **ge** + sehen	Wir **haben** dann zusammen **ferngesehen**.

The prefix **ge-** of the past participle comes between the separable prefix and the stem of the participle.

• Some separable-prefix verbs are weak (e.g., **abgeholt**); others are strong (e.g., **ferngesehen**).

• In spoken German the separable prefix receives stress: **ab′geholt**.

A list of some separable-prefix verbs you have encountered follows.

Infinitive	Past participle	Infinitive	Past participle
abholen	**abgeholt**	fernsehen	**ferngesehen**
anrufen	**angerufen**	kennenlernen	**kennengelernt**
aussehen	**ausgesehen**	mitbringen	**mitgebracht**
durcharbeiten	**durchgearbeitet**	mitnehmen	**mitgenommen**
einkaufen	**eingekauft**	vorhaben	**vorgehabt**
einladen	**eingeladen**	zurückzahlen	**zurückgezahlt**

35 **Studentenleben** Setzen Sie die folgenden Dialoge ins Perfekt.

BEISPIELE —Lädt Lukas für Samstag einige   —*Hat Lukas für Samstag einige*
Freunde ein?   *Freunde eingeladen?*
—Natürlich. Er ruft alle seine   —*Natürlich. Er hat alle seine*
Freunde an.   *Freunde angerufen.*

1. —Kauft er auch Wein ein?
   —Na klar. Er kauft auch Käse, Wurst und Brot ein.
2. —Bringen seine Freunde etwas mit?
   —Natürlich. Sie bringen viel mit.
3. —Bringt Lisa auch Jana mit?
   —Nein, denn sie hat etwas vor.
4. —Sieht sie fern?
   —Nein, sie arbeitet ihre Notizen durch.

36 **Wer hat was gemacht?** Was haben die Leute auf den Bildern gestern in ihrer Freizeit gemacht? Benutzen Sie die folgenden Wörter.

L. Studentenleben

> **am Computer arbeiten   einen Brief** (letter) **schreiben   fernsehen**
> **im Supermarkt einkaufen   Spaghetti kochen**
> **viel schlafen   Zeitung lesen**

BEISPIEL *Sie hat die Zeitung gelesen.*   1.   2.

3.   4.   5.   6.

Past participles without the *ge-* prefix

Verbs ending in -ieren

Infinitive	Past participle	Present perfect tense
studieren	studiert	Marcel **hat** in München Physik **studiert**.
interessieren	interessiert	Die Kunstvorlesungen **haben** ihn auch **interessiert**.

- Verbs ending in **-ieren** do not have the prefix **ge-** in the past participle.
- All **-ieren** verbs are weak and thus their participles end in **-t**.
- These verbs are generally based on words borrowed from French and Latin; they are often similar to English verbs. Some common verbs are: **diskutieren, fotografieren, gratulieren, interessieren, studieren, telefonieren.**

---

37 **Worüber hat man diskutiert?** Ergänzen Sie die Kurzdialoge im Perfekt.

D. Das Spiel

BEISPIELE TIM: Wo _____hast_____ du _____studiert_____, Paula? (studieren)

PAULA: Ich _____habe_____ in München _____studiert_____. (studieren)

ROBIN: Mit wem _____ Noah so lange _____? (telefonieren)

KEVIN: Mit Laura. Er _____ ihr zum Geburtstag _____. (gratulieren)

PIA: Pascal _____ mit seinem Freund über ein Problem _____. (diskutieren)

CHIARA: Schön. Aber warum _____ sie so lange _____? (diskutieren)

PIA: Die Professoren _____ wieder für mehr Mathematik _____. (plädieren [*plead*])

NICO: Die Studenten _____ wieder gegen diesen Plan _____, nicht wahr? (protestieren)

Verbs with inseparable prefixes (untrennbare Verben)

Infinitive	Past participle	Present perfect tense
beantworten	beantwortet	Du **hast** meine Frage nicht **beantwortet**.
beginnen	begonnen	**Hast** du schon mit der Arbeit **begonnen**?
bekommen	bekommen	Ich **habe** keine E-Mail **bekommen**.
besuchen	besucht	Anton **hat** seine Freunde in Salzburg **besucht**.
bezahlen	bezahlt	Wer **hat** den Kaffee **bezahlt**?
erzählen	erzählt	Hülya **hat** eine lustige Geschichte **erzählt**.
gefallen	gefallen	Sie **hat** ihren Freunden gut **gefallen**.
verdienen	verdient	Wie viel **hast** du gestern bei der Arbeit **verdient**?
versuchen	versucht	**Hast** du wirklich alles **versucht**?

Some prefixes are never separated from the verb stem. These prefixes are **be-, emp-, ent-, er-, ge-, ver-,** and **zer-**.

- Inseparable-prefix verbs do not add the prefix **ge-** in the past participle.
- Some inseparable-prefix verbs are weak; others are strong.
- An inseparable prefix is not stressed in spoken German: **bekom′men.**

38 **Maries Reise in die Schweiz** Marie hat eine Reise in die Schweiz gemacht. Erzählen Sie von ihrer Reise und geben Sie jeden Satz im Perfekt wieder.

BEISPIEL Marie erzählt von ihren Ferien.   *Marie hat von ihren Ferien erzählt.*

1. Sie bezahlt die Reise selbst.
2. Die Schweiz gefällt Marie sehr.
3. Sie besucht da Freunde.
4. Ihre Freundin Nina erzählt ihr viel.
5. Und sie bekommt da auch guten Käse.

Auxiliary *sein* with past participles

ich	**bin gekommen**	wir	**sind gekommen**
Sie	**sind gekommen**	Sie	**sind gekommen**
du	**bist gekommen**	ihr	**seid gekommen**
er/es/sie	**ist gekommen**	sie	**sind gekommen**

Some verbs use **sein** instead of **haben** as an auxiliary in the present perfect.

Warum **ist** Marie so früh **aufgestanden**?   *Why did Marie get up so early?*
Sie **ist** nach Freiburg **gefahren**.   *She drove to Freiburg.*

Verbs that require **sein** must meet two conditions. They must:

1. be intransitive verbs (verbs without a direct object) and
2. indicate a change in condition (e.g., **aufstehen**) or motion to or from a place (e.g., **fahren**).

Infinitive		Past participle
aufstehen		aufgestanden
fahren		gefahren
fliegen	ist	geflogen
gehen		gegangen
kommen		gekommen

Infinitive		Past participle
laufen		gelaufen
schwimmen	ist	geschwommen
wandern		gewandert
werden		geworden

Warum **bist** du nur bis elf auf der
   Party **geblieben**?
Ich **bin** müde **gewesen**.

*Why did you stay at the party only
   until eleven?*
I was tired.

The intransitive verbs **bleiben** and **sein** require **sein** as an auxiliary in the present perfect tense, even though they do not indicate a change in condition or motion to or from a place.

Wie **war** der Kaffee?   *How was the coffee?*
Der Kuchen **war** gut.   *The cake was good.*

The simple past tense of **sein (war)** is used more commonly than the present perfect tense of **sein (ist gewesen),** even in conversation.

B. Was haben Sie als Kind (nicht) gern gemacht?

39 **So war es** Setzen Sie die Kurzdialoge ins Perfekt.

BEISPIELE   ELIAS: Sag mal, Alina, _bist_ du mit dem Auto _gefahren_? (fahren)

ALINA: Nein, ich _bin_ _geflogen_. (fliegen)

LARA: _____ du nach Österreich _____, Tim? (fahren)

TIM: Nein, ich _____ auch in den Ferien zu Hause _____. (bleiben)

HERR LEHMANN: _____ Müllers auch schwimmen _____? (gehen)

FRAU LEHMANN: Ja, aber sie _____ erst später _____. (kommen)

MUTTI: Warum _____ ihr nicht schwimmen _____? (gehen)

KINDER: Es _____ zu kalt _____. (werden)

JULIA: _____ du auch in den Ferien jeden Tag so früh _____? (aufstehen)

SELINA: Ja, ich _____ mit meinem Hund im Park _____. (laufen)

40 **Hören Sie zu** Stefan hat ein kurzes Interview mit einem Freizeitmagazin. Die Reporterin ist eine alte Schulfreundin von Stefan und will herausfinden, was ein typischer Student in seiner Freizeit macht. Geben Sie an, was Stefan gesagt hat. Sie hören einen neuen Ausdruck: **Du hast recht** *(You're right)*.

2-7

M. So war es

	Richtig	Falsch
1. Stefan hat Annika schon lange nicht mehr gesehen.	_____	_____
2. Stefan ist in die Vorlesung gegangen.	_____	_____
3. Stefan hat eine Prüfung geschrieben.	_____	_____
4. Stefan will nächstes Jahr in Finnland Kajak fahren.	_____	_____
5. Stefan hat viele E-Mails geschrieben.	_____	_____
6. Stefan hat Freunde im Club gesehen.	_____	_____
7. Stefan isst nicht gern Pizza.	_____	_____
8. Stefan hat viel Kaffee getrunken.	_____	_____

41 **Frage-Ecke** Wer hat am Wochenende was gemacht? Die Informationen für **S2** finden Sie im Anhang *(Appendix B)*.

S1:
Was hat Alina gemacht?

S2:
Alina ist spazieren gegangen und hat einen Roman gelesen.

S1: ...

	Alina	Nils	Stefan	Chiara	ich	Partnerin/ Partner
im Restaurant essen				x		
spazieren gehen						
fernsehen						
Rad fahren		x				
faulenzen		x				
in die Kneipe gehen						
einen Roman lesen				x		
mit Freunden telefonieren						

Dependent clauses in the present perfect tense

Lily erzählt, **dass** sie gestern einen guten Film **gesehen hat**.
Sie sagt, **dass** sie mit Freunden ins Kino **gegangen ist**.

In a dependent clause, the present-tense form of the auxiliary verb **haben** or **sein** follows the past participle and is the last element in the clause.

F. Im Café an der Uni

F. Ein Abend bei uns

C. Was hat Selina heute gemacht?

G. Wie war es bei dir?

42 **Neugierig** *(curious)* Beantworten Sie die Fragen. Beginnen Sie jeden Satz mit **weil**.

BEISPIEL Warum hat sie dieses Buch gekauft? (Es hat ihr gefallen.)
Weil es ihr gefallen hat.

1. Warum hat Michelle in den Ferien gearbeitet? (Sie hat das Geld fürs Studium gebraucht.)
2. Warum hat sie so viel Geld gebraucht? (Alles ist so teuer geworden.)
3. Warum ist sie in die Buchhandlung gegangen? (Sie hat ein Buch gesucht.)
4. Warum hat sie Deutsch gelernt? (Sie hat die Sprache *[language]* interessant gefunden.)
5. Warum ist sie noch nicht nach Deutschland gefahren? (Sie hat nicht genug Geld gehabt.)

43 **Bildgeschichte** Was hat Leonie am Montag gemacht? Schreiben Sie zu jedem Bild einen oder zwei Sätze im Perfekt.

1.

2.

3.

4.

5.

6.

7.

Land und Leute

⊕ Web Search

Der Führerschein

The minimum age for an unrestricted driver's license (**Führerschein**) in the German-speaking countries is eighteen, although exceptions are sometimes made for people as young as sixteen who need a car to make a living. In Germany and Austria, drivers aged seventeen may drive as long as an adult licensed driver is also in the car.

To obtain a license one must attend a private driving school (**Fahrschule**). In Germany, a driving course for a passenger car consists of a minimum of fourteen 90-minute classes of theoretical instruction and a minimum of twelve hours of driving lessons (**Fahrstunden**). The driving lessons include practice in city driving, on the highway (**Autobahn**), and nighttime driving. At the end of the course, every student must pass both a theoretical test and a driving test. Approximately one-third of the students fail the test the first time. Each candidate must also complete a course in first aid before being issued a driver's license. The **Führerschein** is then issued temporarily for two years, after which time the driver can obtain it for life if the driving record shows no entries for drunk driving or other at-fault violations. The total cost of the driving lessons plus the test fees can easily exceed 1,000 euros.

The member nations of the EU have agreed to standards that apply to all member countries. Therefore, national driver's licenses are valid in all EU countries.

However, laws and regulations are not uniform in the EU countries. Switzerland and Austria charge a fee for using the **Autobahnen**. In Germany there is a fee for large trucks, but none for small trucks or passenger cars. Germany has no speed limit on 70% of the **Autobahnen**, while Austria has a speed limit of 130 km/h and Switzerland 120 km/h. In Germany, truck traffic is forbidden on Sundays and holidays, as well as on Saturdays at the height of the vacation season. Austria, Switzerland, and Germany have laws prohibiting speaking on hand-held phones while driving.

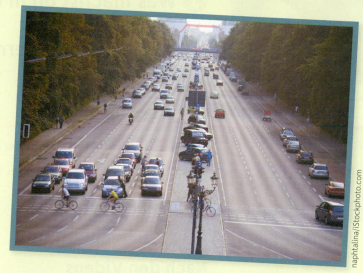

naphtalina/iStockphoto.com

▲ Verkehr in Berlin

anweber / Shutterstock.com

▲ Eine Ampel in Braunschweig

 J. Kulturkontraste, 4. Der Führerschein

Kulturkontraste

1. Vergleichen Sie Fahrschulen in Deutschland mit Fahrschulen in Ihrem Land. Was ist anders?

2. Finden Sie es gut, dass man in Deutschland, der Schweiz und Österreich beim Fahren nicht mit einem Handy telefonieren kann? Warum (nicht)?

3. Vergleichen Sie die Autobahnen in Deutschland, Österreich und der Schweiz mit den Straßen in Ihrem Land! Was ist gleich, was ist anders? Tipp: 120 km = 75 Meilen; 130 km = 81 Meilen.

Video-Ecke

1 Was machst du in deiner Freizeit?
Berlin
Was ziehst du gern an?

▲ Sie geht gern ins Kino.

▲ Sie meint: „In Berlin kann man fast alles tun."

▲ Er trägt gerne Jeans – auch zur Arbeit.

Vor den Videos

44 Nachgedacht Was wissen Sie noch vom Kapitel? Denken Sie nach.

1. Was machen die Deutschen in ihrer Freizeit?
2. Was gibt es im Fernsehen?
3. Welche Feiertage gibt es?

Nach den Videos

45 Alles klar? Sehen Sie sich die Interviews an und machen Sie sich Notizen. Beantworten Sie dann die Fragen.

1. Wer geht gern in der Stadt einkaufen?
2. Was kann man in Berlin alles tun?
3. Wer trägt gerne was?

2 Was machen wir heute Abend?

▲ Markus muss morgens früh los.

▲ Lily und Hülya gehen in Berlin einkaufen.

▲ Am Abend spielen alle Tischtennis.

In diesem Kapitel frühstücken unsere Freunde bei Markus in Berlin und planen den Tag. Sie gehen dann einkaufen, spielen im Park Fußball und spielen in einer Kneipe Tischtennis.

Nützliches	
alles Mögliche	*all kinds of things*
die Kneipe	*pub / bar*
Tischtennis	*table tennis*
die Boutique	*boutique / shop*
los müssen	*having to leave / go*

Nach den Videos

Sehen Sie sich das Video an und machen Sie sich Notizen. Beantworten Sie dann die Fragen.

A. Was erfahren Sie?
B. Richtig oderfalsch?
C. Wer sagt das?
D. Was ist passiert?
E. Schreiben Sie

46 Was passiert wann? Bringen Sie die folgenden Sätze in die richtige Reihenfolge.

_____ Alle vier spielen in einer Kneipe Tischtennis.
_____ Paul und Anton sind im Park und spielen Fußball.
_____ Markus sagt: „Ich muss los."
_____ Anton fragt Paul: „Und was machen wir?"
_____ Die Freunde planen den Abend in Berlin.
_____ Lily trinkt Kaffee.
_____ Lily und Hülya kaufen ein.

47 Richtig oder falsch? Arbeiten Sie mit einer Partnerin/einem Partner. Fragen Sie sie/ihn: Was ist richtig, was ist falsch?

S1:	S2:
Markus geht um 7.00 Uhr los. Ist das richtig?	Ja, das ist richtig. / Nein. Er …

	Richtig	Falsch
Markus geht um 7.00 Uhr los.	_____	_____
In Berlin gibt es keine Literaturlesungen.	_____	_____
Im Treptower Park kann man Fußball spielen.	_____	_____
Hülya kauft eine Jacke.	_____	_____
Alle treffen sich um 20.00 Uhr in der Kneipe.	_____	_____

48 Was meinen Sie? Beantworten Sie die Fragen.

1. Sie sind für zwei Tage in Berlin. Was wollen Sie machen?
2. Was kann man in Ihrer Stadt abends machen?
3. Bei Markus, im Park, in der Boutique und in der Kneipe: Was fällt Ihnen auf? Was ist in Amerika oder in Kanada anders?

Wiederholung

1 Rollenspiel Heute ist Ihr erster Tag als Bedienung *(server)* in einem Café. Ihre Partnerin/Ihr Partner ist Gast und nicht sehr zufrieden *(satisfied)* mit dem Service. Antworten Sie mit Entschuldigungen *(apologies)* auf ihre/seine Aussagen *(statements)*.

1. Bedienung, ich warte schon zwanzig Minuten. Kann ich jetzt endlich *(finally)* bestellen *(order)*, bitte?
2. Gibt es denn heute keinen Apfelkuchen?
3. Ich möchte bitte Karameleis. Haben Sie das?
4. Autsch, jetzt haben Sie mir Kaffee auf die Hose geschüttet *(poured)*.
5. Seien Sie nicht so hektisch!
6. Ich finde den Service hier wirklich nicht besonders gut.
7. Kann ich jetzt bitte endlich bezahlen? Ich warte schon seit einer halben Stunde.

2 Das gefällt ihnen nicht Beantworten Sie die folgenden Fragen mit **nein**. Benutzen Sie Pronomen in Ihren Antworten.

BEISPIELE —Laura, liest Kevin gern klassische Literatur?
   —*Nein, klassische Literatur gefällt **ihm** nicht.*
—Liest seine Schwester gern Krimis?
   —*Nein, Krimis gefallen **ihr** nicht.*

1. Hört Anna gern klassische Musik?
2. Und du, Laura, hörst du gern Rockmusik?
3. Laura und Lena, seht ihr gern Actionfilme?
4. Sehen Paul und Lisa gern Dokumentarfilme?
5. Liest Dominik gern Romane?
6. Und Professor Lange. Hören Sie gern Jazz?

3 Nils hat Freunde zum Essen eingeladen Erzählen Sie von Nils und ergänzen Sie die fehlenden *(missing)* Präpositionen.

1. Nils lebt _____ zwei Monaten in Bremen.
2. Er arbeitet _____ einer amerikanischen Firma.
3. _____ Samstag hat er einige Freunde _____ Essen eingeladen.
4. Am Wochenende kommen seine Freunde oft _____ ihm.
5. Sie sind _____ zwölf gekommen.
6. Nils hat _____ seine Freunde einen Fisch gegrillt.
7. _____ dem Wein trinken sie eine ganze Flasche *(bottle)*.
8. Der Wein kommt _____ Italien.
9. _____ dem Essen gehen sie zu einem Fußballspiel.

4 Pizza oder Spaghetti? Beschreiben Sie, was Jennifer für ihre Freunde gekocht hat. Benutzen Sie das Perfekt und die folgenden Wörter.

1. Jennifer / einladen / am Samstag / Freunde / zum Essen
2. sie / machen / eine Pizza
3. sie / haben / keinen Käse // und / ihre Freundin Nina / laufen / zu / Supermarkt
4. die Pizza / aussehen / ein bisschen schwarz
5. dann / sie / kochen / Spaghetti

5 Wie sagt man das?

1. —*Why did you come by bus?*
   —*My car is broken down.*
   —*I'm sorry.*
2. —*Did you like Denmark?*
   —*Yes. We hiked a lot.*
   —*Did you camp (in a tent)?*
   —*No. It rained too much. We slept at friends' (houses).*
3. —*I like your jacket.*
   —*It's new. I bought it in Freiburg.*
   —*What were you doing in Freiburg?*
   —*My brother studies there. I visited him.*

6 Fragen über die Uni Was hat David über das Studium in Deutschland herausgefunden? Verbinden Sie die Sätze mit den Konjunktionen in Klammern.

1. David hat viele Fragen. (weil) Er möchte in Deutschland studieren.
2. Er studiert vier Semester dort. (wenn) Die Uni ist nicht zu teuer.
3. Nicole sagt ... (dass) Ein Semester kostet 500 Euro.
4. Er studiert dort. (wenn) Er kann einen Studentenjob finden.
5. Nicole sagt ... (dass) Es gibt leider wenige Studentenjobs.

7 Rollenspiel Ihre Partnerin/Ihr Partner ist gestern Abend mit einer Freundin/einem Freund ausgegangen. Fragen Sie sie/ihn, was sie gemacht haben.

8 Zum Schreiben

1. Phillipp und Alina sprechen über verschiedene *(various)* Themen. Wählen Sie eines der Themen und schreiben Sie ein Gespräch zwischen Phillipp und Alina.

   | das Wetter   einkaufen   die Vorlesung   Ferien   Kleidung |
   | Fernsehen   eine Seminararbeit vorbereiten   das Essen |
   | das Wochenende |

2. Schreiben Sie eine Woche lang ein Tagebuch *(diary)* auf Deutsch. Schreiben Sie auf, was Sie jeden Tag gemacht haben. Einige Verben:

   | arbeiten   aufstehen   besuchen   fernsehen   gehen |
   | kaufen   lernen   spielen   sprechen (mit) |

3. Stellen Sie sich vor *(imagine)*, dass Sie ein Jahr lang an einer Universität in Deutschland studieren. Schreiben Sie eine E-Mail an eine Freundin oder einen Freund in Deutschland und beschreiben Sie die letzten paar Wochen. Mögliche Themen sind: das Wetter, die Kurse, Leute, die *(whom)* Sie jetzt kennen, Freizeitaktivitäten wie Sport, Fernsehen, Musik, Konzerte, Kneipen, Filme.

Schreibtipp

Nachdem Sie fertig geschrieben haben, lesen Sie Ihren Text noch einmal durch und kontrollieren Sie:

- Subjekt und Verb
- Präpositionen und Fälle *(cases)* (Sehen Sie sich *Kapitel 3* und *5* an.)
- **Haben** oder **sein** mit Perfekt (Sehen Sie sich dieses Kapitel an.)
- Wortstellung *(word order)* mit Konjunktionen (Sehen Sie sich *Kapitel 5* an.)
- Wortstellung im Perfekt (Sehen Sie sich dieses Kapitel an.)

Grammatik: Zusammenfassung

The present perfect tense

Hast du gestern Abend **ferngesehen**?
Nein, ich **bin** ins Kino **gegangen**.

Did you watch TV last night?
No, I went to the movies.

The German present perfect tense, like the English present perfect, is a compound tense. It is made up of the present tense of the auxiliary **haben** or **sein** and the past participle of the verb. In independent clauses, the past participle is in final position.

Past participles of regular weak verbs and irregular weak verbs

	Infinitive	Past participle	Present perfect tense
Regular weak verbs	sagen	ge + sag + t	Marcel **hat** es **gesagt**.
	arbeiten	ge + arbeit + et	Luisa **hat** viel **gearbeitet**.
	baden (*to bathe*)	ge + bad + et	Die Mutter **hat** das Kind g**ebadet**.
	regnen	ge + regn + et	Es **hat** gestern **geregnet**.

	Infinitive	Past participle	Present perfect tense
Irregular weak verbs	bringen	ge + brach + t	Pia **hat** Blumen **gebracht**.
	denken	ge + dach + t	Sie **hat** an deinen Freund **gedacht**.
	kennen	ge + kann + t	Sie **hat** deinen Freund nicht **gekannt**.
	wissen	ge + wuss + t	Er **hat** das **gewusst**.

> The **-t** expands to **-et** in verbs such as **arbeiten, baden,** and **regnen**.

The past participle of a regular weak verb is formed by adding **-t** to the unchanged stem and adding the prefix **ge-**. Irregular weak verbs change the stem vowel and consonant(s). The past participle also has the prefix **ge-** and the ending **-t**.

Past participles of strong verbs

Infinitive	Past participle	Present perfect tense
nehmen	ge + nomm + en	Ich **habe** das Brot **genommen**.
essen	ge + gess + en	Ich **habe** es aber nicht **gegessen**.
tun	ge + ta + n	Ich **habe** nichts **getan**.

> For a list of strong verbs, see section 27 of the Grammatical Tables in *Appendix D*.

The past participle of a strong verb ends in **-en** (except **getan**). Most strong verbs also add the **ge-** prefix in the past participle. Many strong verbs have a stem vowel of the past participle that is different from that of the infinitive, and some verbs also have a change in the consonants.

Past participles of separable-prefix verbs

Infinitive	Past participle	Present perfect tense
einkaufen	ein + **ge** + kauft	Lisa **hat** im Supermarkt **eingekauft**.
mitkommen	mit + **ge** + kommen	Noah **ist mitgekommen**.

> Some separable-prefix verbs are weak (e.g., **einkaufen**); others are strong (e.g., **mitkommen**).

The prefix **ge-** of the past participle comes between the separable prefix and the stem of the participle.

Past participles without the *ge-* prefix

	Present tense	Present perfect tense
Verbs ending in -*ieren*	Paula **studiert** in Heidelberg. Jan **repariert** sein Auto.	Paula **hat** in Heidelberg **studiert**. Jan **hat** sein Auto **repariert**.

Verbs ending in -**ieren** do not have the prefix **ge-** in the past participle. They are always weak verbs whose participle ends in -**t**.

	Present tense	Present perfect tense
Verbs with inseparable prefixes	Antonia **erzählt** von ihrer Arbeit. Sie **bekommt** einen neuen Computer.	Antonia **hat** von ihrer Arbeit **erzählt**. Sie **hat** einen neuen Computer **bekommen**.

> Some inseparable-prefix verbs are weak (e.g., **erzählen**); others are strong (e.g., **bekommen**).

- Some prefixes are never separated from the verb stem: **be-**, **emp-**, **ent-**, **er-**, **ge-**, **ver-**, and **zer-**. Inseparable-prefix verbs do not add the prefix **ge-** in the past participle.
- An inseparable prefix is not stressed in spoken German: **bekom′men**.

Use of the auxiliary *haben*

Christine **hat** heute viel **gearbeitet**.   *Christine worked a lot today.*
Sie **hat** ein Referat **geschrieben**.   *She wrote a report.*

Haben is used to form the present perfect tense of most verbs.

Use of the auxiliary *sein*

Schmidts **sind** spät nach Hause **gekommen**.   *The Schmidts came home late.*
Sie **sind** dann spät **aufgestanden**.   *Then they got up late.*

Warum **bist** du so lange **geblieben**?   *Why did you stay so long?*
Es **ist** so schön **gewesen**.   *It was so nice.*

The auxiliary **sein** is used to form the present perfect tense of intransitive verbs (i.e., verbs that do not have a direct object) when these verbs show motion to or from a place (e.g., **kommen**) or denote a change in condition (e.g., **aufstehen**). Here are some verbs you already know that take **sein** in the present perfect tense.

Infinitive	Auxiliary + past participle
aufstehen	ist aufgestanden
bleiben	ist geblieben
fahren	ist gefahren
fliegen	ist geflogen
gehen	ist gegangen
kommen	ist gekommen

Infinitive	Auxiliary + past participle
laufen	ist gelaufen
schwimmen	ist geschwommen
sein	ist gewesen
wandern	ist gewandert
werden	ist geworden

> The intransitive verbs **bleiben** and **sein** require the auxiliary **sein,** even though they do not indicate a change in condition or motion to or from a place.

Use of the present perfect tense in dependent clauses

Kevin sagt, dass David ihm eine Karte geschrieben **hat**.
Er sagt, dass David nach Österreich gefahren **ist**.

In a dependent clause, the auxiliary verb **haben** or **sein** follows the past participle and is the last element in the clause, because it is the finite verb.

Deutsche Fußballfans ▶

Lernziele

Sprechintentionen
- Making plans and preparations
- Discussing and scheduling household chores
- Seeking information about someone
- Expressing agreement and disagreement
- Discussing cultural features

Zum Lesen
- Ein Austauschstudent in Deutschland

Leserunde
- *fünfter sein* (Ernst Jandl)

Wortschatz
1 **Hausarbeit**
2 **Möbel und Küchengeräte**

Grammatik
- **Hin** and **her**
- Verbs **legen/liegen, stellen/stehen, setzen/sitzen, hängen, stecken**
- Two-way prepositions
- Verb and preposition combinations
- Time expressions in dative and accusative
- **Da**-compounds
- **Wo**-compounds
- Indirect questions

Land und Leute
- München
- Häuser und Wohnungen
- Essen zu Hause und als Gast
- Fußgängerzonen

Video-Ecke
1 Typisch deutsch!
   Typisch amerikanisch!
2 Die berühmte deutsche Pünktlichkeit!

RESOURCES

Bausteine für Gespräche

München im Sommer

Michael besucht seine Freundin Christine in München.

MICHAEL: Was machst du nach der Vorlesung? Musst du in die Bibliothek?

CHRISTINE: Nein, ich habe Zeit. Sollen wir nicht mal in einen typisch bayerischen Biergarten gehen? Bei dem Wetter können wir doch schön draußen sitzen.

MICHAEL: Au ja, gern. Im Englischen Garten?

CHRISTINE: Hmmm. Dort gibt es natürlich einige Biergärten, aber dort sind immer so viele Touristen. Außerdem ist es dort ziemlich teuer. Ich bin im Moment etwas pleite.

MICHAEL: Macht nichts. Ich lade dich ein. Wenn ich schon in München bin, möchte ich doch in den Englischen Garten gehen!

A. Ein paar Tage in München

F. Im Stadtgarten in München

1 Fragen

1. Muss Christine nach der Vorlesung arbeiten?
2. Welche Idee hat Christine?
3. Was hält Michael davon?
4. Warum möchte Christine zuerst nicht in den Englischen Garten?
5. Was sagt Michael dazu?

Vorbereitungen für eine Party

FRANZISKA: Sag mal, willst du nicht endlich mal das Wohnzimmer aufräumen? Da liegen überall deine Bücher herum.

SEBASTIAN: Muss das sein?

FRANZISKA: Klar, wir müssen das Essen vorbereiten und den Tisch decken. In einer Stunde kommen die Leute.

SEBASTIAN: Was? Schon in einer Stunde? Du meine Güte! Und wir müssen noch Staub saugen, Staub wischen, abwaschen, abtrocknen, die Küche sieht aus wie ...

FRANZISKA: Jetzt red' nicht lange, sondern mach' schnell. Ich helf' dir ja.

2 Fragen

1. Warum soll Sebastian das Wohnzimmer aufräumen?
2. Wann kommen die Gäste?
3. Was müssen Franziska und Sebastian noch machen?
4. Ist die Küche sauber?
5. Muss Sebastian alles allein machen?

3 **Was machst du wann?** Fragen Sie eine Partnerin/einen Partner, wann sie/er was macht.

Making plans

G. Pläne

S1:

Was machst du | **nach der Vorlesung?**
| nach dem Seminar?
| heute Nachmittag?
| am Wochenende?

S2:

Ich gehe | **in einen Biergarten**.
| in die Bibliothek.
| ins Café.
| einen Film ausleihen.
| nach Hause.

Ich treffe | **im Café**.
[Michael] | in einem Biergarten.
| in der Bibliothek.

4 **Eine Party** Eine Freundin/Ein Freund hat Sie zu einer Party eingeladen. Fragen Sie, was geplant ist und was Sie mitbringen sollen.

Preparing for a party

S1:

Was macht ihr auf der Party?

S2:

Wir | **tanzen**.
| hören Musik.
| essen viel.
| reden viel.
| schauen eine DVD an.

S1:

Was soll ich zu der Party mitbringen?

S2:

Bring doch | **die Bilder von deiner Ferienreise** | mit.
etwas zu | **essen**
| trinken
ein paar | **Flaschen Cola**
| CDs
| DVDs

Brauchbares

1. **Bayerischer Biergarten.** Christine suggests going to a beer garden. Outdoor cafés and restaurants are very common in German-speaking countries. The moderate climate of the summers lends itself to pleasant outdoor dining.

2. **Englischer Garten.** It was created in 1789 on a former hunting ground. With over 921,600 acres, it is one of the largest urban parks in the world. On nice days it is very busy with people sunbathing, boating on the lake, horseback riding, bicycling, strolling, or visiting one of the beer gardens. Munich's surfers meet to go river surfing on the Isar, which flows nearby. Or, you can board one of the traditional wooden rafts and allow yourself to be carried toward the city center as the Isar boatmen used to do. The close proximity of the Garden to the **Ludwig-Maximilians-Universität** makes it popular with students.

Erweiterung des Wortschatzes 1

Hausarbeit

die Spülmaschine
einräumen

den Tisch decken

Geschirr spülen

abtrocknen

das Bad putzen

die Spülmaschine
ausräumen

die Küche sauber
machen

Staub wischen

Staub saugen

die Wäsche waschen

5　Was passt? Stefans Eltern kommen zum Abendessen. Stefan muss also viel Hausarbeit machen. Welche Verben passen wohin? Sie brauchen nicht alle Verben.

> wischen　deckt　einräumen　saugen　abtrocknen
> spülen　putzen　sauber machen

Stefan muss das Geschirr _____ und dann muss er es _____. Das Bad ist nicht sauber, also muss er es _____. Aber das ist noch nicht alles. Im Wohnzimmer muss er noch Staub _____, und in der Küche muss er _____. Dann _____ er den Tisch. Jetzt muss er nur noch das Essen kochen!

6　Hausarbeit Wer macht was im Haushalt? Fragen Sie fünf Personen im Deutschkurs, was sie im Haushalt machen und was nicht. Benutzen Sie die Bilder.

Talking about household chores

S1:
Welche Hausarbeit machst du zu Hause?
Welche Arbeit machst du nicht oft?

S2:
Ich räume die Spülmaschine ein.

Ich sauge nicht oft Staub.

Anyka/Shutterstock.com

◄ Ist das Geschirr wirklich sauber?

7　Frage-Ecke Sie und Ihre Partnerin/Ihr Partner planen die Hausarbeit fürs Wochenende. Sagen Sie, was Julia, Lukas, Alex, Lena, Sie und Ihre Partnerin/Ihr Partner am Freitag und Samstag machen. Die Informationen für *S2* finden Sie im Anhang *(Appendix B)*.

Scheduling chores

S1:
Was macht Julia am Freitag?

S2:
Sie kocht das Abendessen.

S1: ...

	Freitag	Samstag
Julia		das Wohnzimmer aufräumen
Lukas	das Abendessen kochen	
Alex		die Küche sauber machen
Lena	abwaschen	
ich		
Partnerin / Partner		

Vokabeln I

Substantive

Im Haushalt

der **Staub** dust
das **Bad, ̈er** bath; bathroom
das **Geschirr** dishes
das **Wohnzimmer, -** living room
die **Hausarbeit** housework; chore
die **Küche, -n** kitchen
die **Spülmaschine, -n** dishwasher
die **Wäsche** laundry

Weitere Substantive

der **Biergarten, ̈** beer garden
die **Ferienreise, -n** vacation trip
die **Flasche, -n** bottle; **eine Flasche Mineralwasser** a bottle of mineral water
das **Land, ̈er** country
die **Sitte, -n** custom
die **Vorbereitung, -en** preparation

Verben

Hausarbeit machen

ab·trocknen to dry dishes; to wipe dry
ab·waschen (wäscht ab), abgewaschen to do dishes
auf·räumen to straighten up (a room)
aus·räumen to unload (dishwasher); to clear away
decken to cover; **den Tisch decken** to set the table
ein·räumen to load (dishwasher)
  ich räume die Spülmaschine ein I load the dishwasher
  ich räume das Geschirr in die Spülmaschine ein I put the dishes in the dishwasher
herum·liegen, herumgelegen to be lying around
putzen to clean

spülen to rinse; to wash
Geschirr spülen to wash dishes
Staub saugen to vacuum
  ich sauge Staub I vacuum
  ich habe Staub gesaugt I vacuumed
Staub wischen to dust
  ich wische Staub I'm dusting
  ich habe Staub gewischt I dusted
waschen (wäscht), gewaschen to wash; **Wäsche waschen** to do laundry

Weitere Verben

an·schauen to look at, watch (e.g., ein Video)
ein·laden (lädt ein), eingeladen to invite; to treat (pay for someone); **Ich lade dich ein.** It's my treat.
sitzen, gesessen to sit

Adjektive und Adverbien

bayerisch Bavarian
draußen outside
endlich finally
nun now, at present

pleite broke, out of money
sauber clean; **sauber machen** to clean
typisch typical

Weitere Wörter

dazu to it

herum around

Besondere Ausdrücke

Du meine Güte! Good heavens!
Mach schnell! Hurry up!

Macht nichts! Doesn't matter!

Alles klar?

8 Ergänzen Sie

| Biergarten einladen Ferienreise pleite |
| sauber typisch Vorbereitung |

C. Ist das logisch?
D. Der richtige Ort

1. Im August hat Tom Urlaub. Dann möchte er mit dem Motorrad eine _____ nach Sizilien machen.
2. Ich habe für Toms Geburtstagparty alles allein gemacht. Und ich muss sagen, die _____ war wirklich viel Arbeit!
3. So ist es immer! Mein Bruder hilft nie beim Aufräumen. Das ist einfach _____ für ihn!
4. Ich möchte zu meiner Geburtstagsparty nicht so viele Leute _____.
5. Wenn dein Hemd nicht mehr _____ ist, musst du es waschen.
6. Ein _____ ist eine Kneipe, wo man draußen sitzt und etwas trinken und essen kann.
7. Wenn man kein Geld hat, ist man _____.

9 Was passt? Finden Sie für jede der folgenden Arbeiten im Haushalt drei passende Aktivitäten.

Arbeiten im Haushalt		Aktivitäten
1. Nach dem Fest:	_____	a. aufräumen
	_____	b. Gläser spülen
	_____	c. Geschirr in die Spülmaschine einräumen
2. Zimmer in Ordnung bringen:	_____	d. Gläser spülen und abtrocknen
	_____	e. putzen
	_____	f. saubere Kleidungsstücke wieder in den Schrank legen
3. Waschtag:	_____	g. Wäsche waschen
	_____	h. Staub saugen

10 Was ist das? Verbinden Sie die Wörter mit den richtigen Bildern.

1. _____

2. _____

3. _____

4. _____

| den Tisch decken | Wäsche waschen | Staub wischen |
| herumliegen | Staub saugen | Geschirr spülen |

Land und Leute

München

▲ Blick auf München mit den Alpen im Hintergrund

Munich (**München**), the capital of Bavaria (**Bayern**), is called **die Weltstadt mit Herz** *(the world city with a heart),* and no doubt many of the six million people who visit the **Oktoberfest** each year in September can attest to the appropriateness of this nickname. Indeed, not only do foreign tourists visit Munich, but it is also the most popular domestic vacation spot for Germans. Two important destinations for many are the **Hofbräuhaus** and the **Marienplatz,** the location of the **Glockenspiel,** a very popular tourist attraction on the **Neues Rathaus** *(New City Hall)*.

However, Munich is more than a tourist attraction. It is also a dynamic center of business, commerce, science, and culture with 1.4 million residents, of whom 23% are foreigners. Founded in 1158, Munich got its name from the phrase **"bei den Mönchen"** *(home of the monks)*. It quickly became the residence of the Wittelsbach family, who ruled Bavaria until 1918. Munich has been a center of education and science since the sixteenth century, and today it has three universities and five **Hochschulen,** among them the Munich **Hochschule für Film und Fernsehen**. Furthermore, the city has become a center for media industries (movies, television, advertising, and music). Since 1983, the Munich Film Festival has attracted some 60,000 visitors each year to its screenings of international films and student productions. In addition, Munich is a center for the financial industry, high-tech industries, and biotechnology.

The city offers a wide variety of museums and parks, including the well-known **Englischer Garten**. Among the most famous museums are the **Alte Pinakothek,** which houses one of the most important collections of European paintings from the fourteenth through the eighteenth centuries, and the **Neue Pinakothek,** devoted to nineteenth-century art. The **Deutsches Museum** has exhibitions on science and history; and for car fans, there is the BMW museum. The **Olympia Park,** site of the 1972 Olympic Games, is another popular attraction in Munich. The **Allianz-Arena** is a more recent addition to the array of internationally known architectural landmarks of the city. Since 2005, it has been home to one of the most successful German soccer teams of the **Bundesliga** *(national soccer league),* **FC Bayern München**. The stadium regularly hosts national league games, European cup games, and games between national teams.

▲ Die Allianz-Arena: Hier hat der FC Bayern München seine Heimspiele.

L. Kulturkontra
1. München

Kulturkontraste

1. Jede Region hat ihre kulinarischen Spezialitäten. Suchen Sie im Internet Informationen über die folgenden bayerischen Spezialitäten: **Brezel, Kalbshaxe, Semmelknödel, Weißwurst**.

2. Was für kulinarische Spezialitäten gibt es in Ihrer Region? Essen Sie sie gern?

3. Sie sind in München und Sie haben einen Tag Zeit. Was wollen Sie sehen, was wollen Sie machen? Wie kommen Sie dahin? Suchen Sie im Internet Informationen.

Zum Lesen

🌐 Web Links

Vor dem Lesen

11 **Reisethemen** Viele Leute sprechen gern über ihre Zeit im Ausland. Mögliche Themen sind das Essen, die Reise, die Hotels oder der Flug. Welche anderen Themen gibt es? Worüber sprechen Sie gerne? Diskutieren Sie mit einer Partnerin oder einem Partner.

12 **Ein Gespräch** Sprechen Sie mit Ihrer Partnerin/Ihrem Partner über die folgenden Themen.

1. Möchtest du gerne im Ausland studieren? Warum (nicht)? Wenn ja, wo?
2. Findest du andere Kulturen und andere Sitten interessant? Warum?
3. Was für Probleme kann man in einem fremden Land haben?

13 **Das ist typisch!** Was assoziieren Sie mit diesen Ländern? Was ist typisch oder stereotyp? Welche Klischees gibt es? Welche sind positiv, welche negativ?

Klischees	USA	Kanada	Mexiko	Deutschland
positiv				
negativ				

Beim Lesen

14 **Vokabeln** Suchen Sie im Text Wörter und Ausdrücke zu den folgenden Themen:

- das Essen, Straßencafé, Restaurant, Markt, Brot, Bier, Wurst, Messer und Gabel benutzen, am ganzen Wochenende einkaufen gehen
- Verkehrsmittel Zug, Bahnhof, pünktlich abfahren/ankommen, die öffentlichen Verkehrsmittel, Busse

Bryan Busovicki / Shutterstock.com

▲ Was meinen Sie: Wo in den USA gibt es viele öffentliche Verkehrsmittel? Welche? Wo gibt es nicht so viele?

Ein Austauschstudent in Deutschland

Andriy Solowyow/Shutterstock.com

Der Austauschstudent Michael Clasen studiert seit drei Monaten an der Freien Universität (FU) in Berlin. Dieses
5 Wochenende ist er nach München gekommen, wo er seine Freundin Christine trifft. Er hat sie letztes Jahr an seiner Uni in den USA kennengelernt. Christine war dort
10 für ein Jahr als Austauschstudentin und sie studiert jetzt in München. Michael und Christine sitzen in einem Straßencafé und Christine möchte wissen, wie es Michael in Deutschland gefällt.

....

CHRISTINE: Sag mal, Michael, wie findest du es in Deutschland? Was ist für dich anders als in Amerika?

15 MICHAEL: Vieles ist ja genauso wie in den USA, aber manches ist doch auch anders. Zum Beispiel meine erste Fahrt° auf der Autobahn. Furchtbar! Die fahren wie die Wilden, hab' ich gedacht. Seitdem fahr' ich richtig gern mit dem Zug. Jede Stadt hier hat einen Bahnhof und es gibt genug Züge. Sie sind sauber und meistens pünktlich.

20 CHRISTINE: Ja, das habe ich in Amerika vermisst – die öffentlichen Verkehrsmittel. Es gibt zwar Busse, aber die fahren nicht so oft. Alles ist auch so weit auseinander°. Man braucht wirklich ein Auto. – Aber Michael, ich hab dich unterbrochen°. Was findest du sonst noch anders in Deutschland?

MICHAEL: Was noch? Vielleicht die Parks in jeder Stadt und auch die Fußgän-
25 gerzonen mit den vielen Straßencafés. Schön sind auch die vielen Blumen in den Fenstern, auf den Märkten und in den Restaurants. Und dann das Essen. Das Essen selbst ist anders – anderes Brot und Bier, mehr Wurst und so. Dann wie man isst – wie man Messer und Gabel benutzt. Ich finde auch, dass das Essen mehr ein Ereignis° ist. Man sitzt länger° am Tisch und
30 spricht miteinander.

CHRISTINE: Hmm, aber ich weiß nicht, ob das immer so ist. In vielen Familien arbeiten beide Eltern. Da bleibt auch nicht mehr so viel Zeit für lange Tischgespräche.

MICHAEL: Ach, und noch etwas. Alles ist so sauber in Deutschland. Ich habe
35 einmal im Dezember eine Frau in Gummistiefeln° gesehen. Sie hat eine öffentliche Telefonzelle° geputzt. Das kann doch wohl nur in Deutschland passieren. Aber nun mal zu dir. Was hast du denn in den USA beobachtet?

CHRISTINE: Einige Sachen haben mir ausgesprochen° gut gefallen. Zum Beispiel, dass man in Amerika auch spätabends und am Wochenende einkaufen
40 gehen kann. Das finde ich toll. Und ich finde die Amerikaner unglaublich freundlich. In den Geschäften und Restaurant waren alle einerseits° sehr hilfsbereit° ...

MICHAEL: Und andererseits°?

CHRISTINE: Na ja, sei mir nicht böse, aber diese Freundlichkeit° erscheint° mir
45 manchmal doch auch sehr oberflächlich. Einmal war ich zum Beispiel beim Arzt und die Krankenschwester hat „Christine" zu mir gesagt, nicht „Miss" oder „Ms. Hagen". Sie hat mich doch gar nicht gekannt! Wir benutzen den Vornamen nur unter Freunden.

MICHAEL: Das sehen wir eben anders. Ein nettes Lächeln und ein freundliches Wort im Alltag° machen das Leben doch einfacher.

Glossary (margin):

ride

apart
interrupted

event / for a longer time

rubber boots
telephone booth

really

on the one hand
helpful
on the other hand
friendliness / appears

everyday life

Nach dem Lesen

B. Was meinen Sie?

15 **Fragen zum Lesestück**

1. Über welche Themen haben Christine und Michael gesprochen?
2. Wie fahren die Deutschen auf der Autobahn?
3. Mit welchem Verkehrsmittel fährt Michael gern?
4. Wie sind die Züge in Deutschland?
5. Warum ist Christine in Amerika nicht gern mit dem Bus gefahren?
6. Michael findet, dass die Deutschen vielleicht zu sauber sind. Warum glaubt er das?
7. Inwiefern ist das Einkaufen anders in Amerika?
8. Was hat Christine bei dem amerikanischen Arzt nicht gefallen?
9. Findet Michael, dass die Amerikaner zu freundlich sind?

16 **Positives und Negatives** Michael und Christine machen sich Notizen über ihre Zeit im Ausland⁺. Was muss auf ihre Listen? Schreiben Sie die Notizen auf.

	Positives	Negatives
Michael über Deutschland		
Christine über Amerika		

17 **Erzählen wir** Sprechen Sie über eines der folgenden Themen. Was ist in Deutschland anders als hier? Was ist genauso wie bei Ihnen?

| Autofahren **Blumen** Essen **Einkaufen** Fernsehen
Freundlichkeit Vornamen Züge |

Brauchbares

1. l. 16–17, "**Die fahren wie die Wilden …**" Many stretches of the **Autobahn** have no speed limit (**die Geschwindigkeitsbegrenzung** or **das Tempolimit**). Although environmentalists keep advocating a speed limit of 100 km per hour everywhere, polls show that 80% of the German population opposes limits of any kind.

2. l. 28, "**Dann wie man isst …**" If only a fork or spoon is needed, the other hand rests on the table next to the plate. If both a knife and fork are used, the knife is held in the right hand during the entire meal.

3. ll. 47–48, "**Wir benutzen den Vornamen nur unter Freunden.**" Adult Germans use **du** and first names only with friends. Although students use first names and **du** with each other immediately, it is still prudent in most situations for a foreign visitor to let a German-speaking person propose the use of the familiar **du.**

4. In l. 49, "**Das sehen wir eben anders.**" **Eben** is a flavoring particle that can be used by a speaker to imply that she/he has no desire or need to discuss the point further.

Land und Leute

Häuser und Wohnungen

L. Kulturkontraste,
2. Häuser und Wohnungen

Homeowners are 35% of the population in Switzerland and 57% in Austria.

Most people in German-speaking countries live in apartments, which they either rent (**Mietwohnung**) or own (**Eigentumswohnung**). Residents of **Mietwohnungen** share the cleaning of the stairway, attic, and basement, unless the owner has hired a superintendent (**Hausmeisterin/Hausmeister**).

Only 43% of the people in Germany own a single-family home (**Einfamilienhaus**), compared to 86% in Spain, 73% in Italy, 68% in Canada, and 65% in the United States. Even though the local and federal governments have tried to make it easier and more affordable to become a homeowner, land remains limited and expensive; construction materials and wages are still costly; planning, licensing, and building codes are complex; and mortgages still require very large down payments.

Larger properties and freestanding houses do exist; however they are generally more expensive than in North America. They are "built to last" and to be lived in for a long time. It is not uncommon that a house may remain in a family for more than one generation.

More common is terraced housing (**Reihenhaus**) where, not unlike town houses, a number of houses are built right next to one another, thus sharing walls.

A typical German house has stucco-coated exterior walls and a tile or slate roof. Normally there is a full basement (**der Keller**), which is used primarily for storage or as a work area. The ground floor is called **das Erdgeschoss** or **Parterre**. The first floor (**erster Stock** or **erste Etage**) is what is usually considered the second story in North American homes. People often keep interior doors shut in their private homes, as well as in public buildings and offices. Many homes and apartments are equipped with outdoor shutters (**Rollläden**) that unfold vertically over the windows.

In addition to the modern houses, each region of Germany has its own traditional architecture. **Fachwerkhäuser** (*half-timbered houses*) lend charming character to many town centers.

Uli Gersiek

▲ Es gibt viele Reihenhäuser in Deutschland.

Patrick Poendl/Shutterstock.com

▲ Eine Wohnsiedlung in Hildesheim

Kulturkontraste

Suchen Sie im Internet nach Informationen: Welche Unterschiede finden Sie zwischen deutschen und nordamerikanischen Häusern und Wohnungen? Denken Sie zum Beispiel an Größe, Baumaterial, Keller, Garage und Farben.

Erweiterung des Wortschatzes 2

🌐 Audio Flashcards

Möbel und Küchengeräte *(kitchen appliances)*

das Wohnzimmer

- der Sessel, -
- der Couchtisch, -e
- der Teppich, -e
- das Sofa, -s
- der Schreibtisch, -e

das Schlafzimmer

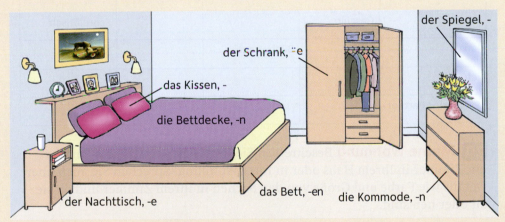

- der Spiegel, -
- der Schrank, ̈e
- das Kissen, -
- die Bettdecke, -n
- der Nachttisch, -e
- das Bett, -en
- die Kommode, -n

die Küche

- der Kühlschrank, ̈e
- die Spülmaschine, -n
- der Herd, -e

18 **Was steht wo?** Sie haben eine neue Wohnung. Machen Sie eine Liste und schreiben Sie auf, was in jedes Zimmer kommt.

die Küche	das Wohnzimmer	das Esszimmer⁺	das Schlafzimmer

19 **Frage-Ecke** Ihre Partnerin/Ihr Partner und verschiedene andere Leute haben einige neue Möbel und andere neue Sachen in ihren Wohnungen. Finden Sie heraus, was sie haben und in welchen Zimmern die Sachen sind. Die Informationen für *S2* finden Sie im Anhang *(Appendix B)*.

S1:
Was ist im Wohnzimmer und im Schlafzimmer von Herrn Becker neu?

S1: ...

S2:
Im Wohnzimmer ist die Pflanze und im Schlafzimmer ist der Schrank neu.

	in der Küche	im Wohnzimmer	im Esszimmer	im Schlafzimmer
Herr Becker	Herd		Tisch	
Frau Hauff		Sofa	4 Stühle	
Andrea	Geschirr			Schreibtisch
Jens		Bücherregal		Kommode
ich				
Partnerin/ Partner				

20 **Meine Wohnung** Beschreiben Sie Ihrer Partnerin/Ihrem Partner ein Zimmer in Ihrem Haus oder in Ihrer Wohnung. Sprechen Sie auch über Details wie Farbe und Größe von den Sachen in Ihrem Zimmer und ob sie alt oder neu sind.

BEISPIEL *Im Schlafzimmer habe ich ein Bett, einen Schreibtisch, ein Bücherregal und eine Lampe. Der Schreibtisch ist modern und groß. Das Bücherregal ist ...*

▲ Ein Wohnzimmer in Deutschland: Was gibt es hier alles?

Vokabeln II

🌐 Audio Flashcards
Tutorial Quizzes

Substantive

Wohnen

der **Boden, ⸚** floor
das **Esszimmer, -** dining room
das **Möbelstück, -e** piece of
   furniture
das **Schlafzimmer, -** bedroom
die **Ecke, -n** corner
die **Möbel** *(pl.)* furniture
die **Vase, -n** vase
die **Wohnung, -en** dwelling,
   apartment

In der Stadt

der **Bahnhof, ⸚e** train station
der **Park, -s** park

das **Restaurant, -s** restaurant
das **Verkehrsmittel, -** means of
   transportation
die **Fußgängerzone, -n**
   pedestrian zone

Weitere Substantive

der **Austauschstudent, -en, -en/**
   die **Austauschstudentin, -nen**
   exchange student
die **Gabel, -n** fork
der **Hund, -e** dog
der **Löffel, -** spoon
der **Name, -n** name
der **Vorname, -n** first name

das **Ausland** *(no pl.)* foreign
   countries; **im Ausland** abroad
das **Leben, -** life
das **Messer, -** knife
die **Autobahn, -en** freeway,
   expressway
die **Katze, -n** cat
die **Krankenschwester, -n** female
   nurse

*For items of furniture and kitchen
appliances see p. 263.*

Verben

ab·fahren (fährt ab), ist abge-
   fahren to depart (by vehicle)
an·kommen, ist angekommen
   (in + *dat.*) to arrive (in)
benutzen to use
beobachten to observe
hängen, gehängt to hang (something), put
hängen, gehangen to be hanging

lächeln to smile
legen to lay, put (horizontal)
meinen to mean; to think,
   have an opinion; **was meinst**
   du? what do you think?
passieren, ist passiert *(dat.)* to
   happen; **was ist dir passiert?**
   what happened to you?

setzen to set, put
stecken to stick, put into, insert
stehen, gestanden to stand; to be
   located
stellen to place, put (upright)
vermissen to miss someone or
   something

Adjektive und Adverbien

abends in the evenings
böse (auf + *acc.*) angry (at)
genau exact(ly); **Genau!** That's
   right!
genauso exactly the same

oberflächlich superficial
öffentlich public
pünktlich punctual
schließlich finally, after all
seitdem since then

überhaupt generally (speaking);
   actually, altogether; **überhaupt**
   nicht not at all
unglaublich unbelievable
zwar it's true; to be sure; indeed

Andere Wörter

eben *(flavoring particle)* just;
   simply; even

ob *(conj.)* whether, if

unter (+ *acc. or dat.*) under;
   among

Besondere Ausdrücke

recht haben to be right; **Du hast**
   recht. You're right.

sei [mir] nicht böse don't be mad
   [at me]

was noch? what else?

E. Zum Austausch in
Deutschland
F. Ein Telefongespräch

Alles klar?

21 Was passt nicht?

1. a. Bahnhof   b. Autobahn   c. Boden   d. Fußgängerzone

2. a. Name   b. Möbelstück   c. Esszimmer   d. Wohnung

3. a. Löffel   b. Ecke   c. Gabel   d. Messer

4. a. legen   b. stellen   c. lächeln   d. setzen

5. a. abends   b. pünktlich   c. böse   d. schließlich

22 Ergänzen Sie Paul hat Jonathan gefragt, ob er und Sarah für ein paar Wochen seinen Hund nehmen können. Sebastian, Sarah und Jonathan diskutieren, ob das geht.

| böse   Ecke   Leben   recht   schließlich   seitdem   unter   Vase |

Sebastian: Au ja, so ein Hund bringt mal ein bisschen _____ in die Wohnung.

Sarah: Also, seid mir nicht _____, aber ich bin total dagegen. Manchmal habe ich für ein paar Stunden den Hund von meinen Eltern hier. Das ist immer schon ein Problem. Manchmal sitzt er die ganze Zeit in der _____ und schläft, oder er liegt _____ dem Tisch und man sieht ihn nicht. Dann aber läuft er rum und einmal hat er mir eine teure _____ kaputt gemacht. _____ bringen meine Eltern ihn immer zu meiner Schwester, wenn sie wegfahren. Sie hat nämlich einen großen Garten.

Jonathan: Okay, okay, du hast ja _____, Sarah! _____ hat Paul ja nur gefragt, ob ich den Hund nehmen kann. Ich sage ihm einfach, dass es nicht geht.

23 Was ist das? Verbinden Sie die Sätze mit den richtigen Bildern.

1. _____   2. _____

3. _____   4. _____

Dieser Hund hat drei Vornamen!   Die Vase steht auf dem Tisch.
Das Bild hängt an der Wand.   Die Katze sitzt im Esszimmer.
Deutsche essen Pizza mit Messer   Auf der Autobahn fährt man
    und Gabel.   schnell.

Web Search

Essen zu Hause und als Gast

Although a growing number of Germans eat their main meal in the evening **(Abendessen),** many Germans still eat their largest meal of the day at noon **(Mittagessen)**. It may consist of up to three courses: appetizer **(Vorspeise),** entrée **(Hauptgericht** or **Hauptspeise)**, and dessert **(Nachtisch** or **Dessert)**, which is usually fruit, pudding, or ice cream. Cakes and pastries are served at afternoon coffee time **(Kaffee)**.

It is generally considered to be impolite to start one's food the moment it arrives while others may still be waiting for their dish. Before a meal, it is therefore customary to say **"Guten Appetit"** or **"Mahlzeit,"** and others may wish you the same by responding **"Danke, gleichfalls."** These phrases officially mark the beginning of eating for everybody. This may happen for each course should there be several courses. This behavior may also be preceded or accompanied by a brief toast: While seeking eye contact with one's company at the table, one would raise a glass of wine or beer and say **"Zum Wohl"** (more formal) or **"Prost"** (less formal) to everybody present. The glasses may be gently "clinked" together, and this may happen quite frequently at the table during a formal dinner. It is also performed frequently on social occasions, such as in pubs and bars, when no food is involved.

Most restaurants post their menus **(Speisekarte)** outside. Unlike in the United States, restaurants in German-speaking countries do not serve ice water and there are no free refills thereof. If you want water with your meal, you must order a glass or bottle of **Mineralwasser**. While eating, the fork is held in the left hand and the knife in the right. The knife is not laid down regularly during the meal and the left hand remains above the table, not in one's lap. In formal dining settings, it is considered good manners to dab one's lips briefly with a napkin before one takes a sip of water, beer, or wine because in doing so, one prevents the glass from becoming too greasy too quickly.

Generally, hosting a dinner party means that the host takes care of all food and drinks. In turn, when people are invited to a friend's house for dinner or for **Kaffee**, it is customary to bring a small gift. Most often the guest will bring a small bouquet of flowers, a box of chocolates, or a bottle of wine. However, communal cooking as a party event in and of itself has become very popular in recent years. Friends or family may meet on the weekend to cook together while having drinks and pleasant conversation as they cook. In such settings, host and guests share in providing the ingredients and in preparing the food. The immense popularity of cooking at home (for or with others) as a fun and communicative leisure-time activity is reflected in a plethora of highly popular cooking shows **(Kochshow)** that have gradually emerged on TV.

Sylent-Press - ullstein bild / The Granger Collection

 Diese Familie sitzt gemütlich beim Essen.

L. Kulturkontraste, 3. Essen zu Hause und als Gast

Kulturkontraste

1. Essen Sie oft im Restaurant? Wenn ja, wo und warum?

2. Kochen Sie? Wenn ja, wie oft und was?

3. Was muss man wissen, wenn man in den USA oder in Kanada isst? Zu Hause und im Restaurant?

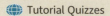
Grammatik und Übungen

Hin and her

Meine Tante wohnt nicht hier, sondern in Hamburg.	*My aunt doesn't live here, but rather in Hamburg.*
Wir fahren einmal im Jahr **hin**.	*Once a year we go **there**.*
Und zweimal im Jahr kommt sie **her**.	*And twice a year she comes **here**.*

Hin and **her** are used to show direction.

- **Hin** shows motion away from the speaker, and **her** shows motion toward the speaker.

- **Hin** and **her** occupy the last position in the sentence.

Paul war im Sommer in Salzburg.	*Paul was in Salzburg in the summer.*
Er möchte im September wieder **dorthin**.	*He wants to go **there** again in September.*
Er möchte mit der Bahn **hinfahren**.	*He'd like to go **there** by train.*
Anton, komm mal **herauf**.	*Anton, come on up **here**.*

Hin and **her** may be combined with several parts of speech, including adverbs, prepositions, and verbs.

Woher kommen Sie?	**Wo** kommen Sie **her**?	*Where are you from?*
Wohin fahren Sie?	**Wo** fahren Sie **hin**?	*Where are you going?*

In spoken German, **hin** and **her** are often separated from **wo**. **Hin** and **her** occupy last position in the sentence.

---

24 **Lena und Jörg** Stellen Sie Fragen über Lena und Jörg. Benutzen Sie **wo, wohin** oder **woher**.

BEISPIELE Lena und Jörg wohnen bei München.
Wo wohnen Lena und Jörg?

Sie fahren jeden Morgen nach München.
Wohin fahren sie? / Wo fahren sie hin?

1. Sie arbeiten in einer Buchhandlung.
2. Sie gehen am Samstag in den Supermarkt.
3. Die Blumen kommen vom Markt.
4. Sie fahren am Sonntag in die Berge.
5. Sie wandern gern in den Bergen.
6. Nach der Wanderung gehen sie in ein Restaurant.
7. Sie essen gern im Restaurant.
8. Nach dem Essen fahren sie wieder nach Hause.
9. In den Ferien fahren sie in die Schweiz.
10. Jörg kommt aus der Schweiz.

The verbs *legen/liegen, stellen/stehen, setzen/sitzen, hängen, stecken*

Wohin?

Lisa legt das Buch auf den Schreibtisch.

Wo?

Das Buch liegt auf dem Schreibtisch.

Herr Schumann stellt die Lampe in die Ecke.

Die Lampe steht in der Ecke.

Anna setzt die Katze auf den Boden.

Die Katze sitzt auf dem Boden.

Jessica steckt die Zeitung in die Tasche.

Die Zeitung steckt in der Tasche.

Wohin?

Felix hängt das Poster an die Wand.

Wo?

Das Poster hängt an der Wand.

In English, the all-purpose verb for movement to a position is *to put,* and the all-purpose verb for the resulting position is *to be.* German uses several verbs to express the meanings *put* and *be.*

Movement to a position: *to put*		Stationary position: *to be*	
legen, gelegt	*to lay*	liegen, gelegen	*to be lying*
stellen, gestellt	*to place upright*	stehen, gestanden	*to be standing*
setzen, gesetzt	*to set*	sitzen, gesessen	*to be sitting*
stecken, gesteckt	*to stick (into)*	stecken, gesteckt	*to be inserted (into)*
hängen, gehängt	*to hang*	hängen, gehangen	*to be hanging*

Ich **habe** das Buch auf den Tisch **gelegt.**

The German verbs expressing *to put* all take direct objects and are weak.

Das Buch **hat** auf dem Tisch **gelegen.**

The German verbs expressing stationary position *(to be)* do not take direct objects and, except for **stecken,** are strong.

- Two-way prepositions following verbs expressing *to put* take the accusative case (e.g., **auf** *den* **Tisch**). See *Two-way prepositions,* page 271.
- Two-way prepositions following verbs expressing *to be* take the dative case (e.g., **auf** *dem* **Tisch**).

25 **Wir räumen auf** Sie räumen zusammen mit Pia Ihr Zimmer auf. Beschreiben Sie, wie es im Zimmer aussieht und was Sie tun. Benutzen Sie passende Verben aus der Tabelle oben.

BEISPIEL Pia _____*legt*_____ das Buch auf den Tisch.

1. Ich _____ das Poster an die Wand.
2. Pia _____ den Sessel in die Ecke.
3. Die Lampe muss über dem Tisch _____.
4. Die Hefte _____ auf der Kommode.
5. Ich _____ das Geld in die Tasche.
6. Der Fernseher _____ unter dem Fenster.
7. Ich _____ die Schuhe in den Schrank.
8. Der Mantel _____ schon im Schrank.
9. Der Regenschirm _____ auch im Schrank.
10. Die Bücher müssen im Bücherregal _____.

Two-way prepositions *(die Wechselpräpositionen)*

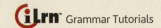

Preposition	Meaning	*Wo?* (Preposition + dative)	*Wohin?* (Preposition + accusative)
an	*on (vertical surfaces)*	Robins Bild hängt **an der** Wand.	Celine hängt ihr Bild **an die** Wand.
	at (the side of)	Nina steht **am (an dem)** Fenster.	
	to		Noah geht **ans (an das)** Fenster.
auf	*on top of (horizontal surfaces)*	Robins Buch liegt **auf dem** Tisch.	Celine legt ihr Buch **auf den** Tisch.
	to		Ich gehe **auf den** Markt.
hinter	*behind/in back of*	Nina arbeitet **hinter dem** Haus.	Nils geht **hinter das** Haus.
in	*in, inside (of)*	Paula arbeitet **im (in dem)** Wohnzimmer.	
	into		Nico geht **ins (in das)** Wohnzimmer.
	to		Wir gehen **ins (in das)** Kino.
neben	*beside, next to*	Selinas Stuhl steht **neben dem** Fenster.	Jan stellt seinen Stuhl **neben das** Fenster.
über	*over, above*	Eine Lampe hängt **über dem** Tisch.	Elias hängt eine andere Lampe **über den** Tisch.
	across (direction)		Ich gehe **über die** Straße.
unter	*under*	Ein Schuh steht **unter dem** Bett.	Kevin stellt den anderen Schuh **unter das** Bett.
vor	*in front of*	Sophias Auto steht **vor dem** Haus.	Dominik fährt sein Auto **vor das** Haus.
zwischen	*between*	Die Seminararbeit liegt **zwischen den** Büchern.	Leonie legt die Seminararbeit **zwischen die** Bücher.

Dative: wo?

Jana arbeitet in der Küche. *(Jana is working **in** the kitchen.)*

Accusative: wohin?

Felix kommt in die Küche. *(Felix comes **into** the kitchen.)*

German has nine prepositions that take either the dative or the accusative.

- The dative is used when position *(place where)* is indicated, answering the question **wo?** (e.g., **in** *der* Küche).
- The accusative is used when a change of location *(place to which)* is indicated, answering the question **wohin?** (e.g., **in** *die* Küche).

In their basic meanings, the two-way prepositions are "spatial," referring to positions in space (dative) or movements through space (accusative). To distinguish place *where* from place *to which*, German uses different cases; English sometimes uses different prepositions (e.g., *in* vs. *into*).

Michael geht **ans** Fenster.	an das = **ans**	Hannah geht **ins** Zimmer.	in das = **ins**
Er steht **am** Fenster.	an dem = **am**	Sie ist **im** Zimmer.	in dem = **im**

The prepositions **an** and **in** often contract with **das** and **dem.** Other possible contractions are **aufs, hinters, hinterm, übers, überm, unters, unterm, vors,** and **vorm.**

26 Was ist wo? Sehen Sie sich das Bild von Familie Schmidts Wohnzimmer an und beantworten Sie die Fragen. Benutzen Sie die Präpositionen im Bild und passende Artikel und Substantive.

BEISPIEL Wo liegt der Hund?
*Der Hund liegt **unter dem Tisch**.*

1. Wo steht der Stuhl?
2. Wo steht die Vase?
3. Wo stehen die Bücher?
4. Wo steht der Tisch?
5. Wo hängt das Bild?
6. Wo sitzt die Katze?
7. Wo steht der Sessel?
8. Wo hängt die Lampe?

27 Familie Schmidts Wohnzimmer Schauen Sie sich das Bild von Familie Schmidts Wohnzimmer noch einmal an. Was hat die Familie mit den Dingen in ihrem Zimmer gemacht?

BEISPIEL Wohin haben sie das Bild gehängt?
*Sie haben das Bild **an die Wand** gehängt.*

1. Wohin haben sie den Stuhl gestellt?
2. Wohin haben sie die Vase gestellt?
3. Wohin haben sie den Tisch gestellt?
4. Wohin haben sie die Lampe gehängt?
5. Wohin haben sie den Sessel gestellt?
6. Wohin ist der Hund gelaufen?
7. Wohin ist die Katze gegangen?

an *and* auf = *on*

Der Spiegel hängt **an der Wand**. *The mirror is hanging on the wall.*
Mein Buch liegt **auf dem Schreibtisch**. *My book is lying on the desk.*

The prepositions **an** and **auf** can both be equivalent to *on*.

- **An** *on (the side of)* is used in reference to vertical surfaces.
- **Auf** *on (top of)* is used in reference to horizontal surfaces.

an, auf, *and* in = *to*

Laura geht **an** die Tür. *Laura goes to the door.*
Lukas geht **auf** den Markt. *Lukas goes to the market.*
Julia geht **in** die Stadt. *Julia goes to town.*

In *Kapitel 5* you learned that **nach** and **zu** can mean *to*. The prepositions **an,** **auf,** and **in** can also mean *to*.

- **An** is used to express going to the edge of something or next to it, e.g., **an die Wand, ans Fenster**.
- **Auf** is used to express going to a public place, e.g., **auf den Markt, auf die Bank**.
- **In** is used to express going within a place or destination, e.g., **in die Küche, ins Kino, in die Berge**.

---

28 **Julia hat endlich ein Zimmer** Julia richtet ihr neues Zimmer ein *(is arranging)*. Ergänzen Sie die Sätze mit den fehlenden Präpositionen **an** oder **auf**. Benutzen Sie Kontraktionen wenn möglich.

BEISPIELE Julia stellt den Schreibtisch __*ans*__ Fenster.
Den Stuhl stellt Julia __*an*__ __*den*__ Schreibtisch.

1. Sie hängt ihr neues Bild _____ _____ Wand.
2. Sie legt ihre Bücher _____ _____ Schreibtisch.
3. Der Schirm hängt _____ _____ Tür. Das gefällt ihr nicht und sie legt ihn _____ _____ Schrank.
4. _____ _____ Stuhl liegt ihr Mantel. Den hängt sie jetzt _____ _____ Tür.
5. Die Vase mit den frischen Blumen stellt sie _____ _____ Bücherregal.
6. Und jetzt geht sie _____ _____ Markt und kauft ein.

29 **Am Wochenende** Ashley ist ein Jahr lang als Austauschstudentin in Deutschland. Sie wohnt mit Alina zusammen. Erzählen Sie, was Ashley am Wochenende macht.

BEISPIEL Ashley / gehen / auf / Markt
Ashley geht auf den Markt.

1. auf / Markt / sie / kaufen / Blumen / für / ihr Zimmer
2. dann / sie / gehen / in / Buchhandlung
3. Alina / arbeiten / in / Buchhandlung
4. Ashley / müssen / auch / in / Drogerie
5. in / Drogerie / sie / wollen / kaufen / Kamm
6. sie / gehen / dann / in / Café

J. Aufräumen

C. Bei Pia
E. Nach der Party

Verb and preposition combinations

Tim **fährt** oft **mit** dem Zug.   *Tim often travels by train.*

Many verbs in both German and English are combined with prepositions to express certain idiomatic meanings, e.g., **fahren + mit** (*travel + by*). Each combination should be learned as a unit, because it cannot be predicted which preposition is associated with a particular verb to convey a particular meaning.

- The accusative and dative prepositions take the accusative and dative cases respectively.
- The case of the noun following two-way prepositions must be learned. When **über** means *about / concerning,* it is always followed by the accusative case. A few combinations are given below.

denken an *(+ acc.)*	*to think of/about*
Ich **denke** oft **an** meine Freunde.	*I often **think** of my friends.*
erzählen von	*to tell of/about*
Erzähl mir **von** deinem Freund.	***Tell** me **about** your friend.*
fahren mit	*to go by (means of)*
Wir **fahren mit** der Bahn nach Heidelberg.	*We are **going by** train to Heidelberg.*
halten von	*to have an opinion of, to think of*
Was **hältst** du **von** meinem Plan?	*What do you **think of** my plan?*
lachen über *(+ acc.)*	*to laugh about*
Jan hat **über** die Anekdote **gelacht**.	*Jan **laughed about** the anecdote.*
reden / sprechen über *(+ acc.)*	*to talk/speak about*
Meine Eltern **reden / sprechen** oft **über** das Wetter.	*My parents often **talk about** the weather.*
schreiben an *(+ acc.)* / **über** *(+ acc.)*	*to write to/about*
Lara hat eine E-Mail **über** ihre Arbeit **an** mich **geschrieben**.	*Lara **wrote** an e-mail to me **about** her work.*
studieren an / auf *(+ dat.)*	*to study at*
Jakob **studiert an / auf** der Universität München.	*Jakob is **studying at** the University of Munich.*

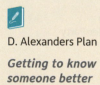

D. Alexanders Plan

Getting to know someone better

30 Mein Bruder Ihr Freund Lukas erzählt Ihnen von seinem Bruder. Ergänzen Sie die Sätze.

1. Mein Bruder studiert _____ der Universität München.
2. Er schreibt oft E-Mails _____ mich und meine Eltern.
3. Ich denke oft _____ ihn, weil er auch ein guter Freund von mir ist.
4. Wie oft haben wir stundenlang _____ Politik, Sport und Frauen gesprochen!
5. In seiner letzten E-Mail _____ mich hat er mir _____ seiner Freundin Cornelia erzählt.
6. Soll ich ihm auch _____ meiner Freundin erzählen?

▲ Lukas' Bruder schreibt oft E-Mails an die Familie.

Yuri Arcurs/Shutterstock.com

31 **So bin ich** Ihre Partnerin/Ihr Partner fragt Sie nach Ihren Interessen. Ihre Partnerin/Ihr Partner erzählt dann einer dritten Person, was Sie gesagt haben.

K. Schreiben Sie

> *S2:* Woran denkst du oft?
> *S1:* Ich denke oft an die Sommerferien.
> *S2:* [Justin/Sarah] denkt oft an die Sommerferien.

1. Ich denke oft/nicht sehr oft an _____.
2. Ich spreche gern/ungern über _____.
3. Ich weiß viel/wenig über _____.
4. Ich halte nicht viel von _____.
5. Ich rede oft/nicht oft mit _____.
6. Ich muss oft über _____ lachen.

2-11

32 **Hören Sie zu** Moritz erzählt Jana von seinem Jahr in den USA. Hören Sie gut zu und geben Sie an, ob die Sätze **richtig** oder **falsch** sind. Sie hören zwei neue Wörter: **nie** *(never)*; **komisch** *(strange)*.

Saying when something takes place

	Richtig	Falsch
1. Jana will nächstes Jahr in Michigan studieren.	_____	_____
2. Moritz hat sein Jahr in den USA gut gefallen.	_____	_____
3. Moritz findet es gut, dass man in den USA ein Auto braucht.	_____	_____
4. Moritz findet die Amerikaner zu freundlich.	_____	_____
5. Moritz hat bei seinen Professoren den Vornamen benutzt.	_____	_____
6. Moritz sagt, dass Jana nicht nach Boston gehen soll.	_____	_____

Time expressions *(Zeitausdrücke)* in the dative

Am Montag bleibt Lena immer zu Hause.	*On Monday Lena always stays home.*
Phillipp kommt **in** einer Woche.	*Phillipp's coming in a week.*
Ich lese gern **am** Abend.	*I like to read in the evening.*
Marcel arbeitet **vor** dem Essen.	*Marcel works before dinner.*
Laura war **vor** einer Woche hier.	*Laura was here a week ago.*

- With time expressions, **an, in,** and **vor** take the dative case.
- The use of **am** + a day (e.g., **am Montag**) may mean *on that one day (on Monday)* or *on all such days (on Mondays)*.

33 **Wann machst du das?** Ein Freund fragt Sie viele Dinge. Widersprechen *(contradict)* Sie ihm und benutzen Sie die angegebenen Zeitausdrücke im Dativ.

BEISPIEL Du arbeitest nur am Morgen, nicht? (Abend) *Nein, nur am Abend.*

1. Frank kommt in fünf Minuten, nicht? (zwanzig Minuten)
2. Sollen wir vor dem Seminar Kaffee trinken gehen? (Vorlesung)
3. Du gehst am Donnerstag schwimmen, nicht? (Wochenende)
4. Du fährst am Samstagnachmittag nach Hause, nicht? (Sonntagabend)
5. Jasmin kommt in zwei Wochen, nicht? (eine Woche)
6. Im Sommer fährst du in die Berge, nicht? (Herbst)
7. Du gehst einmal im Monat in die Bibliothek, nicht? (Woche)

Time expressions in the accusative

Definite point	Florian kommt **nächsten Sonntag**.	*Florian is coming **next Sunday**.*
Duration	Er bleibt **einen Tag**.	*He's staying **(for) one day**.*

Nouns expressing a definite point of time or a duration of time are in the accusative, and do not use a preposition.

Words such as **nächst-** and **letzt-** have endings like the endings for **dies-**: **diesen/nächsten/letzten Monat; dieses/nächstes/letztes Jahr.**

---

34 **Besuch aus Montreal** Cathrin ist neu im Wohnheim und Leon spricht mit ihr in der Küche. Ergänzen Sie den Dialog mit den Wörtern in Klammern.

1. **CATHRIN:** Ich bin ___*letzten Montag*___ in Tübingen angekommen, aber ich muss in drei Wochen noch einmal zurück nach Montreal, weil ich _____ eine Prüfung in meinem Hauptfach schreiben muss. *(last Monday, next month)*
2. **LEON:** Oh je, das ist aber stressig. Übrigens, _____ feiere ich meinen Geburtstag. Hast du Lust zu kommen? Da kannst du fast alle Leute aus unserem Wohnheim kennenlernen. *(next Saturday)*
3. **CATHRIN:** Nein, ich habe leider keine Zeit. _____ besuche ich meine Freundin in Frankfurt. Sie ist auch aus Montreal, aber sie bleibt nur _____ in Deutschland. Schade, aber wir können ja an einem anderen Wochenende etwas machen. *(This weekend, one month)*
4. **LEON:** Ja, gern. Ich will ja _____ mit dem Motorrad durch Nordamerika reisen. Du kannst mir sicher viel erzählen, wie es an der Ostküste so ist. *(next year)*
5. **CATHRIN:** Du fährst Motorrad? Das ist ja toll! Ich habe zu Hause auch ein Motorrad. Und ich war _____ in Neuengland zum Motorradfahren. *(last summer)*

35 **Hören Sie zu** Leonie interviewt Ari Izmir, den Gitarristen von der Band „Supermann", für die Uni-Zeitung. Beantworten Sie die Fragen zum Interview. Sie hören drei neue Wörter: **üben** *(to practice);* viel **Glück** *(good luck);* **sicher** *(definitely).*

1. Warum duzen sich Leonie und Ari?
2. Wie lange sind Ari und seine Band „Supermann" schon zusammen?
3. Seit wann kennt Ari seine Bandmitglieder?
4. Wie lange spielen Ari und seine Band im Café Eulenspiegel?
5. Wie oft übt Ari Gitarre?
6. Wann lernt Ari?

36 **Pläne** Sprechen Sie mit Ihrer Partnerin/Ihrem Partner darüber, was sie/er am Wochenende oder in den Ferien machen will.

S1: Was machst du [am Wochenende]?
S2: Ich will [nichts tun].

Times:	am Wochenende, am Mittwoch, nach dem Abendessen, im Sommer, in den Ferien
Activities:	ins Kino gehen, mit Freunden kochen, lesen, ein Video anschauen, Freunde treffen, tanzen gehen, eine Wanderung machen, im Internet surfen/chatten, Fitnesstraining machen

Da-compounds (Da-Komposita)

Erzählt Stefanie **von ihrem Freund**?	Ja, sie erzählt viel **von ihm**.
Erzählt Stefanie **von ihrer Arbeit**?	Ja, sie erzählt viel **davon**.

In German, pronouns used after prepositions normally refer only to persons.

- To refer to things and ideas (e.g., **Arbeit**), a **da**-compound consisting of **da** and a preposition is generally used: **dadurch**, **dafür**, **damit**, etc.
- **Da-** expands to **dar-** when the preposition begins with a vowel: **darauf**, **darin**, **darüber**.

---

37 **Hat es dir in Deutschland gefallen?** Sie waren ein Jahr in Deutschland und Ihre Freunde fragen, was Sie gemacht haben und wie es Ihnen gefallen hat. Beantworten Sie die Fragen mit „ja" und benutzen Sie ein *da*-Kompositum oder eine Präposition mit einem Pronomen.

BEISPIELE	Hat es dir bei deinen deutschen Freunden gefallen?	*Ja, es hat mir bei ihnen gefallen.*
	Hast du Appetit auf gute Hamburger gehabt?	*Ja, ich habe Appetit darauf gehabt.*

1. Hast du viel mit anderen Studenten geredet?
2. Habt ihr oft über kulturelle Unterschiede geredet?
3. Hast du den deutschen Studenten oft mit ihrem Englisch geholfen?
4. Bist du gern mit deinen Freunden essen gegangen?
5. Bist du oft mit dem Fahrrad gefahren?
6. Hast du oft an zu Hause gedacht?
7. Hast du viel von deinem Leben in den USA erzählt?
8. Hast du oft von deiner Familie erzählt?

G. Daniel und Felix

Wo-compounds (Wo-Komposita)

Von wem spricht Stefanie?	Sie spricht **von ihrem Freund**.
Wovon (Von was) spricht Stefanie?	Sie spricht **von ihrer Arbeit**.

- The interrogative pronouns **wen** and **wem** are used with a preposition to refer only to persons.
- The interrogative pronoun **was** refers to things and ideas.
- As an object of a preposition, **was** may be replaced by a **wo**-compound consisting of **wo** + a preposition: **wofür**, **wodurch**, **womit**, etc.
- **Wo-** expands to **wor-** when the preposition begins with a vowel: **worauf**, **worin**, **worüber**.
- A preposition + **was** (**von was**, **für was**) is colloquial.

Matthias wohnt seit September in München.	**Seit wann** wohnt er in München?

Wo-compounds are not used to inquire about time. To inquire about time, use **wann**, **seit wann**, or **wie lange**.

H. Worüber hat Hannah gesprochen?

38 **Wie bitte?** Ihre Partnerin/Ihr Partner erzählt von Antonia. Aber die Musik ist laut und Sie können sie/ihn nicht gut hören. Fragen Sie noch einmal. Benutzen Sie Präpositionen und Fragewörter wie im folgenden Beispiel.

BEISPIEL

S1:	S2:
Antonia ist **mit Stefan** essen gegangen.	Wie bitte? **Mit wem** ist sie essen gegangen?
Mit Stefan.	
Beim Essen hat sie **von ihrer Arbeit** erzählt.	Wie bitte? **Wovon** hat sie erzählt?
Von ihrer Arbeit.	

1. Antonia arbeitet **für Frau Schneider**.
2. Antonia hat viel **von ihren Kollegen erzählt**.
3. Sie hat auch **von ihrem Urlaub** erzählt.
4. Gestern hat sie **mit Mark** Tennis gespielt.
5. Sie hat dann viel **über das Tennisspiel** geredet.
6. Sie denkt oft **an Tennis**.
7. Antonia wohnt jetzt wieder **bei ihren Eltern**.
8. Sie denkt nicht mehr **an eine eigene** *(her own)* **Wohnung**.

Indirect questions

Direct question	Indirect question
Wann kommt Paul nach Hause?	**Weißt du, wann Paul nach Hause kommt?**
When is Paul coming home?	*Do you know when Paul is coming home?*
Kommt er vor sechs?	**Ich möchte wissen, ob er vor sechs kommt.**
Is he coming before six?	*I'd like to know whether (if) he's coming before six.*

An indirect question (e.g., **wann Paul nach Hause kommt; ob er vor sechs kommt**) is a dependent clause. It begins with a question word **(wann)** or, if there is no question word, with the subordinating conjunction **ob**. The finite verb **(kommt)** is therefore in final position.

- An indirect question is introduced by an introductory clause; for example:

Weißt du, ...?
Ich möchte wissen, ...

Kannst du mir sagen, ...?
Ich weiß nicht, ...

Indirect informational questions

Direct informational question	**Wann** fährt Judith zur Uni?
Indirect informational question	Ich weiß nicht, **wann** Judith zur Uni fährt.

Indirect informational questions are introduced by the same question words that are used in direct informational questions (**wer, was, wann, wie lange, warum,** etc.). The question word functions as a subordinating conjunction.

39 **Lia hat einen neuen Freund** Jasmin und Lukas sprechen über Lias neuen Freund. Jasmin hat viele Fragen, aber Lukas weiß absolut nichts. Simulieren Sie ihren Dialog wie im Beispiel.

BEISPIEL JASMIN: Wie heißt er?

LUKAS: *Ich weiß nicht, wie er heißt.*

1. Wie alt ist er?
2. Wie lange kennt sie ihn schon?
3. Wo wohnt er?
4. Was macht er?
5. Wo arbeitet er?
6. Warum findet sie ihn so toll?
7. Wann sieht sie ihn wieder?

Indirect yes/no *questions*

Yes/No question	Fährt Judith heute zur Uni? *Is Judith driving to the university today?*
Indirect question	Weißt du, **ob** Judith heute zur Uni fährt? *Do you know **if/whether** Judith is driving to the university today?*

Indirect yes/no questions are introduced by the subordinating conjunction **ob**.

- **Ob** has the meaning of *if* or *whether* and is used with main clauses, such as **Sie fragt, ob …** and **Ich weiß nicht, ob …**

ob *vs.* wenn

Tim fragt Judith, **ob** sie zur Uni fährt.	*Tim is asking Judith **if/whether** she's driving to the university.*
Er möchte mitfahren, **wenn** sie zur Uni fährt.	*He would like to go along, **if** she's driving to the university.*

Both **wenn** and **ob** are equivalent to English *if.* However, they are not interchangeable.

- **Wenn** begins a clause that states the condition under which some event may or may not take place.
- **Ob** begins an indirect yes/no question.

40 **Ob Judith wohl zur Uni fährt?** Tim möchte mit Judith zur Uni fahren. Lesen Sie den Text. Was passt besser: **ob** oder **wenn**?

1. TIM: Weißt du, ___*ob*___ Judith morgen zur Uni fährt?
2. PAUL: Ich glaube, sie fährt, _____ ihr Auto wieder läuft.
3. TIM: Ich muss sie dann fragen, _____ das Auto wieder in Ordnung ist.
4. PAUL: Ich weiß aber nicht, _____ sie um acht Uhr oder erst um neun fährt. Weißt du, _____ sie manchmal mit dem Rad zur Uni fährt?
5. TIM: Nein, und ich frage mich, warum sie immer mit dem Auto fährt, besonders _____ sie immer lange suchen muss, bis sie endlich parken kann.
6. PAUL: Ich habe sie mal gefragt, _____ wir vielleicht zusammen mit dem Rad fahren sollen, aber ich denke, das macht sie erst, _____ ihr Auto total kaputt ist.

K. Ich weiß nicht

I. Viele Fragen über Nele

Leserunde

2-13

The Austrian writer Ernst Jandl (1925–2000) was a very popular and influential figure in German literature. His works are numerous and cover a broad range—concrete poetry, experimentally acoustical and visual poems, radio plays **(Hörspiele),** and dramas, many of which straddle the line between the humorous and the serious.

Tupungato/Shutterstock

▲ Ernst Jandl wurde in Wien geboren.

His characteristic wordplay is seen in the poem "fünfter sein," one of his best-known poems, and the one that became the basic text of a picture book for children and of a children's play. Using simple repetition of the adverbs **raus** and **rein,** Jandl cleverly creates a scene and a mood.

fünfter sein
tür auf[1]
einer raus[2]
einer rein[3]
vierter sein
tür auf
einer raus
einer rein
dritter sein
tür auf
einer raus
einer rein
zweiter sein
tür auf

einer raus

einer rein
nächster sein
tür auf
einer raus
selber rein
tagherrdoktor

—Ernst Jandl

[1]*open* [2]*raus = heraus* [3]*rein = herein*

Fragen

Wo sind die Personen in dem Gedicht?
Wie viele Personen gibt es?
Wer ist hinter der Tür?

Land und Leute

Fußgängerzonen

Most people in German-speaking countries live in cities. Three-fourths of the German people are urban dwellers, and two-thirds live in cities with a population of more than 100,000.

The physical layout of cities in the German-speaking countries is generally different from that of cities in the United States. The concept of building large suburbs and shopping malls around a city is uncommon in most of Europe due to the long history of urban growth and development on the one hand, and due to limited space on the other hand. The downtown area is generally the historic city center which has grown over centuries. While people still reside in these parts, the center of cities **(Großstadt)** or towns **(Stadt)** in German-speaking countries generally contain office buildings as well as apartment buildings, stores, historic churches, and official administrative buildings, such as town halls, district courts, and so on.

Many downtown areas have been converted to traffic-free pedestrian zones **(Fußgängerzonen).** A typical pedestrian zone has large department stores as well as small specialty stores and street vendors, restaurants, and outdoor cafés. Streets are often lined with flower beds, bushes, and trees, and sometimes lead into small squares, where people can rest on benches. The downtown shopping areas are used not only by people who live in the city, but also by those who live in the outskirts or in nearby villages. On weekends, the downtown area with its pedestrian zones may host all kinds of cultural events, such as open-air concerts or seasonal events, such as Christmas markets. Therefore, the old city centers with their pedestrian zones are truly the heart of most towns and cities.

L. Kulturkontraste
4. Fußgängerzonen

▲ Eine typische Fußgängerzone, die Kaufingerstraße in München

▲ Das Einkaufszentrum Friedrichstraße in Berlin

Kulturkontraste

Beschreiben Sie die Innenstadt dort, wo Sie wohnen. Vergleichen *(compare)* Sie Ihre Einkaufszone und Innenstadt mit deutschen Städten. Welche Vorteile *(advantages)* und welche Nachteile *(disadvantages)* finden Sie bei den Innenstädten in den deutschsprachigen Ländern?

Video-Ecke

1 Typisch deutsch! Typisch amerikanisch!

▲ Er meint, Deutsche sind pünktlich aber nicht fröhlich.

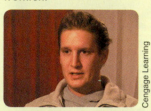

▲ Er meint, Deutsche sind gewissenhaft.

▲ Sie meint, Amerikaner sind patriotisch.

Vor den Videos

41 **Nachgedacht** Was wissen Sie noch vom Kapitel? Denken Sie nach.

1. Was sind Fußgängerzonen?
2. Was sind Freunde, was sind Bekannte?
3. Was macht man als Gast bei Deutschen?

Nach den Videos

42 **Alles klar?** Sehen Sie sich die Interviews an und machen Sie sich Notizen. Beantworten Sie dann die Fragen.

1. Was ist „typisch deutsch" für *alle*?
2. Was sagen die Deutschen über sich selbst?
3. Was sagen die Deutschen über Amerikaner?
4. Welches Interview ist interessant? Warum?

2 Die berühmte deutsche Pünktlichkeit!

▲ Normalerweise sind Busse in Deutschland relativ pünktlich.

▲ Anton filmt die Fußgängerzone.

▲ Dieses Motiv ist berühmt. Kennen Sie es?

In diesem Kapitel warten die Freunde auf einen Bus, machen einen Spaziergang in einer typischen Fußgängerzone, und dann sehen sie ein berühmtes Schloss ...

Nützliches	
pünktlich sein	being punctual, on time
ordentlich sein	being neat, clean, orderly
gewissenhaft sein	being thorough, exact
nicht fröhlich sein	not being happy, joyous
patriotisch sein	being patriotic
das Klischee	cliché, stereotype

Nach den Videos

Sehen Sie sich das Video an und machen Sie sich Notizen. Beantworten Sie dann die Fragen.

43 Was passiert wann? Bringen Sie die folgenden Sätze in die richtige Reihenfolge.

_____ Hülya sagt: „Wann kommt denn der Bus?"

_____ Paul findet Fußgängerzonen gut, vor allem die Cafés.

_____ Paul fragt Anton: „Wie ist denn das in Österreich?"

_____ Die Freunde stehen an der Bushaltestelle.

_____ Alle sehen Schloss Neuschwanstein.

_____ Lily zeigt Paul eine Postkarte von einem Schloss.

_____ Anton sagt: „Das ist also die berühmte deutsche Pünktlichkeit."

A. Was haben Sie gesehen?
B. Wer hat das gesagt?
C. Was ist typisch deutsch?
D. Schreiben Sie
E. Schloss Neuschwanstein

44 Richtig oder falsch? Arbeiten Sie mit einer Partnerin/einem Partner. Fragen Sie sie/ihn: Was ist **richtig**, was ist **falsch**?

S1:
Der Bus ist pünktlich. Ist das richtig?

S2:
Ja, das ist richtig. / Nein, das ist nicht richtig / falsch. Er ...

	Richtig	Falsch
1. Der Bus ist pünktlich.	_____	_____
2. Paul weiß nicht, wo die Freunde heute hingehen.	_____	_____
3. Paul findet Kathedralen gut.	_____	_____
4. Auf der Postkarte ist ein Café.	_____	_____
5. Die Freunde sind in Süddeutschland.	_____	_____

45 Was meinen Sie? Beantworten Sie die Fragen.

1. Was ist „typisch deutsch" für Sie, positiv und negativ?
2. Was ist „typisch amerikanisch" für Sie, positiv und negativ?
3. Kommentieren Sie die Videos: Wer denkt was über wen? Stimmt das?
4. An der Haltestelle, in der Fußgängerzone, in der Natur: Was fällt Ihnen auf? Was ist in Amerika oder in Kanada anders?

Wiederholung

1 Rollenspiel Sie sprechen mit Ihrer Partnerin/Ihrem Partner über Alltag *(everyday life)* und Kultur in den USA. Sie/Er macht die folgenden acht Aussagen *(statements)* und Sie stimmen mit *(agree)* ihr/ihm in manchen Aussagen überein, in manchen nicht.

1. Amerikaner sind zu freundlich. Das kann nicht echt *(genuine)* sein.
2. Das amerikanische Fernsehen ist toll.
3. In amerikanischen Städten braucht man immer ein Auto.
4. Die Amerikaner gehen wenig zu Fuß.
5. In Amerika gibt es nicht so viele Straßencafés.
6. Die Amerikaner essen zu viele Hamburger und Pommes frites *(French fries)*.
7. Die Amerikaner treiben mehr Sport als die Europäer.
8. Die Amerikaner sind generell tolerant.

Redemittel

Übereinstimmen oder nicht übereinstimmen *(Expressing agreement or disagreement)*

• Richtig. • Genau.
• Natürlich. • Eben.
• Du hast recht.
• Wirklich?
• Meinst du? Ja, vielleicht. • Vielleicht hast du recht. • Das finde ich gar nicht.
• Was hast du gegen [Freundlichkeit]?
• Ich sehe das ganz anders.
• Das siehst du nicht richtig.

2 Das hat Mark in Deutschland beobachtet *(observed)* Erzählen Sie von Marks Erfahrungen *(experiences)* in Deutschland. Benutzen Sie die folgenden Wörter.

1. Mark / fahren / nicht gern / auf / Autobahn
2. Leute / fahren / wie die Wilden
3. viele Kinder / sehen / im Fernsehen / *Sesamstraße (Sesame Street)*
4. die vielen Blumen und Parks / gefallen / er
5. viele Leute / trinken / an / Sonntag / um vier / Kaffee
6. man / benutzen / Messer und Gabel / anders
7. man / sitzen / nach / Essen / lange / an / Tisch

3 Ferien Ergänzen Sie die folgenden Sätze über Urlaub in Deutschland, Österreich und der Schweiz mit den passenden Präpositionen.

1. Im Sommer kommen viele Ausländer _____ Deutschland. (an, nach, zu)
2. Sie fahren natürlich _____ der Autobahn. (an, über, auf)
3. Junge Leute wandern gern _____ Freunden. (bei, ohne, mit)
4. Einige fahren _____ dem Fahrrad. (bei, an, mit)
5. Viele Kanadier fahren gern _____ Salzburg. (zu, auf, nach)
6. Sie fahren auch gern _____ die Schweiz. (an, in, nach)
7. _____ den Märkten kann man schöne Sachen kaufen. (auf, an, in)
8. Zu Hause erzählen die Kanadier dann _____ ihrer Reise. (über, von, um)

4 Etwas über Musik Beantworten Sie die folgenden Fragen. Benutzen Sie ein Pronomen oder ein **da**-Kompositum für Ihre Antwort.

BEISPIELE Hast du gestern mit deiner
  Freundin gegessen? (Ja)   *Ja, ich habe gestern mit ihr gegessen.*

  Habt ihr viel über Musik
  geredet? (Ja)   *Ja, wir haben viel darüber geredet.*

1. Kennst du viele Werke *(works)* von Schönberg? (Ja)
2. Hältst du viel von seiner Musik? (Nein)
3. Möchtest du Frau Professor Koepke kennenlernen? (Ja)
4. Sie weiß viel über Schönberg, nicht wahr? (Ja)
5. Hält sie dieses Semester eine Vorlesung über seine Musik? (Ja)
6. Meinst du, ich kann die Vorlesung verstehen *(understand)*? (Nein)

5 **Wie sagt man das auf Deutsch?** Justin Schulz studiert an der Universität Zürich. Erzählen Sie auf Deutsch, was er dort macht.

1. *Justin Schulz goes to the University of Zurich.*
2. *In the summer he works for his neighbor.*
3. *On the weekend he goes with his girlfriend Lara to the mountains.*
4. *They like to hike.*
5. *Afterwards they are hungry and thirsty.*
6. *Then they go to a café, where they have coffee and cake. (Use* **trinken** *and* **essen**.)

6 **Wer weiß das?** Stellen Sie Ihren Kommilitoninnen/Kommilitonen die folgenden Fragen. Schreiben Sie auf *(write down)*, wer die Antworten weiß und wer sie nicht weiß.

BEISPIELE Wo hat Mozart gelebt?
Tom weiß nicht, wo Mozart gelebt hat.

Fragen:

1. Wo hat Mozart gelebt?
2. Wie heißt die Hauptstadt der Schweiz?
3. In welchem Land liegt Konstanz?
4. In welchen Ländern machen die Deutschen gern Ferien?
5. Was trinken die Deutschen gern?
6. Wie viele Sprachen spricht man in der Schweiz?
7. Wie viele Nachbarländer hat Österreich?

7 **Zum Schreiben**

1. Wählen Sie eines der folgenden Themen und schreiben Sie dazu auf Deutsch mehrere Sätze über Deutschland und Ihr Land.

> **Blumen   Wetter   Auto fahren   fernsehen**
> **essen   Universität   einkaufen**

2. Stellen Sie sich vor *(imagine)*, Sie sind Christine Hagen. Schreiben Sie Ihrer Freundin Lily eine E-Mail über den amerikanischen Austauschstudenten Michael Clasen. Schreiben Sie darüber:

   - wo Sie Michael getroffen haben
   - wie Michael aussieht
   - woher er kommt
   - worüber Sie und Michael oft und gern reden
   - was Sie und Michael am Wochenende machen

Schreibtipp

Bevor Sie mit dem Schreiben beginnen, machen Sie Notizen. Benutzen Sie Wechselpräpositionen und Verben mit Präpositionen. Achten Sie auf den Fall *(case)*, wenn Sie Wechselpräpositionen benutzen. Unter *Schreibtipp* auf Seite 247 finden Sie eine Liste von anderen Dingen, die Ihnen beim Schreiben helfen kann.

Grammatik: Zusammenfassung

Hin and her

Komm bitte **her**.	*Please come here.*
Fall nicht **hin**!	*Don't fall down!*

Hin and **her** are used to show direction. **Hin** indicates motion in a direction away from the speaker, and **her** shows motion toward the speaker. **Hin** and **her** function as separable prefixes and therefore occupy final position in a sentence.

Komm mal **herunter**!	*Come on down here!*
Wann gehen wir wieder **dorthin**?	*When are we going there again?*

In addition to verbs, **hin** and **her** may be combined with other parts of speech such as adverbs (e.g., **dorthin**) and prepositions (e.g., **herunter**).

Legen/liegen, setzen/sitzen, stellen/stehen, hängen, stecken

Nils **stellt** die Lampe **in die Ecke**.	*Nils **puts** the lamp in the corner.*
Die Lampe **steht** jetzt **in der Ecke**.	*The lamp **is** now in the corner.*

In English, the all-purpose verb for moving something to a position is *to put*; the all-purpose verb for the resulting position is *to be*. German uses several verbs to express the meaning of *to put* and *to be*.

Movement to a position: *to put*		Stationary position: *to be*	
legen, gelegt	*to lay*	liegen, gelegen	*to be lying*
setzen, gesetzt	*to set*	sitzen, gesessen	*to be sitting*
stellen, gestellt	*to place (upright)*	stehen, gestanden	*to be standing*
stecken, gesteckt	*to stick (into)*	stecken, gesteckt	*to be inserted (in)*
hängen, gehängt	*to hang*	hängen, gehangen	*to be hanging*

Nils stellt die Lampe **in die Ecke**.	Die Lampe steht **in der Ecke**.

The German verbs describing movement to a position (**wohin?**) take the accusative case after two-way prepositions. The German verbs describing a stationary position (**wo?**) take the dative case after two-way prepositions.

Two-way prepositions and their English equivalents

an	at; on; to	in	in, inside (of); into; to	unter	under; among
auf	on, on top of; to	neben	beside, next to	vor	in front of; before; ago
hinter	behind, in back of	über	over, above; across; about	zwischen	between

Nine prepositions take either the dative or the accusative. The dative is used for the meaning *place where*, in answer to the question **wo?** The accusative is used for the meaning *place to which*, in answer to the question **wohin?**

am = an dem	im = in dem
ans = an das	ins = in das

The prepositions **an** and **in** may contract with **das** and **dem**. Other possible contractions are **aufs, hinters, hinterm, übers, überm, unters, unterm, vors,** and **vorm**.

Verb and preposition combinations

Many verbs in both German and English are combined with prepositions to express certain idiomatic meanings.

denken an (+ acc.)	to think of/about	**lachen über** (+ acc.)	to laugh about
erzählen von	to tell of/about	**reden / sprechen über** (+ acc.) / **von**	to talk/speak about/of
fahren mit	to travel by (means of)	**schreiben an** (+ acc.) / **über** (+ acc.)	to write to/about
halten von	to have an opinion of, to think of	**studieren an/auf** (+ dat.)	to study at

Time expressions in the dative

am Montag	on Monday, Mondays	**in der Woche**	during the week	**vor dem Essen**	before the meal
am Abend	in the evening, evenings	**in einem Jahr**	in a year	**vor einem Jahr**	a year ago

Time expressions in the accusative

Definite point	Alina kommt **nächsten Freitag**.	*Alina is coming **next** Friday.*
Duration	Sie bleibt **einen Tag**.	*She's staying **(for) one day**.*

Nouns expressing a definite point in time or duration of time are in the accusative and do not use a preposition.

Da-compounds and *wo*-compounds

Spricht Hannah gern **von ihrem Freund**?   Ja, sie spricht gern **von ihm**.
Spricht Hannah oft **von der Arbeit**?   Ja, sie spricht oft **davon**.

In German, pronouns after prepositions normally refer only to persons. German uses a **da**-compound, consisting of **da** + preposition, to refer to things or ideas.

Von wem spricht Hannah?   Sie spricht **von ihrem Freund**.
Wovon (Von was) spricht Hannah?   Sie spricht **von der Arbeit**.

The interrogative pronoun **wen** or **wem** is used with a preposition to refer to persons. The interrogative pronoun **was** refers to things and ideas. As an object of a preposition, **was** may be replaced by a **wo**-compound consisting of **wo** + a preposition.

Jan wohnt seit Mai in München.   **Seit wann** wohnt er in München?

Wo-compounds are not used to inquire about time. Instead **wann, seit wann,** or **wie lange** is used.

Indirect questions

Weißt du, **warum** Nina heute
nicht kommt?

*Do you know **why** Nina isn't
coming today?*

Ich weiß auch nicht, **ob** sie
morgen kommt.

*I also don't know **if/whether** she's
coming tomorrow.*

An indirect question is a dependent clause. The finite verb is therefore in last position. An indirect question is introduced by an introductory clause such as:

Weißt du, ... ?	Ich weiß nicht, ...
Ich möchte wissen, ...	Kannst du mir sagen, ... ?

An indirect informational question begins with the same question words that are used in direct informational questions (**warum, wann, wer, was, wie lange,** etc.). An indirect yes/no question begins with **ob**. **Ob** can always be translated as *whether*.

Junge Familie mit zwei Kindern

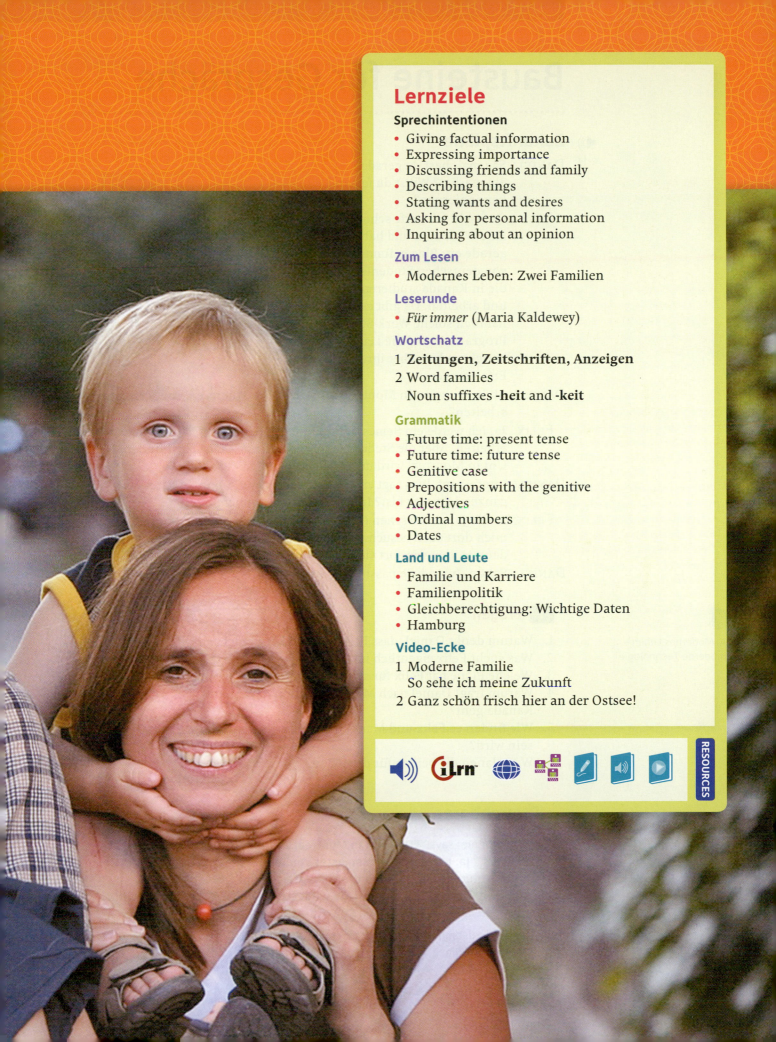

Lernziele

Sprechintentionen
- Giving factual information
- Expressing importance
- Discussing friends and family
- Describing things
- Stating wants and desires
- Asking for personal information
- Inquiring about an opinion

Zum Lesen
- Modernes Leben: Zwei Familien

Leserunde
- *Für immer* (Maria Kaldewey)

Wortschatz
1 **Zeitungen, Zeitschriften, Anzeigen**
2 Word families
   Noun suffixes **-heit** and **-keit**

Grammatik
- Future time: present tense
- Future time: future tense
- Genitive case
- Prepositions with the genitive
- Adjectives
- Ordinal numbers
- Dates

Land und Leute
- Familie und Karriere
- Familienpolitik
- Gleichberechtigung: Wichtige Daten
- Hamburg

Video-Ecke
1 Moderne Familie
   So sehe ich meine Zukunft
2 Ganz schön frisch hier an der Ostsee!

RESOURCES

Bausteine für Gespräche

🔊 Zukunftspläne

2-14

DANIEL: Sag mal, hast du gerade einen Chat? Willst du jemand kennenlernen?

FELIX: Quatsch! Ich surfe schon eine Weile rum und habe gerade ein Blog gefunden von deutschen Studenten, die in Kanada studieren und arbeiten. Da gibt es nämlich solche Work-Study-Programme und die Leute berichten hier über ihre Erfahrungen.

DANIEL: Ah ja. Du wirst in Montreal also nicht nur studieren, sondern auch arbeiten?

FELIX: Ja, ich werde ein Semester studieren und danach sechs Monate arbeiten. Aber die Stelle bei einer Firma muss ich selbst finden. Die Uni in Montreal wird mir dabei aber helfen.

DANIEL: Interessant. Was sagt eigentlich Marie dazu, wenn du dann ein ganzes Jahr weg bist? Ihr seid doch zusammen, oder?

FELIX: Ja. Na ja, ein bisschen traurig sind wir beide schon. Aber sie wird mich dort auch besuchen. Wahrscheinlich in den Winterferien. Und dann wollen wir dort vielleicht snowboarden gehen.

DANIEL: Schön. Irgendwie passt ihr ja auch wirklich gut zusammen.

A. Modernes Leben – moderne Technologie

1 Fragen

1. Warum denkt Daniel, dass Felix jemand kennenlernen will?
2. Was sucht Felix eigentlich im Internet?
3. Welche Pläne hat Felix für seine Zeit in Kanada?
4. Warum fragt Daniel nach Maries Reaktion darauf, dass Felix nach Kanada geht?
5. Wie finden es Felix und Marie, dass Felix ein paar Monate in Kanada sein wird?
6. Was planen die beiden für diese Zeit?

Brauchbares

1. When Daniel says: **"Du wirst in Montreal ... studieren"** and Felix answers: **"Ja, ich werde ein Semester studieren"** they are using future tense. Future tense in German consists of a form of **werden** plus an infinitive: **ich werde studieren, du wirst studieren**. See *Grammatik und Übungen* in this chapter, page 302.

2. **Ihr seid zusammen** is a common colloquial expression for *"going out"* or being a couple.

Erweiterung des Wortschatzes 1

Zeitungen, Zeitschriften, Anzeigen

Giving factual information

2 Die Zeitung Fragen Sie in der Klasse, wer welche Zeitung liest, und warum. Notieren Sie sich die Antworten und berichten Sie. Sie können die folgenden Wörter benutzen:

| Wirtschaft | Sport | Anzeigen[+] | Filme | Literatur |
| Musik | Theater | Wetterberichte | Comics[+] | |

S1:
Welche Zeitung liest du?
Warum liest du Zeitung – was interessiert dich?

S2:
Ich lese [*Die Zeit*].

Politik.

3 Bekanntschaften Hier sind Anzeigen aus dem Hamburger Stadtmagazin „Hamburg total". Einige Leute suchen Partner für Freizeitaktivitäten. Lesen Sie die Anzeigen und beantworten Sie die Fragen.

Bekanntschaften

A **Beste Freundin gesucht:** Gehst du auch gerne shoppen, mountainbiken, schwimmen? Lachst gerne und bist trotzdem mal traurig, magst Nächte durchtanzen, aber auch mal ins Theater oder Musical gehen? Wenn du dich angesprochen fühlst[1], dann melde dich[2] bei mir (w[3]/24) unter
✉ bestfriend10029@yahoo.de
HBh ☎ 73487

B **Wandern!** In den Herbstferien und auch mal am Wochenende. Welche netten Leute zwischen 20–30 kommen mit?
✉ absofort[4]@gmx.net

C **Lust[5]** auf Inlinerfahren, Kino, Theater, Ausstellungen[6], Joggen, Biergarten. Ich (m[7], 31) möchte meinen Freundeskreis[8] erweitern[9].
✉ HamburgAktiv009@gmail.com.
HBh ☎ 73652

[1]**Wenn ... fühlst:** *If this appeals to you* [2]**melde dich:** *get in touch* [3]**w (=weiblich):** *female* [4]**ab sofort:** *leave immediately* [5]*desire* [6]*exhibitions* [7]**m (=männlich):** *male* [8]*circle of friends* [9]*expand*

1. Welche Anzeigen sollen mehrere Leute beantworten?
2. Welche Freizeitaktivitäten wollen die Leute machen? Schreiben Sie alle Aktivitäten auf.
3. In welcher Anzeige sucht die Person Leute für kulturelle Aktivitäten?
4. Welche Anzeige ist von einer Frau? Was sucht sie?
5. Würden Sie auf eine der Anzeigen antworten? Warum (nicht)?

Vokabeln I

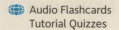
Substantive

der **Chat, -s** chat
der **Comic, -s** comic strip, comics
der **Film, -e** film
der **Quatsch** nonsense;
  Quatsch! Nonsense!
der **Wetterbericht, -e** weather
  report

der/das **Blog, -s** blog *(both articles
  are in use)*
die **Anzeige, -n** ad, announcement
die **Bekanntschaft, -en**
  acquaintance
die **Erfahrung, -en** experience
die **Firma, Firmen** company, firm

die **Politik** politics
die **Stelle, -n** job, position
die **Weile** a short period of time
die **Wirtschaft** economy
die **Zukunft** future

Verben

berichten to report
passen *(+ dat.)* to fit, suit; to be
  appropriate

rum·surfen *(coll.)* to surf around
zusammen·passen to be suitable
  for each other

Weitere Wörter

dabei with it
danach afterwards; after it
gerade just; straight

jemand (-en, -em) *(endings are
  optional)* someone
na ja well now; oh well

wahrscheinlich probably

Besondere Ausdrücke

Ihr seid zusammen. You are
  together (as a couple).

Alles klar?

4 **Definitionen** Welche Definition passt zu welchem Wort?

1. ein kleiner Text, z.B. in einem Magazin, in dem
   man schreibt, was man sucht oder braucht _____
2. ein fester Job bei einer Firma _____
3. Es war nicht gestern, es ist nicht heute, sondern
   es wird morgen sein. _____
4. wenn man sagen will, dass etwas dumm oder
   idiotisch ist und nicht stimmt _____

a. Anzeige
b. Quatsch
c. Stelle
d. Zukunft

5 **Blog aus Montreal** Ergänzen Sie Dominiks Bericht mit den
passenden Wörtern aus der folgenden Liste.

| berichten danach Erfahrungen Firma jemand Stelle Weile |

Ich bin jetzt schon seit drei Monaten hier bei einer kanadischen _____
in Quebec – sie heißt „Assurance Internationale". Meine _____ sind
sehr positiv und ich kann wirklich nur Gutes _____. Die Kollegen sind
sehr freundlich und immer hat _____ Zeit mir Dinge zu erklären.

    Ich will hier noch eine _____ bleiben, wahrscheinlich maximal
sechs Monate.

    Doch für die Zeit _____ suche ich eine _____ bei einer Firma
in Hamburg. Dort wohnt nämlich meine Freundin.

Land und Leute

Familie und Karriere

M. Kulturkontraste,
1. Familie und Karriere

During early child-rearing years many women in Germany either withdraw from the workforce or work part-time. Employers **(Arbeitgeber)** are required to make every attempt to facilitate the return to work for mothers, including providing part-time work. Around 60% of mothers with children under fifteen are gainfully employed. Almost three-fourths of these women work part-time. In contrast 90% of fathers are employed with only around 4% choosing part-time work. Based on the **Mutterschutzgesetz** *(bill for the protection of mothers),* a new mother may not work six weeks before and eight weeks after the birth of a child. However, despite such government mandates, women who interrupt their careers or work part-time during child-rearing years very often find themselves at a disadvantage when they resume full-time employment. In Germany, parents are entitled to **Elternzeit** *(parental leave).* One of the two parents may stay home with the child for up to three years. The return to one's previous workplace is guaranteed.

▲ Diese Mutter arbeitet von zu Hause aus.

A special case is the situation of single parents **(Alleinerziehende).** Almost 20% of families in Germany are one-parent families. Of these, around 86% of single parents are women. Although single-parent families are entitled to the same benefits as traditional families, government reports state that in single-parent households life is made more complicated by a shortage of childcare facilities, especially in the West, and by the fact that most German schools run only to noon or slightly later. The government is now in the process of increasing the number of full-day schools **(Ganztagsschulen).**

▲ Mit drei Jahren kann man in den Kindergarten gehen.

Kulturkontraste

1. Finden Sie, dass **Elternzeit** eine gute Idee ist? Wie ist das in Ihrem Land?
2. Was sind die Konsequenzen von Elternzeit für die Familie und den Arbeitgeber *(employer)*?
3. Arbeit, Hausarbeit und Kinder: Was meinen Sie, wer soll was machen?

Zum Lesen

🌐 Web Links

Vor dem Lesen

6 **Die moderne Familie**

1. Beschreiben Sie die traditionelle Familie. Gibt es eine Mutter und einen Vater? Wer arbeitet? Was machen die Kinder?
2. Heute gibt es viele Familienmodelle. Beschreiben Sie eine nicht traditionelle Familie.
3. Viele Eltern, besonders Mütter, sagen, dass sie gestresst sind. Warum ist das so?

 7 **Umfrage** Machen Sie eine Umfrage unter Ihren Kommilitoninnen/Kommilitonen. Wie stellst du dir dein Familienleben später vor? Möchtest du Single sein / heiraten / Kinder haben …? Warum?

 8 **Familie und Arbeit** Überlegen Sie mit Ihrer Partnerin/Ihrem Partner, in welchen Berufen man relativ viel Zeit für das Familienleben und Kinder hat. Machen Sie eine Liste. Die folgenden Kriterien können Ihnen dabei helfen Berufe zu finden:

> flexible Arbeitszeiten
> von zu Hause aus arbeiten
> nur wenige Arbeitsstunden pro Tag
> man arbeitet abends oder nachts, wenn die Partnerin / der Partner bei den Kindern ist

Beim Lesen

9 **Zwei Familien** Der Text beschreibt die Situationen von Petra Böhnisch und von Rainer Valentin. Machen Sie sich Notizen.

	Petra Böhnisch	Rainer Valentin
wie viele Kinder?		
welcher Beruf?		
wie viel Arbeit?		
Partner?		

Brauchbares

The following text contains several verbs in the simple past, also called the narrative past. The simple past tense is used mostly in writing. The meaning is the same as the simple past in English and is discussed in *Kapitel 10*. You are already familiar with **war** and **hatte,** the simple past of the verbs **sein** and **haben**. Other verbs used here are as follows: **auseinandergingen** (l. 33), **wollte** (l. 38), **dachten** (l. 46).

Modernes Leben: Zwei Familien

Heute gibt es neben der traditionellen Familie – Ehepaar mit einem oder mehreren Kindern – auch zunehmend° andere Formen des Zusammenlebens. Familien mit nur einem Elternteil°, Paare – verheiratet oder unverheiratet – ohne Kinder und „Patchwork-Familien", in denen°
5 Partner mit Kindern aus anderen Verbindungen° zusammenleben. Vor allem in Großstädten gibt es immer mehr Menschen, die° alleine leben. Auch die Zahl der Geburten ist stark gesunken, weil es viele Menschen schwierig finden, beides zu haben – Kinder und einen anstrengenden Beruf. Lesen Sie hier, wie zwei Familien mit Kindern ihr
10 Leben und ihren Job organisieren.

Die berufstätige Mutter Fünf Jahre hat Petra Böhnisch Babypause gemacht, um den ganzen Tag mit ihren Söhnen verbringen zu können. In dieser Zeit hat ihr Mann den Lebensunterhalt° der Familie
15 verdient. Nun sind die Kinder in der Schule und im Kindergarten und Petra Böhnisch arbeitet wieder halbtags in ihrem Beruf als Sozialpädagogin°. Doch obwohl sie nur 20 Stunden pro Woche arbeitet, klagt sie über die organisatorischen Probleme. „Ich
20 arbeite morgens von acht bis zwölf. Die Schule ist meistens um 12.30 Uhr zu Ende, genauso der Kindergarten. Eine Betreuung° über Mittag gibt es zwar, doch wir haben keinen Platz bekommen. So ist es immer stressig, meine Kinder pünktlich abzuholen. Schlimm ist auch,
25 wenn ich bei der Arbeit weggehen muss, obwohl ich mir mehr Zeit nehmen möchte für die Leute, die mit ihren Problemen zu mir kommen. Ich habe oft das Gefühl, dass ich in beidem – im Beruf und als Mutter – immer gestresst bin und nie genug Zeit habe. Darunter leidet auch das Familienleben. Vielleicht sollte° ich noch ein, zwei Jahre Elternzeit° nehmen."

▲ Petra Böhnisch, 37.

Uli Gersiek

30 **Der alleinerziehende Vater** Seit fünf Jahren ist Rainer Valentin schon alleinerziehender Vater und er ist, wie er sagt „stolz auf seine intakte Familie". Als er und seine Frau auseinandergingen°, war es klar, dass seine beiden Töchter Sarah und Anne,
35 damals drei und eins, bei ihm bleiben würden°. Er hatte sie seit ihrer Geburt versorgt°, weil er als selbstständiger° Architekt flexible Arbeitszeiten hatte. Seine Frau wollte° ihre gut bezahlte Stelle als Produktmanagerin nicht aufgeben. „Meine Karriere
40 war mir nie so wichtig gewesen. So war der Schritt vom Hausmann zum alleinerziehenden Vater gar nicht so groß. Und gearbeitet habe ich eben von zu Hause aus. Na ja, ganz so einfach war es natürlich nicht. Am Anfang war es für mich zum Beispiel ein Problem, dass die ‚anderen Mütter' in Spielgruppen
45 oft etwas skeptisch waren. Und wenn die Kinder schwierig waren, hatte ich das Gefühl, dass sie dachten°: ‚Ist ja kein Wunder, wenn nur der Vater erzieht!' Meine Ex-Frau und ich hatten aber immer einen guten Kontakt, schon wegen der Kinder. Sie hat uns natürlich auch finanziell unterstützt. Heute sind wir wieder gute Freunde und im Sommer wollen wir sogar zusammen Urlaub
50 machen."

▲ Rainer Valentin, 38

Courtesy of Simone Berger

L. Familie in Deutschland heute

increasingly

einem ... Elternteil: *one parent / which*

unions

who

A. Modernes Leben: Zwei Familien
B. Richtig oder falsch?

livelihood

social worker

childcare

should / child-rearing leave

separated

would

hatte ... versorgt: *had looked after them / independent / wanted*

thought

Nach dem Lesen

10 Fragen zum Lesestück

1. Wie lange ist Petra Böhnisch mit ihren Söhnen zu Hause geblieben, bevor sie wieder gearbeitet hat?
2. Wie viele Stunden arbeitet Frau Böhnisch am Tag?
3. Wo sind ihre Kinder vormittags?
4. Warum findet Frau Böhnisch es manchmal schwierig, ihren Arbeitsplatz um 12 Uhr zu verlassen (leave)?
5. Was für ein Gefühl hat Frau Böhnisch oft?
6. Welche Lösung (solution) sieht Frau Böhnisch?
7. Wie lange ist Rainer Valentin schon alleinerziehender Vater?
8. Warum blieben die Kinder bei Rainer Valentin, als er und seine Frau auseinandergingen?
9. Was für Probleme hat er manchmal mit „den anderen Müttern"?
10. Wie unterstützt ihn seine Ex-Frau?

11 Wörter

A. Erklären Sie die folgenden Wörter.

BEISPIEL Babypause: *wenn die Mutter oder der Vater mit dem Baby zu Hause bleibt und nicht arbeitet*

> **Babypause   berufstätig   flexible Arbeitszeit
> gestresst   halbtags   Spaß⁺   Urlaub**

B. Rainer Valentin ist „stolz auf seine intakte Familie". Sagen Sie, wann Ihre Eltern stolz oder nicht stolz auf Sie sind.

BEISPIEL Meine Mutter/Mein Vater ist (nicht) stolz auf mich, wenn …

> **gute Klausuren schreiben   fleißig sein   mein Zimmer aufräumen
> einen Ferienjob finden   meinen Freunden helfen**

12 Erzählen wir Sprechen Sie über eines der folgenden Themen.

1. Was für Probleme haben berufstätige Eltern?
2. Zwei Jahre Elternzeit: Eine gute oder schlechte Idee?
3. Wann sind Sie gestresst?

E. Ein Gespräch

> With more deaths than births each year, Germany has a negative population growth. The government predicts that by 2050 the population of Germany will be only 65 million instead of the 80.2 million in the 2013 census. The population figure for 2050 is predicted in a study "**Familiensurveys**" by the **Bundesfamilienministerium**.

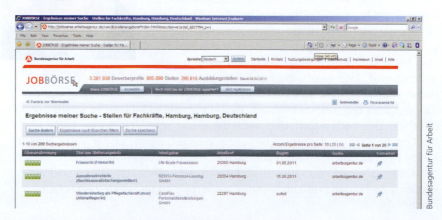

Bundesagentur für Arbeit

▲ Man kann auch im Internet nach einem Job suchen.

Land und Leute

 Web Search

Familienpolitik

M. Kulturkontraste,
2. Familienpolitik

In Germany, federal policy concerning families **(Familienpolitik)** covers a number of areas intended to support the quality of life for women, men, and children. One aim is to help both women and men reconcile their professional and personal lives. Opportunities for flexible work hours **(Gleitzeit),** part-time work **(Teilzeitarbeit)** with full benefits, or job sharing have been improved. Many single mothers and fathers receive financial aid **(Unterhaltsvorschüsse)**. Every woman receives a paid six-week maternity leave before the child's birth and eight weeks after the birth **(Mutterschutzurlaub),** the cost of which is shared by the government and her employer. One or both parents may stay at home and care for the child during the first three years **(Elternzeit),** and the employer agrees to reinstate the parent with the same or an equivalent position at the end of the time. With the consent of the employer twelve months of the three years may be taken at any time before the child's eighth birthday. At the age of three, the child is legally entitled to placement in a nursery school, although in reality many children are three and a half or four before space becomes available.

The government also provides a number of financial benefits. The government will replace up to 67% of net income during the **Elternzeit**—more for low-income families **(Elterngeld)**. This money is in addition to the child benefit **(Kindergeld)** of 184 euros per month for the first child with increases for additional children. **Kindergeld** is paid regardless of the parents' income and continues at least until the child's eighteenth birthday.

▲ Dieser Vater nimmt Elternzeit.

▲ Sie wird sicher bald in Mutterschutz gehen.

Kulturkontraste

1. In den meisten Industrieländern bekommen neue Mütter bezahlten Mutterschaftsurlaub. In Deutschland müssen neue Mütter 14 Wochen Mutterschutzurlaub nehmen. Wie ist das in Ihrem Land?

2. In Deutschland haben alle Kinder ein Recht auf Kindergeld. Was halten Sie davon?

3. Was deutsche Familien und Mütter vom Staat bekommen, ist für die Regierung und die Wirtschaft teuer. Denken Sie, dass diese finanzielle Hilfe für Familien wichtig ist? Warum (nicht)?

The U.S. Family and Medical Leave Act enables employees in large companies to take up to 12 weeks off, but that time is unpaid.

Erweiterung des Wortschatzes 2

Word families

arbeiten	to work
die Arbeit	work
der Arbeiter/die Arbeiterin	worker

Similar to English, German has many words that belong to families and are derived from a common root.

13 **Noch ein Wort** Ergänzen Sie die fünf Sätze mit einem passenden Wort.

1. München hat 1,3 Millionen **Einwohner**. Viele Münchner _____ in kleinen **Wohnungen**.
2. Der **Koch** und die **Köchin** in diesem Restaurant benutzen nie ein **Kochbuch,** aber sie _____ sehr gut.
3. Auf unserer **Wanderung** haben wir viele **Wanderer** getroffen. Der **Wanderweg** war schön. Wir _____ wirklich gern.
4. —Ich muss jetzt zum **Flughafen**.
   —Wann geht dein **Flugzeug**?
   —Ich _____ um 10.30 Uhr.
5. In dieser **Bäckerei backen** sie gutes Brot. Ich finde, der _____ macht auch gute Kuchen.

Noun suffixes -*heit* and -*keit*

die **Freiheit**	freedom
frei	free
die **Wirklichkeit**	reality
wirklich	really

Nouns ending in **-heit** and **-keit** are feminine nouns. Many nouns of this type are related to adjectives. The suffix **-keit** is used with adjectives ending in **-ig** or **-lich**.

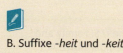

B. Suffixe -*heit* und -*keit*

14 **Dieses Wetter!** Ergänzen Sie den Text über das Wetter. Benutzen Sie ein Substantiv, das auf **-heit** endet und das zu dem fett gedruckten (*boldfaced*) Adjektiv passt.

1. Der Garten ist sehr **trocken**. Diese _____ ist nicht gut für die Blumen.
2. Dieses Wetter ist nicht **gesund**. Der kalte Wind ist nicht gut für meine _____.
3. Frau Lehmann fühlt sich ziemlich **krank**. Hoffentlich hat sie keine schlimme _____.
4. Die Natur ist im Mai besonders **schön**. Diese _____ in der Natur macht mich glücklich.
5. Hier lebt man relativ **frei**. Durch diese _____ können die Menschen vieles selbst machen.

Vokabeln II

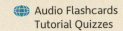 Audio Flashcards
Tutorial Quizzes

Substantive

Ehe und Familie

der **Kindergarten**, - nursery
   school
der **Hausmann**, -̈er househusband
das **Ehepaar**, -e married couple
das **Paar**, -e pair; couple
die **Ehe**, -n marriage
die **Erziehung** rearing; education
die **Geburt**, -en birth

Die Welt der Arbeit

der **Architekt**, -en, -en/die
   Architektin, -nen architect
der **Manager**, -/die **Managerin**,
   -nen manager

der **Urlaub** vacation
   Urlaub machen to go
   on vacation
   in or **im** or **auf Urlaub sein**
   to be on vacation
   in Urlaub fahren to go on
   vacation
die **Arbeitszeit** working
   hours
die **Karriere**, -n career
die **Pause**, -n break; rest;
   intermission

Weitere Substantive

der **Anfang**, -̈e beginning; **am
   Anfang** in the beginning
der **Mittag**, -e noon
der **Kontakt**, -e contact
der **Schritt**, -e step
das **Gefühl**, -e feeling
das **Recht**, -e right; law; **das Recht
   auf** (+ acc.) right to
der **Spaß** fun
das **Wunder**, - wonder; miracle;
   kein Wunder no wonder
die **Freiheit**, -en freedom
die **Großstadt**, -̈e city
die **Wirklichkeit** reality

Verben

**an·nehmen (nimmt an),
   angenommen** to accept
auf·geben (gibt auf), aufgegeben
   to give up
erziehen, erzogen to bring up,
   rear; to educate
hoffen (auf + acc.) to hope (for)

klagen to complain
leiden, gelitten to suffer; to
   tolerate; to endure
organisieren to organize
schauen to look; **schauen
   nach** to look after
sinken, (ist) gesunken to sink

unterstützen to support
verbringen, verbracht to spend
   (time)
verlieren, verloren to lose

Adjektive und Adverbien

berufstätig working, gainfully
   employed
damals at that time
gestresst stressed
mehrere several; various

nie never
schlimm bad; serious, severe
schwierig difficult
skeptisch sceptical
sogar even

stark strong; greatly, very much
stolz proud; **stolz auf** (+ acc.)
   proud of
verheiratet married

Weitere Wörter

als (sub. conj.) when
auseinander apart, away from
   each other

da (sub. conj.) because, since (causal)
obwohl (sub. conj.) although
pro per

wegen (+ gen.) on account of,
   because of

Besondere Ausdrücke

Es macht Spaß! It's fun.

immer mehr more and more

zu Ende over, finished

Alles klar?

15 **Gegensätze** Verbinden Sie die Wörter mit ihren Antonymen.

1. einfach _____
2. Ende _____
3. gewinnen _____
4. immer _____
5. Kleinstadt _____
6. Fantasie _____
7. ruhig _____
8. schwach _____
9. unverheiratet _____

a. Anfang
b. gestresst
c. Großstadt
d. nie
e. schwierig
f. stark
g. verheiratet
h. verlieren
i. Wirklichkeit

C. Ist das logisch?
D. Die gleiche Bedeutung

J. Wie viel verdienst du?

16 **Eine berufstätige Mutter** Susanne trifft ihre Freundin Brigitte zum Kaffeetrinken. Sie sprechen über Susannes Situation, denn Susanne hat zwei kleine Kinder und ist berufstätig. Ergänzen Sie die Sätze mit den folgenden Wörtern.

> **Arbeitszeiten Geburt klagen organisieren Pause unterstützt Urlaub verbringen Wunder**

1. SUSANNE: Puuuh, das ist schön, endlich mal eine kleine _____! Ich glaube, ich brauche mal wieder einen richtigen _____, mal zwei Wochen wegfahren und nichts tun!
2. BRIGITTE: Das ist ja auch kein _____, dass du müde und gestresst bist. _____ Thomas dich denn jetzt mehr bei der Hausarbeit?
3. SUSANNE: Na ja, nicht so richtig. Ich weiß noch, kurz nach Lenas _____ hat er gesagt, dass er viel Zeit mit der Familie _____ möchte. Aber seine _____ sind auch ziemlich lang – von morgens um 8 bis abends um 9.
4. BRIGITTE: Vielleicht musst du auch die Hausarbeit anders _____. Kannst du keinen Babysitter finden?
5. SUSANNE: Ja, du hast recht. Es ist dumm von mir, immer nur zu _____ und doch nichts anders zu machen.

▲ Susanne und Brigitte treffen sich zum Kaffee.

Land und Leute

🌐 Web Search

Gleichberechtigung *(equal rights)*: Wichtige Daten

M. Kulturkontraste,
3. Gleichberechtigung:
Wichtige Daten

A few milestones in the progress toward legal equality of the genders:

1901   German universities begin to admit women.

1918   German women receive the right to vote and to be elected to parliament.

1949   The Basic Law of the Federal Republic (**Grundgesetz**) guarantees the right of a person to decide on her or his role in society.

1955   The Federal Labor Court (**Bundesarbeitsgericht**) states that there should be no discrimination on the basis of gender in compensation for work performed.

1977   Women and men are judged by law to be equal in a marriage. Either can take the surname of the other, or a combination of both names. A divorce may now be granted on the principle of irreconcilability rather than guilt, and all pension rights that the spouses accrued during marriage are equally divided.

1979   Women are entitled to a six-month leave to care for a newborn child. By 1990 the leave time had increased to 12 months and was available to mothers or fathers.

1980   The law prohibits gender discrimination in hiring practices, wages, working conditions, opportunities for advancement, and termination policies.

1986   Years spent raising children are included in the calculation of retirement pensions.

1991   Married partners may keep separate names. Children may have the name of either parent.

1994   Married couples have the right to decide on a common married name. A law forbidding sexual harassment at the workplace is passed. Parents may take turns staying at home for three years to care for their child.

2001   One or both parents may stay home, and the option to convert a former full-time position into a part-time position should be generally supported by the employer.

Trista Weibel/iStockphoto.com

▲ Geschäftsfrau bei einer Präsentation vor ihren Kollegen

Austrian women received the right to keep their maiden names in 1995.

The equality of women and men guaranteed by law has not translated into their compensation. Women still generally earn 27% less than men in comparable positions, and only 30% of top managerial positions are held by women.

Kulturkontraste

1. Beschreiben Sie, wie die Frauen in Deutschland Gleichberechtigung bekommen haben. Was ist wann passiert?

2. Wissen Sie, wie es für Frauen in Ihrem Land ist?

Grammatik und Übungen

Talking about future events

Future time: present tense

Ich **helfe** dir morgen bestimmt. { *I'll help* you tomorrow for sure.
I'm going to help you tomorrow for sure.

Arbeitest du heute Abend? { *Are you working* tonight?
Are you going to work tonight?

German generally uses the present tense (e.g., **ich helfe, arbeitest du?**) to express future time.

- English expresses future time with the future tense (e.g., *I'll help*), with a form of *go* (e.g., *I'm going to help*), or with the present progressive tense (e.g., *you are working*).

17 **Was für Pläne hast du?** Leon spricht mit Marie über ihre Pläne. Bilden Sie Sätze im Präsens, um das Futur auszudrücken.

1. kommen / du / heute Abend / mit / ins Kino / ?
2. nein, ich / gehen / auf eine Party
3. was / machen / du / morgen / ?
4. die Semesterferien / anfangen / doch / morgen
5. fahren / du / bald / in Urlaub / ?
6. nein, ich / lernen / zuerst / für meine Prüfungen
7. und in ein paar Wochen / ich / besuchen / eine Freundin / in der Schweiz
8. müssen / du / auch arbeiten / ?
9. ja, / im August / arbeiten / ich / bei / Siemens

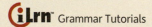 Grammar Tutorials

Future time: future tense (*das Futur*)

Wir **werden** unsere Freunde **einladen**.   *We'll (We will) invite our friends.*
Tim **wird** auch **kommen**.   *Tim will come, too.*

Both German and English have a future tense, although in German it is not used as often as the present tense to express future time.

- The future tense is used to express future time if it would otherwise not be clear from the context that the events will take place in the future.

  Paula **wird** es allein **machen**.   *Paula will do it alone.*

- The future tense in German may be used to express intention.

  Nina **wird** wohl zu Hause **sein**.   *Nina is probably at home.*
  Das **wird** sicher falsch **sein**.   *That's most likely wrong.*

- In addition to expressing intention, the future tense may be used to express an assumption (present probability) when it is used with adverbs, such as **wohl, sicher,** or **schon**.

werden				
ich	**werde** es sicher **finden**		wir	**werden** es sicher **finden**
Sie	**werden** es sicher **finden**		Sie	**werden** es sicher **finden**
du	**wirst** es sicher **finden**		ihr	**werdet** es sicher **finden**
er/es/sie	**wird** es sicher **finden**		sie	**werden** es sicher **finden**

In both English and German, the future tense is a COMPOUND TENSE.

- In English, the future tense is a verb phrase consisting of *will* or *shall* plus the main verb.
- In German, the future tense is also a verb phrase and consists of a form of **werden** plus an infinitive in final position.

18 **Die Freundin** Paul und Felicitas sind seit ein paar Monaten zusammen. Paul hofft, dass die Freundschaft auch in Zukunft so gut bleiben wird. Setzen Sie Pauls Aussagen ins Futur.

BEISPIEL Felicitas ist sicher immer eine gute Freundin.
Felicitas wird sicher immer eine gute Freundin sein.

1. Hoffentlich bleibt Felicitas immer so nett und freundlich.
2. Wir haben wohl immer so viele interessante Gespräche und gemeinsame Interessen.
3. Bei Felicitas bin ich sicher nicht so kritisch und negativ wie bei Christina.
4. Felicitas ist wahrscheinlich auch immer offen und ehrlich zu mir.
5. Ich verliere Felicitas als Freundin wohl nie.
6. Vielleicht bleiben wir sehr lange zusammen.

I. Kein Streik

D. Und was werden Sie nach Ihrem Examen machen?

Future tense and word order in subordinate clauses

Michael weiß nicht, ob Christin ihn **besuchen wird**.
Sebastian sagt, dass sie sicher **kommen wird**.

Michael doesn't know whether Christin **will visit** him.
Sebastian says she'**ll come** for sure.

The auxiliary **werden** is in final position in a dependent clause because it is the finite verb. It follows the infinitive.

19 **Ein tolles Wochenende** Lukas erzählt, was seine Freunde wahrscheinlich am Wochenende machen werden. Beginnen Sie jeden Satz mit **Lukas sagt, dass** …

BEISPIEL Nelli wird wohl mit Gülay Tennis spielen.
Lukas sagt, dass Nelli wohl mit Gülay Tennis spielen wird.

1. Erkan wird wohl seinem Vater im Geschäft helfen.
2. Am Samstagabend werden wohl alle in den neuen Club gehen.
3. Erkan wird wohl vor dem Konzert viel Gitarre spielen.
4. Sie werden am Sonntag wohl im Restaurant von Erkans Eltern essen.
5. Sie werden dort wohl andere Freunde treffen.

Discussing postgraduation plans

F. Ein Jobinterview

C. Was wird Marie nach ihrem Examen machen?

20 **Was wirst du nach dem Studium machen?** Bilden Sie eine kleine Gruppe. Fragen Sie die anderen, was für Pläne sie nach dem Studium haben. Benutzen Sie die Stichwörter.

> ein Jahr ins Ausland gehen   bei einer [spanischen / deutschen / großen / kleinen / Computer- / Auto-] Firma arbeiten
> eine Stelle in [Brüssel / Straßburg / Berlin] suchen
> in die Politik gehen   weiterstudieren   in einem Forschungslabor arbeiten   erst mal nichts tun

S1:
Weißt du schon, was du nach dem Studium machen wirst?

S2:
Ich werde wohl bei einer Computer-Firma arbeiten. Und du?

2-16

21 **Hören Sie zu** Anna und Daniel denken an das Ende ihres Studiums und sprechen über die Zukunft. Hören Sie zu und beantworten Sie die Fragen. Sie hören zwei neue Wörter: **der Traum** (dream), **viel Glück** (good luck).

1. Warum wird Daniel nach seinem Studium vielleicht für ein oder zwei Jahre in die USA gehen?
2. Was glaubt Daniel, was er in zehn Jahren haben wird?
3. Wo wird Anna in zehn Jahren vielleicht wohnen?
4. Was wird sie in zehn Jahren hoffentlich haben?
5. Was wird Daniel jetzt machen?

Genitive case (der Genitiv)

 Grammar Tutor

Showing possession and close relationships

Ich habe mit dem Kollegen **des Ingenieurs** gesprochen.	*I talked to the colleague of the engineer.*
Die Möglichkeit **eines Teilzeitjobs** gibt es nicht.	*There is no possibility of a part-time job.*
Der Name **der Firma** ist in den USA bekannt.	*The name of the firm is known in the USA.*

English shows possession or other close relationships by adding *apostrophe + -s* to a noun or by using a phrase with *of*. English generally uses the *'s* form only for persons. For things and ideas, English uses the *of*-construction.

- German uses the GENITIVE CASE to show possession or other close relationships.
- The genitive is used for things and ideas, as well as for persons.
- The genitive generally follows the noun it modifies (**die Möglichkeit** *eines Jobs*).

> die Freundin **von meinem Bruder** (meines Bruders)
> zwei **von ihren Freunden** (ihrer Freunde)
> ein Freund **von Thomas** (Thomas' Freund)

In spoken German, the genitive of possession is frequently replaced by **von** + dative.

> ein Freund **von mir**
> ein Freund **von Nicole**

Von + dative is also used in phrases similar to the English *of mine, of Nicole,* etc.

Masculine and neuter nouns in the genitive

der Name **des Kindes**   *the name of the child*
der Name **seines Vaters**   *the name of his father*

Masculine and neuter nouns of one syllable generally add **-es** in the genitive; nouns of two or more syllables add **-s**.

- The corresponding articles, **der**-words, and **ein**-words end in **-es** in the genitive.

Masculine N-nouns in the genitive

Die Frau **unseres Nachbarn** ist   *Our neighbor's wife is an engineer.*
Ingenieurin.

Ihre Kinder sind in der gleichen   *Her children are in the same school*
Schule wie die Kinder **meines**   *as the children **of my colleague.***
Kollegen.

Masculine nouns that add **-n** or **-en** in the accusative and dative singular also add **-n** or **-en** in the genitive. A few masculine nouns add **-ns: des Namens**. For a list of masculine **N**-nouns, see section 9 of the Grammatical Tables in *Appendix D*.

22 Fragen

A. Verbinden Sie die Wörter.

BEISPIEL der Mann / das Jahr   *Wer war der Mann des Jahres?*

1. das Buch	das Auto
2. die Designerin	der Film
3. das Deutschbuch	das Haus
4. die Farbe	Herr/Frau Meier
5. die Frau	das Jahr

B. Bilden Sie einen Satz mit den Wörtern.

BEISPIEL das Buch / Frau Meier   *Ist das Frau Meiers Buch?*

1. der Vater / der Junge
2. der Name / der Professor
3. der Preis / der Pulli
4. der Titel / die Geschichte

Feminine and plural nouns in the genitive

Die Größe **der Wohnung** ist perfekt.   *The size **of the apartment** is perfect.*

Da ist das Haus **meiner Eltern**.   *There is **my parents'** house.*

Feminine and plural nouns do not add a genitive ending.

- The corresponding articles, **der**-words, and **ein**-words end in **-er** in the genitive.

Wann ist die „Lange Nacht der Museen" in Stuttgart?

23 **Hast du die Adresse?** Sie und Ihre Partnerin/Ihr Partner sind neu in der Stadt und brauchen einige Adressen. Sehen Sie sich die Informationen unten an und geben Sie eine Adresse. Benutzen Sie den Genitiv.

S1:
Weisst du, wo eine Apotheke ist? / Hast du die Adresse einer Apotheke?

S2:
Ja. Die Adresse **der Apotheke** ist Sinnhubstraße 34.

Ort	Adresse
1. eine Apotheke?	Florianplatz 15
2. ein Café?	Bahnhofstraße 32 bis 38
3. der Park?	Berliner Platz 95
4. die Universitätsbibliothek?	Mozartstraße 57
5. ein Restaurant?	Bahnhofstraße 112
6. eine Metzgerei?	Berliner Straße 78
7. eine Drogerie?	Sinnhubstraße 34

Die Quelle[1] der Schönheit
Mineralwasser oder Stille Quelle
STEINSIEKER
Viel Calcium 595mg/kg
Wenig Natrium[2] 19,4 mg/kg
12x 0,7/0,75Ltr.
4 **39** € uro
zuzgl.[3] 3,30€ Pfand[4]
Preis/Ltr: 0,52€
Steinsieker

Was ist die Quelle der Schönheit?
Wovon hat die Quelle der Schönheit viel?
Wie viel kostet die Quelle der Schönheit?

[1]*source, spring* [2]*sodium* [3]**zuzüglich:** *in addition* [4]*deposit*

The interrogative pronoun wessen

Wessen iPod ist das?   *Whose* iPod is that?
Wessen Notizen sind das?   *Whose notes are those?*

The question word to ask for nouns or pronouns in the genitive is **wessen**. **Wessen** is the genitive form of **wer** and is equivalent to English *whose*.

Possessive adjectives

Theresa ist die Freundin **meines Bruders**.   *Theresa is **my brother's** girlfriend.*

Hast du die Telefonnummer **seiner Freundin**?   *Do you have **his girlfriend's** telephone number?*

Possessive adjectives take the case of the noun they modify. Even though a possessive adjective already shows possession (**mein** = *my*, **sein** = *his*), it must itself be in the genitive case when the noun it goes with is in the genitive (**meines Bruders** = *of my brother*); **die Freundin meines Bruders** shows *two* possessive relationships.

24 Wessen Dinge sind das? Fragen Sie Ihre Partnerin/Ihren Partner, wem die folgenden Dinge gehören. Nehmen Sie eine Person aus der Liste und benutzen Sie den Genitiv.

S1:
Wessen Pulli ist das?

S2:
Das ist der Pulli **meiner Tante**.

Dinge	Personen
der Pulli	meine Tante
das Deutschbuch	dein Bruder
das Auto	unser Nachbar
die Schuhe	mein Freund Markus
die Bücher	deine Freundin Hülya
der iPod	meine Eltern

25 Ein Zimmer in Hamburg Annabelle wird ab Oktober in Hamburg studieren. Sie hat noch kein Zimmer gefunden, aber sie kann in den ersten Wochen bei der Familie ihres Freundes Ali wohnen. Ergänzen Sie das Gespräch mit den richtigen Genitivformen.

ANNABELLE: Und wo ist denn das Haus _____? Ist es nah bei der Uni? (deine Eltern)

ALI: Nein, nicht direkt. Aber die Lage _____ ist perfekt, nah bei der Alster und ganz nah bei der U-Bahn. (das Haus) Und du wohnst dann in meinem Zimmer.

ANNABELLE: Toll! Ist denn das Zimmer _____ im gleichen Stockwerk? (deine Schwester)

ALI: Nein, Emine hat ihr Zimmer ganz oben. Aber das Zimmer _____ ist neben meinem Zimmer. (mein Bruder) Ja, das ist vielleicht ein kleines Problem. Er hat jeden Abend Besuch von seiner Freundin und die Freundinnen _____ kommen oft auch mit. (seine Freundin) Da ist Leben im Haus!

ANNABELLE: Ach, das macht nichts. Die ersten Wochen _____ muss ich doch sicher nicht so viel arbeiten, oder? (das Semester)

ALI: Meinst du? Na ja, und das andere kleine Problem ist vielleicht der Hund _____. (unser Nachbar) Er ist ziemlich laut!

ANNABELLE: Kein Problem, dann setze ich meinen iPod auf!

2-17

26 Hören Sie zu Torben bekommt heute Besuch von seinen Eltern. Stefanie kommt vorbei. Hören Sie zu und beantworten Sie die Fragen. Sie hören einen neuen Ausdruck: **morgen früh** *(tomorrow morning)*.

1. Warum hat Torben Stress?
2. Wie ist das Wetter?
3. Was muss Torben alles kaufen?
4. Warum ist Torbens Mutter kritisch, wenn sie Brot isst?
5. Wo finden Torben und Stefanie die Adresse der Bäckerei?
6. Bis wann bleiben Torbens Eltern bei ihm?
7. Wann wird Stefanie Torben anrufen?

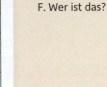

F. Wer ist das?

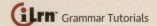

Prepositions with the genitive

(an)statt	instead of	Kommt Anna **(an)statt** ihrer Schwester?
trotz	in spite of	**Trotz** des Wetters fahren wir in die Berge.
während	during	**Während** der Reise kann Anna ja arbeiten.
wegen	on account of	**Wegen** des Wetters gehen wir nicht viel wandern.

The prepositions **anstatt** or **statt, trotz, während,** and **wegen** require the genitive case.

wegen **dem Wetter** (des Wetters)	trotz **dem Regen** (des Regens)

In colloquial usage, many people use the dative case with the prepositions **statt, trotz, wegen,** and sometimes **während**.

statt **ihr**	wegen **mir**

In colloquial usage, dative pronouns are frequently used with the prepositions **statt ihr, trotz ihm, wegen mir**.

E. Eine Ferienreise
G. Studium in Deutschland

27 Eine Wanderung Die Firma Ihres Vaters organisiert eine Wanderung. Ihre Freundin/Ihr Freund fragt Sie, wie die letzte Wanderung war. Beantworten Sie die Fragen mit den Wörtern in Klammern und benutzen Sie den Genitiv.

BEISPIEL Bist du auch mitgegangen? (ja, trotz / das Wetter)
  Ja, trotz des Wetters.

1. Warum ist dein Bruder zu Hause geblieben? (wegen / seine Arbeit)
2. Ist deine Schwester mitgegangen? (ja, statt / mein Bruder)
3. Sind viele Leute gekommen? (nein, wegen / das Wetter)
4. Wann macht ihr Pläne für die nächste Wanderung? (während / diese Woche)
5. Warum gehen die Leute eigentlich wandern? (wegen / das Café)

28 Reiseangebote Lesen Sie die folgende Anzeige und beantworten Sie dann die Fragen.

1. Wie viele Personen können für 99 Euro mit dem „Weekender Plus"–Wochenendangebot im Hotel übernachten?
2. Wer muss nicht für das Essen zahlen und für wen ist nur das Frühstück inklusive?
3. Ist das „Weekender Plus"–Angebot nur für das Wochenende?

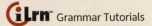
Adjectives (Adjektive)

Predicate adjectives

Die Stadt ist **interessant**.	*The city is **interesting**.*
Der Urlaub wird sicher **toll**.	*Vacation will be **great**.*
Das Wetter bleibt auch **gut**.	*The weather is still **good**.*

Predicate adjectives follow the verbs **sein, werden,** or **bleiben** and modify the subject. Predicate adjectives do not take endings.

Attributive adjectives

Hamburg ist eine **interessante** Stadt.	*Hamburg is an **interesting** city.*
Das war ein **toller** Urlaub.	*That was a **great** vacation.*
Wir hatten **gutes** Wetter.	*We had **good** weather.*

Attributive adjectives precede the nouns they modify. Attributive adjectives have endings.

Was kann man hier essen?
Was kostet 5,50 €?
Gefällt Ihnen das Restaurant? Warum (nicht)?

▲ Speisekarte in einem Schiffsrestaurant

Preceded adjectives

Adjectives preceded by a definite article or **der**-word

	Masculine	Neuter	Feminine	Plural
Nom.	der neu**e** Pulli	das neu**e** Sweatshirt	die neu**e** Hose	die neu**en** Schuhe
Acc.	den neu**en** Pulli	das neu**e** Sweatshirt	die neu**e** Hose	die neu**en** Schuhe
Dat.	dem neu**en** Pulli	dem neu**en** Sweatshirt	der neu**en** Hose	den neu**en** Schuhen
Gen.	des neu**en** Pullis	des neu**en** Sweatshirts	der neu**en** Hose	der neu**en** Schuhe

	Masculine	Neuter	Feminine	Plural
Nom.	e	e	e	en
Acc.	en	e	e	en
Dat.	en	en	en	en
Gen.	en	en	en	en

Definite articles and **der**-words indicate gender and/or case. Therefore, attributive adjectives do not have to. Their endings are simply **-e** or **-en**.

Diese Handschuhe sind **teuer**.	Willst du diese **teuren** Handschuhe wirklich kaufen?

Some adjectives ending in **-er** may omit the **-e** when the adjective takes an ending.

29 **Neue Sachen** Viktoria und Anna sind in einem Kaufhaus. Sie sehen viele schöne Sachen, aber sie kaufen nichts. Ergänzen Sie die Sätze mit den passenden Endungen im Nominativ oder Akkusativ.

1. VIKTORIA: Sag' mal, Anna, wie findest du dies_____ rot_____ Pulli?
2. ANNA: Ganz gut, aber d_____ blau_____ Pulli hier gefällt mir besser.
3. VIKTORIA: Vielleicht kaufe ich dies_____ kurz_____ Rock.
4. ANNA: Der Rock gefällt mir auch. Willst du d_____ braun_____ oder d_____ schwarz_____?
5. VIKTORIA: Ich weiß nicht. Vielleicht kaufe ich anstatt des Rocks dies_____ toll_____ Hose.
6. ANNA: Gute Idee. Du, d_____ weiß_____ Hemd da ist schön. Es passt gut zu der Hose.
7. VIKTORIA: Meinst du? Ja, doch. Gut, ich kaufe auch d_____ weiß_____ Hemd. Aber Moment mal, ich kann ja gar nichts kaufen. Ich habe ja gar kein Geld.

30 **Wie ist es hier?** Verena und Mario sprechen darüber, was sie gern machen. Geben Sie die Sätze mit einem passenden Adjektiv wieder.

| alt gemütlich modern billig groß ruhig |
| schön laut gut neu klein |

BEISPIEL Mario isst gern in dem Café an der Uni.
Mario isst gern in dem billigen Café an der Uni.

1. Verena isst lieber in dem Biergarten in der Fußgängerzone.
2. Abends sitzen die beiden gern in der Kneipe an der Uni.
3. Nachmittags arbeitet Verena in der Buchhandlung am Markt.
4. Mario arbeitet in dem Musikgeschäft in der Stadt.
5. Abends laufen sie zusammen in dem Park im Stadtzentrum.

31 **Viele Fragen** Akif hat viele Fragen. Ergänzen Sie die Sätze mit den passenden Endungen. Achtung! Alle Substantive sind im Plural.

1. Warum trägst du immer noch dies_____ alt_____ Schuhe?
2. Wann hast du dies_____ toll_____ Hemden bekommen?
3. Wer hat dies_____ warm_____ Handschuhe gekauft?
4. Was hältst du von dies_____ neu_____ Videos auf YouTube?
5. Was hältst du von dies_____ viel_____ Fragen?

32 **Hier ist alles klein** Lesen Sie die Geschichte und erzählen Sie sie dann mit dem Adjektiv **klein** vor jedem Substantiv.

BEISPIEL Das Haus steht in der Sonnenstraße.
Das kleine Haus steht in der kleinen Sonnenstraße.

Der Junge wohnt in dem Haus. Hinter dem Haus ist der Garten. In dem Garten steht die Bank *(bench)*. Auf der Bank sitzt der Junge. Unter der Bank liegt der Ball von dem Jungen. Er will mit dem Ball spielen. Er nimmt den Ball in die Hand und kickt ihn durch das Fenster. Peng! Da ist das Fenster kaputt.

Adjectives preceded by an indefinite article or ein-word

	Masculine	Neuter	Feminine	Plural
Nom.	ein neu**er** Pulli	ein neu**es** Sweatshirt	eine neu**e** Hose	meine neu**en** Schuhe
Acc.	einen neu**en** Pulli	ein neu**es** Sweatshirt	eine neu**e** Hose	meine neu**en** Schuhe
Dat.	einem neu**en** Pulli	einem neu**en** Sweatshirt	einer neu**en** Hose	meinen neu**en** Schuhen
Gen.	eines neu**en** Pullis	eines neu**en** Sweatshirts	einer neu**en** Hose	meiner neu**en** Schuhe

	Masculine	Neuter	Feminine	Plural
Nom.	er	es	e	en
Acc.	en	es	e	en
Dat.	en	en	en	en
Gen.	en	en	en	en

Adjectives preceded by an indefinite article or an **ein**-word have the same endings as those preceded by **der**-words (-**e** or -**en**), except when the **ein**-word itself has no ending.

- These endings are -**er** for masculine nominative and -**es** for neuter nominative and accusative.
- Since in these instances **ein** does not indicate the gender of the noun, the adjective has to take on that function. Note the following table.

Nom.	ein neu**er** Pulli	ein neu**es** Sweatshirt
Acc.	—	ein neu**es** Sweatshirt

33 **Wie war es an der Uni heute?** Ihr Freund Max war heute nicht an der Uni und hat viele Fragen. Benutzen Sie Adjektive im Nominativ für Ihre Antworten. Sie und Ihr Partner haben nicht die gleiche Meinung.

BEISPIEL Wie war Professor Schmidts Vorlesung heute: langweilig oder interessant?

S1:
Es war eine interessante Vorlesung.

S2:
Nein, das war heute eine langweilige Vorlesung.

1. Wie war der Film im Deutschkurs: lustig oder ernst?
2. Wie war das Essen in der Mensa heute: gut oder schlecht?
3. Wie war der Kaffee heute: stark oder schwach?
4. Wie war das Referat im Geschichtskurs: lang oder kurz?
5. Waren die Studenten heute müde oder aktiv?
6. War der Seminarraum heute warm oder kühl?
7. Heute habt ihr die neuen Bücher für nächstes Semester gekauft? Waren sie billig oder teuer?

Kurhan/Shutterstock.com

▲ Max hat viele Fragen.

34 **Frage-Ecke** Sprechen Sie mit Ihrer Partnerin/Ihrem Partner über Geburtstagsgeschenke. Finden Sie erst heraus, was Anton, Lily und Franziska ihrer Familie und ihren Freunden schenken. Fragen Sie dann Ihre Partnerin/Ihren Partner, was sie/er verschenken möchte. Die Informationen für **S2** finden Sie im Anhang *(Appendix B)*.

S1:
Was möchte Lily ihren Eltern schenken?

S2:
Sie möchte ihren Eltern einen neuen Computer schenken.

	Eltern	Schwester	Bruder	Freundin/Freund
Anton	ein teurer DVD-Player	eine blaue Bluse		
Lily			ein neues Fahrrad	eine tolle CD
Franziska		eine kleine Katze	ein australischer Hut	
ich				
Partnerin/ Partner				

L. Ein neues Zimmer

35 **Alles ist neu** In Ihrem Leben ist vieles neu. Ihre Partnerin/Ihr Partner fragt Sie nach Details und Sie antworten.

S1:
Ich habe ein neues Auto.
Es ist schnell, nicht teuer, und grün.

S2:
Erzähl mal **von deinem neuen Auto!**

1. Ich habe eine neue Freundin.
2. Ich habe einen neuen iPod.
3. Ich habe ein neues Fahrrad.
4. Ich habe eine neue Wohnung.
5. Ich habe neue Freunde.
6. Ich habe einen neuen Deutschprofessor.
7. Ich habe neue Vorlesungen.

Stating wants and desires

36 **Ich habe gewonnen** Sie haben im Lotto gewonnen. Sagen Sie Ihrer Partnerin/Ihrem Partner, was Sie sich kaufen. Ihre Partnerin/Ihr Partner sagt, was Sie ihr/ihm kaufen sollen. Benutzen Sie die Bilder und passende Adjektive.

S1:
Ich kaufe mir eine neue teure Uhr.
Was soll ich dir kaufen?

S2:
Du kannst mir einen neuen MP3-Player kaufen.

37 **Träume und Wünsche** Bilden Sie eine kleine Gruppe und sprechen Sie über Ihre Träume und Wünsche.

S1:
Ich träume von [einem schönen Wochenende]. Wovon träumst du?

S2:
Ich träume von [einem tollen Motorrad]. Ich möchte ein tolles Motorrad haben.

Träume und Wünsche: Reise Auto Haus
Motorrad Wochenende Urlaub

Adjektive: schnell klein schön interessant
weiß groß toll lang teuer

Unpreceded adjectives

	Masculine	Neuter	Feminine	Plural
Nom.	frischer Kaffee	frisches Brot	frische Wurst	frische Eier
Acc.	frischen Kaffee	frisches Brot	frische Wurst	frische Eier
Dat.	frischem Kaffee	frischem Brot	frischer Wurst	frischen Eiern
Gen.	frischen Kaffees	frischen Brotes	frischer Wurst	frischer Eier

	Masculine	Neuter	Feminine	Plural
Nom.	er	es	e	e
Acc.	en	es	e	e
Dat.	em	em	er	en
Gen.	en	en	er	er

- Adjectives not preceded by a definite article, a **der**-word, an indefinite article, or an **ein**-word must indicate the gender and/or case of the noun.

- They have the same endings as **der**-words, with the exception of the masculine and neuter genitive ending, which is **-en**.

38 **Wir essen und trinken gern** Fragen Sie Ihre Partnerin/Ihren Partner, was sie/er gern isst oder trinkt. Antworten Sie positiv!

S1:
Schmecken *(taste)* dir Brötchen gut? (frisch)
S1: ...

S2:
Ja, frische Brötchen schmecken mir gut. Und dir?

1. Bier schmeckt gut. (deutsch)
2. Ich trinke gern Wein. (trocken)
3. Ich esse gern Fisch. (frisch)
4. Zum Mittagessen esse ich gern Steak. (amerikanisch)
5. Zum Abendessen esse ich gern Wurst. (deutsch)

H. Ein langer Tag im
Einkaufszentrum

I. Was meinen Sie?

39 **Eine Geburtstagsparty** Planen Sie mit Ihrer Partnerin/Ihrem Partner eine Geburtstagsparty für eine Freundin. Diskutieren Sie darüber, was es zu essen geben soll.

S1:
Wollen wir amerikanischen Käse servieren?

S2:
Ich möchte lieber deutschen Käse servieren. Ist das okay?

S1: ...

Adjektive: **italienisch   türkisch   englisch   französisch   amerikanisch   deutsch   spanisch**

Substantive: **der Tee   der Fisch   der Wein   der Kaffee   das Brot   der Käse   das Bier   die Salami   die Orangen   das Steak   der Kuchen**

2-18

40 **Hören Sie zu** Katrin und Leon sprechen über Katrins Bruder. Seine Frau hat gerade ein Baby bekommen. Sie geht wieder arbeiten und er bleibt mit dem Baby zu Hause. Was ist richtig, was ist falsch? Sie hören einige neue Wörter: **Wie fühlst du dich?** *(How do you feel?);* **süßeste** *(sweetest);* **stressig** *(stressful).*

	Richtig	Falsch
1. Katrin ist nicht gern Tante.	_____	_____
2. Ihr Bruder ist nicht gern Hausmann, er hat zu viel Stress.	_____	_____
3. Der Bruder muss das Haus sauber machen und kochen.	_____	_____
4. Katrin geht nur in den Park, wenn schönes Wetter ist.	_____	_____
5. Leon geht mit.	_____	_____

Ordinal numbers

erst-	1.	einundzwanzig**st**-	21.
zweit-	2.	zweiunddreißig**st**-	32.
dritt-	3.	hundert**st**-	100.
sechst-	6.	tausend**st**-	1000.
siebt-	7.		
acht-	8.		

An ORDINAL NUMBER indicates the position of something in a sequence (e.g., the first, the second).

• In German, the ordinal numbers are formed by adding **-t** to numbers 1–19 and **-st** to numbers beyond 19.

• Exceptions are **erst-, dritt-, siebt-,** and **acht-**.

Mein Sohn geht in die **dritte** Klasse.   *My son is in third grade.*
Am **siebten** Mai habe ich Geburtstag.   *My birthday is May 7.*

• The ordinals take adjective endings.

—

Dates *(das Datum)*

Der Wievielte ist heute?   *What is the date today?*
Heute ist **der 1. (erste)** März.   *Today is March first.*

Den Wievielten haben wir heute?   *What is the date today?*
Heute haben wir **den 1. (ersten)** März.   *Today is March first.*

In German, there are two ways to express dates.

- Dates are expressed with ordinal numbers preceded by the masculine form of the definite article (referring to the noun **Tag**).
- A period after a number indicates that it is an ordinal.
- The day always precedes the month.

Hamburg, **den 2. März 2014.**

- Dates in letter headings or news releases are always in the accusative.

 41 **Welche Wünsche haben Sie?** Sehen Sie sich zusammen die folgende Tabelle an und beantworten Sie dann die Fragen.

Umfrage: Welche Wünsche sind den Deutschen besonders wichtig?	
glückliches Familienleben	89%
Sicherheit und Ordnung im öffentlichen Leben	84%
persönliche Sicherheit	82%
Liebe und Partnerschaft	78%
das Leben genießen°	74%
Geld und Wohlstand°	60%
beruflicher Erfolg°	57%
Urlaub und reisen	57%
viele Freizeitaktivitäten	51%
Regierungswechsel° in Berlin	46%
neue Wohnung / neues Haus	16%

1. Welche Wünsche sind den Deutschen wichtig?
2. An welcher Stelle stehen
   a. Liebe und Partnerschaft?
   b. Erfolg im Beruf?
   c. Freizeit?
3. Was ist Ihnen wichtig? Machen Sie Ihre eigene Liste.
4. Vergleichen Sie Ihre Liste mit der Liste Ihrer Partnerin/Ihres Partners.

Stating wants and desires

K. Liebstes Tagebuch

enjoy
affluence
success

change of government

▲ 89 % der Deutschen wünschen sich ein glückliches Familienleben.

42 **Zwei Tage später!** Ihre Partnerin/Ihr Partner vergisst immer, wann ihre/seine Freunde Geburtstag haben und fragt Sie. Die Geburtstage sind immer zwei Tage später als sie/er denkt. Beantworten Sie ihre/seine Fragen.

Asking for personal information

BEISPIEL Pia / am neunten Mai?

S1:
Hat Pia am neunten Mai Geburtstag? | Nein, am elften.

S2:

1. Nina / am dreizehnten Juli?
2. Pascal / am ersten Januar?
3. Moritz / am zweiten März?
4. Celina / am sechsten November?
5. Luisa / am achtundzwanzigsten April?
6. Kevin / am fünfundzwanzigsten Dezember?

43 **Zwei Fragen** Fragen Sie vier Kommilitoninnen/Kommilitonen, wann sie Geburtstag haben und in welchem Semester sie studieren.

S1:
Wann hast du Geburtstag?
In welchem Semester bist du?

S2:
Am [siebten Juni].
[Im zweiten.]

2-19

🌐 Web Links

Leserunde

Maria Kaldewey, who was born in Westphalia in 1963, began writing poetry at an early age and has seen her work published in a number of anthologies. She now lives in Neuried, near Munich, where she works as a bilingual secretary. In a statement for ***Deutsch heute,*** Maria Kaldewey says: "Ich schreibe, weil Gedanken flüchtig sind, Worte aber bleiben." (*I write because thoughts are fleeting, words however endure.*) In her five-line aphorism "Für immer," the poet has used simple, everyday words to state a deep thought about relationships between human beings. Does the simplicity of her language make the comment commonplace or more universally true?

Für immer
Einen Menschen,
den man wahrhaft[1] liebt,
kann man nicht verlieren.
Es sei denn[2],
man vergisst ihn.

—Maria Kaldewey

[1]*truly* [2]**Es sei denn:** *unless*

Fragen

1. Warum kann ein Mensch, den ich wahrhaft liebe, „für immer" für mich da sein?
2. Wann ist dieser Mensch nicht mehr für mich da?

"Für immer" by Maria Kaldewey, from the anthology: *Schlagzeilen*, Edition L, by Theo Czernik (1996), p. 215; Reprinted by permission of the author.

Land und Leute

🌐 Web Search

M. Kulturkontraste,
4. Hamburg

Hamburg

Since the Middle Ages, when Hamburg was a member of the Hanseatic League **(die Hanse),** the city has been a center of trade and industry. Located at the mouths of the Elbe and Alster Rivers only one hundred kilometers from the North Sea, Hamburg calls itself "the Gateway to the World" **(das Tor zur Welt).** There are 3,000 firms in the import/export business alone. Hamburg's harbor **(Hafen)** is one of the largest in the world and spreads out over 75 square kilometers within the city. With its 1.7 million inhabitants, Hamburg is Germany's second largest city after Berlin and, after the Ruhr valley area **(das Ruhrgebiet),** it is the second largest industrial center.

Hamburg is also known as the green industrial center because over 12% of its area consists of green spaces and parks. One of the most famous of these is **Planten un Blomen** (Low German for **Pflanzen und Blumen,** *plants and flowers*) in the middle of the city. Also in the center of the city, the Alster River forms two large lake-like bodies of water **(Außenalster** and **Binnenalster)** that provide both a popular place for water sports and a convenient taxi boat service. **Hagenbecks Tierpark,** built in 1907, was the first zoo in the world to keep animals in a natural setting rather than in cages. It has been the model for such zoos ever since.

Hamburg is not only the commercial, but also the cultural center of Northern Germany, as exemplified by its 11 universities and technical schools, 31 theaters, 6 concert halls, and 50 public and private museums. In addition, like many other large seaports, Hamburg is known for its nightlife, found especially in the entertainment quarter called **St. Pauli**. The Beatles' 1962 performances in the Star Club here marked the beginning of their international popularity.

▲ **Die Binnenalster und die bekannte Michaeliskirche**

Ingolf Pompe/Photolibrary

▲ **Der Hafen in Hamburg ist sehr groß.**

Anderl/Shutterstock.com

Kulturkontraste

1. Was bedeutet es für eine Stadt, wenn sie einen großen internationalen Hafen hat? Kennen Sie andere große Hafenstädte? Gibt es Hafenstädte in Ihrem Bundesstaat / in Ihrer Provinz?

2. Hamburg wollte im Sommer 2012 die Olympischen Spiele organisieren. Denken Sie, dass Hamburg dafür die richtige Stadt gewesen wäre? Warum (nicht)? Wären Sie gerne zu den Olympischen Spielen nach Hamburg gegangen?*

*Wären Sie ... gegangen?   *Would you have gone . . . ?*

Video-Ecke

1 Moderne Familie
So sehe ich meine Zukunft

▲ Ihre Eltern haben gleichberechtigt im Haushalt gearbeitet.

▲ Er meint, in einer Beziehung muss die Arbeitsteilung funktionieren.

▲ Sie möchte in der Zukunft einmal ins Ausland gehen.

Vor den Videos

44 **Nachgedacht** Was wissen Sie noch vom Kapitel? Denken Sie nach.

1. Was sind
   a) das Elterngeld
   b) ein Arbeitgeber
   c) die Gleichberechtigung
2. Was wissen Sie über Familienpolitik in Deutschland?
3. Was wissen Sie über Hamburg und Norddeutschland?

Nach den Videos

45 **Alles klar?** Sehen Sie sich die Interviews an und machen Sie sich Notizen. Beantworten Sie dann die Fragen.

1. Was denken die Leute über Arbeitsteilung und Gleichberechtigung?
2. Wie traditionell/modern sind die Familienmodelle der Personen?
3. Wer möchte einmal eine Karriere im Bereich *public relations* haben?
4. Welchen Traum hat eine Person und welche Probleme gibt es damit?

2 Ganz schön frisch hier an der Ostsee!

▲ Auf einer Parkbank an der Ostsee.

▲ Paul und Lily essen ein Fischbrötchen in Hamburg.

▲ Alle vier machen einen Spaziergang am Strand.

In diesem Kapitel sind die Freunde an der Ostsee und machen auf einer Parkbank Pause. Lily und Paul erinnern sich an Hamburg. Beim Spaziergang am Strand sprechen Sie über Familie, Beruf und Kinder ...

Nützliches	
die Gleichberechtigung	*equality*
die Arbeitsteilung	*division of labor*
berufstätig sein	*to be employed, have work*
die Beziehung	*relationship*
der Haushalt	*household, housekeeping*
die Ostsee	*Baltic Sea*
der Strand	*the beach*
die Freiheit	*freedom*
sich erinnern	*to remember, to think back*
das Paar	*a couple, an "item"*

Nach den Videos

Sehen Sie sich das Video an und machen Sie sich Notizen. Beantworten Sie dann die Fragen.

46 **Was passiert wann?** Bringen Sie die folgenden Sätze in die richtige Reihenfolge.

_____ Hülya spricht über ihre Großmutter.

_____ Hülya sagt zu Lily: „Du bist verliebt!"

_____ Das Handy klingelt – ein „Freund" von Lily?

_____ Lily sagt: „Ganz schön frisch!"

_____ Anton fragt: „Seid ihr ein Paar?"

_____ Lily sagt: „Schöne Augen hat er ..."

_____ Paul und Lily erinnern sich an die Zeit in Hamburg.

A. Was haben Sie gesehen?

B. Wer ist es?

C. Vor zwei Jahren

D. Lily und Christian

E. Wer hat das gesagt?

F. Christian

G. Seebad Heiligendamm

47 **Richtig oder falsch?** Arbeiten Sie mit einer Partnerin/einem Partner. Fragen Sie sie/ihn: Was ist richtig, was ist falsch?

S1:	*S2:*
Paul hat eine Thermoskanne. Ist das richtig?	Ja, das ist richtig. / Nein. Er ...

	Richtig	Falsch
1. Die Ostsee ist in Süddeutschland.	_____	_____
2. Paul hat eine Thermoskanne.	_____	_____
3. Hülyas Mutter hat ihr oft Tee ans Bett gebracht.	_____	_____
4. Paul hat in Hamburg Containerschiffe gesehen und Fischbrötchen gegessen.	_____	_____
5. Lilys Freund heißt Markus.	_____	_____
6. Anton sagt, er möchte nicht heiraten. Er findet seine Freiheit gut.	_____	_____

48 **Was meinen Sie? Beantworten Sie die Fragen.**

1. Warum braucht man im Sommer eine Thermoskanne?
2. Kommentieren Sie, was Anton sagt: Gibt es nur „Freiheit" oder nur „Familie"? Kann es beides geben?
3. Auf der Parkbank, in Hamburg, an der Ostsee – was fällt Ihnen auf? Was ist in Amerika oder in Kanada anders?

Wiederholung

1 **Meinungen erfragen** Fragen Sie zwei Kommilitoninnen/ Kommilitonen, was sie zu den folgenden Aussagen zum Thema Familie meinen. Benutzen Sie die Fragen aus der Liste.

1. Ich bin dafür, dass die Mutter oder der Vater die ersten Monate beim Baby bleibt.
2. Ich finde es gut, dass immer mehr Väter an der Erziehung ihrer Kinder teilhaben *(participate)*.
3. Ich glaube, dass jede Familie selbst entscheiden *(decide)* soll, wer die Kinder versorgt *(take care of)*.
4. Ich halte nichts davon, dass oft nur die Mütter die Kinder erziehen.
5. Ich glaube, dass die moderne Familie sehr unterschiedlich *(different)* aussehen kann.
6. Ich bin dagegen, dass berufstätige Mütter als egoistisch gelten *(are considered egotistical)*.
7. Ich bin genauso dagegen, dass viele den Beruf Hausfrau und Mutter unwichtig finden.

> **Redemittel**
>
> **Meinungen erfragen** *(Inquiring about opinions)*
>
> • Wie findest du das?
> • Findest du es gut (nicht gut), dass …
> • Was meinst du?
> • Was glaubst du?
> • Wie siehst du das?
> • Was hältst du davon?
> • Bist du dafür oder dagegen?

2 **Ein Amerikaner in Deutschland** Ergänzen Sie die Sätze mit den passenden Adjektivendungen.

Ein amerikanisch_____ Student studiert an einer deutsch_____ Universität. Er wohnt in einem schön_____, hell_____ *(bright)* Zimmer bei einer nett_____ Familie. In seinem Zimmer gibt es alles – ein bequem_____ *(comfortable)* Bett, eine groß_____ Kommode, einen modern_____ Schreibtisch, Platz für viel_____ Bücher auf einem groß_____ Bücherregal – aber keinen Fernseher. Im ganz_____ Haus ist kein Fernseher. Im Wohnzimmer steht neben dem grün_____ Sofa ein toll_____ CD-Spieler, in seinem Zimmer hat er ein klein_____ Radio, aber das ganz_____ Haus hat nicht einen einzig_____ Fernseher. Das gibt es! *(There is such a thing!)*

3 **Eine Schweizerin in Deutschland** Erzählen Sie, wo Vanessa studiert und was sie in den Sommerferien macht. Benutzen Sie die Stichwörter.

1. Vanessa studiert an _____. (die Universität Tübingen)
2. Sie wohnt in _____. (ein großes Wohnheim)
3. Sie denkt oft an _____. (ihre Freunde zu Hause)
4. Sie kommt aus _____. (die Schweiz)
5. In _____ fährt sie nach Hause. (die Sommerferien)
6. Sie arbeitet bei _____. (ihre Tante)
7. Sie fährt mit _____ zur Arbeit. (der Bus)
8. Am Sonntag macht sie mit _____ eine kleine Wanderung. (ein guter Freund)
9. Nach _____ gehen sie in ein Café. (die Wanderung)
10. Leider hat sie _____. (kein Geld)
11. Ihr Freund muss _____ etwas Geld leihen. (sie)
12. Nachher gehen sie auf _____. (eine Party)

4 **Wie sagt man das auf Deutsch?**

1. —*My friend Clara is studying at the University of Tübingen.*
   —*Does she live with a family?*
   —*Yes. The family is nice, and she likes her large room.*

2. —*What's the date today?*
   —*It's February 28.*
   —*Oh no. Clara's birthday was yesterday.*

3. —*Awful weather today, isn't it?*
   —*Yes, but I'm going hiking, in spite of the weather.*

5 **Letzte Woche** Erzählen Sie, was diese Leute letzte Woche gemacht haben.

BEISPIEL Annika macht Hausarbeit.   *Annika hat Hausarbeit gemacht.*

1. Sie räumt ihr Schlafzimmer auf.
2. Nils wäscht jeden Tag ab.
3. Annika trocknet manchmal ab.
4. Ich kaufe ein.
5. Ich fahre mit dem Fahrrad auf den Markt.
6. Nils kocht am Wochenende.

6 **Was meinst du?** Beantworten Sie die folgenden Fragen und finden Sie dann heraus, wie Ihre Partnerin/Ihr Partner sie beantwortet hat. Sie können Ihrer Partnerin/Ihrem Partner auch noch mehr Fragen stellen.

1. Wer macht den Haushalt bei dir zu Hause?
2. Wie gleichberechtigt *(having equal rights)* sind Männer und Frauen hier in diesem Land? In der Wirtschaft? Zu Hause?
3. Wer war die erste berufstätige Frau in Ihrer Familie? (Großmutter? Mutter? Tante?)
4. Wann wird die erste Frau auf dem Präsidentenstuhl in den USA sitzen?

7 **Zum Schreiben**

1. Schreiben Sie eine kurze Biografie von Petra Böhnisch oder Rainer Valentin. Denken Sie sich *(invent)* etwas über ihr Leben aus, was Sie nicht im Text auf Seite 295 gelesen haben. Hier sind einige Vorschläge *(suggestions)*.

   - wo Petra Böhnisch ihren Mann oder Rainer Valentin seine Frau kennengelernt hat
   - was Petra an ihrem Mann oder Rainer an seiner Frau besonders gefallen hat
   - was Petra in ihrer oder Rainer in seiner Freizeit gern macht

2. Glauben Sie, dass es schwer ist, eine alleinerziehende Mutter oder ein alleinerziehender Vater zu sein? Erklären Sie auf Deutsch, warum das schwer ist oder warum nicht. Hier sind einige Stichwörter *(cues)*: **Zeit, Geld, Disziplin** *(discipline)*.

Schreibtipp

Bevor Sie mit dem Schreiben beginnen, machen Sie sich Notizen: Was wollen Sie schreiben? Benutzen Sie Adjektive, um Ihren Text interessanter zu machen. Nachdem Sie den Text fertig geschrieben haben, kontrollieren Sie die Adjektivendungen. Achten Sie auf die Präpositionen und Fälle *(cases)*. Andere Dinge, die Ihnen beim Schreiben helfen, können Sie auf Seite 247 finden.

Grammatik: Zusammenfassung

The future tense

werden				
ich	**werde** es **machen**	wir	**werden** es **machen**
Sie	**werden** es **machen**	Sie	**werden** es **machen**
du	**wirst** es **machen**	ihr	**werdet** es **machen**
er/es/sie	**wird** es **machen**	sie	**werden** es **machen**

The German future tense consists of the auxiliary **werden** plus an infinitive in final position. In a dependent clause, the auxiliary **werden** is in final position because it is the finite verb: **Nele sagt, dass sie es sicher** *machen wird.*

Future time: present tense

Ich **komme** morgen bestimmt.	*I'll come tomorrow for sure.*
Fahren Sie nächstes Jahr nach Deutschland?	*Are you going to Germany next year?*

German uses the future tense less frequently than English. German generally uses the present tense if the context clearly indicates future time.

Uses of the future tense

1. Intention	Nico **wird** mir **helfen**.	*Nico **will (intends to)** help me.*
2. Future time	Nico **wird** mir **helfen**.	*Nico **will help** me.*
3. Assumption	Anna **wird** uns sicher **glauben**.	*Anna **probably believes** us.*
	Das **wird** wohl **stimmen**.	*That is **probably correct**.*

Future tense is used to express intention or future time if the context doesn't make it clear that the events will take place in the future. The future tense may also be used to express an assumption (present probability) when it is used with adverbs such as **sicher, schon,** and **wohl**.

Forms of the genitive

	Masculine	Neuter	Feminine	Plural	
Definite article	des Mann**es**	des Kind**es**	der Frau	der Freunde	
Der-words	dies**es** Mann**es**	dies**es** Kind**es**	dies**er** Frau	dies**er** Freunde	
Indefinite article	ein**es** Mann**es**	ein**es** Kind**es**	ein**er** Frau	—	
Ein-words	ihr**es** Mann**es**	unser**es** Kind**es**	sein**er** Frau	mein**er** Freunde	

Forms of wer	
Nom.	wer?
Acc.	wen?
Dat.	wem?
Gen.	**wessen?**

Nouns	
Masculine/Neuter	*Feminine/Plural*
der Name **des Mannes**	der Name **der Frau**
ein Freund **des Kindes**	ein Freund **der Kinder**

Masculine *N*-nouns		
Nom.	der Herr	der Student
Acc.	den Herr**n**	den Student**en**
Dat.	dem Herr**n**	dem Student**en**
Gen.	des Herr**n**	des Student**en**

Masculine and neuter nouns of one syllable generally add **-es** in the genitive; masculine and neuter nouns of two or more syllables add **-s**. Feminine and plural nouns do not add a genitive ending.

Uses of the genitive

Possession and other relationships	
das Buch **meines Freundes**	my friend's book
die Mutter **meines Freundes**	my friend's mother
die Farbe **der Blumen**	the color of the flowers

Prepositions	
(an)statt	instead of
trotz	in spite of
während	during
wegen	on account of

Adjectives preceded by a definite article or *der*-word

	Masculine	Neuter	Feminine	Plural
Nom.	der neu**e** Pulli	das neu**e** Hemd	die neu**e** Hose	die neu**en** Schuhe
Acc.	den neu**en** Pulli	das neu**e** Hemd	die neu**e** Hose	die neu**en** Schuhe
Dat.	dem neu**en** Pulli	dem neu**en** Hemd	der neu**en** Hose	den neu**en** Schuhen
Gen.	des neu**en** Pullis	des neu**en** Hemdes	der neu**en** Hose	der neu**en** Schuhe

	M.	N.	F.	Pl.
Nom.	e	e	e	en
Acc.	en	e	e	en
Dat.	en	en	en	en
Gen.	en	en	en	en

Adjectives preceded by an indefinite article or *ein*-word

	Masculine	Neuter	Feminine	Plural
Nom.	ein neu**er** Pulli	ein neu**es** Hemd	eine neu**e** Hose	meine neu**en** Schuhe
Acc.	einen neu**en** Pulli	ein neu**es** Hemd	eine neu**e** Hose	meine neu**en** Schuhe
Dat.	einem neu**en** Pulli	einem neu**en** Hemd	einer neu**en** Hose	meinen neu**en** Schuhen
Gen.	eines neu**en** Pullis	eines neu**en** Hemdes	einer neu**en** Hose	meiner neu**en** Schuhe

	M.	N.	F.	Pl.
Nom.	er	es	e	en
Acc.	en	es	e	en
Dat.	en	en	en	en
Gen.	en	en	en	en

Unpreceded adjectives

	Masculine	Neuter	Feminine	Plural
Nom.	frisch**er** Kaffee	frisch**es** Brot	frisch**e** Wurst	frisch**e** Eier
Acc.	frisch**en** Kaffee	frisch**es** Brot	frisch**e** Wurst	frisch**e** Eier
Dat.	frisch**em** Kaffee	frisch**em** Brot	frisch**er** Wurst	frisch**en** Eiern
Gen.	frisch**en** Kaffees	frisch**en** Brotes	frisch**er** Wurst	frisch**er** Eier

	M.	N.	F.	Pl.
Nom.	er	es	e	e
Acc.	en	es	e	e
Dat.	em	em	er	en
Gen.	en	en	er	er

Ordinal numbers

erst-	1.	**einundzwanzigst-**	21.
zweit-	2.	**zweiunddreißigst-**	32.
dritt-	3.	**hundertst-**	100.
sechst-	6.	**tausendst-**	1000.
siebt-	7.		
acht-	8.		

The ordinals are formed by adding **-t** to the numbers 1–19, and **-st** to numbers beyond 19. EXCEPTIONS: **erst-, dritt-, siebt-,** and **acht-.** The ordinals take adjective endings: **Dies ist mein *drittes* Semester.** *(This is my third semester.)*

In der Schweiz
Hier sagt man Grüezi!

Zürich mit Zürichsee ▶

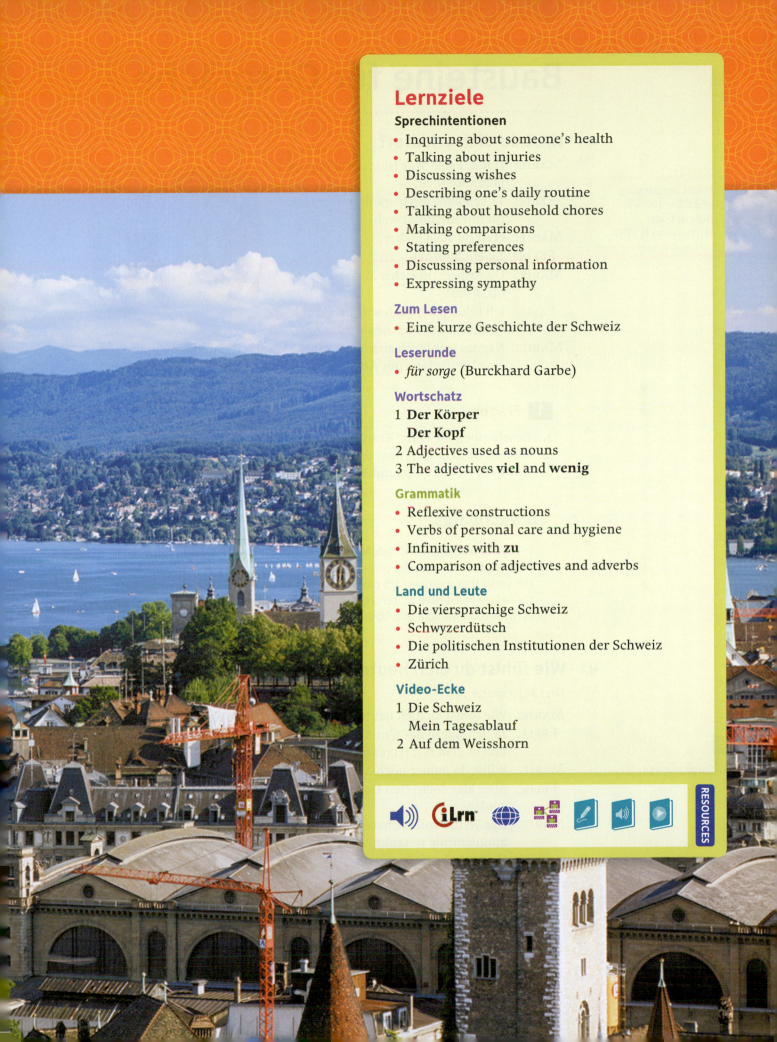

Lernziele

Sprechintentionen
- Inquiring about someone's health
- Talking about injuries
- Discussing wishes
- Describing one's daily routine
- Talking about household chores
- Making comparisons
- Stating preferences
- Discussing personal information
- Expressing sympathy

Zum Lesen
- Eine kurze Geschichte der Schweiz

Leserunde
- *für sorge* (Burckhard Garbe)

Wortschatz
1 **Der Körper**
  Der Kopf
2 Adjectives used as nouns
3 The adjectives **viel** and **wenig**

Grammatik
- Reflexive constructions
- Verbs of personal care and hygiene
- Infinitives with **zu**
- Comparison of adjectives and adverbs

Land und Leute
- Die viersprachige Schweiz
- Schwyzerdütsch
- Die politischen Institutionen der Schweiz
- Zürich

Video-Ecke
1 Die Schweiz
  Mein Tagesablauf
2 Auf dem Weisshorn

RESOURCES

Bausteine für Gespräche

🔊 2-20

🔊 Hast du dich erkältet?

MARIE: Hallo, Felix! Was ist los? Du hustest ja fürchterlich.

FELIX: Ja, ich habe mich erkältet. Der Hals tut mir furchtbar weh.

MARIE: Hast du auch Fieber?

FELIX: Ja, ein bisschen – 38.

MARIE: Du Armer! Du siehst auch ganz blass aus!

FELIX: Ich fühle mich auch wirklich krank. Vielleicht gehe ich lieber zum Arzt.

MARIE: Na, das würde ich aber auch sagen! Vergiss nicht, dass wir ab Samstag eine Woche lang mit Anna and Daniel in Zermatt Ski laufen wollen!

> Felix's temperature of 38°C = 100.4°F. Normal body temperature is 37°C.

1 Fragen

1. Beschreiben Sie Felix' Krankheit+.
2. Warum ist es besser, dass er zum Arzt geht?
3. Mit wem wollen Felix und Marie Ski laufen gehen?

Brauchbares

In Felix's two sentences, **"Ich habe *mich* erkältet"** and **"Ich fühle *mich* auch wirklich krank",** note the pronoun **mich.** These are reflexive pronouns and the verbs that use them are called reflexive verbs. The English equivalents of these two verbs have no reflexive pronouns. For more discussion of reflexive verbs see *Grammatik und Übungen* in this chapter, pages 342–346.

🔊 Wie fühlst du dich heute?

2-21

Drei Tage später ...

MARIE: Wie fühlst du dich heute? Bist du gestern zum Arzt gegangen?

FELIX: Ja, ich war in der Uni-Klinik. Die Ärztin hat mir etwas verschrieben und es geht mir jetzt schon wesentlich besser. Das Fieber ist weg.

MARIE: Willst du immer noch am Samstag mit in die Schweiz fahren?

FELIX: Aber klar doch! Den Urlaub haben wir doch schon seit Monaten geplant.

MARIE: Das Wetter soll nächste Woche toll sein. Vergiss nicht deine Sonnenbrille mitzubringen.

C. Entgegnungen

2 Fragen

1. Wie fühlt sich Felix heute?
2. Warum geht es Felix besser?
3. Ist das Fieber weg?
4. Wie soll das Wetter nächste Woche in den Alpen sein?

Brauchbares

Marie's exclamation, **"Na, das würde ich aber auch sagen!"** is the equivalent of *You can say that again!* (literally, *I would say so!*) **Würde** is the equivalent of the English *would*-construction. Like *would*, **würde** is used to express polite requests, hypothetical situations, or wishes. **Würde** is derived from the verb **werden,** and it is the subjunctive form. You will learn more about it in *Kapitel 11.*

3 Was hast du? Ihre Partnerin/Ihr Partner sieht blass aus. Fragen Sie, was mit ihr/ihm los ist.

Inquiring about someone's health

S1:	*S2:*
Du siehst blass aus. Was hast du?⁺	Mir geht es nicht gut.⁺
	Ich fühle mich nicht wohl.⁺
	Mir ist schlecht.⁺
	Ich bin erkältet.

Ich habe │ **Kopfschmerzen**.
│ Zahnschmerzen⁺.
│ Magenschmerzen⁺.
│ Rückenschmerzen⁺.

4 Geht es dir besser? Fragen Sie eine Freundin/einen Freund, wie es ihr/ihm geht.

S1: Was macht deine Erkältung?⁺

S2: Es geht mir │ **besser**.
│ schon besser.
│ schlechter⁺.

Ich fühle mich │ **krank**.
│ schwach⁺.
│ schwächer als gestern.

5 Wie fühlst du dich? Fragen Sie eine Kommilitonin/einen Kommilitonen, wie sie/er sich fühlt.

1. Was machst du, wenn du Fieber hast?
2. Was machst du, wenn du dich erkältet hast?
3. Wie oft gehst du zum Zahnarzt?
4. Wie oft bist du krank?
5. Zu welchem Arzt gehst du oft?
6. Wie fühlst du dich heute?

▲ Sie fühlt sich gar nicht wohl.

JGI/Jamie Grill/Jupiter Images

Erweiterung des Wortschatzes 1

D. Körperteile

Der Körper⁺

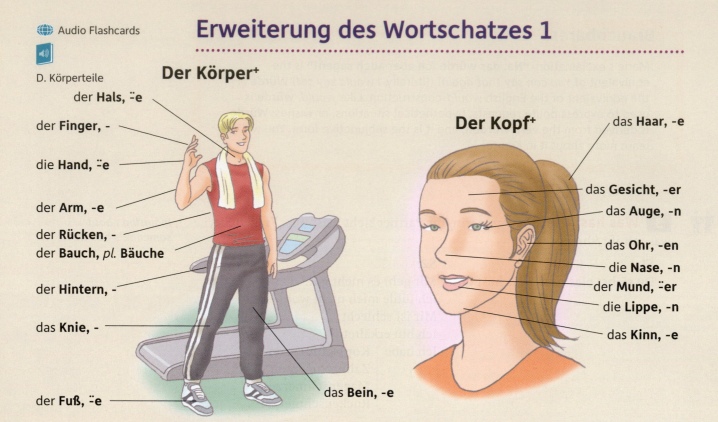

der **Hals**, ⁚e

der **Finger**, -

die **Hand**, ⁚e

der **Arm**, -e

der **Rücken**, -
der **Bauch**, *pl.* **Bäuche**

der **Hintern**, -

das **Knie**, -

der **Fuß**, ⁚e

das **Bein**, -e

Der Kopf⁺

das **Haar**, -e

das **Gesicht**, -er
das **Auge**, -n
das **Ohr**, -en
die **Nase**, -n
der **Mund**, ⁚er
die **Lippe**, -n
das **Kinn**, -e

---

 6 **Alle sind verletzt!** Alexanders Fußball-Team hat sich beim Spielen verletzt⁺. Fragen Sie Ihre Partnerin/Ihren Partner, wo sich wer (welche Nummer) verletzt hat.

S1:
Wo ist Nummer 1 verletzt?

S2:
Der Arm tut ihm weh⁺.

 7 **Wer ist es?** Beschreiben Sie eine Studentin/einen Studenten in Ihrem Deutschkurs. Ihre Partnerin/Ihr Partner muss raten (*guess*), wer es ist.

S1: Ist sie/er groß?
Hat sie/er blonde⁺/schwarze/braune/rote/dunkle⁺/hellbraune⁺ Haare?
Sind die Haare kurz/lang?
Trägt sie/er eine Brille?
S2: ...

Vokabeln

🌐 Audio Flashcards
Tutorial Quizzes

Substantive

Der Körper

der **Hals**, ̈e throat, neck
der **Kopf**, ̈e head
der **Körper**, - body
der **Magen**, ̈ stomach; die
   Magenschmerzen *(pl.)* stomachache
der **Rücken**, - back; die **Rückenschmerzen** *(pl.)* back pain
der **Zahn**, ̈e tooth; die
   Zahnschmerzen *(pl.)* toothache
das **Gesicht**, -er face

das **Haar**, -e hair
der **Hintern**, - rear

Weitere Substantive

der **Schmerz**, -en pain
das **Fieber** fever
die **Erkältung**, -en cold *(illness)*
die **Klinik**, -en clinic
die **Krankheit**, -en illness
die **Sonnenbrille**, -n sunglasses

*For more names of parts of the body,
see page 328.*

Verben

sich erkälten to catch a cold; **erkältet:
   Ich bin erkältet.** I have a cold.
sich fühlen to feel *(ill, well, etc.)*; **Ich
   fühle mich nicht wohl.** I don't feel
   well.
husten to cough
planen to plan
vergessen (vergisst), vergessen to
   forget
verletzen to injure, hurt; **Ich habe mir
   den Arm verletzt.** I've injured/hurt

my arm. **Ich habe mich verletzt.** I
   hurt myself.
verschreiben, verschrieben to
   prescribe
weh·tun *(+ dat.)* to hurt; **Die Füße tun
   mir weh.** My feet hurt.
würde *(subjunctive of* **werden***)* would;
   Ich würde das auch sagen. You can
   say that again.

Lerntipp

In the vocabulary
sections of this
book, reflexive
verbs are listed
with the reflexive
pronoun **sich:
sich erkälten.**
(See Reflexive
verbs, page 342.)

Adjektive und Adverbien

arm (ä) poor
blass pale; **ganz schön blass** pretty
   pale
blond blond
dunkel dark
fürchterlich horrible, horribly
hell light; bright; **hellbraun** light
   brown

lang (ä) long
lieber preferably, rather
nächst- next
schlecht: schlechter worse
schwach (ä) weak
wesentlich essential, substantial,
   in the main
wohl well

Lerntipp

Adjectives and
adverbs that add
umlauts in the
comparative and
superlative are
indicated as
follows: **arm (ä).**

Besondere Ausdrücke

ab heute from today on; **ab** from a
   certain point on; away (from)
du Armer you poor fellow
immer noch still
Mir geht es (nicht) gut. I am (not)
   well.

Mir ist schlecht. I feel nauseated.
Was hast du? What is wrong with you?
   What's the matter?
Was macht deine Erkältung? How's
   your cold?

Alles klar?

8 Antonyme Verbinden Sie die Wörter mit ihren Antonymen.

1. mit gesunder Gesichtsfarbe _____
2. mit dunklen Haaren _____
3. hell _____
4. gut _____
5. wunderbar, toll _____
6. stark _____
7. unwichtig _____
8. kurz _____
9. reich _____

a. arm
b. blass
c. blond
d. dunkel
e. fürchterlich
f. lang
g. schlecht
h. schwach
i. wesentlich

F. Bei der Ärztin

9 Krank oder nicht krank Ergänzen Sie.

| erkältet Fieber fühlst gehustet lang Schmerzen |
| verletzt verschreiben wehtut würde |

FRANZISKA: Du hast letzte Nacht wirklich laut _____ und bist auf jeden Fall stark _____. Wenn du aber auch noch solche _____ am ganzen Körper hast und dir wirklich alles _____, musst du etwas tun. Ich _____ vielleicht doch zum Arzt gehen. Vielleicht hast du ja die Grippe! Und Dr. Braun kann dir etwas _____.

SEBASTIAN: Mein Kopf ist nicht mehr heiß. Ich denke, ich habe auch kein _____ mehr.

FRANZISKA: Na ja, wenn du dich besser _____, kannst du vielleicht auch die Küche aufräumen, oder? Ich bin nämlich auch todmüde, weil ich nicht besonders _____ geschlafen habe letzte Nacht.

SEBASTIAN: Das geht leider nicht. Ich habe mir nämlich auch noch beim Fußballspielen die Hand _____.

FRANZISKA: Ach ja?

10 Was ist das? Verbinden Sie die Wörter mit den richtigen Bildern.

dragon_fang/Shutterstock.com

tigerbarb/Shutterstock

1. _____

2. _____

Karuka/Shutterstock

Arber/Shutterstock

die Erkältung
das Fieber
der Husten
die Magenschmerzen
die Rückenschmerzen
die Zahnschmerzen

3. _____

4. _____

Land und Leute

⊕ Web Search

Die viersprachige Schweiz

Invasions by several ethnic tribes over a period of many hundred years shaped Switzerland's linguistic character. Today there are four national languages, each one spoken in a specific region or regional pocket. About 64% of the population speaks German, 20% speaks French, and 7% is Italian-speaking. The fourth national language, Rhaeto-Romanic (**Rätoromanisch**) is spoken by less than 1% of the population. In a conscious effort to preserve that language, the Swiss voted in a constitutional referendum in 1996 to elevate Rhaeto-Romanic to the status of an official language (**Amtssprache**) of the Swiss Confederation. However, German, French, and Italian are the primary **Amtssprachen** used to conduct business and political affairs. Every Swiss can learn these languages at school and usually gains at least a passive understanding of them. Each of the four national languages has many dialects; Rhaeto-Romanic alone has five, while Swiss German has many more. Although High German (**Hochdeutsch**) is taught in schools, many Swiss resist speaking it. **Hochdeutsch** is referred to as written German (**Schriftdeutsch),** and the primary spoken language of the German-speaking Swiss is called **Schwyzerdütsch** (see page 335).

From the perspective of the country's small size—the longest north-south distance is 137 miles (220 km), and the longest east-west distance is 216 miles (348 km)—and its many languages and dialects, Switzerland is linguistically and culturally a highly diversified country. Only in a political sense do the Swiss see themselves as a unit.

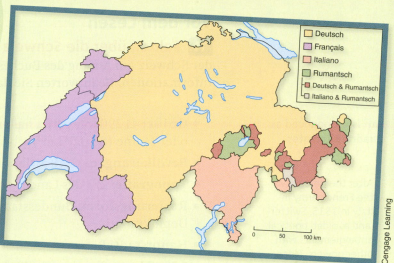

Cengage Learning

▲ Deutsch, Französisch, Italienisch und Rätoromanisch sind die vier Sprachen der Schweiz.

Norbert Derec /Shutterstock.com

▲ Das idyllische Bergdorf Zermatt am Fuß des Matterhorns (4 478 m) ist auch im Sommer attraktiv.

Kulturkontraste

Die Schweiz hat eine lange Tradition der Viersprachigkeit. Sie ist aber trotzdem politisch gesehen ein Land. Denken Sie, dass man in den USA auch andere Sprachen außer Englisch sprechen kann und das Land politisch trotzdem ein Land bleiben würde? Warum (nicht)? Sprechen Sie mit Ihrer Partnerin/Ihrem Partner darüber!

K. Kulturkontraste
1. Die viersprachige Schweiz

Zum Lesen

 Web Links

km² is pronounced as **Quadratkilometer.**

After the defeat by the French army in Italy in 1515, Switzerland avoided political entanglements with other powers. Since then it has successfully preserved its neutral status.

Vor dem Lesen

11 **Fakten über die Schweiz** Sehen Sie sich die Landkarte von der Schweiz am Anfang des Buches an und lesen Sie die folgenden Informationen. Beantworten Sie dann die Fragen.

- **Größe:** 41 290 km²; etwa halb so groß wie Österreich (83 855 km²) oder Maine (86 027 km²); etwas kleiner als Nova Scotia (52 841 km²)
- **Bevölkerung:** ca. 7,48 Millionen Einwohner
- **Topografie:** 2/3 des Landes sind hohe Berge.
- **Regierungsform:** Bundesstaat mit 26 Kantonen, parlamentarische Demokratie
- **Hauptstadt:** Bern
- **5 Nachbarn:** Frankreich (F), Deutschland (D), Österreich (A), Fürstentum Liechtenstein (FL), Italien (I)*

*These country abbreviations are the international symbols used on automobile stickers.

1. Ist Ihr Land oder Bundesland größer oder kleiner als die Schweiz?
2. Ist die Schweiz größer als Österreich?
3. Hat die Schweiz mehr Einwohner als Österreich oder weniger?
4. Das Matterhorn ist der höchste Berg der Schweiz. Wie hoch ist er?
5. Suchen Sie Zürich. An welchem See liegt Zürich?
6. Welches Nachbarland liegt westlich von der Schweiz? Welches liegt südlich?
7. Welche Produkte und andere Dinge assoziieren Sie mit der Schweiz?
8. Was assoziieren Sie mit dem Namen Wilhelm Tell?

Beim Lesen

12 **Eine Schweizer Tabelle** Was lesen Sie über die folgenden Themen? Machen Sie sich Notizen!

Geografie	Transport und Tourismus	Schweizer Produkte	Zürich und Genf	Sprachen

Eine kurze Geschichte der Schweiz

2-22

Dass die geografische Lage eines Landes seine Geschichte beein-flusst, gilt° ganz besonders für die Schweiz. Da sie im Zentrum Europas liegt und viele strategisch wichtige Alpenpässe hat, waren unter anderem die Römer°, die Habsburger° und Napoleon an dem
5 kleinen Land interessiert. Schweizer Ingenieure haben im 19. Jahr-hundert Passstraßen gebaut, um Nord- und Südeuropa zu verbinden. Der Simplontunnel war mit seinen 19,8 Kilometern Länge bis 1982 der längste Bahntunnel der Welt. Und der Gotthard-Basistunnel°, der bis zum Jahr 2020 fertig sein soll, wird dann mit 57 km der längste
10 Bahntunnel der Welt sein.

Wegen der guten Bergstraßen hat der Engländer Thomas Cook 1863 auch die ersten Pauschalreisen° in die Schweiz organisiert. Damit begann° der Massentourismus in das kleine Land. Touris-tenattraktionen gibt es genug: In der spektakulären Natur kann man
15 im Sommer und Winter Sport treiben. Leute, die weniger sportlich sind, finden in den schönen Schweizer Städten Museen, Theater, Geschäfte und Restaurants. In Altdorf gibt es die Statue von Wilhelm Tell und die jährlichen Tellspiele°. Eigentlich unlogisch, denn trotz ihrer politischen Neutralität ist kein Schweizer so bekannt wie der
20 kämpferische° Tell, der gegen die Habsburger war. Obwohl niemand weiß, ob der Mann wirklich existiert hat, ist er seit Jahrhunderten ein Symbol für die Unabhängigkeit° und Freiheit der Schweiz.

Für die Schweizer Landwirtschaft° war und ist Milch das Basisprodukt°. Wen wundert es dann, dass Lebensmittel wie Käse
25 und Schokolade so wichtig für den Export sind? Durch die Automa-tisierung der Schokoladenproduktion im 19. Jahrhundert machten° die Schweizer Pioniere Cailler, Suchard, Lindt und Sprüngli ihr Produkt billiger. Dadurch war Schokolade kein Luxusprodukt mehr für die reichsten Leute. Zur gleichen Zeit wurden° Schweizer Uhren, Texti-
30 lien und Pharmazeutika° weltberühmt. Obwohl die Schweiz in dieser Zeit ein wichtiges Industrieland wurde, war die Situation für Arbeiter schwer und das Leben in den Bergen hart. Deshalb wanderten viele Schweizer nach Amerika aus°. Heute ist die Schweiz ein reiches Indus-trieland mit guten Arbeitsbedingungen°, in das° Leute einwandern.

35 Genf ° und Zürich waren im 16. Jahrhundert unter Jean Calvin (1509–1564) und Ulrich Zwingli (1484–1531) Zentren der Reformation. Heute sind sie die zwei größten Städte der Schweiz und moderne Finanz-zentren. Die Vereinten Nationen (UNO) hatten ihren europäischen Sitz° immer schon in Genf. Das ist auch die Stadt, in der Nobelpreis-
40 träger° Henri Dunant (1828–1910) 1864 das Internationale Rote Kreuz gegründet° und die Genfer Konvention angeregt° hat. Seit 2000 arbei-tet die Schweiz mit der Europäischen Union in Fragen der Sicherheit, Wirtschaft, Kultur und Umwelt zusammen und gehört seit 2002 zur UNO. Damit hat sie einen Teil ihrer 500-jährigen Neutralität aufgegeben.

45 Obwohl das Land mit 41 290 Quadratkilometern sehr klein ist, hat es vier offizielle Sprachen. Die meisten Schweizer sprechen Deutsch, aber rund° 20 % sprechen Französisch, 7 % Italienisch und 1 % Rätoro-manisch°. Deswegen hat die Schweiz auch offiziell keinen deutschen, französischen oder italienischen Namen, sondern einen lateinischen:
50 „Confoederatio Helvetica". Auf Deutsch bedeutet das „Schweizerische Eidgenossenschaft"°, weil das Land 26 autonome° Kantone hat.

Bahntunnel: The 32-mile long tunnel under the English Channel ("Chunnel") built in 1994 is now the longest tunnel in the world.

applies to

Romans / Habsburgs

Gotthard Base Tunnel

package tours
began

plays based on life of Wilhelm Tell
aggressive

independence
agriculture
basic product

made

became
pharmaceuticals

wanderten aus:
emigrated /
working conditions /
which / Geneva

headquarters (seat)
Nobel Prize winner
founded / proposed

E. Stadt, Land, Fluss
H. Die Sage von Wilhelm Tell
K. Kulturkontraste
around / Rhaeto-Romanic

Confederation / autonomous

Nach dem Lesen

13 Fragen zum Lesestück

1. Warum waren die Römer, Habsburger und Napoleon an der Schweiz interessiert?
2. Wie lang ist der Simplontunnel?
3. Wer hat die ersten Pauschalreisen in die Schweiz organisiert?
4. Was kann man als Tourist in der Schweiz alles machen?
5. Warum ist Wilhelm Tell so wichtig für die Schweiz?
6. Für welche Produkte ist die Schweiz berühmt?
7. Warum ist Schokolade heute viel billiger als früher?
8. Warum sind im 19. Jahrhundert viele Schweizer nach Amerika ausgewandert?
9. Was kann man außer Banken in Genf noch finden?
10. Warum hat die Schweiz einen Teil ihrer Neutralität aufgegeben?
11. Wie viele offizielle Sprachen gibt es in der Schweiz?
12. Warum hat das Land einen lateinischen Namen?

14 Was wissen Sie über die Schweiz? Welche Namen oder Substantive auf der linken Seite passen zu den Informationen auf der rechten Seite?

1. Thomas Cook …
2. François-Louis Cailler, Philippe Suchard und Rodolphe Lindt …
3. Rätoromanisch …
4. Henri Dunant …
5. Napoleon …
6. Jean Calvin und Ulrich Zwingli …

a. haben durch Automatisierung Schokolade billiger gemacht.
b. ist eine von den vier offiziellen Sprachen der Schweiz.
c. war an der Schweiz interessiert, weil sie strategisch wichtige Passstraßen hat.
d. waren für die Reformation in der Schweiz wichtig.
e. hatte die Idee für die Genfer Konvention und hat den Nobelpreis bekommen.
f. hat Reisen für englische Touristen in die Schweiz organisiert.

 ### 15 Erzählen wir Sprechen Sie zusammen mit Ihrer Partnerin/Ihrem Partner über eines der folgenden Themen.

1. Planen Sie eine Reise in die Schweiz. Machen Sie eine Liste und sagen Sie, was Sie in der Schweiz sehen und machen wollen.
2. Was sind drei Dinge, die man über die Schweiz wissen muss?
3. Schreiben Sie einen Slogan für die Schweiz. Erklären Sie, warum Sie diesen Slogan gewählt haben.

Brauchbares

The verbs **begann** (l. 13), **machten** (l. 26), **wurden** (l. 29), and **wanderten aus** (ll. 32–33) are the simple past tense forms of **beginnen, machen, werden,** and **auswandern**. The simple past is discussed in *Kapitel 10*.

Land und Leute

 Web Search

Schwyzerdütsch

The differences between Swiss German (**Schywzerdütsch**) and High German (**Hochdeutsch**) are significant and include vocabulary, grammar endings, pronunciation, and sentence rhythm. It can be difficult for High German speakers to understand Swiss German speakers and vice versa. Newspapers are usually written in High German but many advertisements appear in Swiss German. Here is an example of a newspaper advertisement which seeks to attract singers to join a local choir. It is entirely written in regional dialect.

The High German translation of this advertisement reads as follows:

Jodlerchörli Basel-Land

Singsch au vo Härze gärn?
Chasch jodle?
Oder wotsch es emol versueche?

Jodlerchörli suecht Sängerinne un Sänger.
Probe dien mir am Mittwuch Zobe am
halbi achti im Riechemer Schlössli.

Uskunft: www.jodlerchoerli-baselbiet.ch

Yu Lan/Shutterstock.com

▲ **Zeitungsannonce eines Schweizer Chors**

Jodler-Chor Basel Land

Singst du auch von Herzen° gern?   *heart*
Kannst du jodeln?
Oder willst du es mal versuchen?
Jodlerchor sucht Sängerinnen und Sänger.
Proben tun wir° am Mittwochabend um   **Proben ... wir:** *we rehearse*
halb acht im Riehener Schlösschen.
Auskunft°: www.jodlerchoerli-baselbiet.ch   *information*

birdPIXX/Shutterstock.com

▲ **Die Schweizer Flagge und das Matterhorn**

Schwyzerdütsch: Many people use the word *dialect* to describe *substandard* language and therefore ascribe negative connotations to both the term and the linguistic code it describes. Linguists, however, use the word quite differently. Dialect as a technical term is used by linguists in order to describe a non-standard variety of a particular language that can be systematically described in its own right. Dialects are considered fully grammatical, and in most cases dialects enjoy a significant social reality and are an integral part of the social, political, and regional identity of their speakers.

Kulturkontraste

1. Vergleichen Sie Schwyzerdütsch und Hochdeutsch.
2. Welche Wörter verstehen Sie? Welche nicht?
3. Welche Unterschiede sehen Sie?

K. Kulturkontraste
1. Die viersprachige Schweiz

Erweiterung des Wortschatzes 2

Adjectives used as nouns

Herr Schmidt ist **ein Bekannter** von mir.

Frau Schneider ist **eine Bekannte** von mir.

Sie haben **keine Verwandten** mehr in der Schweiz.

*Mr. Schmidt is **an acquaintance** of mine.*

*Ms. Schneider is **an acquaintance** of mine.*

*They have **no relatives** in Switzerland anymore.*

Many adjectives can be used as nouns.

- As nouns, they retain the adjective endings as though a noun were still there: **ein Deutscher** (Mann), **eine Deutsche** (Frau).

- Adjectives used as nouns are capitalized.

▲ Herr Schmidt und Frau Schneider sind Bekannte.

---

16 **Ein guter Bekannter** Aische und Mustafa sind beim Einkaufen im Supermarkt. Mustafa sieht einen Bekannten. Aische möchte wissen, wer das ist. Setzen Sie die fehlenden Adjektivendungen ein.

AISCHE: Kennst du den groß＿ Blond＿ dort?

MUSTAFA: Ja, er ist ein gut＿ Bekannt＿ von mir. Er ist Arzt im Marienhospital, und zwar Orthopäde. Die Krank＿ dort sind bei ihm in besten Händen.

AISCHE: Ist er Deutsch＿?

MUSTAFA: Nein, Kanadier.

AISCHE: Und die Klein＿ neben ihm ist sicher seine Tochter, nicht?

MUSTAFA: Ja, und dort beim Obst steht seine Frau. Sie ist Deutsch＿. Sie hat in Kanada studiert und da haben sie sich kennengelernt.

AISCHE: In Kanada?

MUSTAFA: Ja, viele Deutsch＿ studieren in den USA oder in Kanada. ... Ach, hallo James, wie geht es dir ...

Das Gute daran ist, dass es billig ist.

Hast du **etwas Neues** gehört?

Ja, aber **nichts Gutes**.

***The good [thing]** about it is that it is cheap.*

*Have you heard **anything new?***

*Yes, but **nothing good**.*

Adjectives expressing abstractions (**das Gute** = *the good*; **das Schöne** = *the beautiful*) are neuter nouns.

- They frequently follow words such as **etwas, nichts, viel,** and **wenig.**

- They take the ending **-es** (e.g., **etwas Schönes**) and as nouns are capitalized.

Note: **anderes** is not capitalized (e.g., **etwas anderes**).

17 Wie war das Wochenende? Sarah und Marie sitzen nach der Vorlesung im Café und sprechen über das letzte Wochenende. Setzen Sie die fehlenden Adjektivendungen ein.

MARIE: Hast du am Wochenende etwas Schön_____ gemacht?

SARAH: Nein, ich habe nichts Besonder_____ gemacht. Das Interessantest_____ war vielleicht noch der alte Spielfilm Sonntagabend im Fernsehen.

MARIE: Bei mir war das Wochenende eigentlich ganz nett. Ich habe einen neuen französisch_____ Film mit Gérard Depardieu gesehen. Und das Best_____ war, Felix hat mich eingeladen.

SARAH: War der Film auf Französisch?

MARIE: Ja. Das war ja das Gut_____ daran!

SARAH: Ach, wie schön für dich. Aber so etwas Langweilig_____ wie dieses Wochenende habe ich lange nicht gehabt. Können wir jetzt von etwas ander_____ reden?

 18 Was meinst du? Schauen Sie sich die Bilder an. Was sehen Sie? Etwas Schönes, Kleines, Großes, Teures? Diskutieren Sie mit einer Partnerin/einem Partner.

| schön teuer stressig billig gut schlecht |
| interessant lecker langweilig |

S1:
[Urlaub in der Karibik]? Ich finde, das ist etwas [Teures]. Was meinst du?

S2:
Ja, das ist etwas Teures.
Nein, ich finde Urlaub in der Karibik ist etwas Schönes.

1. Urlaub in der Karibik

2. im Internet einkaufen

3. mit viel Zwiebeln kochen

4. eine eigene Bibliothek haben

The adjectives *viel* and *wenig*

Wir haben **wenig** Geld, aber **viel** Zeit.   *We have **little** money but **lots** of time.*

When used as adjectives, **viel** and **wenig** usually have no endings in the singular.

Johannes hat **viele** Freunde.   *Johannes has **lots of** friends.*
Das kann man von **vielen** Menschen   *You can say that about **many** sagen.*   *people.*

In the plural, **viel** and **wenig** take the endings of unpreceded adjectives.

 19 **Viel oder wenig?** Sprechen Sie mit Ihrer Partnerin/Ihrem Partner. Benutzen Sie Wörter aus der Liste und die folgenden Fragewörter: **wie viel?/wie viele? warum? welche?**

Freizeit	Geld	Freunde	Freundinnen	Kurse dieses Semester

CDs   DVDs   Kreditkarten⁺   Videos   Uhren
Computerspiele   Fernsehspiele

S1:
Wie viele Kurse hast du dieses Semester?
Welche sind das?

S2:
Vier.

Deutsch, Biologie, Politik und Chemie.

Andresr, 2010/Used under license from Shutterstock.com

▲ Johannes (ganz rechts) hat viele Freunde.

 20 **Meine Meinung!** Arbeiten Sie mit einer Partnerin/einem Partner. Fragen Sie, ob die folgenden Dinge relativ viel oder relativ wenig sind. Folgen Sie dem Modell, aber diskutieren Sie auch, warum!

S1:
200 Euro für ein Abendessen. Ist das relativ viel oder wenig?

S2:
Ich finde, das ist relativ viel. Was meinst du?

S1: ...

	Relativ viel	Relativ wenig
200 Euro für ein Abendessen		
4 Sofas im Wohnzimmer		
3 Tassen Tee zum Frühstück		
70 Euro für eine Jeans		
7 Kilometer laufen		
6 Stunden schlafen		

Vokabeln II

🌐 Audio Flashcards
Tutorial Quizzes

Substantive

der **Arbeiter**, -/die **Arbeiterin**, -nen worker
der/die **Bekannte** (*noun declined like adj.*)
  acquaintance
der **Engländer**, -/die **Engländerin**, -nen English
  person
der **Schweizer**, -/die **Schweizerin**, -nen Swiss
  person
der **Teil**, -e part
der/die **Verwandte** (*noun declined like adj.*) relative
das **Jahrhundert**, -e century
das **Symbol**, -e symbol

das **Zentrum**, **Zentren** center
die **Attraktion**, -en attraction
die **Kreditkarte**, -n credit card
die **Lage**, -n situation, location
die **Natur** nature
die **Schokolade** chocolate
die **Sicherheit** safety, security
die **Sprache**, -n language
die **Umwelt** environment

Verben

aus·wandern, ist ausgewandert to emigrate
bauen to build
bedeuten to mean
ein·wandern, ist eingewandert to immigrate
existieren to exist

gehören (+ *dat.*) to belong to
verbinden, verbunden to connect
wundern to surprise; **es wundert mich** I'm
  surprised

Adjektive und Adverbien

deswegen therefore
französisch French
größt- (groß) largest
hart (ä) hard; difficult
interessiert (an + *dat.*) interested (in)
jährlich yearly
längst for a long time, a long time ago
meist (*superlative of* **viel**) most;
  die meisten (Leute) most of (the people)
reich rich
Schweizer Swiss
schwer difficult; heavy
sportlich athletic

Weitere Wörter

damit (*sub. conj.*) so that
niemand (-en, -em) (*can be used with or without
  endings*) no one

Besondere Ausdrücke

auf Deutsch in German
zur gleichen Zeit at the same time

Alles klar?

21 **Ergänzen Sie**

| ausgewandert | interessiert | jährlich | Jahrhunderts |
| Kreditkarte | reich | Teil | Umwelt | Verwandten |

1. Wenn du nicht so viel Geld dabei hast, kannst du doch mit deiner
   _____ bezahlen. Aber eigentlich möchte ich meinen _____ der
   Rechnung *(bill)* selbst bezahlen. Wir sind doch beide nicht so _____,
   dass wir alles bezahlen können.
2. Pauls Familie ist am Anfang des letzten _____, nämlich im
   Jahr 1921, aus Deutschland in die USA _____. Viele von seinen
   _____ leben auch heute noch in Stuttgart und München.
3. Die Organisation „Naturschutz heute" arbeitet daran, dass es in
   Zukunft eine intakte, gesunde _____ geben wird. Und immer mehr
   Menschen sind an diesem Thema _____. _____ kommen im
   Durchschnitt *(on average)* 2 500 Leute dazu, die der Organisation auch
   finanziell helfen. Letztes Jahr waren es zum Beispiel fast 3 000 Leute.

22 **Ergänzen Sie** Anton Wörth ist zu Besuch in Zürich und er schreibt
eine E-Mail an einen Freund.

| Bekannten | damit | Deutsch | deswegen | Französisch |
| gehört | gewundert | Natur | Schweizer | schwer |

Gestern Nacht habe ich bei Christine Dörfler, einer guten _____
meiner Frau, in Zürich übernachtet. Ich war da die letzten drei Tage auf
Geschäftsreise und bleibe jetzt noch übers Wochenende, _____ ich
endlich einmal Zürich kennenlernen kann. Christine wohnt in Regensberg,
das ist nur etwa 6 Kilometer von Zürich weg. Regensberg _____ noch
zu Zürich und es ist sehr idyllisch hier! In nur 10 Minuten ist man mit
dem Bus am Zürichsee und da hat man alles – Stadt und wunderschöne
_____. Christine und ich waren gestern Abend essen und dann noch
in einer Bar. Da haben wir ein paar _____ kennengelernt. Es hat mich
ein bisschen _____, weil es ja manchmal heißt, dass die Menschen
hier generell eher reserviert sind. Doch mit den Leuten aus der Bar haben
wir uns heute sogar noch einmal zum Kaffeetrinken getroffen. Sie arbeiten
in Lausanne und sprechen dort _____, aber ihre Muttersprache
ist Schweizerdeutsch. Damit habe ich allerdings so meine Probleme und
ich kann es manchmal nur _____ verstehen. Zum Schluss haben sie
zu mir gesagt: „S'isch schön gsi dich gchennelert zha und mir sötte uns
wider emol träffe." Das heißt auf _____: „Es war schön dich getroffen
zu haben und wir sollten uns bald wieder sehen." Das hoffe ich auch und
_____ fahre ich sicher bald wieder in die Schweiz.

▲ Schloss Regensberg im Kanton Zürich

Land und Leute

 Web Search

Die politischen Institutionen der Schweiz

Although political life in Switzerland is essentially based in the cantons (comparable to states in the United States and provinces in Canada), federal affairs are represented by several constitutional bodies.

▲ Das Parlament in der Schweiz

Swiss citizens must be at least 18 years old to vote for the National Council (**Nationalrat**). Each citizen can vote for a party and a candidate. Elections for the Council of States (**Ständerat**) vary according to cantonal law. The National Council and the Council of States form the Federal Assembly (**Bundesversammlung),** which elects a cabinet of Federal Ministers (**Bundesrat**) and the Federal President (**Bundespräsident/ Bundespräsidentin)**. Although the President is the head of state, his/her duties are largely ceremonial and he/she does not hold special power within the government.

The Federal Assembly decides on new or amended laws. However, if within three months of such a decision 50,000 signatures are collected from voters, the law must be put to the Swiss people for a referendum (**Volksabstimmung)**. The law then takes effect only if the majority votes in favor of it. Examples of recent referenda results are: (1) 1992: Approval of Switzerland's joining the International Monetary Fund and the World Bank. (2) 1993: Approval of an increase in the gasoline tax and the introduction of a value-added tax to replace the sales tax. Rejection of an initiative to ban ads for alcohol and tobacco products. (3) 1994: Approval of a ban in 10 years on all heavy trucks traveling through Switzerland to other European countries. Mandatory hauling of such cargo by rail. Moratorium on the building of new highways. (4) 2000: Defeat of a move to limit the immigrant population to 18%. (5) 2001: A third defeat of a referendum to join the European Union. 2002: Passage of a referendum to join the UN. (6) 2007: Passage of a referendum that withholds welfare benefits from new arrivals unless they present required documents within 24 hours, documents that few foreigners possess. 2008: Rejection of a referendum that would have allowed townspeople to vote by secret ballot on whether to grant citizenship to their neighbors.

Despite Switzerland's long democratic tradition, it was not until 1971 that women gained the right to vote in federal elections and to hold federal office. In 1981, a referendum was passed that bars discrimination against women under canton as well as federal law.

Kulturkontraste

1. Welches Schweizer Referendum finden Sie interessant? Warum?
2. Wie finden Sie ein Referendum als politisches Instrument? Ist es praktisch, demokratisch oder kann es auch problematisch sein?
3. Welches Thema möchten Sie für ein Referendum in Ihrem Land haben? Warum?

K. Kulturkontraste
2. Die politischen Institutionen der Schweiz

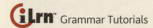
Tutorial Quizzes

Grammatik und Übungen

Talking about actions relating to oneself

 Grammar Tutorials

Reflexive constructions

Accusative	Ich habe **mich** gewaschen.	*I washed (**myself**).*
Dative	Kaufst du **dir** einen neuen Fernseher?	*Are you buying (**yourself**) a new TV?*

A REFLEXIVE PRONOUN indicates the same person or thing as the subject. A reflexive pronoun may be in either the accusative or the dative case, depending on its function in the sentence.

Reflexive pronouns (Reflexivpronomen)

Reflexive pronouns differ from personal pronouns only in the **er/es/sie-**, **sie-** *(pl.)*, and **Sie**-forms, which are all **sich**.

	ich	Sie	du	er/es/sie	wir	Sie	ihr	sie
Accusative	mich	**sich**	dich	**sich**	uns	**sich**	euch	**sich**
Dative	mir	**sich**	dir	**sich**	uns	**sich**	euch	**sich**

Use of accusative reflexive pronouns

Direct object	Ich habe **mich** schnell gewaschen.	*I washed (**myself**) in a hurry.*
Object of preposition	Jan erzählt etwas über **sich**.	*Jan is telling something about **himself**.*

A reflexive pronoun is in the accusative case when it functions as a direct object or as the object of a preposition that requires the accusative.

I. Einige Fragen

---

23 **Sie fühlen sich heute besser** Sie und Ihre Freunde waren krank, doch heute fühlen sich alle besser. Formen Sie Sätze und benutzen Sie das passende Reflexivpronomen im Akkusativ.

BEISPIEL Lily   *Lily fühlt sich heute besser.*

1. Jasmin und Julian
2. du
3. ich
4. wir
5. Phillipp
6. ihr

Use of dative reflexive pronouns

Indirect object	Kaufst du **dir** einen neuen Computer?	*Are you going to buy **yourself** a new computer?*
Object of preposition	Sprichst du von **dir**?	*Are you talking about **yourself**?*

A reflexive pronoun is in the dative case when it functions as an indirect object or as the object of a preposition that requires the dative case.

24 **Was wünschen sie sich aus der Schweiz?** Frau Schmidt fährt zu einer Konferenz in die Schweiz und bringt Souvenirs mit zurück. Bevor sie in die Schweiz gereist ist, hat sie alle gefragt, was sie sich wünschen. Ergänzen Sie den Text mit den richtigen Formen von **wünschen** und den Reflexivpronomen im Dativ.

Frau Schmidts Tochter Alina _____ _____ eine warme Jacke. Ihr Mann _____ _____ eine Schweizer Uhr. Tim, ihr Sohn, _____ _____ ein Buch über die Schweiz. Ihre Eltern _____ _____ Schweizer Schokolade. Ich _____ _____ einen schönen Fotokalender. Was hast du _____ _____? Letztes Jahr hast du _____ von Frau Schmidt eine CD von einer Schweizer Techno-Gruppe _____, nicht wahr? Du und Sven – _____ ihr _____ wieder CDs? Hoffentlich bekommen wir alles, was wir _____ _____.

25 **Geburtstagswünsche** Stefan und seine Freunde sprechen darüber, was sie sich zum Geburtstag wünschen. Sehen Sie sich die Bilder an und fragen Sie Ihre Partnerin/Ihren Partner, was sich jeder wünscht. Dann fragen Sie Ihre Partnerin/Ihren Partner, was sie/er sich wünscht.

> ein neues Fahrrad   eine gute Digitalkamera   eine teure Jacke
> neue Schuhe   ein neues Handy   eine Sonnenbrille

S1: Was wünscht sich Stefan?
S2: Stefan wünscht sich eine teure Lederjacke.
S1: die Eltern? Marie? mein Bruder Luca? Partnerin/Partner?
S2: Stefan? Sophie? Antonia? Partnerin/Partner?

Discussing wishes

C. Kurze Gespräche

Verbs of personal care and hygiene

A. Morgens oder abends?

Wann badest du?
Ich bade abends.

Wann duschst du?
Ich dusche morgens.

Wann putzt du dir die Zähne?
Ich putze mir nach dem Essen
die Zähne.

Wann rasierst du dich?
Ich rasiere mich morgens.

Wann schminkst du dich?
Ich schminke mich morgens.

Wann ziehst du dich an?
Ich ziehe mich morgens an.

Wann kämmst du dich?
Ich kämme mich morgens.

Wann föhnst du dir die Haare?
Ich föhne mir morgens die Haare.

Wann ziehst du dich aus?
Ich ziehe mich abends aus.

Wann wäschst du dir Gesicht und Hände?
Ich wasche mir abends Gesicht und Hände.

Verben

sich an•ziehen, angezogen	to get dressed	Ich ziehe mich an.	*I get dressed.*
sich aus•ziehen, ausgezogen	to get undressed	Ich ziehe mich aus.	*I get undressed.*
baden	to take a bath	Ich bade.	*I take a bath.*
(sich) duschen	to shower	Ich dusche (mich).	*I take a shower.*
sich föhnen	to blow-dry	Ich föhne mir die Haare.	*I'm blow-drying my hair.*
sich kämmen	to comb	Ich kämme mich.	*I comb my hair.*
		Ich kämme mir die Haare.	*I comb my hair.*
putzen	to clean	Ich putze mir die Zähne.	*I brush / clean my teeth.*
sich rasieren	to shave	Ich rasiere mich.	*I shave.*
sich schminken	to put on make-up	Ich schminke mich.	*I put on makeup.*
		Ich schminke mir die Lippen / Augen.	*I put on lipstick / eye makeup.*
sich waschen (wäscht), gewaschen	to wash	Ich wasche mich.	*I wash myself.*
		Ich wasche mir die Hände.	*I wash my hands.*

26 **Wann machst du das?** Fragen Sie Ihre Partnerin/Ihren Partner nach ihrer/seiner täglichen Routine.

S1:

Wann | **stehst du auf?**
duschst du?
ziehst du dich an?
putzt du dir die Zähne?
kämmst du dir die Haare?
föhnst du dir die Haare?
wäschst du dir die Hände?
ziehst du dich aus?
badest du?
gehst du schlafen?

S2:

Um [sieben].
Morgens.
Abends.
Vor/Nach dem Frühstück.
Vorm Schlafengehen.
Nach der Dusche *(shower)*.
Vor/Nach dem Essen.
Nach einer schmutzigen *(dirty)* Arbeit.
[Drei]mal *(times)* am Tag.

Describing one's daily routine

B. Schreiben Sie über Ihr Morgenprogramm

> **Duschen** can be used with or without the reflexive pronoun; the meaning is the same.

1. Womit kann man sich im Fitness-Center Brücke fit halten?
2. Was kann man noch alles im Fitness-Center Brücke machen?

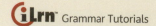

Reflexive verbs in German *vs.* English

Setz dich.	*Sit down.*
Fühlst du **dich** nicht wohl?	*Don't you feel well?*
Hast du **dich** gestern **erkältet**?	*Did you catch a cold yesterday?*
Hast du **dich** zu leicht **angezogen**?	*Did you dress too lightly?*
Mark hat **sich** heute nicht **rasiert**.	*Mark didn't shave today.*
Ich **freue mich** auf deinen Brief.	*I'm looking forward to your letter.*
Anna **interessiert sich** für Musik.	*Anna is interested in music.*

1. In German, some verbs regularly have a reflexive pronoun as part of the verb pattern. The English equivalents of these verbs do not have reflexive pronouns. In general, the reflexive construction is used more frequently in German than in English.

2. Some verbs can be used either with or without reflexives, and some with both accusative and dative reflexives: **Ich wasche die Wäsche, ich wasche mich, ich wasche mir die Hände.**

G. Worauf freust du dich?

---

27 **Mini-Gespräche** Welche Antwort auf der rechten Seite passt zu welcher Frage auf der linken Seite?

1. Geht es Ihnen heute besser, Herr Meier?
2. Ist Lara wieder krank?
3. Ach, du bist nicht fertig. Soll ich noch warten *(wait)*?
4. Interessierst du dich für alte Filme?
5. Gefällt dir dein neuer iPod?

a. Ja, sie hat sich schwer erkältet.
b. Ja, ich habe mir schon lange einen gewünscht.
c. Nein, leider nicht. Ich fühle mich gar nicht gut.
d. Ja. Setz dich bitte. Ich bin gleich fertig.
e. Ja, sehr. Ich freue mich auf *Casablanca* im Fernsehen.

Definite article with parts of the body

Ich habe **mir die** Hände gewaschen.	*I washed **my** hands.*
Hast du **dir die** Zähne geputzt?	*Did you brush **your** teeth?*

In referring to parts of the body, German uses a definite article (e.g., **die**) and a reflexive pronoun (e.g., **mir**) where English uses a possessive adjective (e.g., *my*).

Ich muss **mir die** Schuhe anziehen.	*I have to put on **my** shoes.*

In German the definite article is also often used with clothing.

---

 28 **Hast du das gemacht?** Fragen Sie eine Partnerin/einen Partner, was sie/er heute gemacht hat.

BEISPIEL das Gesicht gewaschen

S1:
Hast <u>du dir</u> heute das Gesicht gewaschen?

S1: …

S2:
Ja, ich habe <u>mir</u> heute das Gesicht gewaschen. Und du?

1. die Hände gewaschen
2. die Haare gewaschen
3. die Haare gekämmt

4. die Zähne geputzt
5. eine saubere Jeans angezogen
6. ein schönes Hemd angezogen

29 **Wann machst du das?** Fragen Sie Ihren Partner/Ihre Partnerin, wann sie/er was macht.

1. Wann duschst oder badest du?
2. Wäschst du dir abends oder morgens die Haare?
3. Mit was für einem Shampoo wäschst du dir die Haare?
4. Wann putzt du dir die Zähne?
5. Mit welcher Zahnpasta (*toothpaste*) putzt du dir die Zähne?
6. Ziehst du dir die Schuhe aus, wenn du fernsiehst?
7. Ziehst du dir alte Sachen an, wenn du abends nach Hause kommst?

🌐 Web Links

2-23

Leserunde

Burckhard Garbe (b. 1941) is a professor at the University of Göttingen, author of numerous books, and recipient of many literary prizes. He writes concrete poetry, visual texts, experimental texts, aphorisms, and ironic-satiric prose works. Garbe's use of word play amuses but also causes one to reflect on the trite expressions in everyday speech. His poem "für sorge" is a perfect example of his intentions, as he uses the mechanical declension of reflexive pronouns to end with a serious comment on human nature.

für sorge[1]
ich für mich
du für dich
er für sich
wir für uns
ihr für euch
jeder für sich

—Burckhard Garbe

Fragen

1. Der Dichter sagt, Menschen sind egozentrisch. Was meinen Sie?
2. Ändern Sie das Gedicht, sodass es das Gegenteil aussagt.

[1]**die Fürsorge:** *care*

"für sorge" by Burckhard Garbe, in R.O. Wiemer (Hg), *Bundesdeutsch: Lyrik zur Sache Grammatik*. Peter Hammer Verlag, Wuppertal, 1974. Reprinted by permission of Peter Hammer Verlag.

Infinitives with *zu*

 Grammar Tutorials

Infinitives with *zu*	Ich brauche heute nicht **zu** arbeiten.	*I don't have to [need to] work today.*
Modals and infinitive	Musst du morgen arbeiten?	*Do you have to work tomorrow?*

In English, dependent infinitives used with most verbs are preceded by *to*.

- In German, dependent infinitives used with most verbs are preceded by **zu**.
- Dependent infinitives used with modals are not preceded by **zu**.

| Du brauchst nicht mitzukommen. | You don't need to come along. |
| Wir haben vor übers Wochenende dazubleiben. | We're planning to stay here over the weekend. |

- When a separable-prefix verb is in the infinitive form, the **zu** comes between the prefix and the base form of the verb.
- Infinitive phrases need not be set off by commas, although writers may choose to use a comma for clarity.

Some verbs you know that can be followed by **zu** + an infinitive are **beginnen, brauchen, lernen, scheinen, vergessen,** and **vorhaben.**

---

30 Das haben wir vor Marcel feiert sein Examen an der Universität mit seinen Freunden. Erzählen Sie, was sie vorhaben.

BEISPIEL wir haben vor (20 Gäste einladen) *Wir haben vor 20 Gäste einzuladen.*

1. ich muss noch (das Essen vorbereiten)
2. ich habe vor (Spaghetti kochen)
3. Marcel will (einkaufen gehen)
4. er hat vor (eine besonders gute Torte kaufen)
5. ich brauche nicht (aufräumen)
6. Marcel muss (alles machen)
7. er braucht nicht (das Bad putzen)

Talking about household chores

31 Hausarbeit Sie und Ihre Freundin/Ihr Freund sprechen darüber, was Sie im Haushalt alles machen müssen.

> einkaufen   kochen   das Bett machen
> [bei der Hausarbeit] helfen   Geschirr spülen   abtrocknen
> aufräumen   [die Küche] sauber machen   Fenster putzen
> [die Wäsche / das Auto] waschen   [im Garten] arbeiten
> die Spülmaschine ein- und ausräumen   Staub saugen

| **S1:** | **S2:** |
| Ich muss [jeden Tag] [abwaschen], und du? | Ja, ich muss auch [Geschirr spülen]. Ich brauche nicht [Geschirr zu spülen]. |

D. Zum Studium in Zürich

Expressions requiring infinitives with **zu**

| Es ist schön frühmorgens **zu** joggen. | It's nice to jog early in the morning. |
| Aber es ist schwer früh aufzustehen. | But it's hard to get up early. |

Infinitives with **zu** are used after a number of expressions, such as **es ist schön, es ist schwer, es macht Spaß, es ist leicht,** and **es ist Zeit.**

- A writer may choose to set off the infinitive phrase with a comma for the sake of clarity: **Ich habe vor, vier Tage zu bleiben.**

32 **Jennifer studiert in Zürich** Erzählen Sie, wie es Jennifer in Zürich geht. Benutzen Sie die folgenden Ausdrücke.

BEISPIEL Sie steht früh auf.   *Es ist schwer früh aufzustehen.*

| Es ist gut.   Es macht Spaß.   Es ist schwer. |
| Es ist schön.   Es ist nicht leicht. |

1. Sie fährt mit dem Zug.
2. Sie versteht die Vorlesungen.
3. Sie sitzt mit Freunden im Biergarten.
4. Sie sucht einen Job.
5. Sie geht mit Freunden inlineskaten.

33 **Es macht Spaß** Sie und Ihre Partnerin/Ihr Partner wollen sich besser kennenlernen. Erzählen Sie einander, was Sie gut, schlecht, schwer oder leicht finden und was Ihnen Spaß macht.

S1:
Es ist schön [am Sonntag nichts zu tun].

S2:
Es ist schwer [früh aufzustehen].

1. Es macht (keinen) Spaß ...
2. Es ist (nicht) schön ...
3. Es ist (nicht) schwer ...
4. Es ist (nicht) leicht ...
5. Es ist (nicht) gut ...
6. Ich habe keine Zeit ...

am Wochenende lang schlafen
mit Freunden ins Café gehen
bei schönem Wetter in der Bibliothek arbeiten
viel Spaß haben
ins Kino gehen
schwimmen gehen
während des Semesters jobben

The construction um ... zu + infinitive

Die Schweiz muss wirtschaftlich stark sein, **um** neutral **zu** bleiben.

*Switzerland has to remain economically strong **in order to** remain neutral.*

Expressing purpose or intention

- The German construction **um ... zu** + *infinitive* expresses purpose or intention and is equivalent to the English construction *(in order) to* + infinitive.
- A comma is required with an **um ... zu** construction.

34 **Was meinen Sie?** Ergänzen Sie die Sätze mit Ausdrücken aus der Liste und vergleichen Sie dann Ihre Sätze mit denen Ihrer Partnerin/Ihres Partners.

BEISPIEL *Um gesund zu bleiben, muss man viel Sport treiben.*

| hart arbeiten   viel lernen   viel Geld haben |
| gute Freunde haben   viel Sport treiben |

1. Um gute Noten zu bekommen, ...
2. Um glücklich zu sein, ...
3. Um reich zu werden, ...
4. Um Spaß zu haben, ...
5. Um ... zu ...

Comparison of adjectives and adverbs

Comparison of equality

Die Schweiz ist halb **so** groß **wie** Österreich.	Switzerland is half **as** large **as** Austria.
Nils schwimmt nicht **so** gut **wie Tobias**.	Nils doesn't swim **as** well **as Tobias** does.
Diese Reise ist genau**so** schön **wie** die letzte.	This trip is just **as** nice **as** the last one.

The construction **so ... wie** is used to express the equality of a person, thing, or activity to another. It is equivalent to English *as . . . as*.

J. Ich kann das auch

35 **Vier Bekannte** Wie sind diese Personen? Sind sie groß oder klein, dick oder dünn?

A. Ihre Partnerin/Ihr Partner möchte etwas über vier Bekannte von Ihnen wissen. Beschreiben Sie die Bekannten.

BEISPIEL Wie ist Tobias? *Er ist groß und hat dunkle Haare.*

Tobias	Leon	Fabian	Frank

> **groß/klein**   **schlank** *(slender)*/**dick**   **attraktiv/ unattraktiv**   **wenig/viel**
>
> **Haare:**   **blond, dunkel, lang/kurz, hellbraun**
> **Nase:**   **groß/klein, dünn, lang**
> **Mund:**   **groß/klein**
> **Brille:**   **eine dunkle Brille**

B. Ihre Partnerin/Ihr Partner sagt etwas über einen der vier Bekannten. Vergleichen Sie diesen mit einem anderen.

BEISPIEL Tobias ist groß. *Ja, Tobias ist so groß wie Fabian.*

1. Tobias ist sportlich.
2. Frank ist unfreundlich.
3. Fabian ist nicht dick.
4. Leon spricht gut Englisch.
5. Frank kann gut kochen.
6. Leon spielt oft Gitarre.

Comparative forms (der Komparativ)

Base form	klein	Österreich ist **klein**.	*Austria is **small**.*
Comparative	kleiner	Die Schweiz ist noch **kleiner**.	*Switzerland is even **smaller**.*

The comparative of an adjective or adverb is formed by adding **-er** to the base form.

Julia arbeitet **schwerer als** Paul.　　*Julia works **harder than** Paul.*
Julia ist **fleißiger als** Paul.　　*Julia is **more industrious than** Paul.*

The comparative form plus **als** is used to compare people, things, or activities. **Als** is equivalent to English *than*.

Base form	dunkel	teuer
Comparative	**dunkler**	**teurer**

- Adjectives ending in **-el** drop the final **-e** of the base form before adding **-er**.
- Adjectives ending in **-er** may follow the same pattern.

Base form	groß	Hamburg ist **groß**.
Comparative	größer	Hamburg ist **größer** als Bremen.

Many common one-syllable words with stem vowel **a**, **o**, or **u** add an umlaut in the comparative form, including **alt, dumm, jung, kalt, kurz, lang, oft, rot, stark,** and **warm**.

Base form	gern	gut	hoch	viel
Comparative	lieber	besser	höher	mehr

> Adjectives and adverbs that add an umlaut in the comparative are indicated in this book as follows: **kalt (ä)**.

A few adjectives and adverbs have irregular comparative forms.

Hannes sieht **gern** fern.　　*Hannes likes to watch TV.*
Alina liest **lieber**.　　*Alina prefers [likes more] to read.*

The English equivalent of **lieber** is *to prefer,* or *preferably,* or *rather* with a verb.

36　Vergleichen Sie Sehen Sie sich noch einmal das Bild mit Stefan und seinen Freunden an und beantworten Sie die Fragen.

BEISPIEL Was kostet mehr – Lucas Fahrrad oder Sophies Handy?
Lucas Fahrrad kostet mehr als Sophies Handy.

1. Was kostet mehr – Antonias Sonnenbrille oder Stefans Jacke?
2. Wessen Haare sind länger – Maries oder Antonias?
3. Wer ist jünger – Stefan oder Luca?
4. Wer ist älter – Sophie oder Luca?
5. Was ist größer – das Fahrrad oder das Handy?
6. Was ist billiger – die Sonnenbrille oder die Digitalkamera?

Making comparisons

F. Meine Freunde in Basel

K. Wie ist die neue Wohnung?
L. Erik ist anders
M. In einem Möbelgeschäft

Stefan　Sophie　Antonia　die Eltern　Marie　mein Bruder Luca

Kapitel neun • 351

37 **Geografiestunde** Was wissen Sie über die deutschsprachigen Länder? Ergänzen Sie die Sätze mit dem Komparativ der Wörter in Klammern.

1. Welche Stadt ist _____, Zürich oder Basel? (groß)
2. Was ist _____, der Main oder der Rhein? (lang)
3. Welcher Berg ist _____, die Zugspitze in Deutschland oder das Matterhorn in der Schweiz? (hoch)
4. Welche Republik ist _____, die österreichische oder die Schweizer Republik? (alt)
5. Wo ist das Wetter _____, in Salzburg oder in Hamburg? (kalt)
6. Welches Land ist _____, die Schweiz oder Österreich? (klein)

Comparative adjectives before nouns

Das ist kein besser**er** Plan.   *That's not a better plan.*
Hast du eine besser**e** Idee?   *Do you have a better idea?*

Comparative adjectives that precede nouns take adjective endings.

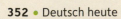

N. Es ist alles besser

38 **Unzufrieden** Stefanie ist mit allem unzufrieden und will immer etwas Besseres. Ergänzen Sie die Sätze mit einer passenden Komparativform.

BEISPIEL Stefanie hat eine schöne Wohnung, aber sie möchte eine _____ haben.
Stefanie hat eine schöne Wohnung, aber sie möchte eine schönere haben.

1. Sie hat ein großes Auto, aber sie möchte ein _____ haben.
2. Sie kauft immer teure Kleider, aber sie wünscht sich noch _____.
3. Sie isst oft in guten Restaurants, aber sie möchte in _____ essen.
4. Sie hat einen schnellen Computer, aber sie kauft sich bald einen _____.
5. Sie macht schöne Ferien, aber sie wünscht sich _____.
6. Stefanie hat einen guten Job, aber sie braucht bestimmt einen _____.

▲ Stefanie möchte eine schönere Wohnung haben.

Petro Feketa/Shutterstock.com

39 **Hören Sie zu** Luisa und Nina gehen einkaufen. Hören Sie sich das Gespräch an. Sind die folgenden Sätze richtig oder falsch? Sie hören zwei neue Wörter: **die Herrenabteilung** (*men's department*), **die Musikabteilung** (*music section*).

2-24

	Richtig	Falsch
1. Luisa weiß genau, was ihr Bruder Stefan zum Geburtstag haben möchte.	_____	_____
2. Luisa möchte ihrem Bruder etwas kaufen, weil er ihr immer etwas zum Geburtstag schenkt.	_____	_____
3. Nina und Luisa sehen sich zuerst Lederjacken an.	_____	_____
4. Sie finden eine gute, billige Lederjacke und kaufen sie.	_____	_____
5. Luisa findet 120 Euro nicht zu teuer.	_____	_____
6. Nina und Luisa suchen lieber eine CD für Stefan.	_____	_____

Superlative forms (der Superlativ)

Base form	alt	Chur ist sehr **alt**.	*Chur is very **old**.*
Superlative	**ältest-**	Es ist die **älteste** Stadt in der Schweiz.	*It is the **oldest** city in Switzerland.*

The superlative of an adjective is formed by adding **-st** to the base form.

- The **-st** is expanded to **-est** if the adjective stem ends in **-d, -t,** or a sibilant. The superlative of **groß** is an exception: **größt-**.
- The words that add umlaut in the comparative also add umlaut in the superlative.
- Superlative adjectives that precede nouns take adjective endings.

40 **Was weißt du über die Schweiz?** Ihre Freundin/Ihr Freund spricht mit Ihnen über die Schweiz. Erklären Sie ihr/ihm, dass die Orte die ältesten, größten usw. sind.

BEISPIEL Ist Chur eine alte Stadt?   *Ja, Chur ist die älteste Stadt der Schweiz.*

1. Ist die Universität Basel alt?
2. Ist Graubünden ein großer Kanton?
3. Ist Basel-Stadt ein kleiner Kanton?
4. Ist Zürich eine sehr große Stadt?
5. Ist der Rhein ein langer Fluss?
6. Ist das Matterhorn ein sehr bekannter Berg?

Im Winter arbeitet Frau Greif **am schwersten**.	*In the winter Mrs. Greif works **(the) hardest**.*
Im Winter sind die Tage **am kürzesten**.	*In the winter the days are **(the) shortest**.*

The superlative of adverbs (e.g., **am schwersten**) and predicate adjectives (e.g., **am kürzesten**) is formed by inserting the word **am** in front of the adverb or adjective and adding the ending **-(e)sten** to it.

- The construction **am** + superlative is used when it answers the question **wie** (*how*) as in: **Wie arbeitet Frau Greif im Winter? Sie arbeitet** *am schwersten.*

41 **Alles ist am größten** Charlotte spricht im Superlativ: Alles ist am größten, am kältesten, am schönsten usw. Ergänzen Sie die Sätze mit den Superlativen der Adjektive.

1. Im Sommer sind die Tage _____ (lang).
2. Im Herbst sind die Farben _____ (interessant).
3. Im Frühling sind die Blumen _____ (schön).
4. Im Winter sind die Tage _____ (kalt).
5. Chiara fährt _____ (langsam).
6. Justin arbeitet _____ (schwer).
7. Jana und Simon tanzen _____ (schön).

Lukas ist der jüngste Sohn und Fabian ist **der älteste (Sohn)**.	*Lukas is the youngest son and Fabian is **the oldest (son)**.*

The superlative of attributive adjectives (with a following noun expressed or understood) is formed by inserting **der/das/die** in front of the adjective and adding the appropriate ending to the superlative form of the adjective.

> 1. Im Juni sind die Rosen **am schönsten.**
> 2. Diese Rose ist **die schönste.**
>   Diese Rosen sind **die schönsten.**

The above chart shows the two patterns of superlative predicate adjectives. The adjectives preceded by **der/das/die** have **-e** in the singular and **-en** in the plural.

Irregular forms are indicated in the vocabularies of this book as follows: **gern (lieber, liebst-).**

42 **Die schönsten, neuesten Sachen** Phillipp findet alles am besten. Stellen Sie sich vor, Sie sind Phillipp und wiederholen Sie die folgenden Sätze im Superlativ.

BEISPIEL Diese Schuhe sind sehr billig.   *Diese Schuhe sind die billigsten.*

1. Diese Blumen sind sehr schön.
2. Dieses Auto ist sehr teuer.
3. Diese Jacke ist sehr warm.
4. Dieses T-Shirt ist toll.
5. Dieser CD-Player ist billig.
6. Diese Digitalkamera ist ziemlich teuer.

I. Hallo Wach!
J. Werbung

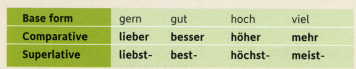

Base form	gern	gut	hoch	viel
Comparative	lieber	besser	höher	mehr
Superlative	liebst-	best-	höchst-	meist-

The adjectives and adverbs that are irregular in the comparative are also irregular in the superlative.

43 **Was sind das alles für Leute in diesem Sportclub?**

BEISPIEL Nico spielt lieber Tennis als Basketball. Und Fußball?
Fußball spielt er am liebsten.

1. Leon spielt aber besser als Nico. Und Alexander?
2. Jana treibt mehr Sport als ihr Bruder. Und ihre Schwester?
3. Vanessa schlägt *(hits)* den Ball höher als Lisa. Und Sophia?
4. Julians Schuhe kosten mehr als meine. Und Noahs Schuhe?
5. David joggt lieber morgens als mittags. Und abends?
6. Sie hören lieber Reggae als klassische Musik. Und Rockmusik?

Discussing personal information

44 **Was meinst du?** Beantworten Sie die Fragen erst selbst und vergleichen Sie dann Ihre Antworten mit den Antworten Ihrer Partnerin/ Ihres Partners.

1. Was trinkst du am liebsten?
2. Was isst du am liebsten?
3. Welche Sprache sprichst du am besten?
4. Was studierst du am liebsten?
5. Welchen Sport treibst du am liebsten?
6. Welcher Politiker spricht am besten?
7. Welche Stadt ist die schönste?

Land und Leute

 Web Search

Zürich

Zurich (**Zürich**), with some 339,000 inhabitants, is Switzerland's largest city and a leading financial center of the world. It is a city with global influence and tremendous wealth. The Zurich stock exchange is the fourth largest in the world, after New York, London, and Tokyo. Zurich is a beautiful city in an attractive setting. **Zürichsee** (Lake Zurich) is at one end; pleasant parks and gardens line the banks of the Limmat River, which bisects the city; and snow-clad peaks of the Alps are visible in the distance. Like many other European cities, Zurich has a very old section, **die Altstadt,** and a newer part built mostly in the nineteenth century. **Die Altstadt** is characterized by narrow streets and many well-preserved old buildings, including the houses of thirteen medieval guilds which were crucial to Zurich's rise to financial importance. Among the city's churches, the **Fraumünster** dates back to 853, but the new part was constructed mainly in the nineteenth century and today contains stained-glass twentieth-century windows by Marc Chagall. Unlike most other important cities, Zurich has only three high-rise buildings of modest size. Also found here is the **Bahnhofstraße,** an elegant world-famous shopping street with expensive fashion, jewelry, and watch shops. The University of Zurich, with 21,000 students, is the largest in Switzerland and occupies a scenic setting on low hills not far from the city center.

▲ Der Zürichsee

In spite of its relatively small size, Zurich has an internationally recognized orchestra, the **Tonhalle-Orchester Zürich,** a widely recognized opera company, and an impressive theater housed in the **Schauspielhaus.**

▲ Einkaufen auf der Bahnhofstraße, Zürichs teuerster Adresse

Zurich has more than 50 museums and countless art galleries. Examples include the **Kunsthaus Zürich,** which has significant permanent and traveling exhibits, or the **Fotomuseum Winterthur,** which is an internationally known venue for contemporary photography. The relatively small **Cabaret Voltaire** chronicles the history of Dadaism, which originated in Zurich in 1916.

A survey comparing the quality of life in 215 world cities ranked Zurich first, just ahead of Geneva. The ranking is based on 39 criteria, including political, social, economic, and environmental conditions, as well as public safety, transportation, education, and health.

Kulturkontraste

Vergleichen Sie Ihre Stadt mit Zürich: Was ist an Zürich anders als an Ihrer Stadt? Was gibt es in Ihrer Stadt auch?

K. Kulturkontraste
3. Zürich

Video-Ecke

▲ Er treibt schon vor dem Frühstück Sport auf seinem Heimtrainer.

▲ Er isst oft in der Mensa zu Mittag.

▲ Sie hat in ihrer Agentur oft einen sehr langen Tag.

1 Die Schweiz
Mein Tagesablauf

Vor den Videos

45 **Nachgedacht** Was wissen Sie noch vom Kapitel? Denken Sie nach.

1. Wie viele Sprachen gibt es in der Schweiz?
2. Was kann man in Zürich alles machen?
3. Was wissen Sie über die Schweiz und Europa?

Nach den Videos

46 **Alles klar?** Sehen Sie sich die Interviews an und machen Sie sich Notizen. Beantworten Sie dann die Fragen.

1. Wie gut kennen die Personen die Schweiz?
2. Welche Konzepte assoziieren *alle* Personen mit der Schweiz?
3. Wer hat den längsten Tag? Warum?
4. Wer hat den interessantesten Tag? Warum?

2 Auf dem Weisshorn

▲ Der Zug fährt durch die Berge.

▲ Die Freunde wandern in den Alpen.

▲ Die Kletterwand ist neu für Paul, Lily und Hülya.

In diesem Kapitel sind die Freunde in der Schweiz. Sie fahren mit dem Zug durch die Berge, wandern bei schönstem Wetter und am Ende klettern sie sogar an einer Kletterwand ...

Nützliches	
die Berge	*mountains*
der Gletscher	*glacier*
der See	*lake*
die Kletterwand	*climbing wall*
das Seil	*rope*
steil	*steep*
versuchen	*to try*
der Anfänger	*beginner, novice*

Nach den Videos

Sehen Sie sich das Video an und machen Sie sich Notizen. Beantworten Sie dann die Fragen.

A–C. Was haben Sie gesehen?
D. Wer hat das gesagt?
E. Richtig oder falsch
F. Auf dem Weisshorn
G. Urlaub im Hotel Weisshorn

47 Was passiert wann? Bringen Sie die folgenden Sätze in die richtige Reihenfolge.

_____ Hülya fragt: „Ist das ein Gletscher?"
_____ Paul versteht die Frau nicht.
_____ Lily fragt eine Frau nach dem Weg.
_____ Paul sagt: „Die Berge sind noch viel höher als ich dachte!"
_____ Paul ist Anfänger, aber er kann ganz gut klettern!
_____ Der Lehrer sagt: „Das ist eine Kletterroute für Anfänger."
_____ Die Freunde machen eine Pause auf dem Berg.

48 Richtig oder falsch? Arbeiten Sie mit einer Partnerin/einem Partner. Fragen Sie sie/ihn: Was ist richtig, was ist falsch?

S1: Paul hat eine Thermoskanne. Ist das richtig?
S2: Ja, das ist richtig. / Nein. Er ...

	Richtig	Falsch
Lily findet die Schweiz langweilig.	_____	_____
Anton sagt, die Schweiz ist ein Paradies für Skifahrer.	_____	_____
Auf den Bergen ist Schnee.	_____	_____
Hülya hat eine Thermoskanne dabei.	_____	_____
Die Frau auf dem Berg spricht Hochdeutsch.	_____	_____
Paul klettert nicht an der Wand.	_____	_____

49 Was meinen Sie? Diskutieren Sie die Fragen mit einem Partner.

1. Warum versteht Paul die Frau auf dem Berg nicht? Wieso kann Anton die Frau verstehen?
2. Sie verbringen einen Tag in den Alpen. Was machen Sie?
3. Auf dem Berg, während der Pause, an der Kletterwand – was fällt Ihnen auf? Was ist in Amerika oder in Kanada anders?

Wiederholung

1 **Rollenspiel** Ihre Partnerin/Ihr Partner erzählt Ihnen, dass ihr/sein Computer kaputt gegangen ist. Drücken Sie *(express)* ihr/ihm Ihr Mitgefühl *(sympathy)* aus und wählen Sie dafür jeweils *(in each instance)* eine passende Formulierung unten.

1. Am Wochenende ist mir mein Computer kaputt gegangen.
2. Der Monitor war auf einmal schwarz.
3. Leider kann niemand den Computer reparieren.
4. Alle Dateien sind weg.
5. Und ich habe keine Sicherheitskopien *(back-up copies)*.
6. Und jetzt muss ich mir einen neuen Computer kaufen.
7. Ach, ich ärgere mich *(am annoyed)* so!

> **Redemittel**
>
> **Mitgefühl ausdrücken**
> *(Expressing sympathy)*
>
> • Schade. • Du Arme/
> Du Armer! • Das ist ja
> dumm / blöd *(stupid)* /
> ärgerlich *(annoying)* /
> schade. • Was hast
> du denn? • Das
> verstehe *(understand)*
> ich. • Geht es dir
> nicht gut?
>
> • Das tut mir aber leid
> für dich. • Dass dir das
> passieren musste!

2 **So beginnt mein Tag** Beschreiben Sie, wie Ihr Tag anfängt. Benutzen Sie die folgenden Wörter.

> aufstehen   baden oder duschen   sich anziehen   tragen
> etwas trinken und essen   sich die Zähne putzen
> sich die Haare kämmen

3 **In der Schweiz ist es anders** Verbinden Sie die Sätze mit einer passenden Konjunktion aus der Liste.

> aber   da   dass   denn   ob   oder   und   weil   wenn

BEISPIEL Diane Miller studiert in der Schweiz. Sie möchte mehr Deutsch lernen.
Diane Miller studiert in der Schweiz, denn sie möchte mehr Deutsch lernen.

1. Sie geht mit ihrer Freundin Nicole. Ihre Freundin geht einkaufen.
2. Sie nimmt eine Einkaufstasche mit. Sie geht zum Supermarkt.
3. Nicole kauft fast alles im Supermarkt. Die Sachen sind da oft billiger.
4. Sie kauft Tabletten in der Apotheke. Sie kauft einen Kamm in der Drogerie.
5. Beim Bäcker kauft sie frischen Kuchen. Sie kauft kein Brot.

4 **Bei Beckers in Zürich** Pia, Sarah und Ryan planen eine Reise nach Österreich. Ergänzen Sie den Text mit den passenden Possessivpronomen.

1. PIA: Komm, Ryan, wir machen gerade _____ Ferienpläne. Wir fahren nach Österreich zu _____ Freunden. Du kommst doch mit, oder?
2. RYAN: Ja, gern. Wie lange bleibt ihr denn bei _____ Freunden?
3. SARAH: Eine Woche. Du kannst _____ Arbeit mitnehmen.
4. RYAN: Ja, das muss ich. Ich muss _____ Referat vorbereiten.
5. PIA: Das Schöne ist, dass Vater gesagt hat, wir können _____ Auto nehmen.
6. RYAN: Das finde ich sehr nett von _____ Vater, Pia.
7. PIA: Ich glaube, _____ Reise wird super.

5 **Ein Vergleich (comparison)** Wählen Sie zwei Personen aus: einen Freund, eine Freundin, ein Familienmitglied usw. Wählen Sie dann fünf Kriterien aus der Liste und vergleichen Sie sich mit diesen Personen.

BEISPIELE viel Sport treiben
Ich treibe genauso viel Sport wie mein Freund Jens.
Ich treibe mehr Sport als meine Freundin Annika.

1. gut singen
2. oft kochen
3. sicher fahren
4. gute Noten haben
5. viel arbeiten
6. interessante Geschichte erzählen
7. oft auf Partys gehen
8. cooles Auto / Fahrrad / Motorrad haben

6 **Niklas fühlt sich nicht wohl** Michelle denkt, dass Niklas krank aussieht. Geben Sie die Sätze auf Deutsch wieder.

MICHELLE: *Why did you get up so late?*
NIKLAS: *I don't feel well.*
MICHELLE: *Do you have a fever?*
NIKLAS: *No. I caught a cold. My throat hurts.*
MICHELLE: *You look pale. Maybe it's better if you go to the doctor.*
NIKLAS: *You're right. I do feel weak.*

 7 **Rollenspiel** Sie sind Ärztin/Arzt. Ihre Partnerin/Ihr Partner ist Ihre Patientin/Ihr Patient. Sie/Er sagt Ihnen, dass sie/er sich nicht wohl fühlt, und beschreibt viele verschiedene Symptome. Sie glauben, dass die Patientin/der Patient gestresst ist, und sagen ihr/ihm, sie/er soll ihren/seinen Tagesablauf (*daily routine*) ändern.

 8 **Zum Schreiben** Sie sind in einem Internet-Chatroom und lernen eine Person aus der Schweiz kennen.

- Schreiben Sie erst etwas über sich selbst.
- Dann schreiben Sie ein bisschen über Ihre Stadt, Ihren Staat oder Ihre Provinz, z.B. wo liegt sie/er, welche Städte, was ist besonders.
- Erklären Sie ihr/ihm, warum Sie gern oder ungern dort leben.
- Stellen Sie dann mindestens drei Fragen über die Schweiz.

Schreibtipp

Benutzen Sie die **du**-Form. Schreiben Sie „Hallo" und am Ende schreiben Sie „**viele Grüße**" und Ihren Namen, z.B. „**viele Grüße, Jessie**". Kontrollieren Sie auch, ob Subjekt und Verb zusammenpassen. Ist die Wortstellung richtig? Sind die Präpositionen, Fälle, Adjektivendungen und Reflexivpronomen richtig?

Grammatik: Zusammenfassung

Forms of reflexive pronouns

	ich	Sie	du	er/es/sie	wir	Sie	ihr	sie
Accusative	mich	**sich**	dich	**sich**	uns	**sich**	euch	**sich**
Dative	mir	**sich**	dir	**sich**	uns	**sich**	euch	**sich**

Accusative reflexive pronouns

Direct object	Ich habe **mich** gewaschen.	*I washed (**myself**).*
Object of preposition	Hast du das für **dich** gemacht?	*Did you do that for **yourself**?*

Dative reflexive pronouns

Indirect object	Hast du **dir** ein neues Auto gekauft?	*Did you buy **yourself** a new car?*
Dative verb	Ich kann **mir** nicht helfen.	*I can't help **myself**.*
Object of preposition	Spricht Luisa von **sich** selbst?	*Is Luisa talking about **herself**?*

Reflexive vs. personal pronouns

Reflexive	Jonas hat das für **sich** gemacht.	*Jonas did it for **himself**.*
	Ich kann **mir** nicht helfen.	*I can't help **myself**.*
Personal	Jonas hat das für **ihn** gemacht.	*Jonas did it for **him**.*
	Jonas kann **mir** nicht helfen.	*Jonas can't help **me**.*

Definite articles with parts of the body

Ich habe **mir die** Hände gewaschen.	*I washed **my** hands.*
Sophia hat **sich die** Haare gekämmt.	*Sophia combed **her** hair.*

In referring to parts of the body, German often uses a definite article and a dative pronoun. English uses a possessive adjective.

Infinitives with *zu*

Jan versucht alles **zu** verstehen.	*Jan tries to understand everything.*
Er kann alles verstehen.	*He can understand everything.*

Dependent infinitives used with most verbs are preceded by **zu**. Dependent infinitives used with modals are not preceded by **zu**.

Hannah hat keine Zeit die Arbeit **zu** machen.	*Hannah has no time to do the work.*
Es war schwer die Vorlesung **zu** verstehen.	*It was difficult to understand the lecture.*

Infinitives with **zu** are also used after a large number of expressions, such as **sie hat keine Zeit** and **es ist schwer**. While a comma is not required to set off an infinitive phrase, a writer may choose to use a comma for the sake of clarity.

Es ist schwer so früh auf**zu**stehen.
Es ist Zeit jetzt auf**zu**hören.

When a separable prefix is in the infinitive form, the **zu** comes between the prefix and the base form of the verb.

The construction *um ... zu* + infinitive

Amerikaner kommen oft nach Deutschland, **um** dort **zu** studieren.

*Americans often come to Germany **in order to** study there.*

The German construction **um ... zu** + infinitive is equivalent to the English construction *(in order) to* + infinitive. A comma is required to set off an **um ... zu** construction.

Comparative and superlative forms of adjectives and adverbs

Base form	klein	*small*	schön	*beautiful*
Comparative	**kleiner**	*smaller*	**schöner**	*more beautiful*
Superlative	**kleinst-**	*smallest*	**schönst-**	*most beautiful*

German forms the comparative by adding the suffix **-er** to the base form. It forms the superlative by adding the suffix **-st** to the base form. The ending **-est** is added to words ending in **-d** (**gesündest-**), **-t** (**leichtest-**), or a sibilant (**kürzest-**). An exception is **größt-**.

Base form	alt	groß	jung	gern	gut	hoch	viel
Comparative	**älter**	**größer**	**jünger**	**lieber**	**besser**	**höher**	**mehr**
Superlative	**ältest-**	**größt-**	**jüngst-**	**liebst-**	**best-**	**höchst-**	**meist-**

Many one-syllable adjectives and adverbs with stem vowel **a**, **o**, or **u** add an umlaut in the comparative and the superlative. A few adjectives and adverbs are irregular in the comparative and superlative forms.

Special comparison constructions and uses

Nico ist nicht **so groß wie** Jens.
Es ist heute **so kalt wie** gestern.

*Nico is not **as tall as** Jens.*
*Today it is just **as cold as** yesterday.*

In German, the construction **so ... wie** is used to make comparisons of equality. It is equivalent to English *as . . . as.*

Jana ist **größer als** ihre Mutter.
Es ist **kälter als** gestern.

*Jana is **taller than** her mother.*
*It is **colder than** yesterday.*

The comparative form of an adjective or adverb is used to make comparisons of inequality. **Als** is equivalent to English *than.*

Jessica singt **am schönsten**.
Im Frühling ist das Wetter hier **am schönsten**.
Dieser kleine Busch ist **der schönste**.

*Jessica sings **the best**.*
*The weather here is **nicest** in the spring.*
*This little bush is **the prettiest** (bush).*

The pattern **am** + superlative with the ending **-en** is used for adverbs (as in the first example above), and for predicate adjectives (as in the second example). The superlative of attributive adjectives, with a following noun that is expressed or understood, is preceded by the article **der/das/die** (as in the third example). The superlative form of the adjective, therefore, has an ending.

KAPITEL 10

Deutschland
1945 bis heute

Die Kaiser-Wilhelm-Gedächtniskirche in Berlin ▶

Lernziele

Sprechintentionen

- Talking about cultural events
- Making and responding to an invitation
- Asking about cultural interests
- Asking someone about her/his past
- Expressing perplexity

Wortschatz

1 The suffix **-ung**
  City names used as adjectives
2 **Immer** + comparative
  Dates

Zum Lesen

- Deutschland: 1945 bis heute

Grammatik

- Simple past tense
- Past perfect tense
- Conjunctions **als, wenn,** and **wann**

Leserunde

- *Fernsehabend* (Hans Manz)
- *Schlittenfahren* (Helga M. Novak)

Land und Leute

- Bertolt Brecht
- Zwei deutsche Staaten
- Nach der Wiedervereinigung
- Leipzig

Video-Ecke

1 Berliner Nachtleben
  Ost-West
2 Stadtrundgang

RESOURCES

Bausteine für Gespräche

🔊 Wie war's?

2-25

Anna und Daniel sind für ein paar Tage in Berlin bei Annas Freunden Franziska und Sebastian. Morgens beim Frühstück sprechen sie über ihre Aktivitäten.

SEBASTIAN: Na, wie findet ihr das Berliner Nachtleben? Wo wart ihr denn gestern Abend?

ANNA: Franziska ging ja zu dem Volleyballspiel, aber Daniel und ich waren im Berliner Ensemble.

SEBASTIAN: Ah, und was gab es?

ANNA: *Die Dreigroschenoper* von Bertolt Brecht. Und zwar in einer ganz modernen Inszenierung ...

SEBASTIAN: Ach ja, darüber stand in der Zeitung eine gute Kritik. Hattet ihr denn gute Plätze?

DANIEL: Ja, wir hatten sogar prima Plätze, obwohl wir Studentenkarten hatten. Die kosteten nur 8 Euro.

SEBASTIAN: Ich hätte ja mal große Lust wieder ins Theater zu gehen. Könnt ihr das Stück denn empfehlen?

ANNA: Ja, unbedingt. Ich wollte es zuerst gar nicht sehen, aber dann fand ich es absolut toll.

SEBASTIAN: Und was habt ihr danach gemacht? Ihr kamt doch erst so spät nach Hause.

DANIEL: Wir waren noch in der Wunder-Bar, tranken etwas und unterhielten uns lange über das Stück.

SEBASTIAN: Ach, ihr Glücklichen! Ich wäre auch gern dabei gewesen! Ich war zwar auch bis zwei Uhr wach, aber ich musste für meine Prüfung lernen!

Brecht called his work *Die Dreigroschenoper* a play with music (**Stück mit Musik**). The music, which was greatly influenced by jazz, was written by Kurt Weill, who collaborated with Brecht on other later works. The most famous song **"Mackie Messer"** became a world hit, as did its English version "Mack the Knife." The play criticized the capitalist system from a socialist's point of view, and was first performed in 1928 in Berlin. The English version, "The Threepenny Opera," appeared on Broadway in 1933. The hit production on Broadway in 2006 was the seventh appearance of this work there and off Broadway.

---

1 Fragen

1. Wo waren Anna und Daniel gestern Abend?
2. Warum war Franziska nicht dabei?
3. Was haben Anna und Daniel gesehen?
4. Was für Karten hatten sie?
5. Wie war das Stück?
6. Warum war Sebastian bis zwei Uhr wach?

Brauchbares

1. Note that to say something is written or printed somewhere, e.g., in a newspaper, German uses the verb **stehen**. Thus Sebastian says, **"darüber stand in der Zeitung eine gute Kritik."**

2. When Sebastian says, **"Ich hätte ja mal große Lust wieder ins Theater zu gehen,"** the word **hätte** is the subjunctive form of **haben**. The subjunctive is often used in wishes and will be presented in *Kapitel 11*.

3. When Sebastian says, **"Ich wäre auch gern dabei gewesen!"** he is using the past-time subjunctive form of **sein: wäre gewesen**. Sebastian would like to have been there but couldn't for the reason he gives. This structure will also be presented in *Kapitel 11*.

2 **Wo warst du?** Ihre Partnerin/Ihr Partner ist gestern ausgegangen. Finden Sie heraus, wo sie/er war und wie der Abend war.

Talking about cultural events

S1:
Wo warst du gestern Abend?

S2:
Im Theater.
In einem Musical.
Im Konzert.
Im Kino.
In der Oper⁺.

Was gab es?

Die Dreigroschenoper.
Mamma Mia.
Goethes *Faust.*
Ende gut, alles gut.
Fidelio.
Lohengrin.
Beethovens *Neunte.*
Schumanns *Klavierkonzert⁺.*
Das Phantom der Oper.
Der König der Löwen.

3 **Was möchtest du machen?** Laden Sie Ihre Partnerin/Ihren Partner ein, mit Ihnen zusammen auszugehen. Die Partnerin/Der Partner kann ja oder nein sagen.

Making and responding to an invitation

S1:
Möchtest du **in die Oper** gehen?
ins | Musical
Theater
Konzert
Popkonzert⁺
Open-Air-Konzert⁺
Kino

S2:
Ja, gern.
In welche? / In welches?
O ja, das interessiert mich sehr.
Wenn du mich einlädst, schon.
Nein, ich habe leider keine Zeit.
Nein, ich habe wirklich keine Lust.

4 **Interview** Fragen Sie Ihre Partnerin/Ihren Partner, was ihr/ihm gefällt. Schreiben Sie die Antworten auf und erzählen Sie Ihren Kommilitoninnen/Kommilitonen, was Sie herausgefunden haben.

Asking about cultural interests

E. Ein Gespräch
F. Ein Dokumentarfilm

Fragen Sie Ihre Partnerin/Ihren Partner, ...

1. ob sie/er oft ins Theater geht.
2. was für Theaterstücke sie/er gern sieht.
3. ob sie/er lieber ins Kino geht.
4. wie oft sie/er ins Kino geht – einmal in der Woche? Zweimal im Monat?
5. welche neuen Filme sie/er gut [schlecht] findet.
6. ob sie/er manchmal in die Oper geht.
7. welche Opern sie/er kennt.
8. ob sie/er oft ins Konzert geht.
9. was für Musik sie/er gern hört.
10. welche Rockbands sie/er gut [schlecht] findet.
11. welche Fernsehsendungen sie/er gut [schlecht] findet.

Erweiterung des Wortschatzes 1

The suffix -*ung*

wandern	*to hike*	**die Wanderung, -en**	*hike*
wohnen	*to live*	**die Wohnung, -en**	*dwelling*

- The suffix -**ung** may be added to a verb stem (e.g., **wander-, wohn-**) to form a noun.
- All nouns ending in -**ung** are feminine.

---

5 **Eine Einladung** Hannah erzählt von einer Party. Bilden Sie Substantive mit der Endung -**ung** aus den fett gedruckten Verben. (Einige der Substantive sind im Plural und haben die Endung -**ungen**.)

1. Kevin Braun hat mich für Samstagabend **eingeladen**. Habt ihr auch eine _____ bekommen?
2. Ja, aber ich habe mich **erkältet** und meine _____ wird einfach nicht besser.
3. Ach, komm' doch. Kevin **wohnt** doch jetzt in Berlin-Mitte. Er will uns sicher seine neue _____ zeigen.
4. Hmmm, die interessiert mich ja schon. Aber du weißt doch, Kevin zeigt immer seine Videos aus seinem letzten Urlaub. Und er **beschreibt** jede Szene sehr genau. Solche _____ finde ich immer ein bisschen langweilig.
5. Aber er **erzählt** doch oft auch nette Anekdoten von seinen Reisen. Ich höre seine _____ ganz gern.
6. Außerdem **empfiehlt** er oft schöne Urlaubsziele. Seine _____ waren immer gut.
7. **Meinst** du? Da habe ich eigentlich eine andere _____.

City names used as adjectives

Na, wie findet ihr das **Berliner** Nachtleben?	*Well, how do you like **Berlin** night life?*
Gut, aber ich vermisse die **Wiener** Gemütlichkeit.	*Fine, but I miss the relaxed **Viennese** atmosphere.*

- Names of cities used as adjectives end in -**er**.
- The -**er** ending is never declined; that is, no additional adjective endings are used to indicate gender or case.

▲ Berliner Dom und Fernsehturm

Vokabeln I

Substantive

Unterhaltung

der **Film, -e** film
das **Klavier, -e** piano; das **Klavierkonzert, -e** piano concerto
das **Open-Air-Konzert, -e** outdoor concert
das **Popkonzert, -e** pop concert
die **Bar, -s** bar, pub; nightclub
die **Oper, -n** opera; **in die Oper gehen** to go to the opera
die **Rockband, -s** rock band
die **Unterhaltung, -en** conversation; die **Unterhaltung** (*no pl.*) entertainment

Weitere Substantive

der/die **Glückliche, n** (*noun decl. like adj.*) lucky one, fortunate one
die **Kritik, -en** criticism; review
die **Lust** desire; pleasure;
  Lust haben (*+ zu + infinitive*) to be in the mood, feel like
  ich habe keine Lust das zu tun I don't feel like doing that
die **Meinung, -en** opinion

Verben

empfehlen (empfiehlt), empfahl, empfohlen to recommend
kosten to cost
unterhalten (unterhält), unterhielt, unterhalten to entertain; **sich unterhalten (über)** (*+ acc.*) to converse (about)
zeigen to show

Adjektive und Adverbien

absolut absolutely, completely
dabei (sein) (to be) there, (to be) present
danach afterwards
prima fantastic, great (**prima** *takes no adj. endings*)

unbedingt without reservation, absolutely
wach awake

Besondere Ausdrücke

einmal am Tag once a day
einmal in der Woche once a week
es stand in der Zeitung it said in the newspaper
was gab es? what was playing? what was offered?
zweimal im Monat twice a month

Lerntipp

Beginning with the **Vokabeln** of *Kapitel 10,* the simple past tense of irregular weak and strong verbs (e.g., **empfahl**) is given.

Alles klar?

C. Ist das logisch?
D. Die gleiche Bedeutung

6 **Anders gesagt** Welche Sätze passen zusammen?

1. Wir haben lange über das Konzert gesprochen.
   a. Das Konzert hat uns gut gefallen.
   b. Wir haben uns lange über das Konzert unterhalten.

2. Mir gefällt das Theaterstück nicht.
   a. Ich kann das Theaterstück nicht empfehlen.
   b. Ich finde das Theaterstück gut.

3. Hast du Lust heute Abend ins Theater zu gehen?
   a. Darfst du heute Abend ins Theater gehen?
   b. Möchtest du heute Abend ins Theater gehen?

4. Wir können später in die Bar gehen.
   a. Wir können danach in die Bar gehen.
   b. Wir müssen unbedingt in die Bar gehen.

5. Tim möchte immer dabei sein.
   a. Tim möchte immer bei ihm sein.
   b. Tim möchte immer bei allem mitmachen.

7 **Ergänzen Sie**

| absolute Bar empfohlen Euro Glücklichen Klavier |
| kostet Kritik Meinung Open-Air-Konzert zweimal |

1. In vielen Ländern der EU kann man mit _____ bezahlen.

2. Ich gehe gern ins Theater. Und ich habe in der Zeitung eine interessante _____über das neue Brecht-Stück gelesen. Der Journalist hat es sehr _____. Seiner _____ nach ist es die beste Produktion, die das Theater je hatte.

3. Ich gehe meistens _____ pro Woche ins Kino. Oft montags und donnerstags, weil es da weniger _____. Das sind nämlich Kinotage!

4. Bei Julia und Tobias gibt es nie Konflikte zu Hause. Die _____! Doch eine so _____ Harmonie finde ich auch ein bisschen langweilig.

5. Heute Abend ist das große _____ im Park. Das Problem ist, dass es heute Abend regnen soll. Es gibt aber auch noch etwas in der neuen _____ bei der Uni. Dort spielt eine Rockband mit Gitarre, Saxofon und _____.

▲ **Die Alte Oper in Frankfurt. Hier gibt es Theater, Kabarett, Opern, Operetten und viele Konzerte.**

Land und Leute

🌐 Web Search

Bertolt Brecht

Bertolt Brecht (1898–1956) was one of the most important figures of twentieth-century theater. His dramatic theories have influenced many playwrights and theater directors throughout the world. As a young playwright during the twenties, Brecht took the German theater by storm with "The Threepenny Opera" *(Die Dreigroschenoper)*; it both shocked and fascinated audiences with its depiction of London's criminal underworld and the social and political forces underlying it. Brecht's critical focus on society and his dramatic theories revolutionized the German stage and made him a celebrity.

As an outspoken opponent of National Socialism, Bertolt Brecht had to flee Germany in 1933. He lived temporarily in several European countries until he settled down in California. Like many other German emigrants, he found refuge in the United States until the end of World War II and the end of the National Socialist regime. Brecht wrote some of his major plays in exile: *Mutter Courage und ihre Kinder* (1941), *Der gute Mensch von Sezuan* (1942), *Leben des Galilei* (1943).

During the Third Reich many Germans, among them Brecht, left Germany. This choice is often called **"äußere Emigration"** in contrast to **"innere Emigration,"** which refers to writers, artists, and intellectual figures who remained in Germany but were unable to publish their work during the Third Reich.

In 1947, after Brecht had been called before the House Committee on Un-American Activities, he moved back to Europe and eventually chose the German Democratic Republic as his home. With his wife, Helene Weigel, he founded the Berliner Ensemble, a theater in former East Berlin that continues to perform Brecht's plays and tries to put his dramatic theories into practice.

Mary Evans Picture Library / Alamy

▲ Bertolt Brecht

rook76 / Shutterstock.com

▲ Diese Briefmarke ehrt Bertolt Brecht.

B. Komödie und Theater am Kurfürstendamm

I. Kulturkontraste,
1. Bertolt Brecht

Kulturkontraste

1. Während der Nazizeit haben viele deutsche Intellektuelle wie Bertolt Brecht Deutschland verlassen. Finden Sie heraus, welche deutschen Intellektuellen während der Nazizeit in die USA oder nach Kanada geflohen sind.

2. Recherchieren Sie Bertolt Brecht in einem Lexikon über Theatergeschichte oder Weltliteratur. Was können Sie über Brechts Konzept des „Verfremdungseffekts" herausfinden?

Zum Lesen

Web Links

Vor dem Lesen

8 Was wissen Sie schon?

1. Was wissen Sie schon über Deutschlands Geschichte seit 1945?
2. Machen Sie eine Liste mit Daten, Wörtern oder Namen zu den folgenden Themen:
   a. der Zweite Weltkrieg
   b. Berlin
   c. der Kalte Krieg *(the Cold War)*
   d. die Wiedervereinigung
3. Berichten Sie einer kleinen Gruppe, was Sie aufgeschrieben haben.

Beim Lesen

9 Der Kalte Krieg Machen Sie sich beim Lesen Notizen mit neuen Informationen über den Kalten Krieg.

10 Die Mauer Schauen Sie sich die beiden Fotos im Text an. Beantworten Sie dann die Fragen.

Foto 1
1. Wann wurde das Foto gemacht?
2. Warum ließ die DDR-Regierung die Mauer bauen?
3. Wie lange gab es die Mauer? Wann fiel sie?

Foto 2
1. Wann wurde das Foto gemacht?
2. Sie sehen hier einen Teil der Mauer. Wie sieht der aus? Was machen die Leute dort?
3. Warum sind die Menschen vor dem Brandenburger Tor?

A. Deutschland: 1945 bis heute
B. Richtig oder falsch?
2-26

National Socialists ruled Germany under Adolf Hitler from 1933–1945.

Deutschland: 1945 bis heute

Über 40 Jahre lang hatte es zwei deutsche Hauptstädte gegeben: Bonn und Ost-Berlin. Denn als 1945 der Zweite Weltkrieg zu Ende war, hatten die Siegermächte° – Amerika, die Sowjetunion, England und Frankreich – beschlossen, dass es nie mehr ein so starkes Deutschland geben durfte. Wenn die Hauptstadt und das Land geteilt waren, so argumentierten die

victorious powers

ullstein bild / The Granger Collection, NYC

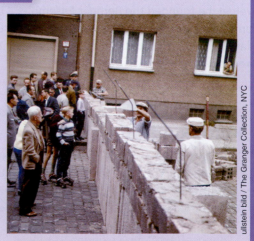

▲ Die Mauer wird gebaut.

Alliierten°, konnte Deutschland
15 nie wieder stark genug werden, um
einen neuen Krieg anzufangen.
Europa hatte Angst vor einem
starken Deutschland, denn es
war im 20. Jahrhundert für zwei
20 Weltkriege verantwortlich gewesen.
Im Zweiten Weltkrieg hatte
Deutschland zwischen 1938 und
1944 alle Nachbarländer, außer
der Schweiz, angegriffen° und
25 eine Zeitlang besetzt°. Außerdem
hatten die Nationalsozialisten
(Nazis) nicht nur im eigenen Land,
sondern auch in allen besetzten
Nachbarländern die jüdische°

▲ Menschen aus Ost und West feiern
die Öffnung der Mauer.

30 Bevölkerung° verfolgt° und in Konzentrationslager° gebracht. Im
Holocaust starben mehr als sechs Millionen Juden°. Außer den Juden
verfolgten die Nationalsozialisten auch ihre politischen Gegner – die
Kommunisten, Sozialisten und Sozialdemokraten – sowie° Sinti und
Roma°, Behinderte° und Homosexuelle.
35 In den Jahren nach der Kapitulation wurden die Spannungen°
zwischen den Sowjets und den drei westlichen Siegermächten
(England, Frankreich und den USA) immer stärker und sie
kulminierten 1948 in der Berliner Blockade. Die Russen wollten
die westlichen Soldaten zwingen, Berlin zu verlassen, und sie
40 blockierten die Straßen um Berlin herum, so dass keine Transporte
mehr stattfinden konnten. Amerika und die anderen westlichen
Alliierten organisierten daraufhin° die Berliner Luftbrücke° und
versorgten° die ganze Stadt ein Jahr lang mit Hilfe von Flugzeugen
mit allem, was die Menschen in der Stadt brauchten. Als die
45 Blockade 1949 schließlich zu Ende war, gab es zwei deutsche Staaten:
die Bundesrepublik Deutschland (BRD) mit der provisorischen°
Hauptstadt Bonn und die Deutsche Demokratische Republik (DDR)
mit der Hauptstadt Ost-Berlin. Der Kalte Krieg hatte begonnen und
die neuen Fronten waren der Ost- und der Westblock. Die neue
50 Grenze, die sich durch Europa zog°, nannte man den „Eisernen
Vorhang°". Doch nicht alle Ostdeutschen waren für den Sozialismus.
Da es dem Westen wirtschaftlich besser ging als dem Osten,
versuchten viele Ostdeutsche nun ihr Land zu verlassen. Um diesen
Exodus zu beenden, baute die DDR-Regierung mit Unterstützung° der
55 Sowjetunion 1961 die Mauer. Als 1963 der amerikanische Präsident
John F. Kennedy die geteilte Stadt besuchte, demonstrierte er mit den
Worten: „Ich bin ein Berliner!" die Solidarität des Westens mit den
Berlinern.
In den Jahren nach ihrer Gründung° stärkten° die Bundesrepublik
60 wie auch die DDR jeweils° ihre Beziehungen zu ihren Verbündeten°.
Auf der westlichen Seite entstand° die EG (Europäische Gemeinschaft°),
eine Gruppe von europäischen Staaten, die° politisch, wirtschaftlich
und kulturell eng zusammenarbeiten wollten. Aus der EG wurde

Nelly Rau-Haring

Allies

The expression "Iron
Curtain" became
current after Winston
Churchill used it in
a speech in Fulton,
Missouri, in 1946.

attacked

occupied

*Jewish
population / persecuted /
concentration camps /
Jews*

as well as
Sinti ... Roma: *Gypsies /
physically handicapped /
tensions*

thereupon / airlift
provided

provisional

ran
der Eiserne Vorhang: *the
Iron Curtain*

support

founding / strengthened
each one / allies
*was established /
community / which*

▲ Am Brandenburger Tor feiern seit 1990 Millionen Silvester.

influence
literally / openness

65 die EU (Europäische Union), die inzwischen 28 Mitgliedsstaaten hat.
Die DDR war Mitglied in der wirtschaftlichen Union der Ostblockstaaten
70 (COMECON), wo es Ende der 80er-Jahre auch unter dem starken Einfluss° der Glasnost (wörtlich°: Offenheit°)
75 durch den sowjetischen Staatschef Gorbatschow zu wirtschaftlichen und politischen Reformen kam. In der DDR, besonders
80 in Leipzig, fanden 1989 große friedliche Demonstrationen statt. Am 9. November 1989 musste

hated

die DDR-Regierung die Mauer öffnen: Das verhasste° Symbol des
85 kalten Krieges war endlich gefallen.

unified

Ab dem 3. Oktober 1990 war das geteilte Deutschland wieder ein Land. Und das vereinte° Berlin, das fast 40 Jahre lang in Ost- und West-Berlin geteilt war, war wieder die Hauptstadt von Deutschland. In den Jahren nach der Wiedervereinigung zeigte sich, dass das
90 Zusammenwachsen der beiden deutschen Staaten mehr Probleme mit sich brachte als viele Politiker gedacht hatten. Große wirtschaftliche und auch kulturelle Unterschiede° führten dazu, dass es teilweise°

differences / partly

zu starken Ressentiments zwischen Ost- und Westdeutschen kam. Auch heute noch, viele Jahre nach der Wiedervereinigung, gibt es
95 Unterschiede; z.B. die größeren wirtschaftlichen Probleme und die höhere Zahl an Arbeitslosen° in den neuen Bundesländern

unemployed

(der früheren DDR). Trotz dieser Unterschiede zwischen „Ossis" und „Wessis" sind die Deutschen auf dem besten Weg sich wieder als eine Nation zu sehen.

Brauchbares

1. l. 37, **immer stärker:** For more information on the construction **immer +** comparative, see page 375.

2. l. 42, **Berliner Luftbrücke:** During the blockade of Berlin **(Berliner Blockade)** the Allies supplied over 2 million West Berliners with food and fuel by a round-the-clock airlift. There were 277,264 flights made at 3.5-minute intervals. By the end of the lift in 1949, 2.3 metric tons of goods (2/3 of it coal) were flown in daily.

3. l. 57, **Worten:** The German word **Wort** has two plurals. The plural form **Worte** refers to words used in a meaningful context in speech or writing, while **Wörter** refers to words in isolation or individual vocabulary words.

Nach dem Lesen

11 Fragen zum Lesestück

1. Wie viele Jahre lang gab es zwei deutsche Hauptstädte?
2. Warum teilten die Alliierten Berlin auf?
3. Benutzen Sie eine Landkarte. Wer hat Deutschland nach dem Zweiten Weltkrieg besetzt?
4. Die Nazis verfolgten viele Gruppen. Nennen Sie diese Gruppen.
5. Was passierte im Holocaust?
6. Warum blockierten die Russen im Jahre 1948 Berlin?
7. Von wann bis wann gab es zwei deutsche Staaten?
8. Was meinte John F. Kennedy mit dem Satz: „Ich bin ein Berliner"?
9. Warum wollte Deutschland Mitglied der Europäischen Gemeinschaft werden?
10. Wofür demonstrierten viele Menschen 1989 in der DDR?
11. Bei der Vereinigung der beiden deutschen Staaten gibt es auch heute noch Probleme. Was für Probleme sind das?

12 Der Kalte Krieg

1. Viele Historiker sagen, dass Deutschland im Kalten Krieg eine zentrale Rolle gespielt hat. Beim Lesen des Textes haben Sie Notizen zum Thema Kalter Krieg gemacht. Vergleichen Sie Ihre Notizen mit der folgenden Liste. Haben Sie etwas aufgeschrieben, was nicht auf dieser Liste steht?
2. Was ist wann passiert? Bringen Sie die folgenden Konzepte in die richtige Chronologie.

Chronologie	Ereignis
_____	der Zweite Weltkrieg
_____	Gründung (founding) der BRD und der DDR
_____	Kennedys Besuch in Berlin
_____	Bau (construction) der Mauer
_____	Aufteilung (division) Berlins
_____	Vereinigung Deutschlands
_____	Fall der Mauer
_____	die Luftbrücke
_____	Reformen in den Ostblockländern
_____	Demonstrationen in Leipzig
_____	Gründung einer Wirtschaftsunion im Westen
_____	Gorbatschow und Glasnost

13 Erzählen wir Erklären Sie kurz die folgenden Ereignisse und Daten.

1. der Holocaust
2. Probleme nach der Vereinigung
3. die Berliner Blockade
4. die EU
5. der 3. Oktober 1990

Land und Leute

Zwei deutsche Staaten

▲ „Wir sind das Volk!" war das Motto der Demonstrationen in Ostdeutschland.

Two German states existed from 1949–1990. In the later years of the separation, West Germany (The Federal Republic of Germany/**Die Bundesrepublik Deutschland**) referred to this situation as "two states, but one nation" **(zwei Staaten, eine Nation),** and its constitution assumed a future reunification. East Germany (The German Democratic Republic/**Die Deutsche Demokratische Republik**), in contrast, was increasingly dedicated to building an independent, separate country. While West Germany developed a market economy, East Germany followed an economic system of central planning. While the citizens of East Germany liked the fact that there was no unemployment, that government subsidies kept rents and prices of food staples low, and that the government provided health care and a pension system, they found that the political system restricted individual freedom, and the scarcity of non-staple consumer goods was a daily irritant.

The construction of the Berlin Wall **(Mauerbau)** in 1961 was the most dramatic attempt to stop the wave of people leaving East Germany. In addition, the gradual build-up of a 865-mile long and 656-foot wide "death strip" **(Todesstreifen)** of 12–15 foot high metal fences, barbed wire, trenches, minefields, dogs, and watchtowers with guards between the two countries had made the border practically impenetrable. Still people tried to escape and 1,065 people lost their lives trying.

In the early seventies, Willy Brandt, Chancellor of the Federal Republic of Germany, made the first open overtures to East Germany (part of his **Ostpolitik**) and thereby laid the groundwork for cooperation with East Germany. Over the years, the climate between the two countries improved. At first retirees **(Rentner)** and later others from East Germany were allowed to visit West Germany, permanent diplomatic offices similar to embassies **(ständige Vertretungen)** were established, and West Germans living in border areas were allowed to travel more freely across the border **(grenznaher Verkehr)**.

In 1989, the overall political climate in eastern European countries began to change. Hungary was the first to open the Iron Curtain by taking down the barbed wire and letting vacationing East Germans cross into Austria. A democratic movement spread throughout the Warsaw Pact countries, of which East Germany was a member. Throughout East Germany there were large demonstrations and in November 1989, the government opened the Berlin Wall and subsequently resigned. The freedom movement culminated in free elections in March 1990.

I. Kulturkontraste

2. Zwei deutsche Staaten

people / change (i.e., the revolution of 1989) / turning back / **auf die Dauer:** in the long run / perks provided to the functionaries of the ruling party

Kulturkontraste

1. 1989 gab es in Ost- und Westdeutschland Proteste: Die Ostdeutschen demonstrierten und die Westdeutschen schrieben Graffiti an die Mauer. Erklären Sie die folgenden Slogans aus Ost- und Westdeutschland aus dem Jahr 1989:

   a. Wir sind ein Volk°.

   b. Auf die Dauer° fällt die Mauer.

   c. Wende° ohne Umkehr°.

   d. Privilegien° weg! Wir sind das Volk!

2. Wie lange existierten zwei verschiedene deutsche Staaten? Kennen Sie andere Länder, die geteilt sind? Was wissen Sie über die politischen Systeme in diesen Ländern?

Erweiterung des Wortschatzes 2

Immer + comparative

Seit dem Krieg ist der Lebensstandard der Deutschen **immer mehr** gestiegen.

*Since the war, the living standard of the Germans has risen **more and more**.*

The construction **immer** + comparative indicates an increase in the quantity, quality, or degree expressed by the adjective or adverb. In English, the comparative is repeated (e.g., *more and more*).

---

14 **Das Leben nach dem Krieg** Frau Weiß, die während des Zweiten Weltkrieges geboren ist, erzählt Ihnen, wie sich das Leben in Deutschland seit dem Ende des Krieges verändert hat. Ergänzen Sie die Sätze mit **immer** und dem Komparativ des Adjektivs oder des Adverbs in Klammern.

BEISPIEL Der Lebensstandard der Deutschen wird _____. (hoch)
Der Lebensstandard der Deutschen wird immer höher.

1. Die Wohnungen werden _____. (groß)
2. Die Leute tragen _____ Kleidung. (gute)
3. Die Autos werden _____. (schnell).
4. Die Leute bekommen _____ Ferien. (lang)
5. Sie bleiben während der Ferien _____ zu Hause. (wenig)

Dates

1945 teilten die Alliierten Berlin in vier Sektoren auf.

Im Jahre 1963 besuchte Präsident Kennedy Berlin.

In 1945, the Allies divided Berlin into four sectors.

In 1963, President Kennedy visited Berlin.

In dates that contain only the year, German uses either the year by itself (e.g., **1945**) or the phrase **im Jahr(e) 1945**. English uses the phrase *in* + the year (e.g., *in 1945*).

2-27

15 **Hören Sie zu** Hören Sie sich den kurzen Radiobericht an und geben Sie an, ob die Sätze unten richtig oder falsch sind. Sie hören vier neue Wörter: **der Jahrestag** *(anniversary);* **erinnern sich** *(remember);* **beliebt** *(popular);* **die Solidarität** *(solidarity).*

	Richtig	Falsch
1. John F. Kennedy besuchte Berlin im Jahr 1963.	_____	_____
2. An der Berliner Mauer sagte er: „Ich bin ein Berliner."	_____	_____
3. Kennedy sagte, dass er dem Osten helfen wollte.	_____	_____
4. John F. Kennedy war in Deutschland sehr beliebt. Deshalb gibt es in vielen deutschen Städten Straßen, Plätze und Brücken, die seinen Namen tragen.	_____	_____

Vokabeln **II**

Substantive

Deutsche Geschichte

der **Politiker, -**/die **Politikerin, -nen**
  politician
der **Soldat, -en, -en**/die **Soldatin,
  -nen** soldier
die **Bundesrepublik Deutschland**
  Federal Republic of Germany
  *(the name of West Germany from
  1949 to 1990; today this is the official
  name for all of Germany)*
die **Demonstration, -en** demonstration
die **Grenze, -n** border, boundary; limit
die **Mauer, -n** (exterior) wall
die **Regierung, -en** government
die **Vereinigung** unification
die **Wiedervereinigung** reunification

Weitere Substantive

der **Unterschied, -e** difference
der **Weg, -e** way; path
das **Wort, ¨er** word; **Worte** words *(in a
  context)*
die **Angst, ¨e** fear; **Angst haben (vor +
  dat.)** to be afraid (of)
die **Beziehung, -en** relationship
die **Brücke, -n** bridge
die **Gruppe, -n** group
die **Hilfe** help
die **Luft, ¨e** air
die **Seite, -n** side; page

Verben

**beschließen, beschloss,
  beschlossen** to decide on
demonstrieren to demonstrate
fallen (fällt), fiel, ist gefallen to fall
führen to lead
nennen, nannte, genannt to name
öffnen to open
**statt·finden, fand statt,
  stattgefunden** to take place
**sterben (stirbt), starb, ist
  gestorben** to die

teilen to divide; **auf·teilen (in +
  acc.)** to split up (into)
**verlassen (verlässt), verließ, verlas-
  sen** to leave, abandon
**wachsen (wächst), wuchs, ist gewach-
  sen** to grow; **zusammen·wachsen** to
  grow together
zwingen, zwang, gezwungen to force,
  compel

Adjektive und Adverbien

demokratisch democratic(ally)
eigen own
eng narrow; tight; cramped
friedlich peaceful(ly)
individuell individually

inzwischen in the meantime
kulturell cultural(ly)
verantwortlich (für) responsible (for)
westlich western

Besondere Ausdrücke

vor allem above all

Alles klar?

16 **Deutschland und die EU** Ergänzen Sie die Sätze.

| beschließen Beziehungen Bundesrepublik eigenen |
| finden Politiker Unterschiede wächst |

1. Der offizielle Name von Deutschland ist _____ Deutschland.
2. Die _____ zwischen Deutschland und seinen Nachbarstaaten sind seit dem Ende des Zweiten Weltkriegs stabil.
3. Die _____ der EU-Staaten treffen sich oft, um über die Probleme der EU zu diskutieren.
4. Diese Treffen _____ oft in kleinen Städten statt.
5. Dort _____ die Regierungschefs der verschiedenen EU-Staaten, was in Zukunft in der EU passieren soll.
6. Jedes EU-Land hat seine _____ politischen Ziele und die kulturellen _____ sind teilweise recht groß.
7. Die EU _____ immer weiter.

17 **Die Berliner Mauer** Ergänzen Sie den folgenden Text mit den passenden Stichwörtern.

| Angst fiel Grenze Soldaten starben |
| verlassen zwangen |

Die Berliner Mauer war ein Teil der innerdeutschen _____ und

trennte West-Berlin vom Ostteil der Stadt. Die Regierung der DDR hatte die

Mauer gebaut aus _____ davor, dass zu viele Menschen, besonders

Leute mit wichtigen Berufen, die DDR _____ wollten. Durch die

Mauer _____ sie die Menschen im Land zu bleiben. _____

bewachten die Mauer mit Waffen *(weapons)*. An der Grenze _____

viele Menschen. Als die Mauer am 9. November 1989 _____, war

die Freude groß und die Menschen – aus Ost- und Westberlin – feierten

zusammen am Brandenburger Tor.

> Recherchieren Sie im Internet: Was ist „Checkpoint Charlie"? Wann gab es in Berlin „Sektoren"? Was hatte Präsident J.F. Kennedy mit Checkpoint Charlie zu tun?

▲ „Checkpoint Charlie" in Berlin

▲ Dieses Schild wurde zu einem zentralen Symbol des Kalten Krieges.

Land und Leute

Michael Klinec / Alamy

▲ Brandenburger Tor vor dem Fall der Mauer, 1989

paul prescott / Alamy

▲ Brandenburger Tor nach der Wiedervereinigung, 1990

Nach der Wiedervereinigung

When the Berlin Wall fell (November 9, 1989), few observers believed that East and West Germany would be unified less than a year later. Unification came about in two major stages. In July 1990, economic union occurred when the **Deutsche Mark** became the common currency of East and West Germany. On October 3, 1990, political unification was completed and the districts of former East Germany were regrouped into five new states **(Länder),** referred to as **FNL (Fünf Neue Länder): Mecklenburg-Vorpommern, Brandenburg, Sachsen-Anhalt, Sachsen,** and **Thüringen**. Berlin also acquired the full status of a **Bundesland**. The first all-German elections followed in December 1990. For the most part, unification meant that West German laws applied in the new states.

Economic unification revealed that the economy of East Germany, the strongest in Eastern Europe and one that supported the highest living standard in that area, was by Western standards in shambles. Unemployment grew rapidly. To facilitate the conversion to a market economy, the German government established a trustee agency **(Treuhandanstalt)**. It broke up the state-owned combines **(Kombinate)** and helped establish 30,000 private businesses, arranging for new or restructured ownership. West Germans have been paying a surtax to finance these changes along with improvements to the infrastructure. Between the years 1993–2004 the support **(Solidarpakt)** was 94.5 billion euros. For the years 2005–2019 the government pledged an additional 156.5 billion euros. Unification also called for coordination of social and governmental services in the East and West.

Generally, for former East Germans, it meant fewer social benefits and government services than before unification. At the same time consumer prices rose substantially and unemployment was higher and wages were lower in East Germany than in the West.

In addition to these political and economic considerations, the two parts of Germany were faced with the necessity of adjusting to each other on a personal level. The social division was reflected in the terms **"Ossis"** (eastern Germans) and **"Wessis"** (western Germans). **Wessis** accused the **Ossis** of being lazy, while the **Ossis** perceived the **Wessis** as arrogant and unfriendly.

Today, teachers report that their students know little about the history of the Democratic Republic, and that they have no sense of separation felt by many of their parents.

I. Kulturkontraste
3. Nach der Wiedervereinigung

Kulturkontraste

1. Sehen Sie sich die Deutschlandkarte am Anfang des Buches an und sagen Sie, welche die neuen und welche die alten Bundesländer sind.

2. Warum, glauben Sie, hat die Vereinigung Deutschlands so viel Geld gekostet?

3. Viele hatten die stereotype Vorstellung, dass Leute aus dem Osten faul und passiv und Leute aus dem Westen arrogant wären. Gibt es in Ihrem Land auch solche regionalen Vorurteile *(prejudices)*?

Grammatik und Übungen

Tutorial Quizzes

iLrn Grammar Tutorials

Narrating past events

The simple past tense *(das Präteritum)* vs. the present perfect tense

The simple past tense, like the present perfect (see *Kapitel 6*), is used to refer to events in the past. However, the simple past and the present perfect are used in different circumstances.

Uses of the simple past

Als ich zehn Jahre alt **war,** **wohnten** wir in Berlin. Da **stand** die Mauer noch. Die Leute aus Ostberlin **konnten** nicht zu uns in den Westen kommen. Das **verstand** ich nicht.

*When I **was** ten years old, we **lived** in Berlin. The wall **was** still **standing** then. The people from East Berlin **couldn't** come to us in the West. I **didn't understand** that.*

- The simple past tense (e.g., **wohnten, stand**) is often called the narrative past because it narrates a series of connected events in the past.
- It is used most frequently in formal writings, such as literature and newspaper articles.

Uses of the present perfect tense

SOPHIE: **Hast** du gestern Abend **ferngesehen**?
MICHAEL: Nein, ich **habe** im Internet **gesurft**.

*Did you **watch** TV last night?*
*No, I **surfed** the Internet.*

- The present perfect tense (e.g., **hast ferngesehen, habe gesurft**) is also called the conversational past because it is used in conversational contexts and in informal writings, such as e-mails, personal letters, diaries, and notes, all of which are actually a form of written "conversation."
- Note that English always uses the simple past (e.g., *did watch, surfed*) when referring to an action completed in the past.

Uses of sein, haben, *and modals in the simple past*

SOPHIE: Tobias **konnte** am Freitag nicht kommen.
MICHAEL: **War** er krank oder **hatte** er keine Zeit? Oder **wollte** er nicht kommen?
SOPHIE: Doch, er **wollte** schon, aber er **musste** arbeiten.

In *Kapitel 6*, you learned that the simple past tense forms of **sein (war)** and **haben (hatte)** are used more frequently than the present perfect tense, even in conversations. The same is true of the modals, e.g., **konnte, musste, wollte.**

Modals in the simple past

Infinitive	Past stem	Tense marker	Simple Past	English equivalent
dürfen	durf-	-te	**durfte**	*was allowed to*
können	konn-	-te	**konnte**	*was able to*
mögen	moch-	-te	**mochte**	*liked*
müssen	muss-	-te	**musste**	*had to*
sollen	soll-	-te	**sollte**	*was supposed to*
wollen	woll-	-te	**wollte**	*wanted to*

In the simple past tense, most modals undergo a stem change.

- The past tense marker **-te** is added to the simple past stem.
- The past stem has no umlaut.

könken			
ich	konnte	wir	konnten
Sie	konnten	Sie	konnten
du	konntest	ihr	konntet
er/es/sie	konnte	sie	konnten

In the simple past, all forms except the **ich-** and **er/es/sie-**forms add verb endings to the **-te** tense marker.

18 **Auf einem Geburtstagsfest** Sie und Ihre Freunde haben eine Party organisiert. Erzählen Sie, was passiert ist. Benutzen Sie die Modalverben im Präteritum.

BEISPIEL Ich will meine Freunde einladen.
*Ich **wollte** meine Freunde einladen.*

1. Pascal kann die CDs nicht mitbringen.
2. Luisa muss noch abwaschen.
3. Elias will abtrocknen.
4. Michael soll das Wohnzimmer sauber machen.
5. Die Gäste sollen in zwei Stunden kommen.
6. Wir müssen daher schnell aufräumen.
7. Jens kann leider nicht lange bleiben.

 19 **Frage-Ecke** Letzte Woche hatten Sie, Ihre Partnerin/Ihr Partner und einige andere Leute viel zu tun. Finden Sie heraus, wer was tun konnte, wollte, sollte und musste. Die Informationen für **S2** finden Sie im Anhang *(Appendix B)*.

S1:
Was wollte Nils tun?

S2:
Er wollte mehr Sport treiben.

S1: …

	konnte	wollte	sollte	musste
Jana		mit ihrer Diät beginnen	ein Referat schreiben	
Nils	seine Arbeit fertig machen			die Garage aufräumen
Frau Müller	sich mit Freunden unterhalten	eine kurze Reise nach Paris machen		bei ihrer Tochter babysitten
Herr Meier			seinem Sohn bei der Arbeit helfen	sich einen neuen Computer kaufen
ich				
Partnerin/ Partner				

20 Wie war es, als du klein warst? Beantworten Sie die folgenden Fragen erst für sich selbst. Fragen Sie dann Ihre Partnerin/Ihren Partner und erzählen Sie Ihren Kommilitoninnen/Kommilitonen, was Sie diskutiert haben.

1. Musstest du deinen Eltern viel helfen?
2. Durftest du viel fernsehen?
3. Welche Computerspiele / Videospiele durftest du spielen? Nicht spielen?
4. Konntest du dein eigenes Handy haben?
5. Was durftest du nicht machen?
6. Wann solltest du ins Bett gehen?
7. Konntest du machen, was du wolltest?
8. Durftest du am Wochenende aufstehen, wann du wolltest?
9. Was wolltest du werden, als du ein Kind warst?

Asking someone about her/his past

2-28

Leserunde

Web Links

In *Kapitel 4* (see page 166), we saw how Hans Manz used modal auxiliaries and interrogative pronouns to evoke a comment on the everyday event of vacations. In "Fernsehabend," Manz again uses language, in this case everyday expressions, to show the difficulty of achieving genuine communication between human beings.

Fernsehabend
„Vater, Mutter, hallo!"
„Pssst!"
„Ich bin ..."
„Später!"
„Also ich wollte nur ..."
„Ruhe[1]!"
„Dann geh ich ..."
„Momentchen. Gleich
haben sie den Mörder[2].
So, was wolltest du sagen,
mein Kind? –
Jetzt ist es wieder weg.
Nie kann man in Ruhe reden
mit ihm."

—Hans Manz

Fragen

1. Wie viele Mitglieder hat diese Familie?
2. Was machen die Eltern?
3. Was macht das Kind?
4. Wer sagt: „Nie kann man in Ruhe reden mit ihm"?
5. Was möchten Sie dieser Familie raten?

[1]**Ruhe!:** *Quiet!* [2]**Mörder:** *murderer*
Hans Manz, *Die Welt der Wörter.* Copyright © 1991 Beltz & Gelberg Verlag, Weinheim und Basel. Reprinted with permission.

Regular weak verbs in the simple past

Infinitive	Stem	Tense marker	Simple past
machen	mach-	-te	machte
sagen	sag-	-te	sagte
reden	red-	-ete	redete
arbeiten	arbeit-	-ete	arbeitete
regnen	regn-	-ete	regnete

In the simple past tense, regular weak verbs add the past-tense marker **-te** to the infinitive stem. Regular weak verbs with a stem ending in **-d (reden)** or **-t (arbeiten)** and verbs like **regnen** and **öffnen** insert an **-e** before the tense marker. This is parallel to the insertion of the extra **-e** in the present tense (**er arbeitet;** past tense **er arbeitete**).

machen			
ich	machte	wir	machten
Sie	machten	Sie	machten
du	machtest	ihr	machtet
er/es/sie	machte	sie	machten

reden			
ich	redete	wir	redeten
Sie	redeten	Sie	redeten
du	redetest	ihr	redetet
er/es/sie	redete	sie	redeten

In the simple past, all forms except the **ich-** and **er/es/sie**-forms add verb endings to the **-te** tense marker.

21 **Campingurlaub in den Bergen** Ergänzen Sie die Geschichte von Tobias und Paul. Benutzen Sie das Präteritum.

Es _____ (regnen) nun schon den dritten Tag. Als Tobias und Paul an diesem Morgen _____ (aufwachen), _____ (hören) sie gleich, wie der Regen auf ihr Zeltdach _____ (tropfen [*drip*]). Schnell _____ (machen) sie die Augen wieder zu und _____ (versuchen) weiterzuschlafen. Doch sie _____ (haben) großen Hunger und nach einer weiteren Stunde in ihren Schlafsäcken standen sie dann doch auf. Sie _____ (machen) sich ihr einfaches Frühstück: Es gab Kaffee und trockenes Toastbrot mit Marmelade. Sie _____ (kauen [*chew*]) ihre Brote und _____ (reden) kein Wort miteinander. Tobias hatte auch seinen iPod auf und _____ (hören) Musik. Eigentlich _____ (wollen) sie wandern, aber Regenmäntel _____ (haben) sie auch nicht dabei. Also _____ (spielen) sie Karten. Und dann _____ (diskutieren) sie darüber, wer eigentlich die Idee gehabt hatte, im Oktober in die Berge zu fahren. Noch drei Tage, bis sie im Zug nach Hause sitzen würden.

▲ Tobias und Paul zelten in den Bergen.

Jakub Cejpek/Shutterstock.com

22 Camping Christian, Nina, Noah und Jan waren zelten. Fragen Sie Ihre Partnerin/Ihren Partner, wie das Wochenende auf dem Campingplatz war. Benutzen Sie das Präteritum der Verben.

BEISPIEL Christian arbeitet nur bis 12 Uhr.

S1:	*S2:*
Was machte Christian?	Er arbeitete nur bis 12 Uhr.

1. Christian und Noah machen eine Wanderung.
2. Sie zelten in den Bergen.
3. Nina und Jan warten am Campingplatz auf ihre Freunde.
4. Dann baden alle im See.
5. Am Abend grillen sie Würstchen.
6. Sie reden über dies und das.
7. Am nächsten Morgen sagen alle, dass das ein tolles Wochenende war.

Irregular weak verbs in the simple past

Infinitive	Past stem	Tense marker	Simple past	Examples
bringen	brach-	-te	**brachte**	Nach der Arbeit **brachte** Theresa ihrer Tochter Lilli Rosen mit.
denken	dach-	-te	**dachte**	Theresa **dachte** bei der Arbeit im Blumenladen oft an ihre Tochter.
kennen	kann-	-te	**kannte**	Theresas Chefin **kannte** Lilli auch.
nennen	nann-	-te	**nannte**	Sie **nannte** Lilli oft „meine zweite Tochter".
wissen	wuss-	-te	**wusste**	Theresa **wusste**, dass Lilli Blumen mochte.

German has a few weak verbs that have a stem-vowel change in the simple past. (For this reason they are called irregular weak verbs.) Several of the most common irregular weak verbs are listed in the chart above.

- The verbs **bringen** and **denken** also have a consonant change.
- The tense marker **-te** is added to the simple past stem.

bringen			
ich	brachte	wir	brachte**n**
Sie	brachte**n**	Sie	brachte**n**
du	brachte**st**	ihr	brachte**t**
er/es/sie	brachte	sie	brachte**n**

In the simple past, all forms except the **ich-** and **er/es/sie**-forms add verb endings to the **-te** tense marker.

23 Vor Jahren So haben viele Leute vor vierzig Jahren die Rolle der Frau gesehen. Berichten Sie von den Meinungen im Präteritum.

BEISPIEL Viele Leute haben wenig über die Emanzipation gewusst.
Viele Leute wussten wenig über die Emanzipation.

1. Sie haben nur typische Rollen von Mann und Frau gekannt.
2. Viele Frauen haben aber anders gedacht.
3. Sie haben andere Ideen gehabt.
4. Die Kinder haben oft so wie ihre Eltern gedacht.
5. Viele Frauen haben nur ihre Hausarbeit gekannt.
6. Vom Berufsleben haben sie nur wenig gewusst.

I. So war es früher

Separable-prefix verbs in the simple past

Present	Simple past
Simon **kauft** für seine Freunde **ein**.	Simon **kaufte** für seine Freunde **ein**.
Er **bringt** für alle etwas zu trinken **mit**.	Er **brachte** für alle etwas zu trinken **mit**.

In the simple past, as in the present, the separable prefix is separated from the base form of the verb and is in final position in the sentence or clause.

 24 **Eine Party** Fragen Sie Ihre Partnerin/Ihren Partner, wie Ihre Freunde eine Party vorbereitet haben. Bilden Sie Sätze im Präteritum.

BEISPIEL Nele / aufräumen / die Wohnung

S1:	*S2:*
Was machte Nele?	Nele räumte die Wohnung auf.

1. Felix / einkaufen
2. er / mitbringen / vom Markt / Blumen
3. Nele und David / zurückzahlen / ihm / das Geld
4. Nele und Felix / einräumen / die Geschirrspülmaschine
5. Felix / abtrocknen / das Geschirr
6. David / vorbereiten / die ganzen Salate
7. dann / sie / sich anschauen / das Partybuffet

Strong verbs in the simple past

Infinitive	Simple past stem	Examples
sprechen	sprach	Elias sprach mit Leonie.
gehen	ging	Leonie ging dann ins Theater.

A strong verb undergoes a stem change in the simple past. The tense marker **-te** is *not* added to a strong verb in the simple past tense.

sprechen			
ich	sprach	wir	sprach**en**
Sie	sprach**en**	Sie	sprach**en**
du	sprach**st**	ihr	sprach**t**
er/es/sie	sprach	sie	sprach**en**

In the simple past, all forms except the **ich-** and **er/es/sie**-forms add verb endings to the simple past stem. How the stem of a strong verb changes in the simple past cannot always be predicted, but fortunately many follow stem change patterns similar to English (e.g., German **singen** → **sang** and English *sing* → *sang*).

> ### Lerntipp
>
> While there are thousands of weak verbs in German, the number of strong verbs is relatively small. This book uses approximately 60. (See the list in section 27 of *Appendix D.*) In the vocabularies of this book, the simple past stem is printed after the infinitive, followed by the past participle: **liegen, lag, gelegen.**

A. An der Uni
C. Eine Reise nach Berlin
D. Von Ost- nach Westdeutschland

25 Wie war das damals? Paul erzählt von seiner Studienzeit in Berlin. Ergänzen Sie den Text mit den Verben aus der Liste. Benutzen Sie die Imperfekt-Form.

> fahren/fuhr finden/fand geben/gab gefallen/gefiel
> gehen/ging kommen/kam treffen/traf

Es war eine tolle Zeit, als ich 1991, kurz nach der Wiedervereinigung, zum Kunststudium nach Berlin _____. In den ersten beiden Semestern machte ich noch nicht so viel für die Uni, aber ich war oft in der Stadt unterwegs und _____ fast jeden Abend aus. Überall _____ es neue Bars und Clubs, kleine Geschäfte und Ateliers. Viele davon waren ganz provisorisch und innovativ, was mir sehr _____. Ich genoss (*enjoyed*) es, einfach nur durch die Stadt zu spazieren und mir alles anzuschauen. Abends _____ ich mich dann oft mit Freunden und wir _____ nach Ost-Berlin, was ich besonders interessant _____ . Heute sieht Berlin in vielen Teilen anders aus, aber ich finde es immer noch eine spannende (*exciting*) Stadt.

26 Alexanders merkwürdiges Erlebnis (*strange experience*)
Lesen Sie die folgende Anekdote und setzen Sie alle fett gedruckten Verben ins Präteritum. In der folgenden Liste finden Sie das Präteritum der Verben. Achtung! Es gibt hier schwache und starke Verben.

> antwortete empfahl gab ging sagte sah sollte
> sprach stand trank war wollte wusste

Heute **gehe** ich in der Fußgängerzone einkaufen. Da **steht** ein Mann vor mir, **sieht** mir in die Augen und **sagt:** „Hallo, Stefan. Wie geht's denn?" „Na, gut, danke", **antworte** ich und **weiß** nicht, was ich im Moment noch sagen **soll,** denn ich **weiß** seinen Namen nicht. Er **will,** dass wir zusammen essen gehen, **empfiehlt** ein gutes Restaurant und wir **gehen** hin. Das Essen **ist** gut und wir **trinken** eine Flasche Wein dazu. Beim Essen **spricht** er über dies und das. Ich **sage** sehr wenig. „Du kennst mich nicht mehr", **sagt** er. „Doch", **sage** ich, aber es **ist** nicht wahr. Nach dem Essen **sagt** er: „Ich rufe dich in einer Woche an. Vielleicht können wir uns wieder treffen." „Das wäre schön", **antworte** ich. Ich **gebe** ihm die Hand und **sage:** „Also, mein Lieber, bis bald." Du, Jana, warum hat er immer ‚Stefan' zu mir gesagt? „Ja, das ist wirklich merkwürdig, Alexander", **antwortet** Jana.

Verbs with past-tense vowel long ā and short ă

L. Letzten Sommer

Infinitive	Simple past stem (ā)
empfehlen	empfahl
essen	aß
geben	gab
kommen	kam
lesen	las
liegen	lag
nehmen	nahm
sehen	sah
sitzen	saß
sprechen	sprach
treffen	traf

Infinitive	Simple past stem (ă)
tun	tat
finden	fand
helfen	half
stehen	stand
trinken	trank

Note the similar stem-vowel changes in English: *drink/drank, eat/ate, come/came.*

27 **Der Sommerjob** Megan, eine Amerikanerin, hat ihrer deutschen Freundin Paula eine E-Mail über ihren Sommerjob bei einer deutschen Firma geschrieben. Lesen Sie die E-Mail und beantworten Sie die Fragen.

Von:	Megan <megan@hotmail.com>
An:	Paula <paula1234@web.de>
Betreff:	Mein Sommerjob

Liebe Paula,

du wolltest etwas über meinen Sommerjob wissen. Also, ich kam am 5. Juni in München an. Viele Menschen waren am Flughafen *(airport)*. Die Deutschen waren sehr nett, vor allem meine Chefin *(boss)*, Frau Volke. Sie half mir auch sehr bei der Arbeit. Ich fand die Arbeit dann viel leichter. Am Anfang gab es nicht viel zu tun. Deshalb machten wir um 10 Uhr morgens immer Pause und tranken Kaffee. Manchmal waren unsere Gespräche so interessant, dass wir nicht pünktlich wieder an die Arbeit gingen. Aber Frau Volke sagte nichts. Wie du siehst, kann ich jetzt viel mehr Deutsch. Schreib bald.

Herzliche Grüße
Deine Megan

1. Wann kam Megan in München an?
2. Was sah sie auf dem Flughafen?
3. Wer war besonders nett?
4. Warum fand Megan die Arbeit im Büro leicht?
5. Was machte man um 10 Uhr morgens?
6. Warum ging man manchmal nicht wieder pünktlich an die Arbeit?

Verbs with past-tense vowel *ie, u,* and *i*

Infinitive	Simple past stem (*u* or *i*)
fahren	fuhr
tragen	trug
gehen	ging

Infinitive	Simple past stem (*ie*)
bleiben	blieb
fallen	fiel
gefallen	gefiel
halten	hielt
laufen	lief
schlafen	schlief
schreiben	schrieb
verlassen	verließ

28 Als die Mauer fiel Kornelia erzählt einer Freundin vom 9. November 1989, dem Tag, als die Mauer fiel. Sie und ihr Mann Torsten lebten damals in Ost-Berlin, was zur DDR gehörte. Ergänzen Sie den folgenden Text mit den Verben aus der Liste.

| sangen nahm standen saß rief fand zog ging las |

Ich _____ im Wohnzimmer auf der Couch und _____ die Zeitung. Eigentlich war ich müde und wollte schon ins Bett gehen. Da klingelte das Telefon. Ich _____ den Hörer ab – es war Torsten. Ohne hallo zu sagen, _____ er aufgeregt: „Die Mauer ist offen!" Zuerst dachte ich, es wäre Spaß, und ich _____ es überhaupt nicht lustig. Doch Torsten lachte: „Komm zur Bornholmer Straße. Du wirst es sehen!" Da _____ ich schnell meinen Mantel an und _____ zur Bornholmer Straße. Dort _____ Tausende von Menschen. Sie lachten und _____ und weinten vor Freude. Ja, so war der Abend, als die Mauer fiel.

2-29

29 Hören Sie zu Christian hat seinem Freund Dominik einen Brief über seine Reise nach Frankfurt geschrieben. Der Brief ist zu Hause und Dominiks Bruder liest ihm den Brief am Telefon vor *(reads aloud)*. Hören Sie, was Dominiks Bruder liest, und beantworten Sie die Fragen dazu. Sie hören einen neuen Ausdruck: **den ganzen Weg** *(the whole way)*.

1. Wie war das Wetter?
2. Wohin fuhren Christian und Hannah?
3. Was für Hosen trugen sie?
4. Wo liefen sie ein bisschen herum?
5. Warum blieben sie nur eine halbe Stunde im Kino?
6. Was machten sie nach dem Kino?
7. Was tat Hannah auf der Rückreise *(return trip)* nach Hause?
8. Was machte Christian?

30 Eine Nacht im Leben von Herrn Zittermann Lesen Sie die Anekdote und beantworten Sie die Fragen. Schreiben Sie dann ein Ende für die Geschichte.

Herr Zittermann war allein im Haus. Er lag im Bett, aber er schlief noch nicht. Er hatte die Augen offen. Er sah unter der Tür Licht. Er blieb liegen. Was war los? Er bekam Angst. Er stand auf und nahm seine große Taschenlampe, die natürlich auf dem Nachttisch lag. Er hielt die Taschenlampe in der Hand. Er ging zur Tür und sah …

_____
_____
_____
_____

1. Wo lag Herr Zittermann?
2. Wie viele Leute waren im Haus?
3. Schlief Herr Zittermann?
4. Was sah er plötzlich?
5. Wie war seine Reaktion?
6. Was lag auf dem Nachttisch?
7. Wohin ging er?

31 **Ein Unfall** *(accident)* **in der Herzogstraße** Sie sind Journalistin/ Journalist und berichten über einen Unfall. Benutzen Sie die Bilder und Ausdrücke und schreiben Sie Ihren Artikel. Leider haben Sie nicht alle Informationen und müssen die Geschichte selber zu Ende schreiben.

BEISPIEL ein blauer Wagen / schnell um die Ecke / fahren
Ein blauer Wagen fuhr schnell um die Ecke.

1. eine alte Frau / über die Straße / laufen

2. sie / nicht / das Auto / sehen

3. dann / sie / auf der Straße / liegen

4. ein Fußgänger / zu der Frau / kommen

5. er / die Frau / tragen

6. Wie ging die Geschichte weiter?

Past tense of werden

Infinitive	Past tense
werden	wurde

32 **Das Klassentreffen** Annas Eltern waren auf einem Klassentreffen. Am Sonntag sitzen sie mit Anna am Frühstückstisch und erzählen ihrer Tochter, was ihre Klassenkameradinnen und Klassenkameraden von Beruf geworden sind. Was sagen sie? Benutzen Sie das Präteritum von **werden**.

M. Berufe

BEISPIEL FRAU RIEDHOLT: Antonia / Ingenieurin   *Antonia wurde Ingenieurin.*

1. FRAU RIEDHOLT ZU IHREM MANN: du / Journalist und ich / Lehrerin
2. HERR RIEDHOLT: Ja, und Annika / Geschäftsfrau
3. ANNA: Was / Sebastian?
4. HERR RIEDHOLT: Sebastian / Apotheker
5. FRAU RIEDHOLT: Steffi und Franziska / Ärztinnen
6. HERR RIEDHOLT: Mein Freund Gerd / Ingenieur
7. FRAU RIEDHOLT: Deine Ex-Freundin Karen / Krankenschwester
8. ANNA: Was / Mamas Ex-Freund?

Past perfect tense (das Plusquamperfekt)

Nico **war** noch nie in Köln **gewesen**.   *Nico had never been in Cologne.*
Er hatte noch nie den Rhein **gesehen**.   *He had never seen the Rhine.*

The English past perfect tense consists of the auxiliary *had* and the past participle of the verb.

- The German past perfect tense consists of the simple past of **haben** (e.g., **hatte**) or **sein** (e.g., **war**) and the past participle of the verb.
- Verbs that use a form of **haben** in the present perfect tense also use a form of **haben** in the past perfect; those that use a form of **sein** in the present perfect also use a form of **sein** in the past perfect.

Edith konnte am Montag nicht   *Edith couldn't begin on Monday,*
   anfangen, weil sie am Sonntag   *because she **had gotten** sick*
   krank **geworden war**.   *on Sunday.*

The past perfect tense is used to report an event or action that took place before another event or action that was itself in the past. The following time-tense line will help you visualize the sequence of tenses.

2nd point earlier in past		1st point in past		Present		Future
Previous to previously	→	previously	←	now	→	later
Past perfect tense		Present perfect/ simple past tense				

◄ Sebastian hatte gestern sein Auto hier geparkt und als er zurückkam, war es weg.

33 **Der Fall der Mauer** Herr Pabst hat immer in Ostdeutschland gewohnt und spricht über den Fall der Berliner Mauer. Ergänzen Sie die Sätze durch Verben im Plusquamperfekt.

1. Als die Mauer _____ _____ (fallen), fuhren unglaublich viele DDR-Bürger *(citizens)* in den Westen.
2. Nachdem *(after)* sie diese Reise _____ _____ (machen), kamen die meisten wieder nach Hause zurück.
3. Sie _____ ein Stück vom Westen _____ (sehen) und wollten dann einfach wieder zu Hause sein.
4. Wer nie selbst in der Bundesrepublik _____ _____ (sein), kannte sie doch ein wenig aus dem Fernsehen.
5. Viele gingen aber zurück, weil sie ein anderes Bild vom Westen _____ _____ (haben).

Expressing when *in German*

F. Überall Fahrräder
G. So war es

Uses of *als, wenn,* and *wann*

Als, wenn, and **wann** are all equivalent to English *when,* but they are not interchangeable in German.

Als Paula gestern in Hamburg war, ging sie ins Theater.	*When Paula was in Hamburg yesterday, she went to the theater.*
Als Paula ein Teenager war, ging sie gern ins Theater.	*When Paula was a teenager, she liked to go to the theater.*

- **Als** is used to introduce a clause concerned with a single event in the past or with a block of continuous time in the past.

Wenn Anton in Hamburg ist, geht er ins Theater.	*When Anton is in Hamburg, he goes to the theater.*
Wenn Justin in Hamburg war, ging er jeden Tag ins Theater.	*When (whenever) Justin was in Hamburg, he went (would go) to the theater every day.*

- **Wenn** is used to introduce a clause concerned with events or possibilities in present or future time.
- **Wenn** is also used to introduce a clause concerned with repeated events *(whenever)* in past time.

Wann gehen wir ins Kino?	*When are we going to the movies?*
Ich habe keine Ahnung, **wann** wir ins Kino gehen.	*I have no idea **when** we're going to the movies.*

- **Wann** is used only for questions. It is used to introduce both direct and indirect questions.

34 **Bernd und der Fall der Mauer** Erzählen Sie, was Bernd nach dem Fall der Mauer getan hat. Verbinden Sie die Sätze mit den Konjunktionen in Klammern und achten Sie auf die Wortstellung.

BEISPIEL Die Mauer stand noch. Bernd wohnte in Dresden. (als)
    Als die Mauer noch stand, wohnte Bernd in Dresden.

1. Seine Tante schrieb ihm aus Köln. Er wurde immer ganz traurig. (wenn)
2. Die Mauer fiel. Ein großes Chaos begann. (als)
3. Bernd hörte die Nachricht. Er telefonierte gerade mit seiner Tante. (als)
4. Er war in Köln. Er lernte ein anders Leben kennen. (als)
5. Er konnte sich nicht erinnern. Er war das letzte Mal so glücklich gewesen. (wann)

35 **Ein Interview** Fragen Sie Ihre Partnerin/Ihren Partner, wann sie/er was gemacht hat oder machen will. Schreiben Sie auf, was sie/er sagt. Benutzen Sie die Konjunktionen in Klammern, wenn Sie antworten.

S1:
Wann hast du sprechen gelernt? (Als ich …)

S2:
Als ich ein Jahr alt war. Und du? Wann hast du sprechen gelernt?

S1: …

1. Wann hast du Rad fahren gelernt? (Als ich …)
2. Wann hast du deinen Führerschein gemacht? (Als ich …)
3. Willst du mal nach Europa reisen? (Ja, wenn ich …)
4. Wann hast du angefangen, Deutsch zu lernen? (Als ich …)
5. Was willst du machen, wenn du mit der Uni fertig bist? (Wenn ich …)

2-30

Leserunde

🌐 Web Links

Helga M. Novak was born in 1935 in Berlin and grew up in East Germany. She studied philosophy and journalism in Leipzig. In 1961 she moved to Iceland and returned to East Germany in 1965. In 1966 she was stripped of her East German citizenship because her
5 writings criticized the government. Forced to leave the GDR, Novak went to West Germany to live in Frankfurt as a writer. In 1980, the New Literary Society in Hamburg recognized *Die Eisheiligen* as the best first novel by a German speaker. Since then she has received a number of prestigious awards for both her prose and poetry,
10 including, in 2001, the **Ida-Dehmel-Literaturpreis** for her lifetime work. After living in Poland for many years, she spent her final years in her hometown in Germany and died in 2013. In her stories, Novak deals with ordinary people in everyday situations.

Schlittenfahren°

Das Eigenheim° steht in einem
Garten. Der Garten ist groß. Durch
15 den Garten fließt° ein Bach°. Im
Garten stehen zwei Kinder. Das
eine der Kinder kann noch nicht
sprechen. Das andere Kind ist
größer. Sie sitzen auf einem Schlit-
20 ten°. Das kleinere Kind weint. Das
größere sagt, gib den Schlitten her.
Das kleinere weint. Es schreit°.
　Aus dem Haus tritt° ein Mann.
Er sagt, wer brüllt°, kommt rein°.
25 Er geht in das Haus zurück. Die Tür
fällt hinter ihm zu°.
　Das kleinere Kind schreit.
　Der Mann erscheint° wieder in
der Haustür. Er sagt, komm rein. Na wirds bald°. Du kommst rein.
30 Nix°. Wer brüllt, kommt rein. Komm rein.

sledding

private home

flows / brook

sled

screams
steps
bawls / **rein =
herein:** *in*

fällt zu: *closes*

appears
Na … bald: *hurry up /*
Nix = nichts

Chris Sargent/Shutterstock.com

Der Mann geht hinein. Die Tür klappt°.

Das kleinere Kind hält die Schnur° des Schlittens fest. Es schluchzt°.

Der Mann öffnet die Haustür. Er sagt, du darfst Schlitten fahren, aber nicht brüllen. Wer brüllt, kommt rein. Ja. Ja. Jaaa. Schluß jetzt°.

35 Das größere Kind sagt, Andreas will immer allein fahren.

Der Mann sagt, wer brüllt, kommt rein. Ob er nun Andreas heißt oder sonstwie°.

Er macht die Tür zu°.

Das größere Kind nimmt dem kleineren den Schlitten weg. Das
40 kleinere Kind schluchzt, quietscht°, jault°, quengelt°.

Der Mann tritt aus dem Haus. Das größere Kind gibt dem kleineren den Schlitten zurück. Das kleinere Kind setzt sich auf den Schlitten. Es rodelt°.

Der Mann sieht in den Himmel°. Der Himmel ist blau. Die Sonne
45 ist groß und rot. Es ist kalt.

Der Mann pfeift° laut. Er geht wieder ins Haus zurück. Er macht die Tür hinter sich zu.

Das größere Kind ruft°, Vati, Vati, Vati, Andreas gibt den Schlitten nicht mehr her.

50 Die Haustür geht auf°. Der Mann steckt den Kopf heraus. Er sagt, wer brüllt, kommt rein. Die Tür geht zu.

Das größere Kind ruft, Vati, Vativativati, Vaaatiii, jetzt ist Andreas in den Bach gefallen.

Die Haustür öffnet sich einen Spalt° breit°. Eine Männerstimme°
55 ruft, wie oft soll ich das noch sagen, wer brüllt, kommt rein.

Fragen

1. In was für einem Haus wohnt die Familie?
2. Was wissen Sie über den Garten?
3. Was wissen Sie über die Kinder?
4. Warum weint das kleinere Kind?
5. Warum kommt der Mann aus dem Haus? Was sagt er?
6. Wie ist das Wetter?
7. Wer fährt am Ende mit dem Schlitten?
8. Warum ruft das ältere Kind am Ende den Vater?
9. Was antwortet der Vater?

Diskussion

1. Der Mann kommt mehrere Male zur Tür. Welche Sätze beschreiben das? Was sagen diese Sätze über den Mann?
2. Der Mann geht mehrere Male ins Haus. Welche Sätze beschreiben das? Was ist damit gesagt?
3. Welchen Satz sagt der Mann immer wieder? Welchen Effekt hat das auf die Kinder? Auf den Leser?
4. Was wird über Jahreszeit und Wetter gesagt? Welche Rolle spielt das?
5. Warum benutzt die Autorin immer wieder das Wort „der Mann"? Welches andere Wort könnte sie benutzen?

Helga M. Novak, *Aufenthalt in einem irren Haus.* Gesammelte Prosa. © Schoffling & Co. Verlagsbuchhandlung GmbH, Frankfurt am Main 1995.

Land und Leute

Leipzig

Leipzig, the largest city in Saxony, has been a site for trade fairs since the fifteenth century, and the tradition continues today. More than a million visitors—more than twice the population of the city—attend the 34 annual fairs and conferences in Leipzig. Many classical authors attended the university in Leipzig, among them Johann Wolfgang von Goethe (1749–1832) who called Leipzig **"ein klein Paris"** in his drama *Faust*. Today, Saxony's universities are among the most diverse in Germany, including one private university, the Leipzig Graduate School of Management. Music has long played a central role in Leipzig's culture. Johann Sebastian Bach (1685–1750) spent the last 27 years of his life in Leipzig as music director of the St. Thomas church and the music school. Both the world-famous boys' choir, **Thomanerchor,** and the equally renowned 250-year-old **Gewandhausorchester** are at home in Leipzig. Kurt Masur, the former director of the **Gewandhausorchester** (1970–1996), was director of the New York Philharmonic from 1991 to 2002. Both Leipzig and Masur played crucial roles in the days leading up to the Fall of the Berlin Wall. In 1989, Leipzig was the center of opposition to the regime in the German Democratic Republic. Over 100,000 people demonstrated against the East German government. Masur used his stature as one of the most famous persons in East Germany to persuade the government not to attack the demonstrators. And thus were created the conditions for the peaceful reunification of Germany in 1990.

dpa/lpol

▲ **Bei den Montagsdemonstrationen 1989 in Leipzig: „Wir wollen Freiheit."**

Jose Elias da Silva Neto/Shutterstock.com

▲ **Johann Sebastian Bach vor der Thomaskirche**

Kulturkontraste

1. Auerbachs Keller ist eine der ältesten Kneipen Deutschlands und der Schauplatz *(setting)* einer wichtigen Szene in Goethes Tragödie *Faust.* Was hat Faust in Auerbachs Keller gemacht?

2. 1989 gab es in Leipzig Massendemonstrationen gegen die Regierung der DDR. Haben Sie schon an einer Demonstration teilgenommen? Was halten Sie von politischen Demonstrationen?

I. Kulturkontraste
4. Leipzig
5. Ein Ostdeutscher in Westdeutschland

Video-Ecke

▲ Er findet, dass man in Berlin alles machen kann.

▲ Sie ist nach dem Mauerfall in den Osten Berlins gezogen.

▲ Sie sieht noch viele Unterschiede zwischen West und Ost.

① Berliner Nachtleben Ost-West

Vor den Videos

36 Nachgedacht Was wissen Sie noch vom Kapitel? Denken Sie nach.

1. Was wissen Sie über die Geschichte der DDR und der BRD? Schreiben Sie ein paar Daten und Fakten auf.
2. Welche Themen sind für die Deutschen seit der Wiedervereinigung wichtig?
3. Wie stellen Sie sich den Prozess der politischen und sozialen Wiedervereinigung vor?

Nach den Videos

37 Alles klar? Sehen Sie sich die Interviews an und machen Sie sich Notizen. Beantworten Sie dann die Fragen.

1. Was kann man in Berlin alles machen?
2. Warum gibt es viele kulturelle Veranstaltungen in Berlin?
3. Wer sagt, dass das Zusammenleben von West und Ost noch nicht gut funktioniert? Warum?
4. Über welche Unterschiede zwischen West und Ost sprechen die Personen?

② Stadtrundgang

▲ Die vier beginnen ihren Stadtrundgang am Reichstag.

▲ Das Holocaust-Mahnmal in Berlin ist direkt neben dem Brandenburger Tor.

▲ Der Stadtrundgang geht zu Fuß von Ost nach West – vor 1989 ging das nicht.

In diesem Kapitel sind die Freunde in Berlin und machen eine Stadtführung. Sie sehen den Reichstag, das Brandenburger Tor, das Holocaust-Mahnmal und andere Sehenswürdigkeiten ...

Nützliches	
die Stadtführung	*guided city tour*
das Abgeordnetenhaus	*house of representatives*
Schlange stehen	*to stand in line*
das Mahnmal	*memorial*
die Stelen	*vertical blocks*
die Göttin	*goddess*
der Sieg	*victory*
sich etwas vorstellen	*to imagine something*

Nach den Videos

Sehen Sie sich das Video an und machen Sie sich Notizen. Beantworten Sie dann die Fragen.

A. Wann haben Sie die Sehenswürdigkeiten gesehen?
B. Wissen Sie das?
C. Schreiben Sie
D. Berliner Sehenswürdigkeit

38 **Was passiert wann?** Bringen Sie die folgenden Sätze in die richtige Reihenfolge.

_____ Anton begrüßt den Stadtführer.

_____ Auf dem Brandenburger Tor kann man „Nike" sehen – die Siegesgöttin.

_____ Der Stadtführer erklärt das Holocaust-Mahnmal.

_____ Der Stadtführer spricht über den Reichstag.

_____ Anton sagt: „Das kann man sich gar nicht mehr richtig vorstellen."

_____ Paul fragt: „Stehen die Abgeordneten dort Schlange?"

_____ Der Stadtführer sagt: „Wir gehen vom Ostblock in den Westblock."

39 **Richtig oder falsch?** Arbeiten Sie mit einer Partnerin/einem Partner. Fragen Sie sie/ihn: Was ist richtig, was ist falsch?

S1:
„Nike" ist die Göttin der Schuhe. Ist das richtig?

S2:
Ja, das ist richtig. / Nein. Sie …

	Richtig	Falsch
Der Stadtführer heißt Herr Baumann.	_____	_____
Der Reichstag ist nur ein Museum.	_____	_____
Touristen können in den Reichstag hineingehen.	_____	_____
Man kann in das Holocaust-Mahnmal „hineingehen".	_____	_____
Auf dem Brandenburger Tor ist die „Quadriga" mit einem Gott.	_____	_____
In Berlin kann man nicht von Ost nach West oder von West nach Ost gehen.	_____	_____

40 **Was meinen Sie?** Beantworten Sie die Fragen.

1. Sie haben nur eine Stunde Zeit und können nur *eine* Touristenattraktion in Berlin ansehen. Was wählen Sie: den Reichstag, das Holocaust-Mahnmal oder das Brandenburger Tor? Warum?

2. Die Touristenattraktionen in Berlin sind mit viel Geschichte verbunden. Was wissen Sie über die Geschichte der Attraktionen, die Sie im Video sehen?

3. Vor dem Reichstag, beim Holocaust-Mahnmal, beim Brandenburger Tor oder an der Mauer – was fällt Ihnen auf?

Wiederholung

1 Rollenspiel Sie unterhalten sich mit Ihrer Partnerin/Ihrem Partner über ihre/seine nächste Prüfung. Sie/Er hat große Angst davor und Sie wollen ihr/ihm ein paar Tipps geben. Sie/Er antwortet Ihnen aber mit Ratlosigkeit *(perplexity, helplessness)* darauf.

1. Du musst versuchen, dich ganz auf die Prüfung zu konzentrieren.
2. Du darfst jetzt nicht an andere Dinge denken.
3. Arbeite nicht zu viel!
4. Fünf oder sechs Stunden am Tag sind genug.
5. Mach auch immer mal wieder eine Pause.
6. Versuch es doch mal mit Yoga!
7. Genug schlafen ist natürlich auch wichtig.
8. Du musst fest daran glauben, dass du die Prüfung bestehst *(pass)*.
9. Denkst du denn nicht, dass du noch genug Zeit hast?

2 Eine Reise nach Paris Lesen Sie den Bericht von Kristinas Reise nach Paris und beantworten Sie die sechs Fragen.

Kristina wohnte in Leipzig. Sie war Ingenieurin. Sie wollte immer gern Paris sehen. Aber als es noch die Grenze in Deutschland gab, konnte sie natürlich nicht nach Frankreich reisen. Sie fuhr in alle Länder von Osteuropa und kam sogar bis nach China. Doch in Wirklichkeit träumte *(dreamed)* sie immer von Paris. Als dann die Grenze fiel, konnte sie es kaum *(hardly)* glauben. Sofort *(immediately)* kaufte sie sich eine Bahnkarte und machte die lange Reise nach Paris. Die Stadt fand sie ganz toll, aber unglaublich teuer. Solche Preise kannte sie nicht! Da war sie dann ganz froh, dass sie wieder nach Hause fahren konnte. Aber – sie hatte Paris gesehen!

1. Was war Kristina von Beruf?
2. Wovon hatte sie immer geträumt?
3. In welche Länder konnte sie früher nur reisen?
4. Wohin fuhr sie, als die Grenze fiel?
5. Wie fand sie die Stadt?
6. Warum war sie froh, wieder nach Hause zu fahren?

3 Besuch in Salzburg Sarah und Marie durften während ihrer Zeit in Salzburg bei Antons Eltern übernachten. Sarah schreibt Anton eine E-Mail und erzählt ihm, wie es bei seinen Eltern war. Ergänzen Sie die E-Mail mit den passenden Modalverben im Präteritum.

Lieber Anton,

schnell eine E-Mail an dich. SMS tippen dauert immer so lange. Du fragst in deiner SMS, ob wir bei deinen Eltern viel erzählen _____ (müssen)? Und ob wir lange aufbleiben _____ (dürfen) oder früh ins Bett _____ (müssen)? Du bist vielleicht frech *(impudent, cheeky)*! Deine Eltern sind total nett und wir _____ (wollen) am Ende gar nicht mehr abfahren. Sie haben gesagt, dass wir doch länger bleiben _____ (sollen). Doch leider _____ (können) wir nicht, weil wir unsere Reservierung in Wien nicht ändern _____ (dürfen). Also _____ (müssen) wir nach einem Tag bei deinen Eltern in Salzburg wieder abfahren. So, ich muss weiterarbeiten. Sag deinen Eltern viele Grüße von mir und auch von Marie. Deine Sarah.

4 **Zwei kurze Gespräche** Ergänzen Sie die Kurzgespräche. Benutzen Sie in jedem Satz die richtige Form der Verben aus der Liste.

| **aufstehen   stehen   verstehen** |

KEVIN: Sonntags _____ ich immer sehr spät _____. Meistens _____ dann das Mittagessen schon auf dem Tisch.

JANA: Also wirklich, ich kann nicht _____, wie man so lange schlafen kann.

| **ankommen   bekommen   kommen** |

ELISABETH: Wann sind Sie denn in München _____?

THERESA: Vor einer Stunde. Ich bin dieses Mal mit dem Zug_____, nicht mit dem Flugzeug.

ELISABETH: Ah, also haben Sie meinen Brief noch früh genug _____.

5 **Was bedeutet das?** Bilden Sie neue Substantive aus den folgenden Wörtern und sagen Sie, was sie bedeuten.

1. die Bilder + das Buch
2. die Farb(e) + der Fernseher
3. die Blumen + das Geschäft
4. die Kinder + der Garten
5. die Geschicht(e) + s + der Professor
6. das Hotel + der Gast
7. der Abend + das Kleid
8. das Haus + das Tier
9. der Brief + der Freund
10. die Sonne + n + die Brille

6 **Ferienpläne** Erzählen Sie Ihrer Partnerin/Ihrem Partner, was Sie in den Ferien machen wollten und konnten. Denken Sie daran: Wenn man von der Vergangenheit erzählt, benutzt man das Perfekt, außer für die Verben **sein** und **haben** und Modalverben.

BEISPIELE *Ich wollte jeden Tag mit Jürgen Tennis spielen.*
Aber er ist selten gekommen, und so habe ich wenig gespielt.

Themen: reisen, [Tennis] spielen, nach [Europa] fliegen, [einem Freund] helfen, einen Job suchen, [Freunde] besuchen, einen Film sehen, [ein Buch] lesen, spät aufstehen, schwimmen, einkaufen gehen

7 **Zum Schreiben** Wählen Sie einen Satz, der *(that)* mit **als** beginnt, und einen, der mit **wenn** beginnt. Schreiben Sie dann einen kurzen Absatz *(paragraph)* zu jedem Satz. Denken Sie daran, dass Sie das Präteritum benutzen müssen, wenn Sie Ihren Absatz mit **als** beginnen.

- Als ich vier Jahre alt war, ...
- Als ich noch in die Schule ging, ...
- Als ich das letzte Mal auf einer Party war, ...
- Als ich ...
- Wenn ich [müde/glücklich/deprimiert *(depressed)*/nervös/böse] bin, ...
- Wenn ich Hausarbeit machen muss, ...
- Wenn ich ...

Schreibtipp

Lesen Sie Ihren Paragraphen oder Ihre Geschichte noch einmal. Kontrollieren Sie die Zeiten *(tenses)*, die Sie benutzt haben, und die Verbformen. Kontrollieren Sie auch, wie Sie **als, wenn** und **wann** benutzt haben.

Grammatik: Zusammenfassung

Werden in the simple past

werden			
ich	wurde	wir	wurde**n**
Sie	wurde**n**	Sie	wurde**n**
du	wurde**st**	ihr	wurde**t**
er/es/sie	wurde	sie	wurde**n**

Modals in the simple past

Infinitive	Simple past
dürfen	dur**f**te
können	kon**n**te
mögen	mo**ch**te
müssen	mus**s**te
sollen	soll**te**
wollen	woll**te**

Simple past of regular weak verbs

Infinitive	Stem	Tense marker	Simple past
glauben	glaub-	-te	glaubte
spielen	spiel-	-te	spielte
baden	ba**d**-	-ete	badete
arbeiten	arbei**t**-	-ete	arbeitete
regnen	re**gn**-	-ete	regnete

Irregular weak verbs in the simple past

Infinitive	Simple past
bringen	brach**te**
denken	dach**te**
kennen	kann**te**
nennen	nann**te**
wissen	wuss**te**

> **Like hatte,** all forms except the **ich-** and **er/es/sie-**forms add endings to the past-tense marker **-te**.

In the simple past tense, modals, weak verbs, and irregular weak verbs have the past-tense marker **-te.** In verbs with a stem ending in **-d** or **-t,** and in some verbs ending in **-n** or **-m,** the tense marker **-te** expands to **-ete.**

Simple past of strong verbs

Infinitive	Simple past
gehen	ging
sehen	sah
schreiben	schrieb

> **For a more complete** list of strong verbs, see section 27 in the Grammatical Tables in *Appendix D.*

Strong verbs undergo a stem vowel change in the simple past. Like **sein,** they do not take the past-tense marker **-te.** The **ich-** and **er/es/sie-**forms have no verb endings. See examples of selected strong verbs on the next page.

Infinitive	Simple past stem
anfangen	fing an
anziehen	zog an
bleiben	blieb

Infinitive	Simple past stem
empfehlen	empfahl
essen	aß
fahren	fuhr

Infinitive	Simple past stem
fallen	fiel
finden	fand
geben	gab

Infinitive	Simple past stem
gefallen	gefiel
gehen	ging
halten	hielt
helfen	half
kommen	kam
laufen	lief
lesen	las
liegen	lag

Infinitive	Simple past stem
nehmen	nahm
schlafen	schlief
schreiben	schrieb
sehen	sah
sein	war
sitzen	saß
sprechen	sprach

Infinitive	Simple past stem
stehen	stand
tragen	trug
treffen	traf
trinken	trank
tun	tat
verlassen	verließ
werden	wurde

Separable-prefix verbs in the simple past

Present tense	Simple past
Sie **kauft** immer im Supermarkt **ein**.	Sie **kaufte** immer im Supermarkt **ein**.
Er **kommt** immer **mit**.	Er **kam** immer **mit**.

In the simple past tense, as in the present tense, the separable prefix is separated from the base form of the verb and is in final position.

Past perfect tense

Ich **hatte** vor zwei Tagen **angefangen** zu arbeiten. *I had started working two days before.*

Tim **war** am Montag **angekommen**. *Tim had arrived on Monday.*

The German past perfect is a compound tense that consists of the simple past of either **haben** or **sein** plus the past participle of the main verb. It is used to report an event or action that took place before another past event or action.

Uses of *als,* *wenn,* and *wann* meaning *when*

Als, **wenn**, **wann** are used as follows:

1. **als**—a single event in past time
   Als Lara Julian gestern sah, sprachen sie über Politik. *When Lara saw Julian yesterday, they talked about politics.*
2. **als**—a block of continuous time in the past
   Als Lara jung war, sprach sie gern über Politik. *When Lara was young, she liked to talk about politics.*
3. **wenn**—repeated events *(whenever)* in past time
   Früher **wenn** sie Julian sah, redete sie immer über Politik. *In the past, **when (whenever)** she used to see Julian, she always spoke about politics.*
4. **wenn**—present or future time
   Wenn wir in München sind, gehen wir ins Konzert. *When (whenever) we are in Munich, we go to a concert.*
5. **wann**—introduces direct questions
   Wann beginnt das Konzert? *When does the concert begin?*
6. **wann**—introduces indirect questions
   Ich weiß nicht, **wann** das Konzert beginnt. *I don't know **when** the concert begins.*

KAPITEL

11

Wirtschaft und Beruf
Das will ich werden!

Kollegen in der Mittagspause ▶

Lernziele

Sprechintentionen

- Presenting oneself for an appointment
- Telling about one's qualifications for a job
- Talking about future goals
- Discussing post-graduation plans
- Inquiring about and expressing wishes
- Discussing goals
- Expressing wishes and hypothetical statements

Wortschatz

1 **Berufe**
2 Suffix **-lich**

Zum Lesen

- Die Kündigung

Grammatik

- Subjunctive vs. indicative
- The **würde**-construction
- Present-time subjunctive
- Past-time subjunctive

Leserunde

- *Wenn ich ein Vöglein wär* (Volkslied)
- Der Verkäufer und der Elch (Franz Hohler)

Land und Leute

- Das soziale Netz
- Die deutsche Wirtschaft
- Die Europäische Union
- Berufliche Ausbildung

Video-Ecke

1 Von Beruf bin ich …
2 Ein Vorstellungsgespräch

RESOURCES

Bausteine für Gespräche

2-31

Ein Termin

> FELIX: Guten Tag. Ohrdorf ist mein Name, Felix Ohrdorf. Ich würde gern Frau Dr. Ziegler sprechen. Ich habe einen Termin bei ihr.
>
> SEKRETÄRIN: Guten Tag, Herr Ohrdorf. Ja bitte, gehen Sie doch gleich hinein. Sie erwartet Sie schon.

2-32

Ein Ferienjob

> PERSONALCHEFIN: Herr Ohrdorf, Sie studieren jetzt im achten Semester Informatik und wollen zwei Monate bei uns arbeiten.
>
> FELIX: Ja, richtig.
>
> PERSONALCHEFIN: Wie ich sehe, haben Sie schon als Informatiker gearbeitet.
>
> FELIX: Ja, ich habe letztes Jahr auch einen Ferienjob gehabt und da habe ich ganz gute praktische Erfahrungen gesammelt.
>
> PERSONALCHEFIN: Und was wollen Sie später damit machen?
>
> FELIX: Ich möchte eine Stelle bei einer Bank, eine Aufgabe mit viel Verantwortung, hoffe ich.

---

1 Fragen

1. Wen möchte Felix sprechen?
2. Warum soll er gleich hineingehen?
3. Was studiert Felix? In welchem Semester?
4. Wie hat ihn der Ferienjob letzten Sommer auf die neue Stelle vorbereitet?
5. Was für eine Stelle möchte Felix später finden? Wo?

Brauchbares

1. In **Ein Termin** Felix says: **"Ich würde gern Frau Dr. Ziegler sprechen."** All forms of formal social address begin with **Frau** or **Herr,** followed by titles, such as **Doktor** or **Professor**. The family name comes last.

2. Note that in the same sentence, to request to speak to someone officially, the construction in German is **sprechen** + direct object. In English one might say, *"I would like to speak with/to Dr. Ziegler."*

2 **Rollenspiel: Im Büro** Wählen Sie eine der folgenden Rollen und führen Sie ein Gespräch mit Ihrer Partnerin/Ihrem Partner. Vergessen Sie nicht, sich zu begrüßen.

S1 (Frau/Herr Richter):	*S2 (Sekretärin/Sekretär):*
Ich würde gern Frau/Herrn Dr. Schulze sprechen.	Haben Sie denn einen Termin mit ihr/ ihm?
Ich habe einen Termin für … Uhr.	Es tut mir leid. Um … Uhr hat sie/er schon einen anderen Termin. Sind Sie sicher, dass der Termin für heute um … Uhr war?
Ja, ich bin ganz sicher, dass ich den Termin heute um … Uhr habe.	Ah ja, hier steht es. Sie haben recht. Sie/Er ist im Moment leider noch beschäftigt⁺. Sie/Er telefoniert gerade. Nehmen Sie doch bitte inzwischen Platz.
Danke.	So. Jetzt hat Frau/Herr Dr. Schulze Zeit für Sie. Gehen Sie doch bitte hinein. Sie/Er erwartet Sie.

3 **Eine neue Stelle** Sie sind Personalchefin/Personalchef. Ihre Partnerin/Ihr Partner hat einen Termin bei Ihnen. Sie/Er sollte sich auf das Gespräch vorbereiten.

S1 (Personalchefin/Personalchef):
Können Sie mit | **dem Computer** | arbeiten?
Textverarbeitungsprogrammen⁺

S2 (Bewerberin/Bewerber):
Ja. Sehr gut.
Nein, tut mir leid.

S1 (Personalchefin/Personalchef):
Haben Sie schon praktische Erfahrung als Informatikerin/Informatiker?

S2 (Bewerberin/Bewerber):
Ja, | **ich habe bei einer kleinen Firma gearbeitet**.
ich habe letztes Jahr einen Ferienjob gehabt.

S1 (Personalchefin/Personalchef):
Warum wollen Sie die Stelle wechseln⁺?

S2 (Bewerberin/Bewerber):
Ich möchte | **neue Erfahrungen sammeln**.
mehr Verantwortung haben.
mehr verdienen.

4 **Interview** Fragen Sie Ihre Partnerin/Ihren Partner, was sie/er bei einem Job wichtig findet. Benutzen Sie die folgenden Stichwörter.

> **flexible Arbeitszeiten   nette Kollegen   ein gutes Arbeitsklima**
> **ein gutes Einkommen⁺   unabhängig⁺ arbeiten**
> **eine sichere Arbeitsstelle haben   im Team arbeiten**
> **interessante Arbeit**

S1:	*S2:*
Ich finde ein gutes Arbeitsklima wichtig. Wenn Kollegen nett sind, macht die Arbeit mehr Spaß. Und du, ist ein gutes Arbeitsklima für dich auch wichtig?	Ja, aber ein gutes Einkommen ist auch wichtig. Das Leben ist teuer!

Presenting oneself for an appointment

C. Entgegnungen
D. Die gleiche Bedeutung
E. Zwei Gespräche

B. Eine Frage der Qualität

Talking about one's qualifications for a job

F. Eine neue Stelle

For computer termi-nology, refer to *Kapitel 6*, page 225, and to the "Computer terminology" list in the *Supplementary Word Sets* on the Premium Website.

Erweiterung des Wortschatzes 1

Berufe

der **Lehrer**/die **Lehrerin**

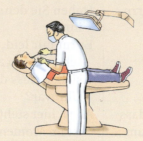

der **Zahnarzt**/
die **Zahnärztin**

der **Architekt**/
die **Architektin**

der **Rechtsanwalt**/
die **Rechtsanwältin**

der **Musiker**/
die **Musikerin**

der **Politiker**/
die **Politikerin**

der **Informatiker**/
die **Informatikerin**

der **Journalist**/
die **Journalistin**

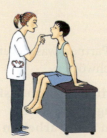

der **Arzt**/die **Ärztin**

der **Geschäftsmann**/
die **Geschäftsfrau**

5 Berufe Fragen Sie vier Kommilitoninnen/Kommilitonen nach ihren Berufswünschen. Benutzen Sie die folgenden Fragen.

Talking about future goals

A. Job gesucht

S1:

Was möchtest du werden?

Ich [arbeite gern mit Maschinen].

S2:

Ich möchte [Ingenieurin/Ingenieur] werden.

1. Was möchtest du werden? Warum?
2. Wo möchtest du lieber arbeiten? In einem Büro oder im Freien?
3. Arbeitest du lieber allein oder im Team?
4. Ist dir ein gutes Arbeitsklima wichtig?
5. Wie sollte die Arbeit sein? Interessant? Leicht? Schwer?
6. Wie wichtig ist dir ein gutes Einkommen? Eine sichere Arbeitsstelle?

6 Stellenangebote *(job opportunities)* Sehen Sie sich die Stellenangebote an. Beantworten Sie dann die Fragen.

1. Welche Stellen passen gut für eine Studentin/einen Studenten?
2. Welche Stelle ist nicht in Deutschland?
3. Welche Stellen sind nur für eine Frau? Für eine Frau oder einen Mann? Woher wissen Sie das?[+] Was halten Sie davon?
4. Für welche Stelle braucht man Sprachkenntnisse? In welchen Sprachen?
5. Welche Stellen sind Teilzeit, welche sind Vollzeit?

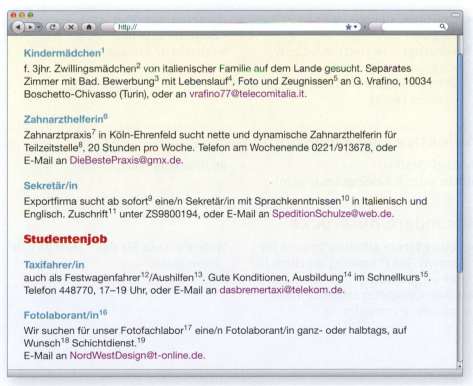

Kindermädchen[1]

f. 3jhr. Zwillingsmädchen[2] von italienischer Familie auf dem Lande gesucht. Separates Zimmer mit Bad. Bewerbung[3] mit Lebenslauf[4], Foto und Zeugnissen[5] an G. Vrafino, 10034 Boschetto-Chivasso (Turin), oder an vrafino77@telecomitalia.it.

Zahnarzthelferin[6]

Zahnarztpraxis[7] in Köln-Ehrenfeld sucht nette und dynamische Zahnarzthelferin für Teilzeitstelle[8], 20 Stunden pro Woche. Telefon am Wochenende 0221/913678, oder E-Mail an DieBestePraxis@gmx.de.

Sekretär/in

Exportfirma sucht ab sofort[9] eine/n Sekretär/in mit Sprachkenntnissen[10] in Italienisch und Englisch. Zuschrift[11] unter ZS9800194, oder E-Mail an SpeditionSchulze@web.de.

Studentenjob

Taxifahrer/in

auch als Festwagenfahrer[12]/Aushilfen[13]. Gute Konditionen, Ausbildung[14] im Schnellkurs[15]. Telefon 448770, 17–19 Uhr, oder E-Mail an dasbremertaxi@telekom.de.

Fotolaborant/in[16]

Wir suchen für unser Fotofachlabor[17] eine/n Fotolaborant/in ganz- oder halbtags, auf Wunsch[18] Schichtdienst.[19] E-Mail an NordWestDesign@t-online.de.

[1]*nanny* [2]*twin girls* [3]*application* [4]*short biography in narrative form* [5]*references* [6]*dental assistant* [7]*dental practice* [8]*part-time* [9]**ab sofort:** *beginning immediately* [10]*proficiency in foreign languages* [11]**Zuschr. (= Zuschriften):** *replies* [12]*permanent employee (driver)* [13]*temporary job* [14]*training* [15]*crash course* [16]*photo lab technician* [17]*photo lab* [18]**auf Wunsch:** *if desired* [19]*shift work*

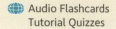
Vokabeln I

Substantive

Berufe

der **Chef, -s**/die **Chefin, -nen** boss
die **Geschäftsfrau, -en** businesswoman
der **Geschäftsmann, ̈ner**
businessman; die **Geschäftsleute**
(pl.) businesspeople
der **Informatiker, -**/die
Informatikerin, -nen computer
specialist, information technologist
der **Journalist, -en, -en**/die
Journalistin, -nen journalist
der **Lehrer, -**/die **Lehrerin, -nen**
teacher
der **Musiker, -**/die **Musikerin, -nen**
musician
der **Personalchef, -s**/die
Personalchefin, -nen head of
the human resources (personnel)
department

der **Rechtsanwalt, ̈e**/die **Rechtsanwältin, -nen** lawyer, attorney
der **Zahnarzt, ̈e**/die **Zahnärztin, -nen**
dentist

Weitere Substantive

der **Termin, -e** appointment; **einen
Termin bei jemandem haben** to have
an appointment with someone
das **Einkommen, -** income
das **Team, -s** team
das **Textverarbeitungsprogramm, -e**
word processing program; **mit
Textverarbeitungsprogrammen
arbeiten** to do word processing
die **Arbeitszeit** working hours
die **Bank, -en** bank
die **Erfahrung, -en** experience
die **Verantwortung, -en** responsibility

Verben

beschäftigen to keep a person busy;
to employ
  beschäftigt sein (mit) to be busy,
  occupied (with)
  sich beschäftigen (mit) to be
  occupied (with)

erwarten to expect
sammeln to collect
wechseln to change

Adjektive und Adverbien

flexibel flexible
hinein in (*as in* **hineingehen** to go in)

unabhängig independent

Besondere Ausdrücke

bei einer Firma arbeiten to work for a
company; **bei [Siemens] arbeiten** to
work for [Siemens]
mit dem Computer arbeiten to do
work (on) a computer

Woher wissen Sie das? How do you
know that?

Alles klar?

7 **Definitionen** Verbinden Sie die folgenden Definitionen mit dem jeweils passenden Wort.

1. die Frau, die im Team einer Firma die größte Verantwortung trägt _____
2. sie/er schreibt Computerprogramme _____
3. die Zeit, zu der man ein Interview hat _____
4. das Wissen, das man bekommt, wenn man einen Job lange macht _____
5. die Zeit, die man an seinem Arbeitsplatz verbringt _____
6. eine Person, die Musik macht _____
7. eine Frau, die für eine Zeitung oder ein Magazin schreibt _____

   a. Arbeitszeit
   b. Chefin
   c. Informatiker/in
   d. Erfahrung
   e. Journalistin
   f. Musiker/in
   g. Termin

8 **Das Vorstellungsgespräch** Swenja hat gerade ein Vorstellungsgespräch hinter sich gebracht. Sie spricht mit ihrem Freund Dominik darüber. Ergänzen Sie den Dialog mit den passenden Wörtern.

> **Bank beschäftigt erwartet flexibel gesammelt Geschäftsleuten**

DOMINIK: War das Gespräch so, wie du _____ hattest?

SWENJA: Na ja, der Personalchef wollte ziemlich viel über meinen Job damals bei der _____ wissen, zum Beispiel, welche Erfahrungen ich dort denn _____ hätte und ob ich viel Kontakt mit _____ gehabt hätte.

DOMINIK: Und war das denn so? Dein erster Job war doch eher ein Ferienjob, oder?

SWENJA: Ja, genau. Dort habe ich oft Kaffee gekocht und war mit kleinen organisatorischen Aufgaben _____. Aber ich glaube, ich habe auf die Fragen des Personalchefs ganz kompetent geantwortet.

DOMINIK: Gut. Habt ihr denn auch über Geld gesprochen?

SWENJA: Nein, aber toll ist, dass die Arbeitszeiten _____ sind, das heißt, ich muss nicht Punkt neun da sein. Na ja, jetzt muss ich aber erst mal abwarten, ob es überhaupt einen zweiten Gesprächstermin geben wird.

DOMINIK: Viel Glück (*good luck*)!

▲ Swenja erzählt Dominik von ihrem Vorstellungsgespräch.

Land und Leute

Wolfgang Kaehler/CORBIS

▲ Berliner gehen zur Arbeit.

Münchner Initiative für junge Menschen

Jungen Menschen eine Chance

Jobsuchende unter 25

Arbeitsamt München

▲ Eine Anzeige der Bundesagentur für Arbeit

I. Kulturkontraste
1. Das soziale Netz

Das soziale Netz

The foundations of German social legislation were laid during the time that Otto von Bismarck (1815–1898) was chancellor. Statutory health insurance **(Krankenversicherung),** workers' compensation **(Unfall- und Invalidenversicherung),** and retirement benefits **(Rentenversicherung)** were introduced at that time. The costs were to be shared by the employer, the employee, and the state. Under the social market economy **(Sozialwirtschaft),** the system has expanded and includes many benefits for families.

The original kinds of insurance are still mandatory. Health insurance is compulsory for all legal residents of Germany. All employed people below a certain income must belong to a **Krankenkasse,** which takes care of basic health costs. The premiums are around 15.5% of the monthly income and not to exceed 740 euros per month.

Employees above a certain income level may contract with a private firm as must self-employed workers. There is also unemployment insurance **(Arbeitslosenversicherung)** and insurance for long-term nursing care **(Pflegeversicherung).** The extended social "safety net" includes further benefits, such as a monthly payment to parents to offset childrearing expenses **(Kindergeld),** low-income rent allowances **(Wohngeld),** subsidized child care, financial aid for students, and others. The state also provides social welfare for those in need as well as help in finding work through the federal labor office **(die Bundesagentur für Arbeit).**

These benefits come at a cost to both the employer and employee. In 2010, almost 40% of the German budget went to cover the costs of social benefits. A comparable figure for the United States is around 24%. Individual income tax rates range from 14–45%, giving Germany the sixth highest rate of taxation for individuals in European countries. As a percentage of the gross domestic product for the amount paid by Germans in taxes and other deductions, Germany falls in the middle range with around 36%. In the United States the percentage is around 27%, and in Sweden around 47%. However, when combined with mandatory insurance deductions, the take-home pay of many Germans is sometimes less than half of their gross income.

Kulturkontraste

1. Finden Sie es gut, dass alle Bürger eine Versicherung haben müssen?
2. Was meinen Sie: Welche Versicherungen sind am wichtigsten?
3. Welche generellen Unterschiede gibt es in Deutschland und in Ihrem Land im sozialen Netz?

Zum Lesen

🌐 Web Links

Dieser Text kommt aus einem Artikel der *Kultur-Chronik*.

Vor dem Lesen

9 **Wen betrifft das?** *(Who's affected?)* Lesen Sie die Stichwörter und sortieren Sie sie unter den angegebenen Kategorien ein.

Stichwörter	Wirtschaft	Firma	Angestellte
Angst			
Familienprobleme			
Arbeitssuche			
Depression			
mehr Freizeit			
Finanzprobleme			
Profit			
Kündigung°			
Streiks⁺			
Inflation			
Sorgen⁺			
sinkende Produktion			
Kosten sparen°			
weniger Arbeitsplätze			
teure Rohstoffe°			
Konkurrenz°			

dismissal

Kosten sparen: *save expenses*

raw materials

competition

Beim Lesen

10 **Probleme** Lesen Sie den Text und machen Sie sich Notizen: Welche Probleme gibt es in der Wirtschaft und in der Firma? Was für Probleme haben die Mitarbeiterinnen und Mitarbeiter? Benutzen Sie die folgenden zwei Listen.

Probleme	
Wirtschaft/Firma	**Mitarbeiterinnen und Mitarbeiter⁺**

Some of the largest companies in the field of industry and commerce in Germany are: **Daimler (Auto/Elektronik), Volkswagen (Auto), Siemens (Elektro), Veba (Energie/Öl/ Chemie), Deutsche Telekom (Telekomm.), RWE (Energie), BMW (Auto), BASF (Chemie), Bayer (Chemie/ Pharma.), Hoechst (Chemie), Viag (Logist./Verpack./ Energ.), Bosch (Elektro/Elektronik), Thyssen (Anlagen/ Stahl/ Handel).**

2-33

A. Die Kündigung
B. Richtig oder falsch?

in between

Außenhandel. Germany exports one-third of its industrial output. The most important German exports are machinery, automobiles, chemical products, and electronics.

to get into

affects
changes
affect

rechnen mit: *count on*

um ... gehen: *revolve around money / gone through*

the more fortunate one

severance pay

(job) application

related to one's job or career / **zurzeit:** *at the moment*

Die Kündigung

Heute ist Montag und ich bin wieder im Büro. Wie immer, wenn ich weg war, liegen Berge von Post auf meinem Schreibtisch. Letzte Woche war ich auf einer Geschäftsreise in San Francisco. Jetzt muss ich erst einmal alles durcharbeiten. Dazwischen° klingelt immer

5 wieder das Telefon. Wie soll ich denn da den Postberg nur vom Tisch kriegen? Diesmal ist es das Büro des Personalchefs. Seine Assistentin fragt: „Herr Gartner, hätten Sie in einer halben Stunde Zeit? Herr Sundmann möchte Sie sprechen." „Ja, kein Problem, wenn's nicht zu lange dauert", antworte ich und merke, dass ich blass werde.

10 Schließlich weiß ich ja, was das heißt. Jetzt bin ich dran. Ich versuche, klar zu denken und nicht in Panik zu geraten°.

Herr Sundmann ist unser Personalchef. Wenn er anruft oder seine Assistentin, dann weiß jeder in der Firma, was das heißt. In drei Jahren haben dreihundertfünfzig Mitarbeiter ihre Stelle verloren.

15 Die Büros links und rechts von mir sind eins nach dem anderen leer geworden. Die Krise betrifft° natürlich nicht nur uns allein. Heute gibt es mehr Streiks als früher. Neue Technologie und Veränderungen° auf dem Markt betreffen° heute die ganze deutsche Wirtschaft. Wie die meisten deutschen Firmen, so lebt auch unsere vom Außenhandel.

20 Deutschland muss viele Rohstoffe importieren. Früher hatte Deutschland eine niedrige Inflationsrate. Da konnten unsere Kunden mit stabilen Preisen rechnen°. Heute wird jedoch alles immer teurer. Aber jetzt gibt es auch immer mehr Länder, die die gleichen Waren billiger herstellen. Mit ihnen kann Deutschland immer weniger

25 konkurrieren. Das haben wir hier in unserer Firma gemerkt. Also weiß ich, dass der Besuch beim Personalchef in diesen Tagen Kündigung bedeutet. Beim Gespräch mit ihm wird es auch vor allem um Geld gehen°. Ich muss mich gut darauf vorbereiten. Susanna, meine Exkollegin, hat dies alles vor einem halben Jahr durchgemacht°. Sie

30 ist immer noch arbeitslos und meist zu Hause, wenn ich sie anrufe.

Oh je! Warum muss mir das jetzt passieren? Wenn ich etwas jünger wäre, dann fände ich sicher leichter eine neue Stelle. Aber mit fünfundvierzig? Es würde mir auch nichts ausmachen, weniger zu verdienen. Wer weiß, vielleicht bin ich am Ende der Glücklichere°?

35 Vielleicht finde ich schnell eine neue Stelle, und ich bekomme ja auch meine Abfindung° von der Firma. Da ich zwölf Jahre lang hier gearbeitet habe, müsste meine Abfindung ein Jahresgehalt sein. Aber mein jetziges hohes Gehalt ist bei der Bewerbung° sicher ein Problem. Und wenn ich in einem Jahr keine neue Stelle finden kann,

40 muss ich vielleicht meine Wohnung verkaufen. Aber Moment mal! Wäre es denn wirklich das Ende der Welt? Ich hätte doch auch mehr Zeit für die Kinder und meine Hobbys! Ich könnte endlich Bücher lesen oder die Wohnung renovieren. Alles Dinge, die ich immer schon machen wollte, für die ich aber früher nie Zeit hatte. Aber würde ich

45 diese Dinge wirklich alle tun? Hätte ich wirklich Freude daran? Ich glaube nicht, denn ich mache mir jetzt schon große Sorgen um meine berufliche° Zukunft. Unsichere Zeiten zurzeit°!

Excerpt from „Die Kündigung" from Süddeutsche Zeitung. Reprinted by permission.

Nach dem Lesen

11 Fragen zum Lesestück

1. Warum war Herr Gartner in San Francisco?
2. Was liegt auf seinem Schreibtisch?
3. Wer ruft Herrn Gartner an?
4. Warum wird Herr Gartner blass?
5. Wer ist Herr Sundmann?
6. Wie viele Leute haben schon ihre Stelle in der Firma verloren?
7. Wovon lebt die deutsche Wirtschaft?
8. Warum ist die deutsche Wirtschaft in einer Krise? Geben Sie mindestens zwei Gründe[+] an.
9. Wie hoch könnte Herrn Gartners Abfindung sein?
10. Was wird das Thema sein, wenn Herr Gartner mit dem Personalchef spricht?
11. Was für Probleme sieht Herr Gartner bei der Bewerbung um eine neue Stelle?
12. Wofür hätte Herr Gartner Zeit, wenn er arbeitslos werden würde?
13. Wie sieht Herr Gartner seine Zukunft?

12 Zum Schreiben

Warum ist das so? Verbinden Sie Sätze aus den folgenden drei Kategorien: Wirtschaft, Firma und Angestellte. Benutzen Sie die folgenden Konjunktionen und Adverbien. Lesen Sie erst das Beispiel:

BEISPIEL Weil die Inflation höher ist, kann die Firma keine stabilen Preise garantieren.

Konjunktionen: weil   aber   denn   und

Adverbien: deshalb   später   dann   leider   in einem Jahr

Wirtschaft
1. Die Wirtschaft ist in einer Krise.
2. Viele Länder stellen die Waren billiger her.
3. Die Rohstoffe werden teurer.
4. Die Inflation ist höher.
5. Es gibt mehr Streiks.

Firma
1. Die Firma verkauft nicht mehr so viele Waren.
2. Die Firma kann keine stabilen Preise garantieren.
3. Die Firma reduziert ihr Personal.
4. Die Firma muss/will sparen.
5. Die Firma macht weniger Profit.

Angestellte
1. Die Angestellten verlieren ihre Stellen.
2. Die Angestellten haben mehr Zeit für ihre Kinder.
3. Die Angestellten müssen neue Stellen suchen.
4. Die Angestellten haben Angst vor der Zukunft.

13 Erzählen wir

Benutzen Sie die Notizen, die Sie sich beim Lesen gemacht haben, und sprechen Sie über ein Thema.

1. Sie verlieren vielleicht Ihre Stelle. Was sagen Sie zu Ihrer Familie oder Ihren Freunden? Versuchen Sie eine Minute zu sprechen.
2. Sprechen Sie kurz über die Wirtschaft in Ihrem Staat/Ihrer Provinz/Ihrem Land.

C. Dicke Luft

Brauchbares

In the last paragraph, Herr Gartner is thinking about how his life might be if he lost his job. To indicate that his thoughts are about a hypothetical situation he uses verbs in the subjunctive. The verbs in subjunctive with English equivalents are **wäre** (would), **hätte** (had), **fände** (would find), **würde** (would), **müsste** (would have to), **könnte** (could). For information on the subjunctive see pages 417–426 in this chapter.

Land und Leute

Die deutsche Wirtschaft

▲ **Mitarbeiterin einer Computerfirma bei der Endkontrolle**

The German constitution, the Basic Law **(das Grundgesetz),** states "The Federal Republic of Germany is a democratic and social federal state." From this dual obligation to provide for both the freedom and well-being of its citizens, Germany developed the economic system known as the social market economy. This system has provided Germany with an extensive social safety net as well as a robust economy, which is the third largest in the world. During the period from 2003–2007, Germany was the world's largest exporter, surpassing even China and the United States. Germany's largest trading partner is France, followed by the United States. Many exports are driven by well-known companies like VW, Siemens, the software company SAP, and BMG music and entertainment, which is part of the Bertelsmann multimedia empire.

However, the exchange between the United States and Germany is not limited to consumer goods and services. German companies employ approximately 800,000 workers in the United States, and American companies, among them General Motors and UPS, employ around 800,000 workers in Germany. Although the names of the large firms are familiar to everyone, Germans often refer to the small- and medium-sized businesses **(Mittelstand)** as the backbone of the economy. These companies, many of which are family-owned, employ almost 70% of German workers.

Despite the long-term success of the German economy, many criticize the social aspect of the system. Some say that it makes the country slow to respond to trends in the world economy, hinders innovation, and discourages foreign investment. As a result, some reforms have been implemented in the previous decade to make Germany more competitive in the global economy. With some success, as in 2007, Germany ranked as the third most attractive location for foreign investment in Europe and the eighth most attractive in the world. Whatever the theoretical advantages or disadvantages of the German economic model of a social market economy **(soziale Marktwirtschaft)** may be, most national and international observers agree that Germany weathered the global financial crisis of 2008/2009 much better than most other economies in Europe and overseas.

I. Kulturkontraste
2. Die deutsche Wirtschaft

Kulturkontraste

1. Gibt es deutsche Firmen, die eine Rolle in Ihrem Alltag spielen? (Denken Sie an Sportkleidung, Autos und Kommunikation.)
2. Glauben Sie, dass die Regierung für die wirtschaftliche Sicherheit ihrer Bürger verantwortlich ist? Inwiefern?

vario images GmbH & Co.KG / Alamy

Erweiterung des Wortschatzes 2

The suffix-*lich*

der Beruf	*occupation*	**beruflich**	*career-related*
der Freund	*friend*	**freundlich**	*friendly*
fragen	*to ask*	**fraglich**	*questionable*
krank	*ill, sick*	**kränklich**	*sickly*

German adjectives and adverbs may be formed from some nouns or verbs by adding the suffix **-lich**. The suffix **-lich** may also be added to other adjectives. Some stem vowels are umlauted: **ä, ö,** and **ü.** The English equivalent is often an adjective or adverb ending in *-ly,* as in *sick* and *sickly.*

14 **Politische Reden *(speeches)*** Gestern Abend hat der Wirtschaftsminister an der Universität eine Rede gehalten. Heute Abend soll die Rede im Fernsehen kommen. Marie und Felix sprechen über die Rede. Beantworten Sie die Fragen. Dann sagen Sie, welche Verben, Substantive oder Adjektive mit den fett gedruckten Wörtern verwandt sind.

MARIE: Wie war es gestern Abend?

FELIX: Ich fand die Rede sehr interessant. Aber Sarah sagt, der Minister hat zu einigen Themen problematische Kommentare gemacht.

MARIE: Dass Sarah das gesagt hat, ist wirklich **unglaublich. Schließlich** ist ihr Vater der Referent des Ministers. Hat sie das **öffentlich** gesagt?

FELIX: Nein, sie hat das nur zu mir gesagt. Wusstest du **eigentlich,** dass Marcel gestern Abend **schließlich** doch noch gekommen ist?

MARIE: Ja, aber es ist **fraglich,** ob er heute Abend kommt, weil er morgen eine wichtige Klausur hat. Wollten wir nicht nach der Sendung die Rede diskutieren?

FELIX: Stimmt! Sag mal, fandest du nicht auch, dass gestern Abend alle so **freundlich** waren?

MARIE: Ja, **natürlich.** Die studieren doch alle Politologie und die haben alle die gleiche Meinung.

1. Wer hat gestern Abend an der Universität gesprochen?
2. Warum weiß Sarah so viel über den Minister?
3. Was findet Marie fraglich?
4. Was wollen Marie und Felix heute Abend machen?
5. Warum ist es fraglich, dass Marcel kommt?
6. Warum war jeder so freundlich?

▲ Das Bundeskanzleramt in Berlin – hier arbeiten Politiker.

Vokabeln II

Substantive

Die Welt der Arbeit

der/die **Angestellte** (*noun decl. like adj.*) salaried employee, white-collar worker

der **Außenhandel** foreign trade

der **Kunde, -n, -n**/die **Kundin, -nen** customer, client

der **Mitarbeiter, -**/die **Mitarbeiterin, -nen** employee

der **Preis, -e** price

der **Rohstoff, -e** raw material

der **Streik, -s** strike

das **Büro, -s** office

das **Gehalt, ⸚er** salary

die **Ware, -n** wares, merchandise, goods

Weitere Substantive

das **Gespräch, -e** conversation; **ein Gespräch führen** to carry on a conversation

der **Grund, ⸚e** reason

die **Freude, -n** pleasure, joy; **Freude an** + (*dat.*) pleasure in; **Freude machen** to give pleasure

die **Post** mail; post office

die **Sorge, -n** care, worry; **sich Sorgen machen (um)** to worry (about)

Verben

antworten (+ *dat.*) to answer (*as in* **ich antworte der Frau**); **antworten auf** (+ *acc.*) to answer (*as in* **ich antworte auf die Frage**)

aus·machen to matter; **es macht mir nichts aus** it doesn't matter to me

dauern to last; to require time

her·stellen to produce; to manufacture

klingeln to ring

konkurrieren to compete

kosten to cost

kriegen to get

merken to notice; to realize

sparen to save (money or time)

verkaufen to sell

Adjektive und Adverbien

arbeitslos unemployed, out of work

beruflich career-related; professional

diesmal this time

jedoch (*also a conj.*) however

leicht easy; light

leer empty

links on/to the left

niedrig low

rechts on/to the right

unsicher insecure; unsafe

Besondere Ausdrücke

erst einmal first of all

immer wieder again and again

Moment mal! Just a minute!

wie immer as always

Alles klar?

15 **Antonyme** Verbinden Sie die Wörter mit ihren Antonymen.

1. ausgeben _____
2. Endprodukt _____
3. fragen _____
4. hoch _____
5. kaufen _____
6. rechts _____
7. schwierig _____
8. sicher _____

a. antworten
b. leicht
c. links
d. niedrig
e. Rohstoff
f. sparen
g. unsicher
h. verkaufen

16 **Die Arbeitswelt** Ergänzen Sie die Sätze.

> Büro dauern Gehältern Gespräch herstellen klingelt
> konkurrieren kriegen Sorgen Streiks Waren

1. In unserer Firma sitzen fünf Leute zusammen in einem _____.
Das Problem ist, dass immer irgendein _____ stattfindet und
dauernd ein Telefon _____, sodass man sich manchmal nur schwer
konzentrieren kann.

2. Die Angestellten sind mit ihren _____ unzufrieden und sie
diskutieren mit den Firmenchefs darüber. Die Gespräche _____
nun schon drei Wochen und für nächste Woche sind große _____
geplant.

3. Frau Klausmeier erzählt einer Nachbarin: „Jetzt bin ich schon seit fünf
Monaten arbeitslos und so langsam mache ich mir _____, ob ich
jemals wieder einen Job _____ werde!"

4. Der Außenhandel hier hat zurzeit große Probleme, weil es schwierig
ist mit anderen Ländern zu _____. Diese können ihre _____
besser verkaufen, weil sie sie wegen der niedrigeren Gehälter viel
billiger _____ können.

17 **Hier möchte ich arbeiten!**
Sehen Sie sich das Bild an.
Beantworten Sie dann die Fragen.

1. Welcher Konzern ist am
beliebtesten? *(most popular)*
2. Welcher Konzern hat mit
Transport zu tun?
3. Welche Firmen auf der Liste
kennen Sie, welche nicht?
4. Welchen Konzern finden Sie
attraktiv? Warum?

▶ Das sind die populärsten Konzerne
(companies) in Deutschland.

G. Die Welt der Kinder – ein
großes Geschäft

Deutsche Lieblings-
arbeitgeber: Mercedes,
BMW und Lufthansa

Traumkonzerne[1] der Jungmanager

Wo deutsche Hochschulabsolventen[2] am liebsten arbeiten würden

BMW	60%
Mercedes-Benz	59%
The Boston Consulting Group	55%
Lufthansa	52%
McKinsey & Company	52%
Siemens	52%
Bosch	50%
Audi	48%

[1]dream companies [2]college graduates

Focus-Magazin

Focus

Land und Leute

Die Europäische Union

▲ Die Flagge der Europäischen Union: Die zwölf Sterne symbolisieren Einheit und Stabilität.

Citizens of the European Union **(Europäische Union)** have certain rights—called single market rights—in common. Often those guaranteed by the European Commission regarding job qualifications or residence conflict with the regulations of an individual member state. One of the most common areas of conflict concerns vehicles. For instance, a problem resolved by the Commission concerned a ban on trailers towed by motorcycles in Denmark. Danish legislation applied this prohibition to foreign-registered as well as Danish-registered motorcycles. The Commission considered the prohibition incompatible with the principle of free movement of goods in the single market (Article 30 of the EC Treaty) and, as a result of the Commission's intervention, Danish legislation has been modified to permit motorcycles in Denmark to tow trailers. The move has been warmly welcomed by motorcycle enthusiasts in both Denmark and other member states. The example of the motorcycle-towing concerns gives an idea of the issues still to be resolved. This situation can be compared with issues resulting from differences in road safety laws from state to state within the United States.

The European Union strives for economic and political union of the member countries. Since its beginning as the European Community **(Europäische Gemeinschaft),** it has made considerable progress in creating a single market without internal borders. Goods, services, and capital can move freely without customs regulations within the EU. Citizens of EU countries can, without restrictions, travel, live, and work anywhere within the EU.

The European Union stretches from the Arctic Circle to the island of Malta in the Mediterranean. With 28 nation members, more than 505 million people now live in the EU. Before 2004, there were fifteen members in the EU: Austria, Belgium, Denmark, Finland, France, Germany, Greece, Ireland, Italy, Luxembourg, the Netherlands, Portugal, Spain, Sweden, and the United Kingdom. Ten members were added in 2004: Czech Republic, Cyprus, Estonia, Hungary, Latvia, Lithuania, Malta, Poland, Slovakia, and Slovenia. In 2007, Rumania and Bulgaria joined, and in 2013 Croatia became a member. The citizens of the EU, together with the 300 million inhabitants of the United States, comprise 13% of the world's population and their gross domestic products are the two largest in the world.

In spite of the European Union's successes, many problems and goals remain. Farm subsidies and working hours, wages, and extended benefits are issues that need to be resolved while, from another perspective, the goal of a political confederation of states with common foreign and defense policies and common laws seems to be even more difficult to obtain. Since its inception, the overall vision for a unified Europe has undergone changes and continues to be developed. The EU continues to be molded not only by its elected administrative bodies, but also by shifts and trends in the political landscape and cultural sentiment in each individual nation state.

I. Kulturkontraste
3. Die Europäische Union

Kulturkontraste

1. Seit 2013 gibt es 28 Mitglieder in der EU. Sehen Sie sich die Karte am Anfang des Buches an und identifizieren Sie die Mitglieder. Was für Probleme, glauben Sie, kann es in der EU geben?

2. Vergleichen Sie die Probleme mit den Problemen in Ihrem Land.

Grammatik und Übungen

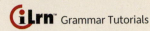 Tutorial Quizzes

iLrn Grammar Tutorials

Expressing hypothetical situations, wishes, and requests

Subjunctive mood *(der Konjunktiv)* vs. indicative mood

Indicative	Alina kommt heute nicht.	*Alina is not coming today.*
	Vielleicht kommt sie morgen.	*Perhaps she'll come tomorrow.*

In *Kapitel 1–10* you have primarily been using verbs in sentences that make statements and ask questions dealing with "real" situations. Verb forms of this type are said to be in the INDICATIVE MOOD. The INDICATIVE is used in statements that are factual *(Alina is not coming today)* or likely *(Perhaps she'll come tomorrow)*.

Subjunctive	Ich **würde** das nicht **tun**.	*I **would** not **do** that.*
	Das **wäre** nicht gut.	*That **would** not **be** good.*

When we talk about "unreal" situations, we may use verbs in the SUBJUNCTIVE MOOD. The subjunctive is used in statements that are hypothetical, potential, unlikely, or contrary to fact. When a speaker says "*I wouldn't do that,*" she/he means "*I wouldn't do that if I were you (or she, he, or someone else)*," because she/he thinks it is not a good idea. The speaker is postulating a hypothetical situation.

Wishes	Ich **möchte** eine Tasse Kaffee.	*I **would like** a cup of coffee.*
Polite requests	**Hätten** Sie jetzt Zeit?	***Would** you **have** time now?*

The subjunctive is also used to express wishes and polite requests. You have been using **möchte** to express wishes since *Kapitel 3*. **Möchte** *(would like)* is the subjunctive form of **mögen** *(to like)*. **Hätte** is the subjunctive form of **haben** *(to have)*.

> Wenn ich nur Zeit **hätte**.   *If only I **had** time.*

Present-time subjunctive can refer to the future as well as to present time *(if only I had time now or in the future)*.

 18 **Wäre das gut oder nicht?** Lesen Sie die folgenden Sätze. Diskutieren Sie dann mit einer Partnerin/einem Partner die Probleme und die Lösungen.

Positive Antwort:	**Ja, das wäre gut!**
Negative Antwort:	**Das wäre wohl nicht so gut.**

S1:
Wenn das Auto ein bisschen kaputt ist, kann man einfach weiterfahren. **Wäre das gut oder nicht?** Warum nicht?

S2:
 Das wäre wohl nicht so gut.
 ...

1. Wenn das Auto ein bisschen kaputt ist, kann man einfach weiterfahren.
2. Wenn man Hunger hat, kann man sich eine Pizza bestellen.
3. Wenn man Zahnschmerzen hat, kann man Aspirin nehmen.
4. Wenn man im Urlaub ist, kann man seine E-Mails checken.
5. Wenn man im Schwimmbad ist, kann man schnell laufen.
6. Wenn man etwas Teures kauft, kann man seine Freunde um Hilfe bitten.
7. Wenn das Wetter sehr schlecht ist, kann man joggen gehen.

The *würde*-construction

Ich **würde** das nicht **machen**.	*I would not do that.*
Max **würde** uns bestimmt **helfen**.	*Max would certainly help us.*

To talk about hypothetical situations in the present, German often uses a **würde**-construction. English uses a *would*-construction.

ich	**würde** es **machen**	wir	**würden** es **machen**
Sie	**würden** es **machen**	Sie	**würden** es **machen**
du	**würdest** es **machen**	ihr	**würdet** es **machen**
er/es/sie	**würde** es **machen**	sie	**würden** es **machen**

- The **würde**-construction consists of a form of **würde** and an infinitive.
- **Würde** is the subjunctive form of **werden**. It is formed by adding an umlaut to **wurde,** the simple past of **werden**.

I. Würden Sie mitfahren?

---

19 **Freizeit** Was würden diese Leute tun, wenn sie nächste Woche frei hätten? Bilden Sie Sätze mit den Ausdrücken aus der Liste.

BEISPIEL Jens   *Jens würde sein Referat fertig schreiben.*

> **jeden Tag ins Kino gehen   faulenzen   viel im Internet surfen
> öfter ins Fitnesscenter gehen   inlineskaten lernen
> eine kleine Reise machen   ein Referat fertig schreiben
> mehr Golf spielen**

1. mein bester Freund
2. meine besten Freunde
3. meine Freundin Lara
4. meine Eltern
5. du
6. ich

Uses of the *würde*-construction

Hypothetical statements	Ich **würde** ihm **helfen**.	*I would help him.*
Wishes	Wenn er mir nur **helfen würde**.	*If only he would help me.*
Polite requests	**Würden** Sie mir bitte **helfen**?	*Would you please help me?*

The **würde**-construction is used in hypothetical statements, in wishes, and in polite requests.

Inquiring about someone's wishes

20 **Hannah würde das auch gern tun** Was würde Hannah auch gern tun? Benutzen Sie die **würde**-Konstruktion und **gern**.

BEISPIEL Christine arbeitet bei einer großen Firma.
   Hannah würde auch gern bei einer großen Firma arbeiten.

1. Christine verdient viel.
2. Sie macht oft Geschäftsreisen.
3. Sie fährt dreimal im Jahr in Urlaub.
4. Sie kauft sich eine größere Wohnung.
5. Am Wochenende macht sie Fitnesstraining.

▲ Ich würde gerne mal wieder ausschlafen!

21 **Was würden Sie gern machen?** Beantworten Sie die folgenden Fragen erst selbst und vergleichen Sie Ihre Antworten dann mit den Antworten von zwei Kommilitoninnen/Kommilitonen.

BEISPIEL Was würdest du nach dem Deutschkurs am liebsten machen?
Ich würde am liebsten [nach Hause gehen].

1. Was würdest du heute Abend gern machen?
2. Was würdest du am Freitagabend am liebsten machen?
3. Was würdest du im Sommer gern machen?
4. Was würdest du nach dem Studium gern machen?
5. Von wem würdest du am liebsten einen Brief, eine E-Mail oder einen Anruf *(phone call)* bekommen?

Present-time subjunctive *(der Konjunktiv der Gegenwart)* of *sein* and *haben*

sein			
ich	wär**e**	wir	wär**en**
Sie	wär**en**	Sie	wär**en**
du	wär**est**	ihr	wär**et**
er/es/sie	wär**e**	sie	wär**en**

haben			
ich	hätt**e**	wir	hätt**en**
Sie	hätt**en**	Sie	hätt**en**
du	hätt**est**	ihr	hätt**et**
er/es/sie	hätt**e**	sie	hätt**en**

- The verbs **haben** and **sein** are used in their subjunctive forms, **wäre** and **hätte,** rather than in the **würde**-construction.
- The subjunctive form of **sein** is the simple past tense **war** plus umlaut and subjunctive endings (**wäre, wärest,** etc.).
- The subjunctive of **haben** is the simple past tense form **hatte** plus umlaut and subjunctive endings (**hätte, hättest,** etc.).
- Note that the subjunctive endings are identical to the simple past tense endings of weak verbs minus the **-t** (e.g., **ich spielte, du spieltest,** etc.)
- In colloquial German, the endings **-est** and **-et** often contract to **-st** and **-t** (e.g., **du wärst**).

22 **Wären alle froh darüber?** Manche Politiker möchten auf allen Autobahnen ein Tempolimit *(speed limit)*. Sagen Sie, was die folgenden Leute davon halten.

BEISPIEL Nico / sicher froh   *Nico wäre sicher froh.*

1. Christine / unglücklich
2. du / sicher auch unglücklich
3. Nina und Elias / dagegen
4. wir / dafür
5. ihr / hoffentlich dafür
6. die Grünen / glücklich
7. ich / sehr froh

23 **Was hättest du lieber?** Fragen Sie Ihre Partnerin/Ihren Partner, was für eine Stelle sie/er lieber hätte. Ihre Partnerin/Ihr Partner stellt Ihnen dann dieselben Fragen.

BEISPIEL Was hättest du lieber? Eine Stelle mit einem guten Gehalt oder viel Freizeit?
Ich hätte lieber eine Stelle mit viel Freizeit.

1. mit viel Verantwortung oder wenig Verantwortung?
2. bei einer großen Firma oder bei einer kleinen Firma?
3. mit netten Kollegen oder mit einem netten Chef?
4. in der Nähe *(vicinity)* einer Großstadt oder in einer Kleinstadt?
5. mit vielen Geschäftsreisen oder ohne Geschäftsreisen?

Conditional sentences *(der Konditionalsatz)*

A conditional sentence contains two clauses: the condition (**wenn**-clause) and the conclusion. The **wenn**-clause states the conditions under which some event may or may not take place.

Conditions of fact

> Wenn ich Zeit **habe, mache** ich die Arbeit.

> *If I **have** time [maybe I will, maybe I won't], I'll do the work.*

Conditions of fact are conditions that can be fulfilled. Indicative verb forms are used in conditions of fact.

Contrary-to-fact conditions

> Wenn ich Zeit **hätte, würde** ich die Arbeit **machen**.

> *If I **had** time [but I don't], I **would do** the work.*

A sentence with a contrary-to-fact condition indicates a situation that will not take place. The speaker only speculates on how some things could or would be under certain conditions (if the speaker had time, for example).

- To talk about the present, a speaker uses present-time subjunctive of the main verb (e.g., **hätte**) in the condition clause (**wenn**-clause) and a **würde**-construction (e.g., **würde** die Arbeit **machen**) in the conclusion.

24 **Was würde Claudia tun?** Claudia denkt nach. Was würde sie tun, wenn sie diese Dinge hätte? Verbinden Sie die Sätze auf der linken und der rechten Seite.

1. Wenn sie ein Auto hätte, ...
2. Wenn sie zu viele Klamotten *(clothes)* hätte, ...
3. Wenn sie einen Wecker *(alarm clock)* hätte, ...
4. Wenn sie eine schicke Sport-tasche hätte, ...
5. Wenn sie genug Zeit hätte, ...
6. Wenn sie Papier hätte, ...

a. würde sie nicht zu spät zur Arbeit kommen.
b. würde sie in Urlaub fahren.
c. würde sie mehr schlafen.
d. würde sie auch zum Sport gehen!
e. würde sie einige davon verkaufen.
f. würde sie ihre Hausarbeit ausdrucken *(print out)*.

2-34

25 **Hören Sie zu** Hören Sie zu, was Anna und Daniel einer Reporterin sagen. Geben Sie an, ob die Sätze unten richtig oder falsch sind. Sie hören drei neue Wörter: **die Traumreise** (dream trip); **der Lotterieschein** (lottery ticket); **überhaupt** (absolutely).

	Richtig	Falsch
1. Daniel spielt gern Lotto.	_____	_____
2. Anna spielt fast jede Woche Lotto.	_____	_____
3. Wenn Anna in der Lotterie gewinnen würde, würde sie sich ein Haus kaufen.	_____	_____
4. Anna würde ihren Freunden eine Reise nach Hawaii oder Tahiti schenken.	_____	_____
5. Anna kann dieses Mal gar nicht im Lotto gewinnen, weil sie keinen Lotterieschein gekauft hat.	_____	_____

withGod/Shutterstock.com

▲ **Was würden** *Sie* **machen, wenn Sie 15 Millionen Euro gewinnen würden?**

26 **Frage-Ecke** Sprechen Sie mit Ihrer Partnerin/Ihrem Partner und finden Sie heraus, was die folgenden Leute tun würden, wenn sie arbeitslos oder krank wären oder wenn sie mehr Zeit und viel Geld hätten. Die Informationen für *S2* finden Sie im Anhang (Appendix B).

S1:
Was würde Herr Schäfer machen, wenn er mehr Zeit hätte?

S2:
Wenn er mehr Zeit hätte, (dann) würde er seine Freunde besuchen.

S1: ...

	arbeitslos wäre	krank wäre	mehr Zeit hätte	viel Geld hätte
Frau Müller	Zeitung lesen		öfter Tennis spielen	in die Schweiz reisen
Herr Schäfer		viel schlafen		
Susanne und Moritz	spazieren gehen		Auto fahren	
ich				
Partnerin/ Partner				

27 **Was wäre, wenn ...?** Beantworten Sie die folgenden elf Fragen erst selbst und fragen Sie dann Ihre Partnerin/Ihren Partner, was sie/er tun würde. Berichten Sie dann Ihren Kommilitoninnen/Kommilitonen, was Sie herausgefunden haben.

S1:
Was würdest du tun, wenn du 10 Jahre älter wärest?

S2:
Ich würde [ein Haus kaufen].

Was würdest du tun, ...

1. wenn du 10 Jahre älter wärst?
2. wenn du sehr reich wärst?
3. wenn du Deutschlehrerin/Deutschlehrer wärst?
4. wenn du Präsidentin/Präsident der USA wärst?
5. wenn du kein Geld fürs Studium hättest?
6. wenn deine Freunde keine Zeit für dich hätten?
7. wenn du morgen frei hättest?
8. wenn du kein Auto hättest?
9. wenn dein Fernseher kaputt wäre?
10. wenn du morgen krank wärst?
11. wenn wir morgen 30° C hätten?

Focus-Frage. Berichten Sie:

- Wie viel Prozent der Personen würden für ein halbes Jahr Urlaub nehmen?
- Würden Sie gern für sechs Monate unbezahlten Urlaub nehmen? Warum, warum nicht?

FOCUS-FRAGE

„Würden Sie für ein halbes Jahr unbezahlten Urlaub nehmen, um Dinge zu tun, die Sie immer schon mal tun wollten?"

SECHS MONATE FREIHEIT

von 551 Befragten*[1] antworteten

ja	**52 %**
nein	**46 %**
weiß nicht/keine Angabe[2]	**2 %**

*repräsentative Umfrage von polis für FOCUS im Februar

[1]those queried [2]response

🌐 Web Links

2-35

Leserunde

"**W**enn ich ein Vöglein wär" is a well-known German folk song **(Volkslied)**. Even though a song may have been written by a single person, it becomes a folk song when it is taken over by a group of people **(Volk)**. Because folk songs are sung from memory, the lines are short; the meter is musical or rhythmical; the language is simple; and the content is generally uncomplicated. A frequent theme in German folk songs is unrequited love. Notice the importance of the subjunctive mood here.

Wenn ich ein Vöglein wär
Wenn ich ein Vöglein wär,
Und auch zwei Flügel[1] hätt
Flög[2] ich zu dir.
Weils aber nicht kann sein,
Bleib ich allhier[3].

—*Dichter unbekannt*

Fragen

1. Was würde die Person in dem Volkslied machen, wenn sie ein Vogel wäre?
2. Warum bleibt die Person zu Hause oder „hier"?

[1]*wings* [2]*would fly* (**flög** *is the subjunctive form of* **fliegen**) [3]*simply here* (**allhier** *is an obsolete term*)

Modals and *wissen* in present-time subjunctive

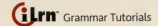 Grammar Tutorials

Infinitive		Simple past	Present-time subjunctive
dürfen		durfte	**dürfte**
können		konnte	**könnte**
mögen		mochte	**möchte**
müssen	er/es/sie	musste	**müsste**
sollen		sollte	**sollte**
wollen		wollte	**wollte**
wissen		wusste	**wüsste**

The present-time subjunctive of modals and of **wissen** is identical to the simple past tense except that **wissen** and the modals that have an umlaut in the infinitive also have an umlaut in the subjunctive.

- The subjunctive form of **wissen** is the simple past tense form **wusste** plus umlaut and subjunctive endings (**wüsste, wüsstest**, etc.).

  Müsstest du die Arbeit allein machen?   *Would* you *have* to do the work alone?

- Like **sein** (**wäre**) and **haben** (**hätte**), the modals and **wissen** (**wüsste**) are used in their subjunctive form rather than as infinitives with the **würde**-construction.

  Dürfte ich auch mitkommen?   *Might* I come along, too?
  Könntest du noch etwas bleiben?   *Could* you stay a while?
  Müsste Franziska vor allen Leuten sprechen?   *Would* Franziska *have to* speak in front of all the people?
  Möchten Sie in einer Stunde essen?   *Would* you *like* to eat in an hour?
  Solltet ihr jetzt nicht gehen?   *Shouldn*'t you be going now?

The subjunctive forms of the modals are frequently used to express polite requests or wishes.

---

28 Ein Picknick Stefan spricht mit seiner Schwester Antonia über seine Pläne für ein Picknick. Ergänzen Sie die Sätze mit den Verben in Klammern. Benutzen Sie den Konjunktiv.

STEFAN: _____ du Zeit mitzukommen? (haben)

ANTONIA: Ja, sicher. Ich _____ einen Tag freinehmen. (können)

STEFAN: _____ du, wen wir sonst einladen sollten? (wissen)

ANTONIA: Wie wäre es mit Onkel Max und Tante Gabi?

STEFAN: Vielleicht _____ wir alle zusammen fahren? (sollen)

ANTONIA: Schön. Das _____ wir machen. (können)

STEFAN: Wenn ich nur _____, wo die beiden sind! (wissen)

ANTONIA: Was meinst du, was Onkel Max mitbringen wird?

STEFAN: Frischen Fisch, wie immer. Und ich werde viel zu trinken mitbringen.

29 **Etwas höflicher *(more politely)*, bitte!** Heute Abend möchten Sie mit einigen Freunden ausgehen und Sie haben einige Fragen. Sie wollen höflich sein und benutzen deshalb den Konjunktiv für die Modalverben.

BEISPIEL **Können** wir das Restaurant allein finden?
Könnten wir das Restaurant allein finden?

1. **Können** wir nicht bald gehen?
2. Du **musst** noch abwaschen.
3. **Kann** ich dir helfen?
4. **Dürfen** Susi und Christiane mitkommen?
5. **Sollen** wir Jan nicht auch einladen?
6. **Darf** ich euch alle zu einem Getränk einladen?
7. **Kannst** du für das Essen zahlen?

30 **Ich möchte ..., ich könnte ...** Ergänzen Sie die Sätze. Finden Sie dann heraus, was Ihre Partnerin/Ihr Partner geschrieben hat und was sie/er gern tun würde.

1. Ich möchte dieses Jahr _____.
2. Wenn ich Zeit hätte, _____.
3. Wenn meine Eltern viel Geld hätten, _____.
4. Ich sollte _____.
5. Ich würde gern _____.

Discussing goals

31 **Was ist dir im Leben am wichtigsten?** Finden Sie heraus, was drei bis vier Lebensziele Ihrer Partnerin/Ihres Partners sind.

> heiraten *(marry)* und Kinder haben   viel Geld verdienen
> gesund sein   schöne Dinge haben, wie ein tolles Auto oder
> teure Kleidung   ein schönes/großes Haus haben   einen guten
> Job haben   glücklich sein   Spaß und Freude am Leben haben
> einen Sinn im Leben finden   anderen Menschen helfen

S1:	S2:
Was ist dir im Leben wichtig?	Ich möchte vor allem [einen guten Job haben]. Dann möchte ich [Kinder haben]. Und ich möchte [gesund bleiben].

¹lonely ²island

Beck

Present-time subjunctive of other verbs

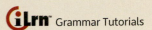 Grammar Tutorials

E. Verstehen Sie den Konjunktiv?

Wir **kämen** gern mit.	*We **would be** happy to come along.*
Meinst du, das **ginge** dann?	*Do you think that **would work** then?*

In addition to the modals and the verbs **sein, haben,** and **wissen,** you may sometimes also encounter a few other verbs used in their present-time subjunctive forms rather than as infinitives with **würde.**

- The subjunctive form of other verbs is also the simple past tense plus subjunctive endings. In addition, strong verbs add an umlaut to **a, o,** and **u** (e.g., **kam > käme**).

- The meaning of these subjunctive forms is the same as *infinitive* + **würde:** **ich täte das nicht = ich würde das nicht tun**. However, you should normally use the more common subjunctive construction, **würde** + *infinitive* (**würde tun,** not **täte**).

Since the subjunctive form derives from the simple past tense, you will have no trouble recognizing the subjunctive form of a verb when you come across it.

> **32** **Die Kündigung** Lesen Sie den Artikel über Herrn Gartner auf Seite 410 noch einmal. Suchen Sie alle Verben im Konjunktiv und schreiben Sie sie auf.
>
> _____
>
> _____
>
> _____
>
> _____
>
> _____

Past-time subjunctive *(der Konjunktiv der Vergangenheit)*

Expressing hypothetical situations in the past

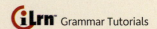 Grammar Tutorials

Wenn Marie das **gewusst hätte, hätte** sie mir **geholfen.**	*If Marie **had known** that, she **would have helped** me.*
Wenn ich das **gewusst hätte, wäre** ich **mitgekommen.**	*If I **had known** that, I **would have come along.***

The past-time subjunctive consists of the subjunctive verbs **hätte** or **wäre** + past participle of the main verb. The past-time subjunctive is used to express hypothetical statements, wishes, and contrary-to-fact conditions in past time.

33 **Was hätte Charlotte gemacht ...?** Charlotte hat einen neuen Job. Was hätte sie gemacht, wenn sie bei ihrer alten Arbeit geblieben wäre?

BEISPIEL bei ihrer alten Firma bleiben
Sie wäre bei ihrer alten Firma geblieben.

1. ihre alte Stelle nicht aufgeben
2. nicht jeden Tag eine Stunde mit dem Auto fahren
3. mit ihren alten Kolleginnen zu Mittag essen
4. mehr Zeit für ihre Freunde haben
5. nicht unzufrieden sein

F. Probleme, Probleme.

34 **Eine schwere Woche** Unterhalten Sie sich mit Ihrer Partnerin/ Ihrem Partner darüber, was Sie letzte Woche gemacht haben. Was hätten Sie lieber gemacht? Benutzen Sie die folgenden Wörter und Situationen, wenn Sie wollen.

> am Computer gearbeitet   mit Freunden essen gegangen
> meine Wohnung/mein Zimmer aufgeräumt
> alle neuen Zeitungen durchgesehen   einkaufen gegangen
> das Essen gekocht   joggen gegangen   Vokabeln gelernt
> ins Kino gegangen   meinen Freund besucht   ein Videospiel gespielt
> ein gutes Buch gelesen   im Garten gesessen   in der Sonne gelegen
> zu meiner Freundin gefahren   auf eine Party gegangen
> mir einen Film ausgeliehen   im Internet gesurft   gefaulenzt

S1:
Was hast du am Mittwoch gemacht?

Was hättest du lieber gemacht?

S2:
Am Mittwoch habe ich lange in der Bibliothek gearbeitet.
Ich wäre lieber auf eine Party gegangen. Und du, was hast du ...?

▶ **Jana und Markus gehen nur am Wochenende joggen, doch sie würden gerne jeden Tag joggen gehen.**

Franz Hohler was born in 1943 in Biel, Switzerland. He is a well-
known and popular cabaret artist who appears regularly in
one-person shows in Switzerland and Germany. He is also a singer/
songwriter **(Liedermacher)** with a number of CDs to his credit and an
5 author of plays for stage, TV, and radio as well as stories for children
and adults. Much of his work is satirical. A good example of his
humor with a serious intent is the story "Der Verkäufer und der Elch"
from his work *Kontakt mit der Zeit* (1981).

Der Verkäufer und der Elch

Eine Geschichte mit 128 deutschen Wörtern

Kennen Sie das Sprichwort° „Dem Elch° eine

10 Gasmaske verkaufen?" Das sagt man bei uns
von jemandem, der sehr tüchtig° ist, und
ich möchte jetzt erzählen, wie es zu diesem
Sprichwort gekommen ist.

Es gab einmal einen Verkäufer, der war
15 dafür berühmt, daß er allen alles verkaufen
konnte.

Er hatte schon einem Zahnarzt eine
Zahnbürste° verkauft, einem Bäcker ein Brot
und einem Blinden einen Fernsehapparat.

▲ Einem Bäcker ein Brot
verkaufen?

20 „Ein wirklich guter Verkäufer bist du aber
erst", sagten seine Freunde zu ihm, „wenn du
einem Elch eine Gasmaske verkaufst."

Da ging der Verkäufer so weit
nach Norden, bis er in einen
25 Wald kam, in dem nur Elche
wohnten.

„Guten Tag", sagte er zum
ersten Elch, den er traf, „Sie
brauchen bestimmt eine
30 Gasmaske."

„Wozu°?", fragte der Elch.
„Die Luft ist gut hier."

▲ Einem Zahnarzt Zahnbürsten
verkaufen?

„Alle haben heutzutage° eine
Gasmaske", sagte der Verkäufer.
35 „Es tut mir leid", sagte der
Elch, „aber ich brauche keine."

„Warten Sie nur", sagte
der Verkäufer, „Sie brauchen
schon noch eine."

40 Und wenig später begann
er mitten° in dem Wald, in
dem nur Elche wohnten, eine
Fabrik zu bauen.

▲ Braucht ein Elch eine Gasmaske?

proverb / moose

competent

toothbrush

what for

nowadays

in the middle

crazy

stiegen ... Abgase: *so many poisonous waste gases arose / smokestack*

immediately

polite form

by the way

werden verwechselt: *are confused*

„Bist du wahnsinnig°?", fragten seine Freunde.

45 „Nein", sagte er, „ich will nur dem Elch eine Gasmaske verkaufen." Als die Fabrik fertig war, stiegen soviel giftige Abgase° aus dem Schornstein°, daß der Elch bald zum Verkäufer kam und zu ihm sagte: „Jetzt brauche ich eine Gasmaske."

„Das habe ich gedacht", sagte der Verkäufer und verkaufte ihm
50 sofort° eine. „Qualitätsware!", sagte er lustig.

„Die anderen Elche", sagte der Elch, „brauchen jetzt auch Gasmasken. Hast du noch mehr?" (Elche kennen die Höflichkeitsform° mit „Sie" nicht.)

„Da habt ihr Glück", sagte der Verkäufer, „ich habe noch Tausende."
55 „Übrigens°", sagte der Elch, „was machst du in deiner Fabrik?"

„Gasmasken", sagte der Verkäufer.

PS. Ich weiß doch nicht genau, ob es ein schweizerisches oder ein schwedisches Sprichwort ist, aber die beiden Länder werden ja oft verwechselt°.
60

▲ Er kann einfach alles verkaufen!

Fragen

1. Welche Beispiele zeigen, dass der Verkäufer ein guter Verkäufer ist?
2. Was muss ein „sehr guter" Verkäufer verkaufen können?
3. Warum glaubt der Elch, dass er keine Gasmaske braucht?
4. Warum kann der Verkäufer Gasmasken an alle Elche verkaufen?

Diskussion

1. Glauben Sie, dass **„Dem Elch eine Gasmaske verkaufen"** wirklich ein Sprichwort ist? Warum (nicht)?
2. Der Verkäufer in der Geschichte schafft eine Nachfrage *(demand)* nach einem Produkt. Können Sie in Ihrem eigenen Leben Beispiele finden, wo dies passiert ist?
3. Wo sehen Sie Beispiele von Ironie in dieser Geschichte?

„Der Verkäufer und der Elch" from *Kontakt mit der Zeit* by Franz Hohler. Reprinted by permission.

Land und Leute

⊕ Web Search

Berufliche Ausbildung

Despite high income-tax rates and labor costs, Germany has a very productive economy. Experts attribute this in large measure to the fact that Germany has a well-trained labor force.

Most young people who finish the **Hauptschule** (see *Das Schulsystem in Deutschland*, page 169) or have a **Mittlere Reife** enter an apprenticeship (**Ausbildung**) program. An **Ausbildung** generally lasts three years. During this time the trainees (**Auszubildende,** also called **Lehrlinge**) work three to four days a week in a company and attend vocational school (**Berufsschule**) one to two days a week. Large companies have special workshops and staffs for trainees; in small businesses trainees often learn directly from the boss. The number of **Ausbildungsberufe** in Germany is around 330–360. Austria and Switzerland also have extensive apprenticeship programs. In Austria, an **Ausbildung** takes three years; in Switzerland, it may take up to four years.

Auszubildende (**Azubis**) receive benefits and a salary that increases every year. Here are some selected examples: a **Bankkaufmann/frau** (*bank teller*) earns about **650 €;** a **Hotelfachmann/frau** (*hotel manager*) about **600 €;** an **Arzthelfer/in** (*physician's assistant*) around **550 €;** a **Kfz-Mechaniker/in** (*auto mechanic*) receives about **470 €;** and a **Friseur/in** (*hairdresser*) earns approximately **430 €.**

At the end of their **Ausbildung,** trainees take exams at both the workplace and the **Berufsschule**. By passing the exam, a woman becomes a journeywoman (**Gesellin**) and a man becomes a journeyman (**Geselle**). After five more years of work and additional schooling, a **Gesellin/Geselle** may become a **Meisterin/Meister**. People who achieve the status of **Meisterin/Meister** have demonstrated on the basis of rigorous testing that they possess all the knowledge and skills necessary to operate a business. Only people who have passed the **Meisterprüfung** are allowed to train **Auszubildende**.

▲ Auszubildender Elektriker in einem Ausbildungszentrum in Köln

Unkel - ullstein bild/The Granger Collection

▲ Automechaniker in der Ausbildung

Tyler Olson/Shutterstock.com

Kulturkontraste

1. Stellen Sie sich vor, Sie wollen Schreinerin/Schreiner (*carpenter*) werden. Welche Ausbildung müssten Sie in Deutschland machen? Was würden Sie in Ihrem Land machen, um Schreinerin/Schreiner zu werden?

2. Wenn Sie in Deutschland Mechanikerin/Mechaniker oder Friseurin/Friseur werden wollen, müssen Sie eine Lehre (*apprenticeship*) machen. Wie ist die Ausbildung für diese Berufe in Ihrem Land?

I. Kulturkontraste
4. Berufliche Ausbildung
5. Ein Dilemma

▲ Er hat Maurer gelernt.

Cengage Learning

▲ Er möchte Professor werden.

Cengage Learning

▲ Sie hat ihre eigene PR-Agentur.

Cengage Learning

① Von Beruf bin ich ...

Vor den Videos

35 Nachgedacht Was wissen Sie noch vom Kapitel? Denken Sie nach.

1. Was wissen Sie über die Berufsausbildung in Deutschland?
2. Wie funktionieren Staat und Wirtschaft in Deutschland?
3. Wie wichtig ist Deutschlands Wirtschaft in der EU?

Nach den Videos

36 Alles klar? Sehen Sie sich die Interviews an und machen Sie sich Notizen. Beantworten Sie dann die Fragen.

1. Wer hat eine lange Karriere hinter sich?
2. Wer möchte Professor werden, und was möchte er lehren?
3. Wer muss viel auf Englisch kommunizieren? Warum?
4. Wer arbeitet bei der Friedrich-Ebert-Stiftung?

② Ein Vorstellungsgespräch

▲ Anton trägt einen Anzug und ist sehr nervös.

Cengage Learning

▲ Anton hat ein Vorstellungsgespräch in München.

Cengage Learning

▲ Nach dem Vorstellungsgespräch braucht Anton eine Pause.

Cengage Learning

In diesem Kapitel fahren die Freunde nach München. Anton hat dort ein Bewerbungsgespräch, und die Freunde helfen ihm vorher ein bisschen. Nach dem Gespräch gehen alle in einen Biergarten und trinken auf Anton ...

Nach den Videos

Sehen Sie sich das Video an und machen Sie sich Notizen. Beantworten Sie dann die Fragen.

A. Ergänzen Sie die Sätze
B. Wer hat das gesagt?
C. Richtig oder falsch?
D. Was haben Sie gesehen?
E. Wer hat das gesagt?
F. Schreiben Sie

37 Was passiert wann? Bringen Sie die folgenden Sätze in die richtige Reihenfolge.

_____ Anton trägt einen schicken Anzug und sagt: „Na?"
_____ Herr Meinert sagt: „Kommen Sie doch bitte mit."
_____ Die Freunde simulieren ein Bewerbungsgespräch.
_____ Paul, Lily und Hülya finden Antons Buch über Bewerbungen.
_____ Alle sagen: „Auf Anton!"
_____ Anton sagt: „Ich weiß nicht, ich bin so nervös."
_____ Hülya fragt: „Und, wie ist es gelaufen?"

38 Richtig oder falsch? Arbeiten Sie mit einer Partnerin/einem Partner. Fragen Sie sie/ihn: Was ist richtig, was ist falsch?

S1:
Das Buch von Anton ist ein Bewerbungsratgeber. Ist das richtig?

S2:
Ja, das ist richtig. / Nein. Es ...

	Richtig	Falsch
Das Buch von Anton heißt *Richtig bewerben*.	_____	_____
Lily spielt den Chef in der Simulation des Bewerbungsgesprächs.	_____	_____
Anton möchte als Bäcker arbeiten.	_____	_____
Antons Stärken sind Inspiration und Sauberkeit.	_____	_____
In der Firma sind alle nicht sehr formal gekleidet.	_____	_____
In der Firma sagen alle „Du".	_____	_____
Anton kann sich vorstellen, in der Firma zu arbeiten.	_____	_____

39 Was meinen Sie? Beantworten Sie die Fragen.

1. Anton zieht einen Anzug, Hemd und Krawatte an. Was würden Sie zu einem Vorstellungsgespräch tragen? Warum?
2. Wenn man ein Vorstellungsgespräch simuliert, was genau muss man üben? Warum?
3. Im Zug, in der Firma, im Biergarten – was fällt Ihnen auf?

Wiederholung

1 **Rollenspiel** Sie erzählen Ihrer Partnerin/Ihrem Partner, dass Sie vielleicht gerne für ein Jahr eine Weltreise machen würden. Sie/Er stellt Ihnen alle möglichen Fragen. Antworten Sie darauf mit hypothetischen Aussagen.

1. Und du hast vor deinen Job aufzugeben?
2. Willst du dann alle Kontinente besuchen?
3. Und ein ganzes Jahr lang nur reisen?
4. Hast du vor alleine zu reisen?
5. Musst du dann nicht während der Reise Geld verdienen?
6. Und was passiert mit deinen ganzen Sachen?
7. Glaubst du, dass du danach wieder deinen Job bekommst?
8. Was sagt denn dein Freund/deine Freundin dazu?

Redemittel

Wünsche ausdrücken (expressing)/Hypothetische Aussagen machen

• Das wäre schön. Wenn ich genug Geld hätte! Das würde ich (gern) machen.

• Das würde Spaß machen. Dazu hätte ich große/keine Lust.

• Ich müsste natürlich viel aufgeben. Ich würde viel riskieren.

• Ich glaube, das wäre mir egal *(that would be all the same to me)*.

2 **Was würden Sie tun?** Sagen Sie, was Sie unter bestimmten Bedingungen *(under certain circumstances)* tun würden. Fragen Sie dann Ihre Partnerin/Ihren Partner. Was würdest du tun, ...

1. wenn du viel Geld hättest?
2. wenn heute Sonntag wäre?
3. wenn du heute Geburtstag hättest?
4. wenn du jetzt zwei Wochen Ferien hättest?
5. wenn du das teure Essen im Restaurant nicht bezahlen könntest?
6. wenn Freunde dich zu einem Fest nicht einladen würden?

3 **Meine Freundin Sandra** Erzählen Sie von Ihrer Freundin Sandra und ergänzen Sie die Sätze mit den fehlenden *(missing)* Präpositionen.

1. Habe ich dir _____ meiner Freundin Sandra erzählt?
2. Mit 19 Jahren hat sie _____ dem Studium angefangen.
3. Jetzt arbeitet sie _____ Siemens.
4. Sie arbeitet den ganzen Tag _____ Computer.
5. Sie und ihre Kollegen bereiten sich _____ eine Konferenz vor.
6. In ihrer Freizeit schreibt sie einen Roman. Sie spricht gern mit Mark _____ ihr Projekt.

4 **Sie hätten es anders gemacht** Alle sind unzufrieden damit, was sie gestern gemacht haben. Ergänzen Sie die Sätze und sagen Sie, was die Leute lieber gemacht hätten.

BEISPIELE Laura ist schwimmen gegangen, aber _____.
(lieber ins Theater gehen)
Laura ist schwimmen gegangen, aber *sie wäre lieber ins Theater gegangen*.

1. Ich habe in der Mensa gegessen, aber _____. (lieber in einem eleganten Restaurant essen)
2. Charlotte hat an einem Referat gearbeitet, aber _____. (lieber im Garten arbeiten)
3. Jasmin und Kevin haben Tennis gespielt, aber _____. (lieber wandern)
4. Marcel hat ferngesehen, aber _____. (lieber in einen Club gehen)
5. Jessica hat klassische Musik gehört, aber _____. (lieber Hardrock hören)
6. Elias hat sich aufs Examen vorbereitet, aber _____. (lieber Golf spielen)

5 **Was möchten Sie?** Ergänzen Sie die Sätze mit den Adjektiven in Klammern oder anderen passenden Adjektiven.

1. Wenn ich Geld hätte, würde ich mir ein _____ **Auto** kaufen. (klein, groß, billig, teuer)
2. Ich wollte, man würde mich zu einer _____ **Party** einladen. (nett, toll, klein, laut, interessant)
3. Ich möchte einen _____ **Pulli** kaufen. (warm, blau, leicht, toll)
4. Ich würde gern mal einen _____ **Film** sehen. (toll, interessant, schön, modern, klassisch, gut)
5. Ich möchte eine _____ **Reise** nach Deutschland machen. (lang, kurz, billig)
6. Ich möchte einen neuen Computer haben, aber es müsste ein _____ **Computer** sein. (billig, teuer, klein, einfach, groß, schnell, anwenderfreundlich [*user-friendly*])

6 **Wie sagt man das auf Deutsch?**

1. *I have nothing planned for the weekend.* (use **vorhaben;** *for* = **am**)
   —*Would you like to go hiking?*
2. *Could it be that Erik is ill?*
   —*I don't know. You could ask him.*
3. *Would you like to go for a walk?*
   —*Gladly. I could go this afternoon.*
4. *Could you help me, please?*
   —*If I only had (the) time.*
5. *Would you like to watch TV?*
   —*No. I don't feel like it.*

7 **Deutsch als Berufssprache** Warum lernen Sie Deutsch? Welcher Grund ist für Sie der wichtigste? Welche anderen Gründe gibt es? Besprechen Sie Ihre Antworten mit Ihrer Partnerin/Ihrem Partner.

1. *Wichtige Geschäftssprache in Europa und in der Welt.* 100 Millionen Europäer sprechen Deutsch als Muttersprache. In Osteuropa lernen mehr Schüler Deutsch als Englisch. In Japan lernen 68 % der Schüler Deutsch.
2. *Vorteile (**advantages**) im Tourismus.* Besucher aus deutschsprachigen Ländern sind in vielen Ländern die größte und wichtigste Touristengruppe.
3. *Kultursprache Deutsch.* Deutsch ist die Sprache Goethes, Nietzsches und Kafkas, von Mozart, Bach und Beethoven, von Freud und Einstein.
4. *Wissenschaftliche Fortschritte (**advances**).* Deutschsprachige Publikationen belegen (*occupy*) den zweiten Platz in der Forschung (*research*).

8 **Zum Schreiben**

1. Schreiben Sie einen Abschnitt auf Deutsch über die wirtschaftlichen Unterschiede zwischen Ihrem Land und Deutschland. Benutzen Sie die folgenden Fragen als Hilfestellung (*guideline*).
   - In welchem Land spielt der Außenhandel eine größere Rolle? Warum?
   - Welches Land hat mehr Rohstoffe?
   - Welche Produkte exportieren diese Länder vor allem?
   - In welchem Land sehen die Chancen für eine gesunde Wirtschaft besser aus? Warum?

2. Wie wäre es, wenn Sie einen Tag mit einer berühmten Person verbringen (*spend time*) könnten? Die Person kann heute leben oder eine historische Persönlichkeit sein. Schreiben Sie einen kurzen Abschnitt über den Tag.
   - Was würden Sie machen?
   - Worüber würden Sie sprechen?
   - Warum möchten Sie den Tag mit dieser Person verbringen?

Grammatik: Zusammenfassung

Subjunctive mood

Indicative	Ich **mache** die Arbeit nicht.	*I'm not **doing** the work.*
	Kannst du mir **helfen**?	***Can** you **help** me?*
Subjunctive	Ich **würde** die Arbeit nicht **machen**.	*I **would**n't **do** the work.*
	Könntest du mir **helfen**?	***Could** you **help** me?*

In both English and German, the indicative mood is used to talk about "real" conditions or factual situations. The subjunctive mood is used to talk about "unreal," hypothetical, uncertain, or unlikely events as well as to express wishes and polite requests.

> Wenn ich heute (oder morgen) nur mehr Zeit **hätte**!   *If only I **had** more time today (or tomorrow)!*

Present-time subjunctive can refer to the future as well as to the present.

The *würde*-construction

Forms

ich	**würde** es **machen**	wir	**würden** es **machen**
Sie	**würden** es **machen**	Sie	**würden** es **machen**
du	**würdest** es **machen**	ihr	**würdet** es **machen**
er/es/sie	**würde** es **machen**	sie	**würden** es **machen**

The **würde**-construction consists of a form of **würde** + infinitive. **Würde** is the subjunctive form of **werden**. It is formed by adding an umlaut to **wurde,** the simple past of **werden**.

Uses

Hypothetical statements	Ich **würde** das nicht **machen**.	*I **would** not **do** that.*
Wishes	Wenn er mir nur **helfen würde**.	*If only he **would help** me.*
Polite requests	**Würdest** du mir bitte **helfen**?	***Would** you please **help** me?*
Contrary-to-fact conditions	Wenn ich Zeit **hätte**, **würde** ich dir **helfen**.	*If I **had** time I **would help** you.*

To talk about "unreal" situations or hypothetical statements in the present, to express wishes, and to make polite requests, German may use a **würde**-construction. The **würde**-construction is the most common way to express subjunctive mood in conversational German.

Present-time subjunctive of *sein* and *haben*

sein			
ich	**wäre**	wir	**wären**
Sie	**wären**	Sie	**wären**
du	**wärest**	ihr	**wäret**
er/es/sie	**wäre**	sie	**wären**

haben			
ich	**hätte**	wir	**hätten**
Sie	**hätten**	Sie	**hätten**
du	**hättest**	ihr	**hättet**
er/es/sie	**hätte**	sie	**hätten**

The verbs **haben** and **sein** are used in their subjunctive forms, **wäre** and **hätte,** and not as part of a **würde**-construction.

The subjunctive form of verbs is the simple past tense + subjunctive endings. In addition, strong verbs add an umlaut to **a**, **o,** and **u** (e.g., **war > wäre**). Note that the subjunctive endings are identical to the simple past tense endings of weak verbs minus the **-t** (e.g., ich **spielte**, du **spieltest**, etc.).

Modals and *wissen* in present-time subjunctive

Infinitive		Simple past	Present-time subjunctive
dürfen		durfte	**dürfte**
können		konnte	**könnte**
mögen		mochte	**möchte**
müssen	er/es/sie	musste	**müsste**
sollen		sollte	**sollte**
wollen		wollte	**wollte**
wissen		wusste	**wüsste**

The modals and **wissen** are used in their subjunctive form rather than as infinitives with the **würde**-construction. The present-time subjunctive forms of **wissen** and the modals are identical to the simple past tense forms except that **wissen** has an umlaut, and the modals with an umlaut in the infinitive also have an umlaut in the subjunctive.

Past-time subjunctive

Wenn ich Zeit **gehabt hätte, wäre** ich **gekommen**.	*If I **had had** time, I **would have come**.*
Wenn Marie hier **gewesen wäre, hätte** ich sie **gesehen**.	*If Marie **had been** here, I **would have seen** her.*

The past-time subjunctive consists of the subjunctive forms **hätte** or **wäre** + past participle of the main verb.

In Deutschland wohnen und leben Menschen aus vielen Nationen. ▶

Yadid Levy / Alamy

Lernziele

Sprechintentionen
- Talking about future plans
- Talking about cultural events
- Making suggestions
- Discussing who invented, wrote, or discovered something
- Indicating that you don't understand something

Zum Lesen
- Fremd im eigenen Zuhause

Grammatik
- Relative clauses
- Relative pronouns
- Passive voice
- Summary of uses of **werden**

Leserunde
- *Deutsch ist sehr leicht* (Sabri Çakir)

Land und Leute
- Ausländische Mitbürger
- Staatsbürgerschaft
- Deutschland: Die Regierung

Video-Ecke
1 Multikulti
2 Alles Gute zum Geburtstag

RESOURCES

Bausteine für Gespräche

2-37

Ein deutsch-türkisches Konzert

FRANZISKA: Michael, hast du Lust am Wochenende zu dem Open-Air-Konzert im Tiergarten zu gehen?

MICHAEL: Hmmm, ich weiß nicht. Ich wollte mir eigentlich noch Freiburg ansehen. In zwei Wochen fliege ich doch wieder nach Amerika zurück.

FRANZISKA: Ach, komm doch. Nach Freiburg kannst du auch noch nächstes Wochenende fahren.

MICHAEL: Aber ich kenne doch nur wenige von den Rockmusikern, die da spielen werden.

FRANZISKA: Na ja, manche sind schon bekannt. Sebastian kennt zum Beispiel den Sänger – ich glaube, er heißt Erkan. Und ich finde die Idee einfach toll. Es ist ein Konzert von deutschen und türkischen Musikern und die singen auf Deutsch und auf Türkisch.

MICHAEL: Ach so, das wusste ich gar nicht. Klingt interessant. Glaubst du, dass viele Leute kommen?

FRANZISKA: Ich denke schon, so etwa 2.000–3.000 Leute.

MICHAEL: Also gut, lass uns hingehen. Ich hole dich ab, ja? Am besten fahren wir mit den Fahrrädern.

1 Fragen

1. Wohin will Franziska am Wochenende gehen?
2. Warum will Michael zuerst nicht mitkommen?
3. Was findet Franziska toll?
4. Wie viele Leute werden wahrscheinlich zu dem Konzert kommen?
5. Wie wollen Michael und Franziska zum Tiergarten kommen?

Brauchbares

1. **Der Tiergarten** is a large, picturesque park in Berlin, full of shady paths, lakes, and streams. During World War II, it was largely destroyed during heavy fighting and also deforested to provide firewood for residents of the devastated city. Thanks to beautification efforts, its 32 kilometers of treelined walkways have now been restored to their pre-war state.

2. **Lass uns:** The phrase **lass uns** is equivalent to English *let's (do something)*. The verb **lassen** is like the modals in that it takes an infinitive without **zu: lass uns gehen**.

2 Nächste Woche Fragen Sie drei Kommilitoninnen/Kommilitonen, was sie nächste Woche machen wollen.

S1:	**S2:**
Was machst du nächste Woche?	**Ich fahre nach [Freiburg].**
	Ich fliege nach [Europa].
	Ich fange einen neuen Job an.
	Ich bereite ein Referat vor.
	Ich mache Hausaufgaben.
	Ich muss viel arbeiten.

Talking about future plans

3 Kennst du das? Machen Sie mit Ihrer Partnerin/Ihrem Partner ein Rollenspiel und sprechen Sie über kulturelle Veranstaltungen *(events)*.

Talking about cultural events

S1: Kennst du | **die Rockband, die heute [in der Stadt] spielt?**
den Film, der heute im [Odeon] läuft?
die Oper, die heute Abend im Fernsehen kommt?
den neuen Roman, den ich lesen sollte?

S2: Ja, sehr gut sogar.
Ja, aber [der] interessiert mich nicht.
Nein, leider nicht.
Nein, warum fragst du?

4 Vorschläge *(suggestions)* Sprechen Sie in einer Gruppe darüber, was Sie machen wollen. Jedes Gruppenmitglied schlägt etwas anderes vor.

Making suggestions

BEISPIEL *Lasst uns …*

> **essen gehen   unsere Freunde anrufen   unseren Freunden
> helfen   Tennis oder Golf spielen   joggen gehen
> den ganzen Tag faulenzen   Videospiele spielen
> Karten spielen   eine Fahrradtour machen
> einen guten Film anschauen**

5 Hättest du Lust? Entscheiden *(decide)* Sie erst selbst, was Sie in Ihrer Freizeit machen wollen. Dann fragen Sie drei Kommilitoninnen/Kommilitonen, was sie gern machen möchten.

S1:
Hättest du Lust | **inlineskaten zu gehen?**
ins Kino zu gehen?
eine Party zu geben?
eine Radtour zu machen?
Musik zu hören?
eine DVD auszuleihen?
Chinesisch zu lernen?
einkaufen zu gehen?

S2:
Das wäre schön.
Wenn ich nur Geld hätte.
Das würde ich gern machen.
Das würde Spaß machen.
Wenn ich nur Zeit hätte.
Ich hätte schon Lust, aber …

Vokabeln **I**

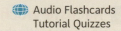

Substantive

der **Rockmusiker**, -/die **Rockmusikerin**, -nen rock
  musician
der **Sänger**, -/die **Sängerin**, -nen singer

das **Open-Air-Konzert**, -e outdoor concert
die **Radtour**, -en bicycle trip

Verben

sich (*dat.*) **an·sehen** (**sieht an**), **sah an**,
  angesehen to look at; **ich sehe es mir an** I'll have
  a look at it
hin·gehen, ging hin, ist hingegangen to go there
klingen, klang, geklungen to sound

lassen (**lässt**), **ließ, gelassen** to leave behind; to let,
  permit; **lass uns gehen** let's go
zurück·fliegen, flog zurück, ist zurückgeflogen to
  fly back

Adjektive und Adverbien

türkisch Turkish

Alles klar?

6 **Liebe Franziska** Anna schreibt eine E-Mail an Franziska in Berlin.
Setzen Sie die passenden Wörter aus der Liste ein.

> angesehen   hingegangen   klingt   lass   Open-Air-Konzert
> Radtour   Sänger   zurückgeflogen

Liebe Franziska,

wie geht es dir? Wie war eure _____ an die Ostsee? Habt ihr euch

Rostock _____? Es ist ja eine schöne Stadt. Michael ist inzwischen

wieder nach Boston _____, oder? Du bist jetzt sicher ein bisschen

traurig. Aber du kannst ihn doch auch mal besuchen. _____ uns

doch nächstes Jahr Urlaub in den USA machen! Wie wäre das? Ich war am

Wochenende bei einem _____ im Stadtpark von Stuttgart. Es war ein

Konzert von einem deutsch-türkischen

_____ – Kool Savas heißt er!

Eigentlich bin ich nur _____, weil

ein Freund von mir Karten hatte. Aber es

war toll. Kool Savas ist Rapper und seine

Musik _____ irgendwie ein bisschen

orientalisch. So eine Art türkischer Hip-

Hop, wobei er auf Deutsch gesungen hat.

So, ich muss weiterarbeiten. Morgen habe

ich eine Klausur in Kunstgeschichte! Oh je.

Viele liebe Grüße
Deine Anna

▲ „Kool Savas" singt auf Deutsch.

Land und Leute

Ausländische Mitbürger

Germany is home to approximately 7.2 million foreigners who represent almost 9% of the population. Approximately 1.7 million are from Turkey, and hundreds of thousands more come from countries such as Italy, Greece, Poland, and a variety of others. It has been argued that the term **Ausländer** *(foreigner)* should perhaps not be used anymore since it can convey a sense of in-group/out-group exclusivity and/or be ethnically demeaning. Many "foreigners" or descendants thereof are, in fact, German citizens. The official nomenclature for various generations of immigrants that has emerged recently and which is widely used by politicians and in the media is **Mitbürger mit Migrationshintergrund** *(citizens with a migratory background)*.

Uli Gersiek

▲ Türkischer Spezialitätenmarkt in Starnberg

Immigration to Germany has a history unique to the country's economic circumstances. Between 1955 and 1973, West Germany sought many "guest workers" **(Gastarbeiter)** to relieve the labor shortage of the postwar economic boom **(Wirtschaftswunder)**. The first workers came from Italy, Greece, Spain, and Turkey. In 1961, there were 700,000 foreigners living in Germany, and by 1979 the number had increased to 2.6 million. Even though many of the foreign workers have returned to their home countries, many others have stayed and raised a family in Germany. Today, approximately 1.5 million of Germany's "foreign" inhabitants were born there. These foreign residents, even though they have lived there for more than 30 years, are not citizens **(Bürger)**. However, they are eligible to receive all social benefits, and in some localities, they have the right to vote and to run for local office.

The presence of diverse cultures in Germany has at times precipitated xenophobia **(Ausländerhass)**. In the early 1990s, when economic uncertainty prevailed in much of eastern Germany as a result of the reunification of Germany's former east and west, acts of violence against foreigners occurred. These were often spurred by radical fringe groups, such as the Neo-Nazis and skinheads. These acts were met with considerable public protests across Germany as Germans demonstrated in the hundreds of thousands against such violent acts and sentiments.

Since then, the government has implemented policies that are meant to support a multicultural society **(multikulturelle Gesellschaft)**. Examples include a new naturalization law enacted in 2000 and a 15-week-long orientation course **(Integrationskurs)** for immigrants **(Einwanderer)** who seek permanent residence. The course offers an introduction to the language, institutions, and culture of Germany, and topics can range from shopping to folklore to principles of democracy.

A public scandal in 2012 involved the poor handling by the authorities of a case against several members of the NSU (**Nationalsozialistischer Untergrund,** National Socialist Underground). Until 2011 the existence of the terrorist group, whose goal was to kill people with a foreign background, was apparently unknown. In 2012, several members of the group were arrested for at least nine brutal murders committed over the course of seven years. The poor handling of the case brought some disrepute to Germany's security apparatus and resulted in the resignation of a number of officials responsible for state security.

Kulturkontraste

1. Heute spricht man nicht mehr von „Gastarbeitern", sondern von „ausländischen Mitbürgern". Was ist der Unterschied zwischen einem Gastarbeiter und einem Mitbürger?
2. Fänden Sie es gut, wenn alle Ausländer, die in ein Land kommen, einen Integrationskurs machen müssten? Was sollte ein Einwanderer über Ihr Land wissen?
3. Die USA sind historisch gesehen immer ein Einwanderungsland gewesen. Was meinen Sie: Was ist in Deutschland anders, politisch und kulturell?

I. Kulturkontraste
1. Ausländische Mitbürger und Staatsbürgerschaft

Zum Lesen

Vor dem Lesen

7 **Die ausländischen Mitbürgerinnen und Mitbürger** In Deutschland wohnen Menschen aus vielen verschiedenen Ländern. Sehen Sie sich die Statistik unten genau an und beantworten Sie dann die Fragen.

Menschen in Deutschland mit Migrationshintergrund	
7.120.900 (2009)	
Die meisten Ausländer in Deutschland kommen aus den folgenden Staaten:	
Türkei	25,4 %
Italien	7,8 %
Polen	5,7 %
Serbien / Montenegro	4,9 %
Griechenland	4,4 %
Kroatien	3,3 %
Sonstige° Staaten	16,7 %

other

1. Welche Ausländergruppe in Deutschland ist die größte?
2. Welche Gruppe ist am kleinsten?
3. Welche Gruppen gehören zur EU, welche nicht?
4. Gibt es diese Gruppen auch in den USA oder in Kanada?
5. Welche Gruppen sind am wichtigsten in Nordamerika?

 8 **Ausländer: Probleme** Was für Probleme könnten Ausländer in einer fremden Kultur haben? Machen Sie in Gruppenarbeit eine Liste mit vier oder mehr Problemen.

Beim Lesen

9 **Informationen zu deutsch-türkischen Mitbürgern** Geben Sie die Zeilen *(lines)* an, in denen man Informationen über die folgenden Punkte findet.

Thema	Zeile
Ausländische Arbeiter kommen nach Deutschland	
Klein-Istanbul	
Eine deutsch-türkische Kultur	
Unterschiede und Erfahrungen von jungen und älteren Ausländern	
Integration: Rolle der Sprache	
Türken, Deutsch-Türken und Deutsche: Interaktion	
Religion: offen praktizieren	

2-38

Fremd im eigenen Zuhause

M ichael trifft in der Bibliothek Hakan, der mit ihm die Politikvorlesung besucht. Michael erzählt Hakan, dass er in zwei Wochen
5 nach Amerika zurückfliegt. Spontan lädt Hakan ihn zum Essen ein, und zwar in das türkische Lokal „Bosporus", das seinen Eltern gehört. Michael und Hakan werden von Hakans Eltern, dem
10 Ehepaar Gümeshan, begrüßt°, und beim Essen unterhalten sie sich.

▲ Döner Kebap ist in Deutschland sehr beliebt.

ZoneFatal/Shutterstock

HAKAN: Die Linsensuppe° kann ich nur empfehlen. Die nehme ich als Vorspeise°. Und das Kebab ist auch fantastisch.

MICHAEL: Es ist nett hier. Hmm, ich glaube ich nehme den Kebabteller mit
15 Salat. Seit wann habt ihr denn dieses Restaurant? Schon lange?

HAKAN: Nein, erst seit fünf Jahren. Da hat mein Vater sich entschieden, sein Hobby, das Kochen, zum Beruf zu machen. Davor war er viele Jahre Arbeiter bei Siemens. Ach, er ist schon ewig hier in Deutschland.

20 MICHAEL: Ja? Wann kam dein Vater denn nach Deutschland?

HAKAN: Mitte der siebziger Jahre. Damals konnte die deutsche Wirtschaft in manchen Bereichen° noch Arbeitskräfte° gebrauchen und im Süden der Türkei, wo wir wohnten, gab es keine Arbeit für alle. Also ging mein Vater nach Deutschland, um Geld zu
25 verdienen. Meine Mutter und mein großer Bruder allerdings blieben in der Türkei und mein Vater kam nur einmal im Jahr zu Besuch. Doch natürlich war das kein Familienleben und 1983 kamen sie dann nach. Und 1988 bin ich dann hier als jüngster von drei Geschwistern geboren. Ich habe auch die deutsche
30 Staatsbürgerschaft°.

MICHAEL: Und du fühlst dich sicher auch als Deutscher, nicht? Oder stehst du irgendwie zwischen den Kulturen?

HAKAN: Eigentlich fühle ich mich als Deutsch-Türke, denn ich bin hier in Berlin-Kreuzberg aufgewachsen – das wird auch Klein-Istanbul
35 genannt. Fast ein Drittel der Bewohner in Kreuzberg sind Ausländer und zwar vor allem Türken.

Deshalb ist mir die türkische Kultur sehr nahe, obwohl Deutschland mein Heimatland und die Türkei immer eher° ein Urlaubsland für mich ist. Irgendwie gibt es inzwischen sowieso so
40 etwas wie eine deutsch-türkische Kultur. Zum Beispiel viele Leute aus dem öffentlichen Leben, deren Eltern aus der Türkei kamen. Und auch viele deutsch-türkische Künstler, Sänger, Komiker°, Filmemacher, wie zum Beispiel Fatih Akin, die diese deutsch-türkischen Themen ansprechen°.

45 MICHAEL: Ist von Fatih Akin nicht der Film „Auf der anderen Seite", mit dem er die Lola gewonnen hat? Den haben wir in unserem Deutschkurs für ausländische Studenten gesehen.

HAKAN: Ja, genau. Fatih Akin ist sehr bekannt. Und seine Filme handeln oft von den Problemen der verschiedenen Generationen von

A. Fremd im eigenen Zuhause
B. Richtig oder falsch?

Kebab. A southeastern European dish of small pieces of grilled meat (usually mutton). **Kebab** is an Arabic/Turkish word.

greeted

lentil soup
appetizer

Siemens. Siemens produces electrical goods and is one of Germany's largest companies.

areas / workers

Berlin-Kreuzberg/ Klein-Istanbul. Berlin-Kreuzberg is an area of Berlin that is referred to as the "little capital" of Turkey because so many Turks live there.

citizenship

The **Lola** is the German equivalent of the American Oscar. The English title of the film is *The Edge of Heaven*. The film won awards at the Cannes Festival and the Lola in 2008.

immer eher: *always more of a*

comedians

deal with

Türken hier. Na ja, und meine Eltern sind eben anders als meine Generation. Sie finden die jungen Türken oft auch problematisch, weil sie einfach überhaupt nicht traditionell sind. Und meine Eltern sprechen auch nach so vielen Jahren hier in Deutschland immer noch oft darüber, dass sie später wieder in der Türkei leben wollen.

Aber was heißt schon später, mein Vater ist Mitte sechzig. Und ob sie sich dort dann allerdings richtig wohl fühlen würden, weiß ich gar nicht. Dort hat sich natürlich auch viel verändert.

MICHAEL: Wie ist es denn mit Ausländerfeindlichkeit heute in Deutschland? Ich habe mal gelesen, dass es in den 90er-Jahren häufig Gewalttaten° gegen Ausländer gab. Besonders gegen Türken.

HAKAN: Ja, meine Eltern sprechen oft darüber. Ich als kleiner Junge habe es damals nicht so bemerkt. Ich hatte in Kreuzberg aber natürlich auch meine türkischen und deutsch-türkischen und auch deutschen Freunde. Aber es war wohl ziemlich schlimm damals. Mein Bruder Ediz war damals schon 10 und er hat mir erzählt, dass er oft große Angst hatte. Solche Parolen° wie „Ausländer raus°" und „Deutschland den Deutschen" hat man häufig gehört. Gut, es gab auch viele Initiativen gegen Ausländerfeindlichkeit, bei denen auch viele Deutsche mitgemacht haben. Und es gibt natürlich sehr viele Deutsche, die es toll finden, dass Deutschland jetzt auch ein bisschen multikulturell ist. Und in Berlin ist das sowieso ganz stark, dass viele Kulturen relativ friedlich nebeneinander existieren. In Kleinstädten kann das schon anders sein.

MICHAEL: Wohnen denn deine beiden Geschwister hier in Berlin?

HAKAN: Nein. Ediz wohnt in Köln. Dort hat er Jura studiert und jetzt ist er gerade auf Jobsuche°. Er fühlt sich generell aber nicht so wohl in Deutschland und findet auch, dass man gerade in den besseren Jobs als Deutsch-Türke in Deutschland nicht voll akzeptiert ist. Er hat auch Jobangebote° aus der Türkei und wahrscheinlich wird er nach Istanbul gehen.

MICHAEL: Dann würde er also wie deine Eltern wieder auswandern, aber eben in die Türkei zurück?

HAKAN: Ja, dort hat man wohl als Akademiker°, der beide Sprachen und Kulturen kennt, sehr gute Chancen einen gut bezahlten Job zu finden. Und nicht alle fühlen sich hier in Deutschland so wohl wie ich – da gibt es sogar große Unterschiede bei uns Geschwistern. Zum Beispiel arbeitet meine Schwester Aysin bei einer kleinen Computerfirma in Süddeutschland und sie erzählt manchmal von intoleranten Leuten. Sie ist überzeugte° Muslimin und trägt immer ein Kopftuch. Doch dann wurde ihr bei der Arbeit gesagt, dass es besser wäre, wenn sie ihre Religion nicht so offen zeigen würde und ohne Kopftuch zur Arbeit kommen würde. Das hat sie irritiert und verletzt und sie hat ihrem Chef gesagt, dass sie das nicht tun würde. Nun muss man sehen, was daraus wird.

MICHAEL: Hmmm, das kann ich mir vorstellen. Ah, da kommt ja das Essen.

FRAU GÜMESHAN: Na, schon hungrig, ihr beiden? Hier habe ich noch Schafskäse° und Oliven für euch, frisch aus der Türkei. Ach, wie ich mich freue im August wieder nach Hause zu fahren. Und Sie, Michael? Sie freuen sich sicher auch wieder auf die Heimat, nicht?

Glossary (margin notes):

- *acts of violence* — Gewalttaten (line 60)
- *slogans / out* — Parolen / raus (line 67)
- *applying for jobs* — Jobsuche (line 77)
- *job offers* — Jobangebote (line 80)
- *college graduate* — Akademiker (line 83)
- *devout* — überzeugte (line 90)
- *cheese made from sheep's milk* — Schafskäse (line 98)

F. **Ausländische Mitbürger** in deutschen Städten

Nach dem Lesen

10 Fragen

1. Wo haben sich Michael und Hakan kennengelernt?
2. Wohin lädt Hakan Michael zum Essen ein?
3. Warum kam Hakans Vater nach Deutschland?
4. Warum kamen in dieser Zeit viele Ausländer nach Deutschland?
5. Warum fühlt sich Hakan auch in der türkischen Kultur wohl, obwohl er in Berlin geboren ist?
6. Welche Unterschiede gibt es generell zwischen Hakans Generation und der Generation seiner Eltern?
7. Wie waren die 90er-Jahre für Ausländer?
8. Wie ist die Atmosphäre für Ausländer in Deutschland besser geworden?
9. Was findet Hakans Bruder Ediz an der Situation der deutsch-türkischen Akademiker in Deutschland problematisch?
10. Warum ist Hakans Schwester bei ihrer Arbeit unsicher?
11. Was meinen Sie: Was bedeutet Frau Gümeshans Aussage am Ende des Textes?

11 Einige Themen Lesen Sie den Text noch einmal. Machen Sie eine Liste mit Stichwörtern zu den folgenden Themen.

1. Geschichte eines ausländischen Arbeiters in Deutschland
2. Erfahrungen eines jungen Deutsch-Türken oder einer jungen Deutsch-Türkin in Deutschland
3. Probleme der ausländischen Mitbürger in Deutschland
4. Sprache und Integration in die Gesellschaft

12 Zur Diskussion In Deutschland gibt es so etwas wie eine deutsch-türkische Kultur. Nennen Sie Beispiele aus Ihrem Land, wo verschiedene Kulturen zusammengekommen sind. Sie können über das Essen, die Musik, Kleidung oder Sprache sprechen.

13 Erzählen wir

1. Stellen Sie sich vor, dass Sie als Ausländerin/Ausländer in Deutschland leben. Erzählen Sie von sich. Woher kommen Sie? Warum sind Sie nach Deutschland gekommen? Wie gefällt es Ihnen in Deutschland?
2. **Rollenspiel.** Eine Reporterin/Ein Reporter interviewt eine ausländische Mitbürgerin/einen ausländischen Mitbürger *(fellow citizen)* in Ihrem Land.
3. Sie sind Reporterin/Reporter. Sie wollen Hakan oder Hakans Schwester interviewen. Welche Fragen würden Sie stellen?

Land und Leute

vario images GmbH & Co.KG / Alamy

▲ **Die doppelte Staatsbürgerschaft ist in Deutschland politisch kontrovers.**

Staatsbürgerschaft

For many countries, the primary method of determining citizenship (**Staatsangehörigkeit** or **Staatsbürgerschaft**) is through heritage, that is, the citizenship of the parent(s), not the country of birth. In such countries, naturalization (**Einbürgerung**) is often a convoluted process. This was also the case in Germany. One example of the policy was that children born to foreigners in Germany were not citizens of Germany even though the families had lived in Germany for many years.

In 2000, however, a new citizenship law took effect that makes it easier to become a German citizen. Children born to foreigners who have lived in Germany for at least eight years automatically have dual citizenship until the age of 23, when they must choose one citizenship. As a general rule, dual citizenship applies only to other member states of the EU. In addition, the naturalization law has made it easier for adults to become German citizens. Foreigners who have been legal residents for at least eight years and can support themselves can apply to become citizens by demonstrating proficiency in German and knowledge of German culture and political institutions. Since the introduction of the new law, over 1 million people have been naturalized, with the largest single country of origin for new citizens being Turkey.

To understand the difficulties in the current cultural and political discourse on immigration and naturalization in Germany, it is important to realize that this discourse is affected by the aftermath of World War II and Nazi Germany. Given Germany's past, any debate on immigration policy requires Germans to discuss German identity in cultural and in historical terms. In order to determine what it may mean to become a German citizen, Germans must formulate what it means to be a German citizen, hence what it means to be German. Germans are historically wary of "mainstreaming" German cultural and national identiy, because many think that it was exaggerated national pride in concert with overreliance on a monocultural ethos of superiority that were some of the key factors making Nazi Germany and the Holocaust possible. As a result, in the pursuit of a workable framework for immigration and naturalization, it remains a difficult task for Germans to formulate what it is that Germans may share in terms of values, culture, and history.

I. Kulturkontraste

1. Ausländische Mitbürger und Staatsbürgerschaft
2. Zwei junge Türkinnen sprechen über ein Problem

Kulturkontraste

1. Was halten Sie von der doppelten Staatsbürgerschaft? Welche Vorteile und welche Nachteile kann es geben?

2. Wie wird man Staatsbürgerin/Staatsbürger in Ihrem Land?

3. Staatsbürgerschaft und Nationalität: Welche Themen werden in Ihrem Land besonders kontrovers diskutiert? Warum?

4. Was meinen Sie: Kann man die Kultur einer Nation klar definieren? Was sind ein paar zentrale Aspekte solcher Definitionen in Amerika oder Kanada? Was denken Sie darüber?

Vokabeln II

 Audio Flashcards
Tutorial Quizzes

Substantive

der **Ausländer**, -/die **Ausländerin**, -nen foreigner
der **Bewohner**, -/die **Bewohnerin**, -nen inhabitant
der **Fall**, ⸚e case, situation; **auf jeden Fall** in any case
der **Teller**, - plate; dish of food
das **Kopftuch**, -tücher headscarf
das **Lokal**, -e restaurant, bar
das **Thema**, **Themen** topic, theme
das **Tuch**, ⸚er cloth; scarf; shawl
das **Zuhause** home

die **Ausländerfeindlichkeit** hostility toward
  foreigners, xenophobia
die **Decke** blanket
die **Geschwister** (*pl.*) siblings
die **Heimat** homeland
die **Mitte** middle
die **Nähe** nearness; proximity; vicinity; **in der
  Nähe** nearby

Verben

**auf·wachsen (wächst auf), wuchs auf, ist
  aufgewachsen** to grow up
bemerken to notice; remark
sich **entscheiden, entschied, entschieden** to decide
geboren: ist geboren is born
gebrauchen to use

handeln to treat; (+ **von**) to be about
mit·machen to join in
sich **verändern** to change
sich (*dat.*) **vor·stellen** to imagine; **ich kann es mir
  vorstellen** I can imagine it

Adjektive und Adverbien

allerdings however; of course
fremd foreign, strange
häufig frequent(ly)
hungrig hungry
multikulturell multicultural
nahe (+ *dat.*) near; **mir nahe** close to me

nebeneinander side by side, near each other
offen open
problematisch problematic
sowieso in any case

Besondere Ausdrücke

die **(siebziger, neunziger) Jahre** the (1970s, 1990s)
zu Besuch for a visit

zum Essen for dinner

Alles klar?

14 **Allerlei (Potpourri)** Ergänzen Sie die folgenden Sätze mit den
passenden Wörtern aus der Liste.

Fall	geboren	Geschwister	Kopftuch
Lokal	Mitte	Nähe	Teller	Decke

1. Für unser Picknick brauchen wir noch _____, Messer, Gabeln und
   Gläser. Wir sollten auch eine _____ mitnehmen, damit wir uns
   hinsetzen können.
2. Wenn du Ohrenschmerzen hast, solltest du bei diesem Wind hier auf
   jeden _____ ein _____ tragen.
3. Wenn ihr türkisch essen gehen wollt, kenne ich ein tolles _____.
   Es ist ganz in der _____, nur fünf Minuten zu Fuß.
4. Meine beiden _____ haben _____ August Geburtstag:
   Mein Bruder ist am 14. August und meine Schwester am 15. August
   _____.

C. Ist das logisch?
D. Der richtige Ort
E. Ein Interview
F. Pläne für Samstag

15 **Frau Gümeshan erzählt** Ergänzen Sie den Text mit den Wörtern aus der Liste.

aufgewachsen   Ausländer   Ausländerfeindlichkeit   bemerkt
Bewohner   entschieden   geboren   Heimat   verändert   vorstelle

Frau Gümeshan erzählt:

Ich lebe seit fast 30 Jahren in Deutschland, doch für mich ist die Türkei immer noch meine richtige _____. Zwei meiner Kinder sind hier in Deutschland _____. Die Kinder sind hier in Berlin-Kreuzberg _____. Die 90er-Jahre in Deutschland waren keine gute Zeit, weil damals die _____ am größten war. Häufig gab es schlimme Aktionen gegen _____. Zum Beispiel haben rechtsradikale Leute in Häusern, in denen es viele ausländische _____ gab, Feuer gelegt. Das war schrecklich und oft hatten mein Mann und ich auch große Angst um unsere Familie. Die Situation hat sich jetzt positiv _____ und wir fühlen uns recht wohl hier. Manchmal ist es aber schwierig für mich, wenn ich mir _____, dass ich immer in Deutschland leben und wohl auch hier sterben werde. Unsere Tochter und unser jüngster Sohn werden wohl in Deutschland bleiben, doch unser Sohn Ediz will nach Istanbul gehen. Als er sich um Jobs beworben hat, hat er wohl _____, dass er es als Deutsch-Türke in einer Managerposition nicht leicht haben wird in Deutschland. Und das ist natürlich schwierig – zwei Kinder hier, eins in der Türkei. Mein Mann und ich haben uns noch nicht _____, wo wir unseren Lebensabend verbringen wollen.

▲ **Die Metropole Istanbul am Bosporus**

Vitaly Titov & Maria Sidelnikova/Shutterstock.com

Land und Leute

⊕ Web Search

Deutschland: Die Regierung

In the Federal Republic of Germany each state **(Bundesland)** has a constitution. However, the central government is strong.

National elections to the House of Representatives **(der Bundestag)** take place every four years. All German citizens over 18 years of age have "two votes"; the "first vote" **(Erststimme)** is for a particular candidate and the "second vote" **(Zweitstimme)** is for one political party. The representative one votes for need not belong to the party that one votes for. The constitution **(Grundgesetz)** of the Federal Republic stipulates that a political party has to have a minimum of 5% of all the votes cast to be represented in the **Bundestag**.

The **Bundestag** is the only federal body elected directly by the people. The Federal Council **(Bundesrat)** represents the federal states **(Bundesländer)** and is made up of members of the state governments or their representatives. The President **(Bundespräsidentin/Bundespräsident)** is elected by the Federal Convention (comparable to the U.S. Electoral College). The President's tasks are mainly ceremonial in nature.

The head of the government in the Federal Republic of Germany is the Federal Chancellor **(Bundeskanzlerin/Bundeskanzler),** who is nominated by the President and elected by the **Bundestag**.

The major German parties are **SPD (Sozialdemokratische Partei Deutschlands); CDU (Christlich-Demokratische Union); CSU (Christlich-Soziale Union); Grüne (Bündnis 90/Die Grünen); FDP (Freie Demokratische Partei);** and **Die Linke**.

In 2005 Angela Merkel (b. 1954) of the **CDU** became the first woman chancellor **(Kanzlerin)** of reunited Germany and was reelected into a second term in 2009. Thereby, in the opinion of many, she became the most powerful woman in the world.

▲ Besucher vor dem Reichstag in Berlin

▲ Angela Merkel, Bundeskanzlerin

Kulturkontraste

1. Vergleichen Sie die Regierung in Deutschland mit der Regierung in Ihrem Land. Welche deutschen Institutionen sind Institutionen in Ihrem Land ähnlich *(similar)*? Welche sind anders?

2. Was meinen Sie: Wie mächtig ist der deutsche Bundeskanzler oder die deutsche Bundekanzlerin in der Welt?

Grammatik und Übungen

Giving additional
information

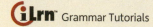 Grammar Tutorials

Relative clauses

Ist das **der Mann, den** Sie meinen?	*Is that **the man (whom)** you mean?*
Ist das **das Auto, das** du kaufen möchtest?	*Is that **the car (that)** you'd like to buy?*
Wer ist **die Frau, die** gerade hereinkommt?	*Who is **the woman (who** is) just coming in?*

A RELATIVE CLAUSE provides additional information about a previously mentioned noun or pronoun.

- The clause is introduced by a relative pronoun (e.g., **den, das, die**) that refers back to the noun, which is the antecedent (e.g., **Mann, Auto, Frau**).

- Since a relative clause is a dependent clause, the finite verb (e.g., **meinen, möchtest, hereinkommt**) stands in last position.

- In German, the relative pronoun must always be stated. In English, the relative pronoun may or may not be stated.

- Relative clauses are set off from main clauses by commas.

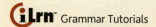 Grammar Tutorials

Relative pronouns *(das Relativpronomen)*

	Masculine	Neuter	Feminine	Plural
Nominative	der	das	die	die
Accusative	den	das	die	die
Dative	dem	dem	der	**denen**
Genitive	**dessen**	**dessen**	**deren**	**deren**

The FORMS of the relative pronoun are the same as the forms of the definite articles, except for the dative plural and all genitive forms.

Masculine	Das ist der Mann, **der** uns gefragt hat.
Neuter	Das ist das Kind, **das** uns gefragt hat.
Feminine	Das ist die Frau, **die** uns gefragt hat.
Plural	Das sind die Leute, **die** uns gefragt haben.

The GENDER (masculine, neuter, or feminine) of the relative pronoun depends on the gender of the noun to which it refers.

- In the examples above, **der** is masculine because it refers to **der Mann, das** is neuter because it refers to **das Kind,** and **die** is feminine because it refers to **die Frau.**

- Whether a pronoun is singular or plural also depends on the noun to which it refers. The pronoun **die** that refers to **die Leute** is plural and therefore requires the plural verb **haben.**

Nominative	Ist das der Mann, **der** hier war?
Accusative	Ist das der Mann, **den** Sie meinen?
Dative	Ist das der Mann, **dem** Sie es gesagt haben?
Genitive	Ist das der Mann, **dessen** Auto Sie gekauft haben?

The CASE (nominative, accusative, dative, or genitive) of a relative pronoun depends on its grammatical function in the relative clause. In the examples above, **der** is nominative because it is the subject of its clause; **den** is accusative because it is the direct object of the verb **meinen** in that clause; **dem** is dative because it is an indirect object in the clause; and **dessen** is genitive because it shows possession.

Wie heißt die Frau, **für die** Sie arbeiten?	*What is the name of the woman **for whom** you work?*
Wo ist die Firma, **bei der** Sie arbeiten?	*Where is the firm **(that)** you work **for**?*

A relative clause can also be introduced by a preposition followed by a relative pronoun. The case of the relative pronoun then depends on what case the preposition takes. In **für die** (first example), **die** is accusative because of **für**; in **bei der** (second example), **der** is dative because of **bei**.

- In German, whenever a relative pronoun is the object of a preposition, the preposition precedes the pronoun.
- In colloquial English, the preposition is usually in last position: *(that) you work for.*

16 **Mohamad Moalem, 20, Iran** Lesen Sie den Bericht von Mohamad Moalem aus dem Magazin *Willkommen* des Goethe-Instituts. Hier erzählt der Austauschstudent, warum er gerne in Hamburg wohnt. Identifizieren Sie die Relativpronomen im Text und erklären Sie, in welchem Fall jedes Pronomen ist und worauf es sich bezieht. Beantworten Sie dann die Fragen.

„Mein Vater arbeitet im iranischen Generalkonsulat in Hamburg. Bevor wir hierher kamen, habe ich gedacht, dass ich in eine ganz fremde Welt komme, aber eigentlich sind die Unterschiede gar nicht so groß – nur im Glauben und in der Kleidung. Der einzige Unterschied, an den ich mich wirklich schwer gewöhnen *(get used to)* kann, ist das kühlere Klima. Ich hoffe sehr, dass der Sommer hier in Deutschland wieder so gut wird wie im letzten Jahr, da war es lange Zeit sehr heiß. Ich werde wieder die schönen Restaurants und Cafés hier besuchen und viele deutsche Freunde finden, mit denen ich dann Spaß haben und das leckere Essen genießen *(enjoy)* kann. Ich bin schon ein großer Fan von Fischgerichten *(seafood)* und Burgern. Nach meinem Kurs am Goethe-Institut werde ich Medizin oder Biologie in Hamburg studieren. Es ist wichtig, dass man die Techniken und Methoden anderer Länder kennenlernt, die man dann in seine Heimat tragen und so die dortige Praxis bereichern *(enrich)* kann."

1. Warum lebt Mohamad in Hamburg?
2. Welche Unterschiede sieht Mohamad zwischen Deutschland und dem Iran?
3. Was gefällt ihm in Hamburg?
4. Was findet er weniger gut?
5. Was will Mohamad studieren?

Mein Freund ist Ausländer

17 Die sind doch gar nicht kaputt Ihr Freund repariert gern elektrische Geräte *(appliances)*, aber er weiß nicht so genau, welche Geräte er reparieren soll. Korrigieren Sie ihn. Benutzen Sie den Nominativ des Relativpronomens.

S1:
Ich repariere jetzt diesen Computer, ja?

S2:
Das ist doch nicht der Computer, der kaputt ist.

1.

2.

3.

4.

5.

18 Die Sachen sind toll Sie hatten Geburtstag! Und Sie haben jetzt neue Kleidung und sind sehr stolz darauf. Fragen Sie Ihre Partnerin/Ihren Partner, ob ihr/ihm die Kleidung gefällt. Die Partnerin/Der Partner fragt, ob Sie die Dinge zum Geburtstag bekommen haben. Benutzen Sie den Akkusativ der Relativpronomen.

S1:
Wie gefällt dir diese Jacke?

S2:
Toll. Ist das die Jacke, die du zum Geburtstag bekommen hast?

1. Wie gefällt dir diese Hose?
2. Wie gefällt dir dieses Hemd?
3. Wie gefällt dir dieser Rock?
4. Wie gefällt dir dieser Pulli?
5. Wie gefallen dir diese Jeans?
6. Wie gefallen dir diese Schuhe?
7. Wie gefallen dir diese Socken?
8. Wie gefallen dir diese Handschuhe?

19 **Michael schreibt über die Ausländer** Michael schreibt seinem Freund Thomas über die Situation der Ausländer in Deutschland. Ergänzen Sie die Sätze mit den passenden Relativpronomen.

1. In der E-Mail, _____ Michael an seinen Freund Thomas schreibt, berichtet er über die Ausländer.
2. Viele Ausländer, _____ in Deutschland leben, wohnen in den großen Industriestädten.
3. In manchen Vierteln *(city quarters)*, in _____ die Ausländer wohnen, leben nur wenige Deutsche.
4. Dort gibt es Läden, in _____ die Ausländer die Lebensmittel kaufen können, _____ sie von ihrer Heimat her kennen.
5. Es sind meistens die Kinder, _____ es in dem fremden Land ganz gut gefällt.
6. Das Deutsch, _____ die Kinder sprechen, ist oft besser als das Deutsch ihrer Eltern.
7. Die Ausländer, _____ die Deutschen bei der Integration wenig helfen, bleiben oft unter sich.

20 **Wer sind diese Leute?** Luisa und Jens sind auf einer Party. Luisa erzählt interessante Dinge über die Leute und Jens scheint schon einiges zu wissen. Ergänzen Sie die Sätze mit Relativpronomen im Genitiv.

BEISPIEL Frau Meier, _____*deren*_____ Sohn in Marburg studiert, ist Rechtsanwältin.

1. Herr Schnell, _____ Tochter bei Volkswagen arbeitet, fährt einen Golf.
2. Herr und Frau Gescheit, _____ Kinder gut Englisch können, haben ein neues großes Haus.
3. Der alte Herr, _____ Sohn arbeitslos ist, hat vor ein paar Wochen Bankrott gemacht.
4. Herr Ettel, _____ Frau Chefärztin ist, studiert noch.
5. Diese junge Frau, _____ Vater ein bekannter Rechtsanwalt ist, hat letzte Woche geheiratet.

▲ Das sind meine Freunde, mit denen ich jedes Jahr Fasching *(carnival)* feiere.

B. Was ist das?
C. Deutschland als zweite Heimat
D. Kulturelle Unterschiede

21 Wer ist ...? Fragen Sie Ihre Partnerin/Ihren Partner, wer die verschiedenen Leute sind. Ihre Partnerin/Ihr Partner stellt Ihnen auch Fragen. Es ist möglich, dass Sie beide die Leute unterschiedlich (*differently*) beschreiben.

S1:		S2:
Wer ist Herr Rot?		Das ist der Journalist, der für die
Das ist ...		*Times* arbeitet. Und wer ist Frau ...?

Frau Blau	der Professor	Sie/Er schreibt an einem Roman.
Herr Klein	die Studentin	Sie/Er trägt immer komische Hüte.
Frau Rot	der Ingenieur	Alle mögen sie/ihn.
Dr. Kühler	der Journalist	Ihr Mann ruft sie jeden Tag an.
Herr Hamburger	die Sekretärin	Ihr/Ihm gefällt es gut hier.
Frau König	die Ärztin	Sie/Er arbeitet für die *Times*.
Frau Kaiser	der Musiker	Sie/Ihn sieht man nur mit der Zeitung unterm Arm.
Herr Bass	die Lehrerin	Sie/Er lächelt immer so viel.

 22 Erzähl mal Bilden Sie Dreiergruppen und beenden Sie die Sätze.

BEISPIEL Wien ist eine Stadt, ...   *[die sehr alt ist].*
                                           [die ich besuchen möchte].
                                           [in der ich leben möchte].

1. Die Schweiz ist ein Land, ...
2. Österreich ist ein Land, ...
3. Volkswagen ist eine Firma, ...
4. Ich hätte gern eine Präsidentin/einen Präsidenten, ...
5. Ich habe einen Freund, ...
6. Ich habe eine Freundin, ...
7. Ich habe eine Professorin/einen Professor, ...
8. Der Juli ist ein Monat, ...

2-39

23 Hören Sie zu Hören Sie sich die Radiowerbung (*radio commercial*) für ein Restaurant in München-Haidhausen an. Beantworten Sie dann die Fragen. Sie hören drei neue Wörter: **Achtung!** (*Attention!*); **Neueröffnung** (*new opening*); **in der Nähe** (*near*).

1. Was machen die Leute, die in Haidhausen abends noch Hunger haben?
2. Was für ein Restaurant ist das „Restaurant Konya" in der Rablstraße?
3. Wann kann man im „Restaurant Konya" essen?
4. Wie viel kostet das billigste Essen im „Restaurant Konya"?
5. Was gibt es alles im Gasteig?

Konya!

Türkische Spezialitäten
➤ warme und kalte Küche

Öffnungszeiten:
Dienstag bis Sonntag
von **18.00** bis **24.00** Uhr
Montag Ruhetag

Konya
Rablstraße 19
81669 München
(Nähe Gasteig)

www.konya-restaurant.de

The passive voice *(das Passiv)*

Active voice	**Stefan** fragt mich fast jeden Tag.	***Stefan** asks me almost every day.*
Passive voice	**Ich** werde das fast jeden Tag gefragt.	*I'm asked that almost every day.*

Focusing attention on the receiver of an action

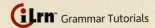 Grammar Tutorials

In the active voice, the subject is "active."

- The subject is the agent that performs the action expressed by the verb.
- Active voice focuses attention on the agent.
- The attention in the active sentence above is focused on Stefan, who asks me almost every day.

In the passive voice, the subject is "passive."

- The subject is acted upon by an expressed or unexpressed agent.
- Passive voice focuses attention on the receiver of the action.
- The attention in the passive sentence above is focused on the person *(me)* who is asked almost every day.

The subject (e.g., **ich**) of a passive sentence corresponds to the object of an active sentence (e.g., **mich**).

In everyday conversation, speakers of German use the active voice much more often than the passive voice. The passive is used in instructions, recipes, and technical and scientific manuals, where, just as in English, an impersonal style is preferred.

Passive voice: present tense and simple past tense

Present	Ich **werde gefragt**.	*I **am asked**.*
Simple past	Ich **wurde gefragt**.	*I **was asked**.*

- In English, a passive verb phrase consists of a form of the auxiliary verb *to be* and the past participle of the verb (e.g., *asked*).
- In German, the passive verb phrase consists of a form of the auxiliary **werden** and the past participle of the main verb (e.g., **gefragt**).
- The tenses you will encounter most frequently in passive voice are the present and simple past.

---

24 **Was wird heute gemacht?** Es ist Samstag und es gibt viel zu tun. Sagen Sie, was heute bei Franziska alles gemacht wird.

BEISPIEL Brot / kaufen *Brot wird gekauft.*

1. die Wäsche / waschen
2. das Geschirr / spülen
3. das Essen / kochen
4. das Haus / sauber machen
5. das Auto / putzen
6. die Gartenarbeit / machen
7. die Garage / aufräumen
8. Kaffee / trinken

Von + *agent*

Without agent	Die Gartenarbeit wird gemacht.	*The yard work is being done.*
With agent	Die Gartenarbeit wird **von meiner Schwester** gemacht.	*The yard work is done **by my sister**.*

- In the passive voice, the agent is often omitted.
- If the agent (e.g., **Schwester**) is expressed, in most passive sentences, it is the object of the preposition **von** and thus it is in the dative case.

J. Von wem wird das gemacht?

25 Wie war das damals? Ihre Urgroßeltern erzählen aus ihrer Kindheit. Was wurde wie gemacht? Verbinden Sie die richtigen Konzepte miteinander.

1. Briefe wurden mit der Hand geschrieben,   ... nicht mit der Maschine.
2. Telefoniert wurde nur kurz,   ... nicht in Farbe.
3. Das Essen wurde auf dem Herd gekocht,   ... nicht mit dem Computer.
4. Filme wurden in schwarz-weiß gesehen,   ... nicht stundenlang.
5. Das Geschirr wurde von Hand gewaschen,   ... nicht in der Mikrowelle.

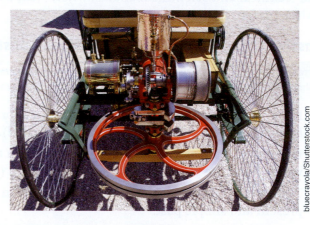

bluecrayola/Shutterstock.com

▶ **Das erste deutsche Auto (der „pferdelose Wagen") wurde von Carl Friedrich Benz entwickelt.**

E. Was wird von wem gemacht?
G. Von wem wurde das erfunden oder geschrieben?

Discussing who invented, wrote, or discovered something

26 Wer war das? Sie und Ihre Partnerin/Ihr Partner fragen einander, was von wem gemacht wurde. Benutzen Sie die Stichwörter und bilden Sie Sätze im Passiv.

S1:
Von wem wurde das Telefon erfunden (*invented*)?

S2:
Das Telefon wurde von Alexander Graham Bell erfunden.

der Film *Star Wars*	Carl Friedrich Benz	gebaut
Micky Maus	George Lucas	geschrieben
die Brooklyn Bridge	Christopher Columbus	gemacht
Hamlet	Walt Disney	entdeckt (*discovered*)
Amerika	Alexandre Eiffel	erfunden
der Eiffelturm	Albert Einstein	entwickelt
das erste deutsche Auto	Thomas Jefferson	
die Relativitätstheorie	Johann Roebling	
die amerikanische Unabhängigkeitserklärung (*Declaration of Independence*)	William Shakespeare	

27 **Ausländer in Deutschland** Der Austauschstudent David spricht mit Anna über Ausländer in Deutschland. Lesen Sie das Gespräch und beantworten Sie die Fragen.

DAVID: Anna, ich sehe hier in Deutschland so viele ausländische Geschäfte – türkische, griechische, italienische, spanische.

ANNA: Ja, das stimmt. Es gibt in Deutschland fast 7 Millionen Ausländer. Zwischen 1955 und 1973 wurden Arbeiter in Westdeutschland gebraucht. Sie kamen vor allem aus Italien, Griechenland, Spanien und der Türkei.

DAVID: Wurden sie von den Deutschen denn akzeptiert?

ANNA: Am Anfang wurden zum Beispiel Türken nicht so leicht in die deutsche Gesellschaft integriert wie Italiener, Griechen und Spanier. Dann in den 90er-Jahren gab es häufig Gewalttaten *(acts of violence)* gegen Türken aber auch viele Demonstrationen gegen diesen Ausländerhass *(xenophobia)*.

DAVID: Und heute?

ANNA: In den letzten Jahren sind alle diese kulturellen Konflikte besser geworden. Man kann nur hoffen, dass das so bleibt und es weiterhin ein friedliches Zusammenleben gibt.

1. Was für ausländische Geschäfte und Restaurants sieht David in Deutschland?
2. Woher kamen die meisten Arbeiter, die Westdeutschland zwischen 1955 und 1973 brauchte?
3. Welche Gruppe von Ausländern integrierte sich am wenigsten schnell in die deutsche Gesellschaft. Woran könnte das gelegen haben?
4. Was passierte in den 90er-Jahren?
5. Wie sieht Anna die Situation heute?

2-40

28 **Hören Sie zu** David fliegt nächste Woche wieder zurück nach Amerika. Die Studentenzeitung möchte noch ein Interview mit ihm machen, bevor er abreist. Hören Sie sich das Interview an und geben Sie an, ob die folgenden Sätze richtig oder falsch sind. Sie hören zwei neue Wörter: **Lederhosen** *(short leather pants);* **Schloss Neuschwanstein** *(castle built by Ludwig II of Bavaria in the nineteenth century, a popular tourist attraction)*.

	Richtig	Falsch
1. Die Amerikaner glauben, dass Deutschland ziemlich multikulturell ist.	_____	_____
2. Wurst, schnelle Autos und viele Neonazis sind ein Teil des amerikanischen Deutschlandbildes.	_____	_____
3. Deutsche und Ausländer studieren und spielen zusammen Fußball.	_____	_____
4. In Deutschland dauert es manchmal eine Weile, bis man Freunde hat.	_____	_____
5. David hat viele Fotos von stereotypen Deutschen, die Lederhosen tragen.	_____	_____

Impersonal passive construction

Samstags **wird** schwer **gearbeitet**.   *On Saturdays people **work** hard.*
Sonntags **wird** nicht **gearbeitet**.   *No one **works** on Sundays.*

In German it is possible to use passive without having a subject or an agent.
Such a construction is called an IMPERSONAL PASSIVE construction.

Es wird jetzt gearbeitet.   {   *There is work going on now.*
                                 People are working now.

The pronoun **es** begins an impersonal passive construction if no other words
precede the verb. **Es** is a dummy subject. An English equivalent of the impersonal
passive often uses an introductory phrase, such as *there is* or *there are*.

K. Was wird hier gemacht?

29 **Was wird hier gemacht?** In diesem Wohnhaus ist viel los.
Sprechen Sie mit Ihrer Partnerin/Ihrem Partner darüber, was in jeder
Wohnung gemacht wird.

S1:
Was wird in Wohnung Nummer 2
gemacht?

S2:
In Wohnung Nummer 2 wird
gespielt. *or*
Es wird gespielt.

Summary of the uses of *werden*

Active voice: main verb

Herr Heller **wird** alt.	*Mr. Heller **is growing** old.*
Die Kinder **wurden** müde.	*The children **were getting** tired.*
Frau Ullmann **ist** Chefin der Firma **geworden**.	*Ms. Ullmann **has become** head of the company.*

Werden as a main verb is equivalent to English *to grow, get,* or *become.*

Auxiliary verb in future tense

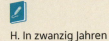

H. In zwanzig Jahren

Matthias **wird** hoffentlich mehr **arbeiten**.	*I hope Matthias **will work** more.*
Du **wirst** das wohl **wissen**.	*You **probably know** that.*

Werden is used with a dependent infinitive to form the future tense, which is used to express future time or present probability.

Passive voice: auxiliary verb

Viele Geschäfte **wurden** von Ausländern **aufgemacht**.	*Many businesses **were opened** by foreigners.*
Die Gäste **werden** oft von ethnischen Musikgruppen **unterhalten**.	*The guests **are** often **entertained** by ethnic music groups.*

Werden is used with a past participle to form the passive voice. The passive voice can occur in any tense.

---

30 **Die wirtschaftliche Situation in Deutschland** Eine deutsche Geschäftsfrau spricht mit ausländischen Journalisten über die wirtschaftliche Situation in Deutschland. Stellen Sie fest (*determine*), wie **werden** benutzt wird. Dann geben Sie die Sätze auf Englisch wieder. Sagen Sie, ob **werden** (a) Hauptverb im Aktiv ist [geben Sie die Zeit (*tense*) an], (b) als Futur benutzt wird oder (c) als Passiv-Konstruktion benutzt wird (geben Sie die Zeit an).

BEISPIEL Viele alte Fabriken werden modernisiert.
> ***werden modernisiert** / present passive*
> *Many old factories are being modernized.*

1. Hier wird noch viel gemacht.
2. Die Situation wird im nächsten Jahr sicher besser.
3. Der Export wird langsam weniger.
4. Wer wird dem Land helfen?
5. Werden die Waren auf dem Weltmarkt eine Zukunft haben?
6. Man meint, dass das Land immer weniger Rohstoffe haben wird.
7. Das Leben wurde in letzter Zeit teurer.
8. Von der Industrie werden neue Märkte gesucht.
9. Die Situation wird hoffentlich in den nächsten Jahren besser.

🔊 2-41

Leserunde

Sabri Çakir was born in 1955 in Denizli, Turkey, and came to West Germany in 1978, when he joined family members who had preceded him. He is a teacher of Turkish children in Gelsenkirchen as well as a poet and author of short stories. Çakir's poems have been published in both Turkish and German magazines and, in 1984, a collection of his poetry was published in Turkey. His book *We Wanted to Live* (2004) consists of fictitious short stories based on the terrorist attacks of September 11, 2001, in the United States.

In the story that follows, Çakir transforms a seemingly humorous conversation about German grammar into a commentary on the position of foreigners in Germany.

Deutsch ist sehr leicht

Tan besucht die fünfte Klasse der Hauptschule. Heute kommt er traurig von der Schule. Sein Opa redet mit ihm.

OPA: Was ist los, Tan? Warum bist du traurig?

TAN: Ich habe eine schlechte Note in der Deutscharbeit, Opa.

5 OPA: Warum denn? Du kannst besser Deutsch als ich!

TAN: Ja, Opa. Aber ich vertausche° die Artikel.

OPA: Was bedeutet „Artikel"?

TAN: Die Türken sagen „Frau". Die Deutschen sagen „die Frau". Das „die" ist der Artikel.

10 OPA: Ich sage nicht „Frau", sondern „hübsche° Frau".

TAN: Ja, Opa. Das stimmt. Aber das ist etwas anderes. Zum Beispiel: Der Artikel von „Tür" ist „die".

OPA: Warum?

TAN: Ich weiß nicht.

15 OPA: Ich glaube, ich weiß warum. Die Deutschen denken eine Tür sieht weiblich° aus, wie eine Frau.

TAN: Bringe mich nicht zum Lachen, Opa! Das ist Quatsch! Der Artikel von „Gardine°" ist auch „die".

OPA: Das ist logisch. Denn Brautkleider° sehen aus wie Gardinen.

20 TAN: Der Artikel von „Nähmaschine°" ist auch „die".

OPA: Logisch! Nähmaschinen werden von Frauen benutzt.

TAN: Nein, Opa! Nähmaschinen werden auch von Männern benutzt.

OPA: Was ist der Artikel von „Mann"?

TAN: Der Artikel von „Mann" ist „der".

25 OPA: Ich sage nicht „Mann", sondern „junger Mann".

TAN: Der Artikel von „Tisch" ist auch „der". Gefällt es dir?

OPA: Sehr komisch! Ein Tisch kann nicht männlich° sein!

TAN: Der Artikel von „Stuhl" ist auch „der". Genauso wie von „Spiegel°".

OPA: Ein Stuhl kann doch nicht männlich sein! Ein Spiegel kann doch nicht
30 männlich sein! Ein Kind kann männlich oder weiblich sein. Was heißt denn „männliches Kind"?

TAN: „Der Sohn".

OPA: Und „weibliches Kind"?

TAN: „Die Tochter".

35 OPA: Siehst du. Diese Artikel sind logisch.

TAN: Warte, Opa. Das ist noch nicht alles. Es gibt noch einen Artikel.

mix up

pretty

feminine

curtain
wedding dresses
sewing machine

masculine
mirror

OPA: Welcher?

TAN: Zum Beispiel: Der Artikel von „Fenster" ist „das". Genauso wie bei
„Fernsehen, Radio, Sofa, Buch, Heft, Bild".

40 OPA: Jetzt bin ich überrascht°. Denken sie, dass diese Gegenstände
geschlechtslos° sind?

surprised
without gender

TAN: Ich weiß nicht, Opa. Aber ich weiß genau, in deutscher Sprache bei
Nomen gibt es drei Artikel: „der", „die" und „das".

OPA: Zu meiner Zeit war Deutsch nicht so schwer. Es war sehr leicht.

45 TAN: Wirklich?

OPA: Ja, wirklich: „Guten Morgen, Chef! Alles klar, Meister! Ja, Herr Kollege!
Nein, Herr Kollege! Bitte schön! Danke schön!"

TAN: Das ist alles?

OPA: Ja, das ist alles. Ach, noch einen Satz kenne ich: „Auf Wiedersehen!"

Fragen

1. Warum ist Tan traurig?

2. Der Opa sagt, dass die Artikel „der" und „die" logisch sind. Warum
sagt er das? Welche Beispiele nennt er?

3. Können Sie sich mit Tan und seinen Schwierigkeiten mit der
deutschen Sprache identifizieren?

4. Der Opa sagt, zu seiner Zeit war Deutsch nicht so schwer.
Interpretieren Sie die folgenden Sätze.
   a. Mit wem hat Opa gesprochen?
   b. Wo hat er gesprochen?
   c. Was für ein Verhältnis° hat Tans Opa zu den Deutschen?

relationship

5. Die Diskussion zwischen Opa und Tan ist nicht nur über Sprache
und wie sich Sprache mit der Zeit „verändert." Sie thematisiert vor
allem *soziale* Dinge, die sich verändert haben. Welche?

6. Welche Probleme sehen Sie für verschiedene Generationen
von Immigranten, in Deutschland zu leben? Wie sieht der Opa
Deutschland, wie sieht Tan Deutschland?

lanych/Shutterstock.com

Aus einem Buch des Autors, das bis dato nicht veröffentlicht wurde *(unpublished)*. Sabri Çakir. Reprinted by permission.

Video-Ecke

1 Multikulti

▲ Er wohnt sehr gerne in Berlin, weil es sehr multikulturell ist.

▲ Er weiß nicht, ob Berlin repräsentativ für Deutschland sein kann.

▲ Sie denkt, dass Deutschland eine multikulturelle Gesellschaft hat.

Vor den Videos

31 **Nachgedacht** Was wissen Sie noch vom Kapitel? Denken Sie nach.

1. Welche ethnischen Gruppen gibt es in Deutschland?
2. Welche Probleme gibt es in der deutschen mulitkulturellen Gesellschaft?
3. Was wissen Sie über die deutsche Staatsbürgerschaft?

Nach den Videos

32 **Alles klar?** Sehen Sie sich die Interviews an und machen Sie sich Notizen. Beantworten Sie dann die Fragen.

1. Welche ethnische Gruppe ist besonders präsent in Berlin?
2. Wer meint, dass Deutschland ein Einwanderungsland ist?
3. Wer findet die vielen Sprachen gut?
4. Finden die Personen „Multikulti" insgesamt gut oder schlecht?

2 Alles Gute zum Geburtstag

▲ Paul gibt Hülya ein Geschenk zum Geburtstag.

▲ Hülya spricht über ihre Familie und ihre Staatsbürgerschaft.

▲ Alle essen eine „multikulturelle" Currywurst.

In diesem Kapitel hat Hülya Geburtstag. Die Freunde singen für sie und haben auch eine Kerze und ein Geschenk. Hülya spricht über sich, ihre Familie, und wie es ist, zwischen den Kulturen zu leben …

Nützliches	
das Geburtstagslied	*birthday song*
die Glückwünsche	*good wishes, congratulations*
die Kerze	*candle*
sich entscheiden	*to decide, make up one's mind*
auspacken	*to unwrap*
auspusten	*to blow out*

Nach dem Video

Sehen Sie sich das Video an und machen Sie sich Notizen. Beantworten Sie dann die Fragen.

A. Was haben Sie gesehen?
B. Hülyas Geburtstagsfeier
C. Hülyas Familie
D. Was passiert wann?
E. Wer hat das gesagt?
F. Die vier Freunde

33 **Was passiert wann?** Bringen Sie die folgenden Sätze in die richtige Reihenfolge.

_____ Alle singen „Hoch soll sie leben."
_____ Hülya packt ihr Geschenk aus.
_____ Anton und Paul haben eine Kerze für Hülya.
_____ Hülya spricht über ihre Eltern und Großeltern.
_____ Alle sagen: „Hmmmm, lecker!"
_____ Paul sagt: „Das ist alles so bunt hier."
_____ Hülya pustet die Kerze aus.

34 **Richtig oder falsch?** Arbeiten Sie mit einer Partnerin/einem Partner. Fragen Sie sie/ihn: Was ist richtig, was ist falsch?

S1:
Hülya hat Geburtstag. Ist das richtig?

S2:
Ja, das ist richtig. / Nein. ...

	Richtig	Falsch
Hülya wird 22.	_____	_____
Alle singen „Happy birthday to you".	_____	_____
Hülya muss sich entscheiden: die deutsche oder die türkische Staatsbürgerschaft.	_____	_____
Hülyas Eltern sprechen nur Deutsch.	_____	_____
Hülyas Großeltern sind nach Deutschland gekommen.	_____	_____
Für Hülya ist das der erste Geburtstag ohne ihre Familie.	_____	_____

35 **Was meinen Sie?** Beantworten Sie die Fragen.

1. Im Zug feiern die Freunde den Geburtstag von Hülya. Wie reagiert Hülya?
2. Wie sind die Generationen in Hülyas Familie aufgewachsen? Wer spricht welche Sprache?
3. Was meinen Sie: Welche Generation in Hülyas Familie hatte welche Perspektiven und welche Probleme? Sind es die gleichen gewesen oder vielleicht nicht?

Wiederholung

1 Rollenspiel Sie machen Urlaub in Deutschland und wollen ein Auto mieten *(rent)*. Ihre Partnerin/Ihr Partner arbeitet bei der Autovermietung *(car rental)* und kann nur Deutsch. Da sie/er sehr schnell spricht, fragen Sie nach mit Ausdrücken *(expressions)*, die signalisieren, dass Sie es nicht verstehen. (Ihre Partnerin/Ihr Partner soll ihre/seine Sätze möglichst schnell und undeutlich [*unclearly*] sprechen.)

Sätze für Ihre Partnerin/Ihren Partner:

1. Wenn Sie das Auto für eine ganze Woche mieten, ist es billiger.
2. Wenn Sie einen Porsche oder einen Mercedes mieten wollen, müssen Sie aber über 25 Jahre alt sein.
3. Möchte noch eine zweite Person den Wagen fahren?
4. Die Haftpflichtversicherung *(personal liability insurance)* beträgt *(amounts to)* 12 Euro pro Tag.
5. Sie müssen das Auto wieder mit vollem Tank abgeben *(return)*.
6. Der Wagen braucht übrigens *(by the way)* Super.

2 Über Politik Anna erzählt von Professor Lange. Ergänzen Sie ihre Sätze im Passiv mit dem passenden Verb.

| besuchen   diskutieren   halten   lesen   schreiben   sprechen |

BEISPIEL An der Universität _____ oft über Politik _____.
　　　　An der Universität **wird** *oft über Politik* **gesprochen**.

1. Die interessantesten Vorlesungen _____ von Professor Lange _____.
2. Diese Vorlesungen _____ von den Studenten gut _____.
3. Sein Buch *Die neue Politik* _____ nicht nur von Studenten _____.
4. Im Fernsehen _____ auch über Politik _____.
5. In der Zeitung _____ darüber _____.

3 Ein Student an der Uni Jakob möchte wissen, wie es Phillip an der Universität geht. Ergänzen Sie die Sätze mit den passenden Adjektivendungen und beantworten Sie dann die Fragen negativ mit Adjektiven aus der Liste.

| alt   dumm   faul   groß   leicht   lustig   schlecht   teuer |

BEISPIEL Studiert Peter an einer klein_____ Universität?
　　　　Studiert Peter an einer **kleinen** *Universität?*　　*Nein, an einer großen.*

1. Ist er ein fleißig_____ Student?
2. Ist er intelligent_____?
3. Liest er gern ernst_____ Geschichten?
4. Wohnt er in einer modern_____ Wohnung?
5. Hat er ein klein_____ Schlafzimmer?
6. Hat er ein schwer_____ Leben?
7. Hat er einen gut_____ Studentenjob?
8. Findet er Wohnen und Essen billig_____?

---

4 **Michael und sein Freund Hakan** Ergänzen Sie die Sätze über Michael und Hakan mit den passenden Relativpronomen.

1. Hakan lädt Michael, _____ er in der Politikvorlesung kennengelernt hat, zum Essen ein.
2. Das Lokal, in _____ sie gehen, gehört Hakans Eltern.
3. Michael isst den Kebabteller, _____ Hakan empfohlen hat.
4. Hakans Mutter bringt den beiden auch einen Käse, _____ aus der Türkei ist.
5. In den Jahren, in _____ es häufig Gewalttaten gegen Ausländer gab, war Hakan ein kleiner Junge.
6. Hakans Bruder Ediz, _____ Jura studiert hat, sucht einen Job in der Türkei.
7. Hakans Schwester Aysin, _____ gesagt wurde, dass sie ohne Kopftuch zur Arbeit kommen sollte, ist bei ihrer Arbeit unglücklich.

 5 **Ihre Meinung** Beantworten Sie die folgenden Fragen und fragen Sie dann Ihre Partnerin/Ihren Partner, was ihre/seine Meinung ist.

1. Möchten Sie in einem anderen Land studieren? Warum (nicht)?
2. Möchten Sie während des Sommers in einem anderen Land arbeiten? Warum (nicht)?
3. Möchten Sie in einem anderen Land leben? In welchem Land? Warum?
4. Möchten Sie in einem Land leben, dessen Sprache Sie nicht können? Warum (nicht)?
5. Würden Sie in einem anderen Land für weniger Geld als in Ihrem Land arbeiten? Warum (nicht)?

 6 **Erzählen Sie mal** Diskutieren Sie in kleinen Gruppen über die folgenden Themen. Erzählen Sie mal von

1. … einem Buch, das Sie gern kaufen würden.
2. … einer Reise, die Sie gern machen würden.
3. … Ferien, die Sie gern machen würden.
4. … Politikern, die Sie gern reden hören würden.
5. … einem Film, den Sie gern sehen würden.
6. … einer Rockband, die Sie gern hören würden.

7 **Zum Schreiben**

1. Beschreiben Sie, was für eine Familie Sie gern hätten oder in was für einer Welt Sie gern leben würden. Benutzen Sie mindestens (at least) zwei Relativpronomen in Ihrem Absatz (paragraph).
2. Machen Sie eine Liste mit Problemen, die ausländische Arbeitnehmer oder Minderheiten (minorities) in einem Land haben können. Diskutieren Sie über Ihre Listen in kleinen Gruppen. Stellen Sie dann eine Liste zusammen, mit der alle übereinstimmen (agree with), und nummerieren Sie die Probleme. Beginnen Sie mit „1" für das wichtigste Problem. Stellen Sie Ihre Liste dann den anderen Kursteilnehmern vor (**stellen vor:** present).
3. Was meinen Sie zu der folgenden Aussage: „Kinder, die in zwei Sprachen und zwei Kulturen aufwachsen, haben viele Vorteile (advantages)"? Schreiben Sie einen kurzen Absatz, in dem Sie der Aussage zustimmen (agree with) oder dagegen argumentieren.

Schreibtipp

In einem Relativsatz steht das Verb am Ende des Satzes. Der Genus (gender) des Relativpronomens wird durch den Genus des Substantivs bestimmt (determined), auf das es sich bezieht (refers to). Die Funktion des Pronomens im Satz bestimmt, ob es im Nominativ, Akkusativ, Dativ oder Genitiv steht.

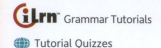

Grammatik: Zusammenfassung

Relative clauses

Wie teuer ist **der Fernseher, den** du kaufen willst?	*How expensive is **the television (that)** you want to buy?*
Wie alt ist **das Auto, das** du verkaufen möchtest?	*How old is **the car (that)** you want to sell?*
Ist das **die CD, die** du gestern gekauft hast?	*Is that **the CD (that)** you bought yesterday?*

A relative clause provides additional information about a previously mentioned noun or pronoun. The clause is introduced by a relative pronoun, which refers back to the noun or pronoun (called an *antecedent*). A relative clause is a dependent clause, and thus the verb is in final position. In written German, relative clauses are set off from main clauses by commas.

Relative pronouns

	Masculine	Neuter	Feminine	Plural
Nominative	der	das	die	die
Accusative	den	das	die	die
Dative	dem	dem	der	**denen**
Genitive	**dessen**	**dessen**	**deren**	**deren**

The forms of the relative pronouns are the same as the forms of the definite article except for the dative plural and all genitive forms.

Masculine	Das ist der Mann, **der** uns gefragt hat.
Neuter	Das ist das Kind, **das** uns gefragt hat.
Feminine	Das ist die Frau, **die** uns gefragt hat.
Plural	Das sind die Leute, **die** uns gefragt haben.

The *gender* (masculine, neuter, or feminine) and *number* (singular or plural) of the relative pronoun are determined by its antecedent, i.e., the noun to which it refers.

Nominative	Ist das der Mann, **der** immer so viel fragt?
Accusative	Ist das der Mann, **den** Sie meinen?
	für den Sie arbeiten?
Dative	Ist das der Mann, **dem** Sie oft helfen?
	von dem Sie erzählt haben?
Genitive	Ist das der Mann, **dessen** Auto Sie gekauft haben?

The *case* (nominative, accusative, dative, or genitive) of the relative pronoun is determined by its function within its clause (subject, direct object, object of a preposition, and so on).

Passive voice

Present	Ich **werde gefragt**.	*I am asked.*
Simple past	Ich **wurde gefragt**.	*I was asked.*

- In English, a passive verb phrase consists of a form of the auxiliary verb *to be* and the past participle of the verb (e.g., *asked*).
- In German, the passive verb phrase consists of a form of the auxiliary **werden** and the past participle of the main verb (e.g., **gefragt**).

Present and simple past tenses in the passive voice

Present	Der Bericht **wird geschrieben**.	*The report is being written.*
Simple past	Der Bericht **wurde geschrieben**.	*The report was being written.*

The tenses you will encounter most frequently in passive voice are the present and simple past.

Von + agent

Das Geld wurde **von den Arbeitern** verdient.

*The money was earned **by the workers**.*

In passive voice the agent is the object of the preposition **von** and thus in the dative case. The agent may be omitted. (**Viel Geld wurde verdient.**)

Summary of the uses of *werden*

Active voice: main verb

Herr Heller **wird** alt.
Die Kinder **wurden** müde.
Frau Ullmann **ist** Chefin der Firma **geworden**.

*Mr. Heller **is growing** old.*
*The children **were getting** tired.*
*Ms. Ullmann **has become** head of the company.*

Werden as a main verb is equivalent to English *to grow, get,* or *become*.

Auxiliary verb in future tense

Matthias **wird** hoffentlich mehr **arbeiten**.
Du **wirst** das wohl **wissen**.

*I hope Matthias **will work** more.*

*You **probably know** that.*

Werden is used with a dependent infinitive to form the future tense, which is used to express future time or present probability.

Passive voice: auxiliary verb

Viele Geschäfte **wurden** von Ausländern **aufgemacht**.
Die Gäste **werden** oft von ethnischen Musikgruppen **unterhalten**.

*Many businesses **were opened** by foreigners.*
*The guests **are** often **entertained** by ethnic music groups.*

Werden is used with a past participle to form the passive voice. The passive voice can occur in any tense.

Reference Section

Appendix A

Bausteine: English Equivalents

Note that the English versions of the dialogues are equivalents rather than literal translations.

Einführung

What's your name?

DANIEL: Hi. My name is Daniel. What's yours?

ANNA: Hi, Daniel! I'm Anna. Do you want to go to Florence too?

DANIEL: Yes, yes.

ANNA: Great . . . oh I'm next. Well then, see you soon.

DANIEL: So long, Anna.

What is your name?

MS. KLUGE: Can I help you? What is your name?

ANNA: Anna Riedholt.

MS. KLUGE: How do you spell that?

ANNA: R-i-e-d-h-o-l-t.

MS. KLUGE: And your address?

ANNA: My address is 72070 Tübingen, Pfleghof-straße 5, room 8.

MS. KLUGE: Do you also have an e-mail address?

ANNA: Yes. The address is ariedholt@gmx.de.

MS. KLUGE: And your telephone number, please.

ANNA: My cell phone number is 0178 550 77187.

MS. KLUGE: Good. Thank you, Ms. Riedholt.

ANNA: You're welcome.

Kapitel 1

What are you doing tonight?

LEON: Hi, what are you doing tonight?

ANNA: Nothing special. Listening to music or something like that.

LEON: I believe you like to play chess, don't you?

ANNA: Chess? Yes, sure. But not especially well.

LEON: Oh come on, we'll play together, OK?

ANNA: Well, all right. And when?

LEON: I don't know . . . sometime around seven? Or at seven-thirty?

ANNA: Seven-thirty is fine. OK. See you then.

On the cell phone

ANNA: Yes?

DANIEL: Hi, Anna. This is Daniel.

ANNA: Oh, that is really nice. Hi, Daniel. How are you?

DANIEL: Pretty good. Hey, I'm going swimming on Thursday. Do you have time?

ANNA: No, I have volleyball then.

DANIEL: Too bad!

ANNA: Yes, I really like swimming, you know. So how about Saturday?

DANIEL: I'm working on Saturday. But only until quarter after two. In the afternoon I have time.

ANNA: That's good.

DANIEL: Great. Then we'll talk on the phone once more on Friday. So long, Anna.

ANNA: So long, Daniel.

Kapitel 2

A trip to Berlin

DAVID: Well Anna, how was Berlin?

ANNA: Great. Berlin is first-rate. And at Franziska's and Sebastian's it was also really nice. But I'm still totally tired. The trip was exhausting.

DAVID: I believe that. And in August there are certainly lots of traffic jams.

ANNA: Yes, and it was terribly humid. But Franziska's birthday party was really nice. Almost all our friends from Mainz were there.

Awful weather, isn't it?

SARAH: What weather! The wind is awfully cold. And just yesterday it was still so nice. Today everything is so gray. I think it's still going to rain today.

LEON: It is after all almost the end of November. It's almost too cold for rain. It's only one degree. I think maybe it'll snow. On the weekend I'm going hiking. I hope it's dry and not so cold then. And maybe the sun will shine after all.

SARAH: Yes, for sure. Who's going along?

LEON: My friend Dominik from Hamburg.

SARAH: How nice! Unfortunately I'm staying here and working for the university.

Kapitel 3

Are you going shopping today?

FRANZISKA: Sebastian, aren't you going shopping today?

SEBASTIAN: Yes, I am. What would you like?

FRANZISKA: We don't have any more coffee. (We're out of coffee.)

SEBASTIAN: One pound is enough, right? Do we need anything else?

FRANZISKA: Yes, we don't have any more bread. But buy it at Reinhardt's, please. It's much better there.

SEBASTIAN: We still have the whole grain bread, you know. And after all, this weekend we'll be at Anna's in Tübingen.

FRANZISKA: Oh yes, that's right!

Where is a pharmacy?

DAVID: Tell me, Anna, where's a pharmacy (around) here?

ANNA: Why? What do you need?

DAVID: I need something for my headache. It's terrible.

ANNA: I always have aspirin in my backpack. Here, take one.

Kapitel 4

Notes for the test

ANNA: Hi, Leon. Oh good, you're not gone yet. Hey, can you maybe lend me your English notes for three hours?

LEON: Yes, of course. I had a test this morning. I really don't need the notes right now.

ANNA: That's great. I still have to study a lot for the test tomorrow, you know.

LEON: Of course, here they are. By the way, I'm at volleyball tonight. Can you maybe bring the notes with you there?

Is that your major?

LEON: Hi, Sarah. What are you doing here? Since when have you been taking a literature course?

SARAH: Oh, I'd just like to audit. Sometimes I'm not so satisfied with history at all. And maybe I do prefer studying German.

LEON: Oh yes? As a minor?

SARAH: No, as a major.

LEON: Oh really? Hey, should we go have a coffee later?

SARAH: Unfortunately I can't today. I still have to prepare something for my report tomorrow.

Kapitel 5

Are you driving to the university tomorrow?

FELIX: Are you going by car to the university tomorrow?

MARIE: Yes. Why? Do you want to come along?

FELIX: Is that OK? I've got so many library books. Can you pick me up maybe?

MARIE: Of course, no problem. I'll come by your place at eight-thirty. Is that OK?

FELIX: Yes, eight-thirty is good. I'll be waiting downstairs then.

On vacation

LEON: What are you doing on vacation, Sarah?

SARAH: I'm going to Austria.

LEON: Are you going alone?

SARAH: No, I'm going with my friend, Carolin. She knows Austria rather well.

LEON: Are you going by car?

SARAH: No, by train. We're staying in Vienna for three days and then we're going to Salzburg.

LEON: And where are you staying?

SARAH: In Vienna we're sleeping at our friends' house and in Salzburg we're going to a friend of Anna's—his name is Anton. His parents have a big yard and we can pitch a tent there.

Kapitel 6

What are your plans?

FELIX: Say, what are you doing on the weekend?

SARAH: No idea.

LEON: I've got a rehearsal with the band on Friday. On Saturday we're playing at the Musikfabrik.

FELIX: Hey, Sarah, we can go there together, right?

SARAH: Good idea. That's great. Maybe Alex will go along too?

LEON: He can't. He has to study for his comprehensives.

FELIX: All right then, Sarah, I'll pick you up at eight. Is that all right?

I was surfing the Internet.

ANNA: Tell me, Daniel, why didn't you have your cell phone on last night? I tried to call you.

DANIEL: Yeah, I had set it on "silent." I surfed a little on the Internet, you know, and all of a sudden it was twelve o'clock.

ANNA: What were you doing so long on the Internet?

DANIEL: I was looking for cheap flights to the U.S. Besides, I needed a few more bits of information for my homework. And I wrote you an e-mail. Didn't you get it?

ANNA: Don't know. Because I didn't reach you I went to the movies alone. And then right to bed.

Kapitel 7

Munich in the summer

Michael is visiting his friend Christine in Munich.

MICHAEL: What are you doing after the lecture? Do you have to go to the library?

CHRISTINE: No, I have time. Shouldn't we go to a typical Bavarian beer garden today? In this weather, we can sit comfortably outside.

MICHAEL: Oh yes, gladly. In the English Garden?

CHRISTINE: Hmmmm. Naturally there are some beer gardens there, but there are always so many tourists there. Besides, it's rather expensive there. I'm somewhat broke at the moment.

MICHAEL: Doesn't matter. I'll treat. As long as I'm in Munich, I would really like to go to the English Garden.

Preparations for a party

FRANZISKA: Say, don't you finally want to straighten up the living room? Your books are lying around everywhere.

SEBASTIAN: Do I have to?

FRANZISKA: Of course, we have to prepare the food and set the table. People are coming in an hour.

SEBASTIAN: What? In an hour? Geez! And we still have to vacuum, dust, do the dishes, dry them, the kitchen looks like . . .

FRANZISKA: Now stop talking so much and hurry up. I'm going to help you, of course.

Kapitel 8

Future plans

DANIEL: Say, are you just having a chat? Are you wanting to meet someone?

FELIX: Nonsense! I've been surfing around awhile and have just found a blog of German students who are studying and working in Canada. You know, they have these work-study programs and the people report here on their experiences.

DANIEL: Ah yes. So, you'll not only study in Montreal but work, too.

FELIX: Yes, I'll study for a semester and after that work for six months. But I have to find the position in a company on my own. However, the university in Montreal will help me with it.

DANIEL: Interesting. Tell me, what does Marie have to say about your being gone for a whole year? You're together, right?

FELIX: Yes. Well, we're both a little sad of course. But she'll visit me there, too. Probably on the winter break. And then maybe we'll go snowboarding.

DANIEL: Nice! Somehow you two just really fit well together.

Kapitel 9

Have you caught a cold?

MARIE: Hi, Felix! What's wrong? You're coughing terribly.

FELIX: Yes, I've caught a cold. My throat is really sore.

MARIE: Do you have a fever, too?

FELIX: Yes, a little—38 [100.4°F].

MARIE: You poor guy! You look pretty pale, too!

FELIX: I do feel really sick. Perhaps I'd better go to the doctor.

MARIE: Well, that's what I would say, too. Don't forget that beginning Saturday we want to go skiing with Anna and Daniel in Zermatt for a week.

How do you feel today?

Three days later

MARIE: How do you feel today? Did you go to the doctor yesterday?

FELIX: Yes, I was at the university clinic. The doctor prescribed something and I already feel significantly better. The fever is gone.

MARIE: Do you still want to go with us to Switzerland on Saturday?

FELIX: Of course. After all, we've planned this vacation for months.

MARIE: The weather is supposed to be great next week. Don't forget to bring your sunglasses along.

Kapitel 10

How was it?

Anna and Daniel are at Anna's friends Franziska and Sebastian's in Berlin for a few days. In the morning at breakfast, they talk over their activities.

SEBASTIAN: Well, what do you think of Berlin nightlife? Where were you last night?

ANNA: Franziska went to her volleyball game, of course, but Daniel and I were at the *Berliner Ensemble*.

SEBASTIAN: Oh, what were they playing?

ANNA: *The Threepenny Opera* by Bertolt Brecht. And in fact in a completely modern production.

SEBASTIAN: Oh yes, there was a good review of it in the newspaper. Did you have good seats?

DANIEL: Yes, as a matter of fact we had excellent seats, even though we had student tickets. They cost only 8 euros.

SEBASTIAN: I'd love to go to the theater again some-time. Would you recommend the play?

ANNA: Yes, by all means. At first I didn't want to see it, but then I found it absolutely great.

SEBASTIAN: And what did you do afterwards? You didn't come home until really late.

DANIEL: We were at the Wunder-Bar, drank some-thing, and talked for a long time about the play.

SEBASTIAN: Oh, you lucky guys! I'd love to have been there too! I was awake until two o'clock too, you know, but I had to study for my test!

Kapitel 11

An appointment

FELIX: Hello. Ohrdorf is my name, Felix Ohrdorf. I would like to speak to Dr. Ziegler. I have an appointment with her.

SECRETARY: Hello, Mr. Ohrdorf. Yes, please go right in. She's expecting you.

A summer job

PERSONNEL DIRECTOR: Mr. Ohrdorf, you're now in your eighth semester of computer science and want to work here for two months.

FELIX: Yes, that's right.

PERSONNEL DIRECTOR: From what I can see, you have already worked as a computer specialist.

FELIX: Yes, I also had a summer job last year and I got some good practi-cal experience there.

PERSONNEL DIRECTOR: And what do you want to do with it later on?

FELIX: I would like a position with a bank, an assignment with lots of responsibility, I hope.

Kapitel 12

A German-Turkish concert

FRANZISKA: Michael, do you feel like going to an outdoor concert in the Tiergarten this weekend?

MICHAEL: Hmmm. I don't know. I actually wanted to take a look at Freiburg this weekend. In two weeks I'm flying back to America, after all.

FRANZISKA: Oh, come on. You can go to Freiburg next weekend, too.

MICHAEL: But I know only a few of the rock musicians who are playing there.

FRANZISKA: Well, some are already well-known. For example, Sebastian knows the singer—I think his name is Erkan. And I think the idea is great. It's a concert of German and Turkish musicians and they're singing in German and in Turkish.

MICHAEL: Oh, I didn't know that. Sounds interest-ing. Do you think that many people will be coming?

FRANZISKA: I think so, somewhere around 2,000–3,000 people.

MICHAEL: OK, fine, let's go. I'll pick you up, OK? It's best if we go by bike.

Appendix B

Frage-Ecken, S2 Information

The **Frage-Ecke** charts with the information for **S2** appear here. The charts for **S1** are found in the chapters themselves on the pages indicated.

Einführung (p. 11)

14 The charts in this **Frage-Ecke** activity show the postal codes of particular sections of cities in Germany, Austria, and Switzerland. Take turns with a partner and find out the postal codes that are missing in your chart.

S1:
Wie ist eine Postleitzahl von Zürich?

S2:
Eine Postleitzahl von Zürich ist 8000. Wie ist eine Postleitzahl von Berlin?

S2:

_____	Berlin
8000	Zürich
_____	Hamburg
80331	München
_____	Frankfurt
1010	Wien
_____	Salzburg

Kapitel 1 (p. 29)

3 You and a partner are talking about Emily, Matthew, Sarah, and Andrew. Take turns finding out which subjects they study on which days. Note that Germans use the word **am** with days of the week: **am Montag.**

S1:
Was hat Matthew am Dienstag und Donnerstag?

Deutsch. Was hat ...

S2:
Mathe. Was hat Matthew am Montag, Mittwoch und Freitag?

S2:

	Montag	Dienstag	Mittwoch	Donnerstag	Freitag
Matthew		Mathe		Mathe	
Emily	Englisch		Englisch		Englisch
Sarah	Physik		Physik		Physik
Andrew		Philosophie		Philosophie	

Kapitel 1 (p. 33)

8 Some of the clocks in this activity show particular times. Others are blank. Take turns with a partner and find out the times that are missing on your clocks.

S1:
Nummer 1. Wie viel Uhr ist es?
Es ist …

S2:
Es ist Viertel nach neun. (Es ist neun Uhr fünfzehn.) Und Nummer 2? Wie spät ist es?

S2:

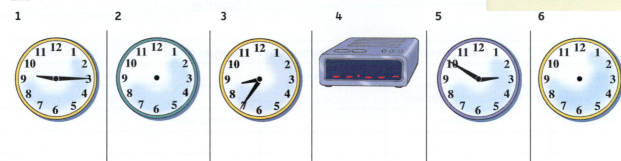

| 1 | 2 | 3 | 4 | 5 | 6 |

Kapitel 1 (p. 43)

22 You and your partner are talking about the characteristics of certain people. Take turns finding out the information that is missing in your own chart.

S1:
Was für ein Mensch ist Daniel?

S2:
Er ist lebhaft und freundlich.
Was für ein Mensch ist Anna?

S2:

Anna		
Daniel	lebhaft	freundlich
Sarah		
Marie	praktisch	ruhig
Leon		
Sebastian	intelligent	sportlich

7 You and your partner are talking about the activities of certain people. Ask each other questions to find out who does what and at what times. Then fill in the **ich** row of your schedule with your own information and ask your partner about her/his activities.

S1:
Was macht David heute Abend?

Sie gehen am Sonntag wandern.

S2:
Er macht heute Abend Fitnesstraining.
Was machen Leon und Anna am Sonntag?

S2:

	heute Abend	morgen Nachmittag	morgen Abend	am Sonntag
Franziska		arbeiten		Karten spielen
David	Fitnesstraining machen			Computerspiele spielen
Leon und Anna	Sport treiben		Schach spielen	
ich				
Partnerin/Partner				

Kapitel 2 (p. 76)

20 Find out where the following people are from and where they live now. Obtain the missing information by asking your partner.

S1:
Woher kommt Leon?
Er ist Deutscher.
Wo wohnt Leon?

S2:
Er kommt aus Deutschland. Was ist Leon?

Er wohnt in Hamburg.

S2:

	Woher kommt …?	Was ist …?	Wo wohnt …?
Leon	Deutschland		Hamburg
Charlotte	Liechtenstein		
Marie		Deutsche	Leipzig
Anton		Österreicher	Salzburg

Kapitel 2 (p. 83)

31 Find out how old the following people are, when their birthdays are, and what the typical weather in that month is. Obtain the missing information from your partner.

S1: Wie alt ist Nils?
S2: Nils ist 21 Jahre alt. Wann hat er Geburtstag?
S1: Im Januar. Wie ist das Wetter im Januar?
S2: Es ist kalt.

S2:

	Wie alt?	Geburtstag	das Wetter
Nils	21		kalt
Laura		Oktober	
Herr Hofer	45		
Frau Vogel		April	nass und kühl
ich			
Partnerin/Partner			

Kapitel 3 (p. 101)

5 Fragen Sie, was die folgenden Personen und Ihre Partnerin/Ihr Partner in den Geschäften kaufen. *(Ask what the following people and your partner are going to buy in certain places of business.)*

S1:
Warum geht Herr Sommer ins Kaufhaus?
Ich brauche ein Heft. / Ich gehe doch nicht ins Kaufhaus.
Ich brauche nichts.

S2:
Er braucht ein Radio. Warum gehst du ins Kaufhaus?

S2:

	ins Kaufhaus	in die Drogerie	in die Metzgerei	in die Bäckerei	in den Supermarkt
Tim		Bleistifte		sechs Brötchen	
Franziska und Sebastian	zwei Kulis		250 Gramm Wurst	Brot	Kaffee
Herr Sommer	ein Radio		Salami		
Partnerin/Partner					

46 Was haben Sie im Zimmer? Was hat Ihre Partnerin/Ihr Partner im Zimmer? Schauen Sie sich die Bilder an und vergleichen Sie sie miteinander. *(What do you have in your room? What does your partner have in her/his room? Look at the pictures and compare them.)*

S1:	S2:
Mein Zimmer hat [eine Pflanze]. Hast du auch [eine Pflanze]?	Ja, ich habe auch [eine Pflanze]. / Nein, aber ich habe Blumen.

S2:

Kapitel 4   (p. 152)

21 Ergänzen Sie die fehlenden *(missing)* Informationen. Fragen Sie Ihre Partnerin/Ihren Partner.

S1: Wie heißt die Mutter von Alina?
S2: Sie heißt Nora Gerber.
S1: Wie alt ist Alinas Mutter?
S2: Sie ist 36 Jahre alt.

S2:

	Alina	Marcel	ich	Partnerin/ Partner
Vater		Niklas Gerber, 42		
Mutter	Nora Gerber, 36			
Tante		Nora Gerber, 36		
Onkel	Niklas Gerber, 42			
Großvater		Peter Gerber, 66		
Großmutter		Leah Gerber, 65		

Kapitel 4 (p. 165)

43 Ergänzen Sie die fehlenden Informationen. Fragen Sie Ihre Partnerin/ Ihren Partner.

S1: Was muss Lea machen?
S2: Sie muss jobben.

S2:

	Lea	Jan und Laura	Dominik	Sebastians Schwester
müssen	jobben		in die Vorlesung gehen	
dürfen		dürfen Kuchen essen		Milch trinken
wollen		ins Kino gehen	viel Geld verdienen	das Essen bezahlen
sollen			sein Referat vorbereiten	lesen
können	gut tanzen	das Essen bezahlen		

Kapitel 5 (p. 202)

34 Sie haben viel Geld und schenken Ihren Freunden und ihrer Familie viele Sachen.

S1: Was schenkt Ralf seinen Eltern?
S2: Er schenkt ihnen zwei Wochen in Wien.

S2:

	Eltern	Schwester	Bruder	Melanie
Karsten			neue Skier	einen schönen Ring
Stefanie		ein Smartphone	einen iPod	
Ralf	zwei Wochen in Wien			eine Uhr
ich				
Partnerin/Partner				

Kapitel 6 (p. 235)

29 Was haben Sarah, Leon und Felix gestern Abend, letztes Wochenende und letzte Woche gemacht?

S1:
Was hat Sarah letztes Wochenende gemacht? |
S2:
Sie hat gefaulenzt.

S2:

	Sarah	Leon	Felix
gestern Abend		englische Vokabeln gelernt	
letztes Wochenende	gefaulenzt		nichts gemacht
letzte Woche		ein neues Hemd gekauft	gejobbt

Kapitel 6 (p. 241)

41 Wer hat am Wochenende was gemacht?

S1:
Was hat Alina gemacht?

S2:
Alina ist spazieren gegangen und hat einen Roman gelesen.

S2:

	Alina	Nils	Stefan	Chiara	ich	Partnerin/ Partner
im Restaurant essen						
spazieren gehen	X					
fernsehen			X			
Rad fahren						
faulenzen						
in die Kneipe gehen			X			
einen Roman lesen	X					
mit Freunden telefonieren			X			

Kapitel 7 (p. 255)

7 Sie und Ihre Partnerin/Ihr Partner planen die Hausarbeit für das Wochenende. Sagen Sie, was Julia, Lukas, Alex, Lena, Sie und Ihre Partnerin/ Ihr Partner am Freitag und Samstag machen.

S1:
Was macht Julia am Freitag?

S2:
Sie kocht das Abendessen.

S2:

	Freitag	Samstag
Julia	das Abendessen kochen	
Lukas		Staub saugen
Alex	das Bad putzen	
Lena		Geschirr spülen
ich		
Partnerin/ Partner		

17 Ihre Partnerin/Ihr Partner und verschiedene andere Leute haben einige neue Möbel und andere neue Sachen in ihren Wohnungen. Finden Sie heraus, was sie haben und in welchen Zimmern die Sachen sind.

S1:
Was ist im Wohnzimmer und im Schlafzimmer von Herrn Becker neu?

S2:
Im Wohnzimmer ist die Pflanze und im Schlafzimmer ist der Schrank neu.

S2:

	in der Küche	im Wohnzimmer	im Esszimmer	im Schlafzimmer
Herr Becker		Pflanze		Schrank
Frau Hauff	Kühlschrank			Nachttisch
Andrea		Sessel	Teppich	
Jens	Spülmaschine		Bild von den Großeltern	
ich				
Partnerin/ Partner				

34 Sprechen sie mit Ihrer Partnerin/Ihrem Partner über Geburtstagsgeschenke. Finden Sie erst heraus, was Anton, Lily und Franziska ihrer Familie und ihren Freunden schenken. Fragen Sie dann Ihre Partnerin/Ihren Partner, was sie/er verschenken möchte.

S1:
Was möchte Lily ihren Eltern schenken?

S2:
Sie möchte ihren Eltern einen neuen Computer schenken.

S2:

	Eltern	Schwester	Bruder	Freundin/Freund
Anton			ein neuer Krimi	ein schönes Bild
Lily	ein neuer Computer	ein roter Mantel		
Franziska	ein guter CD-Player			ein gutes Buch
ich				
Partnerin/Partner				

Kapitel 10 (p. 380)

19 Letzte Woche hatten Sie, Ihre Partnerin/Ihr Partner und einige andere Leute viel zu tun. Finden Sie heraus, wer was tun konnte, wollte, sollte und musste.

S1:
Was wollte Nils tun?

S2:
Er wollte mehr Sport treiben.

S2:

	konnte	wollte	sollte	musste
Jana	jeden Tag genug schlafen			die Fenster putzen
Nils		mehr Sport treiben	seine Großeltern besuchen	
Frau Müller			mit ihren Freunden Golf spielen	
Herr Meier	jeden Tag spazieren gehen	einen neuen Krimi lesen		
ich				
Partnerin/Partner				

Kapitel 11 (p. 421)

26 Sprechen Sie mit Ihrer Partnerin/Ihrem Partner und finden Sie heraus, was die folgenden Leute tun würden, wenn sie arbeitslos oder krank wären oder wenn sie mehr Zeit und viel Geld hätten.

S1:
Was würde Herr Schäfer machen, wenn er mehr Zeit hätte?

S2:
Wenn er mehr Zeit hätte, (dann) würde er seine Freunde besuchen.

S2:

	arbeitslos wäre	krank wäre	mehr Zeit hätte	viel Geld hätte
Frau Müller		zum Arzt gehen		
Herr Schäfer	eine neue Stelle suchen		seine Freunde besuchen	ein neues Auto kaufen
Susanne und Moritz		nichts essen		ihr Haus renovieren
ich				
Partnerin/Partner				

Appendix C

Pronunciation and Writing Guide

The best way to learn to pronounce German is to imitate speakers of German, as completely and accurately as you can. Some of the sounds of German are just like those of English and will cause you no trouble. Others may sound strange to you at first and be more difficult for you to pronounce. With practice, you will be able to master the unfamiliar sounds as well as the familiar ones.

Though imitation is the one indispensable way of learning to pronounce any language, there are two things that should help you in your practice. First, you should learn how to manipulate your vocal organs so as to produce distinctly different sounds. Second, you should learn to distinguish German sounds from the English sounds that you might be tempted to substitute for them.

As you learn to pronounce German, you will also start to read and write it. Here a word of caution is in order. The writing system of German (or any language) was designed for people who already know the language. No ordinary writing system was ever designed to meet the needs of people who are learning a language. Writing is a method of reminding us on paper of things that we already know how to say; it is not a set of directions telling us how a language should be pronounced.

This Pronunciation and Writing Guide will give you some help with the German sound system. Further practice with specific sounds will be given in the Lab Manual section of the *Student Activities Manual*.

Stress

Nearly all native German words are stressed on the "stem syllable," that is, the first syllable of the word, or the first syllable that follows an unstressed prefix.

Without prefix		*With unstressed prefix*	
den'ken	to think	**beden'ken**	to think over
kom'men	to come	**entkom'men**	to escape

In the end vocabulary of this book, words that are not stressed on the first syllable are marked. A stress mark follows the stressed syllable.

German Vowels

German has short vowels, long vowels, and diphthongs. The short vowels are clipped, and are never "drawled" as they often are in English. The long vowels are monophthongs ("steady-state" vowels) and not diphthongs (vowels that "glide" from one vowel sound toward another). The diphthongs are similar to English diphthongs except that they, like short vowels, are never drawled. Compare the English and German vowels in the words below.

English (with off-glide)	*German (no off-glide)*
bait	**Beet**
vein	**wen**
tone	**Ton**
boat	**Boot**

Spelling as a reminder of vowel length

By and large, the German spelling system clearly indicates the difference between long and short vowels. German uses the following types of signals:

1. A vowel is long if it is followed by an **h** (unpronounced): **ihn, stahlen, Wahn.**
2. A vowel is long if it is double: **Beet, Saat, Boot.**
3. A vowel is generally long if it is followed by one consonant: **den, kam, Ofen, Hut.**
4. A vowel is generally short if it is followed by two or more consonants: **denn, Sack, offen, Busch, dick.**

Pronunciation of vowels

Long and short a

Long [ā] = aa, ah, a (**Saat, Bahn, kam, Haken**): like English *a* in *spa,* but with wide-open mouth and no off-glide.

Short [a] = a (**satt, Bann, Kamm, Hacken**): between English *o* in *hot* and *u* in *hut.*

Long and short e

Long [ē] = e, ee, eh, ä, äh (**wen, Beet, fehlen, gähnt**): like *ay* in English *say,* but with exaggeratedly spread lips and no off-glide.

Short [e] = e, ä (**wenn, Bett, fällen, Gent**): like *e* in English *bet,* but more clipped.

Unstressed [ə] and [ər]

Unstressed [ə] = e (**bitte, endet, gegessen**): like English *e* in *begin, pocket*.

Unstressed [ər] = er (**bitter, ändert, vergessen**): When the sequence [ər] stands at the end of a word, before a consonant, or in an unstressed prefix, it sounds much like the final *-a* in English *sofa*; the **-r** is not pronounced.

Long and short i

Long [ī] = ih, ie (**ihn, Miete, liest**): like *ee* in *see,* but with exaggeratedly spread lips and no off-glide.

Short [i] = (**in, Mitte, List**): like *i* in *mitt,* but more clipped.

Long and short o

Long [ō] = oh, o, oo (**Sohne, Ofen, Tone, Moos**): like English *o* in *so,* but with exaggeratedly rounded lips and no off-glide.

Short [o] = o (**Most, Tonne, offen, Sonne**): like English *o* often heard in the word *gonna*.

Long and short u

Long [ū] = uh, u (**Huhne, schuf, Buße, Mus**): like English *oo* in *too,* but with more lip rounding and no off-glide.

Short [u] = u (**Hunne, Schuft, Busse, muss**): like English *u* in *bush,* but more clipped.

Diphthongs

[ai] = ei, ai, ay (**nein, Kaiser, Meyer, Bayern**): like English *ai* in *aisle,* but clipped and not drawled.

[oi] = eu, äu (**neun, Häuser**): like English *oi* in *coin,* but clipped and not drawled.

[au] = au (**laut, Bauer**): like English *ou* in *house,* but clipped and not drawled.

Long and short ü

Long [ǖ] = üh, ü (**Bühne, kühl, lügen**): To pronounce long [ǖ], keep your tongue in the same position as for long [ī], but round your lips as for long [ū].

Short [ü] = ü (**Küste, müssen, Bünde**): To pronounce short [ü], keep your tongue in the same position as for short [i], but round your lips as for short [u].

Long and short ö

Long [ȫ] = ö, öh (**Höfe, Löhne, Flöhe**): To pronounce long ȫ, keep your tongue in the same position as for long [ē], but round your lips as for long [ö].

Short [ö] = ö (**gönnt, Hölle, Knöpfe**): To pronounce short [ö], keep your tongue in the same position as for short [e], but round your lips as for short [o].

Consonants

Most of the German consonant sounds are similar to English consonant sounds. There are four major differences.

1. German has two consonant sounds without an English equivalent: [x] and [ç]. Both are spelled **ch**.
2. The German pronunciation of [l] and [r] differs from the English pronunciation.
3. German uses sounds familiar to English speakers in unfamiliar combinations, such as [ts] in an initial position: **zu.**
4. German uses unfamiliar spellings of familiar sounds.

The letters b, d, *and* g

The letters **b, d,** and **g** generally represent the same consonant sounds as in English. German **g** is usually pronounced like English *g* in *go*. When the letters **b, d,** and **g** occur at the end of a syllable, or before an **s** or **t,** they are pronounced like [p], [t], and [k] respectively.

b = [b] (**Diebe, gaben**)
b = [p] (**Dieb, Diebs, gab, gabt**)
d = [d] (**Lieder, laden**)
d = [t] (**Lied, Lieds, lud, lädt**)
g = [g] (**Tage, sagen**)
g = [k] (**Tag, Tags, sag, sagt**)

The letter j

The letter **j** (**ja, jung**) represents the sound *y* as in English *yes.*

The letter l

English [l] typically has a "hollow" sound to it. When an American pronounces [l], the tongue is usually "spoon-shaped": It is high at the front (with the tongue tip pressed against the gum ridge above the upper teeth), hollowed out in the middle, and high again at the back. German [l] (**viel, Bild, laut**) never has the "hollow" quality. It is pronounced with the tongue tip against the gum ridge, as in English, but with the tongue kept flat from front to back. Many Americans use this "flat" [l] in such words as *million, billion,* and *William.*

The letter r

German [r] can be pronounced in two different ways. Some German speakers use a "tongue-trilled [r]," in which the tip of the tongue vibrates against the gum ridge above the upper teeth—like the *rrr* that children often use in imitation of a telephone bell or police whistle. Most German speakers, however, use a "uvular [r]," in which the back of the tongue is raised toward the uvula, the little droplet of skin hanging down in the back of the mouth.

You will probably find it easiest to pronounce the uvular [r] if you make a gargling sound before the sound [a]: ra. Keep the tip of your tongue down and out of the way; the tip of the tongue plays no role in the pronunciation of the gargled German [r].

r = [r] + vowel **(Preis, Jahre, Rose):** When German [r] is followed by a vowel, it has the full "gargled" sound.

r = vocalized [r] **(Tier, Uhr, Tür):** When German [r] follows a vowel, it tends to become "vocalized," that is, pronounced like the vowel-like glide found in the final syllable of British English *hee-uh* (here), *thay-uh* (there).

The letters s, ss, ß

s = [ş] **(sehen, lesen, Gänse):** Before a vowel, the letter **s** represents the sound [ş], like English *z* in *zoo*.

s = [s] **(das, Hals, fast):** In most other positions, the letter **s** represents the sound [s], like English [s] in *so*.

ss, ß = [s] **(wissen, Flüsse, weiß, beißen, Füße):** The letters **ss** and **ß** (called **ess-tsett**) are both pronounced [s]. The double letters **ss** signal the fact that the preceding vowel is short, and the single letter **ß** signals the fact that the preceding vowel is long (or a diphthong).

The letter v

v = [f] **(Vater, viel):** The letter **v** is generally pronounced like English [f] as in *father*.

v = [v] **(Vase, November):** In words of foreign origin, the letter **v** is pronounced [v].

The letter w

w = [v] **(Wein, Wagen, wann):** Many centuries ago, German **w** (as in **Wein**) represented the sound [w], like English *w* in *wine*. Over the centuries, German **w** gradually changed from [w] to [v], so that today the **w** of German **Wein** represents the sound [v], like the *v* of English *vine*. German no longer has the sound [w]. The letter **w** always represents the sound [v].

The letter z

z = final and initial [ts] **(Kranz, Salz, Zahn, zu):** The letter **z** is pronounced [ts], as in English *rats*. In English, the [ts] sound occurs only at the end of a syllable; in German, [ts] occurs at the beginning as well as at the end of a syllable.

The consonant clusters gn, kn, pf, qu

To pronounce the consonant clusters **gn, kn, pf, qu** correctly, you need to use familiar sounds in unfamiliar ways.

gn: pronunciation is [gn]
kn: pronunciation is [kn]
pf: pronunciation is [pf]
qu: pronunciation is [kv]

gn = [gn-] **(Gnade, Gnom)**
kn = [kn-] **(Knie, Knoten)**
pf = [pf-] **(Pfanne, Pflanze)**
qu = [kv-] **(quälen, Quarz, quitt)**

The combination ng

ng = [ŋ] **(Finger, Sänger, Ding):** The combination **ng** is pronounced [ŋ], as in English *singer*. It does not contain the sound [g] that is used in English *finger*.

The combinations sch, sp, *and* st

sch = [š] **(Schiff, waschen, Fisch)**
sp = [šp] **(Spaten, spinnen, Sport)**
st = [št] **(Stein, Start, stehlen)**

Many centuries ago, both German and English had the combinations **sp, st, sk,** pronounced [sp], [st], [sk]. Then two changes took place. First, in both languages, [sk] changed to [š], as in English *ship, fish,* and German **Schiff, Fisch.**

Second, in German only, word-initial [sp-] and [st-] changed to [šp-] and [št-]. The *sp* in English *spin* is pronounced [sp-], but in German **spinnen** it is pronounced [šp-]. The *st* in English *still* is pronounced [st-], but in German **still** it is pronounced [št-]. Today, German **sch** always represents [š] (like English *sh*, but with more rounded lips); **sp-** and **st-** at the beginning of German words or word stems represent [šp-] and [št-].

The letters ch

The letters **ch** are usually pronounced either [x] or [ç]. The [x] sound is made in the back of the mouth where [k] is produced.

If you have ever heard a Scotsman talk about "Lo*ch* Lomond," you have heard the sound [x]. The sound [x] is produced by forcing air through a narrow opening between the back of the tongue and the back of the roof of the mouth (the soft palate). Notice the difference between [k], where the breath stream is stopped in this position and [x], where the breath stream is forced through a narrow opening in this position.

To practice the [x] sound, keep the tongue below the lower front teeth and produce a gentle gargling sound, without moving the tongue or lips. Be careful not to substitute the [k] sound for the [x] sound.

> **ck, k = [k] (Sack, pauken, Pocken, buk)**
> **ch = [x] (Sache, hauchen, pochen, Buch)**

The [ç] sound is similar to that used by many Americans for the *h* in such words as *hue*, *huge*, *human*. It is produced by forcing air through a narrow opening between the front of the tongue and the front of the roof of the mouth (the hard palate). Notice the difference between [š], where the breath stream is forced through a wide opening in this position and the lips are rounded, and [ç], where the breath stream is forced through a narrow opening in this position and the lips are spread.

To practice the [ç] sound, round your lips for [š], then use a slit-shaped opening and spread your lips. Be careful not to substitute the [š] sound for [ç].

> **sch = [š] (misch, fischt, Kirsche, Welsch, Menschen)**
> **ch = [ç] (mich, ficht, Kirche, welch, München)**

Note two additional points about the pronunciation of **ch**:

1. **ch** = [x] occurs only after the vowels **a, o, u, au.**
2. **ch** = [ç] occurs only after the other vowels and **n, l,** and **r.**

The combination chs

> **chs = [ks] (sechs, Fuchs, Weichsel)**
> **chs = [xs] or [çs] (des Brauchs, du rauchst, des Teichs)**

The fixed combination **chs** is pronounced [ks] in words such as **sechs, Fuchs,** and **Ochse.** Today, **chs** is pronounced [xs] or [çs] only when the **s** is an ending or part of an ending (**ich rauche, du rauchst; der Teich, des Teichs**).

The suffix -ig

-ig = [iç] (Pfennig, König, schuldig): In final position, the suffix **-ig** is pronounced [iç] as in German **ich.**

-ig = [ig] (Pfennige, Könige, schuldige): In all other positions, the **g** in **-ig** has the sound [g] as in English *go.*

The glottal stop

English uses the glottal stop as a device to avoid running together words and parts of words; it occurs only before vowels. Compare the pairs of words below. The glottal stop is indicated with an *.

an *ice man	a nice man
not *at *all	not a tall
an *ape	a nape

German also uses the glottal stop before vowels to avoid running together words and parts of words.

> **Wie *alt *ist *er?**
> **be*antworten**

The glottal stop is produced by closing the glottis (the space between the vocal cords), letting air pressure build up from below, and then suddenly opening the glottis, resulting in a slight explosion of air. Say the word *uh-uh,* and you will notice a glottal stop between the first and second *uh.*

The Writing System

German punctuation

Punctuation marks in German are generally used as in English. Note the following major differences.

1. In German, dependent clauses are set off by commas.

   German   Der Mann, der hier wohnt, ist alt.

   English   The man who lives here is old.

2. In German, independent clauses, with two exceptions, are set off by commas. Clauses joined by **und** (*and*) or **oder** (*or*) need not be set off by commas, unless the writer so chooses for the sake of clarity.

   German   Robert singt und Karin tanzt. *or* Robert singt, und Karin tanzt.

   English   Robert is singing and Karin is dancing.

3. In German, a comma is not used in front of **und** in a series as is often done in English.

   German   Robert, Ilse und Karin singen.

   English   Robert, Ilse, and Karin are singing.

4. In German, opening quotation marks are placed below the line.

   German   Er fragte: „Wie heißt du?"

   English   He asked, "What is your name?"

   Note that a colon is used in German before a direct quotation.

5. In German, commas stand outside of quotation marks.

   German   „Meyer", antwortete sie.

   English   "Meyer," she answered.

German capitalization

1. In German, all nouns are capitalized.

   German   Wie alt ist der Mann?

   English   How old is the man?

2. Adjectives are not capitalized, even if they denote nationality.

   German   Ist das ein amerikanisches Auto?

   English   Is that an American car?

3. The pronoun **ich** is not capitalized, unlike its English counterpart *I*.

   German   Morgen spiele ich um zwei Uhr Tennis.

   English   Tomorrow I am playing tennis at two o'clock.

4. The pronoun for the formal form of *you* and *your* is capitalized: **Sie** (*you*); **Ihr** (*your*).

   German   Haben Sie Ihr Handy mit?

   English   Do you have your cell phone with you?

Appendix D
Grammatical Tables

1. Personal pronouns

Nominative	ich	Sie	du	er	es	sie	wir	Sie	ihr	sie
Accusative	mich	Sie	dich	ihn	es	sie	uns	Sie	euch	sie
Dative	mir	Ihnen	dir	ihm	ihm	ihr	uns	Ihnen	euch	ihnen

2. Reflexive pronouns

	ich	**Sie**	**du**	**er/es/sie**	**wir**	**Sie**	**ihr**	**sie**
Accusative	mich	sich	dich	sich	uns	sich	euch	sich
Dative	mir	sich	dir	sich	uns	sich	euch	sich

3. Interrogative pronouns

Nominative	wer	was
Accusative	wen	was
Dative	wem	
Genitive	wessen	

4. Relative pronouns

	Masculine	**Neuter**	**Feminine**	**Plural**
Nominative	der	das	die	die
Accusative	den	das	die	die
Dative	dem	dem	der	denen
Genitive	dessen	dessen	deren	deren

5. Definite articles

	Masculine	**Neuter**	**Feminine**	**Plural**
Nominative	der	das	die	die
Accusative	den	das	die	die
Dative	dem	dem	der	den
Genitive	des	des	der	der

6. *Der*-words

	Masculine	**Neuter**	**Feminine**	**Plural**
Nominative	dieser	dieses	diese	diese
Accusative	diesen	dieses	diese	diese
Dative	diesem	diesem	dieser	diesen
Genitive	dieses	dieses	dieser	dieser

Common **der**-words are **dieser, jeder, mancher, solcher,** and **welcher.**

7. Indefinite articles and *ein*-words

	Masculine	Neuter	Feminine	Plural
Nominative	ein	ein	eine	keine
Accusative	einen	ein	eine	keine
Dative	einem	einem	einer	keinen
Genitive	eines	eines	einer	keiner

The **ein**-words include **kein** and the possessive adjectives: **mein, Ihr, dein, sein, ihr, unser, Ihr, euer,** and **ihr.**

8. Plural of nouns

Type	Plural signal	Singular	Plural	Notes
1	ø (no change)	das Zimmer	die Zimmer	Masculine and neuter nouns ending in -el, -en, -er
	¨ (umlaut)	der Garten	die Gärten	
2	-e	der Tisch	die Tische	
	¨ e	der Stuhl	die Stühle	
3	-er	das Bild	die Bilder	Stem vowels **e** or **i** cannot take umlaut
	¨ er	das Buch	die Bücher	Stem vowels **a, o, u** take umlaut
4	-en	die Uhr	die Uhren	
	-n	die Lampe	die Lampen	
	-nen	die Freundin	die Freundinnen	
5	-s	das Radio	die Radios	Mostly foreign words

9. Masculine *N*-nouns

	Singular	Plural
Nominative	der Herr	die Herren
Accusative	den Herrn	die Herren
Dative	dem Herrn	den Herren
Genitive	des Herrn	der Herren

Some other masculine N-nouns are **der Architekt, der Journalist, der Junge, der Komponist, der Kollege, der Mensch, der Nachbar, der Pilot, der Präsident, der Soldat, der Student, der Tourist.** A few masculine N-nouns add **-ns** in the genitive: **der Name > des Namens.**

10. Preceded adjectives

	Masculine	Neuter	Feminine	Plural
Nom.	der neue Pulli	das neue Sweatshirt	die neue Hose	die neuen Schuhe
	ein neuer Pulli	ein neues Sweatshirt	eine neue Hose	keine neuen Schuhe
Acc.	den neuen Pulli	das neue Sweatshirt	die neue Hose	die neuen Schuhe
	einen neuen Pulli	ein neues Sweatshirt	eine neue Hose	keine neuen Schuhe
Dat.	dem neuen Pulli	dem neuen Sweatshirt	der neuen Hose	den neuen Schuhen
	einem neuen Pulli	einem neuen Sweatshirt	einer neuen Hose	keinen neuen Schuhen
Gen.	des neuen Pullis	des neuen Sweatshirts	der neuen Hose	der neuen Schuhe
	eines neuen Pullis	eines neuen Sweatshirts	einer neuen Hose	keiner neuen Schuhe

11. Unpreceded adjectives

	Masculine	Neuter	Feminine	Plural
Nominative	frischer Kaffee	frisches Brot	frische Wurst	frische Eier
Accusative	frischen Kaffee	frisches Brot	frische Wurst	frische Eier
Dative	frischem Kaffee	frischem Brot	frischer Wurst	frischen Eiern
Genitive	frischen Kaffees	frischen Brotes	frischer Wurst	frischer Eier

12. Nouns declined like adjectives

*Nouns preceded by definite articles or **der**-words*

	Masculine	Neuter	Feminine	Plural
Nominative	der Deutsche	das Gute	die Deutsche	die Deutschen
Accusative	den Deutschen	das Gute	die Deutsche	die Deutschen
Dative	dem Deutschen	dem Guten	der Deutschen	den Deutschen
Genitive	des Deutschen	des Guten	der Deutschen	der Deutschen

*Nouns preceded by indefinite articles or **ein**-words*

	Masculine	Neuter	Feminine	Plural
Nominative	ein Deutscher	ein Gutes	eine Deutsche	keine Deutschen
Accusative	einen Deutschen	ein Gutes	eine Deutsche	keine Deutschen
Dative	einem Deutschen	einem Guten	einer Deutschen	keinen Deutschen
Genitive	eines Deutschen	—	einer Deutschen	keiner Deutschen

Other nouns declined like adjectives are **der/die Bekannte, Erwachsene, Fremde, Jugendliche, Verwandte.**

13. Irregular comparatives and superlatives

Base form	bald	gern	gut	hoch	nah	viel
Comparative	eher	lieber	besser	höher	näher	mehr
Superlative	ehest-	liebst-	best-	höchst-	nächst-	meist-

14. Adjectives and adverbs taking umlaut in the comparative and superlative

alt–älter	jung–jünger	oft–öfter
arm–ärmer	kalt–kälter	rot–röter
blass–blasser *or* blässer	krank–kränker	schwach–schwächer
dumm–dümmer	kurz–kürzer	schwarz–schwärzer
gesund–gesünder *or* gesunder	lang–länger	stark–stärker
groß–größer	nass–nässer *or* nasser	warm–wärmer

15. Prepositions

With accusative	With dative	With either accusative or dative	With genitive
bis	aus	an	(an)statt
durch	außer	auf	trotz
für	bei	hinter	während
gegen	mit	in	wegen
ohne	nach	neben	
um	seit	über	
	von	unter	
	zu	vor	
		zwischen	

16. Verb and preposition combinations

an·fangen mit
an·rufen bei
antworten auf (+ *acc.*)
arbeiten bei (*at a company*)
auf·hören mit
beginnen mit
sich beschäftigen mit
danken für
denken an (+ *acc.*)
sich erinnern an (+ *acc.*)
erzählen von
fahren mit (*by a vehicle*)
fragen nach
sich freuen auf (+ *acc.*)
sich freuen über (+ *acc.*)
sich fürchten vor (+ *dat.*)
halten von
hoffen auf (+ *acc.*)
sich interessieren für
lächeln über (+ *acc.*)

nach·denken über (+ *acc.*)
reden über (+ *acc.*) *or* von
riechen nach
schreiben an (+ *acc.*)
schreiben über (+ *acc.*)
sprechen über (+ *acc.*), von, *or* mit
sterben an (+ *dat.*)
studieren an *or* auf (+ *dat.*)
suchen nach
teilen durch
telefonieren mit
sich unterhalten über (+ *acc.*)
sich vor·bereiten auf (+ *acc.*)
warten auf (+ *acc.*)
wissen über (+ *acc.*) *or* von
wohnen bei
zeigen auf (+ *acc.*)

17. Dative verbs

antworten
danken
fehlen
folgen
gefallen
gehören
glauben (*dat. of person*)
gratulieren

helfen
leid·tun
passen
passieren
schaden
schmecken
weh·tun

The verb **glauben** may take an impersonal accusative object: **ich glaube es.**

18. Guidelines for the position of *nicht*

1. **Nicht** always *follows* the finite verb.

   Kevin **arbeitet nicht.**

   Anne **kann nicht** gehen.

2. **Nicht** always *follows:*
   a. noun objects

   Ich glaube **Kevin nicht.**

   b. pronouns used as objects

   Ich glaube **es nicht.**

   c. specific adverbs of time

   Anne geht **heute nicht** mit.

3. **Nicht** *precedes* most other elements:
   a. predicate adjectives

   Dieter ist **nicht freundlich.**

   b. predicate nouns

   Jan ist **nicht mein Freund.**

   c. adverbs

   Lena spielt **nicht gern** Tennis.

   d. adverbs of general time

   Lena spielt **nicht oft** Tennis.

   e. prepositional phrases

   Marcel geht **nicht ins Kino.**

   f. dependent infinitives

   Ich kann es **nicht machen.**

   g. past participles

   Ich habe es **nicht gemacht.**

   h. separable prefixes

   Warum kommst du heute **nicht mit?**

4. If several of the elements that are preceded by **nicht** occur in a sentence, **nicht** usually *precedes* the first one.
   Ich gehe **nicht oft** ins Kino.

19. Present tense

	lernen[1]	arbeiten[2]	tanzen[3]	geben[4]	lesen[5]	fahren[6]	laufen[7]	auf•stehen[8]
ich	lern**e**	arbeit**e**	tanz**e**	geb**e**	les**e**	fahr**e**	lauf**e**	steh**e** ... auf
Sie	lern**en**	arbeit**en**	tanz**en**	geb**en**	les**en**	fahr**en**	lauf**en**	steh**en** ... auf
du	lern**st**	arbeit**est**	tan**zt**	gi**bst**	lie**st**	fä**hrst**	lä**ufst**	steh**st** ... auf
er/es/sie	lern**t**	arbeit**et**	tan**zt**	gi**bt**	lie**st**	fä**hrt**	lä**uft**	steh**t** ... auf
wir	lern**en**	arbeit**en**	tanz**en**	geb**en**	les**en**	fahr**en**	lauf**en**	steh**en** ... auf
Sie	lern**en**	arbeit**en**	tanz**en**	geb**en**	les**en**	fahr**en**	lauf**en**	steh**en** ... auf
ihr	lern**t**	arbeit**et**	tan**zt**	geb**t**	les**t**	fahr**t**	lauf**t**	steh**t** ... auf
sie	lern**en**	arbeit**en**	tanz**en**	geb**en**	les**en**	fahr**en**	lauf**en**	steh**en** ... auf
Imper. sg.	lern(e)	arbeite	tanz(e)	gib	lies	fahr(e)	lauf(e)	steh(e) ... auf

1. The endings are used for all verbs except the modals, **wissen, werden,** and **sein.**

2. A verb with a stem ending in **-d** or **-t** has an **e** before the **-st** and **-t** endings. A verb with a stem ending in **-m** or **-n** preceded by another consonant has an **e** before the **-st** and **-t** endings, e.g., **atmen > du atmest, er/es/sie atmet; regnen > es regnet.** Exception: If the stem of the verb ends in **-m** or **-n** preceded by **-l** or **-r,** the **-st** and **-t** do not expand, e.g., **lernen > du lernst, er/es/sie lernt.**

3. The **-st** ending of the **du**-form contracts to **-t** when the verb stem ends in a sibilant **(-s, -ss, -ß, -z,** or **-tz).** Thus the **du-** and **er/es/sie**-forms are identical.

4. Some strong verbs have a stem-vowel change **e > i** in the **du-** and **er/es/sie**-forms and the imperative singular.

5. Some strong verbs have a stem-vowel change **e > ie** in the **du-** and **er/es/sie**-forms and the imperative singular. The strong verbs **gehen** and **stehen** do not change their stem vowel.

6. Some strong verbs have a stem-vowel change **a > ä** in the **du-** and **er/es/sie**-forms.

7. Some strong verbs have a stem-vowel change **au > äu** in the **du-** and **er/es/sie**-forms.

8. In the present tense, separable prefixes are separated from the verbs and are in last position.

20. Simple past tense

		Weak verbs		Strong verbs
		lernen[1]	arbeiten[2]	geben[3]
ich		lernte	arbeitete	gab
Sie		lernten	arbeiteten	gaben
du		lerntest	arbeitetest	gabst
er/es/sie		lernte	arbeitete	gab
wir		lernten	arbeiteten	gaben
Sie		lernten	arbeiteten	gaben
ihr		lerntet	arbeitetet	gabt
sie		lernten	arbeiteten	gaben

1. Weak verbs have a past-tense marker **-te** + endings.

2. A weak verb with a stem ending in **-d** or **-t** has a past-tense marker **-ete** + endings. A weak verb with a stem ending in **-m** or **-n** preceded by another consonant has a past-stem marker **-ete** plus endings, e.g., **er/es/sie atmete; es regnete.** Exception: If the stem of the verb ends in **-m** or **-n** preceded by **-l** or **-r,** the **-te** past-tense marker does not expand, e.g., **lernte.**

3. Strong verbs have a stem-vowel change + endings. The **ich-** and **er/es/sie**-forms do not add endings.

21. Auxiliaries *haben, sein, werden:* present, simple past, past participles, and subjunctive

	haben	sein	werden
ich	habe	bin	werde
Sie	haben	sind	werden
du	hast	bist	wirst
er/es/sie	hat	ist	wird
wir	haben	sind	werden
Sie	haben	sind	werden
ihr	habt	seid	werdet
sie	haben	sind	werden
Simple past (3ps):	hatte	war	wurde
Past participle:	gehabt	gewesen	geworden
Subjunctive (3ps):	hätte	wäre	würde

22. Modal auxiliaries: present, simple past, past participle, and subjunctive

	dürfen	können	müssen	sollen	wollen	mögen	(möchte)
ich	darf	kann	muss	soll	will	mag	(möchte)
Sie	dürfen	können	müssen	sollen	wollen	mögen	(möchten)
du	darfst	kannst	musst	sollst	willst	magst	(möchtest)
er/es/sie	darf	kann	muss	soll	will	mag	(möchte)
wir	dürfen	können	müssen	sollen	wollen	mögen	(möchten)
Sie	dürfen	können	müssen	sollen	wollen	mögen	(möchten)
ihr	dürft	könnt	müsst	sollt	wollt	mögt	(möchtet)
sie	dürfen	können	müssen	sollen	wollen	mögen	(möchten)
Simple past (3ps):	durfte	konnte	musste	sollte	wollte	mochte	
Past participle (3ps):	gedurft	gekonnt	gemusst	gesollt	gewollt	gemocht	
Subjunctive (3ps):	dürfte	könnte	müsste	sollte	wollte	möchte	

23. Present and past perfect tenses

	Present perfect				**Past perfect**			
ich	habe	}	bin	}	hatte	}	war	}
Sie	haben		sind		hatten		waren	
du	hast		bist		hattest		warst	
er/es/sie	hat	gesehen	ist	gegangen	hatte	gesehen	war	gegangen
wir	haben		sind		hatten		waren	
Sie	haben		sind		hatten		waren	
ihr	habt		seid		hattet		wart	
sie	haben		sind		hatten		waren	

24. Future tense

ich	werde	}
Sie	werden	
du	wirst	
er/es/sie	wird	gehen
wir	werden	
Sie	werden	
ihr	werdet	
sie	werden	

25. Passive voice

	Present passive		**Past passive**	
ich	werde	}	wurde	}
Sie	werden		wurden	
du	wirst		wurdest	
er/es/sie	wird	gesehen	wurde	gesehen
wir	werden		wurden	
Sie	werden		wurden	
ihr	werdet		wurdet	
sie	werden		wurden	

26. Subjunctive mood

Present-time subjunctive		
ich	würde	
Sie	würden	
du	würdest	
er/es/sie	würde	sehen
wir	würden	
Sie	würden	
ihr	würdet	
sie	würden	

Past-time subjunctive				
ich	hätte		wäre	
Sie	hätten		wären	
du	hättest		wärest	
er/es/sie	hätte	gesehen	wäre	gegangen
wir	hätten		wären	
Sie	hätten		wären	
ihr	hättet		wäret	
sie	hätten		wären	

27. Principal parts of strong and irregular weak verbs

The following list includes all the strong and irregular verbs from the **Vokabeln** lists. Compound verbs like **herumliegen** and **hinausgehen** are not included, since the principal parts of compound verbs are identical to the basic forms: **liegen** and **gehen.** Separable-prefix verbs like **einladen** are included only when the basic verb (**laden**) is not listed elsewhere in the table. Basic English meanings are given for all verbs in this list. For additional meanings, consult the German-English vocabulary on pages R-29 to R-48. The number indicates the chapter in which the verb was introduced.

Infinitive	Present-tense vowel change	Simple past	Past participle	Meaning
anfangen	fängt an	fing an	angefangen	*to begin 4*
anrufen		rief an	angerufen	*to telephone 6*
sich anziehen		zog an	angezogen	*to get dressed 9*
sich ausziehen		zog aus	ausgezogen	*to get undressed 9*
backen	bäckt *or* backt	backte	gebacken	*to bake 8*
beginnen		begann	begonnen	*to begin 4*
bekommen		bekam	bekommen	*to get; to receive 3*
bitten	bittet	bat	gebeten	*to ask; to request 11*
bleiben		blieb	ist geblieben	*to stay; to remain 2*
bringen		brachte	gebracht	*to bring 4*
denken		dachte	gedacht	*to think 6*
einladen	lädt ein	lud ein	eingeladen	*to invite; to treat 6*
empfehlen	empfiehlt	empfahl	empfohlen	*to recommend 10*
entscheiden		entschied	entschieden	*to decide 12*
erziehen		erzog	erzogen	*to rear; to educate 8*
essen	isst	aß	gegessen	*to eat 3*
fahren	fährt	fuhr	ist gefahren	*to drive, travel, ride 4*
fallen	fällt	fiel	ist gefallen	*to fall 10*

Infinitive	Present-tense vowel change	Simple past	Past participle	Meaning
finden		fand	gefunden	*to find; to think 3*
fliegen		flog	ist geflogen	*to fly 5*
geben	gibt	gab	gegeben	*to give 3*
gefallen	gefällt	gefiel	gefallen	*to please 6*
gehen		ging	ist gegangen	*to go 1*
gewinnen		gewann	gewonnen	*to win 8*
haben	hat	hatte	gehabt	*to have E*
halten	hält	hielt	gehalten	*to hold; to stop 4*
hängen		hing	gehangen	*to be hanging 7*
heben		hob	gehoben	*to lift 1*
heißen		hieß	geheißen	*to be called, named E*
helfen	hilft	half	geholfen	*to help 4*
kennen		kannte	gekannt	*to know; to be aquainted with 3*
klingen		klang	geklungen	*to sound 12*
kommen		kam	ist gekommen	*to come 1*
lassen	lässt	ließ	gelassen	*to let, allow 12*
laufen	läuft	lief	ist gelaufen	*to run; to walk 5*
leiden		litt	gelitten	*to suffer; to endure 8*
leihen		lieh	geliehen	*to lend 4*
lesen	liest	las	gelesen	*to read 4*
liegen		lag	gelegen	*to lie; to be located 2*
nehmen	nimmt	nahm	genommen	*to take 3*
nennen		nannte	genannt	*to name 10*
riechen		roch	gerochen	*to smell 3*
rufen		rief	gerufen	*to call 3*
scheinen		schien	geschienen	*to shine; to seem 2*
schlafen	schläft	schlief	geschlafen	*to sleep 5*
schließen		schloss	geschlossen	*to close 3*
schreiben		schrieb	geschrieben	*to write E*
schwimmen		schwamm	ist geschwommen	*to swim 1*
sehen	sieht	sah	gesehen	*to see 4*
sein	ist	war	ist gewesen	*to be 1*
singen	singt	sang	gesungen	*to sing 12*
sinken		sank	ist gesunken	*to sink 8*
sitzen		saß	gesessen	*to sit 7*
sprechen	spricht	sprach	gesprochen	*to speak 3*
stehen		stand	gestanden	*to stand 3*
sterben	stirbt	starb	ist gestorben	*to die 10*
tragen	trägt	trug	getragen	*to wear; to carry 6*
treffen	trifft	traf	getroffen	*to meet 3*
treiben		trieb	getrieben	*to engage in 1*
trinken		trank	getrunken	*to drink 3*
tun		tat	getan	*to do 4*
verbinden		verband	verbunden	*to connect 9*
vergessen	vergisst	vergaß	vergessen	*to forget 9*
verlieren		verlor	verloren	*to lose 8*
wachsen	wächst	wuchs	ist gewachsen	*to grow 10*
waschen	wäscht	wusch	gewaschen	*to wash 7*
werden	wird	wurde	ist geworden	*to become 4*
wissen	weiß	wusste	gewusst	*to know 1*
zwingen		zwang	gezwungen	*to force, compel 10*

German-English Vocabulary

This vocabulary includes all the words used in *Deutsch heute* except numbers. The definitions given are generally limited to the context in which the words are used in this book. Chapter numbers are given for all words and expressions occurring in the chapter vocabularies and in the *Erweiterung des Wortschatzes* sections to indicate where a word or expression is first used. Recognition vocabulary does not have a chapter reference. The symbol ~ indicates repetition of the key word (minus the definite article, if any).

Nouns are listed with their plural forms: **der Abend, -e.** No plural entry is given if the plural is rarely used or nonexistent. If two entries follow a noun, the first one indicates the genitive and the second one indicates the plural: **der Herr, -n, -en.**

Strong and irregular weak verbs are listed with their principal parts. Vowel changes in the present tense are noted in parentheses, followed by simple-past and past-participle forms. All verbs take **haben** in the past participle unless indicated with **sein.** For example: **fahren (ä), fuhr, ist gefahren.** Separable-prefix verbs are indicated with a raised dot: **auf·stehen.**

Adjectives and adverbs that require an umlaut in the comparative and superlative forms are noted as follows: **warm (ä).** Stress marks are given for all words that are not accented on the first syllable. The stress mark follows the accented syllable: **Amerika′ner.** In some words, either of the two syllables may be stressed.

The following abbreviations are used:

abbr.	abbreviation	*decl.*	declined	*p.p.*	past participle
acc.	accusative	*f.*	feminine	*part.*	participle
adj.	adjective	*fam.*	familiar	*pl.*	plural
adv.	adverb	*gen.*	genitive	*sg.*	singular
colloq.	colloquial	*interj.*	interjection	*sub.*	subordinate
comp.	comparative	*m.*	masculine	*subj.*	subjunctive
conj.	conjunction	*n.*	neuter	*sup.*	superlative
dat.	dative				

A

ab *(prep. + dat.)* after, from a certain point on; away from 9; **~ heute** from today on 9; **~ und zu** now and then

der Abend, -e evening E; **gestern ~** last night 6; **Guten ~!** Good evening. E; **heute ~** tonight, this evening 1; **zu ~ essen** to have (eat) dinner/supper

das Abendessen, - evening meal, dinner, supper 3; **zum ~** for dinner 3; **Was gibt's zum ~?** What's for dinner? 3

abends evenings, in the evening 7

aber *(conj.)* but; however 1

ab·fahren (fährt ab), fuhr ab, ist abgefahren to depart (by vehicle) 7

ab·holen to pick up 5

das Abitur′ diploma from college-track high school **(Gymnasium)**

der Absatz, ∵e paragraph

absolut′ absolutely, completely 10

ab·trocknen to dry dishes; to wipe dry 7

ab·waschen (wäscht ab), wusch ab, abgewaschen to do dishes 7

ach oh E

achten to pay attention

Achtung! *(exclamation)* Pay attention! Look out!

die Adres′se, -n address E; **Wie ist deine/Ihre ~?** What is your address? E

ah oh

ähnlich similar

die Ahnung hunch, idea 6; **Keine ~!** No idea! 6

die Aktivität′, -en activity 4

aktuell′ current, up to date

akzeptie′ren to accept

alle all 1

allein′ alone 5

allein′stehend single

allem: vor ~ above all 5, 10

allerdings however; of course 12

alles everything 2; all; **Alles Gute.** Best wishes.

allgemein′ general; **im Allgemeinen** in general

die Alliier′ten *(pl.)* Allies (WW II)

der Alltag everyday life

die Alpen *(pl.)* Alps 5

als *(after a comp.)* than 2; as; *(sub. conj.)* when 8

also well, well then E; therefore, so

alt (ä) old E; **Wie ~ bist du/sind Sie?** How old are you? E; **Ich bin [19] Jahre ~.** I'm [19] years old. E

das Alter age

am: ~ Freitag/Montag on Friday/Monday 1

(das) Ame′rika America 1

der Amerika′ner, -/die Amerika′nerin, -nen American person 2

amerika'nisch American (*adj.*) 4

an (+ *acc./dat.*) at 2; to 7; on 7

andere other 4

andererseits on the other hand

(sich) ändern to change; to alter

anders different(ly) 2

der Anfang, ⁚e beginning 8; **am ~** in the beginning 8

an·fangen (fängt an), fing an, angefangen to begin 4; **mit [der Arbeit] ~** to begin [the work]

an·geben (gibt an), gab an, angegeben to give; name, cite

der/die Angestellte (*noun decl. like adj.*) salaried employee, white-collar worker 11

die Anglis'tik English studies (language and literature) 4

die Angst, ⁚e fear 10; **~ haben (vor + *dat.*)** to be afraid (of) 10

an·haben (hat an), hatte an, angehabt to have turned on 6

der Anhang, *pl.* **Anhänge** appendix, reference section; attachment

an·kommen, kam an, ist angekommen (in + *dat.*) to arrive (in) 7

an·kreuzen to check off

an·nehmen (nimmt an), nahm an, angenommen to accept 8; to assume

an·rufen, rief an, angerufen to phone 6; **bei [dir] ~** to call [you] at home 6

an·schauen to look at; to watch (e.g., a video) 7

(sich) (*dat.*) **an·sehen (sieht an), sah an, angesehen** to look at 6, 12; **Ich sehe es mir an.** I'll have a look at it. 12

(an)statt' (+ *gen.*) instead of 8; **~ zu** (+ *inf.*) instead of

anstrengend exhausting, strenuous 2

die Antwort, -en answer 6

antworten (+ *dat.*) to answer (*as in* **Ich antworte der Frau.** I answer the woman.) 11; **~ auf** (+ *acc.*) to answer (*as in* **Ich antworte auf die Frage.** I answer the question.) 11

die Anzeige, -n announcement; ad 8

sich (*acc.*) **an·ziehen, zog an, angezogen** to get dressed 9; **Ich ziehe mich an.** I get dressed 9; **sich** (*dat.*) **an·ziehen** to put on 9; **Ich ziehe [mir die Schuhe] an.** I put on [my shoes].

der Anzug, ⁚e man's suit 6

der Apfel, ⁚ apple 3

der Apfelsaft apple juice 3

die Apothe'ke, -n pharmacy 3; **in die/zur ~** to the pharmacy 3

der Apothe'ker, -/die Apothe'kerin, -nen pharmacist

der Apparat', -e apparatus, appliance

der Appetit' appetite; **Guten ~!** Enjoy your meal.

der April' April 2

das Äquivalent', -e equivalent

die Arbeit work 4; **die Arbeit, -en** (school or academic) paper; piece of work 4

arbeiten to work; to study 1; **am Computer ~** to work at the computer 6; **bei [einer Firma] ~** to work at [a company] 11; **mit dem Computer ~** to do work on a computer 11; **mit Textverarbeitungsprogrammen ~** to do word processing 11

der Arbeiter, -/die Arbeiterin, -nen worker 9

der Arbeitgeber, -/die Arbeitgeberin, -nen employer

der Arbeitnehmer, -/die Arbeitnehmerin, -nen employee, worker

die Arbeitskraft, ⁚e employee

arbeitslos unemployed, out of work 11

die Arbeitslosigkeit unemployment

der Arbeitsplatz, ⁚e job, position; workplace

die Arbeitssuche job search

die Arbeitszeit, -en working hours 8, 11

der Architekt', -en, -en/die Architek'tin, -nen architect 8, 11

die Architektur' architecture

ärgerlich angry, annoyed, irritated

(sich) ärgern to be or feel angry (or annoyed)

argumentie'ren to argue

arm (ä) poor 9; **Du Armer.** You poor fellow/guy/thing. 9

der Arm, -e arm 9

die Art, -en type, kind; manner; **auf diese ~ und Weise** in this way

der Arti'kel, - article 4

der Arzt, ⁚e/die **Ärztin, -nen** (medical) doctor, physician 6, 11

(das) Asien Asia

das Aspirin' aspirin 3

der Assistent', -en, -en/die Assisten'tin, -nen assistant, aide

assoziie'ren to associate

die Attraktion', -en attraction 9

auch also E

auf (+ *acc./dat.*) on top of; to; on 7; up; open; **~ dem Weg** on the way, **~ den Markt** to the market 3; **~ [Deutsch]** in [German] 9; **~ einmal** all at once 6; **~ Wiedersehen.** Good-bye. E

die Aufgabe, -n assignment; task, set of duties; **die Hausaufgabe, -n** homework; **Hausaufgaben machen** to do homework

auf·geben (gibt auf), gab auf, aufgegeben to give up 8

auf·hören to stop (an activity); **mit der Arbeit ~** to stop work

auf·listen to list

auf·machen to open

auf·nehmen (nimmt auf), nahm auf, aufgenommen to accept

auf·passen to watch out; **~ auf** (+ *acc.*) to take care of

auf·räumen to straighten up (a room) 7

auf·schreiben, schrieb auf, aufgeschrieben to write down

auf·stehen, stand auf, ist aufgestanden to get up; to stand up 6

auf·stellen to set up (a list)

auf·teilen (in + *acc.*) to split up (into) 10

auf·wachsen (wächst auf), wuchs auf, ist aufgewachsen to grow up 12

das Auge, -n eye 9

der August' August 2

aus (+ *dat.*) out of 5; to come/be from (be a native of) 1; **Ich komme ~ [Kanada].** I come from [Canada]. 1

die Ausbildung training, education

der Ausdruck, ⁚e expression

aus·drücken to express

auseinan'der apart, away from each other 8

aus·gehen, ging aus, ist ausgegangen to go out 6

das Ausland (*no pl.*) foreign countries 7; **im ~** abroad 7

der Ausländer, -/die Ausländerin, -nen foreigner 12

die Ausländerfeindlichkeit hostility toward foreigners, xenophobia 12

der Ausländerhass xenophobia

ausländisch foreign

aus·leihen, lieh aus, ausgeliehen to rent (film, DVD) 4; to check out (book from library) 4; to lend out 4

aus·machen to matter 11; **Es macht [mir] nichts aus.** It doesn't matter to [me]. 11

aus·räumen to unload [the dishwasher]; to clear away 7

die Aussage, -n statement

aus·sagen to state, assert

aus·sehen (sieht aus), sah aus, ausgesehen to appear, look like, seem 6

das Aussehen appearance

der Außenhandel foreign trade 11

außer (+ *dat.*) besides; except for 5

außerdem besides, in addition, as well 4

aus·suchen to select, choose

der Austauschstudent, -en, -en/
die Austauschstudentin, -nen
exchange student 7

aus·wählen to choose, select

aus·wandern, ist ausgewandert to
emigrate 9

sich (acc.) aus·ziehen, zog aus, aus-
gezogen to get undressed 9; Ich
ziehe mich aus. I get undressed.
9; sich (dat.) aus·ziehen to take
off; Ich ziehe [mir die Schuhe]
aus. I take off [my shoes]. 9

der/die Auszubildende (noun decl.
like adj.) trainee, apprentice

das Auto, -s automobile, car 2; mit
dem ~ fahren to go by car 5

die Autobahn, -en freeway,
expressway 7

die Automatisie'rung automation

autonom' autonomous

der Autor, pl. Auto'ren/die Auto'rin,
-nen author

B

backen (ä), backte, gebacken to
bake

der Bäcker, -/die Bäckerin, -nen
baker 3; beim ~ at the baker's/
bakery 3; zum ~ to the baker's/
bakery 3

die Bäckerei', -en bakery 3

das Bad, ⸚er bath; bathroom 7

der Badeanzug, ⸚e swimming suit 6

die Badehose, -n swimming
trunks 6

baden to bathe, to take a bath 9; to
swim

das Badezimmer, - bathroom

das BAföG (= das
Bundesausbildungs-
förderungsgesetz) national law
that mandates financial support
for students

die Bahn, -en train; railroad 5

der Bahnhof, ⸚e train station 7

bald soon 1, 2; Bis ~. See you later. 1

der Balkon, -s or -e balcony

die Bana'ne, -n banana 3

die Band, -s band (musical) 1, 6

die Bank, ⸚e bench

die Bank, -en bank 11

die Bar, -s bar, pub, nightclub 10

der Basketball basketball 1

der Bau construction

der Bauch, pl. Bäuche abdomen;
belly 9

bauen to build 9

der Bauer, -n, -n/die Bäuerin, -nen
farmer

der Baum, ⸚e tree

der Baustein, -e building block

bayerisch Bavarian 7

beant'worten to answer (a question,
a letter) 5

bedeu'ten to mean 9; Was bedeutet
das? What does that mean?

die Bedeu'tung, -en significance;
meaning

beein'flussen to influence 2

been'den to finish, complete

begeis'tert enthused

begin'nen, begann, begonnen to
begin 4; mit [der Arbeit] ~ to
begin [(the) work]

begrü'ßen to greet; to welcome

behaup'ten to claim

der/die Behin'derte (noun decl. like
adj.) handicapped person

bei (+ dat.) at; at the home of 2, 3;
at a place of business 3; near; in
the proximity of 5; while, during
(indicates a situation); ~ Franziska
at Franziska's 2; beim Bäcker at
the baker's/bakery 3; ~ der Uni
near the university 5; ~ dir at your
place/house/home 5; ~ mir
vorbei·kommen to come by my
place 5; beim Einkaufen while
shopping; ~ einer Firma arbeiten
to work at a company/firm 11; beim
Fernsehen while watching TV;
~ uns at our house; in our country

beide both 1

beieinan'der next to each other

das Bein, -e leg 9

das Beispiel, -e example 4; zum
Beispiel (abbr. z. B.) for example 4

bekannt' known, famous 5; Das ist
mir ~. I'm familiar with that.

der/die Bekann'te (noun decl. like
adj.) acquaintance 9

die Bekannt'schaft, -en acquaintance 8

bekom'men, bekam, bekommen
to receive 3; Kinder ~ to have
children

beliebt' popular, favorite

bemer'ken to notice; to remark 12

die Bemer'kung, -en remark;
observation

benut'zen to use 7

das Benzin' gasoline

beo'bachten to observe 7

bequem' comfortable

bereit' ready; prepared; willing 5

der Berg, -e mountain 5; in die Berge
fahren to go to the mountains

der Bericht', -e report 4

berich'ten to report 8

Berli'ner Berliner (adj.); Berliner
Zeitung Berlin newspaper 10

der Berli'ner, -/die Berli'nerin, -nen
person from Berlin 2

der Beruf', -e profession, occupation
4; Was ist er von Beruf? What is
his profession?

beruf'lich career-related; professional 11

berufs'tätig working; gainfully
employed 8

berühmt' famous 5

beschäf'tigen to occupy, to keep
busy; to employ 11; sich ~ (mit) to
be occupied (with) 11; beschäftigt
sein (mit) to be busy, occupied
(with) 11

beschlie'ßen, beschloss,
beschlossen to decide on 10

beschrei'ben, beschrieb,
beschrieben to describe 6

die Beschrei'bung, -en description

beset'zen to occupy; besetzt'
occupied; engaged; busy
(telephone line)

der Besit'zer, -/die Besit'zerin,
-nen owner

beson'der- special; (nichts)
Besonderes (nothing) special 1;
besonders especially,
particularly 1, 4

bespre'chen (i), besprach,
besprochen to discuss

besser (comp. of gut) better 3, 9

best- (-er, -es, -e) best 9; am besten
best

bestel'len to order

bestimmt' certain(ly), for sure 2

der Besuch', -e visit 3; ~ haben to
have company 3; zu ~ for a visit 12

besu'chen to visit 4

der Besu'cher, -/die Besu'cherin,
-nen visitor

beto'nen to emphasize

betref'fen (betrifft) betraf,
betroffen to concern

die Betriebs'wirtschaft business
administration 4

das Bett, -en bed E, 7; zu (ins)
~ gehen to go to bed

die Bettdecke, -n blanket 7

die Bevöl'kerung, -en population

bevor' (sub. conj.) before 5

die Bewe'gung movement 5

die Bewer'bung, -en application

der Bewoh'ner, -/die Bewoh'nerin,
-nen inhabitant 12

bezah'len to pay (for) 3; das Essen ~
to pay for the meal 3

die Bezie'hung, -en relationship,
connection 10

die Bibliothek', -en library E;
in der ~ in/at the library 1

das Bier, -e beer 3

der Biergarten, ⸚ beer garden 7

das Bild, -er picture; photograph E;
image

bilden to form
das Bilderbuch, ̈er picture book
die Bildgeschichte, -n picture story
billig cheap 3; **billiger** cheaper 3
bin am E; **ich ~ [Schweizer/ Amerikaner].** I am [Swiss/ American]. 2
die Biografie', -n (also **Biographie**) biography
die Biologie' biology 4
bis (+ acc.) until, till 1; **~ auf** (+ acc.) except for; **~ bald.** See you later/ soon. E; **~ dann.** See you then. E; **~ zu(r)** up to 1, 4
bisher' until now, so far
bisschen: ein ~ a little 1
bist: du bist you are E
bitte (after danke) You're welcome. E; please E; **Bitte?** May I help you? E; **Bitte schön.** You're welcome.; **Bitte sehr.** (said when handing someone something) Here you are.; **(Wie) bitte?** (I beg your) pardon? E
bitten, bat, gebeten (um + acc.) to request, ask (for) something
blass pale 9
blau blue E
bleiben, blieb, ist geblieben to stay, to remain 2, 6
der Bleistift, -e pencil E
der Blick, -e view
die Blocka'de, -n blockade
blockie'ren to blockade, block
der/das Blog, -s blog 8
blond blond 9
die Bluesband, -s blues band 1
die Blume, -n flower 3
der Blumenstand, ̈e flower stand 3
die Bluse, -n blouse 6
der Boden, ̈ floor 7; ground
das Boot, -e boat
böse (auf + acc.) angry (at) 7; bad, mean; **Sei [mir] nicht ~.** Don't be mad [at me]. 7
brauchbar usable; **Brauchbares** something usable
brauchen to need 3
braun brown E; **hell~** light brown 9
das Brett, -er board; shelf; **das Schwarze ~** bulletin board
der Brief, -e letter
der Brieffreund, -e/die Brieffreundin, -nen pen pal
die Brille, -n eyeglasses 6; **Tragen Sie eine ~?** Do you wear glasses?
bringen, brachte, gebracht to bring 4
das Brot, -e bread; sandwich 3
das Brötchen, - bread roll, bun 3
die Brücke, -n bridge 10
der Bruder, ̈ brother 4
das Buch, ̈er book E

das Bücherregal, -e bookcase E
die Buchhandlung, -en bookstore 3
der Buchladen, ̈ bookstore
buchstabie'ren to spell E
das Bundesland, ̈er federal state
die Bundesrepublik Deutschland (BRD) Federal Republic of Germany (FRG) (the official name of Germany) 10
der Bundesstaat, -en federal state (in the U.S.)
der Bundestag lower house of the German parliament
der Bürger, -/die Bürgerin, -nen citizen
das Büro', -s office 11
der Bus, -se bus 5
die Butter butter 3

das Café', -s café 5
die CD', -s CD
der CD-Player, - (also **der CD-Spieler, -**) CD player E
chao'tisch messy; chaotic 1
der Chat, -s chat 8
der Chatroom (also **Chat-Room**), **-s** (online) chat room 6
chatten to chat (online) 6; **beim Chatten** while chatting
der Chef, -s/die Chefin, -nen boss 11
die Chemie' chemistry 4
circa (abbr. **ca.**) approximately
der Club, -s club; dance club 6
die Cola, -s cola drink 2
der Comic, -s comic strip, comics 8
der Compu'ter, - computer E; **am ~ arbeiten** to work at the computer 6; **mit dem ~ arbeiten** to do work on the computer 11
das Compu'terspiel, -e computer game 1
der Couchtisch, -e coffee table 7
der Cousin', -s cousin (m.) (pronounced /kuzɛ'/) 1
die Cousi'ne, -n (also **die Kusi'ne, -n**) cousin (f.)

D

da there E; here; then 1; (sub. conj.) because, since (causal) 8
dabei' with it 8; and yet; here (with me); **~ sein** to be there, be present 10
dage'gen against it; on the other hand
daher therefore, for that reason
das da-Kompo'situm da-compound
damals at that time 8
die Dame, -n lady
damit' (sub. conj.) so that 9; (adv.) with it
danach' after it; afterwards 8, 10

der Dank thanks; **Vielen ~.** Many thanks.
danke thanks E; **Danke schön.** Thank you very much. E
danken (+ dat.) to thank 5; **~ für** to thank for
dann then E; **Bis ~.** See you then. E
daraus' out of it
das the (n.); that E
dass (sub. conj.) that 5
das Datum, pl. **Daten** date
dauern to last; to require time 11
davor' before it
dazu' to it, to that; in addition 7
dazwi'schen in between
die DDR' (**Deutsche Demokra'tische Republik'**) GDR (German Democratic Republic)
die Decke, -n blanket 12
decken to cover 7; **den Tisch ~** to set the table 7
dein(e) your (fam. sg.) E
die Demokratie', -n democracy
demokra'tisch democratic(ally) 10
die Demonstration', -en demonstration 10
demonstrie'ren to demonstrate 10
denen (dat. pl. of demonstrative and relative pronoun) them; which 12
denken, dachte, gedacht to think, believe 6; **~ an** (+ acc.) to think of/ about 7; **~ daran** to think about it
denn (conj.) because, for 3; (flavoring particle adding emphasis to questions) 2
deprimiert' depressed
der the (m.) E
dersel'be, dassel'be, diesel'be the same
deshalb (conj.) therefore, for that reason 5
deswegen therefore, for this reason 9
deutsch German (adj.) 2
(das) Deutsch German class E; German (language) 1; **~ machen** to do German (as homework) 1, 4; to study German (subject at the university) 4; **auf ~** in German 9
der/die Deutsche (noun decl. like adj.) German person 2
die Deutsche Demokra'tische Republik' (DDR) German Democratic Republic (GDR)
der Deutschkurs, -e German class or course
(das) Deutschland Germany 2
deutschsprachig German-speaking
der Dezem'ber December 2
der Dialekt', -e dialect
der Dialog', -e dialogue
der Dichter, -/die Dichterin, -nen poet

dick fat; thick

die the (f.) E

der Dienstag Tuesday 1; **der Dienstaga'bend, -e** Tuesday evening

dies (-er, -es, -e) this, these; that, those 4

diesmal this time 11

die Digital'kamera, -s digital camera

das Ding, -e thing 3

dir (dat.) (to or for) you 5; **und ~?** And you? (How about you?) (as part of response to **Wie geht's?**) E

die Disco, -s (also **Disko**) dance club

die Diskussion', -en discussion; debate

diskutie'ren to discuss, 6

die Distanz' distance

doch (flavoring particle) really, after all, indeed 1, 3; Yes, of course; on the contrary (response to negative statement or question) 3; (conj.) but still, nevertheless, however, yet 3; **Geh ~ zum ...** Well then, go to ... 3

die Donau Danube

der Döner, - (short for **Dönerkebab**) Arabic/Turkish dish of grilled meat and spices

der Donnerstag Thursday 1

dort there 3

dorthin' (to) there

die Dose, -n can, tin; box

dran: ich bin ~ it's my turn; I'm next in line

draußen outside 7

dreieinhalb three and a half

dritt- (-er, -es, -e) third 8

das Drittel, - third

die Drogerie', -n drugstore 3

der Drogerie'markt, ⸚e self-service drugstore

drucken to print

du you (fam. sg.) E; **~!** Hey! 1; **~ Armer/~ Arme** you poor fellow/guy/thing 9; **Du meine Güte!** Good heavens! 7

dumm (ü) dumb, stupid

dunkel dark 9

dunkelhaarig dark-haired

dünn thin

durch (+ acc.) through 3; divided by; by (means of which)

durch·arbeiten to work through; to study 4

durch·machen to work/go through; to endure

durch·sehen (sieht durch), sah durch, durchgesehen to look through; to glance over; to examine

dürfen (darf), durfte, gedurft to be permitted, be allowed to; may 4

der Durst thirst 3; **~ haben** to be thirsty 3

die Dusche, -n shower

(sich) duschen to shower 9

duzen to address someone with the familiar **du**-form

die DVD', -s DVD 4

der DVD-Player, - (**der DVD-Spieler, -**) DVD player E

E

eben (flavoring particle used to support a previous statement, express agreement; made as a final statement it implies the speaker has no desire to discuss a point further) just, simply 7; even, smooth

echt (slang) really, genuinely 1; **Echt?** Really?

die Ecke, -n corner 7

egal' same; **Das ist mir ~.** It's all the same to me, I don't care.

egois'tisch egocentric 1

die Ehe, -n marriage 8

die Ehefrau, -en wife

ehemalig formerly

der Ehemann, ⸚er husband

das Ehepaar, -e married couple 8

eher sooner, rather

ehrlich honest; frank 6

das Ei, -er egg 3; **Rührei** scrambled egg; **Spiegelei** fried egg; **weich gekochtes ~** soft-boiled egg

die Eidgenossenschaft, -en confederation

eigen own 10

die Eigenschaft, -en characteristic, trait

eigentlich actually 1

ein(e) a, an E; **ein paar** a couple 3

einan'der one another, each other 6; **miteinander** with each other 6; **auseinander** apart, away from each other 8

der Eindruck, ⸚e impression

einfach simple; simply 2

das Einfami'lienhaus, ⸚er single-family house

der Einfluss, pl. **Einflüsse** influence

die Einführung, -en introduction

die Einheit unity; **Der Tag der deutschen ~** The Day of German Unity (celebrated on October 3)

einige some, several 4; **einiges** something

ein·kaufen to shop 3; **~ gehen** to go shopping 3; **beim Einkaufen** while shopping 3

die Einkaufstasche, -n shopping bag 3

das Einkommen, - income 11

ein·laden (lädt ein), lud ein, eingeladen to invite 6, 7; to treat (pay for someone) 7; **Ich lade dich ein.** It's my treat. 7

die Einladung, -en invitation

einmal once, one time 4; **~ im Jahr** once a year 4; **~ die Woche** once a week 6; **~ in der Woche** once a week 10; **auf ~** all at once 6; **noch ~** again, once more 12

ein·räumen to place or put in; to load [the dishwasher] 7; **Geschirr in die Spülmaschine ~** to put dishes into the dishwasher 7

ein·setzen to insert, fill in

ein·wandern, ist eingewandert to immigrate 9

der Einwohner, -/die Einwohnerin, -nen inhabitant 2

einzeln single, singly, individual(ly)

einzig- (-er, -es, -e) only, sole 5

das Eis ice; ice cream 3

das Eisen iron

die Eisenbahn, -en railroad

eisern iron; **der Eiserne Vorhang** Iron Curtain

eiskalt ice-cold 2

elegant' elegant

die Eltern (pl.) parents 4

der Elternteil parent

die E-Mail, -s e-mail E

empfeh'len (ie), empfahl, empfohlen to recommend 10

die Empfeh'lung, -en recommendation

das Ende, -n end, conclusion 4; **am ~** (in) the end; **zu ~** over, finished 8; **~ [August]** the end of [August] 2

enden to end

endgültig final; definite

endlich finally 3, 7

die Energie' energy

eng narrow; tight; cramped 10

der Engländer, -/die Engländerin, -nen English person 9

(das) Englisch English (language); (academic subject) 1; **auf Englisch** in English

der Enkel, -/die Enkelin, -nen grandson/granddaughter

das Enkelkind, -er grandchild

enorm' enormously

entde'cken to discover

entste'hen, entstand', ist entstan'den to arise, originate

der Entomolo'ge, -n, -n/die Entomolo'gin, -nen entomologist

(sich) entschei'den, entschied, entschieden to decide 12 (sich) **entschul'digen** to excuse (oneself); **Entschuldigen Sie!** Excuse me!

die **Entschul'digung, -en** apology

entweder ... oder (*conj.*) either . . . or

er he, it E

das **Erd'geschoss** the ground floor of a building

das **Ereig'nis, -se** occasion, event

erfah'ren (ä), erfuhr, erfahren to come to know, learn

die **Erfah'rung, -en** experience 8, 11

erfin'den, erfand, erfunden to invent

die **Erfin'dung, -en** invention

der **Erfolg', -e** success

ergän'zen to complete

sich **erin'nern (an** + *acc.*) to remember

sich **erkäl'ten** to catch a cold 9; **erkältet: ich bin ~** I have a cold 9

die **Erkäl'tung, -en** cold (illness) 9; **Was macht deine ~?** How's your cold? 9

erklä'ren to explain 4

erle'ben to experience

ernst serious 1

errei'chen to reach, attain; to arrive at 6

erschei'nen, erschien, ist erschienen to appear, seem

erst (*adj.*) first 4; (*adv.*) not until, only, just 2; **~ einmal** first of all 11

erstaun'lich astonishing, amazing 2

erstaunt' to be astonished, astounded

erstens first of all

der/die **Erwach'sene** (*noun decl. like adj.*) adult

erwäh'nen to mention

erwar'ten to expect 11

die **Erwei'terung, -en** expansion, extension

erzäh'len (über + *acc./***von)** to tell (about) 4, 7

die **Erzäh'lung, -en** account; story

erzie'hen, erzog, erzogen to bring up, rear; to educate 8

der **Erzie'her, -/die Erzie'herin, -nen** teacher, educator

die **Erzie'hung** bringing up, rearing; education 8

der **Erzie'hungsurlaub** leave of absence for child rearing

es it E; **~ gibt** (+ *acc.*) there is, there are 2, 3

das **Essen, -** meal; prepared food 3; **zum ~** for dinner 12

essen (isst), aß, gegessen to eat 3; **zu Abend ~** to have (eat) dinner

das **Esszimmer, -** dining room 7

etwa approximately, about 2

etwas something 3; some, somewhat; **noch ~** something else (in addition) 4; **~ anderes** something else

die **EU: Europä'ische Union'** EU, European Union

euch: bei ~ in your country

euer your (*pl. fam.*) 2

der **Euro, -** euro (*EU currency*) 4

(das) **Euro'pa** Europe 2

europä'isch European

die **Europä'ische Union'** (EU) European Union

ewig forever, eternally 6

das **Exa'men, -** comprehensive examination, finals 4; **das ~ machen** to graduate from the university 4

existie'ren to exist 9

exo'tisch exotic

der **Export, -e** export 5

exportie'ren to export 5

extrem' extreme

F

die **Fabrik', -en** factory 6

das **Fach, ̈er** (academic) subject; field 4

fahren (ä), fuhr, ist gefahren to drive; to travel; to ride 4, 5, 6; **mit [dem Auto] ~** to go by [car] 5, 7

die **Fahrkarte, -n** ticket

der **Fahrplan, ̈e** train/bus schedule

das **Fahrrad, ̈er** bicycle 5

die **Fahrschule, -n** driving school

die **Fahrt, -en** drive, ride, trip

die **Fakt, -en** fact

der **Fall, ̈e** case, situation 4, 12; fall, demise; **auf jeden ~** in any case 12

fallen (ä), fiel, ist gefallen to fall 10

falsch wrong, false E

die **Fami'lie, -n** family 4; das **Fami'lienleben** family life

der **Fan, -s** fan; supporter (sports)

fände (*subj. of* **finden**) would find 11

fantas'tisch fantastic E

die **Farbe, -n** color E; **Welche ~ hat ...?** What color is . . . ? E

das **Farbfernsehen** color TV

fast almost 2

faul lazy 1

faulenzen to lounge around, be idle 4

der **Februar** February 2

fehlen (+ *dat.*) to be lacking, missing

fehlend missing

feiern to celebrate 6

der **Feiertag, -e** holiday

das **Fenster, -** window E

die **Ferien** (*pl.*) vacation 4; **in den ~** on/during vacation 4; **in die ~ gehen/fahren** to go on vacation; **Semes'terferien** semester break; der **Ferienjob, -s** job during vacation

die **Ferienreise, -n** vacation trip 7

das **Fernsehen** television (the industry) 6

fern·sehen (sieht fern), sah fern, ferngesehen to watch TV 4

der **Fernseher, -** television set E

das **Fernsehprogramm', -e** TV channel, TV program; TV listing 6

die **Fernsehsendung, -en** television program 6

die **Fernsehserie, -n** TV series

fertig finished 6; ready

fest firm(ly)

das **Fest, -e** celebration; festival, formal party 5; **auf dem ~** at the celebration; **ein ~ feiern** to give a party

fett gedruckt in boldface

das **Feuer, -** fire

das **Fieber** fever 9

der **Film, -e** film 8, 10

der **Filmemacher, -/die Filmemacherin, -nen** filmmaker

finanziell' financial

finden, fand, gefunden to find; to think 3; **Er findet die Wurst gut.** He likes the lunch meat. 3; **Wie findest du das?** What do you think of that?

der **Finger, -** finger 9

die **Firma,** *pl.* **Firmen** company, firm 8; **bei einer ~ arbeiten** to work for a company 11

der **Fisch, -e** fish 3

der **Fischmann, ̈er/die Fischfrau, -en** fishmonger

fit fit

das **Fitnesstraining** fitness training, workout 1; **~ machen** to work out 1

die **Flasche, -n** bottle 7; **eine ~ Mineral'wasser** a bottle of mineral water 7

das **Fleisch** meat 3

fleißig industrious, hardworking 1

flexi'bel flexible 11

fliegen, flog, ist geflogen to fly 5

der **Flug, ̈e** flight 6

der **Flughafen, ̈** airport

das **Flugzeug, -e** airplane 5

der **Fluss, ̈e** river

föhnen to blow-dry; **ich föhne mir die Haare** I blow-dry my hair 9

folgen, ist gefolgt (+ *dat.*) to follow

folgend following

die **Form, -en** form

formell' formal

das **Foto, -s** photo

der **Fotograf', -en, -en/die Fotogra'fin, -nen** photographer

die **Fotografie', -n** photograph; photography

fotografie′ren to photograph 6

die Frage, -n question 1; **eine ~ stellen** to ask a question; **eine ~ an** (+ *acc.*) **stellen** to ask someone a question; **Sie stellt eine Frage an ihn.** She asks him a question; *also* (+ *dat.*) **Sie stellt ihm eine Frage.** She asks him a question.

fragen to ask 3; **~ nach** to inquire about

fraglich questionable 11

der Franken frank; **Schweizer Franken (sFr.)** Swiss unit of currency

(das) Frankreich France

der Franzo′se, -n, -n/die Französin, -nen French person

franzö′sisch French (*adj.*) 9

(das) Franzö′sisch French (language)

die Frau, -en woman; wife E; **Frau ...** Mrs. ...; Ms. ... (*term of address for all adult women*) E

frei free; **~ haben** to be off from work 6; **~ sein** to be unoccupied 6; **~ nehmen** to take time off

die Freiheit, -en freedom 8

der Freitag Friday 1; **am ~** on Friday 1

die Freizeit free time; leisure time 6

die Freizeitbeschäftigung, -en leisure activity

fremd foreign; strange 12

der Fremdenhass xenophobia

die Freude, -n pleasure, joy 11; **~ machen** to give pleasure 11; **~ an** (+ *dat.*) pleasure in 11

sich freuen (auf + *acc.*) to look forward (to) 9; **~ (über** + *acc.*) to be pleased (about/with) 9

der Freund, -e/die Freundin, -nen friend 1; boyfriend/girlfriend

freundlich friendly 1

die Freundlichkeit friendliness

der Frieden peace

friedlich peaceful(ly) 10

frisch fresh 3

der Friseur, -e/die Friseurin, -nen barber, hairdresser

froh happy 1

früh early 5

der Frühling spring 2

das Frühstück, -e breakfast 3; **zum ~** for breakfast 3

frühstücken to eat breakfast

die FU (Freie Universität′ Berlin′) Free University of Berlin

sich fühlen to feel (ill, well, etc.) 9; **Ich fühle mich nicht wohl.** I don't feel well. 9

führen to lead; to carry in stock, have for sale 10; **ein Gespräch ~** to conduct a conversation

der Führerschein, -e driver's license 6

funktionie′ren to function, work

für (+ *acc.*) for 1

furchtbar terrible, horrible; very E

fürchten to fear; **sich ~ (vor** + *dat.*) to fear, be afraid (of)

fürchterlich horrible, horribly 9

der Fuß, ̈e foot 5; **zu ~** on foot 5; **Ich gehe immer zu ~.** I always walk. 5

der Fußball soccer 1

der Fußgänger, -/die Fußgängerin, -nen pedestrian

die Fußgängerzone, -n pedestrian zone 7

G

die Gabel, -n fork 7

ganz complete(ly), whole; very 1; **~ gut** not bad, OK E; **~ schön** really quite 9; **~ schön [blass]** pretty [pale] 9; **im Ganzen** altogether

gar: ~ nicht not at all 4; **~ nichts** nothing at all 6

der Garten, ̈ garden

der Gast, ̈e guest

das Gebäu′de, - building

geben (gibt), gab, gegeben to give 3; **es gibt** (+ *acc.*) there is, there are 2, 3; **Was gibt's zum [Abendessen]?** What's for [dinner/supper]? 3; **Was gibt's/gab es?** What is/was playing? 10; **Was gibt's Neues?** What's new?

das Gebiet′, -e area, region 5

das Gebir′ge, - mountain range; (*pl.*) mountains

gebo′ren: ist geboren is born 12

gebrau′chen to use 12

die Geburt′, -en birth 8

das Geburts′haus, -häuser the house where someone was born

der Geburts′tag, -e birthday 2; **Ich habe im [Mai] ~.** My birthday is in [May]. 2; **Wann hast du ~?** When is your birthday? 2; **zum ~** for one's birthday; **Alles Gute zum ~.** Happy birthday.

der Gedan′ke, -n, -n thought, idea 4

das Gedicht′, -e poem

die Gefahr′, -en danger

gefähr′lich dangerous

gefal′len (gefällt), gefiel, gefallen (+ *dat.*) to please, be pleasing (to) 6; **Es gefällt [mir].** [I] like it. 6

das Gefühl′, -e feeling 8

gegen (+ *acc.*) against 3; **~ [sechs] Uhr** around/about [six] o'clock

die Gegend, -en region; area

das Gegenteil, -e opposite

gegenü′ber (+ *dat.*) opposite; across from there; toward

der Gegner, -/die Gegnerin, -nen opponent

das Gehalt′, ̈er salary 11

gehen, ging, ist gegangen to go 1, 6; **~ wir!** Let's go!; **Es geht.** OK. Not bad. All right E; **Es geht nicht.** It won't do./It's not OK./It's not possible.; **Geht das?** Is that OK? 5; **Geht es?** Will that work/Will that be OK? 1; **Geht es nicht?** Won't that work? 1; **Mir geht es gut.** I'm fine 1; **Mir geht es nicht gut.** I'm not well. 9; **Wie geht es Ihnen?** How are you? (*formal*) E; **Wie geht's?** How are you? (*informal*) E; **zu Fuß ~** to walk 5

gehö′ren (+ *dat.*) to belong to 9

gelang′weilt bored 1

gelb yellow E

das Geld money 3

das Gemü′se, - vegetable 3

gemüt′lich comfortable, informal 5

die Gemüt′lichkeit coziness, comfortableness 5

genau′ exact(ly) 4, 7; **Genau!** That's right! 7

die Genau′igkeit exactness

genau′so exactly the same 7

die Generation′, -en generation

genie′ßen, genoss, genossen to enjoy

genug′ enough 3

geöff′net open

die Geografie′ (*also* **Geographie**) geography

geogra′fisch geographical

gera′de just; straight 8

das Gerät′, -e apparatus; tool; instrument

gera′ten, geriet, ist geraten get into a state; **in [Panik] ~** to get in a [panic]

die Germanis′tik German studies (language and literature) 4

gern gladly, willingly; *used with verbs to indicate liking, as in* **Ich spiele gern Tennis.** I like to play tennis. 1; **~ haben** to be fond of (*with people only*), *as in* **Ich habe Anne ~.** I am fond of Anne.

das Geschäft′, -e store; business 3

die Geschäfts′frau, -en businesswoman 11

der Geschäfts′mann, businessman; **Geschäfts′leute** (*pl.*) businessmen, businesspeople 11

die Geschäfts′zeit, -en business hours

das Geschenk′, -e present, gift

die Geschich′te, -n story; history 4

das Geschirr′ dishes 7; **~ spülen** to wash dishes 7; **das ~ in die**

Spülmaschine einräumen to put the dishes in the dishwasher 7

der **Geschirr'spüler** dishwasher

die **Geschwis'ter** *(pl.)* siblings 4, 12

die **Gesell'schaft, -en** society; company

das **Gesetz', -e** law

das **Gesicht', -er** face 9

das **Gespräch', -e** conversation 11; **ein ~ führen** to carry on a conversation 11

gestern yesterday 2; **~ Abend** last night 6

gestresst' stressed 8

gesund' (ü) healthy 3

die **Gesund'heit** health

geteilt' durch divided by *(in math)* E

das **Getränk', -e** beverage 3

die **Gewalt'** violence

die **Gewalt'tat, -en** act of violence

die **Gewerk'schaft, -en** labor union

die **Gewich'te** *(pl.)* weights; **~ heben** to lift weights 1

das **Gewicht'heben** weightlifting 1

gewin'nen, gewann, gewonnen to win

gewöhn'lich common; general; usual

die **Gitar're, -n** guitar E

das **Glas, ːer** glass 3

glauben *(+ dat. when used with a person)* to believe 1; **Ich glaube, ja.** I think so. 1; **Ich glaube nicht.** I don't think so. 1

gleich immediately 4; in a minute; same; similar; simultaneously; **zur gleichen Zeit** at the same time 9

gleichberechtigt entitled to equal rights

die **Gleichberechtigung, -en** equal rights

die **Gleichheit** sameness; equality

gleichzeitig at the same time

das **Glück** luck; happiness; **Viel ~!** Good luck!; **zum ~** fortunately

glücklich happy; lucky 1

der/die **Glückliche** *(noun decl. like adj.)* lucky/fortunate one 10

Glückwunsch: Herzlichen ~ [zum Geburtstag]! Happy birthday!

das **Gold** gold 5

das **Golf** golf 1

das **Grad** degree *(temperature only)* 2; **Es sind minus [10] ~.** It's minus [10] degrees. 2; **Wie viel ~ sind es?** What's the temperature? 2

das **Gramm** *(abbr.* **g**) gram (1 ounce = 28.35g) 3

gratulie'ren *(+ dat.)* to congratulate

grau gray E

die **Grenze, -n** border, boundary; limit 10

(das) **Griechenland** Greece

das **Grillfest, -e** barbecue party

groß (ö) large, big; tall *(of people)* E

(das) **Großbritan'nien** Great Britain

die **Größe, -n** size

die **Großeltern** *(pl.)* grandparents 4

die **Großmutter, ː** grandmother 4

die **Großstadt, ːe** city 8

der **Großvater, ː** grandfather 4

größt- (groß) largest 9

grün green E

der **Grund, ːe** reason 11

das **Grundgesetz** constitution of Germany

die **Grünen** *(pl.)* environmentalist political party

die **Gruppe, -n** group 10; die **[Dreier] -gruppe** group of [three]

der **Gruß, ːe** greeting; *(closing of an e-mail or a letter)* **viele Grüße** best regards 1; **liebe/herzliche Grüße** best regards *(closing of an e-mail or a letter)*

grüßen to greet; **Grüß dich!** *(fam.)* Hi! E

die **Gurke, -n** cucumber 3; die **saure ~** pickle

gut good, well; fine E; **Mir geht es ~.** I'm fine. 1; **Mir geht est nicht gut.** I'm not well. 9; **Na ~!** All right. 1

Güte: Du meine ~! Good heavens! 7

das **Gymna'sium,** *pl.* **Gymnasien** college-track secondary school

H

das **Haar, -e** hair 9

haben (hat), hatte, gehabt to have E, 2; **Angst ~ vor** *(+ dat.)* to be afraid of 10; **Besuch ~** to have company 3; **Was hast du?** What is wrong with you?, What's the matter? 9

das **Hähnchen, -** chicken 3

halb half 1; **~ [zwei]** half past [one] 2; **~ so groß wie ...** half as large as . . . 2

der **Halbbruder, ː** half brother

die **Halbschwester, -n** half sister

halbtags half days, part-time

die **Hälfte, -n** half

Hallo! Hello. Hi! Hey! E

der **Hals, ːe** throat, neck 9

halten (hält), hielt, gehalten to hold 4, 6; to keep 6; **~ von** to think of, have an opinion about 4; **~ ... für** to have an opinion about 6; **eine Vorlesung ~** to give a lecture

die **Hand, ːe** hand 9

der **Handel** trade

handeln to treat 12; to concern; to act; to do business; **~ von** to be about 12

der **Handschuh, -e** glove 6

die **Handtasche, -n** handbag, purse 6

das **Handy, -s** cellular phone E

hängen, hängte, gehängt to hang [something], put 7

hängen, hing, gehangen to be hanging, be suspended 7

hart (ä) hard; difficult 9

der **Hass** hatred

hässlich ugly; hideous

hast has E

hat has E

hatte *(past tense of* **haben***)* had 4

hätte *(subj. of* **haben***)* would have 8

häufig often, frequently 12

der **Hauptbahnhof** main train station

das **Hauptfach, ːer** major (subject) 4

die **Hauptstadt, ːe** capital 2, 5

das **Hauptverb, -en** main verb

das **Haus,** *pl.* **Häuser** house 3; **nach Hause** (to go) home 3; **zu Hause** (to be) at home 3

die **Hausarbeit** homework, term paper 4; housework 4, 7; chore 4, 7

die **Hausaufgabe, -n** homework; **Hausaufgaben machen** to do homework

die **Hausfrau, -en** housewife

der **Haushalt** household; housekeeping 1; **den ~ machen** to take care of the house; to do the chores

der **Hausmann, ːer** househusband 8

He! Hey!

heben, hob, gehoben to lift 1; **Gewichte ~** to lift weights 1

das **Heft, -e** notebook E

die **Heimat** native country; homeland 12

die **Heirat** marriage

heiraten to marry, to get married

heiß hot 2

heißen, hieß, geheißen to be named, be called E; **Wie heißt du?** What is your name? *(informal)*; **Wie heißen Sie?** What is your name? *(formal)* E; **Du heißt [Mark], nicht?** Your name is [Mark], isn't it? E; **das heißt (d. h.)** that means, that is (i.e.) 2; **es heißt** it says

helfen (i), half, geholfen *(+ dat.)* to help 4

hell light; bright 9; **~braun** light brown 9

das **Hemd, -en** shirt 6

her *(prefix) (indicates motion toward speaker)* 7

herauf' up here

heraus' out

heraus'·finden, fand heraus, herausgefunden to find out

der **Herbst** autumn, fall 2; **im ~** in the fall 2

der **Herd, -e** cooking range 7

herein' in

der **Herr, -n, -en** gentleman E; **Herr ...** Mr. . . . *(term of address)* E; **~ Ober** *(term of address for a waiter)*

her·stellen to produce; to manufacture 11

herum' around 7

herum'·liegen, lag herum, herumgelegen to lie / be lying around 7

das Herz, -ens, -en heart

herzlich cordial; **herzliche Grüße** best regards

heute today 1; **~ Abend** this evening 1; **~ Morgen** this morning 1; **~ Nachmittag** this afternoon 1

heutzutage nowadays

hier here 1

die Hilfe help 10; **Hilfe!** Help!

hin (prefix) (indicates motion away from speaker) 7

hinein' into, in 11

hinein'·gehen, ging hinein, hineingegangen to go in 11

hin·gehen, ging hin, ist hingegangen to go there 6, 12

hinter (+ acc./dat.) behind, in back of 7

hinterher' afterwards

der Hintern, - rear 9

der Hinweis, -e tip, hint

der Histo'riker, -/die Histo'rikerin, -nen historian

hmm hmm

das Hobby, -s hobby 4

hoch (höher, höchst-) high 4; **hoh-** before nouns, as in **ein hoher Lebensstandard** a high standard of living

das Hochdeutsch High German, standard German

die Hochschule, -n institution of higher education (e.g., university)

der Hochschullehrer, -/die Hochschullehrerin, -nen teacher at a university or college

höchst- highest 9

hoffen to hope 8; **~ auf** (+ acc.) to hope for 8

hoffentlich hopefully (colloq.); I hope so. 2

höflich polite

hoh- (-er, -es, -e) high (the form of **hoch** used before nouns, as in **hohe Berge** high mountains) 5

hören to hear; to listen to 1; **Musik ~** to listen to music 1

der Hörsaal, -säle lecture hall

die Hose, -n pants, trousers 6; **ein Paar Hosen** a pair of pants; **die kurzen Hosen** shorts 6

der Hund, -e dog 7

der Hunger hunger 3; **~ haben** to be hungry 3; **Riesenhunger haben** to be very hungry 3

hungrig hungry 12

husten to cough 9

der Hut, ⸚e hat 6

I

ich I E; **~ auch** me, too

ideal' ideal 5

die Idee', -n idea 6

identifizie'ren to identify

idyl'lisch idyllic

Ihnen (dat. of **Sie**) (to) you; **Und Ihnen?** And you? (as part of response to **Wie geht es Ihnen?**) 1

ihr (pron.) you (familiar pl.) 1; (poss. adj.) her, their 2

Ihr (poss. adj.) your (formal) E

illustrie'ren to illustrate

immer always 2; **~ mehr** more and more 8; **~ noch** still 9; **noch ~** still; **wie ~** as always; **~ wieder** again and again 11

importie'ren to import

in (+ acc./dat.) in 2; into; to 3

individuell' individual(ly) 10

die Industrie', -n industry

die Informa'tik computer science; information technology 4

der Informa'tiker, -/die Informa'tikerin, -nen computer specialist, information technologist 11

die Information', -en information 6

der Ingenieur', -e/die Ingenieu'rin, -nen engineer 4

das Ingenieur'wesen engineering (subject) 4

die Initiati've, -n initiative

inlineskaten to go rollerblading; **~ gehen** to go rollerblading 1

der Inlineskater, -/die Inlineskaterin, -nen in-line skater

das Inlineskating in-line skating 1

insgesamt all together

die Institution', -en institution

das Instrument', -e instrument

die Inszenie'rung, -en production (of a play)

intakt' intact

integrie'ren to integrate

intelligent' intelligent, smart 1

das Interes'se, -n interest

interessie'ren to interest 5, 6; **sich interessieren (für)** to be interested (in) 9

interessiert' sein (an + dat.) to be interested (in) 9

international' international

das Internet Internet 1; **im ~** on the Internet 1; **im ~ surfen** to surf the Internet 1; **übers ~ kaufen** to buy on the Internet 6

das Internetcafé, -s cybercafé 6

das Interview, -s interview 6

interviewen to interview

die Intoleranz intolerance

inwiefern' to what extent

inzwi'schen in the meantime 10

das iPhone, -s iPhone

der iPod, -s iPod

irgendwann' sometime, at some point

irgendwie' somehow 2

iro'nisch ironical

irritie'ren to irritate

isoliert' isolated

ist is E

(das) Ita'lien Italy

italie'nisch Italian (adj.)

J

ja yes E; (flavoring particle) indeed, of course 1; **na ~** well now, oh well 8; **~ schon** yes, of course 3

die Jacke, -n jacket 6

das Jackett', -s (pronounced /zhaket'/) a man's suit jacket; sport coat 6

das Jahr, -e year E; **Ich bin [19] Jahre alt** I'm [19] years old. E; **die [siebziger/neunziger] Jahre** the [1970s/1990s] 12; **vor [10] Jahren** [10] years ago

die Jahreszeit, -en season 2

das Jahrhun'dert, -e century 9

-jährig . . . years old

jährlich annual, yearly 9

das Jahrzehnt', -e decade

der Januar January 2

je . . . desto . . . the . . . the . . . (with comp.); **je größer desto besser** the bigger the better; **oh ~** oh dear 3

die Jeans (sg. and pl.) jeans 6

jed- (-er, -es, -e) each, every 4; **jeden Tag** every day 2; **jeder** everyone

jedenfalls at any rate

jedoch' (conj. or adv.) however, nonetheless 11

jemand (-en, -em) (endings are optional) someone 8

jetzt now 2

jetzig of the present time; current

jeweils at any one time; each time; each

der Job, -s job 4

jobben (colloq.) to have a temporary job (e.g., a summer job) 4

joggen to jog 1; **~ gehen** to go jogging 1

das Jogging jogging 1

der Journalist', -en, -en/die Journalis'tin, -nen journalist 11

der Jude, -n, -n/die Jüdin, -nen Jew

jüdisch Jewish

die Jugendherberge, -n youth hostel

der/die Jugendliche (noun decl. like adj.) young person

der Juli July 2

jung (ü) young 4

der **Junge, -n, -n** boy E
der **Juni** June 2
Jura law studies 1

K

der **Kaffee** coffee 3; ~ **trinken gehen** to go for coffee 4
die **Kaffeebohne, -n** coffee bean
das **Kaffee'haus, -häuser** café *(in Austria)*; coffeehouse
der **Kalen'der, -** calendar
kalt (ä) cold 2; **es wird ~** it is getting cold
die **Kamera, -s** camera
der **Kamm, ̈e** comb 3
(sich) kämmen to comb 9; **Ich kämme mich./Ich kämme mir die Haare.** I comb my hair. 9
(das) Kanada Canada 2
der **Kana'dier, -/die Kana'dierin, -nen** Canadian (person) 2
kana'disch Canadian *(adj.)*
der **Kanton', -e** canton (a Swiss state)
die **Kappe, -n** cap 6
kaputt' broken; exhausted *(slang)* 5
die **Karot'te, -n** carrot 3
die **Karrie're, -n** career 8
die **Karte, -n** card 1; postcard; ticket 6; **die Theater ~** theater ticket 6
die **Karten** *(pl.)* playing cards 1; **~ spielen** to play cards 1
die **Kartof'fel, -n** potato 3
der **Käse** cheese 3
das **Käsebrot, -e** cheese sandwich
die **Kategorie', -n** category
die **Katze, -n** cat 7
kauen to chew
kaufen to buy 3; **übers Internet kaufen** to buy on the Internet 6
das **Kaufhaus, -häuser** department store 3; **ins ~** to the department store 3
kaum hardly
kein not a, not any 2; **~ ... mehr** no more . . . , not any more 3
kennen, kannte, gekannt to know, be acquainted with [people, places, or things] 3; **kennen·lernen** to get to know; to make the acquaintance of 4
das **Kilo(gramm)** *(abbr. **kg**)* kilo(gram) (= 2.2 pounds) 3
der **Kilometer, -** *(abbr. **km**)* kilometer (= .62 miles) 2
das **Kind, -er** child E
der **Kindergarten, ̈** nursery school; kindergarten 8
die **Kindheit** childhood
das **Kinn, -e** chin 9
das **Kino, -s** movie theater 1; **ins ~ gehen** to go to the movies 1
die **Kirche, -n** church
das **Kissen, -** pillow 7

klagen to complain 8
die **Klammer, -n** parenthesis
klar clear 4; *(interj.)* of course, naturally 4
die **Klasse, -n** class; **die erste ~** first grade; **Klasse!** Great! 2
der **Klassenkamerad, -en, -en/ die Klassenkameradin, -nen** classmate
klassisch classic(al)
die **Klausur', -en** test 4; **eine ~ schreiben** to take a test 4
das **Klavier', -e** piano 10; das **~konzert** piano concerto; piano concert 10
das **Kleid, -er** dress 6
die **Kleidung** clothing 6; das **Kleidungsstück, -e** article of clothing
klein small; short *(of people)* E
klettern to climb
das **Klima** climate 2
klingeln to ring 11
klingen, klang, geklungen to sound 12
die **Klinik, -en** clinic 9
das **Klischee', -s** cliché
km *(abbrev of **Kilometer**)* kilometer 2
die **Kneipe, -n** bar, pub 6
das **Knie, -** *(pl. pronounced /kniə/)* knee 9
der **Koch, ̈e/die Köchin, -nen** cook
kochen to cook 6
die **Kohle, -n** coal
der **Kolle'ge, -n, -n/die Kolle'gin, -nen** colleague
Köln Cologne
komisch funny; strange 2
kommen, kam, ist gekommen to come 1; **aus ... ~** to be from . . . ; **Woher kommst du?** Where are you from?/Where do you come from? 2; **Ich komme aus ...** I come/am from . . . 2
der **Kommentar', -e** comment; commentary
der **Kommilito'ne, -n, -n/die Kommilito'nin, -nen** fellow student
die **Kommo'de, -n** chest of drawers 7
der **Kommunis'mus** communism
der **Kommunist', -en, -en/die Kommunis'tin, -nen** communist
kommunizie'ren to communicate
kompliziert' complicated
der **Komponist', -en, -en/die Komponis'tin, -nen** composer 5
die **Konditorei', -en** pastry shop
der **König, -e/die Königin, -nen** king/queen
die **Konjunktion', -en** conjunction
die **Konkurrenz'** competition
konkurrie'ren to compete 11

können (kann), konnte, gekonnt to be able to; can 4; **Deutsch ~** to know German
könnte *(subj. of **können**)* would be able to 11
der **Kontakt', -e** contact 8
kontrollie'ren to control
sich konzentrie'ren to concentrate
das **Konzert', -e** concert 6; **ins ~ gehen** to go to a concert 6
der **Kopf, ̈e** head 9
die **Kopfschmerzen** *(pl.)* headache 3
das **Kopftuch, ̈er** headscarf 12
der **Körper, -** body 9
korrigie'ren to correct
die **Kosten** *(pl.)* expenses; **~ sparen** keeping expenses down
kosten to cost 10, 11
das **Kostüm', -e** costume; ladies' suit
krank (ä) sick, ill E
das **Krankenhaus, -häuser** hospital 6
die **Krankenkasse** health insurance
der **Krankenpfleger, -/die Krankenpflegerin, -nen** nurse
die **Krankenschwester, -n** female nurse 7
die **Krankheit, -en** illness 9
kränklich sickly 11
die **Krawat'te, -n** necktie 6
kreativ' creative 1
die **Kredit'karte, -n** credit card 9
der **Krieg, -e** war 5
kriegen to get 11
der **Krimi, -s** mystery (novel or film) 4
die **Krise, -n** crisis
die **Kritik', -en** criticism; review 10
kritisch critical 1
die **Küche, -n** kitchen 7
der **Kuchen, -** cake 3
das **Küchengerät, -e** kitchen appliance
der **Kugelschreiber, -** ballpoint pen E
kühl cool 2
der **Kühlschrank, ̈e** refrigerator 7
der **Kuli, -s** *(colloq. for **Kugelschreiber**)* ballpoint pen E
kulminie'ren to culminate
die **Kultur', -en** culture 5
kulturell' cultural(ly) 10
der **Kunde, -n, -n/die Kundin, -nen** customer, client 11
die **Kündigung, -en** dismissal
die **Kunst, ̈e** art 4; skill 4
die **Kunstgeschichte** art history 4
der **Künstler, -/die Künstlerin, -nen** artist 5
der **Kurs, -e** course, class 4
der **Kursteilnehmer, -/die Kursteil- nehmerin, -nen** member of a class or course
kurz (ü) short, brief(ly) 4; **die kurzen Hosen** shorts 6

die **Kurzgeschichte, -n** short story
die **Kusi′ne, -n** cousin (f.) 4
küssen to kiss

L

lächeln to smile 7; ~ **über** (+ acc.) to smile about
lachen to laugh 2; ~ **über** (+ acc.) to laugh about; **zum Lachen** laughable
der **Laden, ⸚** store 3
die **Lage, -n** position, location; situation 9
die **Lampe, -n** lamp E
das **Land, ⸚er** country, land 2, 7; **aufs ~ fahren** to go to the country
die **Landkarte, -n** map
die **Landwirtschaft** farming, agriculture
lang (ä) long 4, 9
lange (adv.) for a long time; **wie ~** for how long
langsam slow(ly)
längst for a long time; a long time ago 9
sich **langweilen** to feel bored
langweilig boring 6
der or das **Laptop, -s** laptop E
lassen (lässt), ließ, gelassen to leave behind; to let, permit 12; to have something done; **Lass uns gehen.** Let's go. 12
latei′nisch Latin
laufen (läuft), lief, ist gelaufen to run; to go on foot, to walk 5
laut (adj.) loud; noisy 1; (prep. + gen. or dat.) according to
lautlos silent 6
das **Leben, -** life 7
leben to live 5
die **Lebensmittel** (pl.) food; groceries 3
das **Lebensmittelgeschäft, -e** grocery store 3
der **Lebensstandard** standard of living
lebhaft lively 1
lecker tasty, delicious 3
die **Lederjacke, -n** leather jacket
leer empty 11
legen to lay or put something in a horizontal position 7
die **Legen′de, -n** legend
lehren to teach
der **Lehrer, -/die Lehrerin, -nen** teacher 11
leicht light; easy 11
leid: Es tut mir ~. I'm sorry. 4
leiden, litt, gelitten to suffer; to tolerate; to endure 8
die **Leidenschaft, -en** passion
leider unfortunately 2

leihen, lieh, geliehen to lend; to borrow 4; **Kannst du mir [deine Notizen] leihen?** Can you lend me [your notes]? 4
lernen to learn; to study 4
lesen (ie), las, gelesen to read 4
das **Lesestück, ⸚e** reading selection
letzt- (-er, -es, -e) last 6
die **Leute** (pl.) people 6
das **Licht, -er** light
lieb (adj.) dear; **Liebe [Barbara], Lieber [Paul] ...** Dear [Barbara], Dear [Paul] . . . (used at the beginning of a letter)
die **Liebe** love 4
lieben to love
lieber (comp. of **gern**) preferably, rather 4
der **Liebesroman, -e** romance (novel) 4
der **Liebling, -e** favorite 3; darling; **Lieblings-** (prefix) favorite: das **Lieblingsgetränk, -e** favorite drink 3
liebsten: am ~ best liked; most of all 9
liegen, lag, gelegen to lie; to be situated, be located 2
lila lavender, lilac
die **Limona′de** lemonade 3; soft drink
links on/to the left 11
die **Lippe, -n** lip 9
die **Liste, -n** list; **eine ~ auf·stellen/ machen** to make a list
der **Liter, -** (abbr. **l**) liter (= 1.056 U.S. quarts) 3
die **Literatur′** literature 4
der **Löffel, -** spoon 7
logisch logical
das **Lokal′, -e** restaurant; bar 12
los loose; **Was ist ~?** What's the matter? What's going on? What's up? E; **es ist nicht viel ~** there's not much going on 6
los off, away, start off; **Los!** Let's go!; **ich muss ~** I have to leave 1
los·fahren (fährt los), fuhr los, ist losgefahren to drive off
lösen to solve
die **Luft** air 10
die **Luftbrücke** airlift
die **Lust** desire; pleasure; enjoyment 10; ~ **haben** (+ zu + inf.) to be in the mood for, to feel like doing something 10; **ich habe keine ~ das zu tun** I don't feel like doing that 10
lustig funny; merry; cheerful 1
die **Lustigkeit** merriment; fun
der **Luxus** luxury

M

machen to do; to make 1; **Mach's gut!** Take it easy. E; **Deutsch ~** to do/study German (homework) 4; to study German (at university) 4; **Examen ~** to graduate from the university 4; **(Es) macht nichts.** (It) doesn't matter. 7; **Mach schnell!** Hurry up! 7; **sauber ~** to clean 7; **Was macht deine Erkältung?** How's your cold? 9
das **Mädchen, -** girl E
der **Magen, -** stomach 9; die **~schmerzen** (pl.) stomachache 9
der **Mai** May 2
mal time; times (in multiplication) E; **drei~** three times; **mal (= einmal)** once; sometime; (flavoring particle added to an imperative) **Sag ~ ...** Tell me . . . 3
das **Mal, -e** time 4; **das erste/zweite/ dritte ~** the first/second/third time 4; **dieses ~** this time
die **Mama** mom 4
man one, people, (impersonal) you E
der **Manager, -/die Managerin, -nen** manager 8
manch- (-er, -es, -e) many a (sg.); some (pl.) 4
manchmal sometimes 2
der **Mann, ⸚er** man E; husband
der **Mantel, ⸚** outer coat 6
die **Margari′ne** margarine 3
markie′ren to check
der **Markt, ⸚e** market 3; **auf den ~** to the market 3
die **Marmela′de** marmalade, jam 3
der **März** March 2
die **Maschi′ne, -n** machine 5
die **Masse, -n** crowd; pl. masses
die **Mathe** (short for **Mathematik**) math
die **Mathematik′** mathematics 4
die **Mauer, -n** (exterior) wall 10
der **Mecha′niker, -/die Mecha′nikerin, -nen** mechanic
mehr (comp. of **viel**) more 2; **immer ~** more and more 8; ~ **oder weniger** more or less; **kein ... ~** no more . . . 3; **nicht ~** no longer, not any more 3
mehrere several; various 8
die **Mehrheit** majority
mein(e) my E; **Du meine Güte!** Good heavens! 7
meinen to mean; to think, have an opinion 7; **Was meinst du?** What do you think? 7
die **Meinung, -en** opinion 10; **meiner ~ nach** in my opinion

meist (*superlative of* viel) most 9; die meisten [Leute] most of [the people] 9

meistens most of the time, mostly 4

die Mensa, -s *or* Mensen university cafeteria

der Mensch, -en, -en person, human being 1; ~! Man!/Wow!

merken to notice; to realize 11; sich (*dat.*) ~ to note down

das Messer, - knife 7

das Metall', -e metal

der Meter, - (*abbr.* m) meter (= 39.37 inches)

die Meteorologie' meteorology

der Metzger, - butcher 3; beim ~ at the butcher's 3; zum ~ to the butcher's 3

die Metzgerei', -en butcher shop, meat market 3

mieten to rent

der Mikrowelle, -n microwave (oven)

die Milch milk 3

mild mild 2

die Million', -en million 2

die Minderheit, -en minority

mindestens at least

das Mineral'wasser mineral water 3

minus minus (*in subtraction*) E

die Minu'te, -n minute 1

mir me 4

misera'bel miserable E

mit (+ *dat.*) with 2; ~ dem [Auto] fahren to go by [car] 5; ~ dem Computer arbeiten to use the computer 11

der Mitarbeiter, -/die Mitarbeiterin, -nen employee 11

der Mitbewohner, -/die Mitbewohnerin, -nen roommate

mit·bringen, brachte mit, mitgebracht to bring along 4

der Mitbürger, -/die Mitbürgerin, -nen fellow citizen

miteinan'der with each other 6

mit·fahren (fährt mit), fuhr mit, ist mitgefahren to drive/ride along 5

mit·gehen, ging mit, ist mitgegangen to go along

das Mitglied, -er member; der Mitgliedsstaat, -en member state

mit·kommen, kam mit, ist mitgekommen to come along 2; Wer kommt mit? Who's coming along? 2 Kommst du mit ins Kino? Are you coming along to the movie?

mit·machen to join in 12

mit·nehmen (nimmt mit), nahm mit, mitgenommen to take along 5

der Mittag, -e noon 8

das Mittagessen midday meal 3; zum ~ for the midday meal, for lunch 3

mittags at noon

die Mitte middle 12

das Mitteleuro'pa Central Europe

mitten: ~ in in the middle of

der Mittwoch Wednesday 1

die Möbel (*pl.*) furniture 7

das Möbelstück, -e piece of furniture 7

möchte (*subj. of* mögen) would like 3

modern' modern 4

mögen (mag), mochte, gemocht to like 4

möglich possible 6

die Möhre, -n carrot 3

die Möglichkeit, -en possibility

moin moin hello (*North German greeting*)

der Moment', -e moment 4; im ~ at the moment 4; ~ mal! Just a minute! 11

der Monat, -e month 2; einmal im ~ once a month; seit Monaten for months 6

der Montag Monday 1; am ~ on Monday 1; ~ in acht Tagen a week from Monday

morgen tomorrow 1; ~ früh tomorrow morning

der Morgen morning E; Guten ~. Good morning. E; heute Morgen this morning 1

morgens mornings, in the morning, every morning 3

das Motor'rad, *pl.* Motor'räder motorcycle 5

das Mountainbike, -s mountain bike

der MP3-Player, - MP3 player E

der MP3-Spieler, - MP3 player 4

müde tired E

multikulturell' multicultural 12

der Mund, ¨er mouth 9

das Muse'um, *pl.* Muse'en museum 5

das Musical, -s musical 6

die Musik' music 1; ~ hören to listen to music 1

musika'lisch musical 1

der Mu'siker, -/die Mu'sikerin, -nen musician 11

der Muslim, -e/die Musli'min, -nen Muslim

müssen (muss), musste, gemusst to have to; must 4

das Müsli, -s muesli, a type of granola cereal

müsste (*subj. of* müssen) would have to 11

die Mutter, ¨ mother 4

die Muttersprache, -n native language

die Mutti, -s mom 4

die Mütze, -n cap

N

na well 1; ~ gut! All right. 1; well (*interjection*); na ja oh well; well now 8

nach (+ *dat.*) after 1; to (*with cities and countries used without an article, e.g.,* nach Berlin; nach Deutschland) 2, 5; ~ Hause (to go) home 3; fragen ~ to ask about

der Nachbar, -n, -n/die Nachbarin, -nen neighbor 1

das Nachbarland, *pl.* Nachbarländer neighboring country 2

nachdem' (*conj.*) after

nach·denken, dachte nach, nachgedacht (über) (+ *acc.*) to think (about), reflect (on)

nachher afterwards 4

der Nachmittag, -e afternoon 1

der Nachname, -ns, -n last name

die Nachricht, -en message; Nachrichten (*pl.*) newscast

nach·schlagen (schlägt nach), schlug nach, nachgeschlagen to look up

nach·sehen (sieht nach), sah nach, nachgesehen to look up

die Nachspeise, -n dessert

nächst- (-er, -es, -e) next 9

die Nacht, ¨e night E; Gute ~. Good night. E

das Nachtleben nightlife

der Nachtisch, -e dessert

nachts at night

der Nachttisch, -e bedside table 7

nah (*adv.*) near 2

nahe (+ *dat.*) near 12; mir ~ close to me 12

die Nähe nearness, proximity; vicinity 12; in der ~ nearby 12

der Name, -ns, -n name 7

nämlich after all; that is (to say); you know; you see 1

die Nase, -n nose 9

nass (nasser *or* nässer) wet 2

die Nation', -en nation

die Nationalität', -en nationality

der National'rat National Council (*Switzerland*)

die Natur' nature 9

natür'lich natural 3; naturally 3; of course

die Natür'lichkeit naturalness

der Natur'wissenschaftler, -/die Natur'wissenschaftlerin, -nen (natural) scientist

neben (+ *acc./dat.*) beside, next to, besides 7

nebeneinander next to each other; side by side 12

das Nebenfach, ¨er minor (subject) 4

nebenher' in addition
nee (colloq.) no, nope
der **Neffe, -n, -n** nephew 4
negativ negative
nehmen (nimmt), nahm, genommen to take 3
nein no E
nennen, nannte, genannt to name 10
nervös' nervous 1
nett nice 1
neu new E; **Was gibt's Neues?** What's new?
neugierig curious
neutral' neutral
die **Neutralität'** neutrality
nicht not E; **~?** (tag question) don't you?; isn't it? 1; **Mir geht es nicht gut.** I'm not well. 9; **Nina ist sehr ernst, ~?** Nina is very serious, isn't she? 1; **~ mehr** no longer, not anymore 3; **~ nur ... sondern auch** not only . . . but also 5; **~ so [kalt/viel]** not as [cold/much] 2; **~ wahr?** isn't that so/ don't you think so? 1, 2; **noch ~** not yet 2
die **Nichte, -n** niece 4
nichts nothing 1; **~ Beson'deres** nothing special 1; **(Es) macht ~!** (It) doesn't matter. 7
nie never 8
(die) **Niederlande** (pl.) the Netherlands
niedrig low 11
niemand (-en, -em) (endings are optional) no one 9
nirgends nowhere
nirgendwo nowhere
der **Nobelpreis'träger, -/die Nobelpreis'trägerin, -nen** Nobel prize winner
noch still; in addition 1, 2; **~ ein(e) ...** another . . . 3; **~ einmal** again, once more; **~ mal** once more 1; **~ etwas** something else 4; **~ immer** still; **~ mehr** even more; **~ nicht** not yet 2; **immer ~** still 9; **Sonst ~ einen Wunsch?** Will there be anything else? 3; **sonst ~ etwas** something else 3; **was ~?** what else? 7
der **Norden** north 2; **im ~** in the north
nördlich to the north 2
die **Nordsee** North Sea 2
normal' normal
(das) **Norwegen** Norway
die **Note, -n** grade; note 4
(sich) notie'ren to make a note of
die **Notiz', -en** note 4
der **Novem'ber** November 2
die **Nudeln** (pl.) noodles 3
der **Numerus clausus** limited number of university positions for study in certain subjects

die **Nummer, -n** number E
nummerie'ren to number
nun now, at present 7
nur only E

 O

ob (sub. conj.) whether, if 7
oben above
der **Ober, -** waiter
oberflächlich superficial 7
das **Obst** fruit 3
obwohl' (sub. conj.) although 8
oder or 1; **~?** Or don't you agree? 2; **~ so** or something 1; **Du kommst doch, ~?** You're coming, aren't you?
offen open 12; frank 6
öffentlich public(ly) 7
offiziell' official
öffnen to open 10
oft (ö) often 1
oh oh; **~ je** oh dear 3
ohne (+ acc.) without 3; **~ zu ...** (+ inf.) without (. . .-ing)
das **Ohr, -en** ear 9
okay' okay, OK E
der **Okto'ber** October 2
die **Oli've, -n** olive
die **Oma, -s** grandma 4
der **Onkel, -** uncle 4
der **Opa, -s** grandpa 4
das **Open-Air-Konzert, -e** outdoor concert 10, 12
die **Oper, -n** opera 10; **in die ~ gehen** to go to the opera 10
optimis'tisch optimistic
die **Oran'ge, -n** orange 3
der **Oran'gensaft** orange juice 3
die **Ordnung** order; **in ~?** is that all right [with you]? 6
die **Organisation', -en** organization
organisato'risch organizational
organisie'ren to organize 8
der **Ort, -e** place (geographical)
der **Ostblock** the eastern bloc
der **Ostdeutsche** (noun decl. like adj.) East German
der **Osten** east 2
(das) **Österreich** Austria 2
der **Österreicher, -/die Österreicherin, -nen** Austrian person 2
österreichisch Austrian (adj.) 5
östlich eastern
der **Ozean, -e** ocean

P

das **Paar, -e** pair; couple 8
paar; ein ~ a few 3; **alle ~ Minuten** every few minutes
der **Papa, -s** dad 4
das **Papier', -e** paper E
der **Papier'korb** wastepaper basket E

der **Park, -s** park 5, 7
parken to park
der **Partner, -/die Partnerin, -nen** partner
die **Partnerschaft, -en** partnership
die **Party, -s** party 2; **auf eine ~** to a party; **auf einer ~** at a party; **eine ~ geben** to give a party
der **Pass, ːe** passport
passen (+ dat.) to fit, suit; to be appropriate 8
passend appropriate; suitable
passie'ren, ist passiert (+ dat.) to happen 7; **Was ist dir passiert?** What happened to you? 7
passiv passive(ly) 6
die **Pause, -n** break, rest; intermission 8
die **Person', -en** person
der **Personal'ausweis, -e** identity card
der **Personal'chef, -s/die Personal'chefin, -nen** head of the human resources (personnel) department 11
persön'lich personal(ly) 3
die **Persön'lichkeit, -en** personality; personage
die **Pflanze, -n** plant E
pflanzen to plant
das **Pfund, -e** (abbr. **Pfd.**) pound (= 1.1 U.S. pounds) 3
die **Philosophie'** philosophy
die **Physik'** physics
der **Phy'siker, -/die Phy'sikerin, -nen** physicist
der **Physiotherapeut', -en, -en/die Physiotherapeu'tin, -nen** physical therapist
das **Picknick, -s** picnic; **ein ~ machen** to have a picnic
der **Pionier', -e/die Pionie'rin, -nen** pioneer
die **Pizza, -s,** also **Pizzen** pizza
plädie'ren to plead
der **Plan, ːe** plan 5; schedule
planen to plan 9
der **Platz, ːe** place; seat; space; square; **~ nehmen** to take a seat
pleite broke, out of money 7
plötzlich suddenly
die **Politik'** political science 4; politics 8
der **Poli'tiker, -/die Poli'tikerin, -nen** politician 10, 11
poli'tisch political(ly) 5
die **Polizei'** police
das **Polohemd, -en** polo shirt 6
die **Pommes frites** (pl.) French fries
das **Popkonzert, -e** pop concert 10
populär' popular
das **Porträt', -s** portrait

positiv positive
die **Post** mail; post office 11
das *or* der **Poster, -** poster E
die **Postleitzahl, -en** postal code E
das **Praktikum**, *pl.* **Praktika** practicum; practical training, internship
praktisch practical(ly) 1; for all practical purposes
praktizie'ren to practice (medicine, law)
der **Präsident', -en, -en**/die **Präsiden'tin, -nen** president
präzis' precise(ly)
der **Preis, -e** price 11
prima fantastic, great (**prima** *takes no adj. endings*) 10
privat' private
privilegiert' privileged
pro per 4, 8
die **Probe, -n** rehearsal 6
proben to rehearse
probie'ren to try; to (put to the) test; *(food)* to taste
das **Problem', -e** problem 5
problema'tisch problematic 12
das **Produkt', -e** product 3
die **Produktion'** production
produzie'ren to produce 5
der **Profes'sor**, *pl.* **Professo'ren**/die **Professo'rin, -nen** professor E
das **Programm', -e** (television) program; channel; listing, guide 6
das **Prono'men, -** pronoun
protestie'ren to protest
proviso'risch provisionally
das **Prozent'** percent
der **Prozess', -e** process; trial
die **Prüfung, -en** test, examination 4
die **Psychoanaly'se** psychoanalysis
die **Psychologie'** psychology 4
das **Publikum** public
die **Publizis'tik** journalism 4
der **Pulli, -s** sweater 6
der **Punkt, -e** dot, spot, point; period
pünktlich punctual 7
putzen to clean 7; **Ich putze mir die Zähne** I'm brushing my teeth 9

Q

die **Qualität', -en** quality
der **Quatsch** nonsense 8; **~!** Nonsense! 8

R

das **Rad, ̈er** (*short for* **Fahrrad**) bike, bicycle 5; wheel; **Rad fahren (fährt Rad), fuhr Rad, ist Rad gefahren** to (ride a) bicycle, to bike 5, 6
das **Radio, -s** radio E
die **Radtour, -en** bicycle trip 12
(sich) rasie'ren to shave 9

raten (ä), riet, geraten to guess
der **Rauch** smoke
rauchen to smoke
der **Raum, ̈e** room; space
raus (*contraction of* **heraus**) out
reagie'ren (**auf** + *acc.*) to react (to)
das **Recht, -e** right; law 8; **das ~ auf (+ acc)** right to 8
recht right 7; **~ haben** to be right 7; **Du hast ~.** You're right. 7
rechts on/to the right 11
der **Rechtsanwalt, -anwälte**/die **Rechtsanwältin, -nen** lawyer 11
die **Rede, -n** speech; **eine ~ halten** to give a speech
reden (**über** + *acc.*) to talk/speak (about) 2
das **Redemittel, -** speech act
reduzie'ren to reduce, diminish
das **Referat', -e** oral or written report; seminar paper 4
die **Reform', -en** reform
die **Regelstudienzeit** limit on time to complete university studies
der **Regen** rain 2
der **Regenmantel, ̈** raincoat 6
der **Regenschirm, -e** umbrella 6
die **Regie'rung, -en** government 10
regnen to rain 2; **es regnet** it's raining 2
reich rich 9
reif ripe
rein (*contraction of* **herein**) in
die **Reise, -n** trip, journey 2; **Gute ~!** Have a good trip!
das **Reisebüro, -s** travel agency
reisen, ist gereist to travel 4
relativ' relative; relatively 1
renovie'ren to renovate
reparie'ren to repair
der **Repor'ter, -**/die **Repor'terin, -nen** reporter 6
die **Republik', -en** republic
das **Restaurant', -s** restaurant 7
richtig correct, right E
die **Richtigkeit** correctness; accuracy
riechen, roch, gerochen to smell 3; **~ nach** to smell of
riesengroß gigantic, huge 2
der **Rinderbraten** roast beef 3
riskie'ren to risk
der **Rock, ̈e** skirt 6
die **Rockband, -s** rock band 10
die **Rockmusik** rock (music) 6
der **Rockmusiker, -**/die **Rockmusikerin, -nen** rock musician 12
der **Rohstoff, -e** raw material 11
die **Rolle, -n** role; **eine ~ spielen** to play a role
das **Rollenspiel, -e** role play
der **Roman', -e** novel 4

die **Rose, -n** rose 3
die **Rosi'ne, -n** raisin
rot red E
der **Rotwein, -e** red wine 3
der **Rücken, -** back 9; die **Rückenschmerzen** (*pl.*) backache 9
die **Rückreise, -n** return trip
der **Rucksack, -säcke** backpack E
rufen, rief, gerufen to call, cry out 3
die **Ruhe** rest; peace and quiet
ruhig calm, easygoing; quiet 1
das **Rührei, -er** scrambled egg
rum·surfen (*coll.*) to surf around 8
rund round; around
der **Russe, -n, -n**/die **Russin, -nen** Russian person
(das) **Russland** Russia

S

die **Sache, -n** thing; matter 6; affair, concern; *(pl.)* clothes 6
der **Saft, ̈e** juice 3
sagen to say; to tell 3; **Sag' mal.** Tell me. Say! 3
der **Salat', -e** lettuce; salad 3
das **Salz, -e** salt 5
sammeln to collect 11
der **Samstag** (*in southern Germany*) Saturday 1
samstags (on) Saturdays, every Saturday 3
sanft gentle; soft
der **Sänger, -**/die **Sängerin, -nen** singer 12
der **Satz, ̈e** sentence
sauber clean 7; **~ machen** to clean 7
sauer sour; cross, morose
saugen to suck; **Staub ~** (*also* **staubsaugen, gestaubsaugt**) to vacuum 7
das **Schach** chess 1
schade that's too bad, a pity, a shame 1
schaden (+ *dat.*) to harm
schauen to see; to look 8; **~ nach** to look after 8
der **Schein, -e** glow; (*type of official document*) der **Geldschein** bill; der **Seminarschein** certificate of attendance for one semester of a course
scheinen, schien, geschienen to shine 2; to appear, seem
schenken to give (as a gift) 5
schick chic
schicken to send
das **Schiff, -e** ship 5
der **Schinken, -** ham 3
der **Schirm, -e** umbrella 6
schlafen (ä), schlief, geschlafen to sleep 5; **bei jemandem ~** to sleep at someone's house

schlaflos sleepless, without sleep
das Schlafzimmer, - bedroom 7
schlagen (ä), schlug, geschlagen to hit, beat; to whip
die Schlagsahne whipped cream
schlank slender
schlecht bad, badly E; **Mir ist ~.** I feel nauseated. 9
schließen, schloss, geschlossen to close 3
schließlich finally, after all 7
schlimm bad, serious, severe 8
das Schloss, ̈er castle 5
schmecken (+ *dat.*) to taste; **Es schmeckt [mir].** It tastes good [to me].; **Hat es geschmeckt?** Did it taste good?
der Schmerz, -en pain 9
(sich) schminken to put on makeup 9; **Ich schminke mich.** I put on makeup. 9; **Ich schminke mir die Augen.** I put on eye makeup. 9
schmutzig dirty
der Schnee snow 2
schneien to snow 2; **es schneit** it's snowing 2
schnell fast, quick(ly) 3; **Mach ~!** Hurry up! 7
die Schokola'de chocolate 9; **das Schokola'deneis** chocolate ice cream
schon already 1; that's true of course 1; **ja ~** yes of course 3
schön nice, beautiful 2; **~ warm** nice and warm 2; **schönes Wetter** nice weather 2; **ganz ~** really quite 9
die Schönheit beauty
der Schrank, ̈e wardrobe 7
schrecklich horrible, terrible 2
schreiben, schrieb, geschrieben to write E; **~ an** (+ *acc.*) to write to 7; **~ über** (+ *acc.*) to write about 7; **~ von** (+ *dat.*) to write about; **Wie schreibt man das?** How do you spell that? E
der Schreibtisch, -e desk 7
der Schriftsteller, -/die Schriftstellerin, -nen writer 5
der Schritt, -e step 8
der Schuh, -e shoe 6
die Schule, -n school
schützen to protect
schwach (ä) weak 9
schwarz black E
(das) Schweden Sweden
die Schweiz Switzerland 2
der Schweizer, -/die Schweizerin, -nen Swiss person 2, 9
Schweizer Swiss (*adj.*) 9
(das) Schweizerdeutsch Swiss German
schwer hard, difficult; heavy 9
die Schwester, -n sister 4

Schwieger- (*prefix meaning* in-law); **~tochter** daughter-in-law
schwierig difficult 8
die Schwierigkeit, -en difficulty
schwimmen, schwamm, ist geschwommen to swim 1
schwül humid 2
die Science-Fic'tion science fiction 6; **der ~-Film, -e** science fiction film 6
der See, -n lake 5
die See, -n sea 2
segeln to sail
sehen (ie), sah, gesehen to see 6
sehr very (much) E
sei (du-*imperative of* **sein)** 3; **~ [mir] nicht böse.** Don't be mad [at me]. 7
die Seife soap
die Seifenoper, -n soap opera
sein his; its 1
sein (ist), war, ist gewesen to be E, 1
seit (+ *dat.*) since (*temporal*) 4; for (*time period*) 4; **~ einigen Jahren** for several years; **~ wann** since when, (for) how long 4; **~ kurzer Zeit** recently; **~ Monaten** for months 6
seitdem' since then 7
die Seite, -n side; page 10
der Sekretär', -e/die Sekretä'rin, -nen secretary
der Sektor, *pl.* **Sekto'ren** sector
selber oneself, myself, itself, etc.
selbst oneself, myself, itself, etc. 4; even
selbstständig independent, self-reliant
selbstverständlich of course, it goes without saying
selten seldom
das Semes'ter, - semester 4
die Semes'teradresse, -n school address
die Semes'terferien (*pl.*) semester break 4
das Seminar', -e seminar 4
die Seminar'arbeit, -en seminar paper 4
der Seminar'schein, -e certificate of attendance for one semester of a course
die Sendung, -en TV or radio program 6
der Septem'ber September 2
die Serie, -n series
servie'ren to serve
der Sessel, - easy chair 7
setzen to set or put something down 7; **sich setzen** to take/have a seat 9
das Shampoo', -s shampoo
die Shorts (*pl.*) shorts 6
sicher sure; safe; secure; certain(ly) 2
die Sicherheit safety, security 9
sicherlich surely, certainly

sie she, it E; they 1
Sie you (*formal*) E
silber (*adj.*) silver
sind are E
die Sinfonie', -n symphony
singen, sang, gesungen to sing
sinken, sank, ist gesunken to sink 8
der Sinn meaning, purpose
die Sitte, -n custom 7
die Situation', -en situation 4
der Sitz, -e headquarters, seat
sitzen, saß, gesessen to sit 7
skeptisch skeptical 8
der Ski, -er (Ski *is pronounced* /ʃi/) ski 5; **Ski laufen** (*also* **Ski fahren**) to ski 2, 5; **zum Skilaufen gehen** to go skiing
der Skiläufer, -/die Skiläuferin, -nen skier
das Snowboard, -s snowboard 5
snowboarden to snowboard 2, 5
so so, thus; this way E, **so genannt** so-called; **~ ... wie** as . . . as 2; **~?** Is that so? Really?; **~ ein** such a 4
sobald' (*sub. conj.*) as soon as
die Socke, -n sock 6
das Sofa, -s sofa 7
sofort' immediately 4
sogar' even 8
der Sohn, ̈e son 4
solch (-er, -es, -e) such a (*sg.*); such (*pl.*) 4
die Solidarität' solidarity
der Soldat', -en, -en/die Solda'tin, -nen soldier 10
sollen (soll), sollte, gesollt to be supposed to; to be said to 4
der Sommer summer 2
die Sona'te, -n sonata
sondern (*conj.*) but, on the contrary 5; **nicht nur ... ~ auch** not only . . . but also 5
der Sonnabend (*in northern Germany*) Saturday 1
die Sonne sun 2
die Sonnenbrille, -n sunglasses 6, 9
sonnig sunny 2
der Sonntag Sunday 1
sonntags (on) Sundays 1
sonst otherwise 3; **~ noch etwas?** Anything else? 3; **~ noch einen Wunsch?** Will there be anything else? 3
die Sorge, -n care, worry 11; **sich Sorgen machen (um)** to worry (about) 11
die Sorte, -n type, kind
sowie' (*conj.*) as well as
sowieso' in any case 12
die Spaghet'ti (*pl.*) spaghetti 3
(das) Spanien Spain
spanisch Spanish (*adj.*)

spannend exciting

sparen to save (e.g., money, time) 11

der **Spaß** enjoyment; fun 8; **Es/Das macht ~.** It/That is fun. 8; **an der Arbeit ~ haben** to enjoy one's work; **Viel ~.** Have fun.

der **Spaß, ⸚e** joke; **Er hat nur ~ gemacht.** He was only joking.

spät late 1; **Wie ~ ist es?** What time is it? 1; **später** later 1

spazie'ren fahren (ä), fuhr spazieren, ist spazieren gefahren to go for a drive 6

spazie'ren gehen, ging spazieren, ist spazieren gegangen to go for a walk 1

der **Spazier'gang, -gänge** walk, stroll

der **Spiegel, -** mirror 7

das **Spiegelei, -er** fried egg

das **Spiel, -e** game

spielen to play 1

der **Spielfilm, -e** feature film

spontan' spontaneously

der **Sport** sport(s) 1; **~ treiben** to engage in sports 1; **Was für einen ~ machst du?** What kind of sports do you do?

der **Sportler, -/die Sportlerin, -nen** athelete 5

sportlich athletic 1, 9

der **Sportverein, -e** sports club

die **Sprache, -n** language 9

sprechen (i), sprach, gesprochen to speak 3, 6; **~ mit** to speak to/with (someone); **~ über** (+ acc.) to speak about 7; **~ von** (+ dat.) to speak about/of

spülen to rinse; to wash 7; **Geschirr ~** to wash dishes 7

die **Spülmaschine, -n** dishwasher 7; **die ~ einräumen** to load the dishwasher 7

der **Staat, -en** state; country 4

staatlich (abbr. staatl.) public, government-owned

der **Staatsbürger, -/die Staatsbürgerin, -nen** citizen

die **Staatsbürgerschaft** citizenship

das **Stadion,** pl. **Stadien** stadium

die **Stadt, ⸚e** city 2; **das ~viertel** city district

der **Stammbaum, -bäume** family tree

stark (ä) (adj.) strong 8; (adv.) greatly, very much 8

statt (+ gen.) instead of 8; **~ zu ...** (+ inf.) instead of . . .-ing

statt·finden, fand statt, stattgefunden to take place 10

die **Statue, -n** statue

der **Stau, -s** traffic jam 2

der **Staub** dust 7; **~ wischen** to dust 7; **ich wische ~** I'm dusting; **~ saugen** to vacuum 7; **ich sauge Staub** I vacuum 7

das **Steak, -s** steak

stecken to stick, put or insert something into something else 7

stehen, stand, gestanden to stand 3, 7; to be located 7; **es steht in der Zeitung ...** it says in the newspaper . . . 10; **stehen bleiben,** blieb stehen, ist stehen geblieben to stop

steigen, stieg, ist gestiegen to rise, climb

die **Stelle, -n** job; position 8; place, spot

der **Stein, -e** stone

stellen to stand, place, put something (upright), set 6, 7; **eine Frage ~ +** dat. to ask someone a question; **eine Frage an +** acc. **~** to ask someone a question

das **Stellenangebot, -e** job offer (ad)

die **Stellenanzeige, -n** want ad

sterben (i), starb, ist gestorben to die 10; **~ an** (+ dat.) to die of

die **Stereoanlage, -n** stereo system

stereotyp' stereotypical

das **Stichwort, ⸚er** cue, key word

der **Stiefel, -** boot 6

die **Stiefmutter, ⸚** stepmother 4

der **Stiefvater, ⸚** stepfather 4

stimmen to be correct 3; **Das stimmt./Stimmt.** That's right. 3

das **Stipen'dium,** pl. **Stipen'dien** scholarship, grant

stolz (auf + acc.) proud (of) 8

die **Straße, -n** street; road E

die **Straßenbahn, -en** streetcar 5

das **Straßencafé, -s** street café

der **Streik, -s** strike 11

streiken to strike

der **Stress** stress

stressen to stress; **gestresst'** stressed

stressfrei free of stress

die **Strumpfhose, -n** pantyhose 6

das **Stück, -e** piece 3; piece (of music) 6; play (theater) 6

der **Student', -en, -en/die Studen'tin, -nen** student E

das **Studen'tenheim, -e** dormitory

das **Studienfach, ⸚er** college major

die **Studiengebühren** pl. administrative fees at the university; tuition 4

der **Studienplatz,** pl. **Studienplätze** opening for student in a particular course of study at a university

studie'ren to study; to go to college 1; **~ an/auf** (+ dat.) to study at (a college) 7; **Ich studiere Chemie.** I'm majoring in chemistry 1

das **Studium,** pl. **Studien** studies 4

der **Stuhl, ⸚e** chair E

die **Stunde, -n** hour 4; lesson; class; **die Klavier~** piano lesson

stundenlang for hours

das **Substantiv', -e** noun

suchen to look for 3; **~ nach** to look for

der **Süden** south 2

südlich to the south 2

super super, great 6

der **Supermarkt, ⸚e** supermarket 3; **in den/zum ~** to the supermarket 3

surfen to surf 1, 6; to surf the Internet 1

süß sweet; nice

das **Sweatshirt, -s** sweatshirt

Symbol', -e symbol 9

sympa'thisch likeable, agreeable 1; **er ist mir ~** I like him

systema'tisch systematic(ally)

die **Szene, -n** scene

T

die **Tabel'le, -n** chart; table

die **Tablet'te, -n** tablet, pill 3

der **Tag, -e** day E; **Guten ~./~.** Hello.; Hi. E; **eines Tages** one day; **jeden Tag** every day 2; **[Montag] in acht Tagen** a week from [Monday]

das **Tagebuch,** pl. **Tagebücher** diary

der **Tagesplan,** pl. **Tagespläne** daily schedule

die **Tagesreise** a day's journey

täglich daily

die **Tante, -n** aunt 4

tanzen to dance 1

die **Tasche, -n** bag; pocket 3; handbag, purse 6

das **Taschenbuch,** pl. **Taschenbücher** paperback book

die **Tasse, -n** cup 3

das **Team, -s** team 11

die **Technologie', -n** technology

der **Tee** tea 3

der **Teil, -e** part 9; **zum ~** partly; **zum größten ~** for the most part

teilen to share, to divide (up) 10; (math) **~ durch** to divide by

die **Teilzeitarbeit** part-time work

die **Teilzeitbeschäftigung, -en** part-time work

das **Telefon', -e** telephone E

telefonie'ren (mit jemandem) to telephone (someone) 1, 6

die **Telefon'nummer, -n** telephone number E; **Wie ist deine/Ihre ~?** What's your telephone number? E; **Wie ist die ~ von ... ?** What is the telephone number of . . . ? E

die **Telefon'zelle, -n** telephone booth

der **Teller, -** plate; dish of food 12

die **Temperatur', -en** temperature 2

das **Tempolimit** speed limit

das **Tennis** tennis 1

der **Teppich**, -e rug, carpet 7

der **Termin'**, -e appointment 11;
einen ~ **bei jemandem haben**
to have an appointment with
someone 11

der **Termin'kalender**, - appointment
calendar

teuer expensive 3

die **Texti'lien** (*pl.*) textiles

das **Textverarbeitungsprogramm**, -e
word processing program 11; **mit
Textverarbeitungsprogrammen
arbeiten** to do word processing 11

das **Thea'ter**, - theater 6; **ins ~ gehen**
to go to the theater 6; **die ~karte**, -n
theater ticket 6; **das ~stück** theater
play 6

das **Thema**, *pl.* **Themen** theme, topic 12

theore'tisch theoretical

das **Ticket**, -s ticket

das **Tier**, -e animal

der **Tisch**, -e table E; **den ~ decken** to
set the table 7

das **Tischtennis** table tennis 1

die **Tochter**, ⸗ daughter 4

tolerant' tolerant 1

toll great, fantastic, terrific E; **das
wäre ~** that would be great

die **Toma'te**, -n tomato 3; **die
Tomatensoße** tomato sauce

die **Torte**, -n layered cake with a
cream or fruit filling 3

total' (*slang*) completely, utterly 1

der **Touris'mus** tourism

der **Tourist'**, -en, -en/die **Touris'tin**,
-nen tourist 5

die **Tradition'**, -en tradition

traditionell' traditional

tragen (ä), **trug**, **getragen** to carry;
to wear 6

die **Traube**, -n grape 3

der **Traum**, *pl.* **Träume** dream

träumen (+ **von**) to dream (of)

traurig unhappy, sad 1

(**sich**) **treffen** (**i**), **traf**, **getroffen**
to meet 3; **Ich treffe mich mit
Freunden.** I'm meeting friends.

treiben, **trieb**, **getrieben** to drive;
to engage in 1; **Sport ~** to engage
in sports 1

trennbar separable

trinken, **trank**, **getrunken** to drink 3;
Kaffee ~ gehen to go for coffee 4

trocken dry 2

die **Trockenheit** dryness

tropfen to drip

trotz (+ *gen.*) in spite of 8

trotzdem nevertheless 4

tschüss (*also* **tschüs**) so long, good-
bye (*informal*) E

das **T-Shirt**, -s T-shirt 6

das **Tuch**, ⸗er cloth; scarf; shawl 12

tun, **tat**, **getan** to do 4, 6; **Es tut mir
leid.** I'm sorry. 4

die **Tür**, -en door E

der **Türke**, -n, -n/die **Türkin**, -nen Turk

die **Türkei'** Turkey

türkisch Turkish 12

die **Tüte**, -n bag, sack

typisch typical 7

die **U-Bahn**, -en (*abbr. for*
Untergrundbahn) subway 5

üben to practice

über (+ *acc./dat.*) about 2; over,
above 7; across 7; **übers Internet
kaufen** to buy on the Internet 6

überall everywhere

überein'·stimmen to agree

überfüllt' overfilled

überglücklich ecstatic

überhaupt' generally (speaking);
actually, altogether 7; **~ nicht**
not at all 7

übernach'ten to spend the night, to
stay (in hotel or with friends) 5

Übersee (*no article*) overseas

überset'zen to translate

überzeu'gen to convince

übrigens by the way

die **Uhr**, -en clock E; **Wie viel ~ ist
es?** What time is it? 1; **um
[zehn] ~** at [ten] o'clock 1; **Um
wie viel ~?** At what time? 1

die **Uhrzeit**, -en clock time 1

um (+ *acc.*) at 1; around 3; **~ [zehn]
Uhr** at [ten] o'clock 1; **~ wie viel
Uhr?** At what time? 1; **Er ging
~ die Ecke.** He went around the
corner.; **~ zu** (+ *inf.*) (in order)
to 9; **~ [Geld zu verdienen]** in
order [to earn money] 4

die **Umfrage**, -n opinion poll, survey

die **Umwelt** environment 9

unabhängig independent 11

unbedingt without reservation,
absolutely 10

und and E; plus (*in addition*) E;
~ dir/ Ihnen? And you? (How
about you?) E

der **Unfall**, ⸗e accident

unfreundlich unfriendly 1

ungarisch Hungarian

(**das**) **Ungarn** Hungary

ungefähr approximately 5

ungern unwillingly 4

ungewöhnlich unusual, uncommon

unglaub'lich unbelievable, unbelievably 7

unglücklich unhappy; sad 1

die **Uni**, -s (*colloq. for* **Universität**) 1;
an der ~ at the university 1; **zur
Uni** to the university 5

unintelligent unintelligent 1

uninteressant' uninteresting 2

die **Universität'**, -en university 1

unmöglich impossible

unmusikalisch unmusical 1

unpersönlich impersonal 3

unpraktisch impractical 1

uns us 3

unser our 2

unsicher insecure; unsafe 11

unsympathisch unpleasant, unappealing, disagreeable 1

unten downstairs; below 5

unter (+ *acc./dat.*) under, beneath;
among 7; **~ sich** among themselves; **~ anderem** among which

unterbre'chen (**unterbricht**),
unterbrach, **unterbrochen** to
interrupt

unterhal'ten (**unterhält**), **unterhielt**, **unterhalten** to entertain 10;
sich unterhalten to converse 10;
sich ~ über (+ *acc.*) to converse
about 10

die **Unterhal'tung**, -en conversation;
die **Unterhaltung** (*no pl.*) entertainment 6, 10

der **Unterschied**, -e difference 10

unterstüt'zen to support 8

unverheiratet unmarried

unzufrieden dissatisfied

die **Urgroßeltern** (*pl.*) great-
grandparents

der **Urlaub** vacation 4, 8; **~ machen**
to go on vacation 8; **in** *or* **im** *or*
auf ~ sein to be on vacation 4, 8;
in ~ fahren to go on vacation 4, 8

die **USA** (*pl.*) U.S.A. 2

usw. (**= und so weiter**) and so forth

die **Vase**, -n vase 7

der **Vater**, ⸗ father 4

der **Vati**, -s dad 4

sich verab'reden to make an
appointment/date

(**sich**) **verän'dern** to change 12

die **Verän'derung**, -en change

verant'wortlich (**für**) responsible
(for) 10

die **Verant'wortung**, -en
responsibility 11

das **Verb**, -en verb

verbin'den, **verband**, **verbunden** to
connect 9

die **Verbin'dung**, -en connection

verbrin'gen, **verbrachte**, **verbracht**
to spend (time) 8

verdie'nen to earn 4

der **Verein'**, -e club

die **Verei'nigung** unification 10

die **Verein'ten Natio'nen** (*pl.*) United Nations

die **Verfas'sung, -en** constitution

verfol'gen to pursue; to follow; to persecute

verges'sen (vergisst), vergaß, vergessen to forget 9

verglei'chen, verglich, verglichen to compare

verhasst' hated

verhei'ratet married 8

verkau'fen to sell 11

der **Verkäu'fer, -**/die **Verkäu'ferin, -nen** salesperson

der **Verkehr'** traffic; transportation

das **Verkehrs'mittel, -** means of transportation 5, 7

verlas'sen (verlässt), verließ, verlassen to leave, abandon 10

verlet'zen to injure, hurt 9; **Ich habe mir den Arm verletzt.** I've injured/hurt my arm. 9; **Ich habe mich verletzt.** I hurt myself. 9

verlie'ren, verlor, verloren to lose 8

vermis'sen to miss (someone or something) 7

verrückt' crazy

verschie'den various

verschrei'ben, verschrieb, verschrieben to prescribe 9

verständ'lich understandable

versteh'en, verstand, verstanden to understand

versu'chen to try 5

verwandt' related

der/die **Verwand'te** (*noun decl. like adj.*) relative 9

die **Verzei'hung** pardon; **~!** I beg your pardon.

der **Vetter, -n** cousin (*m.*)

das **Videospiel, -e** video game

viel (mehr, meist-) much 1; **viele** many 3; **Viel Glück!** Good luck!; **viele Grüße** (*closing in a personal letter*) regards 1

vieles much

vielleicht' maybe, perhaps 1

vielseitig many-sided, versatile 1

das **Viertel, -** a fourth, quarter 1; district of a city; **~ vor [zwei]** quarter to [two]; **~ nach [zwei]** quarter past [two] 1

das **Vitami'ne, -n** die **Vitamin'tablette, -n** vitamin pill

der **Vogel, ⸚** bird 5

die **Voka'bel, -n** vocabulary word 4

das **Volk, ⸚er** people; nation

die **Volkswirtschaftslehre** economics (*subject*)

voll full

voller full of

der **Volleyball** volleyball 1

das **Vollkornbrot,** *pl.* **Vollkornbrote** coarse wholegrain bread

von (+ *dat.*) of E; from 2; by [the person doing something]

vor (+ *acc./dat.*) before 1; ago 6; in front of 7; **~ allem** above all 5, 10; **~ zwei Wochen** two weeks ago 6

vorbei' over; gone

vorbei'·kommen, kam vorbei, ist vorbeigekommen to come by 5; **bei [mir] ~** to come by [my] place 5

vor·bereiten to prepare 4; **sich ~ (auf +** *acc.***)** to prepare oneself (for)

vor·bereitet sein prepared; **Ich bin (nicht) gut vorbereitet.** I'm (not) well prepared.

die **Vorbereitung, -en** preparation 7

vor·haben to intend, have in mind 6

vorher previously; beforehand

vorig last, previous; **voriges Jahr** last year

die **Vorlesung, -en** lecture 4; **eine ~ halten** to give a lecture; **eine ~ besuchen** to attend a lecture

der **Vorname, -ns, -n** first name 7

der **Vorschlag, ⸚e** suggestion

vor·schlagen (ä), schlug vor, vorgeschlagen to suggest

sich (*dat.*) **vor·stellen** to imagine 12; **Ich kann es mir vorstellen.** I can imagine that. 12

das **Vorstellungsgespräch, -e** job interview

das **Vorurteil, -e** prejudice

die **Vorwahl, -en** area code

W

wach awake 10

wachsen (ä), wuchs, ist gewachsen to grow 10

die **Waffe, -n** weapon

der **Wagen, -** car; wagon 5

wählen to choose; to elect

wahr true; **nicht ~?** isn't that so? 1, 2

während (*prep.*) (+ *gen.*) during 5; (*conj.*) while 5

die **Wahrheit, -en** truth

wahrschein'lich (*adj.*) probable; (*adv.*) probably 8

der **Wald, ⸚er** forest 5

die **Wand, ⸚e** (interior) wall E

der **Wanderer, -**/die **Wanderin, -nen** hiker

wandern, ist gewandert to hike 1; **~ gehen** to go walking/hiking 1

die **Wanderung, -en** hike; **eine ~ machen** to go on a hike

der **Wanderweg, -e** hiking path

wann when E; **seit ~** since when, (for) how long 4

war (*past tense of* **sein**) was 2

die **Ware, -n** wares, merchandise, goods 11

wäre (*subj. of* **sein**) would be 11; **das ~ toll** that would be great

warm (ä) warm 2; **schön ~** nice and warm 2

warten (auf + *acc.***)** to wait (for) 5

warum' why 1, 3

was what 1; **Was für (ein) …** what kind of (a) . . . 1; **Was für ein Wetter!** Such weather! 2; **Was gab es?** What was playing?/What was offered? 10; **Was gibt's Neues?** What's new?; **Was gibt's zum [Abendessen]?** What's for [dinner]? 3; **Was hast du?** What's wrong (with you)?, What's the matter? 9; **Was ist los?** What's wrong?, What's the matter? E; **Was macht deine Erkältung?** How's your cold? 9; **Was noch?** What else? 7

die **Wäsche** laundry 7; **~ waschen** to do the laundry 7

waschen (ä), wusch, gewaschen to wash 7; **sich ~** to wash oneself 9; **Wäsche ~** to do laundry 7; **Ich wasche [mir] die Hände.** I'm washing [my] hands. 9

die **Waschmaschine, -n** washing machine

das **Wasser** water 3; **ein ~** a bottle/glass of mineral water

der **Wasserski, -er** water ski 5; **Wasserski laufen/fahren** to water-ski 2, 5

die **Webseite, -n** website

wechseln to change 11

weder … noch neither . . . nor

weg away; off; gone 4

der **Weg, -e** way; path 10; **auf dem ~** on the way 10

wegen (+ *gen.*) on account of, because of 8

weg·fahren (fährt), fuhr weg, ist weggefahren to drive away; to leave 4

weg·gehen, ging weg, ist weggegangen to go away

weh·tun (+ *dat.*) to hurt 9; **Die Füße tun mir weh.** My feet hurt. 9

weil (*sub. conj.*) because 5

die **Weile** a short period of time; a while 8; **eine ganze ~** a long time

der **Wein, -e** wine 3

weiß white E

der **Weißwein, -e** white wine 3

weit far 2

weiter farther, further 2; additional

welch- which E; **Welche Farbe hat ...?** What color is . . . ? E; **Welcher Tag ist heute?** What day is today? 1

die Welt, -en world 5

weltbekannt world-famous 5

weltberühmt world-famous

der Weltkrieg, -e world war 5

wem (*dat. of* **wer**) (to *or* for) whom 5

wen (*acc. of* **wer**) whom 3

wenig little 2; **ein ~** a little; **wenige** few

wenigstens at least

wenn (*sub. conj.*) when, whenever; if 4, 5

wer who 2

werden (**wird**), **wurde**, **ist geworden** to become 4, 6; will (*auxiliary verb of the fut. tense*): **Das wird sie sicher finden.** She will certainly find it.

werfen (**i**), **warf**, **geworfen** to throw

wesentlich essential; substantial; in the main 9

wessen (*gen. of* **wer**) whose 8

der Westen west 2

westlich western 10

das Wetter weather 2; **Was für ein ~!** Such weather! 2; **Wie ist das ~?** How's the weather? 2

der Wetterbericht, -e weather report 8

wichtig important 4

die Wichtigkeit importance

wie how E; as 2; **Wie alt bist du?** How old are you? E; **Wie bitte?** I beg your pardon? E; **Wie geht es Ihnen/dir?** How are you? E; **Wie geht's?** How are you? E; **~ immer** as always 11; **Wie ist das Wetter?** How is the weather? 2; **Wie ist deine (Ihre) Telefonnummer?** What is your telephone number? E; **~ lange** for how long; **Wie schreibt man das?** How do you spell that? E; **Wie spät ist es?** What time is it? 1; **~ viel** how much E; **Wie viel Grad sind es?** What's the temperature? 2; **Wie viel macht das?** How much/What does that come to?; **~ viel Uhr ist es?** What time is it? 1; **~ viele** how many E; **Wie wär's mit ...?** How about . . . ?

wieder again 4; **immer ~** again and again 11

wieder·geben (**gibt**), **gab wieder**, **wiedergegeben** to reproduce, render

wiederho′len to repeat

die Wiederho′lung, -en review; repetition

Wiedersehen: Auf ~. Good-bye. E

wiederum in turn; on the other hand

die Wiedervereinigung reunification 10

Wien Vienna

wie viel′ how much E; **Wie viel Grad sind es?** What's the temperature? 2; **Wie viel Uhr ist es?** What time is it? 1; **Wie viel macht das?** How much/What does that come to?; **wie viele** how many E

wievielte: Den Wievielten haben wir heute?; Der Wievielte ist heute? What's the date today? 8

der Wind wind 2

windig windy 2

windsurfen to windsurf 6; **~ gehen** to go windsurfing 6

der Winter winter 2

wir we 1

wirklich really 2

die Wirklichkeit reality 8

die Wirtschaft economy 8

wirtschaftlich economic, economically 5

wischen: Staub wischen to dust 7

wissen (**weiß**), **wusste**, **gewusst** to know (a fact) 1; **~ über** (*+ acc.*)/ **~ von** to know about; **Woher wissen Sie das?** How do you know that? 11

die Wissenschaft, -en science

der Wissenschaftler, -/die Wissenschaftlerin, -nen scientist 5

wissenschaftlich scientific

wo where 2

die Woche, -n week 1; **einmal die/in der ~** once a week 6

das Wochenende, -n weekend 1; **am ~** on the weekend 1; **Schönes ~!** Have a nice weekend!

der Wochentag, -e day of the week 1

woher where from 2; **Woher kommst du?** Where are you from? 2; **Woher wissen Sie das?** How do you know that? 11

wohin where (to) 5

wohl probably; indeed; well 9

wohnen to live, reside 2; **bei jemandem ~** to live at someone else's residence

das Wohnhaus, -häuser residential building; apartment building

das Wohnheim, -e dormitory

die Wohnung, -en dwelling; apartment 7

das Wohnzimmer, - living room 7

wolkig cloudy 2

wollen (**will**), **wollte**, **gewollt** to want to; intend to 4

wollte (*subj. of* **wollen**) would want 11

das Wort, ⸚er word 2; **Worte** words (*in a context*) 10

die Wortverbindung, -en phrase; expression

der Wortschatz vocabulary

wow wow

wozu′ what for, to what purpose, why

das Wunder, - miracle; wonder; marvel 5, 8; **kein ~** no wonder 8

wunderbar wonderful

wundern to surprise 9; **es wundert mich** I'm surprised 9

wunderschön very beautiful 3

der Wunsch, ⸚e wish 3; **Sonst noch einen ~?** Anything else? 3

wünschen to wish; **Was wünschst du dir?** What do you wish for?

würde (*subj. of* **werden**) would 9; **Ich ~ das auch sagen** You can say that again 9

die Wurst, ⸚e sausage; lunch meat 3

das Wurstbrot, -e cold meat sandwich

das Würstchen, - frankfurter 3

Z

z. B. (*abbr. for* **zum Beispiel**) e.g. (for example) 4

die Zahl, -en number, numeral E

zahlen to pay 4; **Zahlen bitte.** I'd like to pay, please (*in a restaurant*).

zahlreich numerous 5

der Zahn, ⸚e tooth 9; **Ich putze mir die Zähne.** I'm brushing my teeth. 9

der Zahnarzt, ⸚e/die Zahnärztin, -nen dentist 11

die Zahnbürste, -n toothbrush

die Zahnpaste/Zahnpasta toothpaste

die Zahnschmerzen (*pl.*) toothache 9

zeigen to show 10; **~ auf** (*+ acc.*) to point to

die Zeile, -n line

die Zeit, -en time 1; **zur gleichen ~** at the same time 9

die Zeitschrift, -en magazine; journal 4

die Zeitung, -en newpaper 4; **Es steht in der ~ ...** It says in the newspaper . . . 10

das Zelt, -e tent

zelten to camp in a tent 5

das Zentrum, pl. Zentren center 9

zerstö′ren to destroy

der Zettel, - note; slip of paper

ziehen, zog, ist gezogen to move

das Ziel, -e goal 4

ziemlich quite, rather, fairly 1

das Zimmer, - room E

zu (+ dat.) (prep.) to (with people and some places) 3, 5; shut, closed; bis ~ up to 4; ~ Abend essen to eat dinner; ~ Besuch for a visit 12; ~ Ende over, finished 8; ~ Fuß on foot 5; ~ Fuß gehen to walk, 5; zur gleichen Zeit at the same time 9; ~ Hause (to be) at home 3; um ... ~ (+ inf.) (in order) to 9; zum Beispiel for example 4; zum Essen for dinner 12; zur Uni to the university 5

zu too 2; zu viel' too much 4

der Zucker sugar

zueinan'der to each other

zuerst' first, first of all; at first 6

zufrie'den satisfied, content 4

der Zug, ⸚e train 5

das Zuhau'se home 12

zu·hören to listen to; to audit (a course) 4

die Zukunft future 8

zum (contraction of zu dem) to or for the; zum Beispiel for example 4; ~ Essen for dinner 12

zu·machen to close

zumin'dest at least

zurück' back, in return 4

zurück'·bekommen to get back 4

zurück'·bringen, brachte zurück, zurückgebracht to bring back

zurück'·fliegen, flog zurück, ist zurückgeflogen to fly back 12

zurück'·zahlen to pay back

zurzeit' at the moment

zusam'men together 1; ~ sein to be together (as a couple) 8

zusam'men·wachsen (wächst zusammen), wuchs zusammen, ist zusammengewachsen to grow together 10

zusam'men·passen to fit together, be suitable for each other 8

der Zusam'menhang, ⸚e connection

zwar to be sure, it's true, indeed 7

zweimal twice, two times 6; ~ im Monat twice/two times a month 10

zweit- second 8

zwingen, zwang, gezwungen to force, compel 10

zwischen (+ acc./dat.) between, among 7

English–German Vocabulary

The English-German end vocabulary contains the words included in the active vocabulary lists and the *Erweiterung des Wortschatzes* section of the chapters. Not included from the active lists are numbers, articles, and pronouns. The plural forms of nouns are given. Strong and irregular weak verbs are indicated with a raised degree mark (°). Their principal parts can be found in *Appendix D*. Separable-prefix verbs are indicated with a raised dot: **mit·bringen**. Note that some separable- and inseparable-prefix verbs (e.g., **mit·bringen, beschließen**) are not included in section 27 of *Appendix D* because their basic verbs (e.g., **bringen, schließen**) are listed elsewhere in the table.

The following abbreviations are used:

acc.	accusative	*n.*	noun	*prep.*	preposition
adj.	adjective	*pl.*	plural	*v.*	verb
conj.	conjunction				

A

abandon verlassen°
abdomen der Bauch, ⸚e
able: to be ~ to können°
about über *(prep.)*; etwa *(adv.)*
above all vor allem
abroad im Ausland
absolute(ly) absolut; unbedingt; **~ great** ganz/wirklich toll
accept an·nehmen°
account: on ~ of wegen
acquaintance der/die Bekannte *(noun decl. like adj.)*; die Bekanntschaft, -en; **to make the ~ of/to become acquainted** kennen·lernen
activity die Aktivität, -en
actually eigentlich; überhaupt
ad die Anzeige, -n
addition: in ~ to noch, dazu; außerdem
address die Adresse, -n; **home ~** die Heimatadresse; **school ~** die Semesteradresse; **What is your ~?** Wie ist deine/Ihre Adresse?
advertisement die Anzeige, -n
afraid: to be ~ (of) Angst haben° (vor + *dat.*), (sich) fürchten (vor + *dat.*)
after nach *(prep.)*; nachdem *(conj.)*; **~ all** schließlich; nämlich; doch; **~ it** danach
afternoon der Nachmittag, -e; **this ~** heute Nachmittag
afternoons nachmittags
afterwards nachher; danach
again wieder; noch einmal; **~ and ~** immer wieder
against gegen
ago: [two weeks] ~ vor [zwei Wochen]

agree: Or don't you ~? Oder?; **Don't you ~?** Nicht wahr?
agreeable sympathisch
air die Luft, ⸚e
airplane das Flugzeug, -e
airport der Flughafen, ⸚
all alle; alles; **above ~** vor allem; **at ~** überhaupt; **~ day** den ganzen Tag
allowed: to be ~ to dürfen°
all right in Ordnung; Na gut!; **It's ~.** Es geht.
almost fast
alone allein
Alps die Alpen *(pl.)*
already schon
also auch
although obwohl
always immer
amazing erstaunlich
America (das) Amerika
American *(adj.)* amerikanisch; **~ (person)** der Amerikaner, -/ die Amerikanerin, -nen
among unter
and und; **~ so on** und so weiter
angry böse; **~ at** böse auf; **Don't be ~ with me.** Sei mir nicht böse.; **to feel ~** sich ärgern
announcement die Anzeige, -n
another noch ein(e); **one ~** einander
answer die Antwort, -en; **to ~ [the woman]** [der Frau] antworten; **to ~ the question** auf die Frage antworten, die Frage beantworten
any einige; etwas; **I don't have any . . .** Ich habe kein(e) ...
anyone jemand
anything: ~ else? Sonst noch etwas?
apart auseinander
apartment die Wohnung, -en

appear scheinen°; erscheinen°
apple der Apfel, ⸚; **~ juice** der Apfelsaft
appliance das Gerät, -e
appointment der Termin, -e; **to have an ~ with someone** einen Termin bei/mit jemandem haben°
appropriate: to be ~ passen
approximately ungefähr; etwa
April der April
architect der Architekt, -en, -en/die Architektin, -nen
area das Gebiet, -e
arm der Arm, -e
around herum
arrive an·kommen°; **to ~ at** erreichen
art die Kunst, ⸚e; **~ history** die Kunstgeschichte
article der Artikel, -
artist der Künstler, -/die Künstlerin, -nen
as als; wie; **~ . . . ~** so ... wie; **~ always** wie immer
ask fragen; **~ for** bitten° um; **to ~ him a question** ihm/an ihn eine Frage stellen
aspirin das Aspirin
assignment die Aufgabe, -n
at an; auf; **~ (a place)** bei; **~ [seven]** um [sieben]; **~ once** gleich
athlete der Sportler, -/die Sportlerin, -nen
athletic sportlich
attend (a lecture, school) besuchen; **~ college** studieren
attorney der Rechtsanwalt, *pl.* Rechtsanwälte/die Rechtsanwältin, -nen
attraction die Attraktion, -en
August der August
aunt die Tante, -n

Austria (das) Österreich
Austrian österreichisch *(adj)*;
~ **(person)** der Österreicher, -/die Österreicherin, -nen
automobile das Auto, -s; der Wagen, -
autumn der Herbst
awake wach
away weg

B

back *(adv.)* zurück; **to get ~** zurück·bekommen; *(n.)* der Rücken, -; ~**ache** die Rückenschmerzen *(pl.)*
backpack der Rucksack, *pl.* Rucksäcke
bad schlecht; schlimm; böse; **not ~** ganz gut; **too ~** schade
badly schlecht
bag die Tasche, -n
bake backen°
baker der Bäcker, -/die Bäckerin, -nen
bakery die Bäckerei, -en; **at the ~** beim Bäcker; **to the ~** zum Bäcker
balcony der Balkon, -s
ballpoint pen der Kugelschreiber, - [der Kuli, -s *(colloq.)*]
banana die Banane, -n
band (musical) die Band, -s; **blues ~** die Bluesband, -s
bank die Bank, -en
bar die Bar, -s; die Kneipe, -n; das Lokal, -e
basketball der Basketball
bath das Bad, ̈er
bathe baden
bathing: ~ suit der Badeanzug, ̈e; ~ **trunks** die Badehose, -n
bathroom das Bad, ̈er; die Toilette, -n
Bavarian bayerisch
be sein°; ~ **so kind.** Sei/Seien Sie so gut.; ~ **there** dabei sein
beautiful schön; **very ~** wunderschön
because weil; denn; da; ~ **of** wegen
become werden°
bed das Bett, -en; ~ **covering** die Bettdecke, -n; **to make the ~** das Bett machen
bedroom das Schlafzimmer, -
beef roast der Rinderbraten
beer das Bier, -e; ~ **garden** der Biergarten, ̈
before vor; vorher; bevor
begin an·fangen°; beginnen°; ~ **the work** mit der Arbeit anfangen
beginning der Anfang, ̈e; **in the ~** am Anfang
behind hinter
believe glauben; **I ~ so.** Ich glaube schon/ja.

belong to gehören *(+ dat.)*
below unten
bench die Bank, ̈e
beside bei; neben; außer; ~ **each other** nebeneinander
besides außerdem; außer
best best; ~ **of all** am besten
better besser
between zwischen
beverage das Getränk, -e
bicycle das Fahrrad, *pl.* Fahrräder; **to ride a ~** mit dem Fahrrad fahren°; Rad fahren°; ~ **trip** die Radtour, -en
big groß
bike das Rad, ̈er *(short for* Fahrrad); ~ **trip** die Radtour, -en
biology die Biologie
bird der Vogel, ̈
birth die Geburt, -en
birthday der Geburtstag, -e; **When is your ~?** Wann hast du Geburtstag?; **for one's ~** zum Geburtstag
black schwarz
blanket die Bettdecke, -n, die Decke, -n
blog das Blog, -s
blond blond
blouse die Bluse, -n
blue blau
body der Körper, -
book das Buch, ̈er
bookcase das Bücherregal, -e
bookstore die Buchhandlung, -en
boot der Stiefel, -
border die Grenze, -n
bored gelangweilt
boring langweilig
born geboren; **I was born in 1995.** Ich bin 1995 geboren.
borrow leihen°
boss der Chef, -s/die Chefin, -nen
both beide; beides
bottle die Flasche, -n
boundary die Grenze, -n
boy der Junge, -n, -n; ~**friend** der Freund, -e
bread das Brot, -e
bread roll das Brötchen, -
break die Pause, -n
breakfast das Frühstück; **for ~** zum Frühstück; **to eat ~** frühstücken
bridge die Brücke, -n
briefly kurz
bright hell
bring bringen°; **to ~ along** mit·bringen°; **to ~ up** erziehen°
broke (out of money) pleite
broken: ~ down kaputt
brother der Bruder, ̈; **brothers and sisters** die Geschwister *(pl.)*
brown braun

brush: to ~ [my] teeth [mir] die Zähne putzen
build bauen
bus der Bus, -se
business das Geschäft, -e
businessman der Geschäftsmann, *pl.* Geschäftsleute
businesspeople die Geschäftsleute
businesswoman die Geschäftsfrau, -en
busy: to be ~ beschäftigt sein°; **to keep ~** (sich) beschäftigen; **(line is) ~** besetzt
but aber; sondern
butcher der Metzger, -/die Metzgerin, -nen
butcher shop die Metzgerei, -en; **at the ~** beim Metzger; **to the ~** zum Metzger
butter die Butter
buy kaufen; **to ~ on the Internet** übers Internet kaufen
by (close to) bei, an *(+ dat.)*, neben *(+ dat.)*; ~ **[car]** mit [dem Auto]

C

café das Café, -s
cafeteria (university) die Mensa, -s *or* Mensen
cake der Kuchen, -; die Torte, -n
call nennen°; rufen°; an·rufen°; **to ~ [your] home** bei [dir] anrufen
called: it's ~ es heißt
calm ruhig
camera der Fotoapparat, -e; die Kamera, -s
camp campen; **to ~ in a tent** zelten
can *(v.)* können°; *(n.)* die Dose, -n
Canada (das) Kanada
Canadian *(adj.)* kanadisch; ~ **(person)** der Kanadier, -/die Kanadierin, -nen
cap die Mütze, -n; die Kappe, -n
capital die Hauptstadt, *pl.* Hauptstädte
car das Auto, -s; der Wagen, -
card die Karte, -n; **(playing) cards** die Karten *(pl.)*; **to play ~** Karten spielen
care die Sorge, -n; **to ~ for** sorgen für
career die Karriere, -n; ~ **related** beruflich
carpet der Teppich, -e
carrot die Karotte, -n; die Möhre, -n
carry tragen°
case der Fall, ̈e; **in any ~** auf jeden Fall; sowieso
castle das Schloss, ̈er
cat die Katze, -n
catch: to ~ erreichen
CD die CD, -s

CD player der CD-Player, -; der CD-Spieler, -
celebrate feiern
celebration die Feier, -n; das Fest, -e
cell phone das Handy, -s
center das Zentrum, *pl.* Zentren
century das Jahrhundert, -e
certain(ly) bestimmt; sicher
chair der Stuhl, ꞉e; **easy ~** der Sessel, -
change wechseln; sich verändern
chaotic chaotisch
chat (on the Internet) chatten
chat room der Chatroom, -s (*also* Chat-Room, -s)
cheap billig
check out (book from library) aus·leihen°
cheerful lustig
cheese der Käse
chemistry die Chemie
chess das Schach; **~ game** das Schachspiel
chest of drawers die Kommode, -n
chicken das Hähnchen, -
child das Kind, -er
chin das Kinn
chocolate die Schokolade, -n; **~ ice cream** das Schokoladeneis
chore: household chores die Hausarbeit; **to do the chores** den Haushalt machen
Christmas das Weihnachten; **Merry ~!** Frohe *or* Fröhliche Weihnachten!
church die Kirche, -n
city die Stadt, ꞉e; die Großstadt, ꞉e; **~ hall** das Rathaus, *pl.* Rathäuser
class die Klasse, -n; **German ~** die Deutschstunde
clean sauber; **to ~** putzen; auf·räumen; sauber machen
clear klar
cliché das Klischee, -s
client der Kunde, -n, -n/die Kundin, -nen
climate das Klima
clinic die Klinik, -en
clock die Uhr, -en
close nahe; **~ to me** mir nahe; **to ~** schließen°; zu·machen
cloth das Tuch, ꞉er
clothes die Sachen (*pl.*)
clothing die Kleidung, die Sachen (*pl.*); **article of ~** das Kleidungsstück, -e
cloudy wolkig
club der Club, -s
coat der Mantel, ꞉; **sport ~** das Jackett, -s; der Sakko, -s
coffee der Kaffee; **for (afternoon) ~** zum Kaffee; **to go for ~** Kaffee trinken gehen; **~house** das

Kaffeehaus, *pl.* Kaffeehäuser; **~ table** der Couchtisch, -e
cola drink die Cola, -s
cold kalt; **ice-~** eiskalt; die Erkältung, -en; **to catch a ~** sich erkälten
colleague der Kollege, -n, -n/die Kollegin, -nen
collect sammeln
college: to go to ~ studieren; auf/an die Universität gehen
color die Farbe, -n; **What ~ is …?** Welche Farbe hat …?
comb der Kamm, ꞉e; **to ~ (one's hair)** (sich) kämmen
come kommen°; **to ~ along** mit·kommen°; **to ~ by** vorbei·kommen°
comfortable gemütlich
comfortableness die Gemütlichkeit
comics der Comic, -s
company die Gesellschaft, -en; die Firma, *pl.* Firmen; **to have ~** Besuch haben°
compel zwingen°
compete konkurrieren
complain klagen
complete(ly) ganz; voll; absolut; total (*slang*)
composer der Komponist, -en, -en/die Komponistin, -nen
computer der Computer, -; **~ game** das Computerspiel, -e; **~ science** die Informatik; **~ specialist** der Informatiker, -/die Informatikerin, -nen; **to work at the ~** mit dem/am Computer arbeiten
concept die Vorstellung, -en
concert das Konzert, -e; **to go to a ~** ins Konzert gehen
connect verbinden°
contact der Kontakt, -e
content zufrieden
contrary: on the ~ sondern; doch
conversation das Gespräch, -e; die Unterhaltung, -en; **to conduct/carry on a ~** ein Gespräch führen
converse (about) (sich) unterhalten°
convince überzeugen
cook kochen
cool kühl
corner die Ecke, -n
correct richtig; **to be ~** stimmen; **That's ~.** Das stimmt.
cost kosten
cough husten
could könnte
country das Land, ꞉er; der Staat; **in our ~** bei uns; **in the ~** auf dem Land(e); **out into the ~** ins Grüne; **to the ~** aufs Land

couple das Paar, -e
course der Kurs, -e; die Vorlesung, -en
course: of ~ bestimmt; natürlich; klar; sicher; allerdings; doch
cousin (female) die Kusine, -n/ Cousine, -n; **~ (male)** der Cousin, -s/der Vetter, -n
cover decken
coziness die Gemütlichkeit
cozy gemütlich
cramped eng
creative kreativ
credit card die Kreditkarte, -n
critical kritisch
criticism die Kritik, -en
cucumber die Gurke, -n
cultural(ly) kulturell
culture die Kultur, -en
cup die Tasse, -n
customer der Kunde, -n, -n/ die Kundin, -nen
cybercafé das Internetcafé, -s

D

dad der Vati, -s; der Papa, -s
dance (*v.*) tanzen
dance club der Club, -s; die Disco, -s (*also* Disko)
dancing: I'm going ~. Ich gehe tanzen.
dark dunkel; **~haired** dunkelhaarig
date das Datum; **What's the ~ today?** Den Wievielten haben wir heute?; Der Wievielte ist heute?
daughter die Tochter, ꞉
day der Tag, -e; **one/some ~** eines Tages; **all ~** den ganzen Tag; **days of the week** die Wochentage (*pl.*); **every ~** jeden Tag; **What ~ is today?** Welcher Tag ist heute?
dear lieb (-er, -e, -es); **oh ~** oh je
December der Dezember
decide (sich) entscheiden°; **to ~ on** beschließen°
deed die Tat, -en
degree der Grad (*temperature*)
delicious lecker
democratic(ally) demokratisch
demonstrate demonstrieren
demonstration die Demonstration, -en
dentist der Zahnarzt, *pl.* Zahnärzte/ die Zahnärztin, -nen
depart ab·fahren°
department store das Kaufhaus, *pl.* Kaufhäuser
describe beschreiben°
desire die Lust
desk der Schreibtisch, -e
dessert der Nachtisch, -e
dialect der Dialekt, -e

die sterben°

difference der Unterschied, -e

different(ly) verschieden; anders; **something ~** (et)was anderes

difficult schwer; schwierig

digital camera die Digitalkamera, -s

dining room das Esszimmer, -

dinner das Abendessen, -; **for ~** zum Abendessen/Essen; **to eat ~** zu Abend essen

diploma (from high school) das Abitur

dish (for food) der Teller, -

dishes das Geschirr; **to do/wash the ~** abwaschen°; Geschirr spülen

dishwasher die Spülmaschine, -n; der Geschirrspüler, -; **to empty the ~** die Spülmaschine aus·räumen; **to load the ~** die Spülmaschine ein·räumen

divide teilen; auf·teilen (in + acc.)

divided by (in mathematics) geteilt durch

do machen; tun°; **to ~ [German] homework** [Deutsch] machen

doctor der Arzt, ⸚e/die Ärztin, -nen; **to go to the ~** zum Arzt gehen°

doesn't he (she) nicht? nicht wahr?

dog der Hund, -e

done fertig

door die Tür, -en

dormitory das Studentenheim, -e; das Studentenwohnheim, -e

downstairs unten

dress das Kleid, -er; **to ~** (sich) an·ziehen°; **I get dressed.** Ich ziehe mich an.

dresser die Kommode, -n

drink das Getränk, -e; **to ~** trinken°

drive fahren°; **to ~ along** mit·fahren°; **to ~ away** weg·fahren°; **to go for a ~** spazieren fahren°

driver der Fahrer, -/die Fahrerin, -nen

driver's license der Führerschein, -e

drugstore die Drogerie, -n, die Apotheke, -n

dry trocken; **to ~ (dishes)** ab·trocknen

dumb dumm

during während

dust der Staub; **to ~** Staub wischen

DVD die DVD, -s

dwelling die Wohnung, -en

each jed- (-er, -es, -e)

each other einander; **with ~** miteinander

ear das Ohr, -en

early früh

earn verdienen; **to ~ money** Geld verdienen

east der Osten; **to the ~** östlich

easy leicht; **Take it ~.** Mach's gut.

easygoing ruhig

eat essen°

economic(ally) wirtschaftlich

economy die Wirtschaft

educate aus·bilden; erziehen°

education die Erziehung; die Ausbildung

egg das Ei, -er

egocentric egoistisch

else: what ~? was noch?; **something ~?** sonst noch etwas?

emigrate aus·wandern

employ beschäftigen

employed berufstätig

employee der Arbeitnehmer, -/ die Arbeitnehmerin, -nen; der Mitarbeiter, -/die Mitarbeiterin, -nen; der/die Angestellte (noun decl. like adj.)

employer der Arbeitgeber, -/die Arbeitgeberin, -nen

empty leer

end das Ende, -n; **in/at the ~** am Ende; **at the ~ of [August]** Ende [August]

endure leiden°

engage: to ~ in sports Sport treiben°

engineer der Ingenieur, -e/die Ingenieurin, -nen

engineering das Ingenieurwesen

England (das) England

English (adj.) englisch; **~ (language)** (das) Englisch; **~ studies** die Anglistik; **~ (person)** der Engländer, -/die Engländerin, -nen

enjoy: to ~ something Spaß an einer Sache haben°

enjoyment die Lust; der Spaß

enough genug

entertain unterhalten°

entertainment die Unterhaltung

environment die Umwelt

especially besonders

essential wesentlich

etc. usw.

eternal(ly) ewig

euro der Euro, -

Europe das Europa

even sogar; **~ if** auch wenn

evening der Abend, -e; **Good ~.** Guten Abend.; **this ~** heute Abend

evenings abends

every jed- (-er, -es, -e); **~ day** jeden Tag

everyone jeder

everything alles

everywhere überall

exactly genau; **~ the same** genauso

exam die Klausur, -en

examination die Klausur, -en; die Prüfung, -en; **comprehensive ~** das Examen, -; **to take an ~** eine Klausur schreiben°

examine durch·sehen°; prüfen

example das Beispiel, -e; **for ~** zum Beispiel (z. B.)

except außer

exchange student der Austauschstudent, -en, -en/die Austauschstudentin, -nen

excuse die Entschuldigung, -en; **~ me!** Entschuldigung!

exhausted (slang) kaputt

exhausting anstrengend

exist existieren

expect erwarten

expense die Kosten (pl.)

expensive teuer

experience die Erfahrung, -en

explain erklären

export der Export, -e; **to ~** exportieren

expressway die Autobahn, -en

eye das Auge, -n

face das Gesicht, -er

factory die Fabrik, -en

fairly ganz; ziemlich

fall der Herbst; **to ~** fallen°

false falsch

familiar bekannt

family die Familie, -n

famous bekannt; berühmt; **world-~** weltbekannt

fan (team supporter) der Fan, -s

fantastic fantastisch; toll; prima

far weit

farther weiter

fast schnell

fat dick

father der Vater, ⸚

favorite Lieblings-; **~ (program)** (die) Lieblings(sendung)

fear die Angst, ⸚e, **to ~** sich fürchten (vor + dat.), Angst haben (vor + dat.); **to ~ for** Angst haben° um

feast das Fest, -e

February der Februar

Federal Republic of Germany die Bundesrepublik Deutschland (BRD)

feel sich fühlen; **to ~ like** Lust haben°; **I don't ~ like working.** Ich habe keine Lust zu arbeiten.; **I don't ~ like it.** Dazu habe ich keine Lust.

feeling das Gefühl, -e

festival das Fest, -e

fever das Fieber
few wenig(e); **a ~** ein paar
film der Film, -e
finally endlich, schließlich
finals das Examen, -
find finden°
fine fein; gut; **I'm ~.** Es geht mir gut.
finger der Finger, -
finished fertig; zu Ende
firm die Firma, *pl.* Firmen
first erst; **at ~** zuerst; **~ of all** erst einmal, erstens
first name der Vorname, -ns, -n
fish der Fisch, -e
fit passen
fitness training das Fitnesstraining
flexible flexibel
flight der Flug, ⸚e
floor der Boden, ⸚
flower die Blume, -n; **~ stand** der Blumenstand, ⸚e
fly fliegen°; **to ~ back** zurück·fliegen°
food das Essen; die Lebensmittel *(pl.)*
foot der Fuß, ⸚e; **to go on ~** zu Fuß gehen°; laufen°
for für *(prep.)*; denn *(conj.)*; **(time)** seit; **~ a year** seit einem Jahr
force zwingen°
foreign fremd; **~ country** das Ausland; **~ trade** der Außenhandel
foreigner der Ausländer, -/die Ausländerin, -nen
forest der Wald, ⸚er
forever ewig
forget vergessen°
fork die Gabel, -n
formerly früher
fortunate person der/die Glückliche *(noun decl. like adj.)*
fortunately zum Glück
fourth das Viertel, -
France (das) Frankreich
frank(ly) offen
free frei; **~ time** die Freizeit; **for ~** umsonst, gratis
freedom die Freiheit, -en
freeway die Autobahn, -en
freezer der Gefrierschrank, ⸚e
French *(adj.)* französisch; **~ (language)** (das) Französisch
French fries die Pommes frites *(pl.)*
frequent(ly) häufig
fresh frisch
Friday der Freitag
friend der Freund, -e/die Freundin, -nen
friendly freundlich
from von; **~ (native of)** aus; **~ a certain point on** ab; **Where do you come ~?** Woher kommst du/ kommen Sie?

fruit das Obst
full voll
fun der Spaß; **It's/That's ~.** Es macht Spaß.; **to have lots of ~** viel Spaß haben°
funny lustig; komisch
furnished möbliert
furniture die Möbel *(pl.)*; **piece of ~** das Möbelstück, -e
further weiter
future die Zukunft

game das Spiel, -e
garage die Garage, -n
garden der Garten, ⸚
gasoline das Benzin
general: in ~ überhaupt; im Allgemeinen
gentleman der Herr, -n, -en
genuine(ly) echt
German *(adj.)* deutsch; **~ (person)** der/die Deutsche *(noun decl. like adj.)*; **~ (language)** (das) Deutsch; **to do ~ (homework)** Deutsch machen; **I'm doing ~.** Ich mache Deutsch.; **~ studies (language and literature)** die Germanistik
German Democratic Republic die Deutsche Demokratische Republik (DDR)
Germany (das) Deutschland
get bekommen°; kriegen; holen; **to ~ back** zurück·bekommen°; **to ~ up** auf·stehen°; **to ~ together** sich treffen°
girl das Mädchen, -; **~friend** die Freundin, -nen
give geben°; **to ~ (as a gift)** schenken; **to ~ up** auf·geben°
glad froh; **~ to** gern
gladly gern
glass das Glas, ⸚er
glove der Handschuh, -e
go gehen°; **to ~ along** mit·gehen°; **to ~ [by car]** mit [dem Auto] fahren°; **to ~ for coffee** Kaffee trinken gehen°; **to ~ in** hinein·gehen°; **to ~ out** aus·gehen°; **to ~ out with someone** zusammen sein°; **to ~ there** hin·gehen°
goal das Ziel, -e
going on: What's ~? Was ist los?; **There's not much ~.** Es ist nicht viel los.
gold das Gold
golf das Golf
gone weg; vorbei
good gut; **~ heavens!** Du meine Güte!
good-bye Auf Wiedersehen.; Tschüss. *(colloq.)*

goods die Ware, -n
government die Regierung, -en
grade die Note, -n; **[seventh] ~** [die siebte] Klasse
graduate (from the university) *(v.)* Examen machen
gram das Gramm, -
grandfather der Großvater, *pl.* Großväter
grandma die Oma, -s
grandmother die Großmutter, ⸚
grandpa der Opa, -s
grandparents die Großeltern *(pl.)*
grape die Traube, -n
gray grau
great toll, super, prima; Klasse!; **absolutely ~** ganz/wirklich toll
green grün
greeting der Gruß, ⸚e
groceries die Lebensmittel *(pl.)*
grocery store das Lebensmittelgeschäft, -e
group die Gruppe, -n
grow wachsen°; **to ~ up** auf·wachsen°; **to ~ together** zusammenwachsen°
guest der Gast, ⸚e; **to have a ~** Besuch haben°
guitar die Gitarre, -n

hair das Haar, -e
half die Hälfte, -n; halb
ham der Schinken, -
hand die Hand, ⸚e
handbag die (Hand)tasche, -n
hang hängen°
happen passieren (+ *dat.*); **What happened to you?** Was ist dir passiert?
happy froh, glücklich
hard hart; schwer
hardly kaum
hardworking fleißig
has hat
hat der Hut, ⸚e
hatred der Hass; **~ of foreigners** der Ausländerhass
have haben°; **to ~ to** müssen°; **to ~ in mind** vor·haben°; **~ some cake.** Nehmen Sie etwas Kuchen.
head der Kopf, ⸚e
headache die Kopfschmerzen *(pl.)*
headscarf das Kopftuch, *pl.* Kopftücher
healthy gesund
hear hören
heavy schwer
hello Guten Tag.; Grüß dich.; Hallo. *(informal)*
help die Hilfe; **to ~** helfen°; **to ~ with [work]** bei [der Arbeit] helfen

here hier, da; **~ [toward the speaker]** her ; **~ you are** bitte sehr
Hey! Du!; He!
Hi! Tag! Hallo! Grüß dich! Hi!
high hoch; **highest** höchst-
high school (college track) das Gymnasium, *pl.* Gymnasien
hike die Wanderung, -en; **to ~** wandern
history die Geschichte
hobby das Hobby, -s
hold halten°
holiday der Feiertag, -e
home das Zuhause; **at ~** zu Hause; **(to go) ~** nach Hause (gehen°); **at the ~ of** bei; **homeland** die Heimat
homework die Hausaufgaben (*pl.*); **to do ~** die Hausaufgaben machen
honest ehrlich
hope die Hoffnung, -en; **to ~** hoffen; **to ~ for** hoffen auf (+ *acc.*); **I ~** hoffentlich
horrible furchtbar; fürchterlich; schrecklich
horribly furchtbar; fürchterlich
hospital das Krankenhaus, *pl.* Krankenhäuser
hostility toward foreigners die Ausländerfeindlichkeit
hot heiß
hot dog das Würstchen, -
hour die Stunde, -n
house das Haus, ̈er
household chore die Hausarbeit; **to do ~** die Hausarbeit machen
househusband der Hausmann, *pl.* Hausmänner
housekeeping der Haushalt
housework die Hausarbeit
how wie; **for ~ long?** seit wann; **~ are you?** Wie geht es Ihnen?/ Wie geht's?; **~ do you know that?** Woher weißt du/wissen Sie das?
however aber; doch; jedoch; allerdings
huge riesengroß
human being der Mensch, -en, -en
human resources department: head of ~ (personnel) der Personalchef, -s/die Personalchefin, -nen
humid schwül
hunch die Ahnung
hunger der Hunger
hungry hungrig; **to be ~** Hunger haben°; **to be very ~** Riesenhunger haben°; **to get ~** Hunger bekommen°/kriegen
Hurry up! Mach schnell!
hurt weh·tun°, verletzen; **I ~ myself.** Ich habe mich verletzt.
husband der (Ehe)mann, ̈er

I

ice das Eis
ice cream das Eis
idea die Idee, -n; der Gedanke, -n, -n; die Ahnung; **No ~!** Keine Ahnung!
ideal ideal
idle: to be ~ faulenzen
if wenn; ob; **even ~** wenn auch
ill krank
illness die Krankheit, -en
image das Bild, -er
imagine sich (*dat.*) vor·stellen; **~ that!** Stell dir das vor!; **I can ~ it.** Ich kann es mir vorstellen.
immediately gleich; sofort
immigrate ein·wandern
impersonal unpersönlich
important wichtig; **to be ~** eine Rolle spielen
in in; **~ order to** um … zu; **~ spite of** trotz; **~(to)** in; hinein in; hinein
income das Einkommen, -
indeed zwar; doch; ja
independent unabhängig
individual(ly) einzeln; individuell
industrious fleißig
influence beeinflussen
information die Information, -en
information technologist der Informatiker, -/die Informatikerin, -nen
inhabitant der Einwohner, -/die Einwohnerin, -nen; der Bewohner, -/die Bewohnerin, -nen
injure verletzen
in-line skating das Inlineskating; inline skaten; **to go ~** inlineskaten gehen°
insecure unsicher
insert stecken
instead of (an)statt
instrument das Instrument, -e
intelligent intelligent
intend to vor·haben°; wollen°
interest interessieren
interested: to be ~ (in) (sich) interessieren (für); interessiert sein° an (+ *dat.*)
interesting interessant
intermission die Pause, -n
Internet das Internet; **to surf the ~** im Internet surfen; **to buy on the ~** übers Internet kaufen; **~ café** das Internetcafé, -s
interview das Interview, -s
invite ein·laden
is ist; **isn't it?** nicht?; nicht wahr? (*tag question*); **Your name is [Sandra], isn't it?** Du heißt [Sandra], nicht?

J

jacket die Jacke, -n
jam die Marmelade
January der Januar
jeans die Jeans (*sg.* and *pl.*)
job der Job, -s; die Stelle, -n; **to have a ~** arbeiten; **to have a temporary ~** jobben
jog joggen
jogging das Jogging
join in mit·machen
journalist der Journalist, -en, -en/die Journalistin, -nen
journey die Reise, -n
juice der Saft, ̈e
July der Juli
June der Juni
just eben; erst; gerade

K

keep halten°
kilogram das Kilo(gramm)
kilometer der Kilometer, -
kind gut, nett; **be so ~** Sei/Seien Sie so gut/nett.; **what ~ of person** was für ein Mensch
kindergarten der Kindergarten, ̈
kitchen die Küche, -n; **~ appliance** das Küchengerät, -e; **~ range** der Herd, -e
knee das Knie, -
knife das Messer, -
know (a fact) wissen°; **to ~ (be acquainted)** kennen°; **to get to ~** kennen·lernen; **to ~ [German] [Deutsch]** können°
known bekannt

L

lack fehlen
lady die Dame, -n; die Frau, -en
lake der See, -n
lamp die Lampe, -n
land das Land, ̈er
language die Sprache, -n
large groß; **largest** größt-
last letzt- (-er, -es, -e) (*adj.*); **~ night** gestern Abend; **to ~** dauern
late spät
later später; **until ~/see you ~** bis später, tschüss, bis dann, bis bald
laugh lachen
laughable zum Lachen
laundry die Wäsche
law das Gesetz, -e; das Recht; **~ (field of study)** Jura (*no article*)
lawyer der Rechtsanwalt, *pl.* Rechtsanwälte/die Rechtsanwältin, -nen
lay legen
lazy faul

lead führen
learn lernen
least: at ~ wenigstens
leave lassen°; weg·fahren°; ab·fahren°; verlassen°; **I have to ~.** Ich muss los.
lecture die Vorlesung, -en
left: on/to the ~ links
leg das Bein, -e
leisure time die Freizeit
lemonade die Limonade, -n
lend leihen°; **to ~ out** aus·leihen°
lesson die Stunde, -n; **piano ~** die Klavierstunde, -n
let lassen°
letter der Brief, -e
lettuce der (Kopf)salat, -e
library die Bibliothek, -en
lie liegen°; **to ~ / be lying around** herum·liegen°
life das Leben, -
lift heben°; **to ~ weights** Gewichte heben°
light (adj.) leicht; **~ (in color)** hell; **~ brown** hellbraun
like: would ~ to möchte; **to ~** gern haben°; mögen°; gefallen°; **What do you ~ to do?** Was machst du gern?; **I ~ to swim.** Ich schwimme gern.; **How do you ~ the cheese?** Wie findest du den Käse?; **would you ~ to** hättest du Lust
likeable sympathisch
likewise ebenso; auch
limit die Grenze, -n
lip die Lippe, -n
listen: to ~ to zu·hören; **to ~ to music** Musik hören
liter der Liter, -
literature die Literatur
little klein; wenig; **a ~** ein bisschen, ein wenig
live leben; wohnen
lively lebhaft
living room das Wohnzimmer, -
load ein·räumen; **to ~ the dishwasher** die Spülmaschine einräumen
located: to be ~ liegen°, stehen°
location die Lage, -n
long lang; lange; **a ~ time** lange; **how ~** seit wann; wie lange
longer: no ~ nicht mehr
look: to ~ at an·sehen°, an·schauen; **to ~ after** schauen nach; **to ~ like ... wie ... aus·sehen°; to ~ for** suchen; **to ~ forward to** sich freuen auf (+ acc.); **to ~ through** durch·sehen°
lose verlieren°
lot: a ~ viel
lots of viel
loud laut

lounge around faulenzen
love die Liebe; **to ~** lieben
low niedrig
luck das Glück; **Good ~!** Viel Glück!; **to be lucky** Glück haben°
lucky person der/die Glückliche (noun decl. like adj.)
lunch das Mittagessen; **for ~** zum Mittagessen; **to have ~** zu Mittag essen°
lunch meat die Wurst, ⸚e
lying around: to be ~ herum·liegen°

M

machine die Maschine, -n
magazine die Zeitschrift, -en
major (v.) **in [chemistry]** [Chemie] studieren
major subject das Hauptfach, pl. Hauptfächer
mail die Post
main Haupt-; **~ train station** der Hauptbahnhof
make machen
makeup: to put on ~ (sich) schminken
mama die Mama
man der Mann, ⸚er; **~!** Mensch!
manager der Manager, -/die Managerin, -nen
manufacture her·stellen
many viele; **how ~** wie viele; **too ~** zu viele; **~ a** manch (-er, -es, -e)
map die Landkarte, -n
March der März
margarine die Margarine
market der Markt, ⸚e
marmalade die Marmelade
marriage die Heirat; die Ehe, -n
married verheiratet; **~ couple** das Ehepaar, -e
marry heiraten
marvel das Wunder, -
math die Mathe
mathematics die Mathematik
matter die Sache, -n; **to ~** aus·machen; **it doesn't ~** (es) macht nichts; **it doesn't ~ [to me]** es macht [mir] nichts aus; **What's the ~?** Was ist los?; Was hast du denn?
May der Mai
may dürfen°; **that ~ well be** das mag wohl sein°; **~ I help you?** Bitte?
maybe vielleicht
meal das Essen; **evening ~** das Abendessen
mean meinen; bedeuten; **What does that ~?** Was bedeutet das?; **that means** das heißt
meantime: in the ~ inzwischen
meanwhile inzwischen

meat das Fleisch
meat market die Metzgerei, -en
meet (sich) treffen°; kennen·lernen; **I'm meeting friends.** Ich treffe mich mit Freunden.
member das Mitglied, -er
merchandise die Ware, -n
merry lustig
messy chaotisch
microwave oven der Mikrowellenherd, -e
midday meal das Mittagessen, -
middle die Mitte
mild mild
milk die Milch
million die Million, -en
mind: to have in ~ vor·haben°
mineral water das Mineralwasser
minor subject das Nebenfach, ⸚er
minus (in subtraction) minus
minute die Minute, -n; **five minutes after two** fünf Minuten nach zwei; **Just a ~, please!** Einen Moment, bitte!; Moment mal.
miracle das Wunder, -
mirror der Spiegel, -
miss: to ~ something or someone vermissen
missing: to be ~ fehlen
mobile phone das Handy, -s
modern modern
mom die Mutti, -s; die Mama
moment der Moment, -e; **at the ~** im Moment, zurzeit
Monday der Montag
money das Geld; **out of ~** pleite
month der Monat, -e; **a ~ ago** vor einem Monat; **every ~** jeden Monat
mood: to be in the ~ Lust haben°
more mehr; **no ~ . . .** kein ... mehr; **~ and ~** immer mehr; **~ or less** mehr oder weniger; **not any ~** nicht mehr
morning der Morgen; **Good ~.** Guten Morgen.; **this ~** heute Morgen
mornings morgens
most meist; **~ of the people** die meisten Leute; **~ of the time** meistens
mostly meistens
mother die Mutter, ⸚
motorcycle das Motorrad, pl. Motorräder
motto das Motto, -s
mountain der Berg, -e
mouth der Mund, ⸚er
movement die Bewegung
movie der Film, -e; **~ theater** das Kino, -s
movies das Kino, -s; **to go to the ~** ins Kino gehen°
Mr. Herr
Mrs. Frau

Ms. Frau
much viel, **how ~** wie viel; **too ~** zu viel
multicultural(ly) multikulturell
museum das Museum, *pl.* Museen
music die Musik
musical das Musical, -s; *(adj.)* musikalisch
musician der Musiker, -/die Musikerin, -nen
must müssen°
mystery (novel or film) der Krimi, -s

name der Name, -ns, -n; **first ~** der Vorname, -ns, -n; **last ~** der Nachname, -ns, -n; **What is your ~?** Wie heißt du/heißen Sie?; **to ~** nennen°; **Your ~ is [Mark], isn't it?** Du heißt [Mark], nicht?
named: to be ~ heißen°
narrate erzählen
narrow eng
native country die Heimat
natural(ly) klar; natürlich
nature die Natur
nauseated: I feel ~. Mir ist schlecht.
near bei; **~by** in der Nähe, nah(e)
nearness die Nähe
neck der Hals, ⁓e
need brauchen
neighbor der Nachbar, -n, -n/die Nachbarin, -nen
neighboring country das Nachbarland, *pl.* Nachbarländer
nephew der Neffe, -n, -n
nervous nervös
neutral neutral
never nie
nevertheless trotzdem; doch
new neu; **What's ~?** Was gibt's Neues?
newspaper die Zeitung, -en
next nächst
nice nett; schön; **~ and warm** schön warm
niece die Nichte, -n
night die Nacht, ⁓e, **last ~** gestern Abend/Nacht; **Good ~.** Gute Nacht.
nightclub das Nachtlokal, -e; die Bar, -s
nightstand der Nachttisch, -e
night table der Nachttisch, -e
no nein; kein; nicht; **~ longer** nicht mehr; **~ more . . .** kein ... mehr
noisy laut
nonetheless jedoch
nonsense der Quatsch; **Nonsense!** Quatsch!
noodles die Nudeln *(pl.)*
noon der Mittag, -e

no one niemand
north der Norden; **to the ~** nördlich
North Sea die Nordsee
nose die Nase, -n
not nicht; **isn't that so?** nicht?; **~ at all** gar nicht; **~ a, any** kein; **~ bad** ganz gut; Es geht.; **~ only . . . but also . . .** nicht nur ... sondern auch ...; **~ yet** noch nicht
note die Notiz, -en; die Note, -n
notebook das Heft, -e
nothing nichts; **~ at all** gar nichts; **~ special** nichts Besonderes
notice bemerken, merken
novel der Roman, -e
November der November
now jetzt; nun; **~ and then** ab und zu
number die Zahl, -en; die Nummer, -n; **phone ~** die Telefonnummer
numeral die Zahl, -en
numerous zahlreich
nurse der Krankenpfleger, -/die Krankenpflegerin, -nen; **~ (female only)** die Krankenschwester, -n
nursery school der Kindergarten, ⁓

O

obtain bekommen°; kriegen
observe beobachten
occupation der Beruf, -e
occupied: to be ~ (with) beschäftigt sein° (mit)
occupy beschäftigen
ocean der Ozean, -e
o'clock: one ~ ein Uhr
October der Oktober
of von
off weg; **to be ~ work** frei haben°
offer: What was offered? Was gab es?
office das Büro, -s
often oft
oh ach, ah; **~ I see** ach so; **~ my** o je; **~ well** na ja
OK okay (O.K.); ganz gut; **It's (not) ~.** Es geht (nicht).
old alt; **I'm [19] years ~.** Ich bin [19] Jahre alt. **How ~ are you?** Wie alt bist du?
on an; auf; **~ account of** wegen; **~ [Thursday]** am [Donnerstag]
once einmal; mal; **all at ~** auf einmal; **~ more** noch einmal; **~ a week** einmal in der Woche/einmal die Woche
one *(pronoun)* man; **~ another** einander; **~ time** einmal
oneself selbst, selber
only nur; erst; einzig
open offen, geöffnet; **to ~** auf·machen; öffnen
opera die Oper, -n

opinion die Meinung, -en; **What's your ~?** Was hältst du davon?; Was meinst du?
or oder
orange die Orange, -n; **~ juice** der Orangensaft
order die Ordnung; **in ~** in Ordnung; **to ~** bestellen
organize organisieren
other ander- (-er, -es, -e); **each ~** einander; **with each ~** miteinander
otherwise sonst; anders
out of aus
outdoor concert das Open-Air-Konzert, -e
outside draußen; **~ of** außerhalb (+ *gen.*)
over (time) vorbei; zu Ende; **~ (task)** fertig; **~ (position)** über
own *(adj.)* eigen

P

page die Seite, -n
pain der Schmerz, -en
pair das Paar, -e
pale blass
pants die Hose, -n
pantyhose die Strumpfhose, -n
papa der Papa
paper das Papier, -; **~ (theme, essay)** die Arbeit, -en
paperback das Taschenbuch, *pl.* Taschenbücher
pardon: I beg your ~? (Wie) bitte?
parents die Eltern *(pl.)*
park der Park, -s
part der Teil, -e; **to play a ~** eine Rolle spielen
particular besonder-
particularly besonders
part-time work die Teilzeitarbeit
party die Party, -s; die Feier, -n; das Fest, -e; die Fete, -n; **at a ~** auf einer Party; **to give a ~** eine Party geben°; **to go to a ~** auf eine Party gehen°
passive passiv
pay: to ~ for bezahlen; zahlen; **to ~ back** zurück·zahlen
peace der Frieden
peaceful(ly) friedlich
pedestrian der Fußgänger, -/die Fußgängerin, -nen; **~ zone** die Fußgängerzone, -n
pen der Kugelschreiber, - [der Kuli, -s *(colloq.)*]
pencil der Bleistift, -e
pen pal der Brieffreund, -e/die Brieffreundin, -nen
people die Leute *(pl.)*; die Menschen *(pl.)*; man

per pro

percent das Prozent

perhaps vielleicht

period der Punkt, -e

permit lassenº

permitted: to be ~ dürfenº

person der Mensch, -en, -en; die Person, -en

personal persönlich

persuade überzeugen

pharmacy die Apotheke, -n; **to the ~** in die/zur Apotheke

philosophy die Philosophie

phone das Telefon, -e; **~ number** die Telefonnummer, -n; **to ~** an·rufenº

photo das Bild, -er; das Foto, -s

photograph das Bild, -er; das Foto, -s; **to ~** fotografieren

physician der Arzt, ⁝e/die Ärztin, -nen

physics die Physik

piano das Klavier, -e; **~ lesson** die Klavierstunde, -n; **~ concerto** das Klavierkonzert, -e

pickle die saure Gurke, -n

pick up ab·holen

picnic das Picknick, -s

picture das Bild, -er

piece das Stück, -e

pill die Tablette, -n; die Pille, -n

pillow das Kissen, -

Ping-Pong das Tischtennis

pity: what a ~ schade

place der Platz, ⁝e; die Stelle, -n; der Ort, -e; **to my ~** zu mir; **at my ~** bei mir

place: to ~ stellen, legen, setzen

plan der Plan, ⁝e; **to ~** vor·habenº; planen

plant die Pflanze, -n

plate der Teller, -

play Stück, -e; das Theaterstück, -e; **to ~** spielen

please bitte; **to ~** gefallenº

pleased: to be ~ (about) sich freuen (über + acc.)

pleasure die Freude, -n; die Lust; **~ in** Freude an (+ dat.); **to give ~** Freude machen

plus (in addition) und

pocket die Tasche, -n

point der Punkt, -e

political(ly) politisch

political science die Politik(wissenschaft)

politician der Politiker, -/die Politikerin, -nen

politics die Politik

polo shirt das Polohemd, -en

poor arm; **You ~ thing!** Du Armer!/Du Arme!

pop concert das Popkonzert, -e

portion der Teil -e

portrait das Porträt, -s

position die Stelle, -n; der Arbeitsplatz, *pl.* Arbeitsplätze

possible möglich; **It's (not) ~.** Es geht (nicht); **That would (not) be ~.** Das ginge (nicht).

postal code die Postleitzahl, -en

postcard die Postkarte, -n

poster das/der Poster, -

post office die Post; **to go to the ~** auf die/zur Post gehenº

potato die Kartoffel, -n

pound das Pfund, -e

practical(ly) praktisch

prefer: I ~ to work. Ich arbeite lieber.

preparation die Vorbereitung, -en

prepare (for) (sich) vor·bereiten (auf + acc.)

prepared bereit; vorbereitet

prescribe verschreibenº

present das Geschenk, -e

present: at ~ nun; **to be ~** dabei seinº

pretty schön; **~ pale** ganz schön blass

price der Preis, -e

private(ly) privat

probably wahrscheinlich

problem das Problem, -e

problematical problematisch

produce her·stellen, produzieren

product das Produkt, -e

profession der Beruf, -e

professional beruflich

professor der Professor, -en/die Professorin, -nen

program das Programm, -e; **TV or radio ~** die Sendung, -en

proper richtig

proud(ly) stolz

proximity die Nähe

psychology die Psychologie

pub die Bar, -s; die Kneipe, -n; die Gaststätte, -n; das Lokal, -e; die Wirtschaft, -en

public öffentlich; staatlich

pullover der Pulli, -s; der Pullover, -

punctual(ly) pünktlich

purse die Handtasche, -n

put legen; stellen; stecken; setzen; hängen

Q

quarter das Viertel, -; **~ after one** Viertel nach eins; **~ to two** Viertel vor zwei

question die Frage, -n

quick schnell

quiet ruhig; still; **Be ~!** Sei ruhig!

quite ziemlich; ganz

R

racism der Rassismus

radio das Radio, -s; **~ program** die Radiosendung, -en

railroad die Bahn, -en

rain der Regen; **to ~** regnen

raincoat der Regenmantel, ⁝

range (kitchen) der Herd, -e

rare(ly) selten

rather ziemlich; **~ than** lieber ... als

raw material der Rohstoff, -e

reach: to ~ erreichen

read lesenº

ready fertig; bereit

reality die Wirklichkeit

realize merken

really wirklich; richtig; eigentlich; echt *(slang)*

rear *(v.)* erziehenº; *(n.)* der Hintern, -

rearing die Erziehung

reason der Grund, ⁝e; **for that ~** daher; darum; deshalb; deswegen; aus diesem Grund

receive bekommenº

recommend empfehlenº

red rot

refrigerator der Kühlschrank, ⁝e

regards (closing in an e-mail or a letter) Herzliche Grüße; Viele Grüße

region das Gebiet, -e

regret vermissen

relationship die Beziehung, -en

rehearsal die Probe, -n

rehearse: to ~ [a play] [ein Theaterstück] proben

relative der/die Verwandte *(noun decl. like adj.)*

remain bleibenº

remark bemerken

remember (someone/something) sich erinnern (an + jemand/etwas)

rent die Miete, -n; **to ~** mieten; vermieten; aus·leihenº

repair reparieren

report der Bericht, -e; das Referat, -e; **to ~** berichten

reporter der Reporter, -/die Reporterin, -nen

reservation: without ~ unbedingt

reside wohnen

responsibility die Verantwortung, -en

responsible (for) verantwortlich (für)

rest die Pause, -en

restaurant das Restaurant, -s; die Gaststätte, -n; das Lokal, -e

return zurück·fahrenº; zurück·gehenº; zurück·kommenº; **to ~ (something)** (etwas) zurück·gebenº

reunification die Wiedervereinigung
review die Kritik; **to ~ (schoolwork, etc.)** wiederholen
rich reich
ride: to ~ a bike mit dem Fahrrad fahren°, Rad fahren°
right das Recht, -e; **Is it all ~ with you?** Ist es dir recht?; **to be ~** recht haben°; **you're ~** du hast recht; **All ~!** Na, gut!; **That's ~!** Genau!; Richtig! Stimmt!; **~ to** Recht (auf + *acc.*); **on/to the ~** rechts
ring klingeln
rinse spülen
river der Fluss, ̈e
roast beef der Rinderbraten
rock: ~ band die Rockband, -s; **~ music** die Rockmusik; **~ musician** der Rockmusiker, -/die Rockmusikerin, -nen
role die Rolle, -n
roll das Brötchen, -
Rollerblading das Rollerblading; das Inlineskating; **to go ~** Rollerblading gehen°; inlineskaten gehen°
romance (novel) der Liebesroman, -e
room das Zimmer, -
rose die Rose, -n
rug der Teppich, -e
run laufen°
running das Jogging; **to go ~** joggen gehen°

S

sad traurig
safe sicher
safety die Sicherheit
salad der Salat
salary das Gehalt, ̈er
salt das Salz
same gleich; **at the same time** zur gleichen Zeit; **It's all the ~ to me.** Das ist mir egal.
sandwich das [Wurst]Brot, -e
satisfied zufrieden
Saturday der Samstag; der Sonnabend; **on ~** am Samstag
Saturdays samstags
sausage die Wurst, ̈e
save (time, money, etc.) sparen
say sagen
scarf (for neck) das Halstuch, *pl.* Halstücher
scholarship das Stipendium, *pl.* Stipendien
school die Schule, -n
science die Wissenschaft, -en; die Naturwissenschaft, -en
science fiction die Science-Fiction; **~ film** der Science-Fiction-Film, -e

scientist der Wissenschaftler, -/die Wissenschaftlerin, -nen
sea die See
season die Jahreszeit, -en
seat der Platz, ̈e; **to ~ oneself** sich setzen
secretary der Sekretär, -e/die Sekretärin, -nen
secure sicher
security die Sicherheit
see sehen°; **~ you then/soon.** Bis dann/bald.
seem scheinen°
seldom selten
self: oneself, myself, itself, etc. selbst, selber
sell verkaufen
semester das Semester, -; **~ break** die Semesterferien (*pl.*)
seminar das Seminar, -e; **~ room** das Seminar, -e; **~ report/paper** die Seminararbeit, -en
send schicken
sentence der Satz, ̈e
September der September
serious ernst; schlimm; **Are you ~?** Ist das dein Ernst?
set setzen; **to ~ the table** den Tisch decken
several einige; mehrere; **for ~ years** seit einigen Jahren
severe schlimm
shave (sich) rasieren
shawl das Tuch, ̈er
shine scheinen°
ship das Schiff, -e
shirt das Hemd, -en
shoe der Schuh, -e
shop das Geschäft, -e; der Laden, ̈; **to ~** ein·kaufen
shopping: to go ~ ein·kaufen gehen°
shopping bag die Einkaufstasche, -n
short kurz; **~ (people)** klein
shorts die Shorts (*pl.*), die kurzen Hosen (*pl.*)
show zeigen
shower die Dusche, -n; **to ~ (sich)** duschen
siblings die Geschwister (*pl.*)
sick krank
side die Seite, -n; **~ by ~** nebeneinander
silent lautlos
similar ähnlich; gleich
simple einfach
simply einfach; eben
simultaneous(ly) gleich; gleichzeitig
since seit (*prep.*); da (*conj.* = because); **~ when** seit wann; **~ then** seitdem
sing singen°
singer der Sänger, -/die Sängerin, -nen

single einzeln
sink sinken°
sister die Schwester, -n
sit sitzen°; **to ~ down** sich setzen
situated: to be ~ liegen°
situation die Situation, -en; die Lage, -n; der Fall, ̈e
skeptical skeptisch
ski der Ski, -er; **to ~** Ski laufen°, Ski fahren°
skier der Skiläufer, -/die Skiläuferin, -nen
skirt der Rock, ̈e
sleep schlafen°; **to ~ at [a friend's] house** bei [einem Freund] schlafen°
slender schlank
slow(ly) langsam
small klein
smart intelligent
smell riechen°
smile (about) lächeln (über + *acc.*)
smoke der Rauch; **to ~** rauchen
snow der Schnee; **to ~** schneien
snowboard das Snowboard, -s; **to ~** snowboarden
so so; also; **Isn't that ~?** Nicht?; **~ that** damit; **~ long.** Tschüss (*also* Tschüs.); **I believe ~.** Ich glaube schon/ja.
soccer der Fußball
society die Gesellschaft, -en
sock die Socke, -n
sofa das Sofa, -s
soft drink die Limonade, -n
soldier der Soldat, -en, -en/die Soldatin, -nen
sole einzig
some etwas; einige; manch (-er, -es, -e)
somehow irgendwie
someone jemand
something etwas/was; **~ else** noch etwas; **~ like that** so was; **~ different/else** etwas anderes
sometimes manchmal
somewhat etwas
son der Sohn, ̈e
soon bald; **as ~ as** sobald (*conj.*); so bald wie
sorry: I'm ~ (es) tut mir leid
sound: to ~ klingen°
south der Süden; **to the ~** südlich
space der Platz, ̈e
spaghetti die Spaghetti (*pl.*)
speak sprechen°; reden
special besonders; **nothing ~** nichts Besonderes
spell buchstabieren; **How do you ~ that?** Wie schreibt man das?
spend (money) aus·geben°; **to ~ (time)** verbringen°; **to ~ the night** übernachten

spite: in ~ of trotz
split up auf·teilen
spoon der Löffel, -
sport der Sport; **to engage in sports**
   Sport treiben°
spot die Stelle, -n; der Punkt, -e
spring der Frühling
stand stehen°; **to ~ up** auf·stehen°;
   to ~/put upright stellen
standard German (das) Hochdeutsch
standard of living der
   Lebensstandard
state (in Germany) das Land, ⸚er;
   ~ (in the U.S.A.) der Staat, -en
state-owned staatlich
stay bleiben°; **to ~ at a hotel** im
   Hotel übernachten
steak das Steak, -s
step der Schritt, -e; die Stufe, -n
stepfather der Stiefvater, ⸚
stepmother die Stiefmutter, ⸚
stick (v.) stecken
still noch; immer noch; noch immer;
   doch
stomach der Magen
stomachache die Magenschmerzen (pl.)
store das Geschäft, -e; der Laden, ⸚
story die Geschichte, -n
stove (kitchen) der Herd, -e
straight gerade
straighten up auf·räumen
strange komisch; fremd
street die Straße, -n; **~car** die
   Straßenbahn, -en
stress der Stress
stressed gestresst
strenuous anstrengend
strike der Streik, -s; **to ~** streiken
stroll spazieren gehen°
strong stark
student der Student, -en, -en/die
   Studentin, -nen
studies das Studium, pl. Studien
study studieren; lernen; arbeiten;
   durch·arbeiten; **to ~ for a test** für
   eine Klausur lernen
stupid dumm
subject (academic) das Fach, ⸚er
substantial wesentlich
subway die U-Bahn, -en
such solch (-er, -es, -e); **~ a** so ein
suddenly plötzlich
suffer leiden°
suit (man's) der Anzug, pl. Anzüge;
   (woman's) ~ das Kostüm, -e;
   to ~ passen
suitable: to be ~ for each other
   zusammen·passen
summer der Sommer
sun die Sonne, -n
sunglasses die Sonnenbrille, -n
Sunday der Sonntag

sunny sonnig
super super
superficial oberflächlich
supermarket der Supermarkt,
   pl. Supermärkte; **to the ~** in
   den Supermarkt; **at the ~** im
   Supermarkt
supper das Abendessen; **for ~** zum
   Abendessen; **to have ~** zu Abend essen
support unterstützen
supporter (of a team) der Fan, -s
supposed: to be ~ to sollen°
sure sicher; bestimmt; (agreement)
   ~! Natürlich!
surf surfen; **to ~ around** rum·surfen
   (colloq.); **to ~ the Internet** im
   Internet surfen
surprise wundern; überraschen **I'm
   surprised that . . .** Es wundert
   mich, daß ...
surprised: to be ~ sich wundern
sweater der Pulli, -s; der Pullover, -
swim schwimmen°; **~suit** der
   Badeanzug, pl. Badeanzüge;
   ~ trunks die Badehose, -n
swimming: to go ~ schwimmen gehen°
Swiss (adj.) Schweizer; **~ (person)** der
   Schweizer, -/die Schweizerin, -nen
Switzerland die Schweiz
symbol das Symbol, -e

T

table der Tisch, -e; **bedside ~** der
   Nachttisch, -e
tablet die Tablette, -n
table tennis das Tischtennis
take nehmen°; **~ along** mit·nehmen°;
   ~ place statt·finden°
take off sich (dat.) [etwas]
   aus·ziehen°; **I take off my shoes.**
   Ich ziehe mir die Schuhe aus.
talk sich unterhalten°; **to ~ (about)**
   reden (über); sprechen° (über +
   acc./von)
tall (people) groß
task die Aufgabe, -n
taste schmecken; probieren
tasty lecker
tea der Tee
team das Team, -s
teacher der Lehrer, -/die Lehrerin, -nen
telephone das Telefon, -e;
   to ~ telefonieren; an·rufen°
telephone number die
   Telefonnummer, -n; **What is
   your ~?** Wie ist deine/Ihre
   Telefonnummer?
television das Fernsehen; **~ set**
   der Fernseher, -; **color ~** der
   Farbfernseher; **~ program** die
   Fernsehsendung, -en; **to watch ~**
   fern·sehen°

tell sagen; erzählen; **to ~ (about)**
   erzählen (über + acc./von)
temperature die Temperatur, -en;
   What's the ~? Wie viel Grad
   sind es?
tennis das Tennis
terrible schlimm; furchtbar;
   schrecklich
terrific toll; prima
test die Klausur, -en; die Prüfung,
   -en; **to take a ~** eine Klausur
   schreiben°; **to study for a ~** für
   eine Klausur lernen
than als (after a comparison)
thank danken; **Thank you very
   much.** Danke sehr/schön.
thanks danke; der Dank; **~ a lot,
   many ~** vielen Dank
that dass (conj.); jen- (er, -es, -e)
   (adj.)
theater das Theater, -; **to go to the
   ~** ins Theater gehen°; **~ play** das
   Theaterstück, -e; **movie ~** das Kino, -s
theme das Thema, pl. Themen
then dann; da; damals
there da; dort; dahin; **~ is/are** es
   gibt; **to be ~** dabei sein°; **therefore** also; deshalb; daher; darum;
   deswegen
these diese
thin dünn, schlank
thing das Ding, -e; die Sache, -n
think denken°; meinen; **What do you
   ~?** Was meinst du? **What do you
   ~ of the cake?** Was hältst du von
   dem Kuchen?; **I don't ~ so.** Ich
   glaube nicht.
third das Drittel, -
thirst der Durst
thirsty: to be ~ Durst haben°
this dies (-er, -es, -e); **~ afternoon**
   heute Nachmittag
thought der Gedanke, -n
throat der Hals, ⸚e
Thursday der Donnerstag
thus also
ticket die Karte -n; **entrance ~** die
   Eintrittskarte, -n; **train/bus ~** die
   Fahrkarte, -n
tie: neck~ die Krawatte, -n
tight eng
till bis
time die Zeit, -en; das Mal, -e; mal; **at
   that ~** damals; **this ~** diesmal; **at
   the same ~** zur gleichen Zeit; **for
   a long ~** lange; eine ganze Weile;
   längst; **a short ~ ago** vor kurzem,
   neulich; **free ~** die Freizeit; **this ~**
   diesmal; **What ~ is it?** Wie viel
   Uhr ist es?/Wie spät ist es?; **At
   what ~?** Um wie viel Uhr?; **Have a
   good ~!** Viel Spaß!

times mal; **[three]** ~ [drei]mal
tired müde; kaputt (colloq.)
to an; auf, in; nach; zu
today heute; **from** ~ **on** ab heute;
   What day is it ~? Welcher Tag
   ist heute?
together zusammen
tolerant tolerant
tolerate leiden°
tomato die Tomate, -n
tomorrow morgen
tonight heute Abend
too zu; **me** ~ ich auch; ~ **little** zu
   wenig; ~ **much** zu viel
tooth der Zahn, ¨e; **to brush [my]**
   teeth [mir] die Zähne putzen
toothache die Zahnschmerzen (pl.)
topic das Thema, pl. Themen
totally total
tourist der Tourist, -en, -en/die
   Touristin, -nen
trade der Handel; **foreign** ~ der
   Außenhandel
traffic der Verkehr; ~ **jam** der Stau, -s
train der Zug, ¨e; die Bahn, -en;
   ~ **station** der Bahnhof, pl.
   Bahnhöfe; **to go by** ~ mit dem
   Zug/der Bahn fahren°
transportation: means of ~ das
   Verkehrsmittel, -
travel fahren°; reisen; **to** ~ **by train**
   mit dem Zug fahren°
tree der Baum, ¨e
treat (to pay for someone)
   ein·laden°; **It's my treat.** Ich lade
   dich ein.
trip die Reise, -n, die Fahrt, -en; die
   Tour, -en; **bike** ~ die Radtour, -en
trousers die Hose, -n
true wahr
try versuchen; probieren
T-shirt das T-Shirt, -s
Tuesday der Dienstag
Tuesdays dienstags
tuition die Studiengebühr, -en
Turkish türkisch
turn: to have one's ~ dran sein°; **it's**
   your ~ du bist dran
TV das Fernsehen; ~ **channel** das
   Fernsehprogramm, -e; ~ **set** der
   Fernseher, -; ~ **program** die
   Fernsehsendung, -en; **to watch** ~
   fern·sehen°
twice zweimal; ~ **a month** zweimal
   im Monat
type: to ~ tippen
typical typisch

 U

umbrella der Regenschirm, -e; der
   Schirm, -e
unappealing unsympathisch

unbelievable unglaublich
uncle der Onkel, -
under unter
understand verstehen°
undress (sich) aus·ziehen°; **I get**
   undressed. Ich ziehe mich aus.
unemployed arbeitslos
unfortunately leider
unfriendly unfreundlich
unhappy unglücklich
unification die Vereinigung
unintelligent unintelligent
union die Gewerkschaft, -en
university die Universität, -en; die
   Uni, -s; **to attend a** ~ an/auf die
   Universität gehen°; **at the** ~ an der
   Universität
unload aus·räumen; **to** ~ **the**
   dishwasher die Spülmaschine
   ausräumen
unmusical unmusikalisch
unoccupied frei sein°
unpleasant unsympathisch
unsafe unsicher
until bis; ~ **now** bisher; ~ **later** bis
   später; tschüss; bis dann; bis bald
unwilling(ly) ungern
up: What's ~? Was ist los?
U.S.A. die USA (pl.); **to the** ~ in die
   USA
use benutzen; gebrauchen
utterly total

V

vacation der Urlaub; die Ferien (pl.);
   ~ **trip** die Ferienreise, -n; **on/**
   during ~ in Urlaub/in den Ferien;
   to go on ~ in Urlaub/in die Ferien
   fahren°; Urlaub machen; **to be**
   on ~ in/im/auf Urlaub/in den
   Ferien sein°
vacuum der Staubsauger, -;
   to ~ Staub saugen
various mehrere; verschiedene
vase die Vase, -n
VCR der Videorecorder, -
vegetable das Gemüse, -
versatile vielseitig
very sehr; ganz
vicinity die Nähe
video das Video, -s
video game das Videospiel, -e
visit der Besuch, -e; **on/for a** ~ zu
   Besuch; **to** ~ besuchen
vocabulary word die Vokabel, -n
volleyball der Volleyball, pl.
   Volleybälle

W

wait (for) warten (auf)
walk der Spaziergang, pl.
   Spaziergänge; **to take a** ~ einen

Spaziergang machen; **to go**
   for a ~ spazieren gehen°
walking: to go ~ wandern/spazieren
   gehen°
wall die Wand, ¨e; die Mauer, -n
want (to) wollen°
war der Krieg, -e; **world** ~ der
   Weltkrieg, -e
wardrobe (closet) der Schrank, ¨e
ware die Ware, -n
warm warm
was war
wash die Wäsche; **to** ~ (sich)
   waschen°; **to** ~ **dishes**
   ab·waschen°; Geschirr spülen
wastepaper basket der
   Papierkorb, ¨e
watch die (Armband)uhr, -en; **to** ~
   an·sehen°/an·schauen; **to** ~ **TV**
   fern·sehen°
water das Wasser
water ski der Wasserki, -er; **to** ~
   Wasserski laufen°/fahren°
way der Weg, -e; die Art; **on the** ~ auf
   dem Weg
weak schwach
wear tragen°
weather das Wetter; ~ **report** der
   Wetterbericht, -e; **What** ~! Was für
   ein Wetter!
Wednesday der Mittwoch
week die Woche, -n; **a** ~ **from**
   [Monday] [Montag] in acht
   Tagen; **a** ~ **ago** vor einer
   Woche
weekend das Wochenende; **on the** ~
   am Wochenende; **over the** ~ übers
   Wochenende
weightlifting das Gewichtheben
weights die Gewichte (pl.); **to lift** ~
   Gewichte heben°
welcome: you're ~ bitte (sehr)
well also; gut; wohl; **I'm not** ~. Mir
   geht's schlecht., Mir geht es nicht
   gut.; ~. (interjection) na!, nun!;
   ~ **now, oh** ~ na ja
well-known bekannt
west der Westen; **to the** ~ westlich
western (adj.) westlich
wet nass
what was; ~ **kind (of),** ~ **a** was für
   (ein); **What else?** Was noch?
when wann; wenn; als
whenever wenn
where wo; ~ **(to)** wohin; ~ **do**
   you come from? Woher
   kommst du?
whether ob
which welch (-er, -es, -e)
while während; die Weile;
   ~ **shopping** beim Einkaufen
white weiß

white-collar worker der/die
Angestellte *(noun decl. like adj.)*
who wer
whole ganz
whom wen *(acc. of* wer); wem *(dat.
of* wer)
whose wessen
why warum
willingly gern
win gewinnen°
wind der Wind
window das Fenster, -
windsurfing: to go ~ windsurfen
gehen°
windy windig
wine der Wein, -e; **red ~** der Rotwein;
white ~ der Weißwein
winter der Winter
wipe dry ab·trocknen
wish der Wunsch, ⁀e; **to ~**
wünschen; **I ~ I had . . .** Ich wollte,
ich hätte . . .
with mit; **~ it** damit; dabei; **~ me** mit
mir; **to live ~ a family** bei einer
Familie wohnen
woman die Frau, -en
wonder das Wunder, -; **no ~** kein
Wunder
woods der Wald, ⁀er

word das Wort, ⁀er *(lexical items)*;
words Worte *(in a context)*
word processing die
Textverarbeitung; **~ program**
das Textverarbeitungspro-
gramm, -e; **to do ~** mit Textverarbeitungsprogrammen arbeiten
work die Arbeit; **out of ~** arbeitslos; **to
~ for a company** bei einer Firma
arbeiten; **to do the ~** die Arbeit
machen; arbeiten; **to ~ through**
durch·arbeiten; **It doesn't ~.** Es
geht nicht.; **to be off from ~** frei
haben°; **It works.** Es geht.
worker der Arbeiter, -/die Arbeiterin,
-nen; der Arbeitnehmer, -/die
Arbeitnehmerin, -nen
working (gainfully employed)
berufstätig
working hours die Arbeitszeit, -en
workout das Fitnesstraining; **to
work out** Fitnesstraining
machen
workplace der Arbeitsplatz, *pl.*
Arbeitsplätze
world die Welt, -en; **~ war** der
Weltkrieg, -e
worry die Sorge, -n; **to ~ about** sich
Sorgen machen (um)

would würde; **~ like** möchte; **How
~ it be?** Wie wär's?; **~ you like to**
hättest du Lust; **~ have** hätte; **~ be
able to** könnte
write schreiben°; **to ~ to someone**
jemandem/an jemanden schreiben;
to ~ down auf·schreiben°
writer der Schriftsteller, -/die
Schriftstellerin, -nen
wrong falsch; **What's ~?** Was
ist los?; **What is ~ with you?**
Was hast du?

xenophobia der Ausländerhass; die
Ausländerfeindlichkeit

year das Jahr, -e; **a ~ ago** vor einem
Jahr
yearly jährlich
yellow gelb
yes ja
yesterday gestern
yet noch; schon; **not ~** noch nicht
young jung

Z

Zip code die Postleitzahl, -en

Index